广州统计年鉴

1998

总第10期

广州市统计局 编

中国统计出版社

（京）新登字 041 号

图书在版编目(CIP)数据

广州统计年鉴 1998/广州市统计局编。

—北京：中国统计出版社，1998.6

ISBN 7－5037－2754－3

Ⅰ.广…

Ⅱ.广…

Ⅲ.统计资料－广州－1998－年鉴

Ⅳ.C832.651－54

中国版本图书馆 CIP 数据核字(98)第 11037 号

中国统计出版社

（北京复外三里河月坛南街 75 号 100826）

广州美嘉彩印有限公司印刷

本书广告由广州市北斗星广告有限公司制作

★

787X1092 毫米 16 开本 30 印张 67 彩页 95 万字

1998 年 6 月第 1 版 1998 年 6 月第一次印刷

印数：1－1800

★

定价：150 元

《广州统计年鉴》编委会和编辑人员名单

一. 编委会名单

主　　编：谭应华

副 主 编：贾景智

编辑委员：(按姓氏笔划为序)

于舒宏　邓　毅　吴永佳　吴江波　陈小璋
陈继红　张起英　欧小平　胡玉敏　郑纪军
郑名忠　梁国柱　廖元夏

二. 编辑部工作人员名单

总 编 辑：贾景智

副总编辑：陈继红　陈小璋

责任编辑：胡玉敏

编辑人员：(按姓氏笔划为序)

区文深　王瑞莲　邓立坚　邓　谦　冯　俊
刘志军　刘维敏　孙晓茵　许李梅　朱展翔
陈电雄　陈武耿　何　泮　李淑明　李慧雯
肖兴文　肖坤强　肖穗华　沈妙芬　杨秀仪
杨　波　林　红　林　彬　林穗子　林婉玲
林新峰　罗奕洋　罗晓红　周庆林　周　虹
郑学仁　郑　彦　郑振威　郑曼玲　钟炳基
郭伟煌　倪瑞萍　涂　玲　徐忠臣　袁汉波
黄健芳　黄海鹰　黄朝辉　黄耀丹　梁树佳
盛世诚　董志聪　傅卫真　谢卫明　欧阳可员
司徒淑仪

电脑排版：邓　毅

编　　务：陶　华　许玉东　陈爱华

编　者　说　明

一、《广州统计年鉴——1998》是一本大型的统计资料工具书。本书通过大量、翔实的统计数据，全面客观地反映了1997年及历史主要年份，特别是改革开放以来广州市经济、社会的发展情况。

二、全书内容分为16个篇目，即：1.综合；2.人口；3.从业人员和职工工资4.固定资产投资；5.原材料消费与库存；6.财政金融和保险业；7.人民生活及物价；8.城市公用事业；9.农业；10.工业；11.建筑业；12.运输和邮电；13.国内贸易；14.对外经济贸易和旅游；15.教育科技和文化；16.体育卫生社会福利和其他。在附录部分，收集了全国、广东省及全国十大城市、珠江三角洲、香港主要经济指标。为了便于读者正确地使用资料，每一篇目的后面还附有主要统计指标解释。

三、本年鉴总量指标计算所采用的价格除注明者外均为当年价格。

四、读者在使用历年资料时，凡与本年鉴有出入的，均以本年鉴为准。

五、本年鉴表中的符号使用说明："空格"表示没有这种情况；"…"表示数字很小，达不到计算单位要求的最低位；"#"表示其中数。

六、《广州统计年鉴》公开出版以来，受到了广大读者的关心和支持，对此我们深表谢意。欢迎广大读者对年鉴内容、编排等方面提出宝贵意见，以利于我们进一步提高年鉴的编辑工作水平，更好地为广大读者服务。

篇　目　索　引

篇　目	起始页码
广州市 1997 年国民经济和社会发展统计公报	1
一、综合	7
二、人口	35
三、从业人员和职工工资	47
四、固定资产投资	93
五、原材料消费与库存	181
六、财政、金融和保险业	201
七、人民生活、物价	213
八、城市公用事业	237
九、农业	251
十、工业	303
十一、建筑业	373
十二、运输和邮电	393
十三、国内贸易	413
十四、对外经济贸易和旅游	455
十五、教育、科技和文化	483
十六、体育、卫生、社会福利和其他	507
附录	
1. 全国国民经济主要指标	523
2. 广东省国民经济主要指标	524
3. 全国十大城市国民经济主要指标(1997 年)	525
4. 珠江三角洲十二市国民经济主要指标(1997 年)	527
5. 香港主要统计指标	529
企业简介	531

广州市南华西房

Guangzhou Nanhuaxi Re

董事长：何竟棠

广州市南华西房地产开发有限公司是在全国闻名的"中华第一街"——南华西街的沃土上成长起来的南华西企业集团属下的一级子公司。公司成立于一九九三年注册资金2300万元，具有广州市二级房地产开发资质。公司属下有二级房地产中介公司南金置业有限公司和三级物业管理公司南泰物业管理有限公司两个二级子公司

公司一直按照街党委、办事处的要求两个文明一起抓，重视员工的思想政治教育和职业道德教育。公司现有员工50名，其中大专以上学历者占公司总人数80%，并拥有一批专业对口的中、高级职称技术人员。

南华西实业股份有限公司A股股票上市庆典

产开发有限公司

state Development Co.,Ltd.

公司开发实力雄厚，自成立以来，先后投资开发“南晓苑”商住小区、基立下道综合楼、仁和直综合楼、联珠直综合楼等，累计开发面积达十五万平方米。

公司的发展宗旨是：坚持社会主义经营方向，贯彻国家各项政策、法令、法规，接受当地政府有关城市国土规划、建设、房管、物价、税务和工商行政部门的监督和指导。把公司办成有实力、讲信誉、高效益的现代化大型企业。

国家主席江泽民同志视察南华西街

董事、常务副总经理：罗昌民

中心

LTD

- 策划人员在操作电脑进行项目分析
- 销售人员向购房者耐心地介绍楼盘
- 展销大厅一角
- 公司接待服务台
- 公司十分注重全体员工对公司的凝聚力
  ——公司董事给员工赠送生日旦糕

锦城花

香港协洋发展有限公司

董事长：赵涛峰

香港协洋发展有限公司
立于一九八八年，资产总值
20多亿元人民币。拥有资深
工 332 人，资金充足、实力
厚，在进出口贸易、房地产
制造业、商品零售业、信息
务产业等领域创下了辉煌业

协洋属下东城联合发展有限公司
东南房地产开发有限公司

东湖之滨高尚住宅　碧湖阁　翠湖阁

全国三大制盖企业之一
斗门长虹金属制品有限公司

地址：广州寺右新马路111－115号
五羊新城广场2828室
电话：87377236
传真：87360629

天地间物业代理有限公司骨干成员

天天新百货商场每日推出特价商品

关心国家　回报社会

五羊村点睛之笔五羊新城广场

城启集团有限公司

香港城启投资有限公司与广东兴华实业公司、广东省中旅华侨房地产开发公司、广州市五金公司、广州市天宏基房地产开发公司等企业于1996年相继成立中外合作项目公司有广东华城房地产开发有限公司、广东城启房地产开发有限公司、广州天城房地产实业有限公司。集团又于1997年9月与广东富银实业公司合作，全资开发南岸路超大型的房地产项目。项目公司为广州豪城房产开发有限公司。城启集团对广州市房地产的投资是在房地产业低潮的环境中进行的，时间短，发展的速度快，业绩骄人。

广东华城房地产开发有限公司开发建设的侨诚花园位于广州市海珠区南部，是广州市城市整体规划重点开发与建设的广州南部城区的中心区域。占地面积超过8万平方米，总建筑面积近25万平方米，总投资8亿元，自97年1月奠基至今，已完成商住楼建筑面积近18万平方米。小区环境优雅，交通、文教、医疗卫生、生活服务、通讯等设施配套完善，居住条件优越，深受广大客户青睐，销售总额已达5.1亿元。侨诚花园的崛起标志着华城房地产开发有限公司已在广州市房地产业中打下了稳固的基础。

广东城启房地产开发有限公司对南华东路3.5万平方米的旧城改造以及广州天城房地产实业有限公司对十三行路7千多平方米的旧城改造都在加紧进行拆迁工作。

广州豪城房地产开发有限公司开发的南岸路地块，位于珠江之滨，占地面积20万平方米，建筑总面积达一百万平方米，视野广阔、空气清新、特别是拥有一千米长的河堤线，具有得天独厚的条件。这一地块的开发与建设，将把昔日的煤场、木材厂充满污染源的旧城区改造成为大型花园式商住区，可为广州城市建设又添一景。

董事长：杨树坪

总经理 ：李柏元

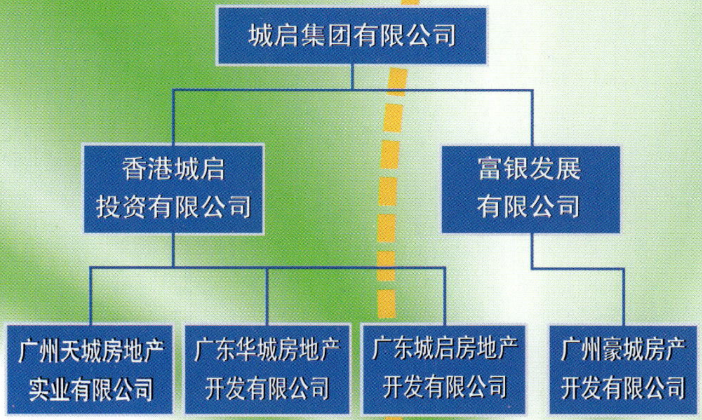

地址：广州市五羊新城寺右新马路111-115号24楼（五羊新城广场）
电话：87372128　87372218　87372138
传真：87372038
邮编：510600

广州国际信托投资公司

广州国际信托投资公司成立于一九八四年十一月（前身是广州投资公司、广州信托投资公司，分别成立于1953年和1979年），是经中国人民银行和国家外汇管理局批准，直属广州市人民政府领导的地方国有金融机构，是广州市对外经济联系与合作的窗口，对外融资的渠道。公司的宗旨是：立足广州，面向海内外，为广州和全国经济建设服务。以金融业为主，发展多种经营。依照有关法律和政策，通过多种形式，吸收国内外资金，引进先进技术，投资于能源、交通等基础设施建设和重要的工业项目及第一、三产业的重要项目，竭力促进国家和广州市经济建设。

公司的业务范围：人民币信托存贷款，投资；委托存贷款、投资；房地产投资；有价证券业务；金融租赁；代理财产保管与处理；代理收付；经济担保和信用见托存款、放款、投资业务；境内、境内发行和代理发行外币有价证资；境内外汇放款；代客外汇买赁、担保项下的外汇存款；国际务；征信调查和咨询服务；中国准经营的其他金融业务；进出口

广州市的中长期对外商业信托投资公司执行、所借的外汇并做到按期付息和按规定时间偿业务的同时，经营实业投资、进业、旅游业等。"一业为主、多种体优势。

公司坚持"信誉第一、开的方针。经过十多年的不懈努较强实力、在国内外享有较好信公司已与国内300多家银行、金行、金融机构有业务往来的也已断增加。投资、证券、租赁、进业务已有较大发展。

广州市的重点项目建设，电厂、珠江钢厂、珠江水泥厂、广方制碱有限公司、华南橡胶轮胎目，公司都有参加投资。还为地广州新国际机场建设中承担重

1995年公司总资产达亿元人民币。1994年，国家多个大服务业企业排位，广州国际信中名列第22，在国际信托投资公投资公司中名列第4。1995年，广120强排序和广州地区金融机构的10家国有独资企业座次排列

证；经济咨询；境内、外外汇信外外汇信托借款；国际结算；在券；以其自有资金进行外汇投卖；接受其外汇投资、放款、租融资租赁；外汇担保和见证业人民银行和国家外汇管理局批贸易。

借款任务，主要交由广州国际全部投入广州市重点项目建设，还本金。在进行对内对外金融出口业务和房地产开发以及商经营"，充分地发挥多功能的整

拓创新、稳健经营、严格管理"力，已发展成为在广州市具有誉的非银行金融机构。至目前，融机构有业务往来，与境外银超过100家，融通资金的数量不出口贸易、房地产开发等各项

如石油化工的乙烯项目、珠江州亚美聚脂有限公司、广东南有限公司、广州从化公路等项铁借款、发债进行担保，并将在任。

97.66亿元人民币，实现利润1.2单位联合发布了中国500家最托投资公司在全国金融保险业司中名列第9，在地方国际信托州地区企业（集团）综合实力排序中名列第6，在广州市最大中，我公司名列第3。最近，日

本的国际金融评级机构再次评定公司的信誉级别为A+。

广州市人民政府提出，要在15年内基本实现社会主义现代化，把广州建成国际化大都市。在国家"九·五计划"伊始之际，公司将继续围绕这个宏伟目标，进一步深改革，扩大开放，广开融资渠道，大力筹措资金，稳步发展投资业、进出口业和房地产业，积极参加广州市重点项目建议。同时，不断扩大国际业务，加强壮大境外、海外子公司实力，加快我公司国际化、综合化、集团化发展步伐，使我公司成为一间具在雄厚经济实力，具有较高经营效益的现代化跨国集团公司，为实现广州市战略目标作出较多的贡献。公司10年（1995年-2005年）规划的主要目标是：资产总额1996年达114亿元，2000年达到200亿元，2005年达300亿元；利润总额1996年实现1.3亿元，2000年实现2亿元，2005年实现3.2亿元。

我公司竭诚以高效、优质为投资者和广大客户服务。我们将一如既往地坚持信誉第一和平等互利的原则，继续与国内外金融界、实业界发展业务往来，携手共进，创造美好将来！

地　　址：中国广州市沿江西路139号7-13楼
邮　　编：510120
直线电话：81862581　总机：81884233转
电　　传：44343　GUITI CN
电　　挂：8115
传　　真：81861109

天河娛樂廣場
处于天河区核心区的天河娱乐广场位于中山大道北侧。近邻广州东站、天河体育中心，有三十多条巴士线途径广场通往全市各区，交通方便。其周围是暨南大学、华南理工大学、华南师范大学及天河高新技术开发区。广场占地一万多平方米，建筑总面积九万多平方米及大型商业购物、餐饮、娱乐中心及高级写字楼、商务配套单位于一体。
发展商
廣州市百淘房地産開發有限公司
由香港丽新集团、中国广州市天河文化发展公司、
广州市天河区城市建设开发总公司合作发展

广州市建筑集团有限公司

广州市建筑集团有限公司承建的大都会广场、广州城市大厦

广州市建筑集团有限公司承建的中天广场

广州市建筑集团有限公司（广州市建筑总公司），始建于1950年，历来是广州市建筑业的骨干企业，1995年11月由广州市建筑总公司改组为广州市建筑集团有限公司。现有10家大中型全资子公司、一间建筑科研所、一间建筑中专学校、一间职工大学和100多家孙企业，拥有总资产64亿多元，职工4万多人，其中具有各类专业技术职称的管理人员5000多人，年完成建安总包产值超过40亿元，竣工面积200多万平方米，综合销售额连续三年超过50亿元。40多年来，累计竣工房屋建筑面积2700多万平方米，对比旧广州相当于再造了两座多广州城。1981年至今，共创出50多项市以上优良样板工程，其中，省以上优良样板工程59项，国家级占11项。继白天鹅宾馆工程获国家产品质量金质奖，又获得七项全国建筑工程施工质量最高荣誉—鲁班奖。近年来先后获得1994年度广州地区企业（集团）综合实力120强第2名、全国“中国的脊梁”—国有企业500强、1995年度全国先进建筑施工企业等称号。

现在，是国家建设部和省、市现代企业制度试点企业、省70家重点发展大企业集团、市57家大型企业集团和市10家重点培植的大企业集团，正按照中央提出实现两个根本性转变和抓大放小、优化资本结构等要求，深化企业内部改革、实施大集团发展战略，推进集约经营，发展规模经济，向科技进步、科学管理要效益，以强优定位，努力把建总建设成为以产权联结为主要纽带的大型综合性现代母子公司制的企业集团。

法人代表：李万年
公司地址：广州市广卫路4号
邮编：510030
电话：83331899
传真：83322747

广州市建设投资发展有限公司

（广州市城市建设资金管理办公室）

法人代表：邓宝雄

广州市建设投资发展有限公司是经广州市政府批准成立，受广州市政府、广州市国资委的委托和授权，从事城市建设专业投资、开发、控股和资产运营，专司城市建设国有资产和建设资金投入、产出的投资经营公司。

公司的主要任务是：按照广州市计委、广州市建委制定的城市建设固定资产投资计划和城市建设维护事业计划，筹措、用活、用好城建资金；通过对城建国有资产的盘活、重组、优化和流动等，从价值形态上运营国有资产，保证国有资产的保值和增值；通过对城市市公用设施进行有计划、有序的直化，逐步实施有偿投入、有吏用和有偿服务，为我市城建集和积累更多的资金，加快我基础建设的步伐。

公司的经营方式包括：投资、发、咨询、经营、服务、承包、赁、收购和兼并。

公司为国有独资有限责任公司，独立的法人资格。

本公司真诚希望全市各系统各企业和直属单位的支持与合作！

公司领导班子成员与部分员工

代表：邓宝雄

公司地址：广州市沿江中路298号江湾大酒店C座11楼
联系电话：（020）83839868—61105、61106
传真号码：（020）83822723
邮政编码：510100

保利丰花园

城 市 绿 意 华 宅 经 典

广州城市中绿意盎然的显贵府邸

规模庞大园林式社区，逾十万平方建筑面积，近万平方古朴园林。

罗马回廊、装饰雕塑、艺术喷水池，以古典浪漫主义建筑手法展现维也纳广场风采。

空中走廊、空中别墅、多层次绿化，重现巴比伦空中花园。享受超级会所豪华设施。

港式飘窗、宝绿色全景观落地玻璃，家居装饰雅致豪华。

顶层复式望江“别墅”

特有超高七米中庭，气派非凡，视野广阔开扬。

保利丰花园紧靠百年历史的洪德路，广州四大传统商业旺地,保利丰商场雄踞其间，直面一级繁华旺地，万商云集，客源如涌。

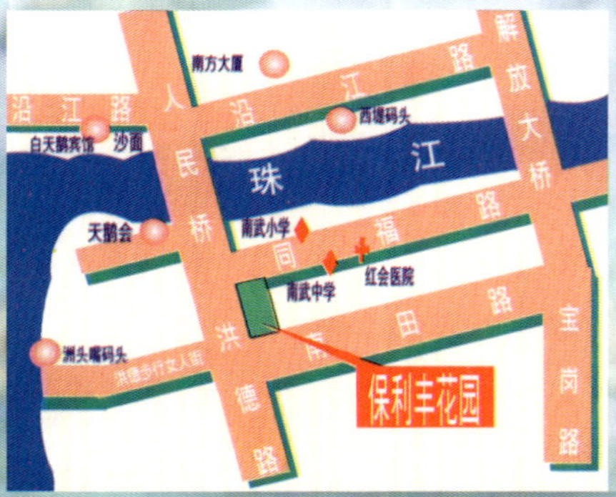

发展商

广州洪德置业有限公司

投资商

广州保利房地产开发公司　广州市利洋实业有限公司

武汉兆丰实业公司

保利丰花园现场售楼垂询处电话

84433068　84433098　传真：84431868

广州华星房地产有限公司

广州华星房地产有限公司成立于一九九二年初，是中国广州市建筑集团有限公司与新加坡共和国泛亚投资集团在平等、互惠的基础上，以经济和技术合作的方式，经广州市人民政府和有关部门批准成立的中外合作房地产企业。第一期合作开发项目位于广州市建设六马路33号地段，已完成兴建一座29层，占地面积五千四百七十平方米，总建筑面积六万五千平方米的高级商厦—宜安广场。第二期即将动工，将兴建一座占地面积近三千平方米，总建筑面积超过三万平方米的高层的高级公寓，为宜安广场的副楼。

广州华星房地产有限公司的合作双方根基稳固，实力雄厚。广州市建筑集团有限公司是广州市城市建设的主力，一直负责承建广州地区的大部分重要工业和民用建筑。所承揽的项目如东方宾馆、中国大酒店、白天鹅宾馆、花园酒店、中国出口商品交易会、天河体育中心等，均获国内外的好评，信誉昭著。新加坡泛亚投资集团历年致力于房地产，在新加坡、香港、马来西亚、纽西兰等地所参与兴建的楼宇均力臻完美，近年来业务扩展至中国广州、南京、上海等地，其恪守商业道德及优良的服务宗旨赢得了社会各界的认同。

宜安广场高级商厦分二十五层写字楼及四层商场，二层地下停车场，写字楼已于一九九五年底交付买家使用，整幢大厦已于一九九六年八月全面落成并通过验收。目前，写字楼近八成单位已售出，境内外商务公司已开业办公。四层商场近四分之三已分别为国际性大公司进驻经营，麦当劳、必胜客、屈臣氏、堡狮龙、佐丹奴、班尼路、7-11便利店、利苑酒家等名店已开业多时，生产兴旺。宜安广场不失为国内外各界人士开拓业务的必然首选地点，为各界投资、创业及经商的最佳选择。宜安广场座落在广州建设六马路和环市东路之间，座落在广州“尖东”，其潜在价值已逐渐被显示出来。

广州华星房地产有限公司为把广州建设成现代化大都市作出了应有的努力，宜安广场将成为一颗璀璨的明星闪烁生辉。

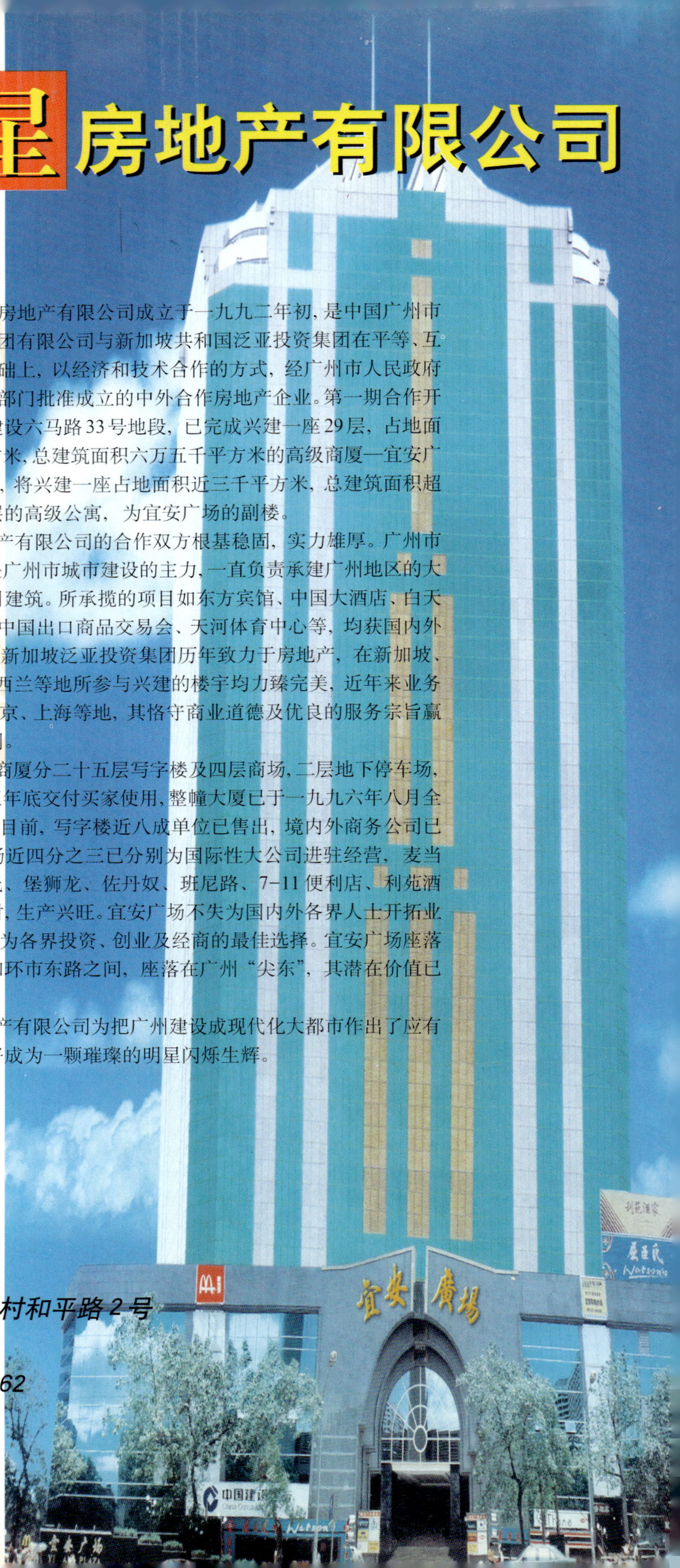

法人代表：温鼎福

公司地址：广州市华侨新村和平路2号

邮编：510095

电话：83579315　83579362

传真：83579315

广州市穗华房地产开发公司

广州富丽华大酒店

广州市穗华房产开发公司，是国家一级房地产综合开发公司，具有独立法人资格，是广东省先进企业。荣获一九九三年度被市评为首届广州房地产开发综合实力十强企业、一九九四年度广州地区房地产综合开发公司排序第6名。一九九五年、一九九六年度广州市房地产开发实力30强企业排序第17名。

该公司是广州市最早成立的房地产开发公司之一，有员工200多人。其中各类技术管理人才占80%。公司以房地产开发为主导，兼营物业管理，房地产中介服务、酒店、商贸等业务。公司成立十多年来，积极承担广州市旧城改造和新区开发，取得了令人瞩目的业绩，开发建设了广州市穗花新村、昌乐园、晓园新村、晓港城、挹翠园、泰宁小区、穗发花园、穗东花园、穗南大厦、广州富丽华大酒店等各类商品楼宇，并出资兴建多间中、小学、幼儿园等教育和公益设施。开发总建筑面积达120多万平方米。在房产科研方面，该公司获得［一九九五年广州市墙体材料革新先进单位］称号，［SAR框轻结构住宅建设研究］获广东省一九九六年建设系统科学技术进步一等奖。在多年的开发实践中，公司不但积累了雄厚的实力和丰富的经验，也赢得了良好的效益和信誉，连续多年被授予［重合同、守信用］，［特等信用企业］等荣誉称号。

公司积极发展内外合作房地产业务，目前，在市区拥有多个大型发展项目，包括已经动工兴建的吉祥大厦（48层14万平方米），汇华大厦（30层6万平方米），兴华大厦（29层约4万平方米），穗南大厦（22层4万平方米）及中山七路地铁口商住区（约12万平方米）。

今后，公司将继续遵照城市规划和国家有关规定，进行规范化的运作经营，立足广州，面向国内外，以房地产开发为依托，拓展多元化业务，共创美好前程。

法人代表：梁群志
公司地址：广州市越华路43号
电　　话：83330738　83390211
邮　　码：510030

新开发的商住楼
穗南大厦

燕塘企业

YANTANG ENTERPRISES

简　介

广东省燕塘企业总公司是广东省农垦集团公司（原广东省农垦总局）属下的农工商贸综合经营的大型国有企业，创建于1952年。公司总部位于广州天河区，占地60万平方米，现有职工1800人，其中各类专业技术人员300多名。

自改革开放十多年来，燕塘企业从单一的农牧业生产发展成为拥有近百个生产经营单位，资产总额超10亿元的集团式现代化企业。目前除保留传统的畜牧业外，还拥有生化药物，牛奶食品，饲料兽药，新型包装，橡胶化工，毛织漂染六大工业企业，产品达200多种，以及经营房地产，进出口业务，国内商业贸易，酒店经营，旅游业等第三产业，1997年实现社会总产值4.88亿元，利润3508万元，出口创汇 964万美元，经济效益居全国农垦企业的前列，被广东省委、省政府评为“广东省文明单位”和“广东省先进集体”，实现了两个文明建设的同步发展。

燕塘企业

燕塘广场 Yantang plaza

天河北苑 Tianhebei Garden

金燕大厦 Jinyan Building

燕侨大厦 Yanqiao Building

金燕花园 Jinyan Garden

燕塘企业

1. 燕塘商贸旅游业
2. 广东四明燕塘乳业有限公司（中、日、港合资）
3. 燕塘环力公司
4. 燕塘生化药业公司厂景
5. 燕塘牛奶产品系列
6. 燕塘毛织漂染产品系列
7. 燕塘饲料厂厂景
8. 迅速发展的外贸

	1		2
3	4		5
	6	7	8

广州市流林建设开发公司

广州市流林建设开发公司批建于1993年3月， 资质为三级开发公司。 公司旨在开发广州市流溪河林场即广州市流溪河国家森林公园的风景、气候及土地资源造福于流溪河人民。

广州市流溪河国家森林公园有山林土地100平方公里，森林覆盖率达86%， 是一个天然的植物园。 流溪河水库22000亩水面，座落在森林公园中心， 湖水清澈透明，湖面港湾交错，群岛飘浮于湖心，把流溪湖点缀得如诗如画。水库四周地质基础多为燕山期花岗岩构成，山势雄伟，气势浩然，确是南国的庐山，是投资者的风水宝地。

在国家大力发展森林旅游的新形势下，公司实行统一规划，分区开发，分步实施的原则，高标准地开发建设流溪河国家森林公园。公司为流溪河林场干部职工建集资房约 2 万平方米，已征用两块土地共213亩，并进了三通一平的基础工作。森林公园的总体规划已完成，近期准备开发建设的项目主要有：南山富湾花园，五指山，陆湖田天池， 三椏塘避暑山庄， 野生动物养殖观赏园，水上俱乐部，体育跑马场俱乐部，游艇俱乐部，高尔夫球练习场，梁山水寨等。 公司以国家及地方各种优惠政策、真诚的服务， 欢迎海内外投资者共同开发建设。

法人代表：何林清
联系电话：（020）87851654

东湖豪苑房地产开发有限公司
一弯绿水，曾照多少俊杰名流。
东湖豪苑位居素有“官邸区”的东山区新河浦。在幽远的淳厚文化底蕴中，既享湖光山色之秀丽，更获现代都市生活之便利
东湖豪苑占地12464平方米，总建筑面积为68000平方米，包括两栋楼高各为23，26层的高尚豪宅和四栋九层住宅。1-4层为大型豪华购物商场，地下层为大型停车场，裙楼平台则拥有业主精心设计的会所、泳池、会所以及宽阔的空中花园。
东湖豪苑房产公司由实力雄厚的二级资质房产开发公司广州市建房地产开发公司和广州力华实业有限公司投资组建。

广州市东方兴盛房地产发展有限公司

廣州市东方兴盛房地产发展有限公司是由东方酒店集团附属机构广州东方房地产开发有限公司与香港兴盛贸易有限公司合作组建的房地产开发、建设企业。主要发展项目为市中心区交通项目内环路建设的主要安置小区---“新兴白云花园”。该区总占地面积为15万平方米，总建筑面积共32万平方米，可安置5000余户居民，是集商业、住宅及完善之公建配套设施为一体的多功能小区。为解决小区的交通状况，公司董事长、广州市荣誉市民刘军先生无偿赠送十辆全新冷气中巴给小区作为开辟公共专线之用。

地址：广州市华侨新村团结路30号

国家建设部部长俞正声、戴治国副市长等领导参观新兴白云花园。

新兴白云花园第一期交楼仪式。

新兴白云花园第一期交楼仪式中，市领导参观小区建设。

广州新兴房地产开发公司

陈之泉题

广州新兴房地产开发公司始创于1992年7月。5年来，公司顺应改革开放的大趋势，充分发挥自身优势，及时把握时机，不断拓展房地产开发业务。经过几年的努力，公司现在经营稳定，运行良好，开发业务初具规模，现正在开发的项目有13个，预计总投资在21亿元左右。公司在取得了相当经济效益的基础上，凭著与社会各界朋友和项目合作伙伴真诚平等的交往树立了一定的知名度和良好的信誉。

公司为中国人民解放军总后勤部下属的中国新兴工程建筑房地产开发总公司在广州地区注册的唯一一家具有二级开发资质的房地产开发企业具有自己独特的优势，并逐渐呈多元化发展的趋势，现正努力在房地产中介服务、工程建筑、安装、装饰、物业管理及建材贸易等业务方面提高自身的经营能力。

基于真诚合作，友好往来，互惠互利的原则，公司希望同社会各界朋友一起寻求共同发展的机遇，建立长期的合作关系，同创美好未来。

总经理：崔舒立
地　址：广东省广州市中山二路53号
　　　　新兴大厦6楼
电　话：（020）87765068—781

松本无声　因风而鸣

一份独特经历，一份进取精神，原由一位豪俊谱创……

1992年，赵先生沿着改革之父邓小平先生南巡足迹历遍神州大地，

立志成就一番伟业，以偿年轻时之宏愿。

有安身之所方可以论持久战，

于是他毅然舍弃千里雪飘之北国风光与和谐宁静之优越生活，

决意南下改革开放的最前端——广州。

商海苦航，凭着高人一等的商业触觉和精确敏锐的洞察能力，

赵先生深谙市场投资策略，屡战屡胜。

并于1994年汇同贤人智仕成立广州平立房地产代理行有限公司。

以人为本、平而后立，方是智者处世之道。

故此，平立公司广集五湖四海之高才、销售技法揉合传统与现代，

融和本土与世界文化，深受世人推崇赞赏。

从此房地产市场异彩屡现，

平立公司犹如风中劲松——木秀于林，殊荣不断。

从此，

平立公司在每年每天都与追求安居乐业的人士共谱欢欣。

广州城建开发设计院有限公司

1.水荫路福莱花园

2.城建开发总公司新办公大楼

3.建设中的广州地铁RJ-1上盖

4.挺拔秀美的名雅苑高层公寓

5.云影花园一角

6.天河嘉怡苑

1.

2.

3

4.

广州城建开发设计院有限公司（1997年由广州市房地产开发设计院更名）于1983年成立，是具有建筑工程设计甲级、建筑工程技术咨询甲级、自动消防系统工程设计甲级、城市规划、市政园林设计等资质的设计单位。现有职员81人，其中有注册建筑师一级6人、二级8人，具有技术职称人员76人（高级职称22人，中级职称23人），专业配套，级配合理，技术人员占总人数95%。

建院十多年来，共完成城市总体规划、居住区规划700多公顷，分属11个大区。完成建筑设计250多万平方米，包括大型、高层多功能综合性建筑在内的各类民用建筑以及居住区城市配套建筑等。我院提倡技术进步，强调精品意识，力创先进水平的代表作。在历年参加建设部，省、市开展的优秀规划、优秀工程设计和优秀科研成果评比中，共获得42个奖项。其中名雅苑小区规划及建筑设计获建设部优秀规划二等奖，优秀工程设计二等奖，科技进步二等奖；我院主编的《异型柱设计规程》获广东省科技进步一等奖。在全国性和省、市专业刊物上发表技术论文50多篇。多年来，我院还完成了多项工程总承包，提供了多项可行性研究，投资分析，房地产开发咨询服务以及工程预概算、装修设计、岩土机电工程技术服务等。

5.

我院不断扩充和完善技术装备，已建成设计院计算机服务中心，形成覆盖全院的计算机分级网络，实现全院生产计划、工程设计、技术文件、行政及财务管理的计算机联网服务，达到数据和信息资源共享。使我院的生产和管理手段跃上新的台阶，不断走向现代化和规范化，设计质量和工作效率达到国家甲级工程设计单位的较高水平。

随着企业改革的深入，我院把握机遇，率先进行资产重组，建立了以国有资产为主导地位的有限责任公司，完善了现代企业制度的管理模式，走出了现代企业管理和经营的新路子。

6.

地址：广州市天河体育西路189号16楼。

邮编：510620

电话：38799046　38799011

传真：38799027

埃索石油在中国

埃索石油，隶属总部设在美国的埃克森集团。埃克森集团于1882年成立，是世界上历史悠久、规模庞大、资金雄厚的跨国企业。业务涉及石油上下游，石油化工品、煤炭、矿产、船运和发电。目前业务遍及全世界80多个国家。

由于商标权的因素，埃克森集团在美国本土之外的附属公司都称为“埃索”。“埃索”在世界各地执行埃克森集团的宏观政策，从事区域性和单个国家内的经营。

埃索石油公司，多年来密切追踪中国大陆迅速发展的经济状况，不断而有选择性地进行投资，为中国大陆输入各行各业和人民生活所必需的优质石油产品。在改革开放初期的1982年，埃索就在深圳设立加油站，成为在经济特区内设立外商加油站的领导者。之后，埃索更积极地投入在深圳、珠海的加油站的建设和中山的保税库的建设。进入90年代，埃索在珠江三角洲的投资又有增加。1993年，与广州石油总公司合作，成立了广州埃索石油服务公司，计划兴建和改建多座现代化加油站，为这座华南最大的城市及其附近地区的车辆提供高级汽油、柴油和国际水平的专业服务。至今，埃索在中国大陆境内的油站数量增加到24家。这些充分显示出埃索石油对中国石油产品零售市场的远见和信心。

埃索还将高科技的优质润滑油产品源源不断输往中国，致力于为中国工业和交通增添动力。埃索提供给大陆的润滑油品，用的是埃索新加坡的润滑油基础油，及埃克森集团属下的世界信誉卓著的添加剂，保证了润滑油原料的精选，配方的独特，也保证了产品达到国际质量标准。

埃索的工业润滑油已广泛应用于中国大陆冶金，有色金属加工、电力、煤炭和纺织业。著名的厦门众达钢铁有限公司、武汉钢铁公司、北京燕山石油化工公司、中信渤海铝加工厂、上海铝材厂、上海石洞口发电厂等大中型企业都是埃索的长期用户。埃索石油为这相干企业不仅提供全进口的高质量产品，更借助频繁的客户访问和润滑油技术研讨会，使客户享有最佳的技术和售后服务的权益。

埃索生产的达到美国石油协会（API）各等级标准的高级车用润滑油，更在国内市场上离享有良好的声誉。埃索高级车用润滑系列，最高级别可超过API SJ级，并在全世界范围内获得了宝马、标致、捷豹、保时捷、劳斯莱斯的特许使用。这种全世界统一品质，吸引了国内的汽车合资企业，从而被江铃汽车股份有限公司、北京吉普有限公司选定为出厂前原装油品；同时，宝马汽车公司在北京、广州的指定维修厂，丰田汽车公司在广州的指定维修厂，日产汽车公司在北京的特约维修厂，都指定埃索润滑油系列作为唯一修用油。

埃索石油在内地稳步发展和业务的不断扩大，越来越需要发挥国内常驻办事处的作用和国内人力资源的优势，从而为总部提供综合性业务协调服务。埃索石油附属公司已分别于北京、广州、上海、武汉、成都、天津、宁波和哈尔滨设立分公司或办事处。

广州埃索石油服务有限公司
地址：广州市天河北路183号大都会广场8楼3-13室
电话：87550888　　传真：87551628　87551638
邮编：510620

南航最先进的波音777远程飞机，最大航程14000公里，可越太平洋直飞美国

中国南方航空股份有限公司

中国南方航空股份有限公司成立于1995年3月25日，继承了原中国南方航空（集团）公司的运输航空及与之相关的业务。公司总部位于广州，在中南及华东地区设有五个全资航空分公司及四个控股航空子公司，在国内八大城市设有营业部，在国外通航的十六个城市设有办事处，并通过二个培训中心及六个航空业务有关的控股公司实现飞行培训、飞机维修、航空配餐等一体化经营。

本公司是国家骨干航空公司之一，在国内各航空公司中拥有数量最多的机队，航线网络覆盖国内，辐射亚洲，连接欧、美、澳，旅客运输量连续十四年居于首位。目前拥有运输飞机91架，主要包括波音飞机79架及空中客车飞机10架，经营国内定期航线271条，国际及地区航线50条，九六年承运旅客1520多万人次，占国内全行业的27.4%。

本公司为了进一步转变经营机制，建立现代企业制度，按国际标准规范运作，实行资本经营。经过近五年的精心筹备，于一九九九年七月三十一日，成功地完成了股票在香港联合交易所及美国纽约证券交易所的上市工作，共募集资金7.19亿美元，成为当时在海外筹资最多的国有企业。在获得有关部门批准后，公司计划在适当时机国内发售A股。

纽约证交所总裁向南航董事长于延恩（左）颁发南航在纽约证交所挂牌上市的证书

南航乘务队准备为旅客服务

颜志卿副董事长兼副总经理（中）、董事兼副总经理胡运琦（左三）与香港联交所有关负责人

天　河　区

全貌

概　　要

广州市天河区于1985年5月24日成立，总面积147.8平方公里，是连接广州市与珠江三角洲及粤东、粤西地区的交通咽喉，是广州市未来现代化国际大都市的中心。

建区以来，各项事业迅速发展，综合实力不断增强。目前，国际大都市中心区所具备的金融、科技、商贸、信息、交通、旅游、教育、文化等八大中心区功能正逐步形成，国际大都市示范区的珠江新城也正在加紧建设。1996年国内生产总值41.17亿元（不含天河科技园，下同）；工农业总产值38.09亿元，其中工业总产值34.22亿元，农业总产值3.87亿元；财政收入5.71亿元。城市职工年人均收入9700元，农村年人均分配10584元。天河区是全国第一个在全区范围内推行农村股份合作制经济的地区，1995年首批被广东省人民政府命名的“广东农村小康达标区”。1992年以来，连续4年获得广州市综合实力奖和突出贡献奖。

投资环境日臻完善。1996年获市政道路“金穗杯”第二名（八区排名第一）。全区绿化覆盖率达50%，人均绿地面积16平方米。1996年获广州市第二届城市道路绿化管理“优胜杯”综合一等奖，实现二连冠。环卫工作连续8年来荣获广州市“羊城环卫综合杯”。

第三产业发展迅速，房地产业、旅游业和商饮服务业已形成规模。1996年完成房地产投资总额近11.6亿元，旅游业成为新的经济增长点。龙洞旅游度假区正加紧规划建设。天河的商贸业向规模化、高档化发展。天河商贸城、宏城商业广场等现代化的商业基地座落天河。天河购物中心、银纺摩托车及配件交易城等建成并已投入使用。全区已初步形成大市场、大流通的网络体系。

药脂类化工产品、“蕾丝”花边带、玻璃马赛克、钢质活塞环、“迪卡”墙画、“庄得”电子温控器等产品享誉全国。区、镇（街）、村三级大力投入工业基地建设。

农业生产稳定发展。全区现有耕地17196亩，是广州市“菜篮子工

程”的重要基地。

“科技兴区”是天河跨世纪的发展战略。区辖内拥有国家级广州天河高新技术产业开发区（天河科技园）和56所高等院校、科研院所，科技企业已发展到1400多家，列入国家、省、市火炬计划项目的81个，占广州市火炬计划项目总数的65%。1996年实现技工贸总收入53.2亿元，出口创汇4900万美元，实现利税4.5亿元。

大力发展教育、文化、体育、卫生事业。办学水平不断增强，教学质量明显提高，跨入市教育先进行列。加强三级文化网络建设。天河娱乐广场即将建成投入使用，区图书馆新馆舍正着手兴建。群众体育活动蓬勃发展，拥有区体校1所和天河体育中心大型运动场所。

目前，天河人民满怀信心，认真贯彻党的十五大精神，同心同德，争取在2000年全区国内生产总值在1995年的基础上再翻一番，人均国内生产总值位于全国前列，基本建立起商贸、房地产、旅游、服务业和现代工业为主体的现代国际大都市中心区产业架构，同时形成与中心区功能相适应的城市规划、建设与管理体系，人民生活从小康走向富裕，环境质量明显改善，社会文明程度较高，基本形成现代化国际大都市中心的轮廓。

广州市科贸中心

黄洲工业区

天河肉联厂

视察杨桃公园

GEC

广州电子集团有限公司简介

州电子集团有限公司（PR电子）是一集开发、制造、经贸、进出口、房地产发于一体，并经市政府授权经营成员企国有资产，行使出资者权力的综合性实集团公司。属下有六十多间工业企业，工近二万人，分别从事计算机、通信、播电视、元件、半导体器件、集成电路、冷、模具注塑等八大制造业。每年销售25亿元，出口额8000多万美元。主要产有数字程控交换机、移动通信、电视机、调器及压缩机、摄录一体机、计算机、真机、扬声器、集成电路及其他电子元件，产品远销东南亚、欧洲、非洲、美洲、澳洲等国家和地区，在国际上有较好信誉。此外，公司属下还有研究所、学校贸易公司、进出口公司、房地产公司等单位。

广州电子集团公司正在进行跨世纪的发展计划，目标是用十年左右的时间把广州电子集团建成具有高新技术开发能力，大规模生产制造能力，全球范围营销能力和较强盈利能力的大型企业集团，重点发展领域是计算机通信、广播电视产品、模具注塑和机械制造等。欢迎海内外工商界人士前来合资、合作、独资以及参与现有企业的产权转让，共同发展电子产业。

董事长兼总经理：朱其志

广州电子工业园发展有限公司是负责广州电子工业园的总体规划、基础设施建设、土地发与转让、项目投资与建设、园区经营与管理的经济实体。

广州电子工业园占地67万平方米，距市区约20公里，地理位置优越，交通通讯非常便利，电供给充足可靠，享受广州经济技术开发区和高新技术产业开发区优惠政策。电子工业园取中外合作、中外合资、外商独资等多种形式，按国际现代模式，发展通信设备、计算机软件、金融和医疗电子设备、汽车电子等投资类产品；发展摄录机、数字音响、高清晰度视机、家用电器等消费类产品以及新型电子元器件、精密零部件等基础类产品。

公司以“让股份、让市场、让利益、得资金、得技术、得管理经验”为准则，以优惠的策，可靠的法律保障和优质的服务，诚邀海内外客商前来投资建设，谋求共同发展！

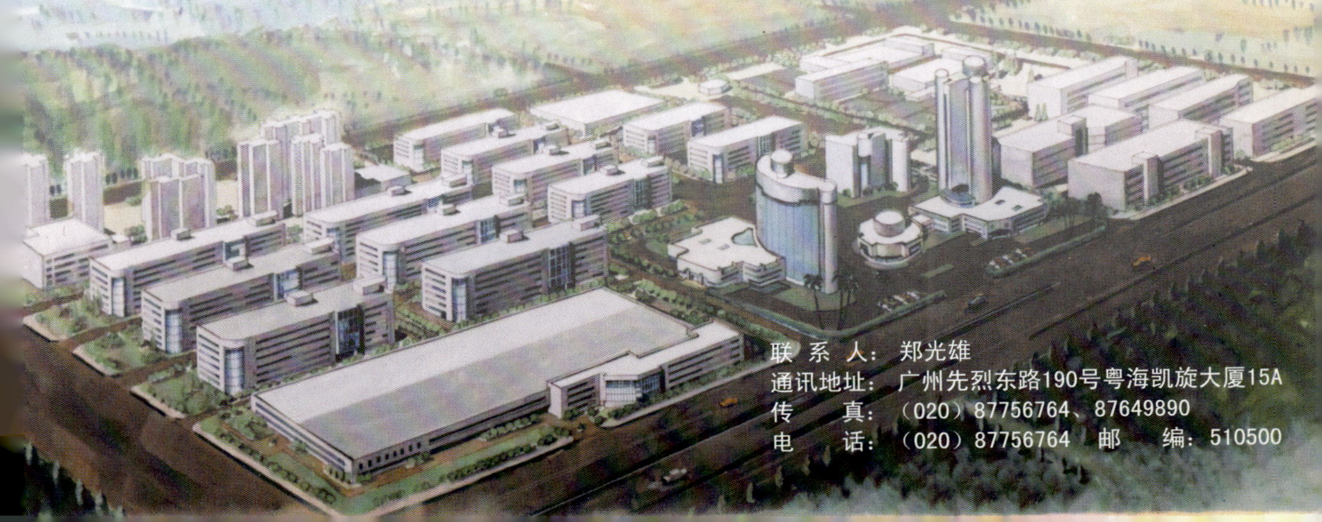

联 系 人：郑光雄

通讯地址：广州先烈东路190号粤海凯旋大厦15A

传　　真：（020）87756764、87649890

电　　话：（020）87756764　邮　　编：510500

廣州电力工业局（广州电力工业总公司）是全国特大型电力企业和首届中国50
名为广州电力工业局。1993年至1997年连续5年被广州市委、市政府评为有突出贡
（集团）综合实力120强评比中，名列第一，被广州市委、市政府评为1996年度广
作先进集体。

1997年，广州地区供电量153.66亿千瓦时，比上年增长6.4%,线损率5.86%,比上
润7.32亿,比去年同期超出15.47%;全员劳动生产率6.85万元/人,提高2.24%;人均利税

广州市电

■ 电力工业局在八五期间取得优异成绩

■ 五十万伏带电作业

■ 陈开枝副市长带领创三优

■ 捐助希望小学

■ 电力工业局社会服务承诺会议

业之一。1994年月10月28日企业名称由广州供电局更
关为基层服务最佳单位。1995年，在广州地区企业
集体，被电力工业部评为1997年度全国电力系统纠风工

2个百分点;电力销售收入58.48亿元,增长8.56%;实现利
增长5.18;固定资产达56.63亿元。

力工业局

广州市海

海洋与水产局是一个比较特殊、专业性很强的产业，并集有工业、商业、农业。所属国有大中型企业有：广州市海洋渔业公司、广州渔轮厂、渔鲜品公司、河鲜品公司、海产食品公司、广州水产贸易公司、塘鱼食品公司、海天水产经济发展公司、河鲜货栈等12家，还有境外企业香港益豪发展有限公司（经国务院港澳办公室和中央、省市有关部门批准）一家和七家中外合作企业，一个水产科技研究所和三个养殖生产基地，初步形成了内外贸相结合、产供销一条龙、渔工商一体化的格局。年末职工人数9157人（在职5951人，离退休3206人）。

广州市海洋渔业公司，近年来在国家对外开放政策指导下，企业在远洋渔业、海产品贸

⬆ 原广东省省长朱

副市长陈开枝，王守

鱼市场供应。

➡ 为全面实施“九五

子”工程建设，我局和

鱼上市”研讨会，全面

⬅ 广州市海洋（远洋

非远洋海域捕捞作业生

与水产局

易、船舶修造以及水产品加工等方面广泛与外商进行合作，有较大的发展。该公司拥有深水码头500多米，其中：官洲岛渔业基地400多米，可供停泊1千吨船舶；新洲（同属海珠区）渔业基地100多米，可供停泊3-5千吨船舶。

广州渔轮厂是我国三大渔轮厂之一，华南最大的渔轮修造基地。该厂座落在广州市海珠区新洲，珠江河畔，水陆交通方便。该厂建于1953年，技术力量雄厚，拥有较为完整的修造船设备。四十多年来，该厂设计建造了数百艘各类型渔轮，渔业资源调查船、驳船、油轮冷藏运输船、活鱼运输船、货轮和拖轮等，并设计制造1300马力以下的船用柴油机，液压和电动船用机械及其它机械产品。

州市市长黎子流
栏，商讨我市塘

与水产业“菜篮
部门召开了“净
上市的工作。
集团的渔轮在西

昔日辟壤今盛地
万花朝托新芳村

芳村区成立于1985年，地理位置十分优越，是广州市连接西南五省和广东西南部各省市的枢纽。

芳村区原有的工业、交通等重要基础设施十分落后，被称为广州的“西伯利亚”，新区成立伊始，由于没有经验，只能“摸着石头过河”整体发展不够理想。

1994年，区领导班子针对芳村区基础比较薄弱的实际情况，提出用五年时间，全面打基础，为以后的经济发展做准备。区以路、桥、水为重点，在积极配合市做好地铁、鹤洞大桥、广中路、龙溪路、花地大道路面恢复等工程建设的同时，共筹集资金1162万元，投入地方道路建设，筹资近651万元，修建了一批市政项目，落实5700万元，使多年来群众意见强烈的以海龙围为主的14公里的供水工程得以开工，缓解了该地区的严重缺水问题，投资1178万元建区少年宫，投资1600万元建文化大楼，筹资3800万元兴建和购买教师宿舍，提前三年解决了教师无房户。

在全面打基础过程中，使 一度陷入困境的新荔枝湾商业旅游区，黄大仙祠、高尔夫球项目得以完成和启动。

在经济建设方面，理顺并解决了历史遗留问题，96年度填平了2千多万元的亏损。共投资40多个亿，使230多个项目得以开工，财政收入翻了一番半。

随着投资环境和生活环境的改善，区国民经济也稳步发展，在广州市委市政府及区委区政府的领导下。

芳村区区长：刘学权

1997年，全区完成国内生产总值15.28亿元，比1992年增长3.38倍，工业总产值20.5亿元，增长3.6倍，农业总产值2.8亿元，增长1.3倍，社会消费品零售总额10.21亿元，增长2.53倍，财政收入2.65亿元，增长2.23倍，职工年平均工资10909元，增长1.74倍，农村年人均收入10851元，增长2倍。被省政府批准为广东省第二批农村小康达标区。

面对以上取得的成绩，区政府、区委的领导们并未感到有丝毫的轻松和满足，在继续做好全面打基础的同时，深入企业改革，以资产为纽带，以建立现代企业制度为目标，培育和组建集团，抓大项目造小气候，以一点辐射带动全面，形成新的增长带。计划抓好培育总收入超亿元、纯收入超千万元的企业和村镇。使芳村经济更上一层楼。回顾过去，展望未来，芳村必有一个美好的明天！

欣欣向荣的农庄

芳村区花卉盆景场一角！

发 展 中 的 广 州 市 新 芳 村

乡镇企业广州裕达制衣有限公司厂房

广州地铁坑口地面站

芳村区少年宫外景

广州市芳村区市政建设工程公司

广州市芳村区市政建设工程公司是市政施工技术等级二级企业，创建于1964年5月，当时称为芳村街城建工程队，1997年由当时郊区城建局接管，改名为郊区市政工程队。1985年成立芳村区后，我公司归由区建委直接领导，并于同年12月将郊区市政工程队改名为芳村区市政建设基础工程公司，1991年5月改用现名。

在近几年中，在改革开放的大潮下，加大改革步伐，以人为本，注重施工质量，积极开拓业务，引进了一批工程技术人员，吸收一大批中专以上的毕业生。现在公司拥有94名初级以上技术职称的技术人员，其中工程师以上职称11人，高级工程师3人，有10年以上施工机械300多台套，原值1600多万元。自备有预制构件场及机修场。目前，公司内部有一整套完善的规章制度，岗位责任及质量保证体系，在档案管理、预算结算及财务管理等应用了微机操作。今日的芳村区市政建设工程公司，正在向一个管理高效有序，技术队伍精良，施工机械完备，熟练技工充足的现代化施工企业迈进。

广州花地湾红棉苑商住小区
（获全国优秀文明小区称号）
由广州市芳村区市政建设工程公司承建市政道路与排水工程

广州重要西南出口龙溪路道桥排水工程（市优良工程）

广州重要西南出口龙溪路道桥排水工程（市优良工程）

广信南海市嘉乐花园商住小区
由广州市芳村区市政建设工程公司承建市政道路与排水工程

公司地址：广州市芳村区浣花西路200号
电　　话：81577018　81577318
传　　真：81585133　邮政编码：510375

发展中的越秀科技

越秀区是广州市的中心城区，区委区政府科技工作十分重视，1996年政府对科技的投入达到财政总支出的3%（其中科技三项费用和科技基金各占1.5%），另拨款100万元建立了越秀区科技奖励基金，并计划投资1000万元征地建立科技开发基地。科技工作的中心任务是利用高科技改造传统产业，随着政府科技投入的增加，每年都能上马一些新的科技项目。当前正在实施的技术含量较高的科技项目共有28项（其中列入国家新产品试制计划的1项，列入市火炬计划、星火计划、科技重点计划的8项，列为区科技重点计划的11项），连续的科技开发使区街工业呈现出勃勃生机。

广州市越秀区旭威精细化工研究院

广州市旭威精细化工研究院，引进国际CDI公司的技术，生产国内原来不能生产的各种高级印刷油墨，质量达到国际同类产品的标准，其价格比进口产品低三分之一以上，深受用户好评。

地址：广州市河南宝岗路仁厚直街56号　电话：84330218　院长：王红

广州市迅雅广告有限公司

广州市迅雅广告公司引进具有90年代先进水平的电脑写真大型喷画设备，一改广州大型平面广告画去香港制作的历史，用该设备制作广告画，具有清晰度高、色彩绚丽、防水防晒、输出迅捷等特点。

地址：广州市德政中路209号　电话：(020)83190345　经理：叶炳雄

广州市中达生物工程公司

广州市中达生物工程公司成功开发出用于防治蔬菜等粮油作物主要害虫的无公害生物农药—斜纹夜蛾病毒杀虫剂（虫瘟一号），填补了国内空白。该产品对斜纹夜蛾、甜菜夜蛾、小菜蛾、菜青虫等害虫杀灭效果好，对人畜无害、对环境无污染、对生态无破坏、对天敌无影响，且价格比使用化学农药便宜。

地址：广州市黄石路江夏工业区　电话：81920447　董事长：杨志凤

广州水泵厂

广州水泵厂成功开发出用于输送高浓度纸浆的MC型中浓浆泵，填补了国内空白。

MC型单叶片中浓浆泵是我厂为造纸及纸制品工业最新研制成功的专利产品，专利号[ZL95215788·8]。其叶轮采用独特的螺旋叶片与离心叶片一体化结构，使泵同时具有容积泵和离心泵的特性，可输送高浓度、高粘性介质。经华南理工大学制浆造纸工程国家重点实验室鉴定，不需另设真空泵，可输送12%浓度以下的纸浆。在广东莲花山纸厂等单位使用证明，可节电30%左右，运行可靠，对纸和纸板的物理性能显著提高，深受用户欢迎。

MC型泵是纸厂推广中浓度技术的首选设备，是以纸代塑制品厂先进的输送浓浆的新一代泵类产品。

泵的材质可按用户要求供货。

地址：广州环市西路107号　电话：(020)86517146　厂长：韩浦桐

中保人寿保险有限公司

广州市越秀支公司

PICCLIFE

中保人寿保险有限公司广州市越秀支公司是中保人寿保险有限公司广州市分公司属下的最大城区支公司之一。它的前身是1980年10月复办的中国人民保险公司广州市公司，是广州市经营人寿保险业务最早的一家国有人寿保险支公司。

本公司由于信誉卓著，实力雄厚而倍受客户欢迎，年保险费收入已超过人民币一亿元，经营人寿保险业务有各类普通人寿保险，健康保险，意外伤害保险以及养老年金保险50多种，到1997年12月31日止承保各类人寿保险50万人，承担风险145亿元。

本公司始终遵循忠诚服务，笃守信誉，求实创新，稳健经营的指导方针，发扬团结，拼博、开拓，创新的精神，为广州地区各界人士提供各类人寿保险保障竭尽全力。

上图：公司组织员工活动

下图：我越秀支公司荣获省分公司一九九七年度保费收入明星支公司奖。图为我支公司总经理孙荣嘉（二排左二）在领奖后与省、市公司领导和其他获奖单位代表合影。

广州赛马会简介

广州赛马会成立于1993年1月8日，是在广州市政府直接领导下的公益性、群众性、体育娱乐组织。它以体育竞技为主，结合企业特点，宣传企业形象及产品，增进企业交流为宗旨。

广州赛马场占地482亩，是符合国际比赛场地标准的全国最大型的现代化赛马场所。其中沙地跑道长1485米，宽25米；草地跑道长1695米，宽32米；练习跑道长1382米，宽10米；救护车道长1643米，宽6.5米。

场内分站席、坐席和会员席。可容纳4万多观众。各层大厅设有100台闭路电视和500个电脑联网售票窗口，比赛采用电动马闸起跑，环形跑道四角有监视塔、终点的日本精工IHD-1000分割式终点摄像系统，是目前世界上最先进的高视觉影像技术，其精度达到千分之一秒。两座高7.4米，宽60米的大型电子记分牌可随时显示购票情况和比赛结果。

四年多来，赛马取得了良好的经济和社会效益，在海内外引起强烈反响，各种新闻媒介纷纷跟踪报道，舆论界普遍认为，它是改革开放、国泰民安、香港回归祖国政策延续性的具体反映。

“取之于民，用之于民”。广州马会已向社会老年基金会、残疾人运动会、贫困山区教育事业以及灾区人民捐赠16000多万元。另外广州赛马场的兴建，为广大群众增添了一个健康的娱乐场所，为海内外客商、游客提供了一个极佳的度假地方。

广州赛马会场

广州昌华工程建设监理有限公司是广州市建委主管，由广州市物业管理协会按甲级资质要求组建，1996年1月4日经广州市正式批准成立的。公司正式批准成立前其主要领导人（概预算高级工程师、中国注册监理工程师、中国认定造价工程师）组织监理了：广州天河高新技术产业开发区工业园广海花园的多层宿舍，标准厂房、十九层广海大厦（一层地下室）及黄埔28层的金泽大厦等工程。　　现公司有一大批设计、施工、概预算等有现场实际管理经验，具有全面策划协调大、中型建设项目的设计管理、施工管理和工程建设的监理管理的技术人员，其中高级工程师、建筑师、13名，高级经济师四名，工程师、建筑师、经济师15名，内有国家注册监理工程师5名，国家认定造价工程师1名，并同时具有广东省建委、广州市建委颁发的造价咨询、招标代理的资质证书。

已完成的监理项目有：南海市盐步镇华夏花园商住楼（占地5300平方米、建筑面积4.8万平方米、一层地下室、三层裙楼、两座塔楼），广州市天河区工会培训楼（建筑面积5000平方米，11层）。　　现正在监理的项目有：广州市天河区政府的办公宿舍楼（地下一层、地上15层、建筑面积12500平方米）；广州市水利局的三防指挥中心大楼（地下二层、地上20层、建筑面积28188平方米）；广州市珠江新城华骏花园的金骏大厦（地下一层、地上16层、建筑面积125平方米）；汇豪阁（地下二层、地上下29层、两座塔楼、建筑面积50000平方米）；广州二沙岛的广东华侨博物馆（地下一层、地上6层，定一类工程，建筑面积13500平方米）；广州海珠区前进路北基立道小学南的商住楼（地下一层、地上九层，建筑面积26000平方米）；广州金融专科学校的学生综合楼（10层、建筑面积13000平方米）；广州市天河区林和中路168号的仙雅苑（地1下2--3层、地上一座19层、二座32层、建筑面积13.8万平方米）等。

公司严格执行国家有关实施监理制度的法令、法规；积极与国际监理制度接轨，为业主进行投资控制，质量控制、进度控制、合同管理，协调有关单位之间的工作关系。遵循守法、诚信、公正、科学的准则，全面履行合同。

本公司力求社会各界的关心支持，通力为国内外、省内外各业主提供优质、高效、满意的服务，与各监理同行共同探讨监理行业的推行与发展，为提高监理工作的服务水平而努力奋斗！

总经理兼总监理工程师：喻世伟（概预算高级工程师、中国注册监理工程师、中国认定造价工程师）

公司地址：　广州市天河体育东路天宝大厦六楼
电　　话：（020）87503753　87500468----3668　　87500468----3669
传　　真：（020）87374668　邮编　510620

广州昌华工程监理有限公司

广州白云宏大实业公司

广州白云宏大实业公司是广州市白云区建设局属下的全民所有制企业。主管有城市综合开发、房地产中介服务、物业管理。经广州市建委核发为房地产开发二级企业。

地址：广州市建设六马路10号　　　　法人代表：史冠贤总经理

电话：83829001　83821746　83875489　　　　传真：83829002

正在筹建开发的“马务住宅小区”、建筑面积约三万多平方米。

目　　录

广州市1997年国民经济和社会发展统计公报 …… 1

第一篇　综　　合

1—1　行政区划(1997年末) …… 11
1—2　各月平均温度、湿度(1997年) …… 12
1—3　各月降雨量、日照时数(1997年) …… 12
1—4　国民经济和社会发展主要指标 …… 13
1—5　国民经济和社会发展主要指标发展速度 …… 15
1—6　平均每天主要社会经济活动 …… 17
1—7　主要年份人民物质文化生活水平 …… 19
1—8　按人口平均的国民经济主要指标 …… 21
1—9　各计划时期主要指标平均每年增长速度 …… 21
1—10　国民经济主要指标比例关系 …… 22
1—11　主要年份国内生产总值 …… 23
1—12　国内生产总值 …… 24
1—13　县级市国内生产总值(1997年) …… 24
1—14　各行业增加值(1997年) …… 25
1—15　各行业增加值构成(1997年) …… 25
1—16　国内生产总值使用表 …… 26
1—17　资本形成总额 …… 26
1—18　最终消费 …… 27
1—19　居民消费水平 …… 27
1—20　公有制经济主要指标 …… 28
1—21　区属国民经济主要指标(1997年) …… 29
1—22　县级市国民经济主要指标(1997年) …… 31

第二篇　人　　口

2—1　主要年份年末总户数、总人口数 …… 39
2—2　主要年份年末常住户数、人口数 …… 40
2—3　主要年份总人口自然变动情况 …… 41
2—4　土地面积、人口密度(1997年) …… 42
2—5　年末总人口(1997年) …… 42
2—6　年末常住户口户数、人口数(1997年) …… 43
2—7　人口迁移状况(1997年) …… 43
2—8　总人口自然变动状况(1997年) …… 44

2—9　主要年份农业人口转为非农业人口数 …… 44
2—10　农业人口转为非农业人口数(1997年) …… 45
2—11　计划生育情况(1997年) …… 45

第三篇　从业人员和职工工资

3—1　主要年份社会从业人员 …… 51
3—2　社会从业人员(1997年末) …… 52
3—3　市区社会从业人员(1997年末) …… 53
3—4　主要年份三次产业从业人员及构成 …… 54
3—5　三次产业从业人员及构成(1997年末) …… 55
3—6　市区城镇从业人员(1997年末) …… 55
3—7　城镇从业人员(1997年末) …… 56
3—8　职工人数与工资(1997年、按地区分) …… 57
3—9　职工工资总额及指数 …… 58
3—10　职工人数与工资(1997年、按行业分) …… 59
3—11　市区职工人数与工资(1997年、按行业分) …… 61
3—12　国有经济单位职工人数与工资(1997年) …… 63
3—13　市区国有经济单位职工人数与工资(1997年) …… 65
3—14　市属国有经济单位职工人数与工资(1997年) …… 67
3—15　独立核算工业企业职工人数(1997年末) …… 69
3—16　独立核算工业企业职工工资总额(1997年) …… 71
3—17　独立核算工业企业职工人数分类(1997年末) …… 73
3—18　建筑业企业职工人数分类(1997年末) …… 74
3—19　城镇集体经济单位职工人数与工资(1997年) …… 75
3—20　市区城镇集体经济单位职工人数与工资(1997年) …… 77
3—21　市属城镇集体经济单位职工人数与工资(1997年) …… 79
3—22　其他各种经济类型单位职工人数(1997年末) …… 81
3—23　其他各种经济类型单位职工工资总额(1997年) …… 82
3—24　合同制职工人数(1997年末) …… 83
3—25　城镇私营个体从业人员 …… 84
3—26　女职工年末人数(1997年) …… 85
3—27　职工人数变动情况(1997年) …… 85
3—28　分企业事业机关的职工人数和工资总额(1997年) …… 86
3—29　职工保险福利费用构成情况(1997年) …… 86
3—30　市属职工保险福利费用构成情况(1997年) …… 87
3—31　非在职职工保险福利费用构成情况(1997年) …… 87
3—32　市属非在职职工保险福利费用构成情况(1997年) …… 88
3—33　城镇登记失业人员安置情况 …… 88
3—34　城乡劳动力资源与分配 …… 89

第四篇　固定资产投资

4—1　主要年份全社会固定资产投资额(按所有制分) …… 97

4—2　各时期全社会固定资产投资额 …… 98
4—3　各时期全社会固定资产投资额平均增长速度 …… 99
4—4　全社会固定资产投资额(1997年) …… 100
4—5　固定资产投资和房屋建设(1997年) …… 101
4—6　市属固定资产投资和房屋建设(1997年) …… 101
4—7　主要年份全社会固定资产投资额和房屋竣工面积 …… 102
4—8　市区主要年份全社会固定资产投资额和房屋竣工面积 …… 103
4—9　三次产业固定资产投资额及构成(1997年、按经济类型分) …… 104
4—10　三次产业固定资产投资额及构成(1997年) …… 105
4—11　三次产业国有经济固定资产投资额及构成(1997年) …… 105
4—12　全社会固定资产投资额(1997年、按行业分) …… 106
4—13　全社会固定资产投资额(1997年、按经济类型分) …… 108
4—14　新增固定资产(1997年) …… 109
4—15　全社会固定资产投资额和新增固定资产(1997年) …… 110
4—16　市区固定资产投资额和新增固定资产(1997年) …… 113
4—17　市属固定资产投资额和新增固定资产(1997年) …… 116
4—18　全社会固定资产投资额(1997年、按地区分) …… 119
4—19　市属固定资产投资额(1997年、按地区分) …… 122
4—20　新增固定资产(1997年、按经济类型分) …… 125
4—21　市区新增固定资产(1997年、按经济类型分) …… 128
4—22　市属新增固定资产(1997年、按经济类型分) …… 130
4—23　工业固定资产投资额和新增固定资产(1997年) …… 132
4—24　市区工业固定资产投资额和新增固定资产(1997年) …… 134
4—25　市属工业固定资产投资额和新增固定资产(1997年) …… 135
4—26　工业固定资产投资额(1997年、按经济类型分) …… 137
4—27　市区工业固定资产投资额(1997年、按经济类型分) …… 139
4—28　市属工业固定资产投资额(1997年、按经济类型分) …… 140
4—29　工业新增固定资产(1997年、按经济类型分) …… 142
4—30　市区工业新增固定资产(1997年、按经济类型分) …… 144
4—31　市属工业新增固定资产(1997年、按经济类型分) …… 145
4—32　国有经济固定资产投资额(1997年、按地区分) …… 147
4—33　市属国有经济固定资产投资额(1997年、按地区分) …… 150
4—34　国有经济新增固定资产(1997年、按地区分) …… 153
4—35　市属国有经济新增固定资产(1997年、按地区分) …… 155
4—36　国有经济工业新增固定资产(1997年) …… 157
4—37　城镇集体经济固定资产投资额(1997年、按地区分) …… 158
4—38　城镇集体经济新增固定资产(1997年、按地区分) …… 159
4—39　重点建设项目投资完成情况(1997年) …… 160
4—40　固定资产投资财务拨款(1997年、按隶属关系分) …… 161
4—41　固定资产投资财务拨款(1997年、按地区分) …… 161
4—42　基本建设投资财务拨款(1997年、按隶属关系分) …… 162

4—43 基本建设投资财务拨款(1997年、按地区分) …… 162
4—44 更新改造投资财务拨款(1997年、按隶属关系分) …… 163
4—45 更新改造投资财务拨款(1997年、按地区分) …… 163
4—46 固定资产投资财务拨款(1997年) …… 164
4—47 市属固定资产投资财务拨款(1997年) …… 164
4—48 城镇集体经济固定资产投资财务拨款(1997年、按地区分) …… 165
4—49 固定资产投资主要经济效益指标(1997年) …… 165
4—50 市区固定资产投资主要经济效益指标(1997年) …… 166
4—51 市属固定资产投资主要经济效益指标(1997年) …… 166
4—52 引进技术建设投资额(1997年) …… 167
4—53 农村集体经济固定资产投资额(1997年) …… 168
4—54 农村集体经济新增固定资产及房屋建筑面积(1997年) …… 169
4—55 城镇私人建房情况(1997年) …… 170
4—56 农村私人建房情况(1997年) …… 170
4—57 房地产开发与经营(1997年) …… 171
4—58 房地产外资合作公司开发与经营 …… 172
4—59 房地产开发投资额(1997年) …… 173
4—60 房地产开发房屋面积(1997年) …… 174
4—61 房地产开发资金来源(1997年) …… 175
4—62 房地产开发主要财务指标(1997年) …… 176

第五篇 原材料消费与库存

5—1 主要物资消费与库存量 …… 185
5—2 市区主要物资消费与库存量 …… 186
5—3 市属主要物资消费与库存量 …… 187
5—4 原材料、能源消费、库存总值(1997年) …… 188
5—5 主要物资消费量(1997年) …… 189
5—6 工业企业能源加工转换情况(1997年) …… 192
5—7 地区能源平衡表(实物量)(1997年) …… 193
5—8 地区能源平衡表(标准量)(1997年) …… 196

第六篇 财政、金融和保险业

6—1 地方财政收入(1997年) …… 205
6—2 地方财政支出(1997年) …… 206
6—3 金融机构信贷资金平衡表(1997年末) …… 207
6—4 金融机构信贷资金平衡表(1997年末、不包省行) …… 208
6—5 城乡居民储蓄存款 …… 208
6—6 银行现金收支(1997年) …… 209
6—7 国内财产保险业务情况(1997年) …… 210
6—8 国内人身保险业务情况(1997年) …… 211

第七篇 人民生活、物价

7—1 城市居民家庭基本情况(1997 年) …… 217
7—2 城市居民家庭平均每人每月现金收支情况(1997 年) …… 218
7—3 城市居民家庭平均每人每月消费性支出情况(1997 年) …… 220
7—4 城市居民家庭平均每人每月生活费收入和消费性支出情况 …… 222
7—5 城市居民家庭平均每百户年末耐用消费品拥有量 …… 223
7—6 城市居民家庭平均每百户年末耐用消费品拥有量(1997 年) …… 224
7—7 城市居民家庭居住情况(1997 年) …… 225
7—8 城市居民家庭购买的主要商品数量(1997 年) …… 226
7—9 农村居民家庭基本情况(1997 年) …… 227
7—10 农村居民家庭平均每人全年收支情况(1997 年) …… 229
7—11 城镇居民消费价格指数与商品零售价格指数 …… 230
7—12 农村居民消费价格指数 …… 231
7—13 农村商品零售价格指数 …… 232
7—14 农贸市场农产品成交价格指数 …… 233
7—15 主要食品平均价格 …… 233
7—16 主要工业品出厂价格与原材料、燃料、动力购进价格总指数 …… 234
7—17 农业生产资料价格指数 …… 234

第八篇 城市公用事业

8—1 城市(市区)供水 …… 241
8—2 城市供电 …… 241
8—3 全市用电(1997 年) …… 242
8—4 城市供气 …… 243
8—5 主要年份城市房屋建筑面积 …… 243
8—6 城市建设固定资产投资额 …… 244
8—7 城市维护费收支情况 …… 244
8—8 公共交通(1997 年) …… 245
8—9 城市(市区)公共设施 …… 245
8—10 城市(市区)园林情况 …… 246
8—11 城市环境卫生 …… 246
8—12 广州市立交桥、人行天桥(隧道)一览表 …… 247

第九篇 农 业

9—1 农业主要指标 …… 255
9—2 乡镇户数、人口和农村劳动力(1997 年) …… 256
9—3 农村镇、村组织情况(1997 年) …… 256
9—4 主要年份年末耕地面积 …… 257
9—5 年末耕地面积(1997 年) …… 258
9—6 耕地面积变动情况(1997 年) …… 258

9—7 农村乡镇劳动力分布情况(1997年) …… 259
9—8 主要年份农业总产值 …… 261
9—9 主要年份农业总产值(按1990年不变价格计算) …… 262
9—10 农业总产值及构成(1997年) …… 263
9—11 农业总产值(1997年、按1990年不变价格计算) …… 263
9—12 农业商品产值(1997年) …… 264
9—13 农业商品产值率(1997年) …… 264
9—14 农业增加值(1997年) …… 265
9—15 农业中间消耗(1997年) …… 265
9—16 主要农作物生产水平 …… 266
9—17 畜牧业生产水平 …… 266
9—18 主要农作物播种面积和产量(1997年) …… 267
9—19 畜牧业生产情况(1997年) …… 271
9—20 水产品生产情况(1997年) …… 272
9—21 农村经济效益主要指标 …… 273
9—22 农村固定资产结构(1997年) …… 273
9—23 乡村企业主要财务指标(1997年) …… 273
9—24 主要农业机械年末拥有量(1997年) …… 274
9—25 农业“四化”情况(1997年) …… 278
9—26 主要农副产品产量与建国以来最高年份比较(1997年) …… 279
9—27 乡镇企业单位数(1997年) …… 280
9—28 乡镇企业人数(1997年) …… 281
9—29 乡镇企业营业收入(1997年) …… 282
9—30 乡镇企业出口情况(1997年) …… 282
9—31 乡镇企业成本费用支出(1997年) …… 283
9—32 乡镇企业实交国家税金(1997年) …… 283
9—33 乡镇企业税后利润净额(1997年) …… 284
9—34 乡镇企业工资总额(1997年) …… 284
9—35 乡镇企业资本金(1997年) …… 285
9—36 乡镇企业年末固定资产原价(1997年) …… 285
9—37 乡镇企业总产值(1997年) …… 286
9—38 乡镇企业总产值(1997年、按1990年不变价格计算) …… 287
9—39 农村经济收入分配和效益 …… 288
9—40 国有农、林、牧、渔场生产情况(1997年) …… 289
9—41 乡镇企业营业收入亿元以上企业名单(1997年) …… 291
9—42 乡镇企业营业收入五亿元以上的镇名单(1997年) …… 292
9—43 乡镇企业营业收入二亿元以上的村名单(1997年) …… 293
9—44 乡镇基本特征(1996年) …… 294
9—45 行政村户数、人口数(1996年) …… 294
9—46 非农业乡镇企业基本情况(1996年) …… 295
9—47 农村住户家庭情况(1996年) …… 297

9—48 非农村住户农业生产经营单位、从业人员情况(1996年) …… 299
9—49 农村住户平均每户农业用地经营情况(1996年) …… 301

第十篇 工 业

10—1 主要年份工业总产值 …… 307
10—2 主要年份工业总产值(按1990年不变价格计算) …… 308
10—3 工业企业单位数 …… 309
10—4 市区工业企业单位数 …… 311
10—5 工业总产值(按1990年不变价格计算) …… 312
10—6 市区工业总产值(按1990年不变价格计算) …… 314
10—7 工业企业单位数及工业总产值(1997年、按地区分) …… 315
10—8 工业企业单位数及工业总产值(1997年) …… 316
10—9 乡及乡以上工业企业单位数及工业总产值(1997年) …… 319
10—10 非独立核算工业企业单位数及工业总产值(1997年) …… 321
10—11 独立核算工业企业单位数、工业总产值和工业增加值(1997年) …… 323
10—12 工业销售产值 …… 326
10—13 工业企业出口产品产值及比重 …… 326
10—14 主要工业产品产量 …… 327
10—15 主要年份独立核算工业企业全员劳动生产率(按1990年不变价格计算) …… 330
10—16 独立核算工业企业全员劳动生产率(按工业增加值计算) …… 330
10—17 独立核算工业企业全员劳动生产率(1997年) …… 331
10—18 国有经济独立核算工业企业全员劳动生产率(1997年) …… 331
10—19 集体经济独立核算工业企业全员劳动生产率(1997年) …… 332
10—20 其他经济独立核算工业企业全员劳动生产率(1997年) …… 332
10—21 独立核算工业企业全员劳动生产率(1997年、按行业分) …… 333
10—22 市区独立核算工业企业全员劳动生产率(1997年、按行业分) …… 334
10—23 独立核算工业企业主要财务成本指标 …… 335
10—24 独立核算工业企业主要财务成本指标(1997年) …… 336
10—25 县级市独立核算工业企业主要财务成本指标(1997年) …… 337
10—26 国有经济独立核算工业企业主要财务成本指标(1997年) …… 338
10—27 集体经济独立核算工业企业主要财务成本指标(1997年) …… 339
10—28 其他经济独立核算工业企业主要财务成本指标(1997年) …… 340
10—29 乡办独立核算工业企业主要财务成本指标(1997年) …… 341
10—30 独立核算工业企业主要经济效益指标(1997年) …… 342
10—31 独立核算工业企业年末固定资产原价(1997年) …… 343
10—32 市区独立核算工业企业年末固定资产原价(1997年) …… 344
10—33 独立核算工业企业年末固定资产净值(1997年) …… 345
10—34 市区独立核算工业企业年末固定资产净值(1997年) …… 346
10—35 独立核算工业企业分组主要指标(1997年) …… 347
10—36 国有经济独立核算工业企业分组主要指标(1997年) …… 347
10—37 独立核算工业企业年末固定资产情况 …… 348

10—38　市属工业新产品、新花色品种情况 …… 348
10—39　独立核算大中型工业企业基本情况(1997 年) …… 349
10—40　独立核算大中型工业企业基本情况(1997 年、按企业规模分) …… 350
10—41　市区独立核算大中型工业企业基本情况(1997 年) …… 351
10—42　市属独立核算大中型工业企业基本情况(1997 年) …… 352
10—43　独立核算大型工业企业基本情况(1997 年) …… 353
10—44　独立核算中型工业企业基本情况(1997 年) …… 359
10—45　村办工业企业主要指标(1997 年) …… 369
10—46　城乡联营工业和城乡个体工业主要指标(1997 年) …… 369

第十一篇　建筑业

11—1　建筑安装企业主要指标(1997 年) …… 377
11—2　建筑业产值及价格指数 …… 377
11—3　建筑业企业情况(1997 年) …… 378
11—4　建筑业企业财务成本(1997 年) …… 380
11—5　建筑业企业年末技术装备情况(1997 年) …… 380
11—6　建筑业企业盈亏情况(1997 年) …… 381
11—7　建筑业企业总收入(1997 年) …… 381
11—8　建筑业企业增加值及其构成(1997 年) …… 382
11—9　建筑业企业工程质量(1997 年) …… 383
11—10　建筑业企业主要经济效益指标(1997 年) …… 384
11—11　建筑业企业(资质一级)一览表(1997 年) …… 386
11—12　建筑业企业(资质二级)一览表(1997 年) …… 388

第十二篇　运输和邮电

12—1　交通邮电基本情况 …… 397
12—2　全社会客货运输(吞吐)量(1997 年) …… 398
12—3　全社会车辆数(1997 年) …… 399
12—4　交通运输、邮电主要指标(1997 年) …… 400
12—5　交通系统旅客运输量 …… 400
12—6　铁路货物到发量 …… 401
12—7　水路运输量及货物分类(1997 年) …… 402
12—8　港口吞吐量及货物分类(1997 年) …… 403
12—9　广州港标准集装箱吞吐量 …… 404
12—10　独立核算运输企业财务指标 …… 405
12—11　市属交通系统公路货物运输基本情况 …… 406
12—12　民用运输船舶拥有量 …… 407
12—13　市属交通系统水路运输量及周转量 …… 407
12—14　广州港港口吞吐量 …… 408
12—15　邮政电信网 …… 408
12—16　邮电业务收入 …… 409

12—17　邮电业务交换量 …… 410

第十三篇　国内贸易

13—1　主要年份社会商品零售总额 …… 417
13—2　市区主要年份社会商品零售总额 …… 418
13—3　社会消费品零售总额(1997年) …… 419
13—4　大中型批发零售贸易业商品销售、库存数量(1997年) …… 420
13—5　市区大中型批发零售贸易业商品销售、库存数量(1997年) …… 422
13—6　批发零售贸易业商品购、销、存总额(1997年) …… 424
13—7　市区批发零售贸易业商品购、销、存总额(1997年) …… 424
13—8　批发零售贸易业商品分类销售、库存总额(1997年) …… 425
13—9　市区批发零售贸易业商品分类销售、库存总额(1997年) …… 426
13—10　批发零售贸易业商品购、销、存总额(1997年、按地区分) …… 427
13—11　市属商业系统批发零售贸易业主要商品购销量(1997年) …… 428
13—12　商品交易市场成交量 …… 429
13—13　商品交易市场成交额 …… 430
13—14　年成交额超亿元消费品市场情况一览表(1997年) …… 431
13—15　批发贸易业机构、网点、人员数(1997年) …… 432
13—16　零售贸易业机构、网点、人员数(1997年) …… 433
13—17　餐饮业机构、网点、人员数(1997年) …… 434
13—18　餐饮业营业收入(1997年) …… 434
13—19　服务业分行业机构、网点、人员数(1997年) …… 435
13—20　贸易业、餐饮业、服务业网点和人员数 …… 435
13—21　贸易业、餐饮业、服务业网点密度和销售水平 …… 436
13—22　市区贸易业、餐饮业、服务业网点密度和销售水平 …… 436
13—23　大中型批发零售贸易业财务状况(1997年) …… 437
13—24　市区大中型批发零售贸易业财务状况(1997年) …… 440
13—25　大中型餐饮业财务状况(1997年) …… 443
13—26　市区大中型餐饮业财务状况(1997年) …… 444
13—27　销售额超5亿元的批发零售贸易企业一览表(1997年) …… 445
13—28　销售额超亿元的零售企业一览表(1997年) …… 446
13—29　工商企业基本情况(1997年末) …… 447
13—30　私营企业基本情况(1997年末) …… 448
13—31　私营企业基本情况(1997年末、按行业分) …… 449
13—32　商品交易市场分类情况 …… 449
13—33　消费品批发市场情况(1997年) …… 450
13—34　城乡个体工商业基本情况 …… 450
13—35　城乡个体工商业基本情况(1997年末、按行业分) …… 451
13—36　社会商品购买力来源与分配 …… 451

第十四篇　对外经济贸易和旅游

14—1　海关进出口商品总值 …… 459

14—2　海关进口商品总值(1997年) …… 461
14—3　海关出口商品总值(1997年) …… 462
14—4　海关出口主要商品数量和金额 …… 463
14—5　海关进口主要商品数量和金额 …… 464
14—6　各时期对外经济贸易主要指标 …… 465
14—7　外贸进口商品总值 …… 465
14—8　外贸出口商品总值 …… 466
14—9　利用外资情况 …… 467
14—10　实际利用外资(1997年) …… 468
14—11　实际利用外资(1997年、按地区分) …… 468
14—12　利用外资签约情况(1997年) …… 469
14—13　直接投资项目利用外资分类 …… 470
14—14　外商投资企业基本情况(1997年末) …… 471
14—15　合同外资额1000万美元以上利用外资项目(1997年) …… 472
14—16　对外承包和劳务合作 …… 473
14—17　外商投资企业注册情况 …… 473
14—18　主要宾馆接待过夜旅游者情况 …… 474
14—19　旅游行业经营情况 …… 475
14—20　主要宾馆(酒店)住宿设施情况 …… 475
14—21　旅行社基本情况 …… 476
14—22　宾馆(旅店)业住宿设施情况(1997年) …… 477
14—23　广州市口岸国际旅客出入境人数 …… 480
14—24　广州市与各友好城市交流情况 …… 480
14—25　广州市与国外结成友好城市一览表(1997年末) …… 480
14—26　出口总值超5000万元的外贸企业一览表(1997年) …… 481

第十五篇　教育、科技和文化

15—1　高等院校基本情况(1997年) …… 487
15—2　高等院校各类专业学生数(1997年) …… 488
15—3　各类学校数及在校学生数(1997年) …… 488
15—4　各类学校招生数及毕业生数(1997年) …… 489
15—5　高中、初中、小学毕业考试及格率 …… 489
15—6　各类学校教职工人数及专任教师数(1997年) …… 490
15—7　高中、初中、小学毕业生升学情况 …… 490
15—8　学生流动情况 …… 491
15—9　普及小学教育的几个比率 …… 491
15—10　成人教育基本情况 …… 492
15—11　各级成人教育在校学生数 …… 492
15—12　幼儿园基本情况 …… 493
15—13　各类科学研究与开发机构基本情况 …… 493
15—14　市属各类专业人员 …… 494

15—15 各类专业技术人员 …… 495
15—16 市属科协基本情况(1997年) …… 498
15—17 大中型工业企业技术开发成果 …… 498
15—18 大中型工业企业技术开发机构、人员情况 …… 499
15—19 大中型工业企业技术开发经费总额 …… 499
15—20 建筑企业科技活动情况 …… 500
15—21 高技术产品企业概况(1997年) …… 501
15—22 高技术产品情况(1997年) …… 502
15—23 文化事业主要指标 …… 503

第十六篇 体育、卫生、社会福利和其他

16—1 体育事业基本情况 …… 511
16—2 卫生事业机构数(1997年) …… 511
16—3 卫生事业机构床位数(1997年) …… 512
16—4 卫生事业机构工作人员(1997年) …… 512
16—5 医院、区卫生院工作情况(1997年) …… 513
16—6 县及县以上医院工作情况(1997年) …… 513
16—7 农村村级卫生组织情况(1997年) …… 514
16—8 结婚和离婚对数 …… 514
16—9 优抚和社会救济、福利事业情况 …… 515
16—10 律师、公证、基层司法基本情况 …… 516
16—11 市区律师、公证、基层司法基本情况 …… 517
16—12 社会治安主要指标 …… 518
16—13 城市环境污染及处理 …… 518

附 录

附1 全国国民经济主要指标 …… 523
附2 广东省国民经济主要指标 …… 524
附3 全国十大城市国民经济主要指标(1997年) …… 525
附4 珠江三角洲十二市国民经济主要指标(1997年) …… 527
附5 香港主要统计指标 …… 529

企业简介 …… 533

CONTENTS

STATISTICAL COMMUNIQUE OF GUANGZHOU NATIONAL ECONOMIC AND SOCIAL DEVELOPMENT, 1997 … 1

CHAPTER 1 GENERAL SURVEY

01—01 ADMINISTRATIVE DIVISION (END OF 1997) … 11
01—02 MONTHLY AVERAGE TEMPERATURE AND MOISTURE(1997) … 12
01—03 MONTHLY PRECIPITATION AND HOURS OF SUNSHINE(1997) … 12
01—04 MAIN INDICATORS OF NATIONAL ECONOMY AND SOCIAL DEVELOPMENT … 13
01—05 DEVELOPMENT SPEED OF MAIN INDICATORS IN NATIONAL ECONOMY AND SOCIAL DEVELOPMENT … 15
01—06 SELECTED INDICATORS OF AVERAGE DAILY SOCIAL AND ECONOMIC ACTIVITIES … 17
01—07 INDICATORS OF MATERIAL AND CULTURE LIFE IN MAIN YEARS … 19
01—08 PER CAPITA INDICATORS OF MAIN INDICATORS IN NATIONAL ECONOMY … 21
01—09 AVERAGE ANNUAL IMPROVEMENT SPEED OF MAIN INDICATORS IN EACH PLANED PERIOD … 21
01—10 PROPORTIONAL RELATIONSHIP BETWEEN MAIN NATIONAL ECONOMIC INDICATORS … 22
01—11 GROSS DOMESTIC PRODUCTS IN MAIN YEARS … 23
01—12 GROSS DOMESTIC PRODUCTS … 24
01—13 GROSS DOMESTIC PRODUCTS BY COUNTY (1997) … 24
01—14 ADDED VALUE BY TRADE (1997) … 25
01—15 COMPOSITION OF ADDED VALUE BY TRADE (1997) … 25
01—16 UTILIZATION BALANCE SHEET OF GROSS DOMESTIC PRODUCTS … 26
01—17 GROSS CAPITAL FORMATION … 26
01—18 FINAL CONSUMPTION EXPENDITURE … 27
01—19 CONSUMPTION LEVEL OF RESIDENTS … 27
01—20 MAIN INDICATORS OF PUBLIC—OWNED ECONOMY … 28
01—21 MAIN INDICATORS IN NATIONAL ECONOMY BY DISTRICT(1997) … 29
01—22 MAIN INDICATORS IN NATIONAL ECONOMY BY COUNTY(1997) … 31

CHAPTER 2 POPULATION

02—01 YEAR—END HOUSEHOLDS AND TOTAL POPULATION IN MAIN YEARS … 39
02—02 YEAR—END HOUSEHOLDS AND POPULATION IN MAIN YEARS (BASED ON RESIDENT POPULATION) … 40
02—03 STATISTICS ON NATURAL CHANGES IN TOTAL POPULATION IN MAIN YEARS … 41
02—04 LAND AREA AND DENSITY OF POPULATION(1997) … 42
02—05 YEAR—END TOTAL POPULATION(1997) … 42
02—06 YEAR—END HOUSEHOLDS AND POPULATION(1997, BASED ON RESIDENT POPULATION) … 43
02—07 STATISTICS ON MIGRATION OF POPULATION(1997) … 43
02—08 STATISTICS ON NATURAL CHANGES IN TOTAL POPULATION (1997) … 44
02—09 POPULATION TRANSFERRED FROM AGRICULTURAL RESIDENCE REGISTRATION

TO NON—AGRICULTURAL RESIDENCE REGISTRATION IN MAIN YEARS ······ 44
02—10 POPULATION TRANSFERRED FROM AGRICULTURAL RESIDENCE REGISTRATION TO NON—AGRICULTURAL RESIDENCE REGISTRATION (1997) ······ 45
02—11 STATISTICS ON FAMILY PLANING(1997) ······ 45

CHAPTER 3 EMPLOYMENT AND WAGES

03—01 OVERALL EMPLOYEES IN MAIN YEARS ······ 51
03—02 OVERALL EMPLOYEES (YEAR—END OF 1997) ······ 52
03—03 EMPLOYEES IN URBAN SECTION (YEAR—END OF 1997) ······ 53
03—04 EMPLOYEES AND COMPOSITION BY TYPE OF INDUSTRY IN MAIN YEARS ······ 54
03—05 EMPLOYEES AND COMPOSITION BY TYPE OF INDUSTRY ······ 55
03—06 URBAN EMPLOYEES IN URBAN SECTION (YEAR—END OF 1997) ······ 55
03—07 URBAN EMPLOYEES (YEAR—END OF 1997) ······ 56
03—08 STAFF AND WORKERS AND WAGES (1997) ······ 57
03—09 TOTAL WAGES AND INDEX OF STAFF AND WORKERS ······ 58
03—10 NUMBER AND WAGES OF STAFF AND WORKERS BY TRADE (1997) ······ 59
03—11 NUMBER AND WAGES OF STAFF AND WORKERS IN URBAN SECTION (1997) ······ 61
03—12 NUMBER AND WAGES OF STAFF AND WORKERS IN STATE—OWNED UNITS(1997) ······ 63
03—13 NUMBER AND WAGES OF STAFF AND WORKERS IN STATE—OWNED UNITS IN URBAN SECTION(1997) ······ 65
03—14 NUMBER AND WAGES OF STAFF AND WORKERS IN CITY—OWNED UNITS(1997) ······ 67
03—15 STAFF AND WORKERS IN INDUSTRIAL ENTERPRISES WITH INDEPENDENT ACCOUNTING SYSTEM (YEAR—END OF 1997) ······ 69
03—16 TOTAL WAGES OF STAFF AND WORKERS IN INDUSTRIAL ENTERPRISES WITH INDEPENDENT ACCOUNTING SYSTEM (1997) ······ 71
03—17 CLASSIFICATION OF STAFF AND WORKERS IN INDUSTRIAL ENTERPRISES WITH INDEPENDENT ACCOUNTING SYSTEM (YEAR—END OF 1997) ······ 73
03—18 CLASSIFICATION OF STAFF AND WORKERS IN CONSTRUCTION ENTERPRISES (YEAR—END OF 1997) ······ 74
03—19 NUMBER AND WAGES OF STAFF AND WORKERS IN URBAN COLLECTIVE—OWNED UNITS(1997) ······ 75
03—20 NUMBER AND WAGES OF STAFF AND WORKERS IN URBAN COLLECTIVE—OWNED UNITS IN URBAN SECTION(1997) ······ 77
03—21 NUMBER AND WAGES OF STAFF AND WORKERS IN URBAN CITY—OWNED COLLECTIVE UNITS(YEAR—END OF 1997) ······ 79
03—22 STAFF AND WORKERS IN OTHER UNITS (YEAR—END OF 1997) ······ 81
03—23 TOTAL WAGES OF STAFF AND WORKERS IN OTHER UNITS (1997) ······ 82
03—24 CONTRACTUAL STAFF AND WORKERS (YEAR—END OF 1997) ······ 83
03—25 URBAN PRIVATE AND INDIVIDUAL EMPLOYEES ······ 84
03—26 YEAR—END FEMALE STAFF AND WORKERS(1997) ······ 85
03—27 STATISTICS ON VARIATION OF STAFF AND WORKERS(1997) ······ 85
03—28 TOTAL STAFF AND WORKERS AND WAGES IN ENTERPRISES, INSTITUTIONS AND CIVIL SERVANTS(1997) ······ 86
03—29 COMPOSITION OF INSURANCE AND WELFARE OF STAFF AND WORKERS(1997) ······ 86
03—30 COMPOSITION OF INSURANCE AND WELFARE OF STAFF AND WORKERS UNDER CITY

ADMINISTRATION(1997) …… 87
03—31 COMPOSITION OF INSURANCE AND WELFARE OF STAFF AND WORKERS NOT AT THEIR POSITIONS(1997) …… 87
03—32 COMPOSITION OF INSURANCE AND WELFARE OF STAFF AND WORKERS NOT AT THEIR POSITIONS UNDER CITY ADMINISTRATION(1997) …… 88
03—33 STATISTICS ON NEW EMPLOYMENT FOR PEOPLE WHO REGISTERED FOR UNEMPLOYMENT …… 88
03—34 SOURCES AND DISTRIBUTION OF URBAN AND RURAL LABOR FORCE …… 89

CHAPTER 4 INVESTMENT IN FIXED ASSETS

04—01 TOTAL INVESTMENT IN FIXED ASSETS IN MAIN YEARS (BY OWNERSHIP) …… 97
04—02 TOTAL INVESTMENT IN FIXED ASSETS IN EACH PERIOD …… 98
04—03 AVERAGE GROWTH SPEED OF INVESTMENT IN FIXED ASSETS IN EACH PERIOD …… 99
04—04 TOTAL INVESTMENT IN FIXED ASSETS(1997) …… 100
04—05 INVESTMENT IN FIXED ASSETS AND BUILDING CONSTRUCTION(1997) …… 101
04—06 CITY—OWNED INVESTMENT IN FIXED ASSETS AND BUILDING CONSTRUCTION(1997) …… 101
04—07 TOTAL INVESTMENT IN FIXED ASSETS AND FLOOR SPACE OF BUILDING COMPLETED IN MAIN YEARS …… 102
04—08 TOTAL INVESTMENT IN FIXED ASSETS AND FLOOR SPACE OF BUILDING COMPLETED IN URBAN SECTION IN MAIN YEARS …… 103
04—09 INVESTMENT IN FIXED ASSETS AND ITS COMPOSITION BY TYPE OF INDUSTRY (1997, BY TYPE OF OWNERSHIP) …… 104
04—10 INVESTMENT IN FIXED ASSETS AND ITS COMPOSITION BY TYPE OF INDUSTRY(1997) …… 105
04—11 INVESTMENT IN FIXED ASSETS AND ITS COMPOSITION IN STATE—OWNED ECONOMY (BY TYPE OF INDUSTRY 1997) …… 105
04—12 TOTAL INVESTMENT IN FIXED ASSETS(1997, BY TRADE) …… 106
04—13 TOTAL INVESTMENT IN FIXED ASSETS(1997, BY TYPE OF OWNERSHIP) …… 108
04—14 NEWLY INCREASED FIXED ASSETS(1997) …… 109
04—15 TOTAL INVESTMENT IN FIXED ASSETS AND NEWLY INCREASED FIXED ASSETS (1997) …… 110
04—16 TOTAL INVESTMENT IN FIXED ASSETS AND NEWLY INCREASED FIXED ASSETS IN URBAN SECTION(1997) …… 113
04—17 CITY—OWNED INVESTMENT IN FIXED ASSETS AND NEWLY INCREASED FIXED ASSETS(1997) …… 116
04—18 TOTAL INVESTMENT IN FIXED ASSETS (1997, BY REGION) …… 119
04—19 CITY—OWNED INVESTMENT IN FIXED ASSETS (1997, BY REGION) …… 122
04—20 NEWLY INCREASED FIXED ASSETS(1997, BY TYPE OF OWNERSHIP) …… 125
04—21 NEWLY INCREASED FIXED ASSETS IN URBAN SECTION(1997, BY TYPE OF OWNERSHIP) …… 128
04—22 CITY—OWNED NEWLY INCREASED FIXED ASSETS(1997, BY TYPE OF OWNERSHIP) …… 130
04—23 INVESTMENT IN FIXED ASSETS IN INDUSTRY AND NEWLY INCREASED FIXED ASSETS (1997) …… 132
04—24 INVESTMENT IN FIXED ASSETS IN INDUSTRY IN URBAN SECTION AND NEWLY INCREASED FIXED ASSETS(1997) …… 134
04—25 INVESTMENT IN FIXED ASSETS IN CITY—OWNED INDUSTRY AND NEWLY INCREASED FIXED ASSETS (1997) …… 135
04—26 INVESTMENT IN FIXED ASSETS IN INDUSTRY(1997, BY TYPE OF OWNERSHIP) …… 137
04—27 INVESTMENT IN FIXED ASSETS IN INDUSTRY IN URBAN SECTION(1997, BY TYPE OF OWNERSHIP) …… 139

04—28 INVESTMENT IN FIXED ASSETS IN CITY—OWNED INDUSTRY (1997,BY TYPE OF OWNERSHIP) …… 140
04—29 NEWLY INCREASED FIXED ASSETS IN INDUSTRY(1997,BY TYPE OF OWNERSHIP) …… 142
04—30 NEWLY INCREASED FIXED ASSETS IN INDUSTRY IN URBAN SECTION (1997,BY TYPE OF OWNERSHIP) …… 144
04—31 NEWLY INCREASED FIXED ASSETS IN CITY—OWNED INDUSTRY(1997) …… 145
04—32 INVESTMENT IN FIXED ASSETS IN STATE—OWNED ECONOMY(1997,BY REGION) …… 147
04—33 INVESTMENT IN FIXED ASSETS IN STATE—OWNED ECONOMY UNDER CITY ADMINISTRATION(1997,BY REGION) …… 150
04—34 NEWLY INCREASED FIXED ASSETS IN STATE—OWNED ECONOMY(1997,BY REGION) …… 153
04—35 NEWLY INCREASED FIXED ASSETS IN STATE—OWNED ECONOMY UNDER CITY ADMINISTRATION (1997) …… 155
04—36 NEWLY INCREASED FIXED ASSETS IN STATE—OWNED INDUSTRY(1997) …… 157
04—37 INVESTMENT IN FIXED ASSETS IN COLLECTIVE—OWNED ECONOMY OF TOWNSHIP AND VILLAGE(1997,BY REGION) …… 158
04—38 NEWLY INCREASED FIXED ASSETS IN COLLECTIVE—OWNED ECONOMY OF TOWNSHIP AND VILLAGE(1997) …… 159
04—39 CONSTRUCTION OF MAJOR PROJECTS(1997) …… 160
04—40 FINANCIAL APPROPRIATION FOR INVESTMENT IN FIXED ASSETS (1997,BY ADMINISTRATIVE RELATIONSHIP) …… 161
04—41 FINANCIAL APPROPRIATION FOR INVESTMENT IN FIXED ASSETS(1997,BY REGION) …… 161
04—42 FINANCIAL APPROPRIATION FOR CAPITAL CONSTRUCTION INVESTMENT (1997,BY ADMINISTRATIVE RELATIONSHIP) …… 162
04—43 FINANCIAL APPROPRIATION FOR CAPITAL CONSTRUCTION INVESTMENT(1997,BY REGION) …… 162
04—44 FINANCIAL APPROPRIATION FOR TECHNICAL UPDATES AND TRANSFORMATION INVESTMENT(1997,BY ADMINISTRATIVE RELATIONSHIP) …… 163
04—45 FINANCIAL APPROPRIATION FOR TECHNICAL UPDATES AND TRANSFORMATION INVESTMENT(1997,BY REGION) …… 163
04—46 FINANCIAL APPROPRIATION FOR INVESTMENT IN FIXED ASSETS(1997) …… 164
04—47 FINANCIAL APPROPRIATION FOR INVESTMENT IN FIXED ASSETS UNDER CITY ADMINISTRATION(1997) …… 164
04—48 FINANCIAL APPROPRIATION FOR INVESTMENT IN FIXED ASSETS IN COLLECTIVE—OWNED ECONOMY OF TOWNSHIP AND VILLAGE(1997,BY REGION) …… 165
04—49 MAIN INDICATORS OF ECONOMIC RESULTS IN INVESTMENT IN FIXED ASSETS(1997) …… 165
04—50 MAIN INDICATORS OF ECONOMIC RESULTS IN INVESTMENT IN FIXED ASSETS IN URBAN SECTION(1997) …… 166
04—51 MAIN INDICATORS OF ECONOMIC RESULTS IN INVESTMENT IN FIXED ASSETS UNDER CITY ADMINISTRATION(1997) …… 166
04—52 INVESTMENT IN INTRODUCING TECHNOLOGY CONSTRUCTION(1997) …… 167
04—53 INVESTMENT IN FIXED ASSETS IN RURAL COLLECTIVE—OWNED ECONOMY(1997) …… 168
04—54 NEWLY INCREASED ASSETS OF RURAL COLLECTIVE—OWNED ECONOMY AND FLOOR SPACE OF BUILDING(1997) …… 169
04—55 STATISTICS ON BUILDING CONSTRUCTION IN URBAN AREA(1997) …… 170
04—56 STATISTICS ON PRIVATE BUILDING CONSTRUCTION IN RURAL AREA(1997) …… 170
04—57 DEVELOPMENT AND OPERATION OF REAL ESTATE(1997) …… 171
04—58 DEVELOPMENT AND OPERATION OF FOREIGN CAPITAL COOPERATIVE

REAL ESTATE COMPANIES …… 172
04—59 INVESTMENT IN REAL ESTATE DEVELOPMENT(1997) …… 173
04—60 FLOOR SPACE OF BUILDING OF REAL ESTATE DEVELOPMENT(1997) …… 174
04—61 SOURCE OF CAPITAL IN REAL ESTATE DEVELOPMENT(1997) …… 175
04—62 MAIN FINANCIAL INDICATORS OF REAL ESTATE DEVELOPMENT(1997) …… 176

CHAPTER 5 CONSUMPTION AND INVENTORY OF RAW MATERIALS

05—01 CONSUMPTION AND INVENTORY OF MAIN MATERIALS …… 185
05—02 CONSUMPTION AND INVENTORY OF MAIN MATERIALS IN URBAN SECTION …… 186
05—03 CONSUMPTION AND INVENTORY OF MAIN MATERIALS UNDER CITY ADMINISTRATION …… 187
05—04 TOTAL VALUE OF CONSUMPTION OF RAW MATERIAL, ENERGY AND INVENTORY(1997) …… 188
05—05 CONSUMPTION OF MAIN MATERIALS(1997) …… 189
05—06 STATISTICS ON ENERGY TRANSFORMATION IN INDUSTRIAL ENTERPRISES(1997) …… 192
05—07 LOCAL ENERGY BALANCE SHEET(1997, IN KIND) …… 193
05—08 LOCAL ENERGY BALANCE SHEET(1997, STANDARD NUMBER) …… 196

CHAPTER 6 FINANCE 、BANKING AND INSURANCE

06—01 LOCAL GOVERNMENT REVENUE(1997) …… 205
06—02 LOCAL GOVERNMENT EXPENDITURE(1997) …… 206
06—03 CREDIT FUNDS BALANCE SHEET OF FINANCIAL INSTITUTIONS(END OF 1997) …… 207
06—04 CREDIT FUNDS BALANCE SHEET OF FINANCIAL INSTITUTIONS(END OF 1997, NOT INCLUDING PROVINCIAL LEVEL) …… 208
06—05 OUTSTANDING AMOUNT OF SAVINGS DEPOSIT OF URBAN AND RURAL RESIDENTS …… 208
06—06 CASH REVENUE AND EXPENDITURE OF BANKING SYSTEM(1997) …… 209
06—07 BASIC STATISTICS ON DOMESTIC PROPERTY INSURANCE(1997) …… 210
06—08 BASIC STATISTICS ON DOMESTIC LIFE INSURANCE(1997) …… 211

CHAPTER 7 PEOPLE'S LIVELIHOOD AND PRICE

07—01 BASIC STATISTICS ON URBAN HOUSEHOLD(1997) …… 217
07—02 STATISTICS ON URBAN HOUSEHOLD MONTHLY PER CAPITA CASH INCOME AND EXPENDITURE(1997) …… 218
07—03 STATISTICS ON URBAN HOUSEHOLD MONTHLY PER CAPITA LIVING EXPENDITURE(1997) …… 220
07—04 STATISTICS ON URBAN HOUSEHOLD MONTHLY PER CAPITA LIVING INCOME AND EXPENDITURE …… 222
07—05 URBAN HOUSEHOLD YEAR—END POSSESSION OF DURABLE CONSUMER GOODS PER 100 HOUSEHOLDS …… 223
07—06 URBAN HOUSEHOLD YEAR—END POSSESSION OF DURABLE CONSUMER GOODS PER 100 HOUSEHOLDS(1997) …… 224
07—07 LIVING CONDITIONS OF URBAN RESIDENTS(1997) …… 225
07—08 URBAN HOUSEHOLD PURCHASES OF MAJOR COMMODITIES(1997) …… 226
07—09 BASIC STATISTICS ON RURAL HOUSEHOLDS(1997) …… 227
07—10 STATISTICS ON RURAL HOUSEHOLDS ANNUAL PER CAPITA INCOME

AND EXPENDITURE(1997) …… 229
07－11 RESIDENTS CONSUMER PRICE INDICES AND RETAIL PRICE INDICES OF COMMODITIES IN URBAN AREA …… 230
07－12 RURAL RESIDENTS CONSUMER PRICE INDICES …… 231
07－13 RETAIL PRICE INDICES OF RURAL COMMODITIES …… 232
07－14 TRANSACTION PRICE INDICES OF FREE MARKETS …… 233
07－15 AVERAGE PRICE OF MAIN FOODS …… 233
07－16 MAIN INDUSTRIAL PRODUCTS PRODUCER PRICE AND GENERAL PRICE INDICES OF RAW MATERIAL, FUEL AND POWER …… 234
07－17 AGRICULTURAL PRODUCER GOODS PRICE INDICES …… 234

CHAPTER 8 URBAN PUBLIC UTILITIES

08－01 WATER SUPPLY IN URBAN DISTRICT …… 241
08－02 ELECTRICITY SUPPLY IN URBAN AREA …… 241
08－03 TOTAL ELECTRICITY CONSUMPTION(1997) …… 242
08－04 GAS SUPPLY IN URBAN AREA …… 243
08－05 FLOOR SPACE OF BUILDING IN URBAN AREA IN MAIN YEARS …… 243
08－06 INVESTMENT IN FIXED ASSETS IN CITY CONSTRUCTION …… 244
08－07 STATISTICS ON REVENUE AND EXPENDITURE IN CITY MAINTENANCE …… 244
08－08 PUBLIC TRANSPORTATION(1997) …… 245
08－09 PUBLIC FACILITIES IN URBAN DISTRICT …… 245
08－10 STATISTICS ON PARKS, GARDENS AND GREEN AREAS IN URBAN DISTRICT …… 246
08－11 CITY ENVIRONMENT AND SANITATION …… 246
08－12 TABLE OF FLYOVERS AND PLATFORM BRIDGES(CHANNELS) IN GUANGZHOU …… 247

CHAPTER 9 AGRICULTURE

09－01 MAJOR INDICATORS OF AGRICULTURE …… 255
09－02 RURAL HOUSEHOLDS, POPULATION AND LABOR FORCE(1997) …… 256
09－03 BASIC RURAL UNITS OF TOWN AND VILLAGE(1997) …… 256
09－04 YEAR－END AREA UNDER CULTIVATION IN MAIN YEARS …… 257
09－05 YEAR－END AREA UNDER CULTIVATION (1997) …… 258
09－06 STATISTICS ON CHANGES IN AREAS UNDER CULTIVATION(1997) …… 258
09－07 STATISTICS ON DISTRIBUTION OF RURAL LABOR FORCE(1997) …… 259
09－08 GROSS OUTPUT VALUE OF AGRICULTURE IN MAIN YEARS …… 261
09－09 GROSS OUTPUT VALUE OF AGRICULTURE IN MAIN YEARS (AT CONSTANT PRICE OF 1990) …… 262
09－10 GROSS OUTPUT VALUE OF AGRICULTURE AND COMPOSITION(1997) …… 263
09－11 GROSS OUTPUT VALUE OF AGRICULTURE(1997 AT CONSTANT PRICE OF 1990) …… 263
09－12 OUTPUT VALUE OF AGRICULTURAL COMMODITIES(1997) …… 264
09－13 RATE OF OUTPUT VALUE OF AGRICULTURAL COMMODITIES(1997, AT CURRENT PRICES) …… 264
09－14 ADDED VALUE OF AGRICULTURE(1997) …… 265
09－15 MID－CONSUMPTION OF AGRICULTURE(1997) …… 265
09－16 PRODUCTION LEVELS OF MAIN FARM CROPS …… 266
09－17 PRODUCTION LEVELS OF ANIMAL HUSBANDRY …… 266
09－18 SOWN AREAS AND OUTPUT OF MAJOR FARM CROPS(1997) …… 267

09—19 STATISTICS ON ANIMAL HUSBANDRY PRODUCTION(1997) …… 271
09—20 STATISTICS ON AQUATIC PRODUCTION (1997) …… 272
09—21 MAIN INDICATORS OF RURAL ECONOMIC RESULTS …… 273
09—22 COMPOSITION OF INVESTMENT IN FIXED ASSETS IN RURAL AREA(1997) …… 273
09—23 MAIN FINANCIAL INDICATORS OF ENTERPRISES RUN BY TOWNSHIP AND VILLAGES(1997) …… 273
09—24 YEAR—END POSSESSION OF MAJOR AGRICULTURAL MACHINERY(1997) …… 274
09—25 STATISTICS ON THE FOUR—MODERNIZATION OF AGRICULTURE(1997) …… 278
09—26 OUTPUT OF MAJOR AGRICULTURAL AND SIDELINE PRODUCTS IN COMPARISON WITH THAT OF PEAK YEAR SINCE 1949 (1997) …… 279
09—27 NUMBER OF TOWNSHIP AND VILLAGE ENTERPRISES(1997) …… 280
09—28 PERSONS EMPLOYED BY TOWNSHIP AND VILLAGE ENTERPRISES(1997) …… 281
09—29 OPERATING REVENUE OF TOWNSHIP AND VILLAGE ENTERPRISES(1997) …… 282
09—30 STATISTICS ON EXPORTS OF PRODUCTS OF TOWNSHIP AND VILLAGE ENTERPRISES(1997) …… 282
09—31 COST AND EXPENSE OF TOWNSHIP AND VILLAGE ENTERPRISES(1997) …… 283
09—32 TAXES TRULY PAID TO COUNTRY BY TOWNSHIP AND VILLAGE ENTERPRISES(1997) …… 283
09—33 NET PROFIT AFTER TAXATION BY TOWNSHIP AND VILLAGE ENTERPRISES(1997) …… 284
09—34 TOTAL WAGE OF TOWNSHIP AND VILLAGE ENTERPRISES(1997) …… 284
09—35 CAPITAL FUNDS OF TOWNSHIP AND VILLAGE ENTERPRISES(1997) …… 285
09—36 YEAR—END ORIGINAL PRICES OF FIXED ASSETS OF TOWNSHIP AND VILLAGE ENTERPRISES(1997) …… 285
09—37 GROSS OUTPUT VALUE OF TOWNSHIP AND VILLAGE ENTERPRISES(1997) …… 286
09—38 GROSS OUTPUT VALUE OF TOWNSHIP AND VILLAGE ENTERPRISES (1997,AT CONSTANT PRICE OF 1990) …… 287
09—39 RURAL ECONOMIC REVENUE DISTRIBUTION AND RESULTS …… 288
09—40 STATISTICS ON PRODUCTION OF STATE—OWNED FARMING,FORESTRY,ANIMAL HUSBANDRY AND FISHERY(1997) …… 289
09—41 LIST OF TOWNSHIP AND VILLAGES ENTERPRISES WITH OPERATING REVENUE ABOVE RMB 100 MILLION YUAN(1997) …… 291
09—42 LIST OF TOWNS WITH OPERATING REVENUE ABOVE RMB 500 MILLION YUAN BY TOWNSHIP AND VILLAGE ENTERPRISES (1997) …… 292
09—43 LIST OF VILLAGES WITH OPERATING REVENUE ABOVE RMB 200 MILLION YUAN BY TOWNSHIP AND VILLAGE ENTERPRISES (1997) …… 293
09—44 BASIC STATISTICS ON TOWNS AND VILLAGES(1996) …… 294
09—45 HOUSEHOLDS AND POPULATION IN ADMINISTRATIVE VILLAGES(1996) …… 294
09—46 BASIC STATISTICS ON NONAGRICULTURAL TOWNSHIP AND VILLAGE ENTERPRISES(1996) …… 295
09—47 STATISTICS ON RURAL HOUSEHOLDS(1996) …… 297
09—48 STATISTICS ON UNITS AND PERSONNEL IN AGRICULTURAL PRODUCTION OF UNRURAL HOUSEHOLDS(1996) …… 299
09—49 STATISTICS ON PROSECUTION OF FARMING LAND PER RURAL HOUSEHOLD(1996) …… 301

CHAPTER 10 INDUSTRY

10—01 GROSS OUTPUT VALUE OF INDUSTRY IN MAIN YEARS …… 307
10—02 GROSS OUTPUT VALUE OF INDUSTRY IN MAIN YEARS(AT CONSTANT PRICE OF 1990) …… 308
10—03 NUMBER OF INDUSTRIAL ENTERPRISES …… 309
10—04 NUMBER OF INDUSTRIAL ENTERPRISES IN URBAN SECTION …… 311

10－05 GROSS OUTPUT VALUE OF INDUSTRY(AT CONSTANT PRICE OF 1990) ······ 312
10－06 GROSS OUTPUT VALUE OF INDUSTRY IN URBAN SECTION(AT CONSTANT PRICE OF 1990) ······ 314
10－07 NUMBER AND GROSS OUTPUT VALUE OF INDUSTRIAL ENTERPRISES(1997,BY REGION) ······ 315
10－08 NUMBER AND GROSS OUTPUT VALUE OF INDUSTRIAL ENTERPRISES(1997) ······ 316
10－09 NUMBER AND GROSS OUTPUT VALUE OF INDUSTRIAL ENTERPRISES AT TOWNSHIP AND ABOVE LEVEL(1997) ······ 319
10－10 NUMBER AND GROSS OUTPUT VALUE OF INDUSTRIAL ENTERPRISES WITHOUT INDEPENDENT ACCOUNTING SYSTEMS (1997) ······ 321
10－11 NUMBER, GROSS OUTPUT VALUE AND ADDED－VALUE OF INDUSTRIAL ENTERPRISES WITH INDEPENDENT ACCOUNTING SYSTEMS(1997) ······ 323
10－12 SALES VALUE OF INDUSTRIAL OUTPUT ······ 326
10－13 OUTPUT VALUE OF EXPORTS AND PROPORTION BY INDUSTRIAL ENTERPRISES ······ 326
10－14 OUTPUT OF MAJOR INDUSTRIAL PRODUCTS ······ 327
10－15 OVERALL LABOR PRODUCTIVITY OF INDUSTRIAL ENTERPRISES WITH INDEPENDENT ACCOUNTING SYSTEMS IN MAIN YEARS(AT CONSTANT PRICE OF 1990) ······ 330
10－16 OVERALL LABOR PRODUCTIVITY OF INDUSTRIAL ENTERPRISES WITH INDEPENDENT ACCOUNTING SYSTEMS(AT INDUSTRIAL ADDED－VALUE) ······ 330
10－17 OVERALL LABOR PRODUCTIVITY OF INDUSTRIAL ENTERPRISES WITH INDEPENDENT ACCOUNTING SYSTEMS(1997) ······ 331
10－18 OVERALL LABOR PRODUCTIVITY OF STATE－OWNED INDUSTRIAL ENTERPRISES WITH INDEPENDENT ACCOUNTING SYSTEMS(1997) ······ 331
10－19 OVERALL LABOR PRODUCTIVITY OF COLLECTIVE－OWNED INDUSTRIAL ENTERPRISES WITH INDEPENDENT ACCOUNTING SYSTEMS(1997) ······ 332
10－20 OVERALL LABOR PRODUCTIVITY OF OTHER INDUSTRIAL ENTERPRISES WITH INDEPENDENT ACCOUNTING SYSTEMS(1997) ······ 332
10－21 OVERALL LABOR PRODUCTIVITY OF INDUSTRIAL ENTERPRISES WITH INDEPENDENT ACCOUNTING SYSTEMS (1997, BY TRADE) ······ 333
10－22 OVERALL LABOR PRODUCTIVITY OF INDUSTRIAL ENTERPRISES WITH INDEPENDENT ACCOUNTING SYSTEMS IN URBAN SECTION(1997,BY TRADE) ······ 334
10－23 MAJOR FINANCIAL AND COST INDICATORS OF INDUSTRIAL ENTERPRISES WITH INDEPENDENT ACCOUNTING SYSTEMS ······ 335
10－24 MAJOR FINANCIAL AND COST INDICATORS OF INDUSTRIAL ENTERPRISES WITH INDEPENDENT ACCOUNTING SYSTEMS(1997) ······ 336
10－25 MAJOR FINANCIAL AND COST INDICATORS OF INDUSTRIAL ENTERPRISES WITH INDEPENDENT ACCOUNTING SYSTEMS BY COUNTY(1997) ······ 337
10－26 MAJOR FINANCIAL AND COST INDICATORS OF STATE－OWNED INDUSTRIAL ENTERPRISES WITH INDEPENDENT ACCOUNTING SYSTEMS(1997) ······ 338
10－27 MAJOR FINANCIAL AND COST INDICATORS OF COLLECTIVE－OWNED INDUSTRIAL ENTERPRISES WITH INDEPENDENT ACCOUNTING SYSTEMS(1997) ······ 339
10－28 MAJOR FINANCIAL AND COST INDICATORS OF OTHER INDUSTRIAL ENTERPRISES WITH INDEPENDENT ACCOUNTING SYSTEMS(1997) ······ 340
10－29 MAJOR FINANCIAL AND COST INDICATORS OF INDUSTRIAL ENTERPRISES WITH INDEPENDENT ACCOUNTING SYSTEMS BY TOWNSHIP(1997) ······ 341
10－30 MAJOR ECONOMIC RESULTS INDICATORS OF INDUSTRIAL ENTERPRISES WITH INDEPENDENT ACCOUNTING SYSTEMS(1997) ······ 342
10－31 YEAR－END ORIGINAL PRICE OF FIXED ASSETS OF INDUSTRIAL ENTERPRISES WITH

INDEPENDENT ACCOUNTING SYSTEMS(1997) ········ 343
10—32 YEAR—END ORIGINAL PRICE OF FIXED ASSETS OF INDUSTRIAL ENTERPRISES WITH INDEPENDENT ACCOUNTING SYSTEMS IN URBAN SECTION(1997) ········ 344
10—33 YEAR—END NET VALUE OF FIXED ASSETS OF INDUSTRIAL ENTERPRISES WITH INDEPENDENT ACCOUNTING SYSTEMS(1997) ········ 345
10—34 YEAR—END NET VALUE OF FIXED ASSETS OF INDUSTRIAL ENTERPRISES WITH INDEPENDENT ACCOUNTING SYSTEMS IN URBAN SECTION(1997) ········ 346
10—35 MAJOR GROUPED INDICATORS OF INDUSTRIAL ENTERPRISES WITH INDEPENDENT ACCOUNTING SYSTEMS(1997) ········ 347
10—36 MAJOR GROUPED INDICATORS OF STATE—OWNED INDUSTRIAL ENTERPRISES WITH INDEPENDENT ACCOUNTING SYSTEMS(1997) ········ 347
10—37 STATISTICS ON YEAR—END FIXED ASSETS OF INDUSTRIAL ENTERPRISES WITH INDEPENDENT ACCOUNTING SYSTEMS ········ 348
10—38 STATISTICS ON NEW PRODUCTS OF CITY—OWNED INDUSTRY ········ 348
10—39 BASIC STATISTICS ON LARGE AND MEDIUM—SIZED INDUSTRIAL ENTERPRISES WITH INDEPENDENT ACCOUNTING SYSTEMS(1997) ········ 349
10—40 BASIC STATISTICS ON LARGE AND MEDIUM—SIZED INDUSTRIAL ENTERPRISES WITH INDEPENDENT ACCOUNTING SYSTEMS(1997,BY SIZE OF ENTERPRISES) ········ 350
10—41 BASIC STATISTICS ON LARGE AND MEDIUM—SIZED INDUSTRIAL ENTERPRISES WITH INDEPENDENT ACCOUNTING SYSTEMS IN URBAN SECTION(1997) ········ 351
10—42 BASIC STATISTICS ON LARGE AND MEDIUM—SIZED INDUSTRIAL ENTERPRISES WITH INDEPENDENT ACCOUNTING SYSTEMS UNDER CITY ADMINISTRATION(1997) ········ 352
10—43 BASIC STATISTICS ON LARGE INDUSTRIAL ENTERPRISES WITH INDEPENDENT ACCOUNTING SYSTEMS(1997) ········ 353
10—44 BASIC STATISTICS ON MEDIUM—SIZED INDUSTRIAL ENTERPRISES WITH INDEPENDENT ACCOUNTING SYSTEMS(1997) ········ 359
10—45 MAJOR INDICATORS OF INDUSTRIAL ENTERPRISES BY VILLAGE(1997) ········ 369
10—46 MAJOR INDICATORS OF JOINTLY OWNED AND INDIVIDUAL INDUSTRY BY TOWN AND COUNTRY(1997) ········ 369

CHAPTER 11 CONSTRUCTION

11—01 MAIN INDICATORS OF CONSTRUCTION ENTERPRISES(1997) ········ 377
11—02 OUTPUT VALUE AND PRICE INDEX OF CONSTRUCTION ENTERPRISES ········ 377
11—03 STATISTICS ON CONSTRUCTION ENTERPRISES(1997) ········ 378
11—04 FINANCIAL COST OF CONSTRUCTION ENTERPRISES(1997) ········ 380
11—05 STATISTICS ON YEAR—END TECHNOLOGY EQUIPMENT OF CONSTRUCTION ENTERPRISES (1997) ········ 380
11—06 STATISTICS ON PROFITS AND LOSS BY CONSTRUCTION ENTERPRISES(1997) ········ 381
11—07 TOTAL REVENUE OF CONSTRUCTION ENTERPRISES (1997) ········ 381
11—08 ADDED—VALUE AND COMPOSITION OF CONSTRUCTION ENTERPRISES(1997) ········ 382
11—09 CONSTRUCTION QUALITY OF CONSTRUCTION ENTERPRISES(1997) ········ 383
11—10 MAIN ECONOMIC RESULT INDICATORS OF CONSTRUCTION ENTERPRISES(1997) ········ 384
11—11 LIST OF CONSTRUCTION ENTERPRISES IN THE FIRST CLASS WITH OVERALL QUALITY(1997) ········ 386
11—12 LIST OF CONSTRUCTION ENTERPRISES IN THE SECOND CLASS WITH OVERALL QUALITY(1997) ········ 388

CHAPTER 12 TRANSPORTATION, POSTAL AND TELECOMMUNICATION SERVICE

12—01 BASIC STATISTICS ON TRANSPORTATION, POSTAL AND TELECOMMUNICATION SERVICE ········ 397
12—02 TOTAL PASSENGER AND FREIGHT TRAFFIC(1997) ········ 398
12—03 NUMBER OF TOTAL MOTOR VEHICLES(1997) ········ 399
12—04 MAIN INDICATORS OF TRANSPORTATION, POSTAL AND TELECOMMUNICATIONS SERVICE(1997) ········ 400
12—05 PASSENGER TRAFFIC IN TRANSPORTATION SYSTEM ········ 400
12—06 RAILWAY FREIGHT TRAFFIC ········ 401
12—07 WATERWAY TRAFFIC AND CATEGORY OF CARGO(1997) ········ 402
12—08 CARGO HANDLED AT SEAPORTS AND CATEGORY OF CARGO(1997) ········ 403
12—09 CARGO HANDLED IN INTERNATIOAL STANDARD CONTAINERS AT GUANGZHOU SEAPORT ········ 404
12—10 FINANCIAL INDICATORS OF TRANSPORTATION ENTERPRISES WITH INDEPENDENT ACCOUNTING SYSTEM ········ 405
12—11 BASIC STATISTICS ON HIGHWAY FREIGHT TRAFFIC BY CITY—OWNED TRANSPORTATION SERVICES ········ 406
12—12 NUMBER OF CIVIL TRANSPORT VESSELS ········ 407
12—13 WATERWAY TRAFFIC AND TURNOVER BY CITY—OWNED TRANSPORTATION SERVICES ········ 407
12—14 CARGO HANDLED AT GUANGZHOU SEAPORTS ········ 408
12—15 POSTAL AND TELECOMMUNICATION SERVICE NETWORK ········ 408
12—16 SERVICE REVENUE OF POST AND TELECOMMUNICATION ········ 409
12—17 POST AND TELECOMMUNICATION SERVICE ········ 410

CHAPTER 13 DOMESTIC TRADE

13—01 TOTAL RETAIL SALES OF COMMODITIES IN MAIN YEARS ········ 417
13—02 TOTAL RETAIL SALES OF COMMODITIES IN MAIN YEARS IN URBAN DISTRICT ········ 418
13—03 TOTAL RETAIL SALES OF CONSUMER GOODS(1997) ········ 419
13—04 SALES AND INVENTORY OF LARGE AND MEDIUM—SIZED ENTERPRISES IN WHOLESALE AND RETAIL SALES TRADE(1997) ········ 420
13—05 SALES AND INVENTORY OF LARGE AND MEDIUM—SIZED ENTERPRISES IN WHOLESALE AND RETAIL SALES TRADE IN URBAN SECTION(1997) ········ 422
13—06 TOTAL VALUE OF PURCHASE, SALES AND INVENTORY IN WHOLESALE AND RETAIL SALES TRADE(1997) ········ 424
13—07 TOTAL VALUE OF PURCHASE, SALES AND INVENTORY IN WHOLESALE AND RETAIL SALES TRADE IN URBAN SECTION(1997) ········ 424
13—08 TOTAL VALUE OF SALES AND INVENTORY IN WHOLESALE AND RETAIL SALES TRADE BY TYPE OF COMMODITIES(1997) ········ 425
13—09 TOTAL VALUE OF SALES AND INVENTORY IN WHOLESALE AND RETAIL SALES TRADE BY TYPE OF COMMODITIES IN URBAN SECTION(1997) ········ 426
13—10 TOTAL VALUE OF PURCHASE, SALES AND INVENTORY IN WHOLESALE AND RETAIL SALES TRADE (1997, BY REGION) ········ 427
13—11 PURCHASE AND SALES OF MAIN COMMODITIES IN WHOLESALE AND RETAIL SALES TRADE OF COMMERCIAL SYSTEM UNDER CITY ADMINISTRATION ········ 428
13—12 TRANSACTIONS VOLUME IN COMMODITIES MARKET ········ 429

13—13 TRANSACTIONS VALUE IN COMMODITIES MARKET(1997) ········· 430
13—14 TABLE OF CONSUMER MARKETS WITH ANNUAL TRANSACTION VALUE ABOVE RMB 100 MILLION YUAN(1997) ········· 431
13—15 INSTITUTIONS, OUTLETS AND PERSONNEL IN WHOLESALE TRADE(1997) ········· 432
13—16 INSTITUTIONS, OUTLETS AND PERSONNEL IN RETAIL SALES TRADE(1997) ········· 433
13—17 INSTITUTIONS, OUTLETS AND PERSONNEL IN CATERING TRADE(1997) ········· 434
13—18 REVENUE OF CATERING TRADE(1997) ········· 434
13—19 INSTITUTIONS, OUTLETS AND PERSONNEL IN SERVICE INDUSTRY BY TRADE(1997) ········· 435
13—20 OUTLETS AND PERSONNEL IN SALES TRADE, CATERING TRADE AND SERVICE INDUSTRY ········· 435
13—21 OUTLETS INTENSITY AND SALES VALUES OF TRADE, CATERING TRADE AND SERVICE INDUSTRY ········· 436
13—22 OUTLETS INTENSITY AND SALES VALUES OF TRADE, CATERING TRADE AND SERVICE INDUSTRY IN URBAN SECTION ········· 436
13—23 FINANCIAL SITUATION OF LARGE AND MEDIUM WHOLESALE AND RETAIL SALES TRADE(1997) ········· 437
13—24 FINANCIAL SITUATION OF LARGE AND MEDIUM WHOLESALE AND RETAIL SALES TRADE IN URBAN SECTION(1997) ········· 440
13—25 FINANCIAL SITUATION OF LARGE AND MEDIUM CATERING TRADE(1997) ········· 443
13—26 FINANCIAL SITUATION OF LARGE AND MEDIUM CATERING TRADE IN URBAN SECTION(1997) ········· 444
13—27 TABLE OF WHOLESALE AND RETAIL SALES TRADE ENTERPRISES WITH SALES VALUES ABOVE RMB 500 BILLION YUAN(1997) ········· 445
13—28 TABLE OF RETAIL SALES TRADE ENTERPRISES WITH SALES VALUES ABOVE RMB 100 BILLION YUAN(1997) ········· 446
13—29 BASIC STATISTICS ON INDUSTRIAL AND COMMERCIAL ENTERPRISES(END OF 1997) ········· 447
13—30 BASIC STATISTICS ON PRIVATE ENTERPRISES(YEAR—END OF 1997) ········· 448
13—31 BASIC STATISTICS ON PRIVATE ENTERPRISES(YEAR—END OF 1997, BY TRADE) ········· 449
13—32 STATISTICS ON CLASSIFICATION ON COMMODITIES MARKETS ········· 449
13—33 STATISTICS ON CONSUMER GOODS WHOLESALE MARKETS(1997) ········· 450
13—34 BASIC STATISTICS ON PRIVATE INDUSTRIAL AND COMMERCIAL ENTERPRISES ········· 450
13—35 BASIC STATISTICS ON PRIVATE INDUSTRIAL AND COMMERCIAL ENTERPRISES (YEAR—END OF 1997, BY TRADE) ········· 451
13—36 SOURCE AND DISTRIBUTION OF PURCHASE POWER IN SOCIAL COMMODITIES ········· 451

CHAPTER 14 FOREIGN ECONOMY TRADE AND TOURISM

14—01 TOTAL VALUE OF IMPORT AND EXPORT COMMODITIES(CUSTOM STATISTICS) ········· 459
14—02 TOTAL VALUE OF IMPORT COMMODITIES(1997, CUSTOM STATISTICS) ········· 461
14—03 TOTAL VALUE OF EXPORT COMMODITIES(1997, CUSTOM STATISTICS) ········· 462
14—04 MAJOR EXPORT COMMODITIES IN VOLUME AND VALUE(1997, CUSTOM STATISTICS) ········· 463
14—05 MAJOR IMPORT COMMODITIES IN VOLUME AND VALUE(1997, CUSTOM STATISTICS) ········· 464
14—06 MAIN INDICATORS OF FOREIGN ECONOMICS AND TRADE IN EACH PERIOD ········· 465
14—07 TOTAL VALUE OF IMPORT COMMODITIES IN FOREIGN TRADE ········· 465
14—08 TOTAL VALUE OF EXPORT COMMODITIES IN FOREIGN TRADE ········· 466
14—09 STATISTICS ON UTILIZATION OF FOREIGN CAPITAL ········· 467
14—10 FOREIGN CAPITAL ACTUALLY USED(1997) ········· 468

14—11 FOREIGN CAPITAL ACTUALLY USED(1997,BY REGION) …… 468
14—12 STATISTICS ON SIGNED CONTRACTS AGREEMENT ON UTILIZATION OF FOREIGN CAPITAL(1997) …… 469
14—13 CLASSIFICATION OF UTILIZATION OF FOREIGN CAPITAL IN DIRECT INVESTMENT ITEMS …… 470
14—14 BASIC STATISTICS ON ENTERPRISES WITH FOREIGN CAPITAL(YEAR—END OF 1997) …… 471
14—15 ITEMS OF UTILIZATION OF FOREIGN CAPITAL ABOVE US$ 20 MILLIONS …… 472
14—16 CONTRACTED PROJECTS AND LABOR SERVICES CO—OPERATION WITH FOREIGN COUNTRIES …… 473
14—17 STATISTICS ON REGISTRATION OF ENTERPRISES WITH FOREIGN CAPITAL …… 473
14—18 STATISTICS ON TOURISTS STAYED OVERNIGHT IN MAIN HOTELS …… 474
14—19 STATISTICS ON TOURISM …… 475
14—20 STATISTICS ON ACCOMMODATION FACILITIES OF MAIN HOTELS …… 475
14—21 STATISTICS ON TRAVEL AGENCIES …… 476
14—22 STATISTICS ON ACCOMMODATION FACILITIES OF MAIN HOTELS(1997) …… 477
14—23 NUMBER OF INTERNATIONAL TOURISTS PASSING THROUGH GUANGZHOU PORTS …… 480
14—24 STATISTICS ON EXCHANGE BETWEEN GUANGZHOU AND OTHER FRIENDLY CITIES …… 480
14—25 LIST OF FOREIGN FRIENDLY CITIES WITH GUANGZHOU(YEAR—END OF 1997) …… 480
14—26 LIST OF ENTERPRISES WITH TOTAL VALUE OF EXPORT COMMODITIES IN FOREIGN TRADE …… 481

CHAPTER 15 CULTURE, EDUCATION, SCIENCE AND TECHNOLOGY

15—01 BASIC STATISTICS ON INSTITUTIONS OF HIGHER EDUCATION(1997) …… 487
15—02 STUDENTS ENROLLMENT IN INSTITUTIONS OF HIGHER EDUCATION BY MAJOR(1997) …… 488
15—03 SCHOOLS BY TYPE AND THEIR STUDENTS(1997) …… 488
15—04 NEW STUDENTS ENROLLMENT AND GRADUATES BY TYPE OF SCHOOL(1997) …… 489
15—05 PERCENTAGE OF GRADUATES IN PASSING GRADUATION EXAMINATION OF SENIOR,JUNIOR MIDDLE SCHOOL AND PRIMARY SCHOOL …… 489
15—06 STAFF AND WORKERS AND FULL—TIME TEACHERS BY TYPE OF SCHOOL(1997) …… 490
15—07 PERCENTAGE OF GRADUATES OF SENIOR,JUNIOR MIDDLE SCHOOL AND PRIMARY SCHOOL …… 490
15—08 VARIATION OF STUDENTS …… 491
15—09 SOME PERCENTAGE OF POPULARIZATION OF PRIMARY EDUCATION …… 491
15—10 BASIC STATISTICS ON ADULT EDUCATION …… 492
15—11 STUDENTS ENROLLMENTS IN ADULT EDUCATION SCHOOLS BY LEVEL …… 492
15—12 BASIC STATISTICS ON KINDERGARTENS …… 493
15—13 BASIC STATISTICS ON SCIENTIFIC RESEARCH INSTITUTIONS …… 493
15—14 PROFESSIONAL PERSONNEL IN UNITS UNDER CITY ADMINISTRATION BY TYPE …… 494
15—15 SCIENTIFIC AND TECHNICAL PERSONNEL BY TYPE …… 495
15—16 BASIC STATISTICS ON SCIENCE AND TECHNOLOGY ASSOCIATIONS UNDER CITY ADMINISTRATION(1997) …… 498
15—17 TECHNOLOGY DEVELOPMENT ACHIEVEMENTS IN LARGE AND MEDIUM ENTERPRISES …… 498
15—18 BASIC STATISTICS ON TECHNOLOGY DEVELOPMENT INSTITUTIONS,PERSONNEL OF LARGE AND MEDIUM ENTERPRISES …… 499
15—19 TOTAL FUNDS OF TECHNICAL DEVELOPMENT IN LARGE AND MEDIUM ENTERPRISES …… 499
15—20 STATISTICS ON SCIENTIFIC AND TECHNICAL ACTIVITIES OF CONSTRUCTION ENTERPRISES …… 500
15—21 SURVEY OF HIGH—TECH ENTERPRISES(1997) …… 501
15—22 STATISTICS ON HIGH—TECH PRODUCTS(1997) …… 502

15—23 MAIN INDICATORS OF CULTURE ······ 503

CHAPTER 16 SPORTS, PUBLIC HEALTH, SOCIAL WELFARE AND OTHERS

16—01 BASIC STATISTICS ON SPORTS ······ 511
16—02 HEALTH CARE INSTITUTIONS(1997) ······ 511
16—03 PERSONNEL IN HEALTH CARE INSTITUTIONS(1997) ······ 512
16—04 NUMBER OF BEDS IN HEALTH CARE INSTITUTIONS (1997) ······ 512
16—05 STATISTICS ON HOSPITALS BY COUNTY AND DISTRICT(1997) ······ 513
16—06 STATISTICS ON HOSPITAL OPERATION AT COUNTY LEVEL AND ABOVE(1997) ······ 513
16—07 BASIC STATISTICS ON RURAL HEALTH CARE INSTITUTIONS AT VILLAGE LEVEL(1997) ······ 514
16—08 NUMBER OF MARRIAGE AND DIVORCE ······ 514
16—09 SOCIAL RELIEF FACILITIES AND SOCIAL WELFARE ······ 515
16—10 BASIC STATISTICS ON LAW, NOTARIZATIONS AND MEDIATIONS ······ 516
16—11 BASIC STATISTICS ON LAW, NOTARIZATIONS AND MEDIATIONS IN URBAN SECTION ······ 517
16—12 MAIN INDICATORS OF SOCIAL SECURITY ······ 518
16—13 CITY POLLUTION AND TREATMENT ······ 518

APPENDIX

1. MAIN NATIONAL ECONOMIC INDICATORS OF THE WHOLE COUNTRY ······ 523
2. MAIN NATIONAL ECONOMIC INDICATORS OF GUANGDONG PROVINCE ······ 524
3. NATIONAL ECONOMIC INDICATORS OF 10 LARGEST CITIES(1997) ······ 525
4. MAIN NATIONAL ECONOMIC INDICATORS OF 12 CITIES IN THE PEARL RIVER DELTA ZONE(1997) ··· 527
5. MAIN STATISTICAL INDICATORS OF HONGKONG ······ 529

ENTERPRISES INTRODUCTION

ENTERPRISES INTRODUCTION ······ 533

广州市一九九七年国民经济和社会发展统计公报

（1998年3月30日）

1997年，广州市人民在中共广州市委和广州市人民政府的领导下，高举邓小平理论伟大旗帜，认真贯彻落实党的十五大精神，坚持两个文明建设一起抓，积极推进经济结构调整和两个根本性转变，努力做到经济发展"稳中求快、紧中搞活"，主要经济和社会发展指标基本达到宏观调控目标要求。国民经济保持了持续、快速、健康发展的良好势头，呈现出"快增长、低通胀"的特征，人民生活水平稳步提高，各项社会事业取得新的进展。

一、综　合

国民经济适度快速增长。据初步统计，1997年广州市国内生产总值1642.83亿元，比上年增长13.5%。其中：第一产业增加值85.25亿元，比上年增长4.5%；第二产业增加值761.40亿元，比上年增长13.9%；第三产业增加值796.18亿元，比上年增长13.8%。人均国内生产总值达2.49万元，比上年增长11.9%，在全国十大城市中居于前列。

市场物价总水平基本稳定。全年商品零售价格比上年下降0.6%，居民消费价格比上年上升2.2%，升幅分别比上年回落4.9个和6.0个百分点，达到了近几年来的最低升幅水平。广州市商品零售价格升幅不仅低于全国和全省平均升幅，而且在国内35个主要城市中，广州市的升幅也是处于较低的位次。居民消费价格中，上升的有：食品类价格上升0.5%，衣着类价格上升1.7%，医疗保健类价格上升6.1%，居住类价格上升7.9%，服务项目类价格上升12.2%；下降的有：家庭设备及用品类价格下降3.7%，交通和通讯工具类价格下降6.0%，娱乐教育文化用品类价格下降3.3%。

经济结构调整取得阶段性进展。产业结构有所变化，三次产业占国内生产总值的比重分别为5.19%、46.35%和48.46%。第一、第二产业比重略有下降，第三产业比重上升。企业组织结构调整初见成效，大中型企业对经济的支撑作用增强。全市乡及乡以上独立核算大中型工业企业全年产品销售收入占全市独立核算工业企业的66.6%、实现利税占87.9%。产品结构有所调整。钢、天然原油、摩托车、汽车、啤酒等产品产量分别比上年增长9.0%、10.4%、37.2%、15.8%和21.5%。一些生产能力过剩的日用消费品及部分机电产品生产增长减缓或下降。

宏观经济效益改善。随着科技进步在提高经济素质中作用日渐明显以及结构的改善，促进了全社会劳动生产率的稳步提高。全年全社会劳动生产率41679元/人，剔除价格变动因素，比上年增长12.9%。其中第一产业9293元/人，增长4.6%；第二产业56023元/人，增长16.9%；第三产业47813元/人，增长9.9%。

经济体制改革取得新进展。1997年，广州市以国有企业改革为重点，在建立现代企业制度，"抓大放小"等方面取得了一定成效。全市要组建的58户大企业集团中，已有44户按照《公司法》组建了现代企业制度的基本框架；41户进行了国有资产授权经营。市属398户改革试点小企业中，已有133户完成转制工作。股份制、股份合作制企业发展较快。多层次的社会保障制度逐步完善，养老、失业保险的覆盖面进一步扩大，工伤、生育保险工作不断发展。金融、投融资、住房、价格等各项改革稳步推进。

劳动就业工作加强。市政府采取多项措施解决劳动就业问题。建立了再就业专项基金，成立了12个批量安置下岗职工示范单位，调控外来劳动力，完善再就业服务体系。据劳动部门统计，至年末止城镇安置待业人员5.5万人，年末登记失业率为2.6%。

二、农　　业

广州市积极推进农业产业化进程，增加对农业的投入，进一步推动“三高”农业基地、“菜蓝子”工程生产基地的建设，加大“科技兴农”的力度，农业生产持续稳定发展。全年农业增加值85.25亿元，比上年增长4.5%；农业总产值150.10亿元，比上年增长6.3%。乡镇企业继续保持较快增长，为繁荣农村经济，转移农村富余劳动力，支持农业生产等发挥了积极的作用。全市乡镇企业营业收入1129.82亿元，比上年增长20%。

主要农产品产量全面增长，增加了城乡市场农副产品的有效供给。全年粮食总产量100.92万吨，比上年增长1.7%；蔬菜总产量239.57万吨，比上年增长3.1%；肉类总产量30.83万吨，增长6.2%；水产品总产量27.59万吨，增长10.2%；禽蛋总产量3.72万吨，增长12.0%；牛奶总产量3.1万吨，增长16.5%；家禽出栏量1.44亿只，增长1.4%；生猪出栏量174.62万头，增长8.3%。

农业商品化程度进一步提高。农业商品率达84.8%，比上年提高0.7个百分点。集约经营有所加强，已建成蔬菜、优质米、塘鱼、商品猪、荔枝、龙眼等大型农产品商品生产基地10多个，逐步走上生产、加工、销售“一条龙”的发展轨道。

农业投入增加，生产条件继续改善。全年农业生产资金投入(市财政拨款)4.21亿元，比上年增长16.6%；年末农业机械总动力达241万千瓦，化肥施用量(按实物量计)32.54万吨，有效灌溉面积11.97万公顷，农村用电量50.24亿千瓦·时。

三、工业和建筑业

工业生产在改革调整中保持较快增长。1997年，全市工业增加值665.89亿元，比上年增长16.0%；工业总产值2376.81亿元，比上年增长17.6%。其中，国有及国有控股企业工业总产值797.09亿元，比上年增长8.4%；集体企业工业总产值434.66亿元，比上年增长17.6%；其他经济类型企业工业总产值1145.06亿元，比上年增长23.1%，其中“三资”企业总产值1060.19亿元，比上年增长21.7%。

工业综合经济效益有所提高。全市乡及乡以上独立核算工业企业经济效益综合指数为122.6%，比上年提高了3.8个百分点。其中，大中型工业企业经济效益综合指数为148.5%，比上年提高2.9个百分点；资本保值增值率为121.3%，其中国有企业为118.2%。企业扭亏增盈取得一定效果，利润增加，盈亏相抵实现利润总额50.16亿元，比上年增长7.9%。在盈利企业中，全年工业销售收入超十亿元的工业企业由上年11家增加到14家；实现利润超亿元工业企业由上年12家增加到17家。

轻重工业基本同步增长。轻工业总产值1459.23亿元，比上年增长18.0%；重工业总产值917.58亿元，增长16.6%；轻、重工业总产值占全市工业总产值比重分别为61.4%和38.6%。出口生产有新发展。广州市工业出口产品产值532.16亿元,比上年增长16.5%,占全市乡及乡以上工业总产值的比重为29.4%。

建筑业生产稳中有降,经济效益有所提高。全市建筑业增加值95.51亿元,比上年下降1.7%;单位工程施工个数为7654个,实行投标承包的工程个数1960个,投标承包率为25.6%,比上年上升6.0个百分点。实现利润总额为3.85亿元,比上年增长3.9%。

四、固定资产投资

在国家继续实行适度从紧的宏观经济调控政策下,广州市固定资产投资规模得到控制,投资总量平稳增长。全年全社会固定资产投资额656.58亿元,比上年增长2.8%。其中:基本建设投资额228.3亿元,比上年增长4.1%;更新改造投资额120.61亿元,增长7.6%;房地产开发投资额237.42亿元,增长3.6%。全社会新增固定资产473.9亿元,比上年增长6.7%。

投资结构呈现一些变化。全年基本建设和更新改造投资中,第三产业投资比重增加。第三产业投资额227.3亿元,比上年增长22.1%,占投资比重由上年的54.9%上升为63.8%。城市建设投资额92亿元,所占比重为25.8%;交通运输仓储邮电通讯投资额66.04亿元,所占比重为18.5%;教育文化艺术广播影视投资额15.7亿元,所占比重为4.4%。投资效益有一定提高。全市在建项目1875个,全部建成投产项目574个,投产率为30.6%;固定资产交付使用率为70.5%,比上年提高3.9个百分点。

重点建设项目进展比较顺利。全市重点工程建设项目14个,完成投资额88亿元,占全市基本建设和更新改造投资额的比重为24.7%。其中:广州地铁一号线工程首期开通段已于1997年6月28日建成通车,全线主体结构工程已完成工程总量的99%;广州乙烯工程已成功试投产;员村热电厂第二台机组成功并网发电;新沙港一期工程的6至10号泊位水工工程通过单项竣工验收,港区陆域工程全面开工;东南西环高速公路东环基本完成路基、路面施工,连接北环的第一标段已通车。

房地产开发业在调整中平稳发展。全年商品住宅施工面积1804万平方米,比上年增长8.6%,占商品房施工面积的64.0%;商品住宅竣工面积505.43万平方米,比上年增长20.4%,占商品房竣工面积的77.2%。商品住宅销售面积257.06万平方米,比上年增长13.8%,占商品房销售面积的88.4%。

五、交通运输和邮电业

铁路、公路、水运、民航基础设施建设不断改善,综合运输能力得到加强。全市运输邮电业增加值146.44亿元,比上年增长7.6%。全社会民用汽车27.79万辆,比上年增长9.7%。全年交通运输部门货物周转量3002.81亿吨公里,基本保持上年水平;旅客周转量206.87亿人公里,增长15.8%。全市港口货物吞吐量8362.3万吨,比上年下降1.7%。广州白云机场旅客吞吐量1251万人次,比上年下降1.0%,货物吞吐量35.18万吨,比上年增长9.3%。

邮电通信业发展迅速。全年邮电业务总量70.98亿元,比上年增长22.7%。传统的邮政业务减少,移动通信等新的电信业务发展强劲。年末市话交换机总容量达到198.19万门,新增45.36万门,比上年增长29.7%;市话到达户数147.16万户,新增30.9万户,比上年增长26.6%;市话普及率达到53.15部/百人,在全国十大城市中居于前列。无线寻呼机用户新增27.84万户,年末总用户数达145. 27万户,比上年增长23.7%;移动电话用户新增23.35万户,年末总用户数达

65.58万户，比上年增长55.3%，移动电话用户的发展速度超过市话用户的发展速度。

六、国内贸易

在买方市场格局下，广州市消费品市场保持稳定发展，各种大型商场、超市、连锁店、仓储式商场有较大发展。全年社会消费品零售总额802.59亿元，比上年增长16.9%，剔除商品零售价格变动因素，实际增长17.6%。其中，城镇消费品零售额为736.86亿元，增长18.3%；农村消费品零售额为65.73亿元，增长3.8%。分行业看，批发零售贸易业零售额532.93亿元，增长17.1%，餐饮业零售额138.70亿元，增长16.2%。分经济类型看，国有及国有控股企业消费品零售额264.19亿元，增长6.0%；集体经济195.01亿元，增长9.0%；私营经济56.79亿元，增长34.8%；个体经济188.74亿元，增长23.2%；外商和港澳台投资经济49.81亿元，增长72.5%。

市场规模扩大，商品购销不断增长。全年销售额超亿元的大型零售商店有21家；成交额超亿元的大型集市贸易市场29个。1997年贸易业商品购进总额1970亿元，销售总额2109亿元，分别比上年增长9.6%和11.4%。

生产资料市场货源充裕。全年贸易业生产资料购进总额149.89亿元，比上年增长21%；销售总额163亿元，比上年增长25.9%。全市已建成的生产资料市场已达81个。集市贸易市场成交活跃。全年集市贸易成交额314.18亿元，比上年增长18.4%。

七、对外经济贸易

广州市对外贸易持续快速发展。据海关统计，全年外贸进出口总值187.46亿美元，比上年增长12.3%。其中进口总值81.51亿美元，增长7.9%；出口总值105.95亿美元，增长16.0%。出口商品结构继续改善，出口商品由传统的初级产品向工业制成品转变。深加工、高附加值商品出口不断增加，机电产品出口加快，机电产品出口总值28.96亿美元，比上年增长9.7%，占出口总值的27.3%。一批重点出口商品和出口企业逐步形成，出口额超1亿美元的商品已达21种(类)。“三资”企业在对外贸易中的比重进一步提高，已占全市出口总额的47.4%。国际市场不断拓宽，出口商品所到达的国家和地区达到189个。在贸易伙伴中，香港仍居主要地位，占广州市出口总值的36.0%；其次为美国、日本、韩国、德国、印尼、英国、新加坡等。

随着投资环境的改善，实际利用外资不断增长。全年实际利用外资额28.94亿美元，比上年增长11.3%。其中外商直接投资额24.8亿美元，增长6.4%。新签协议外资投向继续优化，基础设施、基础产业以及资金、技术密集型项目增多。

对外承包工程和劳务合作业务有新发展，新签合同和合同金额均有较大增长。全年签订合同1638个，比上年增长68.5%；合同金额6730万美元，增长48%；营业额4351万美元，下降8.5%。对外承包工程年末在外人数1971人，下降36.9%。

旅游业稳步发展，入境旅游与国内旅游同步增长。全市接待国内外游客1982.80万人次，比上年增长6.2%，其中国际游客294.45万人次，增长4.6%；国内游客1688.35万人次，增长6.4%。全年旅游外汇收入10.22亿美元，比上年增长3.0%；旅游营业总收入291.68亿元，增长13.1%。

广州东南部地区开发取得较大发展。1997年，广州在东南部开发区域实现国内生产总值185亿元，比上年增长20%；工业总产值488亿元，增长16%；外贸出口总值16.5亿美元，增长23%；实际利用外资9.4亿美元，增长13%。

八、金融和保险业

金融形势稳定，融资及防风险能力增强。年末广州市金融机构各项存款余额2921.59亿元，比上年末增加487.97亿元，增长20.1%。其中：企业存款余额1217.57亿元，增加203.76亿元，增长20.1 %；城乡居民储蓄存款余额1540.07亿元，增加258.29亿元，增长20.2%。各项贷款余额1810.98亿元，比上年末增加279.27亿元，增长18.2%。其中：短期贷款余额1408.68亿元，增加216.67亿元，增长18.2%；中长期贷款余额256.51亿元，增加37.50亿元，增长17.1%。至年末止外资金融机构在广州设立的分行或办事处达38家。

证券交易市场活跃。全年市属证券机构有价证券成交量1704.33亿元，比上年增长53.1%。国债发行和兑付工作顺利完成。全年发行国库券42.02亿元，比上年增加31.25亿元，增长2.9倍。年末全市在深、沪两证券交易所上市的公司共9家，股票9只。

保险事业迅速发展。国内保险公司4家。全市各类险种承保总额12161亿元，保费和储金收入36.48亿元。全市有7.55万户次企业参加财产保险，有54万户次居民参加了家庭财产保险，有490万人次参加了人身保险。外资保险机构在广州设立的分公司和代表处达21家。

九、科学技术和教育

科技事业有新发展。全年共获得各类科技成果128项，其中已投产应用118项。科技队伍有所壮大。年末全市各类专业技术人员55万人，比上年末增长32.3%；全市各类独立研究开发机构680家、从事科技活动人员3.95万人。

技术市场成交额快速增长。全年登记的技术合同2087项、合同金额3.85亿元，分别比上年增长17.8%和25.4%。全市受理专利申请2163件，批准授权专利1151件。

高等教育管理体制改革逐步深入，中等职业技术教育不断发展。全市高等院校共有研究生培养单位13个，招收研究生2288人，在校研究生6388人，比上年增长3.7 %；普通高校26所，成人高校35所；全年共招收本科、专科学生6.96万人，在校生达到20.26万人，分别比上年增长4.4%和5.3%。各类中等职业技术学校共招生7.03万人，在校生达到19.88万人，分别增长4.6%和7.8%。成人中专学校培训学生7.12万人次。

基础教育普及程度继续提高。全市初中在校学生28.85万人，小学毕业生升学率达99.24%，比上年提高1.07个百分点；小学在校学生72.32万人；小学学龄儿童入学率99.95%，比上年提高0.03个百分点。

十、文化、卫生和体育

文化事业健康发展。全市现有各类专业艺术表演团体19个，群众文化馆、艺术馆14个，公共图书馆15个，博物馆23个，广播电台8座，电视台5座。广播覆盖人口率99.6%，电视覆盖人口率99.2%。全年发行各种新影片112部，出版报纸17.42亿份、各类杂志2.07亿册、图书5.45亿册。有部分创作作品或出版物，在全国、全省获奖。

卫生事业稳步前进。全市共有各级卫生医疗机构1989个，比上年增加2个；医疗病床3.53万张，比上年增长2.9%；各类专业卫生技术人员5.37万人，其中医生2.28万人，分别增长2.3%和1.8%。

体育事业再创佳绩。我市运动员在国内外重大比赛中，夺得6个世界冠军、6个亚洲冠军、18

个全国冠军。在第八届全运会中取得金牌12枚，银牌21枚，铜牌38枚。全民健身活动不断深入，学校体育活动更加活跃，有96.99%的在校学生达到了《国家体育锻炼标准》。

十一、环境保护

环境保护事业加快发展。年末全市各级环境监测站有13个，年内向环保部门申报的建设项目环境影响评价制度执行率100%。全年完成环境污染限期治理项目11个，总投资6900万元。建立定期公布城市环境污染指数制度。市区共建成烟尘控制区97个，覆盖面积261.75平方千米；环境噪声达标区72个，覆盖面积138.73平方千米。“三废”处理能力有所提高。工业废水处理率、工业废气处理率、工业固体废物综合利用率分别达到86%、90.5%和77%。绿化建设有新的进展。通过建设村镇公园，搞好新、扩建道路工程配套和扩大市区公共绿地面积，全年新增300公顷城市公共绿地的任务圆满完成。广州市区园林绿地面积达3.22万公顷，其中公共绿地1855公顷。城市绿化覆盖率为27.5%。

十二、人口与人民生活

人口继续得到有效控制。年末全市总人口666.49万人，比上年末增加10.44万人。

劳动力结构进一步调整。全市从业人员395.46万人，其中：第一产业占23.1%，第二产业占34.2%，第三产业占42.7%。年末职工总人数199.81万人，比上年末减少3.08万人；城镇私营从业人员和个体劳动者37.89万人，比上年增加4.91万人。

居民实际收入增加。全市城镇居民年人均可支配收入10445元，比上年增长5.4%，剔除价格变动因素，实际增长3.2%。消费结构发生变化，居民用于食品的支出增长放缓，食品支出占消费性支出的比重(恩格尔系数)由上年的50.4%下降为49.1%；居民用于文娱教育、旅游、居住的支出明显增加，分别比上年增长9.7%、45.6%和26.5%。大屏幕彩电、电脑、组合音响、影碟机等新一代耐用消费品已不断进入居民家庭。农村居民年人均纯收入5546元，增长7.4%，剔除价格变动因素，实际增长6.5%。

全市职工工资总额261.58亿元，比上年增长9.2%。职工年平均工资13118元，增长11.0%，剔除价格变动因素，实际增长8.7%。

城乡居民居住条件有所改善。城市居民人均居住面积从上年的10.08平方米提高到本年的10.79平方米；农村居民人均居住面积由上年的31.63平方米提高到本年的32.21平方米。

经济发展中存在的主要问题是：经济结构的调整步伐还不够快；部分企业生产经营困难，亏损有所增加；就业压力增大，社会保障制度有待完善等。

注：1.本公报所列数据，有一部分是初步统计数。

2.公报中国内生产总值、各产业的产值和增加值指标绝对数和劳动生产率均按当年价格计算，增长速度则按可比价格计算。

第一篇

综　　合

广州概述

广州市是一座具有两千多年历史的文化名城，是国务院第一批公布的24座历史文化名城之一。广州是广东省政治、经济、科技、教育和文化的中心，铁路、公路、航运、航空、邮电通讯比较发达，是华南地区的交通通讯枢纽和贸易口岸，是我国对外交往的重要门户，有祖国"南大门"之称。

广州市现辖东山、荔湾、越秀、海珠、天河、芳村、白云、黄埔等八个区和番禺、花都、增城、从化等四个县级市，总面积7434.4平方公里，人口666.49万人，市辖八区面积1443.6平方公里，人口395.65万人，市辖四个县级市面积5990.8平方公里，人口270.84万人。广州市共设105个街道办事处、76个镇。市区平均每天有流动人口170多万人。

广州地理位置优越，濒临南海，是中国南方的重要门户，通向世界的主要口岸之一。广州地处珠江三角洲的腹地，东江、北江、西江在此汇合，珠江穿市而过。广州地势东北高，西南低，北和东北部是山区，中部是丘陵、台地，南部是珠江三角洲冲积平原。市区北面有绿色屏障白云山，南部面向狮子洋，东南和西南面分别与深圳和珠海经济特区相邻，隔海与香港、澳门相望。

广州属亚热带季风气候，北回归线从太平场通过，范围为东经112°57'—114°3'分，北纬22°26'—23°56'。由于海洋性气候的调节，夏天没有酷暑，冬天比较温暖。年平均气温为20—22摄氏度，年降雨量为1600毫米以上，平均相对湿度为77%，日照时间长，终年树绿花繁，四季常青。

广州地区植物种类达数千种。野生动物约有210多种，其中兽类40多种、鸟类150多种、两栖类动物20多种。矿产、水电资源丰富，已发现的矿种52个，其中大中型矿点17处。

粮食作物以水稻为主，一年两熟。农副土特产产品驰名中外，如增城的挂绿荔枝、丝苗米，从化的荔枝蜜，番禺的甘蔗、香大蕉，白云区的罗岗甜橙等都是闻名海外的著名特产。蔬菜、鲜花、水产品每年大宗远销北方和港澳地区。

1997年是中国历史上很不平凡的一年，中国共产党第十五次代表大会的召开和香港的回归，给全国各族人民以极大的鼓舞，使广州国民经济在调整中发展，在改革中前进。全市经济保持适度快速增长，物价水平得到有效控制，人民生活水平稳步提高，国民经济运行的总体质量有所改善，主要经济和社会发展指标基本达到原定计划目标，整体经济呈现"快增长，低通胀"的发展态势。

1997年，广州市国内生产总值为1646.26亿元，比上年增长13.4%。其中，第一产业增加值85.72亿元，比上年增长5.5%，第二产业增加值766.15亿元，增长12.9%，第三产业增加值794.39亿元，增长14.9%。三次产业增加值占国内生产总值的比重分别为5.21%、46.54%和48.25%。

衡量综合经济实力水平的重要标志——人均国内生产总值水平也登上了一个新台阶，首次突破3000美元，在国内各城市中处于领先地位，在国际上达到了中等发达水平阶段，标志着广州经济进入一个新的发展时期，说明广州经济在经过连续几年的高速增长之后，整体经济实力得到了明显的增强。

广州每天创造的财富逐年增多。1997年，国内生产总值达45103万元，工农业总产值69211万元，地方财政收入2677万元，分别比上年多创造5516万元、8622万元和342万元。平均每天的消费量不断增加。城市居民每天粮食消费量从上年的2334吨增加到2395吨，肉类消费量从上年的659吨增加到705吨，水产品消费量从上年的474吨增加到554吨，蛋类消费量从上年的281吨增加到349吨。平均每天为社会提供的服务量不断提高。1997年，平均每天售电量、液化气销售量比上年增长7.11%和2.21%；铁路、汽电车、出租汽车客运量分别比上年增长10.84%、21.99%、14.81%；国内长途电话、国际、港澳长途电话分别比上年增加29.53%、13.33%。

国内生产总值

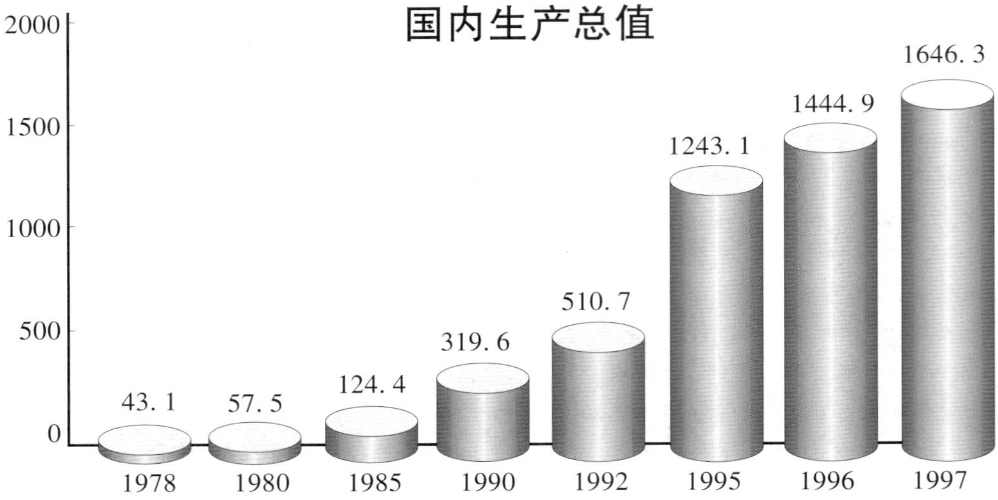

国内生产总值构成(%)

(按三次产业分)

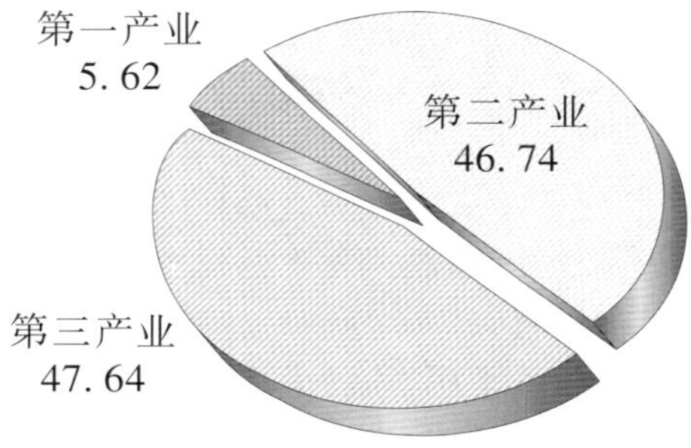

1996 年

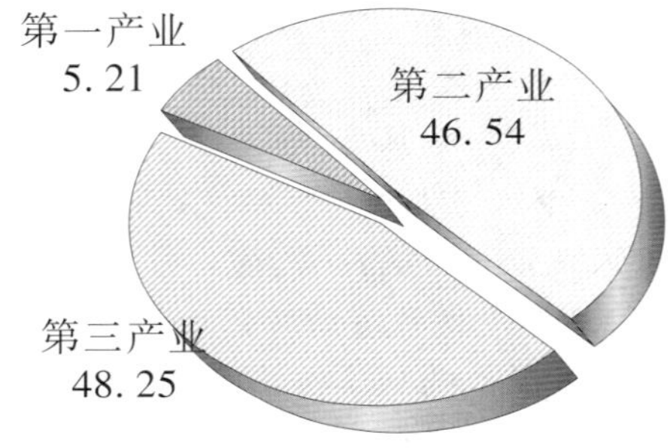

1997 年

第三产业构成(%)

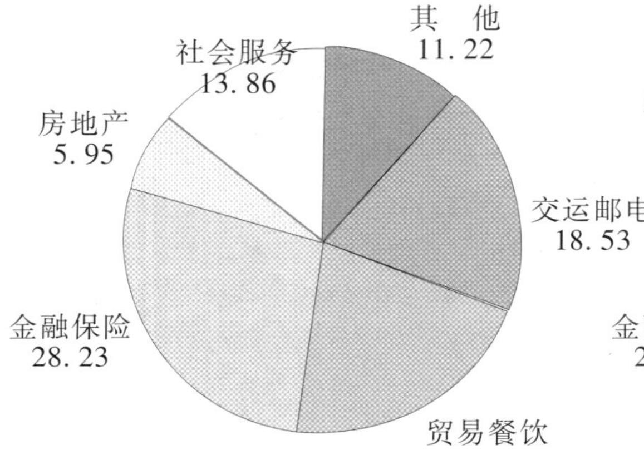

1996 年

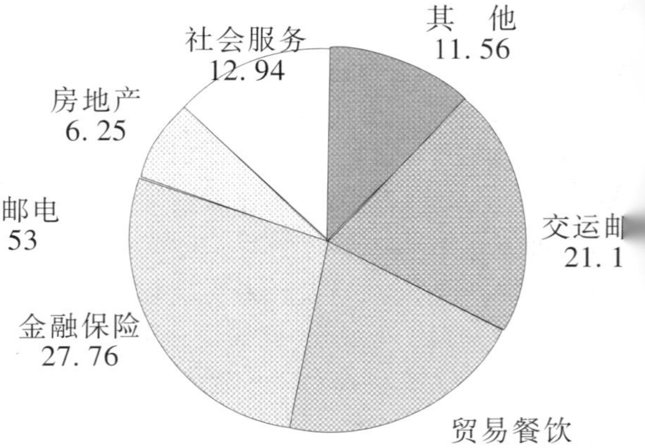

1997 年

1—1 行　政　区　划

（1997年末）　　单位：个

区、县级市	街道办事处	镇	居民委员会	村民委员会
合　计	105	76	1579	1274
市　区	98	22	1435	274
东山区	15		254	
荔湾区	20		280	
越秀区	19		208	
海珠区	20	1	346	20
天河区	10	2	118	26
芳村区	5	1	58	17
白云区	5	15	106	195
黄埔区	4	3	65	16
县级市	7	54	144	1000
番禺市	6	15	71	305
花都市		9	23	182
增城市	1	15	28	303
从化市		15	22	210

各区、县级市的镇名单：
海珠区：新滘
天河区：沙河、东圃
白云区：萝岗、九佛、钟落潭、竹料、太和、同和、江高、神山、石井、新市、人和、蚌湖、雅瑶、龙归、良田
黄埔区：南岗、大沙、长洲
芳村区：东漖
番禺市：大岗、榄核、灵山、潭州、万顷沙、黄阁、鱼窝头、石楼、莲花山、化龙、新造、南村、东涌、横沥、新垦
花都市：北兴、花东、花山、梯面、芙蓉、狮岭、赤坭、炭步、新华
增城市：福和、仙村、永和、宁西、中新、荔城、正果、派潭、镇龙、石滩、小楼、朱村、三江、新塘、沙埔
从化市：东明、吕田、良口、桃园、温泉、灌村、江埔、街口、城郊、神岗、太平、民乐、棋杆、鳌头、龙潭

1—2 各月平均温度、湿度

(1997 年)

月份	平均温度(℃)						平均湿度(%)	
	全市	市区	番禺站	花都站	增城站	从化站	全市	市区
全年	**22.2**	**22.0**	**22.7**	**22.3**	**22.1**	**21.8**	**79**	**80**
一月	14.5	14.3	15.3	14.6	14.5	13.7	70	72
二月	14.2	13.9	14.7	14.2	14.5	13.9	78	80
三月	19.2	19.0	19.7	19.1	19.4	18.7	80	80
四月	22.6	22.4	22.8	22.6	22.8	22.4	83	84
五月	25.9	25.6	26.2	26.0	25.8	25.7	82	83
六月	26.8	26.6	27.1	27.0	26.7	26.6	86	87
七月	27.9	27.7	28.2	28.0	27.8	27.7	85	86
八月	28.2	28.0	28.5	28.9	27.9	27.9	83	84
九月	25.6	25.3	26.1	25.8	25.5	25.4	79	81
十月	24.9	24.6	25.5	25.0	24.7	24.5	77	80
十一月	20.4	20.3	21.5	20.5	20.2	19.4	72	72
十二月	16.1	15.9	16.7	16.4	15.7	15.7	75	75

1—3 各月降雨量、日照时数

(1997 年)

月份	降雨量(毫米)					日照时数(小时)				
	市区	番禺站	花都站	增城站	从化站	市区	番禺站	花都站	增城站	从化站
全年	**1997.3**	**1875.1**	**2403.7**	**1915.4**	**2308.7**	**1209.8**	**1230.5**	**1394.5**	**1451.1**	**1393.6**
一月	65.9	66.1	72.2	64.4	92.6	148.6	159.2	152.5	175.0	162.8
二月	105.6	122.1	81.2	95.4	89.3	51.9	80.1	70.5	77.9	72.5
三月	59.6	72.9	67.2	73.7	87.1	81.4	119.2	100.3	121.4	106.9
四月	197.1	290.6	203.9	232.4	217.6	49.5	31.0	62.9	57.8	59.3
五月	165.6	149.8	386.4	188.7	278.9	112.7	127.7	146.2	125.7	124.5
六月	468.0	444.0	400.3	463.7	475.7	76.3	72.0	118.6	89.8	103.4
七月	248.4	224.8	423.3	241.6	439.9	111.4	112.3	119.6	118.4	128.3
八月	282.4	305.9	296.1	374.0	365.3	148.5	110.7	163.5	129.4	150.2
九月	203.6	81.7	163.9	70.1	131.2	99.3	73.6	122.1	131.8	123.6
十月	142.6	36.5	245.4	48.5	48.4	94.1	113.7	115.2	161.3	131.8
十一月	9.7	36.9	12.5	7.6	15.6	156.0	162.9	158.9	173.2	147.7
十二月	48.8	43.8	51.3	55.3	67.1	80.1	68.1	64.2	89.4	82.6

1—4 国民经济和社会发展主要指标

项　　目	单位	1980年	1985年	1990年	1995年	1996年	1997年
人口和劳动力							
年末总人口	万人	501.86	544.98	594.25	646.71	656.05	666.49
年末社会从业人员	万人	275.05	313.47	341.15	391.38	392.89	428.21
#职工人数	万人	156.55	175.65	189.39	208.24	202.89	199.81
国内生产总值	**亿元**	**57.55**	**124.36**	**319.60**	**1243.07**	**1444.94**	**1646.26**
第一产业	亿元	6.24	12.04	25.73	73.46	81.16	85.72
第二产业	亿元	31.38	65.81	136.30	580.19	675.39	766.15
第三产业	亿元	19.93	46.51	157.57	589.42	688.39	794.39
农业生产							
农业总产值	亿元	8.95	18.02	43.93	126.81	142.91	150.81
主要农业产品产量							
粮食	万吨	124.58	113.06	119.53	97.90	99.24	100.92
糖蔗	万吨	140.94	239.59	202.63	75.43	69.48	77.39
水果	万吨	6.79	17.22	30.89	31.80	29.43	29.39
花生	万吨	4.30	5.02	3.88	2.73	2.66	2.47
蔬菜	万吨	47.45	76.50	126.34	215.80	232.46	239.57
水产品	万吨	3.18	6.21	8.72	18.78	22.18	27.59
工业生产							
工业总产值	亿元	88.12	177.93	442.44	1935.34	2068.58	2375.39
主要工业产品产量							
汽车	辆	1895	3533	6333	9963	5716	7123
摩托车	万辆			1.01	21.88	25.86	37.16
自行车	万辆	80.80	180.15	172.39	177.46	135.92	110.35
家用电冰箱	万台	0.15	20.84	68.39	90.02	88.65	80.78
家用洗衣机	万台	2.08	51.21	27.72	18.03	14.50	10.48
电视机	万台	7.29	38.72	36.06	32.88	34.36	16.74
照相机	万架	2.12	18.68	84.47	233.09	50.46	57.68
房间空气调节器	万台		1.48	2.14	28.25	45.68	31.46
机械手表	万只	88.70	96.50	107.44	108.29	79.48	88.18
发电量	亿千瓦.时	25.98	49.05	81.80	178.63	182.88	183.21
生铁	万吨	18.34	23.61	32.15	51.15	53.90	56.64
钢	万吨	19.95	34.02	55.01	90.94	102.65	111.25
水泥	万吨	102.41	202.82	342.60	954.31	1180.62	1098.49
农用化肥	万吨	23.16	27.46	30.17	28.71	32.75	33.25
固定资产投资							
全社会固定资产投资	亿元	9.96	43.62	90.59	618.25	638.94	656.58
#住宅	亿元	2.43	10.40	23.28	169.63	172.20	190.25
社会消费品零售总额	**亿元**	**28.71**	**74.98**	**147.78**	**549.97**	**686.44**	**802.59**

注：预算内财政收支为当年口径，资料来源于市财政局年度总决算表。

1—4 续表

项目	单位	1980年	1985年	1990年	1995年	1996年	1997年
运输邮电							
货运量(全社会)	万吨		18233	17842	26992	23315	23768
#铁路	万吨		1359	1898	2286	2366	2331
公路	万吨		10716	7799	11996	8896	10188
水运	万吨		6154	7614	11987	11364	10867
空运	万吨		4	8	11	12	14
客运量(全社会)	万人次			9461	16107	15638	17725
铁路	万人次			1939	2530	2132	2363
公路	万人次			6368	12437	12571	14477
水运	万人次			711	660	475	417
空运	万人次			443	480	460	468
港口货物吞吐量	万吨	1824	3446	5099	8340	8510	8390
邮电业务总量(1990年不变价格)	亿元	0.56	1.21	7.09	46.37	57.85	71.17
对外贸易、外经							
外贸进口总值	亿美元			6.72	34.38	39.70	40.69
外贸出口总值	亿美元	2.43	4.13	14.43	62.47	65.14	75.38
实际利用外资额	亿美元	0.30	1.58	2.67	22.53	26.00	28.94
财政							
预算内财政收入	亿元	15.43	22.53	36.94	97.08	85.24	97.72
预算内财政支出	亿元	4.35	10.75	24.31	111.24	121.91	138.99
物价指数(上年=100)							
居民消费价格总指数	%	107.20	121.50	97.30	113.50	108.20	102.20
商品零售价格总指数	%	107.60	122.50	96.30	109.70	104.30	99.40
人民生活							
职工年人均工资	元	941	1621	3504	10317	11813	13118
城镇居民年人均可支配收入	元		1099	2749	9038	9905	10445
农村居民年人均纯收入	元	323	649	1539	4483	5165	5546
教育文化							
普通高等学校所数	所	15	24	26	25	25	26
普通高等学校在校学生数	万人	2.72	5.16	6.55	9.54	9.92	10.24
中等学校所数	所	431	473	539	576	590	596
中等学校在校学生数	万人	32.73	29.53	36.00	48.17	52.31	55.78
小学学校所数	所	1545	1573	1575	1604	1612	1614
小学学校在校学生数	万人	59.01	54.14	57.23	69.44	70.51	72.32
卫生							
医院病床数	万张	1.47	1.94	2.44	2.87	2.97	3.01
专业卫生技术人员	万人	3.58	4.25	4.83	5.29	5.25	5.37
#医生	万人	1.46	1.81	2.10	2.33	2.24	2.28

1-5 国民经济和社会发展主要指标发展速度

项目	1997年为各年(%)						平均每年增长%	
	1978年	1980年	1985年	1990年	1995年	1996年	1979—1997年	1991—1997年
人口和劳动力								
年末总人口	138.0	132.8	122.3	112.2	103.1	101.6	1.71	1.65
年末社会从业人员	160.4	155.7	136.6	125.5	109.4	109.0	2.52	3.30
#职工人数	135.6	127.6	113.8	105.5	96.0	98.5	1.62	0.77
国内生产总值	**1272.8**	**972.2**	**534.6**	**319.7**	**127.5**	**113.4**	**14.33**	**18.06**
第一产业	314.4	273.3	189.8	174.6	111.1	105.5	6.22	8.29
第二产业	1455.4	1137.3	601.5	401.1	128.0	112.9	15.14	21.95
第三产业	1447.2	1023.5	567.7	271.8	128.7	114.9	15.10	15.35
农业生产								
农业总产值	341.1	309.5	228.9	182.9	113.7	106.6	6.67	9.01
主要农业产品产量								
粮食	90.9	81.0	89.3	84.4	103.1	101.7	-0.50	-2.39
糖蔗	57.6	54.9	32.3	38.2	102.6	111.4	-2.86	-12.85
水果	568.0	432.7	170.7	95.2	92.4	99.9	9.57	-0.71
花生	74.5	57.3	49.1	63.5	90.2	92.6	-1.53	-6.27
蔬菜	430.2	504.9	313.2	189.6	111.0	103.1	7.98	9.57
水产品	860.3	850.4	448.5	316.5	146.9	110.2	11.99	17.89
工业生产								
工业总产值	1750.5	1437.7	786.2	425.5	140.4	117.9	16.26	22.98
主要工业产品产量								
轿车	308.1	375.9	201.6	112.5	71.5	124.6	6.10	1.69
摩托车				3679.2	169.8	143.7		67.37
自行车	193.4	136.6	61.3	64.0	62.2	81.2	3.53	-6.17
家用电冰箱		53853.3	387.6	118.1	89.7	91.1		2.41
家用洗衣机		503.8	20.5	37.8	58.1	72.3		-12.97
电视机	1277.9	229.6	43.2	46.4	50.9	48.7	14.35	-10.38
照相机	3334.1	2720.8	308.8	68.3	24.7	114.3	20.27	-5.30
房间空气调节器			2125.7	1470.1	111.4	68.9		46.81
机械手表	197.0	99.4	91.4	82.1	81.4	110.9	3.63	-2.78
发电量	1695.1	705.3	373.5	224.0	102.6	100.2	16.06	12.21
生铁	275.6	308.8	239.9	176.2	110.7	105.1	5.48	8.43
钢	602.7	557.5	327.0	202.2	122.3	108.4	9.92	10.58
水泥	1171.6	1072.6	541.6	320.6	115.1	93.0	13.83	18.11
农用化肥	366.4	143.5	121.1	110.2	115.8	101.5	7.07	1.40
固定资产投资								
全社会固定资产投资	9038.6	6594.4	1505.2	724.7	106.2	102.8	28.10	40.70
#住宅	21169.0	7843.9	1829.0	817.1	112.2	110.5	35.30	44.70
社会消费品零售总额	**4552.4**	**2795.2**	**1070.3**	**543.1**	**145.9**	**116.9**	**22.26**	**27.34**

注:1.1997年水产品统计口径与往年不同,增长速度按可比口径计算;2.预算内财政收支的增长速度按当年口径计算。

1—5 续表

项　　目	1997年为各年(%)						平均每年增长%	
	1978年	1980年	1985年	1990年	1995年	1996年	1979—1997年	1991—1997年
运输邮电								
货运量(全社会)	350.3		130.4	133.2	88.1	101.9	6.82	4.18
#铁路			171.5	122.8	102.0	98.5		2.98
公路			95.1	130.6	84.9	114.5		3.89
水运			176.6	142.7	90.7	95.6		5.21
空运			350.0	175.0	127.3	116.7		8.32
客运量(全社会)	572.5			187.3	110.0	113.3	9.62	9.38
铁路				121.9	93.4	110.8		2.87
公路				227.3	116.4	115.2		12.45
水运				58.6	63.2	87.8		—7.34
空运				105.6	97.5	101.7		0.79
港口货物吞吐量	497.0	460.0	243.5	164.5	100.6	98.6	8.81	7.37
邮电业务总量	15471.7	12708.9	5883.7	1004.0	153.5	123.0	30.39	39.03
对外贸易、外经								
外贸进口总值				605.8	118.4	102.5		29.35
外贸出口总值	5615.4	3101.8	1823.7	522.4	120.7	115.7	23.62	26.64
实际利用外资额		9604.3	1833.6	1082.3	128.4	111.3		40.53
财政								
预算内财政收入	716.1	633.4	338.8	264.5	100.7	121.5	10.92	14.91
预算内财政支出	3591.6	3194.0	1293.4	571.7	124.9	118.7	20.74	28.28
物价指数								
居民消费价格总指数	721.9	630.1	405.9	221.8	110.6	102.2	11.36	14.72
商品零售价格总指数	636.6	545.5	341.0	188.5	103.7	99.4	10.56	11.84
人民生活								
职工年人均工资	1837.3	1394.0	809.3	374.4	127.1	111.0	16.56	20.75
城镇居民年人均可支配收入			950.7	379.9	115.6	105.4		18.82
农村居民年人均纯收入	2218.4	1717.0	854.5	360.4	123.7	107.4	17.72	20.10
教育文化								
普通高等学校所数	173.3	173.3	108.3	100.0	104.0	104.0	2.94	平
普通高等学校在校学生数	471.8	375.8	198.2	156.4	107.3	103.2	8.51	6.60
中等学校所数	173.8	138.3	126.0	110.6	103.5	101.0	2.95	1.45
中等学校在校学生数	137.4	170.4	188.9	154.9	115.8	106.6	1.69	6.45
小学学校所数	106.5	104.5	102.6	102.5	100.6	100.1	0.33	0.35
小学学校在校学生数	127.1	122.5	133.6	126.4	104.1	102.6	1.27	3.40
卫生								
医院病床数	209.5	203.9	154.7	123.3	104.7	101.1	3.97	3.03
专业卫生技术人员	170.3	149.9	126.2	111.1	101.5	102.3	2.84	1.52
#医生	189.4	156.7	126.3	109.0	97.9	102.0	3.42	1.23

1-6 平均每天主要社会经济活动

项　　目	单位	1990 年	1995 年	1996 年	1997 年
每天创造的财富					
国内生产总值	万元	8756	34057	39587	45103
工农业总产值	万元	13326	56497	60589	69211
工业总产值	万元	12122	53023	56674	65079
农业总产值	万元	1204	3474	3915	4132
地方财政收入	万元	1036	2733	2335	2677
每天主要产品产量					
家用电冰箱	台	1874	2466	2429	2213
电风扇	台	4774	8325	4717	3415
家用洗衣机	台	743	494	397	287
电视机	台	988	901	941	459
手表(机械表)	只	2944	2967	2178	2416
钟	只	8200	15840	12345	22361
缝纫机	架	2659	1747	1565	1585
照相机	架	2314	6386	1382	1580
自行车	辆	4723	4862	3724	3023
汽车	辆	8	27	16	20
啤酒	吨	562	1108	991	1207
卷烟	箱	1680	1931	1933	1955
机制纸及纸板	吨	743	1968	1138	1156
干电池	万只	225	462	392	365
每天消费量					
城乡居民消费总额	万元	3432	11482	12506	13940
社会消费品零售总额	万元	4049	15068	18807	21989
城乡居民粮食消费量	吨	2680	2356	2334	2395
城乡居民肉类消费量	吨	577	649	659	705
城乡居民食油消费量	吨	75	143	133	146
城乡居民水产品消费量	吨	340	491	474	554
城乡居民蛋类消费量	吨	93	228	281	349
城乡居民食糖消费量	吨	80	66	68	66

注:城乡居民消费总额 1985 年及以前的数据按国民收入使用额中用于居民消费额计算;1990 年起按支出法国内生产总值中的居民消费总额计算。1—9 表同。

1—6 续表

项　目	单位	1990 年	1995 年	1996 年	1997 年
每天服务量					
售电量	万千瓦.时	1364	2989	3276	3509
售水量	万吨	236	304	301	297
液化气销售量	吨	143	349	407	416
人工煤气销售量	吨	1	19	21	22
港口货物吞吐量	吨	139699	228493	233151	229863
全社会货运量	吨	488822	739507	638767	651178
铁路货物到发量	吨	71123	99939	96366	94825
铁路客运量	人次	46712	69315	58411	64740
汽、电车客运量	万人次	192	208	241	294
出租汽车客运量	万人次	55	78	81	93
邮电业务总量	万元	194	1270	1585	1950
邮寄函件	万件	42	77	75	85
报纸发行量	万份	277	492	514	457
杂志发行量	万份	11	13	13	13
看电影	万人次	14	4	1	2
国内长途电话	万张	14	127	149	193
国际、港澳长途电话	万张	4	14	15	17
电报	份	12521	6055	3452	2137
接待来穗国际旅游人数	人次	5181	4676	6207	8067
接待来穗国内旅游人数	人次	13123	21752	36340	46256
每天人口变动和婚姻					
出生人口	人	242	208	215	206
死亡人口	人	89	98	102	98
迁入人口	人	173	361	388	382
迁出人口	人	147	213	230	227
结婚对数	对	151	169	166	167
离婚对数	对	12	13	14	20

1—7 主要年份人民物质文化生活水平

指　　标	单位	1978 年	1980 年	1985 年	1990 年	1995 年	1996 年	1997 年
职工年人均工资	元	714	941	1621	3504	10317	11813	13118
城市居民年人均可支配收入	元			1099	2749	9038	9905	10445
农村居民年人均纯收入	元	250	323	649	1539	4483	5165	5546
社会消费品零售总额	亿元	17.63	28.71	74.98	147.78	549.97	686.44	802.59
市区人均居住面积	米^2	3.82	3.97	6.62	7.99	9.61	10.08	10.79
储蓄								
城乡居民储蓄存款年末余额	亿元	5.67	9.56	39.86	181.14	961.49	1293.23	1586.60
平均每人储蓄额	元	117	190	731	3048	14867	19712	23805
市区交通								
每万人拥有公共车辆	辆	4.00	3.93	4.63	5.09	8.75	11.61	12.31
公共车辆日均乘客人数	万人次	182.85	228.65	237.24	186.34	207.73	241.36	284.77
每万人拥有出租汽车	辆	1.57	2.55	24.46	34.33	45.82	47.01	47.66
出租车日均乘客人数	万人次	0.76	2.00	17.73	55.45	78.28	80.75	92.83
通讯、电信								
市区每百人拥有电话机	部	1.31	1.41	3.00	9.00	41.00	50.00	53.15
每人每年交寄函件	件	12	15	22	26	44	42	47
供气								
居民液化气、煤气普及率	%				40.90	86.60	88.70	90.63
自来水								
人均日生活用水量	升	164	222	358	460	541	542	559
贸易业、餐饮业、服务业								
每万人口拥有网点数								
贸易业	个	10	20	110	153	274	293	280
餐饮业	个	2.3	10	20	17	25	28	25
服务业	个	1.9	5	20	29	44	51	47
每万人口拥有的服务人员								
贸易业	人	160	210	430	674	932	1070	1031
餐饮业	人	80	70	130	142	295	210	237
服务业	人	50	40	180	232	359	420	355

1—7 **续表**

指标	单位	1978 年	1980 年	1985 年	1990 年	1995 年	1996 年	1997 年
文化								
每百人拥有出版物								
报纸(每天)	份	18	27	75	54	74	70	72
杂志(每年)	册	447	396	2228	1851	3098	3014	3126
图书(每年)	册	3628	3396	6741	4745	5704	6191	8242
教育								
每万人拥有大学生	人	45	54	95	110	148	151	154
学龄儿童入学率	%	98.12	98.64	99.24	99.85	99.92	99.92	99.95
卫生								
每万人拥有医院床位	张	30	29	36	41	44	45	45
每万人拥有医生	人	25	29	33	35	36	34	34
就业								
城镇每一就业者负担人口	人		1.63	1.67	1.69	1.69	1.66	1.65
绿化								
建成区绿化覆盖率	%	23.0	23.0	26.0	19.4	24.0	25.5	27.5
市区人均占有公共绿地	米^2	5.02	4.56	5.71	3.88	4.69	4.72	5.68
居民家庭耐用消费品拥有量								
每百户城市居民家庭拥有								
彩色电视机	台		1.5	35.7	88.7	111.0	116.3	134.4
黑白电视机	台		49.5	70.3	36.7	16.7	14.3	
高级音响	台				17.3	40.7	48.7	55.4
洗衣机	台			62.3	87.3	105.0	103.0	100.6
电冰箱	台			42.7	87.3	102.3	100.3	101.8
摩托车	台			1.0	4.0	12.7	14.3	16.8
空调器	台				1.3	57.3	78.7	99.2
每百户农村居民家庭拥有								
彩色电视机	台			28	20	62	67	73
黑白电视机	台				67	49	50	48
洗衣机	台			1	22	42	51	49
电冰箱	台				3	33	43	43
摩托车	台				5	45	59	65

1—8 按人口平均的国民经济主要指标

项　　目	单位	1978年	1980年	1985年	1990年	1995年	1996年	1997年
国内生产总值	元	907	1160	2302	5418	19366	22183	24895
工业总产值	元	1586	1777	3294	7501	30152	31757	35922
农业总产值	元	168	180	333	745	1976	2194	2281
预算内财政收入	元	287	311	534	626	1513	1309	1478
粮食总产量	千克	234	251	209	203	153	152	153
社会消费品零售总额	元	371	579	1388	2505	8568	10538	12137
固定资产投资额	元	153	201	807	1536	9632	9809	9929
外贸出口总值	美元	28	49	77	245	973	1000	1140
城市居住面积	米^2	3.82	3.97	6.62	7.99	9.61	10.08	10.79

1—9 各计划时期主要指标平均每年增长速度

单位：%

时　　期	国内生产总值	工业总产值	农业总产值	社会消费品零售总额	预算内财政收入	居民消费水平
"一五"时期	14.49	24.04	5.95	12.39	13.95	4.46
"二五"时期	0.74	6.56	0.06	3.28	1.36	3.28
1963—1965年	16.32	16.39	11.21	0.02	11.35	—0.15
"三五"时期	7.94	12.22	0.47	2.63	9.62	1.87
"四五"时期	5.99	7.23	2.47	7.11	6.43	4.21
"五五"时期	9.20	7.02	4.36	13.55	4.02	10.32
"六五"时期	12.71	12.83	6.22	21.17	13.33	13.00
"七五"时期	10.83	13.07	4.58	14.53	10.39	15.79
"八五"时期	20.18	26.10	9.98	28.94	21.32	9.10
1996—1997年	12.92	18.49	6.62	21.57	21.54	5.27

1—10 国民经济主要指标比例关系

单位：%

项　　目	1978 年	1980 年	1985 年	1990 年	1995 年	1996 年	1997 年
从业人员比例							
第一产业	43.69	40.23	31.26	28.24	23.38	23.46	21.77
第二产业	32.13	33.55	37.66	36.40	36.41	34.72	38.04
第三产业	24.18	26.22	31.08	35.36	40.21	41.82	40.19
国内生产总值三次产业比例							
第一产业	11.67	10.85	9.69	8.05	5.91	5.62	5.21
第二产业	58.59	54.52	52.92	42.65	46.67	46.74	46.54
第三产业	29.74	34.63	37.39	49.30	47.42	47.64	48.25
工业总产值中轻重工业比例							
轻工业	63.24	65.16	65.40	63.97	58.20	61.11	60.60
重工业	36.76	34.84	34.60	36.03	41.80	38.89	39.40
农业总产值中农林牧副渔比例							
种植业	77.82	77.72	65.18	63.77	53.13	49.10	49.62
林　业	1.71	2.59	1.28	1.14	0.84	0.78	0.84
牧　业	13.78	13.11	24.19	25.11	29.14	30.07	29.81
副　业	2.24	2.50	4.06	3.57	2.27	2.70	2.85
渔　业	4.45	4.08	5.29	6.41	14.62	17.35	16.88
社会消费品零售总额比例							
批发零售业	85.44	79.54	67.98	65.48	62.51	66.28	66.40
餐饮业	8.47	7.61	14.81	15.53	17.51	17.39	17.28
制造业	3.82	7.92	8.29	4.83	6.03	5.40	6.35
其他行业	2.27	4.93	8.92	14.16	13.95	10.93	9.97
固定资产投资比例							
第一产业				1.32	0.69	1.33	0.60
第二产业				38.29	27.48	25.61	21.16
第三产业				60.39	71.83	73.06	78.24

1－11 主要年份国内生产总值

单位：万元

年　份	国内生产总值	第一产业	第二产业			第三产业
				工　业	建筑业	
1952	53910	10787	16940	16434	506	26183
1957	111836	14952	51153	46088	5065	45731
1962	124147	20314	61196	56196	5000	42637
1965	180348	25033	101444	93401	8043	53871
1970	266600	31234	170872	164979	5893	64494
1975	366351	44318	227351	219739	7612	94682
1978	430947	50287	252479	243585	8894	128181
1980	575497	62438	313734	295337	18397	199325
1985	1243623	120449	658130	577048	81082	465044
1990	3195952	257288	1362975	1180978	181997	1575689
1995	12430697	734606	5801945	4959398	842547	5894146
1996	14449358	811630	6753844	5814566	939278	6883884
1997	16462567	857155	7661529	6661968	999561	7943883
1950－1952	138545	29687	43557	42432	1125	65301
“一五”时期	446375	70744	179270	163383	15887	196361
“二五”时期	714451	84851	400777	372652	28125	228823
1963－1965	469514	71608	255258	232026	23232	142648
“三五”时期	1065638	154579	603396	577866	25530	307663
“四五”时期	1552917	197149	959585	930744	28841	396183
“五五”时期	2253990	259115	1288406	1234654	53752	706469
“六五”时期	4373327	459872	2395362	2137482	257880	1518093
“七五”时期	11603019	1017120	5296091	4548434	747657	5289808
“八五”时期	38574663	2454921	18098928	15601173	2497755	18020814
1979－1997	86525946	5714697	40789212	35318105	5471107	40022037

1—12 国内生产总值

单位：万元

	1996 年	1997 年	1997 年比 1996 年增长（%）
国内生产总值	14449358	16462567	13.39
第一产业	811630	857155	5.52
第二产业	6753844	7661529	12.88
工业	5814566	6661968	14.62
建筑业	939278	999561	−0.30
第三产业	6883884	7943883	14.88
农林牧渔服务业	13313	15061	10.69
地质勘探业、水利管理业	17716	19135	5.69
交通运输、仓储业、邮电通信业	1275355	1681495	28.40
批发和零售贸易、餐饮业	1529167	1613922	6.20
金融、保险业	1943167	2204968	14.28
房地产业	409452	496552	19.02
社会服务业	953882	1028122	5.46
卫生、体育和社会福利事业	140941	162716	12.96
教育、文化艺术及广播电影电视业	283311	330218	14.05
科学研究和综合技术服务业	88651	102458	13.09
国家机关、政党机关和社会团体	201995	257131	24.56
其他行业	26934	32105	16.63

注：增长速度按可比价格计算。

1—13 县级市国内生产总值

（1997 年）

单位：万元

项目	番禺市	花都市	增城市	从化市
国内生产总值	2161594	1109297	1142536	433051
第一产业	206343	120823	191839	77614
第二产业	1164848	657837	629250	258561
工业	1064033	612451	597583	234417
建筑业	100815	45386	31667	24144
第三产业	790403	330637	321447	96876
农林牧渔服务业	4815	40	179	142
地质勘探业、水利管理业	1796	1310	625	501
交通运输、仓储业、邮电通信业	168839	99116	93419	21268
批发和零售贸易、餐饮业	218005	79772	72884	24520
金融、保险业	207164	21630	76412	14662
房地产业	109840	52822	18817	5696
社会服务业	25212	15806	19290	6826
卫生、体育和社会福利事业	10454	6239	6104	5418
教育、文化艺术及广播电影电视业	19411	12666	17063	9098
科学研究和综合技术服务业	6530	260	710	1037
国家机关、政党机关和社会团体	15840	40856	14046	6267
其他行业	2497	120	1898	1441

1—14 各行业增加值

（1997 年）　　单位：万元

项目	增加值	劳动者报酬	固定资产折旧	生产税净额	营业盈余
国内生产总值	16462567	6462021	2229734	2398441	5372371
第一产业	857155	606806	33026	48731	168592
第二产业	7661529	2834357	1036082	1490175	2300915
工业	6661968	2116140	947778	1371807	2226243
建筑业	999561	718217	88304	118368	74672
第三产业	7943883	3020858	1160626	859535	2902864
农林牧渔服务业	15061	8644	2198	262	3957
地质勘探业、水利管理业	19135	16108	1540	133	1354
交通运输、仓储业、邮电通信业	1681495	551862	479243	131108	519282
批发和零售贸易、餐饮业	1613922	900128	166737	273421	273636
金融、保险业	2204968	199736	86737	261472	1657023
房地产业	496552	86673	196782	80604	132493
社会服务业	1028122	550889	81232	103961	292040
卫生、体育和社会福利事业	162716	127586	19204	203	15723
教育、文化艺术及广播电影电视业	330218	255710	71126	2153	1229
科学研究和综合技术服务业	102458	80813	11282	4997	5366
国家机关、政党机关和社会团体	257131	210704	44445	1221	761
其他行业	32105	32005	100		

1—15 各行业增加值构成

（1997 年）　　单位：%

项目	合计	劳动者报酬	固定资产折旧	生产税净额	营业盈余
国内生产总值	100	39.25	13.55	14.57	32.63
第一产业	100	70.79	3.85	5.69	19.67
第二产业	100	37.00	13.52	19.45	30.03
工业	100	31.76	14.23	20.59	33.42
建筑业	100	71.85	8.84	11.84	7.47
第三产业	100	38.03	14.61	10.82	36.54
农林牧渔服务业	100	57.39	14.60	1.74	26.27
地质勘探业、水利管理业	100	84.18	8.05	0.69	7.08
交通运输、仓储业、邮电通信业	100	32.82	28.50	7.80	30.88
批发和零售贸易、餐饮业	100	55.77	10.33	16.94	16.96
金融、保险业	100	9.06	3.93	11.86	75.15
房地产业	100	17.46	39.63	16.23	26.68
社会服务业	100	53.58	7.90	10.11	28.41
卫生、体育和社会福利事业	100	78.41	11.80	0.13	9.66
教育、文化艺术及广播电影电视业	100	77.44	21.54	0.65	0.37
科学研究和综合技术服务业	100	78.87	11.01	4.88	5.24
国家机关、政党机关和社会团体	100	81.94	17.29	0.47	0.30
其他行业	100	99.69	0.31		

1—16 国内生产总值使用表

单位：万元

项目	1996 年	1997 年	1997 年为 1996 年%
最终消费	6222288	7147914	114.35
1.居民消费	4564766	5087960	110.07
农村居民	843399	914410	108.37
城镇居民	3721367	4173550	110.48
2.政府消费	1657522	2059954	125.03
资本形成总额	7481363	7560783	98.77
1.固定资本形成总额	6651224	6757509	99.08
2.存货增加	830139	803274	96.19
货物和服务净流出	644606	1615463	263.26

注：本表按新口径计算，增长速度按可比价格计算。

1—17 资本形成总额

单位：万元

项目	1996 年	1997 年
资本形成总额	7481363	7560783
固定资本形成总额	6651224	6757509
存货增加	830139	803274
1.国有经济	3758155	4377012
固定资本形成总额	3612919	4046345
存货增加	145236	330667
2.集体经济	852138	678172
固定资本形成总额	665309	561578
存货增加	186829	116594
3.其他经济	2871070	2505599
固定资本形成总额	2372996	2149586
存货增加	498074	356013

注：本表按新口径计算。

1—18 最终消费

单位:万元

项目	1996年	1997年
最终消费	6222288	7147914
居民消费	4564766	5087960
1. 农村居民	843399	914410
自给性消费	98085	115584
商品性消费	444978	448342
文化生活服务性消费	141367	172684
住房及水电消费	158969	177800
2. 城镇居民	3721367	4173550
商品性消费	2567790	2752148
文化生活服务性消费	488519	624034
住房及水电消费	271536	369857
公费医疗	312652	325158
集体福利事业补贴费和设施费	80870	102353
政府消费	1657522	2059954

注:本表按新口径计算。

1—19 居民消费水平

单位:元/人

项目	1996年	1997年	1997年为1996年%
全市居民消费水平	7008	7694	108.43
农村居民	3345	3597	107.46
城镇居民	9320	10253	108.37
农村居民与城镇居民对比(农村居民为1)	1:2.79	1:2.85	

注:本表按新口径计算。增长速度按可比价格计算。

1—20 公有制经济主要指标

单位：万元、%

项　　目	1996年			1997年		
	全　市	#公有制经　济	公有制经济占全市的比重	全　市	#公有制经　济	公有制经济占全市的比重
工业						
工业总产值	15456825	9963746	64.46	16986804	10808211	63.63
工业增加值	4267527	2829887	66.31	4771809	3090199	64.76
产品销售收入	14360389	9110965	63.45	15686371	10011148	63.82
固定资产原价	10568988	7177735	67.91	12110826	8169859	67.46
固定资产净值年平均余额	7063477	3586502	50.78	8579388	4274325	49.82
流动资产年平均余额	9619608	6173103	64.17	11336249	7198868	63.50
企业资本金	5642743	3336803	59.13	6242690	3610522	57.84
利税总额	1742538	1234093	70.82	1944762	1358164	69.84
批发零售贸易、餐饮业						
社会消费品零售总额	6864426	4250789	61.92	8025887	4609616	57.43
商品购进总额	17973302	15177886	84.45	19703497	15404868	78.18
商品销售总额	18926766	14754906	77.96	21091774	16261213	77.10
固定资产原价	1167801	1003267	85.91	1402387	1236528	88.17
固定资产净值	887137	756268	85.25	1071692	941857	87.89
实收资本	893042	667538	74.75	950488	735067	77.34
利税总额	127781	119835	93.78			
#税金	34268	25282	73.78			

注：公有制经济的计算办法：凡经济类型为国有、集体的企业全部视为公有制经济，混合经济按企业实收资本中，国有和集体资本金的比例推算其公有制经济的部分。

1—21 区属国民经济主要指标

（1997年）

项　　目	单位	东山区	荔湾区	越秀区	海珠区
土地面积	千米^2	17.2	11.8	8.9	90.4
年末总人口	人	584110	523323	448707	759256
街道办事处	个	15	20	19	20
居民委员会	个	254	280	208	346
国内生产总值	万元	210467	296520	185255	398551
年末职工人数	人	53025	69527	54867	83195
全年工资总额	万元	57919	68912	54312	79200
职工年人均工资	元	10859	10075	9904	9633
全社会固定资产投资额	万元	27202	21066	95631	71003
#房地产开发	万元	17538	12664	92824	21538
财政收入	万元	38411	35403	39401	35403
财政支出	万元	48321	44856	46921	47983
年末耕地面积	公顷				931
农业总产值	万元				21783
乡镇企业人数	人				39351
乡镇企业营业收入	万元				421866
乡镇企业工资总额	万元				35110
乡镇企业总产值	万元				298840
工业增加值	万元	31245	63704	35932	149555
工业总产值	万元	123448	216458	131716	504050
工业产品销售率	%	93.71	94.92	97.19	95.18
社会消费品零售总额	万元	487431	594911	230116	345277
私营、个体经济企业户数	户	8632	11746	12448	13838
私营、个体经济从业人员	人	10762	17268	18661	17315
私营、个体经济营业总额（含总产值）	万元	90439	227731	86690	84089
外贸出口总值	万美元	3864	5100	4043	15783
实际利用外资	万美元	2908	3165	6150	2222
小学学校数	所	49	52	54	80
小学在校学生数	人	44288	41410	34286	62435
幼儿园数	所	90	75	75	154
幼儿园在园人数	人	19308	13168	11692	27360
各类卫生机构数	个	33	27	27	19
#医院	个	6	9	9	8
各类卫生机构床位数	张	396	771	631	589
#医院	张	396	771	631	589
卫生技术人员	人	1317	1644	1410	1316
#医生	人	567	731	1090	588

1—21 续表

项　　目	单位	天河区	芳村区	白云区	黄埔区
土地面积	千米^2	108.3	42.6	1042.7	121.7
年末总人口	人	468937	168885	813615	189688
街道办事处	个	10	5	5	4
居民委员会	个	118	58	106	65
国内生产总值	万元	596681	153604	915477	197145
年末职工人数	人	35522	21732	35925	31313
全年工资总额	万元	40851	23888	42668	34738
职工年人均工资	元	11884	10909	11605	11508
全社会固定资产投资额	万元	205904	74946	298117	68798
#房地产开发	万元	111065	11388	84449	24724
财政收入	万元	43165	19923	51640	19329
财政支出	万元	55230	27260	66194	25454
年末耕地面积	公顷	955	1055	18451	746
农业总产值	万元	29575	27857	371940	23469
乡镇企业人数	人	48389	19712	186865	42669
乡镇企业营业收入	万元	613133	215161	1957217	397022
乡镇企业工资总额	万元	35849	13500	168695	28702
乡镇企业总产值	万元	362118	186041	1450740	320230
工业增加值	万元	194785	54443	298449	87853
工业总产值	万元	645880	205403	1031521	395110
工业产品销售率	%	96.77	94.28	97.70	96.90
社会消费品零售总额	万元	640976	102133	495926	131281
私营、个体经济企业户数	户	19046	5922	34768	8343
私营、个体经济从业人员	人	32793	11773	70439	14088
私营、个体经济营业总额(含总产值)	万元	74323	45343	102276	38719
外贸出口总值	万美元	23100	12618	54022	36809
实际利用外资	万美元	5541	2731	6088	6982
小学学校数	所	65	32	217	35
小学在校学生数	人	45111	16036	108657	20269
幼儿园数	所	109	39	312	52
幼儿园在园人数	人	18654	8604	34019	9258
各类卫生机构数	个	20	26	22	23
#医院	个	4	4	3	4
各类卫生机构床位数	张	290	272	1092	417
#医院	张	290	272	540	395
卫生技术人员	人	638	688	1884	785
#医生	人	354	303	745	355

1—22 县级市国民经济主要指标

（1997 年）

项　　　目	单　位	番禺市	花都市	增城市	从化市
土地面积	千米^2	1313.8	961.1	1741.4	1974.5
年末总人口	人	880103	580725	758533	488980
镇	个	15	9	15	15
居民委员会	个	71	23	28	22
村民委员会	个	305	182	303	210
国内生产总值	万元	2161594	1109297	1142536	433051
年末全部从业人员数	人	736121	324301	469173	257178
＃职工人数	人	159210	60950	76533	43653
全年工资总额	万元	169847	57165	76520	36094
职工年人均工资	元	10954	9571	10117	8317
全社会固定资产投资额	万元	512986	185867	195002	256835
财政收入	万元	78426	23337	23454	13294
财政支出	万元	105852	36687	38110	25597
城乡居民储蓄存款余额	万元	1894823	623613	711703	250915
年末耕地面积	公顷	33998	17878	32886	19440
农业总产值	万元	380233	229577	295958	127718
乡镇企业人数	人	375468	136502	130562	68473
乡镇企业营业收入	万元	3649255	1729944	1544745	769882
乡镇企业工资总额	万元	310012	99149	59980	31654
乡镇企业总产值	万元	3445482	1924301	1659523	774382
工业增加值	万元	1064033	612451	597583	234417
工业总产值	万元	4572921	2145130	2301464	868739
工业产品销售率	%	96.66	90.97	94.66	97.19
社会消费品零售总额	万元	481070	342153	336980	180535
外贸出口总值	万美元	234010	47160	78212	17816
实际利用外资	万美元	31330	17706	30274	5603
中等学校数	所	71	43	51	38
中等学校在校学生数	人	56346	40013	48114	34711
小学学校数	所	287	201	324	218
小学在校学生数	人	108804	77024	97226	67637
各类卫生机构数	个	99	52	49	69
＃医　院	个	28	16	19	21
各类卫生机构床位数	张	2722	1375	1543	1683
＃医　院	张	2476	1075	1452	683
卫生技术人员	人	3643	1766	2421	1569
＃医　生	人	1479	736	964	610

主要统计指标解释

【国内生产总值】是按市场价格计算的国内生产总值的简称。它是一个国家(地区)所有常住单位在一定时期内生产活动的最终成果。国内生产总值有三种表现形态,即价值形态、收入形态和产品形态。从价值形态看,它是所有常住单位在一定时期内所生产的全部货物和服务价值超过同期投入的全部非固定资产货物和服务价值的差额,即所有常住单位的增加值之和;从收入形态看,它是所有常住单位在一定时期内所创造并分配给常住单位和非常住单位的初次分配收入之和;从产品形态看,它是最终使用的货物和服务减去进口货物和服务。在实际核算中,国内生产总值的三种表现形态表现为三种计算方法,即生产法、收入法和支出法。三种方法分别从不同的方面反映国内生产总值及其构成。

【常住单位】1.经济领土。我国经济领土由我国政府控制的地理领土组成,它包括我国的领海、领空和位于国际水域,但我国具有捕捞和海底开采管辖权的大陆架;它还包括我国在国外的所谓领土"飞地",即位于其他国家、但为我国政府拥有或租借,用于外交等目的,通过正式协议、具有明确边界的地域,如我国驻外使馆、领馆用地;不包括我国地理边界内的"飞地",即位于我国地理领土范围内,但为外国政府所拥有或租借,用于外交等目的、通过正式协议、具有明确边界的地域,如外国驻华使馆、领馆用地及国际组织用地。2.经济利益中心。一经济单位在我国的经济领土范围内具有一定的场所,如住房、厂房或其它建筑物,从事一定规模的经济活动并超过一定时期(一般以一年为操作准则),则说该经济单位在我国具有经济利益中心。3.常住单位。一经济单位在我国的经济领土上具有经济利益中心,则称之为我国的常住经济单位。

【当年价格】指报告期的实际价格,如工厂的出厂价格,农产品的收购价格,商业的零售价格等。使用当年价格计算的数字,是为了使国民经济各项指标互相衔接,便于考察当年社会经济效率,对生产和流通、生产和分配、生产和消费进行经济核算和综合平衡。

按当年价格计算的价值指标,在不同年份之间进行对比时,因为包含有各年间价格变动的因素,不能确切地反映实物量的增减变动。必须消除价格变动因素后,才能真实反映经济发展动态。因此,在计算增长速度时都使用按可比价格计算的数字。

【可比价格】指在不同时期的价值指标对比时,扣除了价格变动的因素,以确切反映物量的变化。按可比价格计算有两种方法:一种是直接用产品产量乘某一年的不变价格计算;另一种是用价格指数换算。

【不变价格】指用同类产品的年平均价格作为固定价格,来计算各年产品价值。按不变价格计算的产品价值消除了价格变动因素,不同时期对比可以反映生产的发展速度。新中国成立后,随着工农业产品价格水平的变化,国家统计局先后五次制定了全国统一的工业产品不变价格和农业产品不变价格,从1949年到1957年使用1952年工(农)业产品不变价格,从1957年到1971年使用1957年不变价格,从1971到1981年使用1970年不变价格,从1981年到1990年使用1980年不变价格,从1990年开始使用1990年不变价格。

【平均每年增长速度】在我国计算平均增长速度有两种方法,一种是习惯上经常使用的"水平法",又称几何平均法,是以间隔期最后一年的水平同基期水平对比来计算平均每年增长(或下降)速度。另一种是"累计法",又称代数平均法或方程法,是以间隔期内各年水平的总和同基期水平对比来计算平均每年增长(或下降)速度。

在一般正常情况下,两种方法计算的平均每年增长速度比较接近,但在经济发展不平衡,出现大起大落时,两种方法计算的结果差别较大。

本《年鉴》内所列的平均每年增长速度,除固定资产投资是用"累计法"计算以外,其余均用"水平法"计算。从某年到某年平均增长速度的年份,均不包括基期年在内。如建国四十三周年的平均增长速度是以1949年为基期计算的,则写为1950—1992年平均增长速度,余类推。

【各个计划时期】表内所用各个"时期"代表的年份如下:恢复时期为1950年到1952年;第一个五年计划时期(简称一五时期)为1953年到1957年;第二个五年计划时期(简称二五时期)为1958年到1962年;第三个五年计划时期(简称三五时期)为1966年到1970年;第四个五年计划时期(简称四五时期)为1971年到1975年;第五个五年计划时期(简称五五时期)为1976年到1980年;第六个五年计划时期(简称六五时期)为1981年到1985年;第七个五年计划时期(简称七五时期)为1986年到1990年;第八个五年计划时期(简称八五时期)为1991年到1995年。

【国有经济单位】指生产资料归国家所有的各种企业、事业单位,以及各级国家机关、人民团体等单位。

【集体经济单位】 指生产资料归公民集体所有的各种企业、事业单位。包括农村各种经济组织经营的农、林、牧、副、渔业，乡、村经营的企业、事业单位；城市、县、镇以及街道举办的集体经济性质的企业、事业单位。

【三次产业】 根据社会生产活动历史发展的顺序对产业结构的划分，产品直接取自自然界的部门称为第一产业，对初级产品进行再加工的部门称为第二产业，为生产和消费提供各种服务的部门称为第三产业。它是世界上通用的产业结构分类，但各国的划分不尽一致。我国的三次产业划分是：

第一产业：农业(包括种植业、林业、牧业、副业和渔业)。

第二产业：工业(包括采掘工业、制造业、自来水、电力、蒸气、热水、煤气)和建筑业。

第三产业：除第一、第二产业以外的其他各业。由于第三产业包括的行业多、范围广，根据我国的实际情况，第三产业可分为两大部分：一是流通部门，二是服务部门。具体又可分为四个层次：

第一层次：流通部门，包括交通运输业、邮电通讯业、商业、饮食业、物资供销和仓储业。

第二层次：为生产和生活服务的部门，包括金融、保险业、地质普查业、房地产、公用事业、居民服务业、咨询服务业和综合技术服务业，农、林、牧、渔、水利服务业和水利业，公路、内河(湖)航道养护业等。

第三层次：为提高科学文化水平和居民素质服务的部门，包括教育、文化、广播电视、科学研究、卫生、体育和社会福利事业等。

第四层次：为社会公共需要服务的部门，包括国家机关、政党机关、社会团体，以及军队和警察等。

【最终消费】最终消费是指常住单位在一定时期内对于货物和服务的全部最终消费支出，也就是常住单位为满足物质、文化和精神生活的需要，从本国经济领土和国外购买的货物和服务的支出。它不包括非常住单位在本国经济领土内的消费支出。最终消费分为居民消费和政府消费。

(1)居民消费 居民消费指常住住户在一定时期内对于货物和服务的全部最终消费支出。居民关于货物的最终消费支出在货物的所有权发生变化时记录，关于服务的最终消费支出在服务提供的时候记录。居民消费按市场价格计算，即按居民支付的购买者价格计算，货物的购买者价格是购买者取得交货所支付的价格，它包括购买者支付的运输费用和商业费用。居民消费除了包括直接以货币形式购买的货物和服务的消费支出外，还包括以其他方式获得的货物和服务的消费支出，即所谓的虚拟消费支出。居民虚拟消费支出包括如下几种类型：单位以实物报酬及实物转移的形式提供给劳动者的货物和服务；住户生产并由本住户消费了的货物和服务，其中的服务仅指住户的自有住房服务；金融机构提供的金融媒介服务；保险公司提供的保险服务。

(2)政府消费 政府消费指政府部门为全社会提供的公共服务的消费支出和免费或以较低的价格向居民住户提供的货物和服务的净支出，前者等于政府服务的产出价值减去政府单位所获得的经营收入的价值，政府服务的产出价值等于它的经常性业务支出加上固定资产折旧；后者等于政府部门免费或以较低的价格向居民住户提供的货物和服务的市场价值减去向住户收取的价值。

【资本形成总额】 资本形成总额指常住单位在一定时期内对固定资产和存货投资支出合计，包括固定资本形成总额和存货增加。

(1)固定资本形成总额 固定资本形成总额指常住单位在一定时期内购置、转入和自产自用的固定资产，扣除固定资产的销售和转出后的价值。可分为有形固定资本形成总额和无形固定资本形成总额。有形固定资本形成总额包括一定时期内完成的建筑工程、安装工程和设备工器具购置(减处置)价值，以及土地改良、新增役、种、奶、毛、娱乐用牲畜和新增经济林木价值。无形固定资本形成总额包括矿藏的勘探、计算机软件、娱乐和文学艺术品原件等获得减处置。

(2)存货增加 存货增加指常住单位在一定时期内存货实物量变动的市场价值，即期末价值减期初价值的差额。存货增加可以是正值，也可以是负值，正值表示存货上升，负值表示存货下降。它包括生产单位购进的原材料、燃料和储备物资等存货，以及生产单位生产的产成品、在制品和半成品等存货等。

【固定资产折旧】指一定时期内为弥补固定资产损耗而应提取的补偿价值，它反映了全部固定资产在本期生产中资产的转移价值。各类企业的固定资产折旧是指从成本费用中提取的折旧费。对不计提折旧的单位，如政府机关、事业单位、学校医院、部队和居民住房则应进行虚拟折旧。

【劳动者报酬】指劳动者为常住单位提供劳务而获得的各种报酬，它反映劳动者参与增加值创造而获得的原始收入。具体包括从各种来源开支的货币工资和实物工资，即单位以工资、福利、社会保险等形式，从成本、费用和利润中为劳动者支付的各种开支，以及个体和其他劳动者通过参加社会生产活动所获得的各种劳动报酬。

【生产税净额】 指生产税与补贴之差，它反映政府从本期创造的增加值中所得到的原始收入份额。生产税是指政府对生产单位的生产经营活动所征收的各种税、附加费和规费，具体包括销售（营业）税金及附加、增值税、管理费开支的税、应交纳的养路费、排污费和水电费附加等，以及烟酒专卖上缴政府的专项收入等。生产补贴与生产税相反，是政府对生产单位的单方面收入转移，因此视为负生产税处理，包括政策亏损补贴、粮食系统价格补贴、外贸企业出口退税收入等。

【营业盈余】 指常住单位创造的增加值扣除固定资产折旧价值、支付劳动者报酬和上缴政府生产税净额后的余额，它反映企业参与增加值创造而应得的原始收入份额。指标相当于企业的营业利润加上生产补贴，但要扣除利税后项目中支付的工资、福利及公益金等。

第二篇

人　口

人口保持平稳增长

1997年末，全市总人口666.49万人，比1996年增加10.44万人，增长率为1.59%，增幅比上年的1.44%上升了0.15个百分点。其中：市区人口395.65万人，比上年增加5.47万人；四个县级市人口270.84万人，比上年增加4.97万人。广州市总人口保持平稳增长。

1. 总人口保持平稳增长，但地区间差异较大

1997年末，各区、县级市总人口除越秀区、荔湾区以外，都有不同程度的增长，但地区间差异较大。"老四区"人口得到了控制，与上年比增长0.09万人，增长率为0.04%。其中，越秀区、荔湾区人口继续减少，增长率分别下降1.12%和0.72%；东山区、海珠区增长幅度明显降低，增长率分别为0.34%和1.03%，增幅比上年分别下降0.63和0.67个百分点。"新四区"人口增长速度较快，比上年增加5.38万人，增长率为3.39%，增幅比上年上升了0.89个百分点。其中，天河区人口增长速度持续7年超过4%，1997年增长率为5.73%，仍排全市首位；芳村区、白云区、黄埔区增长幅度超过2%，分别为3.02%、2.40%和2.35%；四个县级市除番禺市以外总人口增长幅度均超过全市平均水平。番禺市、从化市增长率分别为1.56%和1.70%，增幅比上年下降了0.20和0.41个百分点；花都市、增城市增长较快，增长率分别为2.40%和1.93%，增幅比上年上升0.76和0.4个百分点。

2. 户籍人口增速趋缓

按常住户口口径统计，我市户籍人口增长速度趋缓。1997年末，全市户籍人口662.93万人，比上年增加9.64万人，增长率为1.48%，增幅比上年下降0.07个百分点，其中，市区人口392.38万人，比上年增加4.64万人，增长率为1.2%，增幅比上年下降0.22个百分点；四个县级市人口270.55万人，比上年增加5万人，增长率为1.88%，增幅比上年略有上升。

3. 自然增长率稳中有降

近几年来，我市各级政府强化对计划生育工作的领导，卓有成效地推动人口控制工作，使人口出生率、自然增长率持续稳步下降；1997年，我市自然增长率为5.97‰，比上年的6.32‰下降了0.35个千分点。全市节育率88.50%、计划生育率90.70%，一孩率71.85%，分别比上年上升了0.22、2.36和0.57个百分点。

4. 机械增长对人口总量增长的影响较大

我市人口机械增长是人口总量增长的主要因素。随着国民经济的适度快速增长、科技和教育事业得到不断发展，对各类专业人才的需求增大。1997年全市迁移净增加5.68万人，比上年的5.76万人略有减少。迁移净增率为8.58‰，比上年的8.84‰下降了0.26个千分点。在我市人口增长总量中，机械增长人口5.68万人，占54.39%；自然增长人口3.95万人，占37.84%，其他因素增长人口0.81万人，占7.77%。人口机械增长仍居我市人口总量增长的首位。

5. 外来人口保持较大规模

随着体制改革和经济结构调整的推进，我市劳动力结构进一步调整，劳动力处于供大于求的局面。然而，广州经济的快速发展，仍对外来人口具有较强的吸引力。1997年末，外来人口与1996年基本持平，保持在170万人左右，其中，有近100万外来劳动力在广州市流动就业。全市暂住人口中，从来自地区看，省内占41.00%，省外占58.21%，港、澳、台、国外占0.79%；从来市目的看，务工、务农占54.20%，经商占6.64%，从事服务业占8.66%，投亲访友和旅游、观光占21.76%，其他占8.74%。据测算，我市的外来人口仍保持较大的规模。

年末总人口

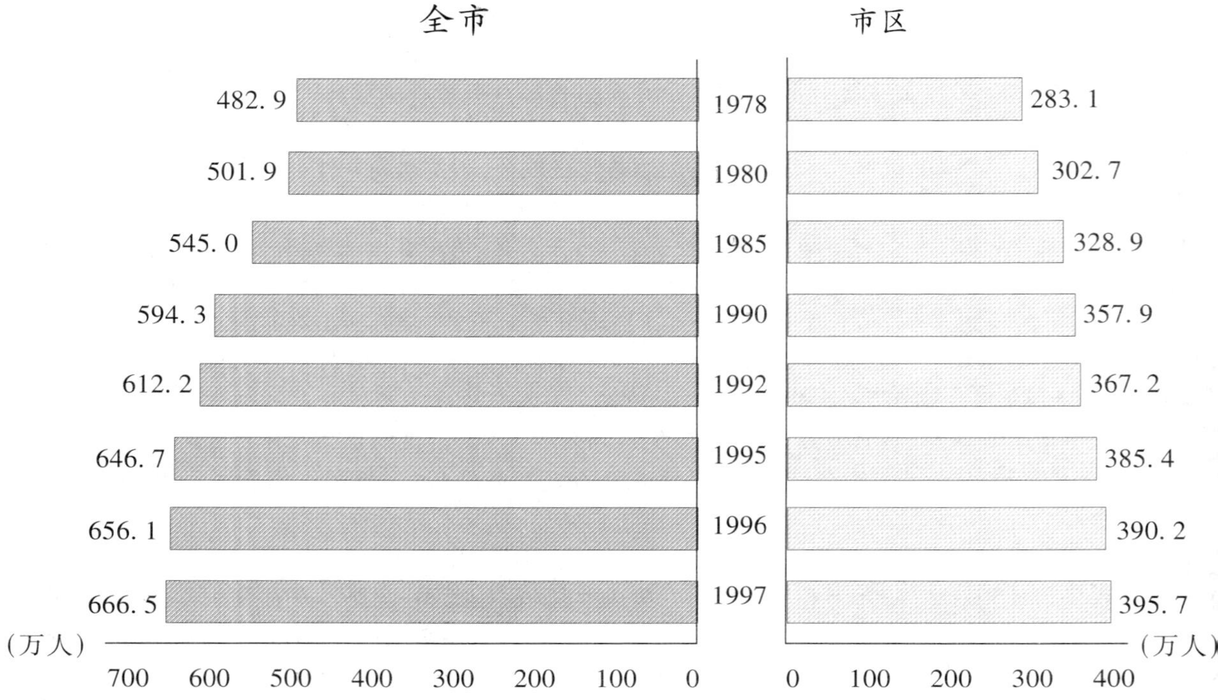

人口自然变动状况

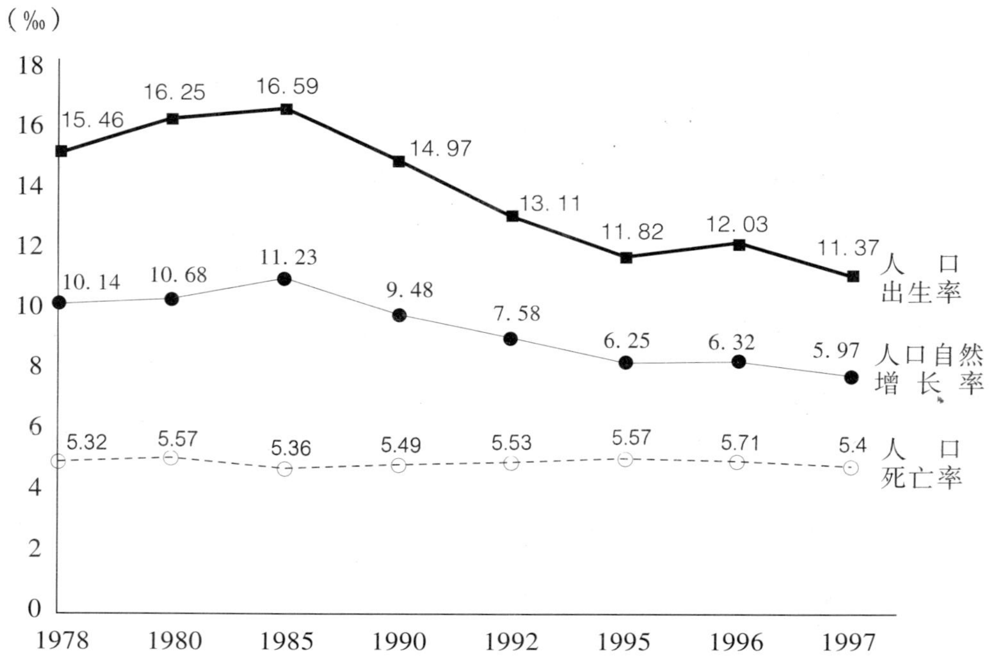

2-1 主要年份年末总户数、总人口数

年份	总户数（户）	总人口（人）	农业人口	非农业人口	#女	性别比（女=100）
全市						
1949	618698	2475259	1295637	1179622	1207954	104.91
1952	678722	2719141	1370170	1348971	1322250	105.64
1957	811439	3377586	1513557	1864029	1659746	103.50
1962	864664	3702454	1588191	2114263	1830123	102.31
1965	888576	3985070	1795294	2189776	1963842	102.92
1970	979764	4185363	2095823	2089540	2083979	100.84
1975	1071998	4591000	2408674	2182326	2263898	102.79
1978	1145925	4828961	2507540	2321421	2374951	103.33
1980	1162717	5018638	2458247	2560391	2468837	103.28
1985	1369661	5449820	2493662	2956158	2663431	104.62
1990	1641840	5942534	2528674	3413860	2887427	105.81
1995	1871894	6467115	2514356	3952759	3132759	106.44
1996	1905998	6560508	2527804	4032704	3179757	106.32
1997	1945905	6664862	2556223	4108639	3231941	106.22
市区						
1949	322133	1427648	388645	1039003	671270	112.68
1952	379087	1621776	415232	1206544	759811	113.44
1957	501793	2144799	455861	1688938	1032721	107.68
1962	542385	2394071	476997	1917074	1169713	104.67
1965	558343	2540688	560508	1980180	1235777	105.59
1970	605820	2515655	640643	1875012	1244494	102.14
1975	657669	2688779	747281	1941498	1313965	104.63
1978	706489	2831152	766176	2064976	1375737	105.79
1980	738713	3026616	737241	2289375	1472247	105.58
1985	883946	3288825	719278	2569547	1589830	106.87
1990	1054065	3579360	665079	2914281	1719027	108.22
1995	1172637	3853751	687037	3166714	1840191	109.42
1996	1193230	3901840	680430	3221410	1863900	109.34
1997	1211123	3956521	689200	3267321	1890134	109.32

2-2 主要年份年末常住户口户数、人口数

年份	户数（户）	农业户	非农业户	人口数（人）	农业人口	非农业人口
全市						
1949	618698	367061	251637	2475259	1295637	1179622
1952	678722	376549	302173	2719141	1370170	1348971
1957	811439	387282	424157	3377586	1513557	1864029
1962	864664	404295	460369	3702454	1588191	2114263
1965	888576	411867	476709	3985070	1795294	2189776
1970	979764	465477	514287	4172967	2087525	2085442
1975	1071998	519843	552155	4578124	2399434	2178690
1978	1145925	548559	597366	4815417	2500559	2314858
1980	1162717	524818	637899	5000658	2444826	2555832
1985	1369170	556013	813157	5431487	2475329	2956158
1990	1641063	612283	1028780	5918462	2504602	3413860
1995	1871173	624968	1246205	6433241	2480482	3952759
1996	1905305	630640	1274665	6532967	2500263	4032704
1997	1945526	639199	1306327	6629339	2520700	4108639
市区						
1949	322133	101914	220219	1427648	388645	1039003
1952	379087	109324	269763	1621776	415232	1206544
1957	501793	115283	386510	2144799	455861	1688938
1962	542385	117664	424721	2394071	476997	1917074
1965	558343	121828	436515	2540688	560508	1980180
1970	605820	135977	469843	2503726	632745	1870981
1975	657669	155781	501888	2675903	738041	1937862
1978	706489	163730	542759	2824263	761874	2062389
1980	738713	161018	577695	3017029	731851	2285178
1985	883612	173325	710287	3273789	704242	2569547
1990	1053971	178856	875115	3560658	646377	2914281
1995	1172515	186044	986471	3823234	656520	3166714
1996	1192970	188090	1004880	3877482	656072	3221410
1997	1211021	189945	1021076	3923866	656545	3267321

2-3 主要年份总人口自然变动情况

单位：比率：‰　人数：人

年份	年平均人数	出生		死亡		自然增长率
		人数	出生率	人数	死亡率	
全市						
1949	2460084					
1952	2698816					
1957	3286712	129805	39.49	23395	7.12	32.37
1962	3683932	142881	38.78	25066	6.80	31.98
1965	3949440	106665	27.01	20739	5.25	21.76
1970	4157439	98912	23.79	22700	5.46	18.33
1975	4543684	76948	16.94	27019	5.95	10.99
1978	4753314	73470	15.46	25283	5.32	10.14
1980	4959822	80604	16.25	27643	5.57	10.68
1985	5402904	89630	16.59	28968	5.36	11.23
1990	5898400	88289	14.97	32388	5.49	9.48
1995	6418678	75867	11.82	35735	5.57	6.25
1996	6513812	78339	12.03	37216	5.71	6.32
1997	6612685	75184	11.37	35696	5.40	5.97
市区						
1949	1437368	38234	26.60	21992	15.30	11.30
1952	1610163	59254	36.80	16585	10.30	26.50
1957	2073385	93095	44.90	13477	6.50	38.40
1962	2393555	88574	37.01	14358	6.00	31.01
1965	2534506	53146	20.97	10982	4.33	16.64
1970	2513446	46984	18.69	13612	5.42	13.27
1975	2671601	32957	12.34	15302	5.73	6.61
1978	2770944	35159	12.69	14743	5.32	7.37
1980	2972122	40800	13.73	16519	5.56	8.17
1985	3255203	47881	14.71	17735	5.45	9.26
1990	3561652	44394	12.46	20329	5.71	6.75
1995	3828449	34888	9.11	22843	5.97	3.14
1996	3877796	37143	9.58	23259	6.00	3.58
1997	3929181	34205	8.71	22979	5.85	2.86

2-4 土地面积、人口密度

(1997 年)

区、县级市	土地面积（千米^2）	年末总人口（人）	男	女	平均每千米^{2}人口（人）
全　市	7434.4	6664862	3432921	3231941	896
市　区	1443.6	3956521	2066387	1890134	2741
东山区	17.2	584110	300595	283515	33960
荔湾区	11.8	523323	267021	256302	44349
越秀区	8.9	448707	226708	221999	50417
海珠区	90.4	759256	401125	358131	8399
天河区	108.3	468937	254537	214400	4330
芳村区	42.6	168885	89726	79159	3964
白云区	1042.7	813615	423656	389959	780
黄埔区	121.7	189688	103019	86669	1559
县级市	5990.8	2708341	1366534	1341807	452
番禺市	1313.8	880103	439172	440931	670
花都市	961.1	580725	291120	289605	604
增城市	1741.4	758533	386909	371624	436
从化市	1974.5	488980	249333	239647	248

2-5 年 末 总 人 口

(1997 年)

单位:人

区、县级市	合　计	按农业与非农业分		按乡村与城镇分	
		农业人口	非农业人口	乡　村	城　镇
全　市	6664862	2556223	4108639	2562997	4101865
市　区	3956521	689200	3267321	689200	3267321
东山区	584110	1327	582783	1327	582783
荔湾区	523323	2216	521107	2216	521107
越秀区	448707	1190	447517	1190	447517
海珠区	759256	70288	688968	70288	688968
天河区	468937	62135	406802	62135	406802
芳村区	168885	37116	131769	37116	131769
白云区	813615	466626	346989	466626	346989
黄埔区	189688	48302	141386	48302	141386
县级市	2708341	1867023	841318	1873797	834544
番禺市	880103	544611	335492	546898	333205
花都市	580725	390122	190603	391315	189410
增城市	758533	568165	190368	568356	190177
从化市	488980	364125	124855	367228	121752

2—6 年末常住户数、人口数

(1997 年)

区、县级市	户数(户)	农业户	非农业户	人口数(人)	农业人口	非农业人口
全市	**1945526**	**639199**	**1306327**	**6629339**	**2520700**	**4108639**
市区	1211021	189945	1021076	3923866	656545	3267321
东山区	173843	173	173670	583165	382	582783
荔湾区	169974	900	169074	522845	1738	521107
越秀区	143319		143319	447517		447517
海珠区	234045	20023	214022	753185	64217	688968
天河区	130365	18357	112008	462493	55691	406802
芳村区	53158	10468	42690	168657	36888	131769
白云区	247573	123452	124121	797294	450305	346989
黄埔区	58744	16572	42172	188710	47324	141386
县级市	734505	449254	285251	2705473	1864155	841318
番禺市	255318	140767	114551	877706	542214	335492
花都市	160223	98682	61541	580725	390122	190603
增城市	196502	130323	66179	758117	567749	190368
从化市	122462	79482	42980	488925	364070	124855

2—7 人口迁移状况

(1997 年)

单位：比率：‰ 人数：人

区、县级市	迁入人数	迁入率	迁出人数	迁出率	净增人数	净增率
全市	**139484**	**21.09**	**82723**	**12.51**	**56761**	**8.58**
市区	82902	21.10	48051	12.23	34851	8.87
东山区	7920	13.58	4707	8.07	3213	5.51
荔湾区	2780	5.29	2196	4.18	584	1.11
越秀区	4255	9.43	2821	6.25	1434	3.18
海珠区	15043	19.92	10300	13.64	4743	6.28
天河区	29670	65.03	16392	35.93	13278	29.10
芳村区	2326	13.98	1321	7.94	1005	6.04
白云区	17523	21.79	9239	11.49	8284	10.30
黄埔区	3385	18.05	1075	5.73	2310	12.32
县级市	56582	21.08	34672	12.92	21910	8.16
番禺市	13490	15.45	8180	9.37	5310	6.08
花都市	17371	30.27	9093	15.85	8278	14.42
增城市	19121	25.45	12728	16.94	6393	8.51
从化市	6600	13.61	4671	9.63	1929	3.98

2-8 总人口自然变动状况

(1997 年)

单位:比率:‰ 人数:人

区、县级市	年平均人数	出生		死亡			
		人数	出生率	人数	#婴儿	死亡率	#婴儿
全市	**6612685**	**75184**	**11.37**	**35696**		**5.40**	
市区	3929181	34205	8.71	22979	276	5.85	12.45
东山区	583127	4505	7.73	3284	21	5.63	5.80
荔湾区	525219	3042	5.79	4098	21	7.80	8.59
越秀区	451243	2902	6.43	3338	12	7.40	5.23
海珠区	755371	5308	7.03	4550	40	6.02	9.83
天河区	456232	4487	9.83	2007	36	4.40	11.57
芳村区	166412	1396	8.39	1058	10	6.36	9.87
白云区	804070	10103	12.56	3876	108	4.82	26.26
黄埔区	187507	2462	13.13	768	28	4.10	18.65
县级市	2683504	40979	15.27	12717		4.74	
番禺市	873350	13626	15.60	4477	135	5.13	14.61
花都市	573913	7868	13.71	2681		4.67	
增城市	751343	11314	15.06	3158		4.20	
从化市	484898	8171	16.85	2401		4.95	

注:婴儿死亡率指未满周岁死亡婴儿数与活产婴儿数的比率,由市卫生局按常住户口本年出生人数计算。

2-9 主要年份农业人口转为非农业人口

单位:人

年份	全市	市区	番禺市	花都市	增城市	从化市
1980	109053	97924	3629	2043	4097	1360
1985	58578	44883	4294	3148	3315	2938
1990	34269	27302	2852	2055	1251	809
1991	33683	27555	1832	2187	1129	980
1992	33695	28435	1873	1061	1552	774
1993	57379	26699	1014	1534	1358	26774
1994	50803	44984	2381	2640	558	240
1995	45835	40362	2920	586	1285	682
1996	44565	41076	1907	498	344	740
1997	42078	38641	1841	758	514	324

2—10 农业人口转为非农业人口

（1997 年）

单位：人

区、县级市	合　计	招　生	招　工	征用土地	随迁、投靠	其　他
全　　市	**42078**	**25799**	**1340**	**7592**	**5496**	**1851**
市　区	38641	24505	958	7579	4419	1180
东山区	1351	450	195		655	51
荔湾区	1331	431	95		762	43
越秀区	1731	706	59		927	39
海珠区	5638	3935	207	498	826	172
天河区	14429	10522	179	2834	391	503
芳村区	1250	797	66	201	141	45
白云区	11368	7168	103	3435	348	314
黄埔区	1543	496	54	611	369	13
县级市	3437	1294	382	13	1077	671
番禺市	1841	480	62		999	300
花都市	758	513	171		3	71
增城市	514	228	99	13	39	135
从化市	324	73	50		36	165

2—11 计　划　生　育　情　况

（1997 年）

单位：比率：%　人数：人

区、县级市	已婚育龄妇女人数	晚婚率	节育率	计划生育率	一孩率	多孩率	独生子女领证率
全　　市	**1296603**	**80.42**	**88.50**	**90.70**	**71.72**	**2.97**	**30.95**
市　区	788351	89.12	88.54	94.48	82.42	1.56	45.47
东山区	124499	95.61	90.26	98.64	94.52	0.09	63.06
荔湾区	112381	96.53	87.11	98.39	92.94	0.11	61.47
越秀区	97959	97.45	87.04	98.33	94.66	0.09	52.89
海珠区	159840	92.58	85.76	97.55	85.83	0.30	48.88
天河区	73415	91.48	93.77	96.22	82.07	0.54	46.62
芳村区	36875	89.60	91.83	97.30	76.38	0.51	35.44
白云区	144000	73.18	89.32	86.69	69.10	4.86	13.89
黄埔区	39382	83.33	86.52	93.49	76.73	1.25	34.67
县级市	508252	69.02	88.44	87.31	62.13	4.23	8.42
番禺市	180850	69.06	86.60	89.77	60.78	3.54	10.09
花都市	101060	75.80	91.58	86.76	69.28	4.11	8.05
增城市	138811	63.87	88.27	84.57	60.33	5.14	8.06
从化市	87531	67.64	88.88	87.89	59.92	4.14	5.95

注：此表数据由市计生委提供。

主要统计指标解释

【人口数】指一定时点、一定地区范围内的有生命的个人的总和。年度统计的年末人口数是指每年12月31日24时的人口数。

【出生率(又称粗出生率)】指在一定时期内(通常为一年)平均每千人所出生的人数的比率,一般用千分率表示。计算公式:

$$出生率 = \frac{年出生人数}{年平均人数} \times 1000‰$$

出生人数是指活产婴儿,即胎儿脱离母体时(不管怀孕月数),有过呼吸或其他生命现象。

年平均人数是年初、年底人口数的平均数,也可用年中人口数代替。

【死亡率(又称粗死亡率)】指在一定时期内(通常为一年)一定地区的死亡人数与同期平均人数(或期中人数)之比,一般用千分率表示。计算公式:

$$死亡率 = \frac{年死亡人数}{年平均人数} \times 1000‰$$

【人口自然增长率】指在一定时期内(通常为一年)人口自然增加数(出生人数减死亡人数)与该时期内平均人数(或期中人数)之比,一般用千分率表示。计算公式:

$$人口自然增长率 = \frac{本年出生人数 - 本年死亡人数}{年平均人数} \times 1000‰$$

人口自然增长率=人口出生率-人口死亡率

第三篇

从业人员和职工工资

从业人员略有增长　职工工资增速减缓

1997年，我市国民经济持续稳定增长，社会从业人员有所增加，劳动者结构不断调整，职工工资水平增速减缓，职工保险福利待遇有所提高。

一、从业人员和职工变动情况

1.从业人员略有增加，职工人数逐步减少

1997年末，全市社会从业人员428.21万人，按可比口径(下同)比上年增加2.57万人，增幅0.65%。其中城镇个体劳动者及私营企业从业人员达37.89万人，比上年增4.91万人，增幅14.90%；农村劳动者188.68万人，比上年增加0.74万人，增幅0.48%；城镇职工人数199.81万人，比上年减少3.1万，减幅1.52%。从经济类型看，国有、集体经济减人较多，分别减少4.12万人和3.31万人，其他经济略有增加。从隶属关系看，中央属和省属单位略增，分别增0.06万人和0.67万人，市属单位则是减人的主体，减少3.76万人，减幅2.57%。从企业、事业、机关划分，机关、事业单位略增1.33万人和1.78万人，企业则由于转换经营机制，优化组合及经济效益问题而减员较多，企业单位职工157.92万人，比上年减少6.19万人，减幅3.77%。

2.从业人员流向第三产业

1997年末，第一、二产业社会从业人员各为93.23万人和162.87万人，比上年分别减少0.85万人和1.01万人，第三产业从业人数为172.11万人，比上年增加4.43万人，增幅2.69%。三次产业从业人数的比重由1996年的23.46%、34.72%和41.82%变为1997年的23.1%、34.24%和42.67%。城乡间的劳动力流动已由过去从农村到城市的单向流动模式发展成为双向流动。

3.失业人数与下岗职工人数略增，失业率上升

1997年，全年安置城镇失业人员5.56万人，安置率为45.93%，比上年下降9.67%。全市年末城镇登记失业人数6.53万人，比上年增加0.93万人，增幅16.59%，登记失业率为2.66%，比上年提高0.36个百分点。全市下岗职工年末人数5.34万人，比上年增长10.78%，占全部职工总数2.67%，比上年提高0.3个百分点。其中企业下岗职工5.17万，占企业职工总数的3.28%。

二、职工工资水平及保险福利待遇情况

1.职工工资总额及人均工资增长9.19%和11.05%

1997年全市职工工资总额261.58亿元，职工年人均工资13118元，(若剔除下岗职工，全市职工年平均工资为13373元)，分别比上年增长9.19%和11.05%，比上年增幅回落2.43和3.45个百分点，是近几年来职工工资水平增速最低的一年，扣除价格因素，职工工资水平实际增长8.66%。主要特点：一是高低收入差距扩大。从经济类型看，国有经济单位人均收入最高，为14316元；集体经济单位收入最低，为8768元，人均工资收入差距由上年的4632元拉大到今年的5548元。从国民经济行业看，人均工资最高的仍是电力、煤气和水的生产供应业，为22017元；最低的是农林牧渔业，为8099元，相差13918元，比上年差距拉大944元。二是其他经济单位工资总额增幅最大，比上年增长27.77%。三是中央单位的年人均工资高于市属单位。中央单位年人均工资16342元，市属单位最低，为12147元，两者相差4195元。

2.职工保险福利待遇有所提高。

1997年，全市职工保险福利费35.54亿元，比上年增长3.15亿元，增幅9.72%。增幅比上年回落7.34个百分点，非在职职工保险福利费54.80亿元，比上年增长3.78亿元，增幅7.41%，其中离、退休金和退职生活费分别是2.61亿元、3.2亿元和0.2亿元，比上年分别增长0.31亿元、4.9亿元和0.02亿元，增幅分别是13.72%、17.4%和11.23%。

职工工资总额

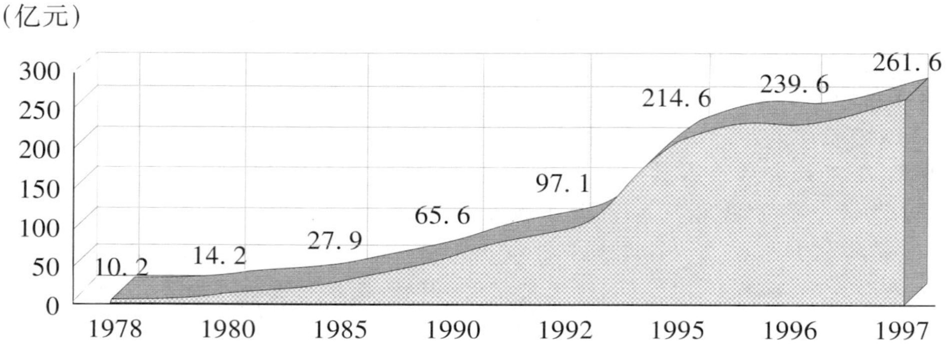

职工工资指数

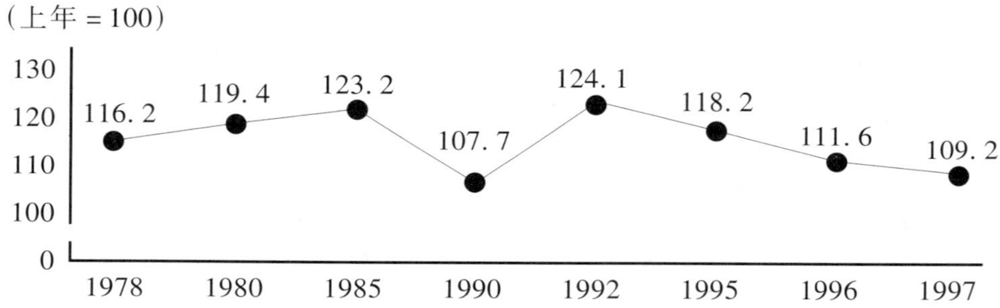

社会从业人员数

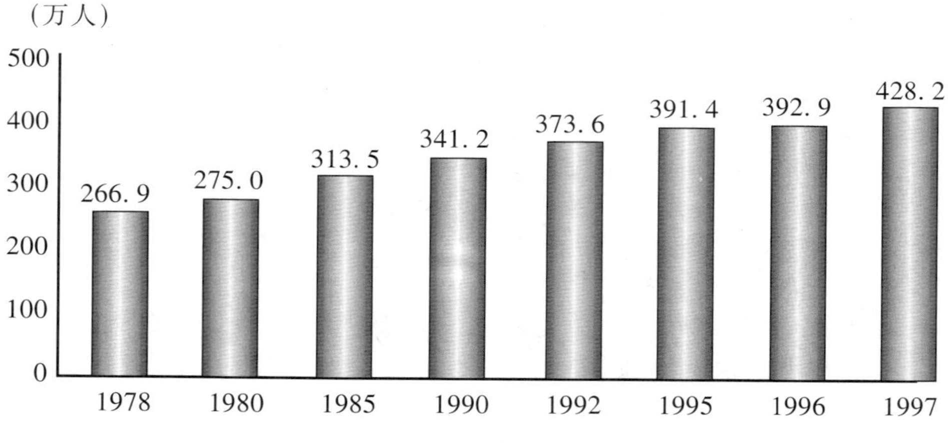

3—1 主要年份社会从业人员

单位:人

年 份	全 市	职工人数	农 村 劳动者	城镇私营 个体及其他
全 市				
1952	1118684	258326	656361	203997
1957	1372154	583563	715936	72655
1962	1469806	728152	708931	32723
1965	1699954	864321	773445	62188
1970	1970034	940661	989239	40134
1975	2375975	1208401	1138712	28862
1978	2668989	1473615	1178422	16952
1980	2750467	1565533	1160625	24309
1985	3134739	1756497	1310633	67609
1990	3411513	1893944	1408961	108608
1995	3913824	2082361	1534939	296524
1996	3928907	2028859	1551831	348217
1997	4282130	1998075	1886755	397300
市 区				
1952	653940	239331	210612	203997
1957	816510	528539	215316	72655
1962	890078	656113	201242	32723
1965	1073976	773058	238730	62188
1970	1175850	838216	297500	40134
1975	1460693	1089596	342506	28591
1978	1699547	1332852	349914	16781
1980	1788188	1419816	345190	23182
1985	1991006	1559619	376128	55259
1990	2115276	1641416	393185	80675
1995	2402242	1768604	416216	217422
1996	2388640	1708226	418703	261711
1997	2495357	1657729	529613	308015

注:1997年社会从业人员包括了农村外来6个月以上劳动力,与历年口径不可比。

3—2 社 会 从 业 人 员

(1997 年末)　　单位:人

项　　目	合　计	职工人数	农村劳动者	城镇私营个体劳动者	其他劳动者
总　　计	4282130	1998075	1886755	378916	18384
按地区分					
市　区	2495357	1657729	529613	293397	14618
县级市	1786773	340346	1357142	85519	3766
番禺市	736121	159210	556871	18623	1417
花都市	324301	60950	235811	26766	774
增城市	469173	76533	360427	30789	1424
从化市	257178	43653	204033	9341	151
按国民经济行业分					
农、林、牧、渔业	937230	24129	912605	433	63
采掘业	5075	4403		655	17
制造业	1308834	670014	590334	45153	3333
电力、煤气及水的生产和供应业	26652	25653			999
建筑业	288198	189078	95714	2220	1186
地质勘查业、水利管理业	8030	7900			130
交通运输、仓储及邮电通信业	273154	206323	54092	10493	2246
批发和零售贸易、餐饮业	639006	286042	109249	241295	2420
#零售贸易业	82959	81971			988
餐饮业	66537	40901		25576	60
金融、保险业	49211	46537	2381		293
房地产业	21468	20906			562
社会服务业	222158	147752	4174	68699	1533
#公共服务业	56755	56342			413
居民服务业	16174	9480		6637	57
卫生、体育和社会福利事业	77098	68750	6674	735	939
#卫生事业	63867	62312		735	820
教育、文化艺术及广播电影电视业	162260	144342	10963	3574	3381
#教育事业	133424	126921		3574	2929
文化艺术业	10723	10555			168
科学研究和综合技术服务业	38654	37297	676		681
#科学研究业	15004	14747			257
国家机关、政党机关和社会团体	111143	102353	8373		417
其他行业	113959	16596	91520	5659	184

3-3 市区社会从业人员

（1997年末） 单位：人

项目	合计	职工人数	农村劳动者	城镇私营个体劳动者	其他劳动者
合计	2495357	1657729	529613	293397	14618
农、林、牧、渔业	236536	12109	224108	280	39
采掘业	2653	2390		256	7
制造业	714281	521036	165389	25405	2451
电力、煤气及水的生产和供应业	20856	19866			990
建筑业	177325	146216	28867	1391	851
地质勘查业、水利管理业	5536	5445			91
交通运输、仓储及邮电通信业	225158	195552	20933	6493	2180
批发和零售贸易、餐饮业	493435	260488	36978	193646	2323
#零售贸易业	78212	77235			977
餐饮业	54462	37713		16692	57
金融、保险业	37276	36559	487		230
房地产业	19289	18772			517
社会服务业	199153	138728	1254	57653	1518
#公共服务业	54277	53864			413
居民服务业	14470	9332		5081	57
卫生、体育和社会福利事业	58614	55202	1970	621	821
#卫生事业	51305	49972		621	712
教育、文化艺术和广播电影电视业	120437	113874	2285	2857	1421
#教育事业	100980	97140		2857	983
文化艺术业	10427	10264			163
科学研究和综合技术服务业	36997	36089	238		670
#科学研究业	14634	14377			257
国家机关、政党机关和社会团体	87549	83646	3545		358
其他行业	60262	11757	43559	4795	151

3-4 主要年份三次产业从业人员及构成

年　份	从业人员（人）				构成（从业人员=100）		
		第一产业	第二产业	第三产业	第一产业	第二产业	第三产业
全　　市							
1952	1118684	646632	156720	315332	57.80	14.01	28.19
1957	1372154	706391	309909	355854	51.48	22.59	25.93
1962	1469806	712412	357782	399612	48.47	24.34	27.19
1965	1699954	780842	460044	459068	45.93	27.06	27.01
1970	1970034	958925	574633	436476	48.68	29.17	22.15
1975	2375975	1129317	700250	546408	47.53	29.47	23.00
1978	2668989	1165987	857527	645475	43.69	32.13	24.18
1980	2750467	1106432	922756	721279	40.23	33.55	26.22
1985	3134739	979869	1180526	974344	31.26	37.66	31.08
1990	3411513	963548	1241813	1206152	28.24	36.40	35.36
1995	3913824	915251	1424847	1573726	23.38	36.41	40.21
1996	3928907	921579	1364074	1643254	23.46	34.72	41.82
1997	4282130	932283	1628759	1721088	21.77	38.04	40.19
市　　区							
1952	653940	208230	179610	266100	31.84	27.47	40.69
1957	816510	211864	279569	325077	25.95	34.24	39.81
1962	890078	207976	323933	358169	23.37	36.39	40.24
1965	1073976	242858	422999	408119	22.61	39.39	38.00
1970	1175850	279618	511108	385124	23.78	43.47	32.75
1975	1460693	363095	628811	468787	24.86	43.05	32.09
1978	1699547	366748	767870	564929	21.58	45.18	33.24
1980	1788188	338240	818404	631544	18.91	45.77	35.32
1985	1991006	267498	903334	820174	13.44	45.37	41.19
1990	2115276	249162	900297	965817	11.78	42.56	45.66
1995	2402242	241493	927061	1233688	10.05	38.59	51.36
1996	2388640	232144	866527	1289969	9.72	36.28	54.00
1997	2495357	232534	915115	1347708	9.32	36.67	54.01

注:1997 年增加的农村外来 6 个月以上劳动力中,第二产业所占比重较大。

3-5 三次产业从业人数及构成

（1997年末）

项目	人数（人）	#市区	构成（%）	#市区
合计	4282130	2495357	100.00	100.00
第一产业	932283	232534	21.77	9.32
第二产业	1628759	915115	38.04	36.67
工业	1340561	737790	31.31	29.57
建筑业	288198	177325	6.73	7.10
第三产业	1721088	1347708	40.19	54.01
农林牧渔服务业	4947	4002	0.12	0.16
地质堪探、水利管理业	8030	5536	0.19	0.22
交通运输、仓储及邮电通信业	273154	225158	6.38	9.02
批发和零售贸易、餐饮业	639006	493435	14.92	19.78
金融保险业	49211	37276	1.15	1.49
房地产业	21468	20543	0.50	0.82
社会服务业	222158	197899	5.19	7.93
卫生、体育、社会福利事业	77098	58614	1.80	2.35
教育、文艺、广播电影电视业	162260	120437	3.79	4.83
科学研究和综合技术服务事业	38654	36997	0.90	1.48
国家机关、政党机关和社会团体	111143	87549	2.59	3.51
其他	113959	60262	2.66	2.42

3-6 市区城镇从业人数

（1997年末）

单位：人

行业	合计	国有单位	集体单位	其他单位	城镇私营个体及其他
合计	1965744	1099102	306202	267043	293397
农、林、牧、渔业	12428	12073	4	71	280
采掘业	2653	2322		75	256
制造业	548892	230326	109873	183288	25405
电力、煤气及水的生产和供应业	20856	19236	24	1596	
建筑业	148458	110807	33079	3181	1391
地质勘查业、水利管理业	5536	5536			
交通运输、仓储及邮电通信业	204225	173484	12354	11894	6493
批发和零售贸易、餐饮业	456457	129750	103992	29069	193646
金融、保险业	36789	31502	1166	4121	
房地产业	19289	12581	3161	3547	
社会服务业	197899	81798	29945	28503	57653
卫生、体育和社会福利业	56644	51568	4455		621
教育、文化艺术及广播电影电视业	118152	112270	2147	878	2857
科学研究和综合技术服务业	36759	35729	446	584	
国家机关、政党机关和社会团体	84004	83111	893		
其他行业	16703	7009	4663	236	4795

3—7 城镇从业人数

(1997年末)　　单位:人

项目	合计	国有单位	集体单位	其他单位	城镇私营个体
总计	2395375	1272884	387682	355893	378916
按地区分					
市区	1965744	1099102	306202	267043	293397
县级市	429631	173782	81480	88850	85519
番禺市	179250	64589	54572	41466	18623
花都市	88490	36545	5378	19801	26766
增城市	108746	42851	13342	21764	30789
从化市	53145	29797	8188	5819	9341
按国民经济行业分					
农、林、牧、渔业	24625	23782	256	154	433
采掘业	5075	3970	226	224	655
制造业	718500	270644	136325	266378	45153
电力、煤气及水的生产和供应业	26652	22977	551	3124	
建筑业	192484	118965	67386	3913	2220
地质勘查业、水利管理业	8030	8025	5		
交通运输、仓储及邮电通信业	219062	181720	14749	12100	10493
批发和零售贸易、餐饮业	529757	144286	114240	29936	241295
金融、保险业	46830	37942	4587	4301	
房地产业	21468	13695	3907	3866	
社会服务业	217984	88386	31275	29624	68699
卫生、体育和社会福利业	70424	64622	4516	551	735
教育、文化艺术和广播电影电视业	151297	144141	2704	878	3574
科学研究和综合技术服务业	37978	36878	516	584	
国家机关、政党机关和社会团体	102770	101757	1013		
其他行业	22439	11094	5426	260	5659

3-8 职 工 人 数 与 工 资

（1997 年、按地区分）

项　　目	全　市	市　区	番禺市	花都市	增城市	从化市
职工年末人数（人）	1998075	1657729	159210	60950	76533	43653
国有经济单位	1259408	1088482	63460	35867	41914	29685
集体经济单位	385770	304558	54399	5348	13296	8169
其他各种经济类型单位	352897	264689	41351	19735	21323	5799
#三资企业	299292	217856	40460	18339	17441	5196
职工年平均人数（人）	1994095	1660276	155060	59725	75636	43398
国有经济单位	1256623	1088666	61725	35219	41376	29637
集体经济单位	385935	307024	52178	5387	13375	7971
其他各种经济类型单位	351537	264586	41157	19119	20885	5790
#三资企业	298907	218579	40279	17755	17098	5196
职工工资总额（万元）	2615842	2276216	169847	57165	76520	36094
国有经济单位	1798987	1618072	69921	35475	48921	26598
集体经济单位	338388	266106	53183	4330	9682	5087
其他各种经济类型单位	478467	392038	46743	17360	17917	4409
#三资企业	404483	323543	45816	16068	14991	4065
职工年人均工资（元）	13118	13710	10954	9571	10117	8317
国有经济单位	14316	14863	11328	10073	11824	8975
集体经济单位	8768	8667	10193	8037	7239	6382
其他各种经济类型单位	13611	14817	11357	9080	8579	7615
#三资企业	13532	14802	11375	9050	8768	7823

注：职工年人均工资是以“千元”为单位的工资总额计算的，下同。

3-9 职工工资总额及指数

年份	职工工资总额	国有经济单位	城镇集体经济单位	其他各种经济单位	#三资企业
绝对数(万元)					
1978	101809	76913	24896		
1980	142243	108015	34228		
1985	278892	208829	65660	4403	3127
1990	656434	487524	121441	47469	41198
1991	783043	565974	148783	68286	61119
1992	971335	690135	183771	97429	89978
1993	1316773	941475	226929	148369	106957
1994	1815428	1277944	308933	228551	183030
1995	2146245	1481375	344494	320376	263343
1996	2395597	1672483	348629	374485	313623
1997	2615842	1798987	338388	478467	404483
指数(上年=100)					
1978	116.20	121.34	102.76		
1980	139.72	140.44	137.48		
1985	123.19	121.95	124.25	190.69	236.36
1990	107.71	106.08	105.39	137.10	152.37
1991	119.29	116.09	122.51	143.85	148.35
1992	124.05	121.94	123.52	142.68	147.22
1993	135.56	136.42	123.48	152.28	118.87
1994	137.87	135.74	136.14	154.04	171.12
1995	118.22	115.92	111.51	140.18	143.88
1996	111.62	112.90	101.20	116.89	119.09
1997	109.19	107.56	97.06	127.77	128.97

3—10 职工人数与工资

（1997年、按行业分）

行　　业	职工年末人数（人）	职工年平均人数（人）	职工工资总额（万元）	职工年人均工资（元）
合　　计	**1998075**	**1994095**	**2615842**	**13118**
农、林、牧、渔业	24129	24122	19536	8099
农业	11647	11589	6828	5892
林业	2099	2161	1339	6198
畜牧业	3304	3317	2949	8890
渔业	2219	2274	1921	8448
农、林、牧、渔服务业	4860	4781	6499	13593
采掘业	4403	4519	5814	12866
制造业	670014	678053	789703	11647
电力、煤气及水的生产和供应业	25653	25744	56679	22017
建筑业	189078	182359	227799	12492
土木工程建筑业	154808	148281	183443	12371
线路、管道和设备安装业	21053	20865	30526	14630
建筑物的装修装饰业	13217	13213	13830	10467
地质勘查业、水利管理业	7900	7915	9092	11487
地质勘查业	5404	5387	6201	11512
水利管理业	2496	2528	2891	11436
交通运输、仓储及邮电通信业	206323	205445	354411	17251
铁路运输业	49972	49389	78340	15862
公路运输业	13683	14513	14286	9843
管道运输业				
水上运输业	43031	44327	84459	19054
航空运输业	5956	5897	18000	30525
交通运输辅助业	52709	52177	93800	17977
其他交通运输业	57	52	75	14346
仓储业	10404	10473	15093	14411
邮电通信业	30511	28617	50358	17597
批发和零售贸易餐饮业	286042	288179	320392	11118
食品、饮料、烟草和家庭用品批发商业	84237	84751	99336	11721
能源材料和机械电子设备批发业	55928	56268	65195	11587
其他批发业	20281	20642	23391	11332
零售业	81971	82246	85827	10435

附：离休、退休、退职年末人数：全市554920人，其中国有单位399046人，集体单位129781人，其他单位26093人。

3—10 续表

行　　业	职工年末人数(人)	职工年平均人数(人)	职工工资总额(万元)	职工年人均工资(元)
商业经纪与代理业	2724	2867	4654	16232
餐饮业	40901	41405	41989	10141
金融、保险业	46537	45807	75892	16568
金融业	41842	41419	69503	16780
保险业	4695	4388	6389	14560
房地产业	20906	20238	33079	16345
房地产开发与经营业	11352	11160	18996	17022
房地产管理业	8441	8052	12452	15465
房地产代理与经纪业	1113	1026	1631	15896
社会服务业	147752	146728	205408	13999
公共服务业	56342	55412	87337	15762
居民服务业	9480	9352	10054	10750
旅馆业	45145	45420	59122	13017
租赁服务业	1751	1627	2437	14975
旅行社	9937	10139	18926	18666
娱乐服务业	6449	6411	7568	11804
信息、咨询服务业	6552	6393	7893	12346
计算机应用服务业	1560	1574	1799	11431
其他社会服务业	10536	10400	10272	9877
卫生、体育和社会福利业	68750	67748	91124	13450
卫生	62312	61522	83278	13536
体育	3466	3356	4265	12708
社会福利保障业	2972	2870	3581	12479
教育文化艺术和广播电影电视业	144342	142309	193431	13592
教育	126921	125050	170433	13629
文化艺术业	10555	10399	14817	14248
广播电影电视业	6866	6860	8181	11926
科学研究和综合技术服务业	37297	37248	52685	14144
科学研究业	14747	14774	18522	12537
综合技术服务业	22550	22474	34163	15201
国家机关、政党机关和社会团体	102353	101072	158286	15661
其他行业	16596	16609	22511	13553

3-11 市区职工人数与工资

（1997 年、按行业分）

行业	职工年末人数（人）	职工年平均人数（人）	职工工资总额（万元）	职工年人均工资（元）
合　计	**1657729**	**1660276**	**2276216**	**13710**
农、林、牧、渔业	12109	12117	12285	10139
农业	2632	2633	1738	6600
林业	318	323	383	11845
畜牧业	2973	2990	2639	8826
渔业	2219	2274	1921	8448
农、林、牧、渔服务业	3967	3897	5604	14382
采掘业	2390	2404	3064	12748
制造业	521036	530941	651250	12266
电力、煤气及水的生产和供应业	19866	19832	46015	23202
建筑业	146216	142996	189037	13220
土木工程建筑业	113860	110645	146666	13256
线路、管道和设备安装业	19928	19711	29379	14905
建筑物的装修装饰业	12428	12640	12992	10278
地质勘查业、水利管理业	5445	5411	7003	12943
地质勘查业	4065	4028	5145	12774
水利管理业	1380	1383	1858	13435
交通运输、仓储及邮电通信业	195552	194698	341380	17534
铁路运输业	49972	49389	78341	15862
公路运输业	12913	13750	13556	9859
管道运输业				
水上运输业	40889	42201	82728	19603
航空运输业	5956	5897	18000	30525
交通运输辅助业	49016	48493	89473	18451
其他交通运输业	57	52	75	14346
仓储业	10312	10399	14999	14424
邮电通信业	26437	24517	44208	18031
批发和零售贸易餐饮业	260488	262318	299873	11432
食品、饮料、烟草和家庭用品批发商业	73927	74343	91349	12288
能源材料和机械电子设备批发业	53952	54316	63530	11696
其他批发业	15337	15542	19158	12326
零售业	77235	77448	82257	10621

3—11 **续表**

行　　业	职工年末人数(人)	职工年平均人数(人)	职工工资总额(万元)	职工年人均工资(元)
商业经纪与代理业	2324	2457	4296	17484
餐饮业	37713	38212	39283	10280
金融、保险业	36559	35875	63118	17594
金融业	32496	32116	57443	17886
保险业	4063	3759	5675	15097
房地产业	18772	18180	30912	17003
房地产开发与经营业	9570	9421	17152	18206
房地产管理业	8134	7777	12196	15683
房地产代理与经纪业	1068	982	1564	15925
社会服务业	138728	137568	196421	14278
公共服务业	53864	52926	84851	16032
居民服务业	9332	9218	9898	10737
旅馆业	40723	40864	54719	13391
租赁服务业	1732	1608	2409	14978
旅行社	9246	9454	18121	19168
娱乐服务业	6188	6139	7344	11963
信息、咨询服务业	6428	6270	7750	12360
计算机应用服务业	1560	1574	1799	11431
其他社会服务业	9655	9515	9530	10016
卫生、体育和社会福利业	55202	54747	76177	13914
卫生	49972	49521	69367	14008
体育	2735	2828	3800	13436
社会福利保障业	2495	2398	3010	12552
教育文化艺术和广播电影电视业	113874	112763	156337	13864
教育	97140	96177	134109	13944
文化艺术业	10264	10123	14459	14283
广播电影电视业	6470	6463	7769	12021
科学研究和综合技术服务业	36089	36061	51285	14222
科学研究业	14377	14404	18191	12629
综合技术服务业	21712	21657	33094	15281
国家机关、政党机关和社会团体	83646	82581	134004	16227
其他行业	11757	11784	18055	15321

3-12 国有经济单位职工人数与工资

（1997 年）

项　　　目	单位数（个）	职工年末人数（人）	职工年平均人数（人）	职工工资总额（万元）	职工年人均工资（元）
总　　计	9683	1259408	1256623	1798987	14316
按企、事业和机关分					
企业	4425	859687	860727	1240695	14415
事业	4100	299955	297299	404129	13593
机关	1158	99766	98597	154163	15636
按国民经济行业分					
农、林、牧、渔业	208	23724	23720	19172	8083
农业	31	11636	11575	6814	5887
林业	17	2099	2161	1339	6198
畜牧业	24	3201	3214	2836	8824
渔业	4	2219	2274	1921	8448
农、林、牧、渔服务业	132	4569	4496	6262	13928
采掘业	36	3953	4069	5266	12942
制造业	724	269653	273886	338685	12366
电力、煤气及水的生产和供应业	66	21984	21924	48544	22142
建筑业	246	118005	114235	158323	13859
土木工程建筑业	189	101710	98322	133765	13605
线路、管道和设备安装业	28	14438	14081	22554	16017
建筑物的装修装饰业	29	1857	1832	2004	10935
地质勘查业、水利管理业	101	7895	7910	9087	11488
地质勘查业	43	5404	5387	6201	11512
水利管理业	58	2491	2523	2886	11437
交通运输、仓储及邮电通信业	431	179574	179295	317161	17689
铁路运输业	46	49399	48819	77668	15909
公路运输业	57	8397	8599	9389	10919
管道运输业					
水上运输业	34	37654	38585	79766	20673
航空运输业	11	5956	5897	18000	30525
交通运输辅助业	172	43138	43153	76144	17645
其他交通运输业	1	18	18	25	13611
仓储业	58	9862	9946	14561	14640
邮电通信业	52	25150	24278	41608	17138
批发和零售贸易、餐饮业	1913	142828	145426	192232	13219
食品、饮料、烟草和家庭用品批发业	639	50057	50921	72524	14242
能源、材料和机械电子设备批发业	452	27783	28236	39662	14047

3—12 续表

项目	单位数（个）	职工年末人数（人）	职工年平均人数（人）	职工工资总额（万元）	职工年人均工资（元）
其他批发业	171	7205	7279	10977	15080
零售业	496	38963	39241	46028	11729
商业经纪与代理业	67	2513	2650	4440	16757
餐饮业	88	16307	17099	18601	10878
金融、保险业	236	37750	37173	62927	16928
金融业	194	33063	32793	56546	17243
保险业	42	4687	4380	6381	14569
房地产业	294	13399	13143	22019	16754
房地产开发与经营业	197	8577	8484	14794	17437
房地产管理业	78	4521	4375	6645	15190
房地产代理与经纪业	19	301	284	580	20419
社会服务业	681	87469	86938	127590	14676
公共服务业	178	44025	43170	72331	16755
居民服务业	53	2256	2247	3680	16379
旅馆业	144	26147	26465	31362	11850
租赁服务业	10	257	260	383	14715
旅游业	60	4811	4919	7355	14951
娱乐服务业	12	2985	3069	3158	10291
信息、咨询服务业	148	3080	3017	4984	16519
计算机应用服务业	13	578	554	612	11052
其他社会服务业	63	3330	3237	3725	11508
卫生、体育和社会福利业	347	63837	63016	85259	13530
卫生	255	58063	57241	77743	13582
体育	45	2912	3004	4028	13408
社会福利保障业	47	2862	2771	3488	12588
教育、文化艺术和广播电影电视业	2522	140810	138792	189276	13637
教育	2326	124340	122475	167517	13678
文化艺术业	165	9744	9594	13849	14435
广播电影电视业	31	6726	6723	7910	11765
科学研究和综合技术服务业	404	36225	36178	51211	14155
科学研究业	131	14579	14602	18328	12552
综合技术服务业	273	21646	21576	32883	15240
国家机关、政党机关和社会团体	1230	101348	100050	157360	15728
其他行业	244	10954	10868	14875	13687

3－13 市区国有经济单位职工人数与工资

（1997 年）

项　　目	单位数（个）	职工年末人数（人）	职工年平均人数（人）	职工工资总额（万元）	职工年人均工资（元）
总　　计	6834	1088482	1088666	1618072	14863
按企、事业和机关分					
企业	3674	766349	768918	1150072	14957
事业	2432	242135	240722	339585	14107
机关	728	79998	79026	128415	16250
按国民经济行业分					
农、林、牧、渔业	122	12036	12041	12195	10128
农业	16	2621	2619	1723	6580
林业	4	318	323	383	11845
畜牧业	19	2973	2990	2639	8826
渔业	4	2219	2274	1921	8448
农、林、牧、渔服务业	79	3905	3835	5529	14418
采掘业	26	2315	2330	2926	12559
制造业	580	229556	235528	303620	12891
电力、煤气及水的生产和供应业	12	18246	18270	42808	23431
建筑业	216	110104	106237	148923	14018
土木工程建筑业	166	94952	91475	125492	13719
线路、管道和设备安装业	24	13353	12988	21463	16526
建筑物的装修装饰业	26	1799	1774	1968	11094
地质勘查业、水利管理业	55	5445	5411	7003	12943
地质勘查业	38	4065	4028	5145	12774
水利管理业	17	1380	1383	1858	13435
交通运输、仓储及邮电通信业	368	171379	171086	306221	17899
铁路运输业	46	49399	48819	77668	15909
公路运输业	54	7901	8110	8852	10915
管道运输业					
水上运输业	32	37439	38361	79510	20727
航空运输业	11	5956	5897	18000	30525
交通运输辅助业	121	39731	39760	72120	18139
其他交通运输业	1	18	18	25	13611
仓储业	55	9809	9894	14510	14665
邮电通信业	48	21126	20227	35536	17568
批发和零售贸易、餐饮业	1589	128319	130810	180087	13767
食品、饮料、烟草和家庭用品批发业	462	42724	43537	66394	15250
能源、材料和机械电子设备批发业	397	26361	26841	38514	14349

3—13 续表

项　　目	单位数（个）	职工年末人数（人）	职工年平均人数（人）	职工工资总额（万元）	职工年人均工资（元）
其他批发业	157	6871	6945	10637	15315
零售业	449	36406	36666	43958	11989
商业经纪与代理业	45	2209	2345	4177	17811
餐饮业	79	13748	14476	16407	11334
金融、保险业	164	31366	30795	54158	17587
金融业	136	27311	27044	48491	17930
保险业	28	4055	3751	5667	15110
房地产业	258	12291	12072	21073	17456
房地产开发与经营业	164	7622	7566	14031	18544
房地产管理业	76	4407	4260	6519	15303
房地产代理与经纪业	18	262	246	523	21264
社会服务业	617	80891	80296	121217	15096
公共服务业	164	42817	41990	71303	16981
居民服务业	46	2148	2141	3555	16607
旅馆业	132	22738	22971	27953	12169
租赁服务业	10	257	260	383	14715
旅游业	49	4120	4234	6550	15469
娱乐服务业	9	2724	2797	2935	10493
信息、咨询服务业	138	3013	2951	4894	16584
计算机应用服务业	13	578	554	612	11052
其他社会服务业	56	2496	2398	3032	12644
卫生、体育和社会福利业	234	50901	50427	70616	14004
卫生	156	45738	45255	63850	14109
体育	38	2732	2825	3798	13445
社会福利保障业	40	2431	2347	2968	12643
教育、文化艺术和广播电影电视业	1259	110890	109798	152839	13920
教育	1084	95009	94055	131703	14003
文化艺术业	152	9506	9371	13583	14494
广播电影电视业	23	6375	6372	7553	11853
科学研究和综合技术服务业	358	35087	35059	49900	14233
科学研究业	122	14209	14232	17998	12646
综合技术服务业	236	20878	20827	31902	15318
国家机关、政党机关和社会团体	807	82756	81673	133246	16315
其他行业	169	6900	6833	11240	16450

3－14 市属国有经济单位职工人数与工资

（1997 年）

项　　目	单位数（个）	职工年末人数（人）	职工年平均人数（人）	职工工资总额（万元）	职工年人均工资（元）
总　　计	7307	739297	744711	1004154	13484
按企、事业和机关分					
企业	2906	488761	497360	641962	12907
事业	3393	178638	176421	244339	13850
机关	1008	71898	70930	117853	16615
按国民经济行业分					
农、林、牧、渔业	132	18142	18310	13059	7132
农业	26	9666	9703	5854	6033
林业	15	1818	1874	1002	5348
畜牧业	20	3058	3076	2584	8400
渔业	3	2178	2233	1865	8350
农、林、牧、渔服务业	68	1422	1424	1754	12318
采掘业	17	2903	3079	3691	11989
制造业	628	223320	227607	265846	11680
电力、煤气及水的生产和供应业	27	11495	11462	25959	22648
建筑业	167	52896	54735	73648	13455
土木工程建筑业	131	50151	51837	69725	13451
线路、管道和设备安装业	18	1942	2064	2910	14098
建筑物的装修装饰业	18	803	834	1013	12145
地质勘查业、水利管理业	60	1710	1733	1804	10408
地质勘查业	8	315	315	453	14368
水利管理业	52	1395	1418	1351	9528
交通运输、仓储及邮电通信业	193	40358	40749	62931	15444
铁路运输业	2	49	61	70	11393
公路运输业	42	6761	6972	6839	9810
管道运输业					
水上运输业	10	1354	1433	2060	14375
航空运输业					
交通运输辅助业	90	27039	27254	46069	16904
其他交通运输业	1	18	18	25	13611
仓储业	30	3389	3431	4459	12997
邮电通信业	18	1748	1580	3409	21578
批发和零售贸易、餐饮业	1352	89818	92749	109739	11832
食品、饮料、烟草和家庭用品批发业	446	29229	29949	38776	12947
能源、材料和机械电子设备批发业	250	11240	11495	14505	12619

3—14 **续表**

项　　　目	单位数（个）	职工年末人数（人）	职工年平均人数（人）	职工工资总额（万元）	职工年人均工资（元）
其他批发业	71	1966	1987	2872	14456
零售业	452	30028	31173	33436	10726
商业经纪与代理业	47	1235	1240	1710	13790
餐饮业	86	16120	16905	18440	10908
金融、保险业	29	2191	2040	5382	26383
金融业	26	1382	1351	3915	28979
保险业	3	809	689	1467	21293
房地产业	209	9322	9102	15995	17573
房地产开发与经营业	132	5529	5417	10147	18731
房地产管理业	61	3539	3447	5353	15531
房地产代理与经纪业	16	254	238	495	20790
社会服务业	457	66768	66317	101867	15361
公共服务业	173	43851	42999	71972	16738
居民服务业	46	1819	1841	2884	15665
旅馆业	64	12535	12777	15909	12451
租赁服务业	8	230	233	334	14343
旅游业	34	1931	2016	2904	14408
娱乐服务业	10	2768	2852	2709	9498
信息、咨询服务业	94	1863	1849	3125	16899
计算机应用服务业	5	322	302	272	8990
其他社会服务业	23	1449	1448	1758	12143
卫生、体育和社会福利业	279	41484	40836	54569	13363
卫生	198	37616	37007	49137	13278
体育	40	1305	1327	2270	17109
社会福利保障业	41	2563	2502	3162	12638
教育、文化艺术和广播电影电视业	2292	88433	86730	124154	14315
教育	2180	81015	79388	114884	14471
文化艺术业	94	4798	4754	6132	12899
广播电影电视业	18	2620	2588	3138	12126
科学研究和综合技术服务业	199	9863	9740	14525	14913
科学研究业	54	3115	3099	3901	12587
综合技术服务业	145	6748	6641	10624	15998
国家机关、政党机关和社会团体	1063	71934	70914	119280	16820
其他行业	203	8660	8608	11705	13598

3—15 独立核算工业企业职工人数

（1997年末）

单位：人

项目	职工年末人数	#市区	#市属	职工年平均人数	#市区	#市属
总计	700070	543292	628061	708316	553177	636119
按隶属关系分						
中央	43778	40146		44544	40889	
省属	28231	24690		27653	24427	
市属	628061	478456	628061	636119	487861	636119
按国民经济行业分						
采掘业	4403	2390	3353	4519	2404	3529
煤炭采选业	732	732	732	798	798	798
石油和天然气开采业	1050	1050		990	990	
黑色金属矿采选业						
有色金属矿采选业	13	13	13	13	13	13
非金属矿采选业	2594	595	2594	2704	603	2704
其他矿采选业						
木材及竹材采运业	14		14	14		14
制造业	670014	521036	609647	678053	530941	617411
食品加工业	18135	5593	17558	17178	5789	16602
食品制造业	15730	12715	15662	16181	13204	16127
饮料制造业	11294	10194	9502	11394	10356	9779
烟草加工业	2988	2963	25	2895	2868	27
纺织业	34013	26907	34013	35013	28048	35013
服装及其他纤维制品制造业	50121	20442	49996	49834	20476	49703
皮革、毛皮、羽绒及其制品业	46686	35190	46201	46036	34742	45527
木材加工及竹、藤、棕、草制品业	5413	4598	3777	5490	4616	3945
家具制造业	6294	5008	5868	6486	5125	6049
造纸及纸制品业	15124	11939	14986	15265	12150	15126

3—15 **续表** 单位:人

项　　目	职工年末人数	#市区	#市属	职工年平均人数	#市区	#市属
印刷业、记录媒介的复制	13739	11858	11634	13733	11952	11639
文教体育用品制造业	20215	12465	19846	20768	12959	20469
石油加工及炼焦业	10124	10059	2076	10030	9965	2003
化学原料及化学制品制造业	38472	32699	38137	38819	32978	38470
医药制造业	14709	13794	14142	14753	13814	14184
化学纤维制造业	2774	2113	2774	2920	2202	2920
橡胶制品业	26808	13623	26688	27708	14057	27584
塑料制品业	16284	13427	15804	16708	13637	16233
非金属矿物制品业	21684	15296	21626	21993	15547	21923
黑色金属冶炼及压延加工业	20159	18891	20052	20725	19423	20607
有色金属冶炼及压延加工业	8635	8037	6186	8937	8311	6450
金属制品业	35386	30965	31914	36703	32404	33142
普通机械制造业	34117	30359	32777	34563	30844	33183
专用设备制造业	27218	25432	24217	28204	26406	25089
交通运输设备制造业	59909	52806	35510	60645	53572	35918
武器弹药制造业	449	449		436	436	
电气机械及器材制造业	55771	47251	54058	57048	48826	55301
电子及通信设备制造业	28135	24786	25558	27975	24843	25355
仪器仪表及文化、办公用机械制造业	13195	10718	12832	13287	10974	12919
其他制造业	16433	10459	16228	16326	10417	16124
电力、煤气及水的生产和供应业	25653	19866	15061	25744	19832	15179
电力、蒸气、热水的生产和供应业	14414	9640	5382	14475	9565	5464
煤气生产和供应业	2688	2555	2688	2700	2568	2700
自来水的生产和供应业	8551	7671	6991	8569	7699	7015

3—16 独立核算工业企业职工工资总额

（1997 年）

项　　目	职工工资总额（万元）	#市区	#市属	职工年人均工资（元）	#市区	#市属
总　　计	852196	700329	734018	12031	12660	11539
按隶属关系分						
中　央	65444	61850		14692	15126	
省　属	52734	48086		19070	19686	
市　属	734018	590393	734018	11539	12102	11539
按国民经济行业分						
采掘业	5814	3064	4239	12866	12748	12012
煤炭采选业	594	594	594	7445	7445	7445
石油和天然气开采业	1575	1575		15908	15908	
黑色金属矿采选业						
有色金属矿采选业	16	16	16	12615	12615	12615
非金属矿采选业	3619	879	3619	13382	14579	13382
其他矿采选业						
木材及竹材采运业	10		10	7357		7357
制造业	789703	651250	695833	11647	12266	11270
食品加工业	18986	7258	17795	11053	12537	10718
食品制造业	21801	18240	21757	13473	13814	13491
饮料制造业	18182	17388	15145	15958	16791	15488
烟草加工业	12217	12199	18	42201	42534	6778
纺织业	32449	26581	32449	9268	9477	9268
服装及其他纤维制品制造业	41406	17114	41324	8309	8358	8314
皮革、毛皮、羽绒及其制品业	48263	38973	47860	10484	11218	10513
木材加工及竹、藤、棕、草制品业	6206	5340	3684	11304	11569	9337
家具制造业	5952	4822	5547	9177	9408	9170
造纸及纸制品业	18681	15948	18463	12238	13126	12206

3—16 续表

项目	职工工资总额（万元）	#市区	#市属	职工年人均工资（元）	#市区	#市属
印刷业、记录媒介的复制	14325	12496	11443	10431	10455	9832
文教体育用品制造业	19558	13377	19275	9417	10323	9417
石油加工及炼焦业	23014	22952	4406	22945	23032	21998
化学原料及化学制品制造业	60682	56448	60389	15632	17117	15698
医药制造业	26522	25718	25717	17978	18617	18131
化学纤维制造业	2785	2194	2785	9538	9962	9538
橡胶制品业	28763	14040	28662	10381	9988	10391
塑料制品业	16955	14086	15990	10148	10329	9850
非金属矿物制品业	29072	22851	29002	13219	14698	13229
黑色金属冶炼及压延加工业	29938	28222	29833	14445	14530	14477
有色金属冶炼及压延加工业	9681	8892	7401	10832	10699	11474
金属制品业	35232	29690	32671	9599	9162	9858
普通机械制造业	39934	35101	38331	11554	11380	11551
专用设备制造业	31300	29724	28882	11098	11257	11512
交通运输设备制造业	79175	71559	44783	13055	13358	12468
武器弹药制造业	566	566		12977	12977	
电气机械及器材制造业	62045	52924	59709	10876	10839	10797
电子及通信设备制造业	29720	26903	26645	10624	10829	10509
仪器仪表及文化、办公用机械制造业	13181	11219	12919	9921	10223	10000
其他制造业	13112	8425	12948	8032	8088	8030
电力、煤气及水的生产和供应业	56679	46015	33946	22017	23202	22364
电力、蒸气、热水的生产和供应业	30166	21013	11448	20840	21968	20950
煤气生产和供应业	4860	4763	4860	18001	18549	18001
自来水的生产和供应业	21653	20239	17638	25269	26288	25143

3－17 独立核算工业企业职工人数分类

（1997 年末） 单位：人

行业	职工年末人数	工人和学徒	工程技术人员	管理人员	服务人员	其他人员
合计	700070	493579	47407	85916	44606	28562
采掘业	4403	1574	736	1336	377	380
煤炭采选业	732	225	150	135	147	75
石油和天然气开采业	1050	115	489	173	27	246
黑色金属矿采选业						
有色金属矿采选业	13	9	1	3		
非金属矿采选业	2594	1217	94	1021	203	59
其他矿采选业						
木材及竹材采运业	14	8	2	4		
制造业	670014	476498	43296	81392	41597	27231
食品加工业	18135	13215	1098	1673	1716	433
食品制造业	15730	11252	878	2127	822	651
饮料制造业	11294	7313	1305	1486	755	435
烟草加工业	2988	1953	163	255	339	278
纺织业	34013	25792	1147	3216	2120	1738
服装及其他纤维制品制造业	50121	40620	946	5807	1661	1087
皮革、毛皮、羽绒及其制品业	46686	40100	1269	3471	1258	588
木材加工及竹、藤、棕、草制品业	5413	3223	272	857	766	295
家具制造业	6294	4186	213	854	633	408
造纸及纸制品业	15124	11226	692	1513	1164	529
印刷业、记录媒介的复制	13739	9842	682	2134	422	659
文教体育用品制造业	20215	16798	646	1940	580	251
石油加工及炼焦业	10124	5709	1469	1230	1575	141
化学原料及化学制品制造业	38472	25786	2885	5746	2768	1287
医药制造业	14709	9278	2018	2162	924	327
化学纤维制造业	2774	2094	108	304	176	92
橡胶制品业	26808	21528	833	2106	1208	1133
塑料制品业	16284	11995	751	2460	705	373

3—17 续表

单位:人

行　业	职工年末人数	工人和学徒	工程技术人员	管理人员	服务人员	其他人员
非金属矿物制品业	21684	15223	1214	2895	1819	533
黑色金属冶炼及压延加工业	20159	14053	1309	2301	1699	797
有色金属冶炼及压延加工业	8635	5686	773	970	739	467
金属制品业	35386	24768	1859	5075	1626	2058
普通机械制造业	34117	20659	2706	4969	2963	2820
专用设备制造业	27218	17550	2355	3635	1931	1747
交通运输设备制造业	59909	36828	7232	7961	5261	2627
武器弹药制造业	449	271	59	76	32	11
电气机械及器材制造业	55771	40409	3418	7129	3038	1777
电子及通信设备制造业	28135	17451	4009	3355	1467	1853
仪器仪表及文化、办公用机械制造业	13195	9444	583	1669	685	814
其他制造业	16433	12246	404	2016	745	1022
电力、煤气及水的生产和供应业	25653	15507	3375	3188	2632	951
电力、蒸汽、热水的生产和供应业	14414	8330	2258	1716	1348	762
煤气生产和供应业	2688	1800	224	348	278	38
自来水的生产和供应业	8551	5377	893	1124	1006	151

3—18 建筑业企业职工人数分类

(1997年末)

单位:人

项　目	职工年末人数	工人和学徒	工程技术人员	管理人员	服务人员	其他人员
合　计	**189078**	**136407**	**19685**	**19761**	**7436**	**5789**
国有经济单位	118005	80645	13303	13155	6449	4453
集体经济单位	67200	53239	5839	6168	901	1053
其他经济单位	3873	2523	543	438	86	283

3-19 城镇集体经济单位职工人数与工资

（1997 年）

项目	单位数（个）	职工年末人数（人）	职工年平均人数（人）	职工工资总额（万元）	职工年人均工资（元）
总计	**20135**	**385770**	**385935**	**338388**	**8768**
按企、事业和机关分					
企业	19428	366990	367156	316771	8628
事业	691	18414	18396	21067	11452
机关	16	366	383	550	14371
按国民经济行业分					
农、林、牧、渔业	27	251	251	198	7873
农业					
林业					
畜牧业	3	61	61	65	10623
渔业					
农、林、牧、渔服务业	24	190	190	133	6989
采掘业	3	226	226	192	8504
制造业	3812	135765	139352	114117	8189
电力、煤气及水的生产和供应业	8	551	545	1059	19433
建筑业	1141	67200	63935	63129	9874
土木工程建筑业	233	52484	49344	48632	9856
线路、管道和设备安装业	233	5809	5878	6757	11494
建筑物的装修装饰业	675	8907	8713	7740	8884
地质勘查业、水利管理业	1	5	5	5	10800
地质勘查业					
水利管理业	1	5	5	5	10800
交通运输、仓储及邮电通信业	264	14690	15482	12902	8333
铁路运输业	5	573	570	673	11798
公路运输业	75	4109	4753	3592	7558
管道运输业					
水上运输业	12	5316	5677	4613	8126
航空运输业					
交通运输辅助业	143	4176	3970	3538	8911
其他交通运输业					
仓储业	27	440	442	422	9550
邮电通信业	2	76	70	64	9171
批发和零售贸易、餐饮业	11955	113702	113258	91057	8040
食品、饮料、烟草和家庭用品批发业	3756	32363	31976	23897	7473
能源、材料和机械电子设备批发业	2729	25818	25728	21762	8459

3-19 **续表**

项目	单位数（个）	职工年末人数（人）	职工年平均人数（人）	职工工资总额（万元）	职工年人均工资（元）
其他批发业	585	12470	12719	11634	9147
零售业	4279	31174	31191	24057	7713
商业经纪与代理业	19	194	201	191	9483
餐饮业	587	11683	11443	9516	8316
金融、保险业	56	4580	4497	4960	11030
金融业	55	4572	4489	4952	11033
保险业	1	8	8	8	9375
房地产业	168	3799	3704	4281	11557
房地产开发与经营业	64	1300	1274	1591	12485
房地产管理业	43	1869	1835	2138	11650
房地产代理与经纪业	61	630	595	552	9282
社会服务业	1948	31097	30691	29094	9480
公共服务业	196	9794	9770	11002	11261
居民服务业	850	6195	6117	4740	7749
旅馆业	79	2022	2084	1919	9210
租赁服务业	31	869	773	808	10453
旅游业	6	23	23	16	7130
娱乐服务业	193	2029	1869	2027	10844
信息、咨询服务业	402	3348	3253	2689	8266
计算机应用服务业	35	624	607	675	11122
其他社会服务业	156	6193	6195	5218	8423
卫生、体育和社会福利业	83	4362	4383	5630	12845
卫生	74	4249	4281	5535	12930
体育	1	3	3	2	5000
社会福利保障业	8	110	99	93	9424
教育、文化艺术和广播电影电视业	107	2657	2650	3058	11539
教育	86	2392	2383	2667	11193
文化艺术业	16	215	216	333	15403
广播电影电视业	5	50	51	58	11333
科学研究和综合技术服务业	38	497	495	637	12871
科学研究业	2	16	18	16	9000
综合技术服务业	36	481	477	621	13017
国家机关、政党机关和社会团体	76	1005	1022	926	9061
其他行业	448	5383	5439	7143	13133

3-20 市区城镇集体经济单位职工人数与工资

（1997 年）

项　　目	单位数（个）	职　工年末人数（人）	职工年平均人数（人）	职　工工资总额（万元）	职工年人均工资（元）
总　　计	**19540**	**304558**	**307024**	**266106**	**8667**
按企、事业和机关分					
企业	18901	287697	290151	246581	8498
事业	632	16694	16685	19280	11556
机关	7	167	188	245	13005
按国民经济行业分					
农、林、牧、渔业	1	2	2	3	16500
农业					
林业					
畜牧业					
渔业					
农、林、牧、渔服务业	1	2	2	3	16500
采掘业					
制造业	3677	109367	112062	89596	7995
电力、煤气及水的生产和供应业	2	24	24	27	11375
建筑业	1071	32970	33085	34569	10449
土木工程建筑业	166	18294	18555	20128	10848
线路、管道和设备安装业	230	5769	5817	6701	11520
建筑物的装修装饰业	675	8907	8713	7740	8884
地质勘查业、水利管理业					
地质勘查业					
水利管理业					
交通运输、仓储及邮电通信业	247	12318	13130	11075	8435
铁路运输业	5	573	570	673	11798
公路运输业	70	3841	4485	3406	7594
管道运输业					
水上运输业	10	3389	3775	3139	8316
航空运输业					
交通运输辅助业	133	3999	3788	3371	8899
其他交通运输业					
仓储业	27	440	442	422	9550
邮电通信业	2	76	70	64	9171
批发和零售贸易、餐饮业	11757	103524	102853	83310	8100
食品、饮料、烟草和家庭用品批发业	3702	29386	28952	22039	7612
能源、材料和机械电子设备批发业	2701	25264	25171	21245	8440
其他批发业	533	7883	7975	7771	9744

3-20 续表

项　　目	单位数（个）	职　工年末人数（人）	职工年平均人数（人）	职　工工资总额（万元）	职工年人均工资（元）
零售业	4224	29448	29433	22852	7764
商业经纪与代理业	12	102	100	100	9980
餐饮业	585	11441	11222	9303	8290
金融、保险业	17	1164	1118	1126	10072
金融业	16	1156	1110	1118	10077
保险业	1	8	8	8	9375
房地产业	141	3068	2982	3335	11184
房地产开发与经营业	40	611	594	676	11386
房地产管理业	40	1827	1793	2107	11748
房地产代理与经纪业	61	630	595	552	9282
社会服务业	1926	29772	29342	27451	9355
公共服务业	187	8914	8854	9781	11047
居民服务业	849	6159	6093	4717	7741
旅馆业	76	1736	1797	1650	9181
租赁服务业	30	850	754	780	10345
旅游业	6	23	23	16	7130
娱乐服务业	193	2029	1869	2027	10844
信息、咨询服务业	396	3291	3196	2636	8247
计算机应用服务业	35	624	607	675	11122
其他社会服务业	154	6146	6149	5169	8407
卫生、体育和社会福利业	81	4301	4320	5561	12872
卫生	73	4234	4266	5516	12932
体育	1	3	3	2	5000
社会福利保障业	7	64	51	43	8373
教育、文化艺术和广播电影电视业	90	2109	2098	2401	11442
教育	75	1942	1930	2158	11178
文化艺术业	13	162	163	240	14748
广播电影电视业	2	5	5	3	5800
科学研究和综合技术服务业	33	427	427	548	12850
科学研究业	2	16	18	16	9000
综合技术服务业	31	411	409	532	13020
国家机关、政党机关和社会团体	70	890	908	758	8352
其他行业	427	4622	4673	6346	13579

3－21 市属城镇集体经济单位职工人数与工资

（1997年）

项　　目	单位数（个）	职　工年末人数（人）	职工年平均人数（人）	职　工工资总额（万元）	职工年人均工资（元）
总　　计	19911	366791	366383	316773	8646
按企、事业和机关分					
企业	19210	348422	348010	295623	8495
事业	685	18003	17990	20600	11450
机关	16	366	383	550	14371
按国民经济行业分					
农、林、牧、渔业	27	251	251	198	7873
农业					
林业					
畜牧业	3	61	61	65	10623
渔业					
农、林、牧、渔服务业	24	190	190	133	6989
采掘业	3	226	226	192	8504
制造业	3795	131442	134730	110564	8206
电力、煤气及水的生产和供应业	7	448	442	911	20606
建筑业	1132	66294	62970	62142	9869
土木工程建筑业	228	51849	48679	48074	9876
线路、管道和设备安装业	231	5744	5813	6677	11487
建筑物的装修装饰业	673	8701	8478	7391	8718
地质勘查业、水利管理业	1	5	5	5	10800
地质勘查业					
水利管理业	1	5	5	5	10800
交通运输、仓储及邮电通信业	255	13654	14444	11685	8090
铁路运输业					
公路运输业	74	4107	4752	3591	7556
管道运输业					
水上运输业	11	5089	5451	4316	7918
航空运输业					
交通运输辅助业	142	4162	3954	3522	8906
其他交通运输业					
仓储业	26	220	217	192	8857
邮电通信业	2	76	70	64	9171
批发和零售贸易、餐饮业	11872	108323	107651	83824	7787
食品、饮料、烟草和家庭用品批发业	3744	31613	31223	23239	7443
能源、材料和机械电子设备批发业	2687	23446	23311	18840	8082
其他批发业	574	10739	10939	8648	7906

3—21 续表

项　　目	单位数（个）	职　工年末人数（人）	职工年平均人数（人）	职　工工资总额（万元）	职工年人均工资（元）
零售业	4263	30720	30606	23445	7660
商业经纪与代理业	19	194	201	191	9483
餐饮业	585	11611	11371	9461	8320
金融、保险业	6	159	160	263	16400
金融业	5	151	152	255	16770
保险业	1	8	8	8	9375
房地产业	162	3121	3007	3360	11174
房地产开发与经营业	62	1231	1204	1504	12493
房地产管理业	40	1270	1218	1313	10781
房地产代理与经纪业	60	620	585	543	9277
社会服务业	1915	29637	29173	27135	9301
公共服务业	194	9635	9598	10517	10958
居民服务业	845	5916	5845	4425	7570
旅馆业	61	1358	1370	1223	8926
租赁服务业	29	831	735	711	9676
旅游业	6	23	23	16	7130
娱乐服务业	192	1979	1810	1977	10920
信息、咨询服务业	400	3330	3235	2678	8279
计算机应用服务业	33	379	369	386	10447
其他社会服务业	155	6186	6188	5202	8406
卫生、体育和社会福利业	82	4351	4371	5619	12856
卫生	73	4238	4269	5524	12941
体育	1	3	3	2	5000
社会福利保障业	8	110	99	93	9424
教育、文化艺术和广播电影电视业	98	2277	2274	2565	11278
教育	83	2144	2140	2389	11162
文化艺术业	10	83	83	118	14241
广播电影电视业	5	50	51	58	11333
科学研究和综合技术服务业	35	460	455	603	13259
科学研究业	2	16	18	16	9000
综合技术服务业	33	444	437	587	13435
国家机关、政党机关和社会团体	76	1005	1022	926	9061
其他行业	445	5138	5202	6781	13035

3－22 其他各种经济类型单位职工人数

（1997 年末）

单位：人

项目	单位数	职工年末人数	#市区	#市属	职工年平均人数	#市区	#市属
总计	**1837**	**352897**	**264689**	**318024**	**351537**	**264586**	**316719**
按经济类型分							
联营经济	176	16080	13684	15140	16372	13973	15513
股份制经济	218	35068	30976	33434	33631	29646	32251
外商投资经济	215	62635	47786	51028	60484	46007	49396
港、澳、台投资经济	1205	236657	170070	215977	238423	172572	216944
其他经济	23	2457	2173	2445	2627	2388	2615
按国民经济行业分							
农、林、牧、渔业	4	154	71	154	151	74	151
采掘业	4	224	75	224	224	74	224
制造业	1250	264596	182113	254885	264815	183351	255074
电力、煤气及水的生产和供应业	20	3118	1596	3118	3275	1538	3275
建筑业	39	3873	3142	2453	4189	3674	2545
地质勘查业、水利管理业							
交通运输、仓储及邮电通信业	54	12059	11855	7748	10668	10482	6623
批发和零售贸易、餐饮业	202	29512	28645	23037	29495	28655	23149
金融、保险业	53	4207	4029	3816	4137	3962	3761
房地产业	79	3708	3413	3559	3391	3126	3237
社会服务业	96	29186	28065	17425	29099	27930	17235
卫生、体育和社会福利业	1	551		551	349		349
教育、文化艺术及广播电影电视业	9	875	875	239	867	867	238
科学研究和综合技术服务业	12	575	575	575	575	575	575
国家机关、政党机关和社会团体							
其他行业	14	259	235	240	302	278	283

3-23 其他各种经济类型单位职工工资总额

（1997 年）

项　目	职工工资总额（万元）	#市区	#市属	职工年人均工资（元）	#市区	#市属
总　计	478467	392038	413386	13611	14817	13052
按经济类型分						
联营经济	19333	17062	17905	11809	12211	11542
股份制经济	51906	49064	48887	15434	16550	15158
外商投资经济	109359	89066	87593	18081	19359	17733
港、澳、台投资经济	295124	234476	256283	12378	13587	11813
其他经济	2745	2370	2718	10450	9925	10392
按国民经济行业分						
农、林、牧、渔业	166	87	166	11013	11689	11013
采掘业	356	138	356	15879	18689	15879
制造业	336901	258034	319423	12722	14073	12523
电力、煤气及水的生产和供应业	7076	3180	7076	21606	20676	21606
建筑业	6347	5545	3818	15152	15093	15003
地质勘查业、水利管理业						
交通运输、仓储及邮电通信业	24348	24084	11750	22823	22977	17741
批发和零售贸易、餐饮业	37103	36476	29397	12579	12729	12699
金融、保险业	8005	7834	6916	19349	19772	18390
房地产业	6779	6504	6399	19992	20807	19768
社会服务业	48724	47753	26320	16744	17097	15271
卫生、体育和社会福利业	235		235	6745		6745
教育、文化艺术及广播电影电视业	1097	1097	259	12659	12659	10866
科学研究和综合技术服务业	837	837	837	14546	14546	14546
国家机关、政党机关和社会团体						
其他行业	493	469	434	16308	16874	15325

3－24 合同制职工人数

（1997 年）

单位：人

行　　业	年末职工人数				比　重(全部职工＝100)			
	合　计	国有经济	集体经济	其他经济	合　计	国有经济	集体经济	其他经济
合　　计	**968299**	**668731**	**125733**	**173835**	**48.46**	**53.10**	**32.59**	**49.26**
农、林、牧、渔业	13286	13234	23	29	55.06	55.78	9.16	18.83
采掘业	1833	1767	5	61	41.63	44.70	2.21	27.23
制造业	392393	212796	55672	123925	58.56	78.91	41.01	46.84
电力、煤气及水的生产和供应业	21760	18710	146	2904	84.82	85.11	26.50	93.14
建筑业	69100	59518	8460	1122	36.55	50.44	12.59	28.97
地质勘查业、水利管理业	936	931	5		11.85	11.79	100.00	
交通运输、仓储及邮电通信业	160182	146993	7908	5281	77.64	81.86	53.83	43.79
批发和零售贸易、餐饮业	164410	107318	38297	18795	57.48	75.14	33.68	63.69
金融、保险业	26323	20819	2964	2540	56.56	55.15	64.72	60.38
房地产业	11676	8341	1591	1744	55.85	62.25	41.88	47.03
社会服务业	69703	45273	7926	16504	47.18	51.76	25.49	56.55
卫生、体育和社会福利业	7028	6724	265	39	10.22	10.53	6.08	7.08
教育、文化艺术及广播电影电视业	11763	10723	711	329	8.15	7.62	26.76	37.60
科学研究和综合技术服务业	5245	4509	294	442	14.06	12.45	59.15	76.87
国家机关、政党机关和社会团体	5643	5554	89		5.51	5.48	8.86	
其他行业	7018	5521	1377	120	42.29	50.40	25.58	46.33

3-25 城镇私营个体从业人员

单位：人

项　　目	1985年	1990	1995年	1996年	1997年
总　　计	**57609**	**98608**	**274453**	**329792**	**378916**
按地区分					
市　区	45259	70675	200287	246823	293397
县级市	12350	27933	74166	82969	85519
番禺市	973	3542	15985	17893	18623
花都市	5310	5610	19340	23697	26766
增城市	1039	6392	31554	31946	30789
从化市	5028	12389	7287	9433	9341
按行业分					
农、林、牧、渔业			109	735	433
采掘业			418	712	655
制造业 电力、煤气及水的生产和供应业	7168	16787	36251	41398	45153
建筑业	142	289	931	1815	2220
地质勘查业、水利管理业					
交通运输、仓储及邮电通信业	412	1188	7018	7718	10493
批发和零售贸易、餐饮业	41190	66804	183709	216181	241295
金融、保险业					
房地产业 社会服务业	8638	13253	33445	52562	68699
卫生、体育和社会福利业	54	286	526	649	735
教育、文化艺术和广播电影电视业	5	1	2728	2683	3574
科学研究和综合技术服务业			6658		
国家机关、政党机关和社会团体					
其他行业			2660	5339	5659

3-26 女职工年末人数

(1997 年)

行业	女职工年末人数(人)	#国有	#集体	女职工比重(%) 合计	#国有	#集体
合计	819566	491610	152358	41.02	39.04	39.49
农、林、牧、渔业	9866	9786	44	40.89	41.25	17.53
采掘业	1150	1091	21	26.12	27.60	9.29
制造业	319083	117101	67233	47.62	43.43	49.52
电力、煤气及水的生产和供应业	7795	6953	188	30.39	31.63	34.12
建筑业	24794	17383	7070	13.11	14.73	10.52
地质勘查业、水利管理业	1859	1857	2	23.53	23.52	40.00
交通运输、仓储及邮电通信业	51687	43591	3719	25.05	24.27	25.32
批发和零售贸易、餐饮业	138104	71650	49579	48.28	50.17	43.60
金融、保险业	21792	17913	1570	46.83	47.45	34.28
房地产业	7413	5051	1351	35.46	37.70	35.56
社会服务业	65953	39225	12433	44.64	44.84	39.98
卫生、体育和社会福利业	43502	40050	3174	63.28	62.74	72.76
教育、文化艺术和广播电影电视业	76994	74496	2095	53.34	52.91	78.85
科学研究和综合技术服务业	12145	11819	165	32.56	32.63	33.20
国家机关、政党机关和社会团体	30366	29560	806	29.67	29.17	80.20
其他行业	7063	4084	2908	42.56	37.28	54.02

3-27 职工人数变动情况

(1997 年)

单位:人

项目	合计	国有经济单位	城镇集体经济单位	其他各种经济类型单位
本年增加人数	201155	90050	39301	71804
从农村招收	91297	23132	26924	41241
从城镇招收	41520	16225	6681	18614
录用的复员转业军人	1882	1267	221	394
录用的大中专技工学校毕业生	29649	23163	1295	5191
调入	21989	16931	1730	3328
#由外省、自治区、直辖市调入	2525	2298	89	138
其他	14818	9332	2450	3036
本年减少人数	223680	108244	50919	64517
离休、退休、退职	41924	27367	6479	8078
开除、除名、辞退	56627	15230	23710	17687
终止、解除合同	68971	32798	12003	24170
调出	20417	13101	3130	4186
#调到外省、自治区、直辖市	284	254	13	17
其他	35741	19748	5597	10396

3－28 分企业事业机关的职工人数和工资总额

（1997年）

项　　目	合　计	企　业	事　业	机　关
职工人数(人)	**1998075**	**1579228**	**318715**	**100132**
长期职工	1688727	1298041	293657	97029
＃合同制职工	968299	927916	34953	5430
临时职工	309348	281187	25058	3103
职工工资总额(万元)	**2615842**	**2035460**	**425669**	**154713**
在工资总额中				
＃奖金总额	804366	664878	103964	35524
职工年平均工资(元)	**13118**	**12890**	**13469**	**15631**

3－29 职工保险福利费用构成情况

（1997年）　　单位：万元

项　　目	合　计	国有经济单　位	城镇集体经济单位	其他各种经济类型单位
合　　计	**355384**	**300473**	**23028**	**31883**
集体保险福利费	355140	300258	23027	31855
集体福利设施及事业补贴费	102353	85382	6617	10354
文体宣传费	11503	9950	678	875
医疗卫生费	159128	136566	10721	11841
其他	82156	68360	5011	8785
个人保险福利费	244	215	1	28
丧葬抚恤救济费				
生活困难补助				
计划生育补贴				
冬季取暖补贴	244	215	1	28
其他				

3-30 市属职工保险福利费用构成情况

（1997 年）

单位：万元

项　　目	合　计	国有经济单　位	城镇集体经济单位	其他各种经济类型单位
合　　计	**207886**	**159851**	**20355**	**27680**
集体保险福利费	207817	159811	20354	27652
集体福利设施及事业补贴费	56033	41038	5675	9320
文体宣传费	7014	5611	608	795
医疗卫生费	95103	75588	9395	10120
其他	49667	37574	4676	7417
个人保险福利费	69	40	1	28
丧葬抚恤救济费				
生活困难补助				
计划生育补贴				
冬季取暖补贴	69	40	1	28
其他				

3-31 非在职职工保险福利费用构成情况

（1997 年）

单位：万元

项　　目	合　计	国有经济单　位	城镇集体经济单位	其他各种经济类型单位
合　　计	**548042**	**449818**	**75092**	**23132**
离休金	26051	24607	980	464
退休金	329476	258763	55282	15431
退职生活费	1888	1468	346	74
医疗卫生费	132851	113772	13367	5712
交通费补贴				
丧葬抚恤救济				
冬季取暖补贴				
其他	57776	51208	5117	1451

3-32 市属非在职职工保险福利费用构成情况

（1997 年）

单位：万元

项　　目	合　计	国有经济单　位	城镇集体经济单位	其他各种经济类型单位
合　　计	**373313**	**279634**	**72232**	**21447**
离休金	11031	10016	631	384
退休金	238725	170731	53736	14258
退职生活费	1343	976	311	56
医疗卫生费	87429	69174	12767	5488
交通费补贴				
丧葬抚恤救济				
冬季取暖补贴				
其 他	34785	28737	4787	1261

注：本表不包括由民政部门支付的离休金、退休金和退职生活费。

3-33 城镇登记失业人员安置情况

单位：人

项　　目	1985 年	1990 年	1995 年	1996 年	1997 年
本年登记失业人员总数	**114924**	**154869**	**137146**	**141184**	**120945**
本年安排登记失业人员人数	76792	89473	68620	78507	55561
国有经济单位小计	34272	49619	18700	34637	25141
招工	32442	49619	18700	34637	25141
补员	1830				
集体经济单位小计	17140	27837	9816	13302	11989
1. 区以上集体	10751	15810	4261	11911	10502
招工	10293	15810	4261	11911	10502
补员	458				
2. 其他各种类型集体	6389	12027	5555	1391	1487
城镇街道办集体	3446	1745	862		
全民单位集体		704	369		
劳动服务公司办集体	2570	3998	1101	1391	1487
群众自办集体	216	202	281		
其他集体	157	5378	2942		
个体劳动者	10620	5233	3940	16905	6677
临时性工作	14760		32015	833	349
其他各种经济类型单位		6784	4149	12830	11405
其他原因减少的登记失业人数	2571	8854	5031	6640	45
本年末实有登记失业人员数	**35561**	**56542**	**63495**	**56037**	**65339**

3-34 城乡劳动力资源与分配

单位：人

<table>
<tr><th>项　　目</th><th>1990 年</th><th>1995 年</th><th>1996 年</th><th>1997 年</th></tr>
<tr><td>年末劳动力资源总数</td><td>3768451</td><td>5670783</td><td>5751184</td><td>5863616</td></tr>
<tr><td>#当年新增加的劳动力资源</td><td></td><td>81597</td><td>84462</td><td>95231</td></tr>
<tr><td>年末 16 岁以上全部人数</td><td></td><td>5006455</td><td>4963294</td><td>5012186</td></tr>
<tr><td>#不计入劳动力资源的人数</td><td></td><td>68851</td><td>102503</td><td>103513</td></tr>
<tr><td>经济活动人口</td><td>3402471</td><td>3977319</td><td>3984944</td><td>4347469</td></tr>
<tr><td>从业人员</td><td>3345929</td><td>3913824</td><td>3928907</td><td>4282130</td></tr>
<tr><td>1. 按就业身份分组</td><td></td><td></td><td></td><td></td></tr>
<tr><td>全部职工</td><td>1893944</td><td>2082361</td><td>2028859</td><td>1998075</td></tr>
<tr><td>再就业的离退休人员</td><td></td><td>14675</td><td>11926</td><td>10061</td></tr>
<tr><td>私营业主</td><td></td><td>26406</td><td>38454</td><td>48419</td></tr>
<tr><td>个体户主</td><td></td><td>189307</td><td>201325</td><td>203886</td></tr>
<tr><td>私营企业和个体从业人员</td><td>108608</td><td>240961</td><td>291263</td><td>330670</td></tr>
<tr><td>乡镇企业从业人员</td><td>534097</td><td>687881</td><td>714353</td><td>652423</td></tr>
<tr><td>农村从业人员</td><td>785512</td><td>664837</td><td>636228</td><td>1030273</td></tr>
<tr><td>其他</td><td>23768</td><td>7396</td><td>6499</td><td>8323</td></tr>
<tr><td>2. 按经济类型分组</td><td></td><td></td><td></td><td></td></tr>
<tr><td>国有经济</td><td>1365300</td><td>1344479</td><td>1313831</td><td>1272884</td></tr>
<tr><td>集体经济</td><td>1719510</td><td>1802190</td><td>1772082</td><td>2070378</td></tr>
<tr><td>私营经济</td><td rowspan="2">108608</td><td>140294</td><td>193852</td><td>238438</td></tr>
<tr><td>个体经济</td><td>316380</td><td>337190</td><td>344537</td></tr>
<tr><td>联营经济</td><td rowspan="4">128743</td><td>11665</td><td>12399</td><td>16208</td></tr>
<tr><td>股份制经济</td><td>37517</td><td>32921</td><td>35572</td></tr>
<tr><td>外商投资经济</td><td>74393</td><td>99013</td><td>63116</td></tr>
<tr><td>港澳台投资经济</td><td>186568</td><td>164878</td><td>238197</td></tr>
<tr><td>其他经济</td><td>23768</td><td>338</td><td>2741</td><td>2800</td></tr>
</table>

3—34 续表

单位：人

项目	1990 年	1995 年	1996 年	1997 年
3.按国民经济行业分组				
农、林、牧、渔业	962032	918335	926389	937230
采掘业		6692	6306	5075
制造业	991632	1083083	1050778	1308834
电力、煤气及水的生产和供应业		26850	24222	26652
建筑业	198631	308222	282768	288198
地质勘查业、水利管理业	6307	8446	8619	8030
交通运输、仓储及邮电通信业	211174	273704	274354	273154
批发和零售贸易、餐饮业	377766	559634	597347	639006
金融、保险业	25653	43311	46676	49211
房地产业	149263	14348	16508	21468
社会服务业		185490	207455	222158
卫生、体育和社会福利业	61851	70987	75459	77098
教育、文化艺术和广播电影电视业	137077	158124	159568	162260
科学研究和综合技术服务业	33712	48382	39399	38654
国家机关、政党机关和社会团体	103942	103881	99596	111143
其他行业	86889	104335	113463	113959
失业人员	56542	63495	56037	65339
非经济活动人口	365980	1693464	1766240	1516147
#16 岁以上在校学生	142823	367343	374826	391407
家务劳动者	162607	338243	315442	318524

主要统计指标解释

【从业人员】指从事一定社会劳动并取得劳动报酬或经营收入的全部劳动力。包括：

(1)全部职工(2)再就业的离退休人员(3)私营业主(4)个体户主(5)私营和个体从业人员(6)乡镇企业从业人员(7)农村从业人员(8)其他从业人员(包括民办教师、宗教职业者、现役军人等)

这一指标反映了一定时期内全部劳动力资源的实际利用情况，是研究我国基本国情国力的重要指标。

各单位的从业人员是指在各级国家机关、政党机关、社会团体及企业、事业单位中工作，并取得劳动报酬的全部人员。包括职工、再就业的离退休人员、民办教师以及在各单位中工作的外方人员和港、澳、台方人员。

各单位的从业人员反映了各单位实际参加生产或工作的全部劳动力。

【经济活动人口】指在16岁以上，有劳动能力，参加或要求参加社会经济活动的人口。包括：从业人员和失业人员。

【国有经济单位职工】指在国有经济单位及其附属机构工作，并由其支付工资的各类人员，国有经济单位职工不包括：返聘的离退休人员、民办教师、在国有经济单位工作的外方人员和港、澳、台人员。

【城镇私营和个体从业人员】城镇私营从业人员指在工商管理部门注册登记，其经营地址设在县城关镇(含城关镇)以上的私营企业从业人员。包括私营企业投资者和雇工。城镇个体从业人员指在工商管理部门注册登记，并持有城镇户口或在城镇长期居住，经批准从事个体工商经营的从业人员。包括：个体经营者和个体工商户劳动的家庭帮工和雇工。

【城镇登记失业人员及失业率】指有非农业户口，在一定的劳动年龄内(16岁以上，男50岁以下，女45岁以下)，有劳动能力，无业而要求就业，并在当地就业服务机构进行求职登记的人员。城镇登记失业率指城镇登记失业人数同城镇从业人数与城镇登记失业人数之和的比。计算公式：

$$城镇登记失业率=\frac{城镇登记失业人数}{城镇从业人数+城镇登记失业人数}\times 100\%$$

【职工】指在国有经济、城镇集体经济、联营经济、股份制经济、外商和港澳台投资经济、其他经济单位及其附属机构工作，并由其支付工资的各类人员。

【合同制职工】指各单位根据国务院国发(1986)77号文件和国务院令第99号的规定，通过签订有固定期限劳动合同、无固定期限劳动合同和以完成一项工作为期限劳动合同所使用的职工。包括实行全员劳动合同制单位的全部职工。

【城镇集体经济单位职工】指在城镇集体经济单位及其管理部门工作，并由其支付工资的各类人员。

【其他经济单位职工】指在联营经济、股份制经济、外商投资经济、港、澳、台投资经济单位工作，并由其支付工资的各类人员。

【职工工资总额】指各单位在一定时期内直接支付给本单位全部职工的劳动报酬总额。

工资总额的计算原则应以直接支付给职工的全部劳动报酬为根据。各单位支付给职工的劳动报酬以及其他根据有关规定支付的工资，不论是计入成本的还是不计入成本的，不论是按国家规定列入计征奖金税项目的，还是未列入计征奖金税项目的，不论是以货币形式支付的还是以实物形式支付的，均包括在工资总额内。

【计件超额工资】是计件工资的一部分，指计件工人超额完成定额任务后所得的工资。即计件工人实得的全部计件工资减去应得的计件标准工资后的数额。某些企业的工人由于从事生产的工作物等级高于本人工资等级，因而其计件标准工资高于本人标准工资，其计件超额工资也应是全部工资减去应得的计件标准工资后的数额。

【奖金】指支付给职工的超额劳动报酬和增收节支的劳动报酬。

【津贴和补贴】指为了补偿职工特殊或额外的劳动消耗和因其他特殊原因支付给职工的津贴，以及为了保证职工工资水平不受物价影响支付给职工的物价补贴。

【职工平均工资】指企业、事业、机关单位的职工在一定时期内平均每人所得的货币工资额。它表明一定时期职工工资收入的高低程度，是反映职工工资水平的主要指标。计算公式为：

$$职工平均工资=\frac{报告期实际支付的全部职工工资总数}{报告期全部职工平均人数}$$

【职工平均实际工资】指扣除物价变动因素后的职工平均工资，计算公式为：

$$职工平均实际工资=\frac{报告期职工平均工资}{报告期城镇居民消费价格指数}$$

【离休、退休、退职人员】 指正式办理了离休、退休、退职手续，并享受相应的离休、退休、退职待遇的人员。

【保险福利费用】 指企业、事业、机关单位在工资以外实际支付给职工和离休、退休、退职人员个人以及用于集体的劳动保险和福利费用。

1. 职工保险福利费用具体包括：

(1)医疗卫生费 指实行公费医疗企业的职工及其供养的直系亲属的医疗费、医务经费、职工因工负伤就医路费以及住院伙食补助费等；卫生部门开支的事业及机关单位职工的公费医疗经费；未参加公费医疗的企业、事业和机关单位职工的医药费。

(2)丧葬抚恤救济费 指职工死亡的丧葬费、丧葬补助费和所遗供养直系亲属的抚恤费、救济费、生活补助费以及职工供养直系亲属死亡时的丧葬补助费等。

(3)生活困难补助 指对生活困难的职工实际支付的定期补助和临时性补助。

(4)文体宣传费 指企业、事业和机关单位实际支付的文体宣传费，不包括学习费。

(5)集体福利事业补贴费 指对职工浴室、理发室、洗衣店、哺乳室、托儿所等集体福利设施各项支出与收入相抵后的差额补助费。

(6)集体福利设施费 指按照国家规定开支的集体福利设施费用。如职工食堂炊事用具的购置费、修理费、职工宿舍的修缮费用。不包括由企业、事业、机关单位自筹经费开支的职工福利设施的基本建设费用。

(7)计划生育补贴 指发给职工独生子女的补贴费和保健费。

(8)其他 指上述费用以外，单位支付给职工的保险福利费。

2. 离休、退休、退职人员保险福利费用具体包括：

(1)离休金 指发给离休人员的工资和按 1982 年国务院发布的“关于老干部离职休养制度的几项规定”发给符合规定的离休干部相当于 1—2 个月标准工资的生活补贴和国务院(1982)82、83 号文件规定提高离休人员的待遇所增加的费用及粮油价格补贴等。

(2)退休金 指按照国家有关规定发给退休人员的退休费和国务院(1989)82、83 号文件规定提高退休人员的待遇所增加的费用及粮油价格补贴等。

(3)退职生活费 指按照 1978 年国务院《关于工人退休、退职的暂行办法》规定定期发给退职人员的生活费用和国务院(1989)82、83 号文件规定提高退职人员的待遇所增加的费用及粮油价格补贴等。

(4)医疗卫生费 指离休、退休、退职人员的医疗费、住院费以及住院伙食补助等费用。

(5)护理费 指因工致残、饮食起居需要人扶助的离休、退休人员的护理费以及因病不能自理的离休人员的护理费。

(6)生活补贴 指按照 1985 年国务院《关于发给离休退休人员生活补贴费的通知》规定，发给离休、退休人员的生活补贴费。

(7)交通费补贴 指按月发给离休人员的交通费补贴。

(8)丧葬抚恤救济费 指离休、退休、退职人员死亡的丧葬费、丧葬补助费和所遗供养直系亲属的抚恤费、救济费、生活补助费以及供养直系亲属死亡时的丧葬补助费等。

(9)其他 包括易地安置的离休、退休、退职人员的安家补助费；离休、退休、退职人员的生活困难补助费、书报费、洗理费、副食品价格补贴、房租价格补贴、水电补贴、少数民族补贴以及老干部活动经费开支的旅游费用等。

第四篇

固定资产投资

固定资产投资与房地产

1997 年，全年全社会固定资产投资 656.58 亿元，比上年增长 2.76%，增长幅度比上年回落 0.59 个百分点。全社会新增固定资产 473.91 亿元，比上年增长 6.70%。固定资产交付使用率 72.18%。高于上年的 69.52%。全社会房屋建筑面积 4935.07 万平方米，比上年增长 0.91%。房屋竣工面积 1743.37 万平方米，竣工率为 35.33%。在全市完成投资额中，市属项目完成投资 510.04 亿元，比上年增长 1.12%。市区项目完成投资 541.51 亿元，比上年增长 9.14%。

全社会固定资产投资中：国有经济完成投资 354.34 亿元，比上年增长 11.71%；股份制经济完成投资 36.91 亿元，增长 72.80%；私人经济完成投资 34.58 亿元，增长 5.88%。按投资种类分：基本建设投资 228.34 亿元，比上年增长 4.07%；更新改造投资 120.61 亿元，增长 7.60%；房地产开发投资 237.42 亿元，增长 3.6%。

固定资产投资的主要特点：1. 第三产业投资额仍占较大比重。在全社会投资中，第一、第二、第三产业分别完成投资 3.95 亿元、138.91 亿元、513.71 亿元，占全社会固定资产投资额的比重由上年的 1.33:25.61:73.06 调整为 0.6:21.16:78.24。城市基础设施建设，交通运输、邮电通信和教育文化等投资得到进一步加强。2. 建设资金到位量增加。全年全市建设资金到位量 587.41 亿元（不包集体和个体经济），其中基本建设资金 224.49 亿元，占资金投入量的 38.22%，比上年增长 13.44%。在资金来源中仍以自筹资金和利用外资为主，分别为 232.72 亿元和 164.76 亿元，分别占资金来源的 39.62%和 28.05%。

1997 年，全市在建项目 1784 个（不含个体、农村集体和房地产开发），全部建成投产项目 542 个，投产率为 30.38%。新增主要生产能力或工程效益有：新增输变电线路长度（11 万伏及以上）149 公里，变电设备能力 90 万千伏安；新增外内轮胎胎年生产能力分别为 20 万条和 152 万条；新增各类药剂年产能力 3075 吨；新增摩托车制造年产能力 20 万辆；新增中学生席位 19597 个，小学生席位 12248 个；新增长途电缆 419 公里，市内电话自动交换机 22 万门；新增城市公共交通车辆 1158 辆。

1997 年全市重点工程建设项目 24 个，完成投资 88 亿元。其中：广州地铁（一号线工程）完成投资 35.72 亿元；广州抽水蓄能电站完成投资 12.90 亿元；广州乙烯工程完成投资 6.79 亿元；广州威高达十万吨涂布白板纸项目完成投资 5.74 亿元。东南西环高速公路完成投资 5.60 亿元。到 1997 年底，广钢股份有限公司的土建工程已完成，部分设备正进行安装，已有 68.5%资金到位；华南轮胎公司年产 150 万条子午胎工程已部分投产，新增能力 28 万条/年，使目前能力达到 130 万条/年；广州 11.5 万吨乙烯工程已于 1997 年 8 月底建成投料试生产；广州地铁一号线工程西朗——黄沙段首期按计划在'97 香港回归前正式通车，至 1997 年底，全线累计完成主体结构 18262 延长米，占工程总量的 99%，15 个车站的土建主体结构全部完工。

房地产开发业稳定发展，对国民经济发展的带动作用逐渐增强。1997 年，房地产开发全年施工房屋面积 2819.14 万平方米，竣工房屋面积 654.91 万平方米。商品住宅建设仍是房地产开发经营的主体，在施工和竣工面积中，商品住宅的比重上升，从上年的 62.21%和 68.63%提高到 63.99%和 77.18%。商品房销售较为活跃，全年实际销售商品房屋面积 290.88 万平方米，实际销售额 147.30 亿元，分别比上年增长 11.01%和 10.02%；其中住宅实际销售面积 257.06 万平方米，销售额 108.44 亿元，分别比上年增长 13.84%和 10.41%。随着政府一系列降费、减税、入户等优惠政策的出台，将促进我市房地产开发业进一步发展。

全社会固定资产投资额

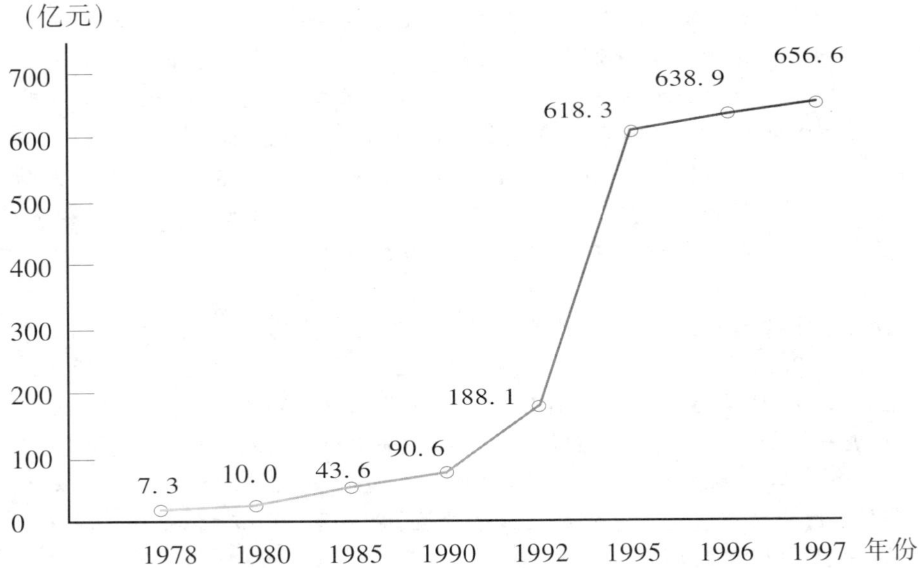

固定资产投资三次产业构成(%)

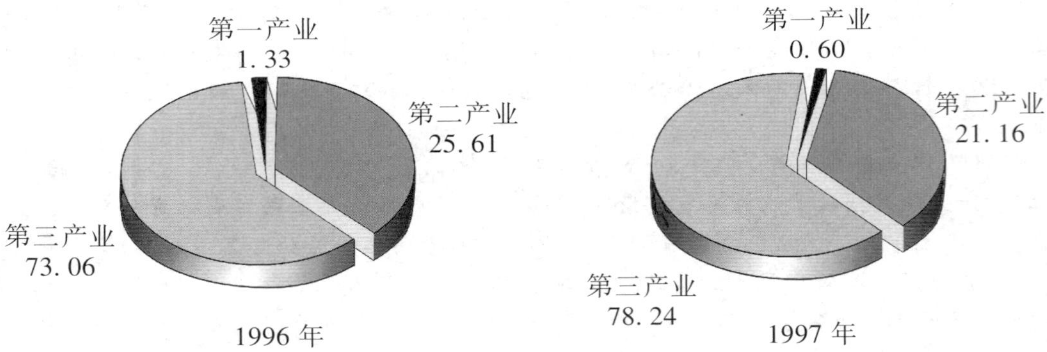

房 地 产 开 发

本年开发投资额(亿元)

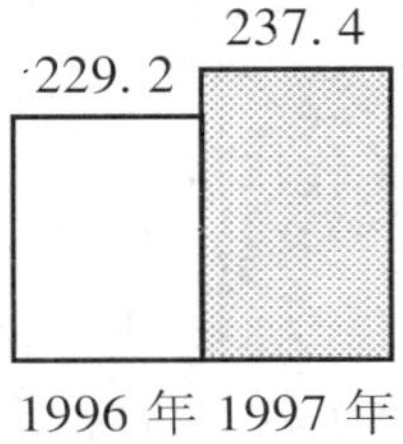

房屋施工面积(万平方米)

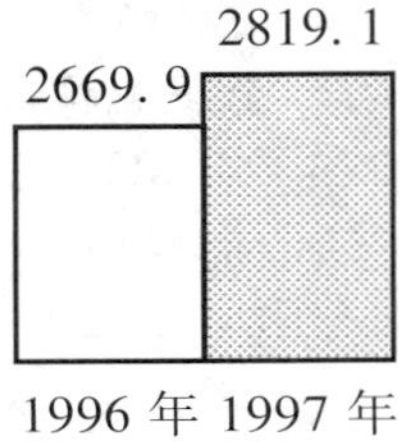

房屋竣工面积(万平方米)

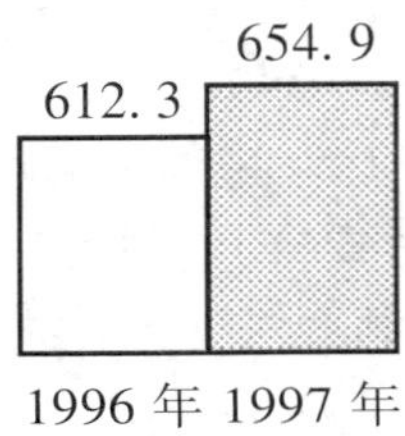

4-1 主要年份全社会固定资产投资额

（按所有制分）

单位：万元

年　份	合　计	全民所有制	#基本建设	#更新改造	#房地产开发	城镇集体所有制	城镇私人	农村集体	农村私人
全　市									
1952	3931	3931	3931						
1957	16560	16560	16560						
1962	7456	7426	7426			30			
1965	20658	19760	19760			898			
1970	20668	19968	19968			700			
1975	56180	53556	53556			2624			
1978	72641	68584	65105	3479		1325	637	430	1665
1980	99565	89823	79330	9801		2709	1131	225	5677
1985	436197	346000	200457	98513	46472	17308	8832	27480	36577
1990	905937	761738	422295	221809	117419	29884	6677	43288	64350
1995	6182515	5346423	2137537	1093281	2091136	64312	49855	448439	273486
1996	6389360	5618981	2194209	1120865	2291640	65056	21980	387283	296060
1997	6565767	5888550	2283400	1206085	2374223	50702	20127	321523	284865
市　区									
1952	3255	3255	3255						
1957	15264	15264	15264						
1962	6841	6811	6811			30			
1965	19609	18718	18718			891			
1970	19205	18575	18575			630			
1975	51934	49572	49572			2362			
1978	67021	64825	61547	3278		1148	480	71	497
1980	88684	83831	74126	9446		2300	818	39	1696
1985	362215	312993	189155	78828	44452	13321	4692	18498	12711
1990	688267	612465	330649	184139	97541	19816	1527	27518	26941
1995	4735978	4274483	1786962	785063	1702458	43165	27818	262144	128368
1996	4961794	4535627	1634670	968611	1928787	34277	3232	220292	168366
1997	5415077	5059142	1926341	1042755	2083116	25820	9584	166975	153556

注：1. 房地产开发含集体所有制部份。2."全民所有制"是按 1992 年以前的口径计算。包括：国有经济、联营经济、股份制经济、外商投资经济、港澳台投资经济。

4－2 各时期全社会固定资产投资额

单位:万元

时　　期	合　计	基本建设	更新改造	其他投资	房地产开发
全　　市					
1950—1952	8110	8110			
"一五"时期	55375	55375			
"二五"时期	122004	121780		224	
1963—1965	50972	49217		1755	
"三五"时期	69853	66803		3050	
"四五"时期	167262	160829		6433	
"五五"时期	402292	358507	19628	24157	
"六五"时期	1310742	591568	337346	292454	89374
"七五"时期	3850377	1545049	1058484	714379	532465
"八五"时期	18092347	5930203	3259794	3110538	5791812
1979—1997	36382446	12686298	6998723	5617911	11079514
市　　区					
1950—1952	6753	6753			
"一五"时期	49757	49757			
"二五"时期	108373	108149		224	
1963—1965	46782	45119		1663	
"三五"时期	64513	61706		2807	
"四五"时期	153532	147741		5791	
"五五"时期	369312	336720	18565	14027	
"六五"时期	1080481	561550	291792	143135	84004
"七五"时期	3037051	1286621	877951	407072	465407
"八五"时期	12949086	4681034	2440633	1548825	4278594
1979—1997	27599349	10222797	5625518	2911126	8839908

注:房地产开发含集体所有制及私营经济部份。

4-3 各时期全社会固定资产投资额平均增长速度

单位：%

时期	合计	基本建设	更新改造	其他投资	房地产开发
全市					
1950—1952					
“一五”时期	36.8	36.8			
“二五”时期	13.2	13.1			
1963—1965	47.3	45.3		249.7	
“三五”时期	-12.8	-12.8		-12.6	
“四五”时期	16.5	16.3		21.0	
“五五”时期	12.2	9.9		21.1	
“六五”时期	34.2	13.6	73.1	64.3	
“七五”时期	19.6	14.8	26.7	15.5	29.1
“八五”时期	50.4	36.7	38.4	53.4	89.2
1979—1997	28.1	20.4	39.7	36.4	
市区					
1950—1952					
“一五”时期	39.9	39.9			
“二五”时期	11.9	11.9			
1963—1965	47.3	45.2		242.8	
“三五”时期	-13.6	-13.6		-15.0	
“四五”时期	16.1	15.9		21.0	
“五五”时期	12.0	10.4		5.8	
“六五”时期	31.3	14.2	68.4	64.2	
“七五”时期	17.8	10.4	28.0	16.9	25.7
“八五”时期	48.0	37.0	34.5	51.2	83.9
1979—1997	26.6	19.1	38.3	36.2	

注：房地产开发含集体所有制及私营经济部份。

4-4 全社会固定资产投资额

（1997 年） 单位：万元

项　　目	全　市	市　区	番禺市	花都市	增城市	从化市
全　　市	**6565767**	**5415077**	**512986**	**185867**	**195002**	**256835**
按经济类型分						
国有经济	3543369	3121671	97944	111263	52366	160125
联营经济	30949	23613	128		5608	1600
股份制经济	369066	329617	28251	8440		2758
外商投资经济	378105	284027	16131	8682	27904	41361
港澳台投资经济	1341965	1176470	119313	3348	35706	7128
集体经济	556536	277799	178689	34740	42148	23160
城　镇	235013	110824	92264	20674	8329	2922
农　村	321523	166975	86425	14066	33819	20238
私人经济	345777	201880	72530	19394	31270	20703
城　镇	60912	48324	5294	2005	2580	2709
农　村	284865	153556	67236	17389	28690	17994
按投资类别分						
基本建设	2283400	1926341	67673	40080	69362	179944
更新改造	1206085	1042755	48400	69703	28468	16759
其他投资	702059	362865	200295	32309	65531	41059
房地产开发	2374223	2083116	196618	43775	31641	19073
市　　属	**5100374**	**4091894**	**512986**	**185867**	**184153**	**125474**
按经济类型分						
国有经济	2203349	1923861	97944	111263	41517	28764
联营经济	23197	15861	128		5608	1600
股份制经济	346201	306752	28251	8440		2758
外商投资经济	378105	284027	16131	8682	27904	41361
港澳台投资经济	1266642	1101147	119313	3348	35706	7128
集体经济	537103	258366	178689	34740	42148	23160
城　镇	215580	91391	92264	20674	8329	2922
农　村	321523	166975	86425	14066	33819	20238
私人经济	345777	201880	72530	19394	31270	20703
城　镇	60912	48324	5294	2005	2580	2709
农　村	284865	153556	67236	17389	28690	17994
按投资类别分						
基本建设	1849667	1624149	67673	40080	69182	48583
更新改造	630662	478001	48400	69703	17799	16759
其他投资	702059	362865	200295	32309	65531	41059
房地产开发	1917986	1626879	196618	43775	31641	19073

4—5 固定资产投资和房屋建设

(1997 年)

金额单位:万元
面积单位:米²

项目	固定资产投资	#住宅	新增固定资产	房屋施工面积	#住宅	房屋竣工面积	#住宅
总计	6565767	1902460	4739141	49350664	29227185	17433688	12027220
按经济类型分							
国有经济	3543369	809466	2627050	22969415	13124694	6154966	4023575
联营经济	30949	10653	14406	284928	163347	3410	
股份制经济	369066	142087	381366	3468154	2533982	886712	711088
外商投资经济	378105	18897	224835	631024	20690	290365	9576
港澳台投资经济	1341965	453654	736471	9854639	4978383	1810237	1119966
集体经济	556536	182825	441488	6887353	3453662	3225936	1345360
私人经济	345777	284878	313525	5255151	4952427	5062062	4817655
按投资类别分							
基本建设	2283400	324843	1395192	10650527	4940275	2827021	1488082
更新改造	1206085	33369	1047953	1888509	566444	821132	249933
其他投资	702059	328938	623017	8620225	5680463	7236458	5234909
房地产开发	2374223	1215310	1672979	28191403	18040003	6549077	5054296

4—6 市属固定资产投资和房屋建设

(1997 年)

金额单位:万元
面积单位:米²

项目	固定资产投资	#住宅	新增固定资产	房屋施工面积	#住宅	房屋竣工面积	#住宅
总计	5100374	1539795	3661236	39837493	23985785	15186908	10303303
按经济类型分							
国有经济	2203349	511183	1607263	14864840	8666427	4199325	2567456
联营经济	23197	6773	14406	62292	48982	3410	
股份制经济	346201	135514	374531	3305566	2391393	865574	689950
外商投资经济	378105	18897	224835	631024	20690	290365	9576
港澳台投资经济	1266642	413543	712630	9199655	4687202	1694889	1017854
集体经济	537103	169007	414046	6518965	3218664	3071283	1200812
私人经济	345777	284878	313525	5255151	4952427	5062062	4817655
按投资类别分							
基本建设	1849667	248060	1191071	7187839	3739732	2044150	965390
更新改造	630662	27965	562974	1662411	498670	734506	229887
其他投资	702059	328938	623017	8620225	5680463	7236458	5234909
房地产开发	1917986	934832	1284174	22367018	14066920	5171794	3873117

4-7 主要年份全社会固定资产投资额和房屋竣工面积

年 份	投资额（万元）	生产性	非生产性	#住 宅	新增固定资产（万元）	房屋竣工面积（米²）	#住 宅
1952	3931	1520	2411	389	3323	141584	50732
1957	16560	10399	6161	2166	13060	958931	418848
1962	7456	5602	1854	955	7260	282245	134644
1965	20658	14370	6288	2003	17530	826368	311853
1970	20668	18611	2057	1235	16458	725531	241125
1975	56180	45695	10485	3721	35511	1133021	384017
1978	72641	54975	17666	8987	95685	1849747	848210
1980	99565	59660	39905	24254	77438	2690656	1633282
1985	436197	210113	226084	104015	344990	7969554	5313303
1990	905937	501060	404877	232839	779577	8796832	5733580
1995	6182515	2965349	3217166	1696316	3449779	18478595	12128426
1996	6389360	2892084	3497276	1722037	4441604	18248918	11553673
1997	6565767	2518138	4047629	1902460	4739141	17433688	12027220
1950—1952	8110	3701	4409	778	6584	280949	103873
“一五”时期	55375	33478	21897	6464	47649	2902213	1042767
“二五”时期	122004	95666	26338	7495	95387	4145187	1152438
1963—1965	50972	35291	15681	5162	44012	1647027	645539
“三五”时期	69853	53863	15990	6402	58789	2969455	1229086
“四五”时期	167262	132158	35104	11290	111348	4067848	1316812
“五五”时期	402292	290433	111859	61679	323278	9479210	4593406
“六五”时期	1310742	593130	717612	402770	1030043	33280917	23523501
“七五”时期	3850377	2081127	1769250	989264	3056834	44542256	28087579
“八五”时期	18092347	8651650	9440697	5632278	11179716	70454091	43397121
1979—1997	36382446	16841942	19540504	10690520	24582101	188578472	121209645

4-8 主要年份市区全社会固定资产投资额和房屋竣工面积

年　份	投资额（万元）	生产性	非生产性	#住　宅	新增固定资产（万元）	房屋竣工面积（米²）	#住　宅
1952	3255	1388	1867	338	2615	127894	41454
1957	15264	9481	5783	2095	11968	936090	413137
1962	6841	5143	1698	894	6666	247809	114548
1965	19609	13699	5910	1922	16752	781187	300558
1970	19205	17342	1863	1112	18413	702473	232610
1975	51934	42149	9785	3157	32420	998282	341247
1978	67021	51873	15148	6663	91745	1586826	729665
1980	88684	55070	33614	17690	67451	2339027	1464616
1985	362215	183890	178325	89260	284680	5379115	3444301
1990	688267	360488	327779	172394	625292	5753257	3502276
1995	4735978	2155151	2580827	1237079	2510650	11177629	7354864
1996	4961794	2112147	2849647	1311832	3260735	11425342	7066578
1997	5415077	1939790	3475287	1519797	3668818	11792694	8067085
1950—1952	6753	3005	3748	707	5406	257362	99018
"一五"时期	49757	29911	19846	6140	42991	2792309	997627
"二五"时期	108373	85576	22797	6115	82844	3871611	1053086
1963—1965	46782	32032	14750	4910	40884	1552175	609124
"三五"时期	64513	49603	14910	5938	54434	2778822	1163913
"四五"时期	153532	120591	32941	9718	102340	3675470	1191891
"五五"时期	369312	272286	97026	47884	294926	8156790	3993399
"六五"时期	1080481	516306	564175	297325	831751	22188099	14516901
"七五"时期	3037051	1563055	1473996	758374	2415304	29594888	17671144
"八五"时期	12949086	5963404	6985682	3931649	7725987	41612825	25567123
1979—1997	27599349	12193021	15406328	7850496	18021633	120531128	75135560

4—9 三次产业固定资产投资额及构成

（1997年、按经济类型分）

项　　目	投资额（万元）	第一产业	第二产业	第三产业	构成（%）	第一产业	第二产业	第三产业
全　　市	**6565767**	**39520**	**1389109**	**5137138**	**100**	**0.60**	**21.16**	**78.24**
国有经济	3543369	2412	614867	2926090	100	0.07	17.35	82.58
联营经济	30949		6572	24377	100		21.23	78.77
股份制经济	369066		71430	297636	100		19.35	80.65
外商投资经济	378105		303089	75016	100		80.16	19.84
港澳台投资经济	1341965	2516	274097	1065352	100	0.19	20.42	79.39
集体经济	556536	8417	119054	429065	100	1.51	21.39	77.10
私人经济	345777	26175		319602	100	7.57		92.43
市　　区	**5415077**	**17568**	**983073**	**4414436**	**100**	**0.32**	**18.16**	**81.52**
国有经济	3121671	1453	424419	2695799	100	0.05	13.60	86.35
联营经济	23613		6444	17169	100		27.29	72.71
股份制经济	329617		50313	279304	100		15.26	84.74
外商投资经济	284027		222853	61174	100		78.46	21.54
港澳台投资经济	1176470	2516	232779	941175	100	0.21	19.79	80.00
集体经济	277799	3622	46265	227912	100	1.30	16.66	82.04
私人经济	201880	9977		191903	100	4.94		95.06
市　　属	**5100374**	**39330**	**1091139**	**3969905**	**100**	**0.77**	**21.39**	**77.84**
国有经济	2203349	2222	316897	1884230	100	0.10	14.38	85.52
联营经济	23197		6572	16625	100		28.33	71.67
股份制经济	346201		71430	274771	100		20.63	79.37
外商投资经济	378105		303089	75016	100		80.16	19.84
港澳台投资经济	1266642	2516	274097	990029	100	0.20	21.64	78.16
集体经济	537103	8417	119054	409632	100	1.57	22.16	76.27
私人经济	345777	26175		319602	100	7.57		92.43

4—10 三次产业固定资产投资额及构成

（1997 年）　　单位：万元

项　　目	全　市	#市　区	#市　属	构成(%)	#市区	#市属
合　　计	6565767	5415077	5100374	100.00	100.00	100.00
第一产业	39520	17568	39330	0.60	0.32	0.77
第二产业	1389109	983073	1091139	21.16	18.16	21.39
工　业	1346416	965850	1054363	20.51	17.84	20.67
建筑业	42693	17223	36776	0.65	0.32	0.72
第三产业	5137138	4414436	3969905	78.24	81.52	77.84
农林牧渔服务业	2257	2164	2029	0.03	0.04	0.04
地质勘探业	23157	13338	21853	0.35	0.25	0.43
交通运输业	492453	472603	98136	7.50	8.73	1.92
邮电通信业	195278	166818	17120	2.98	3.08	0.34
批发零售贸易餐饮业	80398	65842	76991	1.23	1.22	1.51
金融保险业	40377	36221	37518	0.62	0.67	0.74
房地产业	2420231	2117798	1963832	36.86	39.11	38.50
社会服务业	976509	915787	976509	14.87	16.91	19.15
卫生体育社会福利业	66378	58520	49385	1.01	1.08	0.97
文教广播电视电影业	176802	118301	111941	2.69	2.18	2.19
科研和技术服务业	15664	15188	3586	0.24	0.28	0.07
党政机关和社会团体	266542	247532	234145	4.06	4.57	4.59
其他行业	381092	184324	376860	5.80	3.40	7.39

4—11 三次产业国有经济固定资产投资额及构成

（1997 年）　　单位：万元

项　　目	全　市	#市　区	#市　属	构成(%)	#市区	#市属
合　　计	3543369	3121671	2203349	100.00	100.00	100.00
第一产业	2412	1453	2222	0.07	0.05	0.10
第二产业	614867	424419	316897	17.35	13.60	14.38
工　业	584678	408926	292625	16.50	13.10	13.28
建筑业	30189	15493	24272	0.85	0.50	1.10
第三产业	2926090	2695799	1884230	82.58	86.35	85.52
农林牧渔服务业	948	948	720	0.03	0.03	0.03
地质勘探业	17508	13338	16204	0.49	0.43	0.74
交通运输业	456275	440398	61958	12.88	14.11	2.81
邮电通信业	193836	166344	15678	5.47	5.33	0.71
批发零售贸易餐饮业	34433	30244	31026	0.97	0.97	1.41
金融保险业	36912	35554	34053	1.04	1.14	1.55
房地产业	846433	802609	515407	23.89	25.71	23.39
社会服务业	815835	809295	815835	23.02	25.92	37.03
卫生体育社会福利业	32670	26504	15677	0.92	0.85	0.71
文教广播电视电影业	156859	111720	91998	4.43	3.58	4.18
科研和技术服务业	15664	15188	3586	0.44	0.48	0.16
党政机关和社会团体	235211	223482	202814	6.64	7.16	9.20
其他行业	83506	20175	79274	2.36	0.64	3.60

4—12 全社会固定资产投资额

（1997 年、按行业分）

单位：万元

项目	合计	#国有经济	#联营经济	#股份制经济	#外商投资经济	#港澳台投资经济	#集体经济
全市	**6565767**	**3543369**	**30949**	**369066**	**378105**	**1341965**	**556536**
按地区分							
市区	5415077	3121671	23613	329617	284027	1176470	277799
县级市	1150690	421698	7336	39449	94078	165495	278737
番禺市	512986	97944	128	28251	16131	119313	178689
花都市	185867	111263		8440	8682	3348	34740
增城市	195002	52366	5608		27904	35706	42148
从化市	256835	160125	1600	2758	41361	7128	23160
按行业分							
农林牧渔业	41777	3360	213			2516	9513
采掘业	1140	600				158	382
制造业	1014533	315871	6572	24903	301089	269339	96759
电力煤气及水生产供应业	330743	268207		46527	2000	2721	11288
建筑业	42693	30189				1879	10625
地质勘探业、水利管理业	23157	17508					5649
交通运输、仓储及邮电通信业	687731	650111		45	474	5545	31556
批发和零售贸易、餐饮业	80398	34433	6256	6091	67		33551
金融、保险业	40377	36912		897			2568
房地产业	2420231	846433	17608	285291	19525	997309	213280
社会服务业	976509	815835	300	5312	22959	62498	69605
卫生体育和社会福利业	66378	32670			31909		1799
教育文化艺术及广播电影电视业	176802	156859					19943
科学研究和综合技术服务业	15664	15664					
国家机关政党机关社会团体	266542	235211					31331
其他行业	381092	83506			82		18687
市区	**5415077**	**3121671**	**23613**	**329617**	**284027**	**1176470**	**277799**
农林牧渔业	19732	2401	213			2516	4625
采掘业	764	600				158	6
制造业	825995	297653	6444	23263	222853	232139	43643
电力煤气及水生产供应业	139091	110673		27050		79	1289

4—12 续表

单位：万元

项目	合计	#国有经济	#联营经济	#股份制经济	#外商投资经济	#港澳台投资经济	#集体经济
建筑业	17223	15493				403	1327
地质勘探业、水利管理业	13338	13338					
交通运输、仓储及邮电通信业	639421	606742			474	5545	26660
批发和零售贸易、餐饮业	65842	30244	6256	6091			23251
金融、保险业	36221	35554		597			70
房地产业	2117798	802609	10700	269672	19525	873132	103420
社会服务业	915787	809295		2944	10109	62498	30941
卫生体育和社会福利业	58520	26504			30984		1032
教育文化艺术及广播电影电视业	118301	111720					6581
科学研究和综合技术服务业	15188	15188					
国家机关政党机关社会团体	247532	223482					24050
其他行业	184324	20175			82		10904
市属	**5100374**	**2203349**	**23197**	**346201**	**378105**	**1266642**	**537103**
农林牧渔业	41359	2942	213			2516	9513
采掘业	890	350				158	382
制造业	886789	188127	6572	24903	301089	269339	96759
电力煤气及水生产供应业	166684	104148		46527	2000	2721	11288
建筑业	36776	24272				1879	10625
地质勘探业、水利管理业	21853	16204					5649
交通运输、仓储及邮电通信业	115256	77636		45	474	5545	31556
批发和零售贸易、餐饮业	76991	31026	6256	6091	67		33551
金融、保险业	37518	34053		897			2568
房地产业	1963832	515407	9856	262426	19525	921986	193847
社会服务业	976509	815835	300	5312	22959	62498	69605
卫生体育和社会福利业	49385	15677			31909		1799
教育文化艺术及广播电影电视业	111941	91998					19943
科学研究和综合技术服务业	3586	3586					
国家机关政党机关社会团体	234145	202814					31331
其他行业	376860	79274			82		18687

4－13　全社会固定资产投资额

（1997年、按经济类型分）　　单位：万元

项　　目	合　计	基本建设	更新改造	其他投资	房地产开发
全　市	**6565767**	**2283400**	**1206085**	**702059**	**2374223**
国有经济	3543369	1678332	1035586		829451
联营经济	30949	6897	6444		17608
股份制经济	369066	53168	27663	2953	285282
外商投资经济	378105	266236	77518	14826	19525
港澳台投资经济	1341965	278767	58874	7063	997261
集体经济	556536			372225	184311
城镇集体	235013			50702	184311
农村集体	321523			321523	
私人经济	345777			304992	40785
城镇私人	60912			20127	40785
农村私人	284865			284865	
市　区	**5415077**	**1926341**	**1042755**	**362865**	**2083116**
国有经济	3121671	1421917	913354		786400
联营经济	23613	6469	6444		10700
股份制经济	329617	33018	23983	2953	269663
外商投资经济	284027	211359	53143		19525
港澳台投资经济	1176470	253578	45831	3977	873084
集体经济	277799			192795	85004
城镇集体	110824			25820	85004
农村集体	166975			166975	
私人经济	201880			163140	38740
城镇私人	48324			9584	38740
农村私人	153556			153556	
市　属	**5100374**	**1849667**	**630662**	**702059**	**1917986**
国有经济	2203349	1244599	460163		498587
联营经济	23197	6897	6444		9856
股份制经济	346201	53168	27663	2953	262417
外商投资经济	378105	266236	77518	14826	19525
港澳台投资经济	1266642	278767	58874	7063	921938
集体经济	537103			372225	164878
城镇集体	215580			50702	164878
农村集体	321523			321523	
私人经济	345777			304992	40785
城镇私人	60912			20127	40785
农村私人	284865			284865	

4-14 新增固定资产

（1997年）　　　　　　　　　　　　　　　　　单位：万元

项　　目	合　计	基　本 建　设	更　新 改　造	其　他 投　资	房地产 开　发	固定资产 交付使 用率(%)
全　市	**4739141**	**1395192**	**1047953**	**623017**	**1672979**	**72.18**
国有经济	2627050	940768	905200		781082	74.14
联营经济	14406	6469	6402		1535	46.55
股份制经济	381366	159028	18293	9	204036	103.33
外商投资经济	224835	139548	71448	13839		59.46
港澳台投资经济	736471	149379	46610	6095	534387	54.88
集体经济	441488			298082	143406	79.33
城镇集体	184947			41541	143406	78.70
农村集体	256541			256541		79.79
私人经济	313525			304992	8533	90.67
城镇私人	28660			20127	8533	47.05
农村私人	284865			284865		100.00
市　区	**3668818**	**1052218**	**878728**	**312329**	**1425543**	**67.75**
国有经济	2340900	823200	780541		737159	74.99
联营经济	12871	6469	6402			54.51
股份制经济	209866	151	13080	9	196626	63.67
外商投资经济	159238	114380	44858			56.06
港澳台投资经济	566353	108018	33847	2032	422456	48.14
集体经济	208363			147148	61215	75.00
城镇集体	87501			26286	61215	78.95
农村集体	120862			120862		72.38
私人经济	171227			163140	8087	84.82
城镇私人	17671			9584	8087	36.57
农村私人	153556			153556		100.00
市　属	**3661236**	**1191071**	**562974**	**623017**	**1284174**	**71.78**
国有经济	1607263	736647	420221		450395	72.95
联营经济	14406	6469	6402		1535	62.10
股份制经济	374531	159028	18293	9	197201	108.18
外商投资经济	224835	139548	71448	13839		59.46
港澳台投资经济	712630	149379	46610	6095	510546	56.26
集体经济	414046			298082	115964	77.09
城镇集体	157505			41541	115964	73.06
农村集体	256541			256541		79.79
私人经济	313525			304992	8533	90.67
城镇私人	28660			20127	8533	47.05
农村私人	284865			284865		100.00

4—15 全社会固定资产投资额和新增固定资产

（1997 年）　　单位：万元

项　　目	固定资产投资	#基本建设	#更新改造	#其他投资	新增固定资产	#基本建设	#更新改造	#其他投资
总　　计	6565767	2283400	1206085	702059	4739141	1395192	1047953	623017
按地区分								
市　区	5415077	1926341	1042755	362865	3668818	1052218	878728	312329
县级市	1150690	357059	163330	339194	1070323	342974	169225	310688
番禺市	512986	67673	48400	200295	592550	196809	46219	175396
花都市	185867	40080	69703	32309	190387	51619	72023	30447
增城市	195002	69362	28468	65531	198709	77819	29522	63620
从化市	256835	179944	16759	41059	88677	16727	21461	41225
按隶属关系分								
中央项目	853979	160876	551766		788819	167786	463057	
省项目	611414	272857	23657		289086	36335	21922	
市项目	4229524	1704097	533024	364237	2862907	1044598	465910	314462
县级市项目	870850	145570	97638	337822	798329	146473	97064	308555
其他项目								
按工程用途分								
农林牧渔业	48219	2331	3550	42338				
工业、建筑业	1385255	778064	474258	132933				
商业、运输、邮电业	1460734	179799	492374	80732				
住宅	1902460	324843	33369	328938				
其他	1769099	998363	202534	117118				
按建设性质分								
新建	1734193	1446908	81780	205505	1011513	769187	91777	150549
扩建	1182601	615122	433746	133733	1003658	511739	372446	119473
改建	2738533	90379	240105	33826	1884365	43661	141838	25887
单纯建造生活设施	416119	118917	8400	288802	353722	58342	8321	287059
迁建	31304	12024	16628	2652	30187	12213	14316	3658
恢复	6543		4506	2037	5473		4506	967
单纯购置	456474	50	420920	35504	450223	50	414749	35424
按构成分								
建筑工程	3230953	1099091	294807	554672				
安装工程	530177	131130	112323	30966				
设备工具器具购置	1475112	605405	699417	81282				

4—15 **续表1**

单位：万元

项目	固定资产投资	#基本建设	#更新改造	#其他投资	新增固定资产	#基本建设	#更新改造	#其他投资
其他	1329525	447774	99538	35139				
按行业分								
农林牧渔业	41777	2483	1090	38204	40743	2330	1252	37161
农业	32655	609		32046	33283	1046		32237
林业	333	240		93	653	560		93
畜牧业	4795		90	4705	2782		262	2520
渔业	1737	991	482	264	1638	400		1238
农林牧渔服务业	2257	643	518	1096	2387	324	990	1073
工业	1346416	798789	423716	123911	1268078	855184	300542	112352
采掘业	1140	548	210	382	534	158		376
制造业	1014533	531524	370768	112241	956115	602326	245238	108551
电力煤气及水生产供应业	330743	266717	52738	11288	311429	252700	55304	3425
建筑业	42693	15685	14907	12101	61833	35557	11835	14441
土木工程建筑业	39044	15176	13735	10133	58486	35067	10848	12571
线路管道和设备安装业	3584	509	1107	1968	3282	490	922	1870
建筑物的装修装饰业	65		65		65		65	
地质勘探业、水利管理业	23157	1050	16458	5649	28175	2000	21709	4466
地质勘探业	784	565	219		2219	2000	219	
水利管理业	22373	485	16239	5649	25956		21490	4466
交通运输、仓储及邮电通信业	687731	168611	487004	32116	640302	149161	461715	29426
交通运输业	473928	111025	347601	15302	446168	109958	324728	11482
仓储业	18525	2450	184	15891	17205		184	17021
邮电通信业	195278	55136	139219	923	176929	39203	136803	923
批发和零售贸易、餐饮业	80398	37666	9181	33551	60581	25879	6438	28264
批发商业	34883	19734	8085	7064	27829	18599	5342	3888
零售业	37122	10971	699	25452	25064	1024	699	23341
餐饮业	8393	6961	397	1035	7688	6256	397	1035
金融、保险业	40377	3262	34547	2568	21453	1038	17917	2498
金融业	39780	3262	33950	2568	21453	1038	17917	2498
保险业	597		597					
房地产业	2420231	14771	2259	28978	1704458	14960	457	16062
房地产开发与经营	2401307	2977	2222	21885	1687293	280	420	13614

4—15 续表 2

单位：万元

项目	固定资产投资	#基本建设	#更新改造	#其他投资	新增固定资产	#基本建设	#更新改造	#其他投资
房地产管理业	18670	11714		6956	16911	14600		2311
房地产代理与经纪业	254	80	37	137	254	80	37	137
社会服务业	976509	784075	118955	73479	262992	83435	139969	39588
公共服务业	898703	754019	117173	27511	234897	80745	139969	14183
居民服务业	2542	1056		1486	2911	1364		1547
旅馆业	27184	16954		10230	1199			1199
租赁服务业	45			45	45			45
旅行社	30150			30150	18813			18813
娱乐服务业	15101	12046		3055	3381	1326		2055
信息 咨询服务								
计算机应用服务业	930			930	1691			1691
其他社会服务业	1854		1782	72	55			55
卫生体育和社会福利业	66378	61583	2071	2724	15248	11502	2598	1148
卫生	28242	24789	1971	1482	14798	11397	2598	803
体育	31981	30984		997	160	105		55
社会福利保障业	6155	5810	100	245	290			290
教育文化艺术及广播电影电视业	176802	137485	19374	19943	124747	86553	17288	20906
教育	130871	100319	10737	19815	104240	72846	10556	20838
#高等	40444	37022	3422		29413	26025	3388	
中等	38823	33125	5620	78	35536	29799	5659	78
初等	25227	23532	1695		18495	16986	1509	
文化艺术	43970	36966	6897	107	19746	13707	5992	47
广播电影电视业	1961	200	1740	21	761		740	21
科学研究和综合技术服务业	15664	14112	1552		5268	3959	1309	
科学研究业	12322	10941	1381		4414	3259	1155	
综合技术服务业	3342	3171	171		854	700	154	
国家机关政党机关社会团体	266542	227850	7361	31331	140852	112379	3448	25025
国家机关	216300	207311	7016	1973	99820	94840	3103	1877
政党机关	18105	18062	43		14655	14612	43	
社会团体	2779	2477	302		3229	2927	302	
基层群众自治组织	29358			29358	23148			23148
其他行业	381092	15978	67610	297504	364411	11255	61476	291680

4—16 市区固定资产投资额和新增固定资产

（1997 年）　　　　单位：万元

项目	固定资产投资	#基本建设	#更新改造	#其他投资	新增固定资产	#基本建设	#更新改造	#其他投资
总计	5415077	1926341	1042755	362865	3668818	1052218	878728	312329
按隶属关系分								
中央项目	840910	158476	541097		776039	166731	451332	
省项目	482273	143716	23657		288906	36155	21922	
市项目	4091894	1624149	478001	362865	2603873	849332	405474	312329
县级市项目								
其他项目								
按工程用途分								
农林牧渔业	18842	1741	1114	15987				
工业、建筑业	935715	525400	358080	52235				
商业、运输、邮电业	1358764	164332	465211	57232				
住宅	1522487	308431	26460	187839				
其他	1579269	926437	191890	49572				
按建设性质分								
新建	1448981	1293371	70189	85421	772227	641035	80012	51180
扩建	868078	426881	372452	68745	678278	314480	302248	61550
改建	2423541	85662	226431	28332	1612431	36285	130634	19969
单纯建造生活设施	286333	114973	8323	163037	223693	54155	8244	161294
迁建	17679	5404	9678	2597	17829	6213	8013	3603
恢复	2316		2316		2316		2316	
单纯购置	368149	50	353366	14733	362044	50	347261	14733
按构成分								
建筑工程	2578966	949774	258853	307999				
安装工程	464984	111118	97332	10857				
设备工具器具购置	1169842	462933	592538	27567				
其他	1201285	402516	94032	16442				
按行业分								
农林牧渔业	19732	1524	1090	17118	17201	324	1252	15625
农业	12279			12279	12731			12731
林业	245	190		55	55			55

4—16 续表1

单位:万元

项目	固定资产投资	#基本建设	#更新改造	#其他投资	新增固定资产	#基本建设	#更新改造	#其他投资
畜牧业	3871		90	3781	2098		262	1836
渔业	1173	691	482					
农林牧渔服务业	2164	643	518	1003	2317	324	990	1003
工业	965850	555320	364691	45839	884916	605272	236172	43472
采掘业	764	548	210	6	164	158		6
制造业	825995	457285	324166	44544	765912	527902	195658	42352
电力煤气及水生产供应业	139091	97487	40315	1289	118840	77212	40514	1114
建筑业	17223	4405	11491	1327	23765	9977	9189	4599
土木工程建筑业	15510	3896	10319	1295	22256	9487	8202	4567
线路管道和设备安装业	1648	509	1107	32	1444	490	922	32
建筑物的装修装饰业	65		65		65		65	
地质勘探业、水利管理业	13338	1050	12288		12769	2000	10769	
地质勘探业	784	565	219		2219	2000	219	
水利管理业	12554	485	12069		10550		10550	
交通运输、仓储及邮电通信业	639421	147093	465108	27220	600755	132571	442074	26110
交通运输业	454474	96602	346147	11725	432726	98783	324458	9485
仓储业	18129	2450	184	15495	16809		184	16625
邮电通信业	166818	48041	118777		151220	33788	117432	
批发和零售贸易、餐饮业	65842	34619	7972	23251	51269	25605	5814	19850
批发商业	29399	17666	7430	4303	25071	18599	5272	1200
零售业	29503	10697	542	18264	19258	750	542	17966
餐饮业	6940	6256		684	6940	6256		684
金融、保险业	36221	1604	34547	70	18212	295	17917	
金融业	35624	1604	33950	70	18212	295	17917	
保险业	597		597					
房地产业	2117798	13998	2259	18425	1445573	11381	457	8192
房地产开发与经营	2099834	2977	2222	11519	1432174	280	420	5931
房地产管理业	17927	11021		6906	13362	11101		2261
房地产代理与经纪业	37		37		37		37	

4—16 续表2

单位:万元

项目	固定资产投资	#基本建设	#更新改造	#其他投资	新增固定资产	#基本建设	#更新改造	#其他投资
社会服务业	915787	765825	116077	33885	231148	82390	137091	11667
公共服务业	885103	747989	114295	22819	226362	79700	137091	9571
居民服务业	1537	756		781	2206	1364		842
旅馆业	27184	16954		10230	1199			1199
租赁服务业								
旅行社								
娱乐服务业	126	126			1326	1326		
信息 咨询服务								
计算机应用服务业								
其他社会服务业	1837		1782	55	55			55
卫生体育和社会福利业	58520	56148	1340	1032	4231	1699	2160	372
卫生	21545	19354	1340	851	3926	1594	2160	172
体育	31010	30984		26	105	105		
社会福利保障业	5965	5810		155	200			200
教育文化艺术及广播电影电视业	118301	99101	12619	6581	80408	63126	11151	6131
教育	76487	64373	5593	6521	62082	50921	5030	6131
#高等	40444	37022	3422		29413	26025	3388	
中等	18229	15980	2171	78	17273	15553	1642	78
初等	11033	11033			9307	9307		
文化艺术	41664	34728	6876	60	18176	12205	5971	
广播电影电视业	150		150		150		150	
科学研究和综合技术服务业	15188	13690	1498		5268	3959	1309	
科学研究业	11846	10519	1327		4414	3259	1155	
综合技术服务业	3342	3171	171		854	700	154	
国家机关政党机关社会团体	247532	218689	4793	24050	127610	107017	2525	18068
国家机关	208966	203435	4448	1083	97575	94408	2180	987
政党机关	14760	14717	43		11325	11282	43	
社会团体	839	537	302		1629	1327	302	
基层群众自治组织	22967			22967	17081			17081
其他行业	184324	13275	6982	164067	165693	6602	848	158243

4—17 市属固定资产投资额和新增固定资产

（1997 年）　　单位：万元

项目	固定资产投资	#基本建设	#更新改造	#其他投资	新增固定资产	#基本建设	#更新改造	#其他投资
总计	5100374	1849667	630662	702059	3661236	1191071	562974	623017
按地区分								
市区	4091894	1624149	478001	362865	2603873	849332	405474	312329
县级市	1008480	225518	152661	339194	1057363	341739	157500	310688
番禺市	512986	67673	48400	200295	592550	196809	46219	175396
花都市	185867	40080	69703	32309	190387	51619	72023	30447
增城市	184153	69182	17799	65531	186804	77639	17797	63620
从化市	125474	48583	16759	41059	87622	15672	21461	41225
按隶属关系分								
市项目	4229524	1704097	533024	364237	2862907	1044598	465910	314462
县级市项目	870850	145570	97638	337822	798329	146473	97064	308555
其他项目								
按工程用途分								
农林牧渔业	47991	2103	3550	42338				
工业、建筑业	1104302	606914	364455	132933				
商业、运输、邮电业	805029	76984	43838	80732				
住宅	1539795	248060	27965	328938				
其他	1603257	915606	190854	117118				
按建设性质分								
新建	1716705	1429420	81780	205505	1010632	768306	91777	150549
扩建	681687	263155	284799	133733	695106	341853	233780	119473
改建	2121119	42027	127280	33826	1436103	19960	106082	25887
单纯建造生活设施	400848	103646	8400	288802	346904	51524	8321	287059
迁建	30682	11419	16611	2652	27402	9428	14316	3658
恢复	6543		4506	2037	5473		4506	967
单纯购置	142790		107286	35504	139616		104192	35424
按构成分								
建筑工程	2674874	876947	232235	554672				
安装工程	419533	97625	63824	30966				
设备工具器具购置	881658	455060	272407	81282				
其他	1124309	420035	62196	35139				

4—17 续表1

单位：万元

项目	固定资产投资	#基本建设	#更新改造	#其他投资	新增固定资产	#基本建设	#更新改造	#其他投资
按行业分								
农林牧渔业	41359	2065	1090	38204	40693	2280	1252	37161
农业	32655	609		32046	33283	1046		32237
林业	143	50		93	653	560		93
畜牧业	4795		90	4705	2782		262	2520
渔业	1737	991	482	264	1638	400		1238
农林牧渔服务业	2029	415	518	1096	2337	274	990	1073
工业	1054363	617535	312917	123911	1188043	810635	265056	112352
采掘业	890	298	210	382	534	158		376
制造业	886789	510138	264410	112241	888980	566026	214403	108551
电力煤气及水生产供应业	166684	107099	48297	11288	298529	244451	50653	3425
建筑业	36776	11977	12698	12101	58104	34037	9626	14441
土木工程建筑业	34018	11977	11908	10133	55629	34037	9021	12571
线路管道和设备安装业	2693		725	1968	2410		540	1870
建筑物的装修装饰业	65		65		65		65	
地质勘探业、水利管理业	21853		16204	5649	25921		21455	4466
地质勘探业	15		15		15		15	
水利管理业	21838		16189	5649	25906		21440	4466
交通运输、仓储及邮电通信业	115256	47261	35879	32116	81490	27362	24702	29426
交通运输业	79611	38387	25922	15302	51356	23002	16872	11482
仓储业	18525	2450	184	15891	17205		184	17021
邮电通信业	17120	6424	9773	923	12929	4360	7646	923
批发和零售贸易、餐饮业	76991	34363	9077	33551	57958	23360	6334	28264
批发商业	31476	16431	7981	7064	25206	16080	5238	3888
零售业	37122	10971	699	25452	25064	1024	699	23341
餐饮业	8393	6961	397	1035	7688	6256	397	1035
金融、保险业	37518	403	34547	2568	21158	743	17917	2498
金融业	36921	403	33950	2568	21158	743	17917	2498
保险业	597		597					
房地产业	1963832	14609	2259	28978	1315653	14960	457	16062
房地产开发与经营	1944908	2815	2222	21885	1298488	280	420	13614
房地产管理业	18670	11714		6956	16911	14600		2311
房地产代理与经纪业	254	80	37	137	254	80	37	137

4—17 续表 2

单位:万元

项目	固定资产投资	#基本建设	#更新改造	#其他投资	新增固定资产	#基本建设	#更新改造	#其他投资
社会服务业	976509	784075	118955	73479	262992	83435	139969	39588
公共服务业	898703	754019	117173	27511	234897	80745	139969	14183
居民服务业	2542	1056		1486	2911	1364		1547
旅馆业	27184	16954		10230	1199			1199
租赁服务业	45			45	45			45
旅行社	30150			30150	18813			18813
娱乐服务业	15101	12046		3055	3381	1326		2055
信息 咨询服务								
计算机应用服务业	930			930	1691			1691
其他社会服务业	1854		1782	72	55			55
卫生体育和社会福利业	49385	44731	1930	2724	14657	11052	2457	1148
卫生	11249	7937	1830	1482	14207	10947	2457	803
体育	31981	30984		997	160	105		55
社会福利保障业	6155	5810	100	245	290			290
教育文化艺术及广播电影电视业	111941	83098	8900	19943	93447	64788	7753	20906
教育	91380	64276	7289	19815	79129	51149	7142	20838
#高等	3375	3237	138		6988	6850	138	
中等	36437	30903	5456	78	32886	27313	5495	78
初等	25227	23532	1695		18495	16986	1509	
文化艺术	18750	18622	21	107	13707	13639	21	47
广播电影电视业	1811	200	1590	21	611		590	21
科学研究和综合技术服务业	3586	2162	1424		2077	816	1261	
科学研究业	2704	1451	1253		1223	116	1107	
综合技术服务业	882	711	171		854	700	154	
国家机关政党机关社会团体	234145	195642	7172	31331	135267	106983	3259	25025
国家机关	188679	179690	7016	1973	96951	91971	3103	1877
政党机关	13885	13842	43		13455	13412	43	
社会团体	2223	2110	113		1713	1600	113	
基层群众自治组织	29358			29358	23148			23148
其他行业	376860	11746	67610	297504	363776	10620	61476	291680

4—18 全社会固定资产投资额

（1997年、按地区分）　　单位：万元

项目	全市	市区	番禺市	花都市	增城市	从化市
总计	6565767	5415077	512986	185867	195002	256835
按隶属关系分						
中央项目	853979	840910			10669	2400
省项目	611414	482273			180	128961
市项目	4229524	4091894	46629	9275	60810	20916
县级市项目	870850		466357	176592	123343	104558
其他项目						
按工程用途分						
农林牧渔业	48219	18842	9001	4253	9447	6676
工业、建筑业	1385255	935715	107425	92051	77192	172872
商业、运输、邮电业	1460734	1358764	40749	21528	26707	12986
住宅	1902460	1522487	253332	50266	43185	33190
其他	1769099	1579269	102479	17769	38471	31111
按建设性质分						
新建	1734193	1448981	88289	41153	91088	64682
扩建	1182601	868078	132316	16573	28370	137264
改建	2738533	2423541	211447	45025	33519	25001
单纯建造生活设施	416119	286333	65647	18172	26863	19104
迁建	31304	17679	560	70	8384	4611
恢复	6543	2316	8			4219
单纯购置	456474	368149	14719	64874	6778	1954
按构成分						
建筑工程	3230953	2578966	348522	84284	113173	106008
安装工程	530177	464984	33943	6477	16692	8081
设备工具器具购置	1475112	1169842	51209	85518	45572	122971
其他	1329525	1201285	79312	9588	19565	19775
按行业分						
农林牧渔业	41777	19732	7462	3274	8200	3109
农业	32655	12279	7389	3054	7174	2759
林业	333	245			38	50

4—18 续表1

单位:万元

项　　目	全　市	市　区	番禺市	花都市	增城市	从化市
畜牧业	4795	3871		200	724	
渔业	1737	1173			264	300
农林牧渔服务业	2257	2164	73	20		
工业	1346416	965850	95899	23671	86788	174208
采掘业	1140	764		6		370
制造业	1014533	825995	57919	15074	75811	39734
电力煤气及水生产供应业	330743	139091	37980	8591	10977	134104
建筑业	42693	17223	9707	12494	43	3226
土木工程建筑业	39044	15510	8394	11914		3226
线路管道和设备安装业	3584	1648	1313	580	43	
建筑物的装修装饰业	65	65				
地质勘探业、水利管理业	23157	13338	4170		603	5046
地质勘探业	784	784				
水利管理业	22373	12554	4170		603	5046
交通运输、仓储及邮电通信业	687731	639421	26071	6200	12062	3977
交通运输业	473928	454474	16259	250	1033	1912
仓储业	18525	18129	36		360	
邮电通信业	195278	166818	9776	5950	10669	2065
批发和零售贸易、餐饮业	80398	65842	7281	2717	2504	2054
批发商业	34883	29399	2819	340	1194	1131
零售业	37122	29503	4131	1585	980	923
餐饮业	8393	6940	331	792	330	
金融、保险业	40377	36221	2372	103	126	1555
金融业	39780	35624	2372	103	126	1555
保险业	597	597				
房地产业	2420231	2117798	206984	43775	32521	19153
房地产开发与经营	2401307	2099834	206984	43775	31641	19073
房地产管理业	18670	17927			743	
房地产代理与经纪业	254	37			137	80

4—18 续表2

单位:万元

项目	全市	市区	番禺市	花都市	增城市	从化市
社会服务业	976509	915787	34991	1476	11825	12430
公共服务业	898703	885103	3111	1459	8520	510
居民服务业	2542	1537	700		305	
旅馆业	27184	27184				
租赁服务业	45		45			
旅行社	30150		30150			
娱乐服务业	15101	126	55		3000	11920
信息 咨询服务						
计算机应用服务业	930		930			
其他社会服务业	1854	1837		17		
卫生体育和社会福利业	66378	58520	3331	2617	480	1430
卫生	28242	21545	2362	2617	290	1428
体育	31981	31010	969			2
社会福利保障业	6155	5965			190	
教育文化艺术及广播电影电视业	176802	118301	39059	3837	10516	5089
教育	130871	76487	35997	3812	10316	4259
#高等	40444	40444				
中等	38823	18229	15123	1618	2518	1335
初等	25227	11033	12086	1263	145	700
文化艺术	43970	41664	1459	25		822
广播电影电视业	1961	150	1603		200	8
科学研究和综合技术服务业	15664	15188	476			
科学研究业	12322	11846	476			
综合技术服务业	3342	3342				
国家机关政党机关社会团体	266542	247532	7688	2224	2629	6469
国家机关	216300	208966	2052	550	1529	3203
政党机关	18105	14760	3330		15	
社会团体	2779	839		340		1600
基层群众自治组织	29358	22967	2306	1334	1085	1666
其他行业	381092	184324	67495	83479	26705	19089

4－19 市属固定资产投资额

（1997 年、按地区分）　　　　单位：万元

项　　目	全　市	市　区	番禺市	花都市	增城市	从化市
总　　计	5100374	4091894	512986	185867	184153	125474
按隶属关系分						
市项目	4229524	4091894	46629	9275	60810	20916
县级市项目	870850		466357	176592	123343	104558
其他项目						
按工程用途分						
农林牧渔业	47991	18614	9001	4253	9447	6676
工业、建筑业	1104302	783723	107425	92051	77192	43911
商业、运输、邮电业	805029	714834	40749	21528	16038	11880
住宅	1539795	1160058	253332	50266	43185	32954
其他	1603257	1414665	102479	17769	38291	30053
按建设性质分						
新建	1716705	1432748	88289	41153	91088	63427
扩建	681687	508119	132316	16573	17521	7158
改建	2121119	1806127	211447	45025	33519	25001
单纯建造生活设施	400848	271062	65647	18172	26863	19104
迁建	30682	17057	560	70	8384	4611
恢复	6543	2316	8			4219
单纯购置	142790	54465	14719	64874	6778	1954
按构成分						
建筑工程	2674874	2050686	348522	84284	108768	82614
安装工程	419533	356877	33943	6477	15283	6953
设备工具器具购置	881658	685176	51209	85518	40537	19218
其他	1124309	999155	79312	9588	19565	16689
按行业分						
农林牧渔业	41359	19314	7462	3274	8200	3109
农业	32655	12279	7389	3054	7174	2759
林业	143	55			38	50
畜牧业	4795	3871		200	724	

4—19 续表1 单位:万元

项目	全市	市区	番禺市	花都市	增城市	从化市
渔业	1737	1173			264	300
农林牧渔服务业	2029	1936	73	20		
工业	1054363	802758	95899	23671	86788	45247
采掘业	890	514		6		370
制造业	886789	698251	57919	15074	75811	39734
电力煤气及水生产供应业	166684	103993	37980	8591	10977	5143
建筑业	36776	11306	9707	12494	43	3226
土木工程建筑业	34018	10484	8394	11914		3226
线路管道和设备安装业	2693	757	1313	580	43	
建筑物的装修装饰业	65	65				
地质勘探业、水利管理业	21853	12034	4170		603	5046
地质勘探业	15	15				
水利管理业	21838	12019	4170		603	5046
交通运输、仓储及邮电通信业	115256	78760	26071	6200	1393	2832
交通运输业	79611	60157	16259	250	1033	1912
仓储业	18525	18129	36		360	
邮电通信业	17120	474	9776	5950		920
批发和零售贸易、餐饮业	76991	62435	7281	2717	2504	2054
批发商业	31476	25992	2819	340	1194	1131
零售业	37122	29503	4131	1585	980	923
餐饮业	8393	6940	331	792	330	
金融、保险业	37518	34617	2372	103	126	300
金融业	36921	34020	2372	103	126	300
保险业	597	597				
房地产业	1963832	1661399	206984	43775	32521	19153
房地产开发与经营	1944908	1643435	206984	43775	31641	19073
房地产管理业	18670	17927			743	
房地产代理与经纪业	254	37			137	80
社会服务业	976509	915787	34991	1476	11825	12430

单位:万元

项目	全市	市区	番禺市	花都市	增城市	从化市
公共服务业	898703	885103	3111	1459	8520	510
居民服务业	2542	1537	700		305	
旅馆业	27184	27184				
租赁服务业	45		45			
旅行社	30150		30150			
娱乐服务业	15101	126	55		3000	11920
信息 咨询服务						
计算机应用服务业	930		930			
其他社会服务业	1854	1837		17		
卫生体育和社会福利业	49385	41527	3331	2617	480	1430
卫生	11249	4552	2362	2617	290	1428
体育	31981	31010	969			2
社会福利保障业	6155	5965			190	
教育文化艺术及广播电影电视业	111941	53440	39059	3837	10516	5089
教育	91380	36996	35997	3812	10316	4259
#高等	3375	3375				
中等	36437	15843	15123	1618	2518	1335
初等	25227	11033	12086	1263	145	700
文化艺术	18750	16444	1459	25		822
广播电影电视业	1811		1603		200	8
科学研究和综合技术服务业	3586	3110	476			
科学研究业	2704	2228	476			
综合技术服务业	882	882				
国家机关政党机关社会团体	234145	215315	7688	2224	2449	6469
国家机关	188679	181525	2052	550	1349	3203
政党机关	13885	10540	3330		15	
社会团体	2223	283		340		1600
基层群众自治组织	29358	22967	2306	1334	1085	1666
其他行业	376860	180092	67495	83479	26705	19089

4—20 新增固定资产

（1997年、按经济类型分）　　单位：万元

项目	合计	#国有经济	#联营经济	#股份制经济	#外商投资经济	#港澳台投资经济	#集体经济
总计	4739141	2627050	14406	381366	224835	736471	441488
按地区分							
市区	3668818	2340900	12871	209866	159238	566353	208363
县级市	1070323	286150	1535	171500	65597	170118	233125
番禺市	592550	88295		167315	15144	105860	143406
花都市	190387	122534		3079	11282	6781	29222
增城市	198709	45449	1535		27995	56006	36454
从化市	88677	29872		1106	11176	1471	24043
按隶属关系分							
中央项目	788819	788819					
省项目	289086	230968		6835		23841	27442
市项目	2862907	1366351	12871	363899	200793	566184	181582
县级市项目	798329	240912	1535	10632	24042	146446	232464
其他项目							
按建设性质分							
新建	1011513	569456	6256	960	146424	148457	139960
扩建	1003658	628354	6615	168564	68377	21609	110139
改建	1884365	947566	1535	208026		549412	169293
单纯建造生活设施	353722	65543		1120			8242
迁建	30187	18062			8467		3658
恢复	5473	4506					967
单纯购置	450223	393563		2696	1567	16993	9229
按行业分							
农林牧渔业	40743	3369	213			571	10415
农业	33283	1046					6062
林业	653	560					93
畜牧业	2782	262				571	1949
渔业	1638	400					1238
农林牧渔服务业	2387	1101	213				1073

4—20 续表1

单位:万元

项目	合计	#国有经济	#联营经济	#股份制经济	#外商投资经济	#港澳台投资经济	#集体经济
工业	1268078	579756	6402	174175	222881	189615	95249
采掘业	534					158	376
制造业	956115	431561	6402	16107	221181	189416	91448
电力煤气及水生产供应业	311429	148195		158068	1700	41	3425
建筑业	61833	39707				7685	14441
土木工程建筑业	58486	38230				7685	12571
线路管道和设备安装业	3282	1412					1870
建筑物的装修装饰业	65	65					
地质勘探业、水利管理业	28175	23709					4466
地质勘探业	2219	2219					
水利管理业	25956	21490					4466
交通运输、仓储及邮电通信业	640302	610831		45		560	28866
交通运输业	446168	434686					11482
仓储业	17205	184				560	16461
邮电通信业	176929	175961		45			923
批发和零售贸易、餐饮业	60581	25720	6256	274	67		28264
批发商业	27829	23667		274			3888
零售业	25064	1723					23341
餐饮业	7688	330	6256		67		1035
金融、保险业	21453	18496		459			2498
金融业	21453	18496		459			2498
保险业							
房地产业	1704458	796451	1535	204045		534435	159459
房地产开发与经营	1687293	781734	1535	204036		534435	157020
房地产管理业	16911	14600		9			2302
房地产代理与经纪业	254	117					137
社会服务业	262992	217431		2368	1691	3605	37897
公共服务业	234897	214741		2368		3605	14183

4—20 续表 2

单位：万元

项目	合计	#国有经济	#联营经济	#股份制经济	#外商投资经济	#港澳台投资经济	#集体经济
居民服务业	2911	1364					1547
旅馆业	1199						1199
租赁服务业	45						45
旅行社	18813						18813
娱乐服务业	3381	1326					2055
信息 咨询服务							
计算机应用服务业	1691				1691		
其他社会服务业	55						55
卫生体育和社会福利业	15248	13995			114		1139
卫生	14798	13995					803
体育	160				114		46
社会福利保障业	290						290
教育文化艺术及广播电影电视业	124747	103841					20906
教育	104240	83402					20838
#高等	29413	29413					
中等	35536	35458					78
初等	18495	18495					
文化艺术	19746	19699					47
广播电影电视业	761	740					21
科学研究和综合技术服务业	5268	5268					
科学研究业	4414	4414					
综合技术服务业	854	854					
国家机关政党机关社会团体	140852	115827					25025
国家机关	99820	97943					1877
政党机关	14655	14655					
社会团体	3229	3229					
基层群众自治组织	23148						23148
其他行业	364411	72649			82		12863

4—21 市区新增固定资产

（1997年、按经济类型分）

单位：万元

项目	合计	#国有经济	#联营经济	#股份制经济	#外商投资经济	#港澳台投资经济	#集体经济
总计	3668818	2340900	12871	209866	159238	566353	208363
按隶属关系分							
中央项目	776039	776039					
省项目	288906	230788		6835		23841	27442
市项目	2603873	1334073	12871	203031	159238	542512	180921
县级市项目							
其他项目							
按建设性质分							
新建	772227	501644	6256	151	106284	107283	50609
扩建	678278	541179	6615	10496	52872	7016	60100
改建	1612431	887863		197816		437481	81184
单纯建造生活设施	223693	61279		1120			8131
迁建	17829	14226					3603
恢复	2316	2316					
单纯购置	362044	332393		283	82	14573	4736
按行业分							
农林牧渔业	17201	1363	213			571	5077
农业	12731						2754
林业	55						55
畜牧业	2098	262				571	1265
渔业							
农林牧渔服务业	2317	1101	213				1003
工业	884916	532507	6402	12957	159051	131428	42571
采掘业	164					158	6
制造业	765912	414822	6402	12957	159051	131229	41451
电力煤气及水生产供应业	118840	117685				41	1114
建筑业	23765	11481				7685	4599
土木工程建筑业	22256	10004				7685	4567
线路管道和设备安装业	1444	1412					32
建筑物的装修装饰业	65	65					
地质勘探业、水利管理业	12769	12769					
地质勘探业	2219	2219					
水利管理业	10550	10550					
交通运输、仓储及邮电通信业	600755	574645				560	25550
交通运输业	432726	423241					9485
仓储业	16809	184				560	16065
邮电通信业	151220	151220					
批发和零售贸易、餐饮业	51269	24889	6256	274			19850
批发商业	25071	23597		274			1200

4-21 续表 单位：万元

项目	合计	#国有经济	#联营经济	#股份制经济	#外商投资经济	#港澳台投资经济	#集体经济
零售业	19258	1292					17966
餐饮业	6940		6256				684
金融、保险业	18212	18212					
金融业	18212	18212					
保险业							
房地产业	1445573	748949		196635		422504	69398
房地产开发与经营	1432174	737811		196626		422504	67146
房地产管理业	13362	11101		9			2252
房地产代理与经纪业	37	37					
社会服务业	231148	215876				3605	11667
公共服务业	226362	213186				3605	9571
居民服务业	2206	1364					842
旅馆业	1199						1199
租赁服务业							
旅行社							
娱乐服务业	1326	1326					
信息 咨询服务							
计算机应用服务业							
其他社会服务业	55						55
卫生体育和社会福利业	4231	3754			105		372
卫生	3926	3754					172
体育	105				105		
社会福利保障业	200						200
教育文化艺术及广播电影电视业	80408	74277					6131
教育	62082	55951					6131
#高等	29413	29413					
中等	17273	17195					78
初等	9307	9307					
文化艺术	18176	18176					
广播电影电视业	150	150					
科学研究和综合技术服务业	5268	5268					
科学研究业	4414	4414					
综合技术服务业	854	854					
国家机关政党机关社会团体	127610	109542					18068
国家机关	97575	96588					987
政党机关	11325	11325					
社会团体	1629	1629					
基层群众自治组织	17081						17081
其他行业	165693	7368			82		5080

4—22 市属新增固定资产

（1997 年、按经济类型分）　　单位：万元

项　　目	合　计	#国有经济	#联营经济	#股份制经济	#外商投资经济	#港澳台投资经济	#集体经济
总　　计	3661236	1607263	14406	374531	224835	712630	414046
按地区分							
市　区	2603873	1334073	12871	203031	159238	542512	180921
县级市	1057363	273190	1535	171500	65597	170118	233125
番禺市	592550	88295		167315	15144	105860	143406
花都市	190387	122534		3079	11282	6781	29222
增城市	186804	33544	1535		27995	56006	36454
从化市	87622	28817		1106	11176	1471	24043
按隶属关系分							
市项目	2862907	1366351	12871	363899	200793	566184	181582
县级市项目	798329	240912	1535	10632	24042	146446	232464
其他项目							
按建设性质分							
新建	1010632	568575	6256	960	146424	148457	139960
扩建	695106	319802	6615	168564	68377	21609	110139
改建	1436103	557422	1535	201191		525571	141851
单纯建造生活设施	346904	58725		1120			8242
迁建	27402	15277			8467		3658
恢复	5473	4506					967
单纯购置	139616	82956		2696	1567	16993	9229
按行业分							
农林牧渔业	40693	3319	213			571	10415
农业	33283	1046					6062
林业	653	560					93
畜牧业	2782	262				571	1949
渔业	1638	400					1238
农林牧渔服务业	2337	1051	213				1073
工业	1188043	499721	6402	174175	222881	189615	95249
采掘业	534					158	376
制造业	888980	364426	6402	16107	221181	189416	91448
电力煤气及水生产供应业	298529	135295		158068	1700	41	3425
建筑业	58104	35978				7685	14441
土木工程建筑业	55629	35373				7685	12571
线路管道和设备安装业	2410	540					1870
建筑物的装修装饰业	65	65					
地质勘探业、水利管理业	25921	21455					4466
地质勘探业	15	15					
水利管理业	25906	21440					4466
交通运输、仓储及邮电通信业	81490	52019		45		560	28866
交通运输业	51356	39874					11482
仓储业	17205	184				560	16461
邮电通信业	12929	11961		45			923

4—22 **续表**

单位：万元

项　　目	合　计	#国　有 经　济	#联营 经济	#股份制 经　济	#外　商 投　资 经　济	#港澳台 投　资 经　济	#集　体 经　济
批发和零售贸易、餐饮业	57958	23097	6256	274	67		28264
批发商业	25206	21044		274			3888
零售业	25064	1723					23341
餐饮业	7688	330	6256		67		1035
金融、保险业	21158	18201		459			2498
金融业	21158	18201		459			2498
保险业							
房地产业	1315653	465764	1535	197210		510594	132017
房地产开发与经营	1298488	451047	1535	197201		510594	129578
房地产管理业	16911	14600		9			2302
房地产代理与经纪业	254	117					137
社会服务业	262992	217431		2368	1691	3605	37897
公共服务业	234897	214741		2368		3605	14183
居民服务业	2911	1364					1547
旅馆业	1199						1199
租赁服务业	45						45
旅行社	18813						18813
娱乐服务业	3381	1326					2055
信息 咨询服务							
计算机应用服务业	1691				1691		
其他社会服务业	55						55
卫生体育和社会福利业	14657	13404			114		1139
卫生	14207	13404					803
体育	160				114		46
社会福利保障业	290						290
教育文化艺术及广播电影电视业	93447	72541					20906
教育	79129	58291					20838
#高等	6988	6988					
中等	32886	32808					78
初等	18495	18495					
文化艺术	13707	13660					47
广播电影电视业	611	590					21
科学研究和综合技术服务业	2077	2077					
科学研究业	1223	1223					
综合技术服务业	854	854					
国家机关政党机关社会团体	135267	110242					25025
国家机关	96951	95074					1877
政党机关	13455	13455					
社会团体	1713	1713					
基层群众自治组织	23148						23148
其他行业	363776	72014			82		12863

4—23 工业固定资产投资额和新增固定资产

（1997 年）　　　　单位：万元

项　　目	固定资产投　资	#基本建设	#更新改造	新　增固定资产	#基本建设	#更新改造
总　计	1346416	798789	423716	1268078	855184	300542
按地区分						
市　区	965850	555320	364691	884916	605272	236172
番禺市	95899	20105	28108	231381	158568	31404
花都市	23671	12126	8727	25288	11619	11249
增城市	86788	52614	15652	102216	68479	16402
从化市	174208	158624	6538	24277	11246	5315
按行业分						
采掘业	1140	548	210	534	158	
煤炭采选业	210		210			
石油和天然气开采业						
黑色金属矿采选业						
有色金属矿采选业						
非金属矿采选业	930	548		534	158	
其它矿采选业						
木材及竹材采选业						
制造业	1014533	531524	370768	956115	602326	245238
食品加工业	30733	24051	2725	8815	2600	2429
食品制造业	76942	54435	15921	75149	55558	13104
饮料制造业	73280	47537	25728	73935	47537	26398
烟草加工业	6981	4759	2222	4680	2850	1830
纺织业	4917	2802	1650	3315	2142	973
服装及其他纤维制品制造业	9472	2398	1774	8714	2398	1774
皮革、毛皮、羽绒及其制品业	21905	19577	39	21403	20088	39
木材加工及竹、藤、棕、草制品业	3240	420	763	2839	726	359

4—23 续表

单位:万元

项目	固定资产投资	#基本建设	#更新改造	新增固定资产	#基本建设	#更新改造
家具制造业	4160			4050		
造纸及纸制品业	90363	62059	25567	26221	3721	17485
印刷业、记录媒介的复制	22488	20009	2248	3508	1050	2248
文教体育用品制造业	13357	536	11786	1018		951
石油加工及炼焦业	109668	10943	98725	41694	25383	16311
化学原料及化学制品制造业	158909	139584	12703	321002	305736	9590
医药制造业	26065	301	25750	10993		10979
化学纤维制造业	139		139	74		74
橡胶制品业	22395	359	21699	24667	1542	22788
塑料制品业	1883	76	468	1666	76	258
非金属矿物制品业	14330	3516	9752	15280	3516	10702
黑色金属冶炼及压延加工业	54845	35026	19169	11899	3542	7707
有色金属冶炼及压延加工业	12020	1677	10343	33038	23715	9323
金属制品业	18603	7506	2130	17214	8013	1465
普通机械制造业	14036	11432	1892	12340	11162	998
专用设备制造业	11992	120	11819	11750	630	11067
交通运输设备制造业	76680	28970	31697	86659	28405	42757
电气机械及器材制造业	34298	3164	24603	35182	1603	23815
电子及通讯设备制造业	56261	48706	5589	56594	49869	5513
仪器仪表及文化、办公用机械制造业	4710	1461	2781	3695		3227
其它制造业	39861	100	1086	38721	464	1074
电力、煤气及水的生产和供应业	330743	266717	52738	311429	252700	55304
电力、蒸气、热水的生产和供应业	268743	246276	20123	261505	237068	22700
煤气生产和供应业	12130	10941	936	16094	14743	1151
自来水的生产和供应业	49870	9500	31679	33830	889	31453

4—24 市区工业固定资产投资额和新增固定资产

（1997 年）　　单位：万元

项　　目	固定资产投　　资	#基　本建　设	#更　新改　造	新　增固定资产	#基　本建　设	#更　新改　造
合　　计	965850	555320	364691	884916	605272	236172
采掘业	764	548	210	164	158	
煤炭采选业	210		210			
石油和天然气开采业						
黑色金属矿采选业						
有色金属矿采选业						
非金属矿采选业	554	548		164	158	
其它矿采选业						
木材及竹材采选业						
制造业	825995	457285	324166	765912	527902	195658
食品加工业	22168	21451	296	250		
食品制造业	51721	44852	5958	45127	41397	2918
饮料制造业	72487	47537	24950	73197	47537	25660
烟草加工业	6981	4759	2222	4680	2850	1830
纺织业	4678	2632	1650	3041	1937	973
服装及其他纤维制品制造业	2074	126	5	1648	126	5
皮革、毛皮、羽绒及其制品业	21286	19577		21015	20088	
木材加工及竹、藤、棕、草制品业	2632	420	763	2534	726	359
家具制造业	460			350		
造纸及纸制品业	88943	61114	25567	25746	3721	17485
印刷业、记录媒介的复制	22267	20009	2248	3308	1050	2248
文教体育用品制造业	13315	536	11786	976		951
石油加工及炼焦业	109668	10943	98725	41694	25383	16311
化学原料及化学制品制造业	118407	104990	12449	303445	293240	9253
医药制造业	24784	301	24483	8179		8179
化学纤维制造业	139		139	74		74
橡胶制品业	2800	130	2383	3059	1542	1230
塑料制品业	511	76	435	301	76	225
非金属矿物制品业	9920		9718	10870		10668
黑色金属冶炼及压延加工业	49807	30338	19169	8299	292	7707
有色金属冶炼及压延加工业	8172	1299	6873	8266	1410	6856
金属制品业	7185	153	2130	6186	660	1465
普通机械制造业	13389	11139	1706	11695	10869	812
专用设备制造业	11331	120	11159	11269	630	10587
交通运输设备制造业	59961	22003	29242	72322	22932	40746
电气机械及器材制造业	28437	2513	21740	25466	1103	20376
电子及通讯设备制造业	55072	48706	5589	56159	49869	5513
仪器仪表及文化、办公用机械制造业	4242	1461	2781	3227		3227
其它制造业	13158	100		13529	464	
电力、煤气及水的生产和供应业	139091	97487	40315	118840	77212	40514
电力、蒸气、热水的生产和供应业	89657	80868	7700	70973	62149	7910
煤气生产和供应业	12077	10941	936	16094	14743	1151
自来水的生产和供应业	37357	5678	31679	31773	320	31453

4—25 市属工业固定资产投资额和新增固定资产

（1997 年）　　　　单位：万元

项　　目	固定资产投资	#基本建设	#更新改造	新增固定资产	#基本建设	#更新改造
总　　计	1054363	617535	312917	1188043	810635	265056
按地区分						
市　区	802758	503027	253892	804881	560723	200686
番禺市	95899	20105	28108	231381	158568	31404
花都市	23671	12126	8727	25288	11619	11249
增城市	86788	52614	15652	102216	68479	16402
从化市	45247	29663	6538	24277	11246	5315
按行业分						
采掘业	890	298	210	534	158	
煤炭采选业	210		210			
石油和天然气开采业						
黑色金属矿采选业						
有色金属矿采选业						
非金属矿采选业	680	298		534	158	
其它矿采选业						
木材及竹材采选业						
制造业	886789	510138	264410	888980	566026	214403
食品加工业	30733	24051	2725	8815	2600	2429
食品制造业	76942	54435	15921	75149	55558	13104
饮料制造业	73280	47537	25728	73935	47537	26398
烟草加工业						
纺织业	4917	2802	1650	3315	2142	973
服装及其他纤维制品制造业	9472	2398	1774	8714	2398	1774
皮革、毛皮、羽绒及其制品业	21905	19577	39	21403	20088	39
木材加工及竹、藤、棕、草制品业	2057			1754		

4—25 续表 单位:万元

项目	固定资产投资	#基本建设	#更新改造	新增固定资产	#基本建设	#更新改造
家具制造业	4160			4050		
造纸及纸制品业	90363	62059	25567	26221	3721	17485
印刷业、记录媒介的复制	22488	20009	2248	3508	1050	2248
文教体育用品制造业	13357	536	11786	1018		951
石油加工及炼焦业	4893	4893		4893	4893	
化学原料及化学制品制造业	158909	139584	12703	321002	305736	9590
医药制造业	26065	301	25750	10993		10979
化学纤维制造业	139		139	74		74
橡胶制品业	22395	359	21699	24667	1542	22788
塑料制品业	1883	76	468	1666	76	258
非金属矿物制品业	14330	3516	9752	15280	3516	10702
黑色金属冶炼及压延加工业	54845	35026	19169	11899	3542	7707
有色金属冶炼及压延加工业	11626	1283	10343	33038	23715	9323
金属制品业	18603	7506	2130	17214	8013	1465
普通机械制造业	14036	11432	1892	12340	11162	998
专用设备制造业	11662		11609	11120		11067
交通运输设备制造业	63918	20089	27816	63701	17225	30979
电气机械及器材制造业	34298	3164	24603	35182	1603	23815
电子及通讯设备制造业	54942	47944	5032	55613	49445	4956
仪器仪表及文化、办公用机械制造业	4710	1461	2781	3695		3227
其它制造业	39861	100	1086	38721	464	1074
电力、煤气及水的生产和供应业	166684	107099	48297	298529	244451	50653
电力、蒸气、热水的生产和供应业	104684	86658	15682	248605	228819	18049
煤气生产和供应业	12130	10941	936	16094	14743	1151
自来水的生产和供应业	49870	9500	31679	33830	889	31453

4-26 工业固定资产投资额

（1997 年、按经济类型分） 单位：万元

项　　目	合　计	国　有 经　济	联营 经济	股份制 经　济	外　商 投　资 经　济	港澳台 投　资 经　济	集　体 经　济
总　　计	**1346416**	**584678**	**6572**	**71430**	**303089**	**272218**	**108429**
按地区分							
市　区	965850	408926	6444	50313	222853	232376	44938
番禺市	95899	14899	128	20744	14276	12747	33105
花都市	23671	12238			8615		2818
增城市	86788	13630			27904	26732	18522
从化市	174208	134985		373	29441	363	9046
按行业分							
采掘业	1140	600				158	382
煤炭采选业	210	210					
石油和天然气开采业							
黑色金属矿采选业							
有色金属矿采选业							
非金属矿采选业	930	390				158	382
其它矿采选业							
木材及竹材采选业							
制造业	1014533	315871	6572	24903	301089	269339	96759
食品加工业	30733	7126			22743	387	477
食品制造业	76942	3875			52725	17886	2456
饮料制造业	73280	24225			17624	31416	15
烟草加工业	6981	6981					
纺织业	4917	1728			250	2485	454
服装及其他纤维制品制造业	9472	131			1153	2888	5300
皮革、毛皮、羽绒及其制品业	21905				24	19592	2289
木材加工及竹藤棕草制品业	3240	1183				598	1459

4—26 续表

单位：万元

项目	合计	国有经济	联营经济	股份制经济	外商投资经济	港澳台投资经济	集体经济
家具制造业	4160						4160
造纸及纸制品业	90363	905			4616	82995	1847
印刷业、记录媒介的复制	22488	2248			19957	52	231
文教体育用品制造业	13357	12322					1035
石油加工及炼焦业	109668	104775			4893		
化学原料及化学制品制造业	158909	72068	6444	860	66425	11691	1421
医药制造业	26065	8885		2432	14734		14
化学纤维制造业	139	139					
橡胶制品业	22395	2820			8615	10623	337
塑料制品业	1883	210		190	76	68	1339
非金属矿物制品业	14330	4930		2015	6323		1062
黑色金属冶炼及压延加工业	54845			19169		35026	650
有色金属冶炼及压延加工业	12020	8172			3470	378	
金属制品业	18603	1767			363	7506	8967
普通机械制造业	14036	3616			9231	477	712
专用设备制造业	11992	11939					53
交通运输设备制造业	76680	17717			39205	3745	16013
电气机械及器材制造业	34298	7081	128	86	7455	13181	6367
电子及通讯设备制造业	56261	7679		151	21207	26266	958
仪器仪表及文化办公用机械制造业	4710	2781				1461	468
其它制造业	39861	568				618	38675
电力、煤气及水的生产和供应业	330743	268207		46527	2000	2721	11288
电力、蒸气、热水的生产和供应业	268743	217872		46527	2000		2344
煤气生产和供应业	12130	11798				79	253
自来水的生产和供应业	49870	38537				2642	8691

4－27 市区工业固定资产投资额

（1997 年、按经济类型分）　　单位：万元

项　　目	合　计	国　有 经　济	联营 经济	股份制 经　济	外　商 投　资 经　济	港澳台 投　资 经　济	集　体 经　济
合　　计	**965850**	**408926**	**6444**	**50313**	**222853**	**232376**	**44938**
采掘业	764	600				158	6
煤炭采选业	210	210					
石油和天然气开采业							
黑色金属矿采选业							
有色金属矿采选业							
非金属矿采选业	554	390				158	6
其它矿采选业							
木材及竹材采选业							
制造业	825995	297653	6444	23263	222853	232139	43643
食品加工业	22168	2484			19263		421
食品制造业	51721	2822			30218	17770	911
饮料制造业	72487	23447			17624	31416	
烟草加工业	6981	6981					
纺织业	4678	1728			250	2315	385
服装及其他纤维制品制造业	2074	131					1943
皮革、毛皮、羽绒及其制品业	21286					19577	1709
木材加工及竹藤棕草制品业	2632	1183					1449
家具制造业	460						460
造纸及纸制品业	88943	905			3671	82995	1372
印刷业、记录媒介的复制	22267	2248			19957	52	10
文教体育用品制造业	13315	12322					993
石油加工及炼焦业	109668	104775			4893		
化学原料及化学制品制造业	118407	71985	6444	510	32996	5504	968
医药制造业	24784	8885		1165	14734		
化学纤维制造业	139	139					
橡胶制品业	2800	2513					287
塑料制品业	511	210		190	76	35	
非金属矿物制品业	9920	1380		2015	6323		202
黑色金属冶炼及压延加工业	49807			19169		30338	300
有色金属冶炼及压延加工业	8172	8172					
金属制品业	7185	1767			363	153	4902
普通机械制造业	13389	3323			9231	291	544
专用设备制造业	11331	11279					52
交通运输设备制造业	59961	14217			34993	2035	8716
电气机械及器材制造业	28437	4197		63	7214	12779	4184
电子及通讯设备制造业	55072	7679		151	21047	25418	777
仪器仪表及文化、办公用机械制造业	4242	2781				1461	
其它制造业	13158	100					13058
电力、煤气及水的生产和供应业	139091	110673		27050		79	1289
电力、蒸气、热水的生产和供应业	89657	61518		27050			1089
煤气生产和供应业	12077	11798				79	200
自来水的生产和供应业	37357	37357					

4-28 市属工业固定资产投资额

（1997 年、按经济类型分）　　　　单位：万元

项　　目	合　计	国　有 经　济	联营 经济	股份制 经　济	外　商 投　资 经　济	港澳台 投　资 经　济	集　体 经　济
总　　计	1054363	292625	6572	71430	303089	272218	108429
按地区分							
市　区	802758	245834	6444	50313	222853	232376	44938
番禺市	95899	14899	128	20744	14276	12747	33105
花都市	23671	12238			8615		2818
增城市	86788	13630			27904	26732	18522
从化市	45247	6024		373	29441	363	9046
按行业分							
采掘业	890	350				158	382
煤炭采选业	210	210					
石油和天然气开采业							
黑色金属矿采选业							
有色金属矿采选业							
非金属矿采选业	680	140				158	382
其它矿采选业							
木材及竹材采选业							
制造业	886789	188127	6572	24903	301089	269339	96759
食品加工业	30733	7126			22743	387	477
食品制造业	76942	3875			52725	17886	2456
饮料制造业	73280	24225			17624	31416	15
烟草加工业							
纺织业	4917	1728			250	2485	454
服装及其他纤维制品制造业	9472	131			1153	2888	5300
皮革、毛皮、羽绒及其制品业	21905				24	19592	2289
木材加工及竹藤棕草制品业	2057					598	1459

4—28 续表

单位:万元

项目	合计	国有经济	联营经济	股份制经济	外商投资经济	港澳台投资经济	集体经济
家具制造业	4160						4160
造纸及纸制品业	90363	905			4616	82995	1847
印刷业、记录媒介的复制	22488	2248			19957	52	231
文教体育用品制造业	13357	12322					1035
石油加工及炼焦业	4893				4893		
化学原料及化学制品制造业	158909	72068	6444	860	66425	11691	1421
医药制造业	26065	8885		2432	14734		14
化学纤维制造业	139	139					
橡胶制品业	22395	2820			8615	10623	337
塑料制品业	1883	210		190	76	68	1339
非金属矿物制品业	14330	4930		2015	6323		1062
黑色金属冶炼及压延加工业	54845			19169		35026	650
有色金属冶炼及压延加工业	11626	7778			3470	378	
金属制品业	18603	1767			363	7506	8967
普通机械制造业	14036	3616			9231	477	712
专用设备制造业	11662	11609					53
交通运输设备制造业	63918	4955			39205	3745	16013
电气机械及器材制造业	34298	7081	128	86	7455	13181	6367
电子及通讯设备制造业	54942	6360		151	21207	26266	958
仪器仪表及文化、办公用机械制造业	4710	2781				1461	468
其它制造业	39861	568				618	38675
电力、煤气及水的生产和供应业	166684	104148		46527	2000	2721	11288
电力、蒸气、热水的生产和供应业	104684	53813		46527	2000		2344
煤气生产和供应业	12130	11798				79	253
自来水的生产和供应业	49870	38537				2642	8691

4-29 工业新增固定资产

（1997 年、按经济类型分）　　单位：万元

项目	合计	国有经济	联营经济	股份制经济	外商投资经济	港澳台投资经济	集体经济
总　　计	1268078	579756	6402	174175	222881	189615	95249
按地区分							
市　区	884916	532507	6402	12957	159051	131428	42571
番禺市	231381	16942		160868	13444	14920	25207
花都市	25288	11653			11215		2420
增城市	102216	13982			27995	42904	17335
从化市	24277	4672		350	11176	363	7716
按行业分							
采掘业	534					158	376
煤炭采选业							
石油和天然气开采业							
黑色金属矿采选业							
有色金属矿采选业							
非金属矿采选业	534					158	376
其它矿采选业							
木材及竹材采选业							
制造业	956115	431561	6402	16107	221181	189416	91448
食品加工业	8815	4642			3480	387	306
食品制造业	75149	2949			49686	20157	2357
饮料制造业	73935	24895			17624	31416	
烟草加工业	4680	4680					
纺织业	3315	750				2376	189
服装及其他纤维制品制造业	8714	131			1153	2888	4542
皮革、毛皮、羽绒及其制品业	21403				24	20103	1276
木材加工及竹藤棕草制品业	2839	1085				295	1459

4—29 续表

单位：万元

项　目	合　计	国　有 经　济	联营 经济	股份制 经　济	外　商 投　资 经　济	港澳台 投　资 经　济	集　体 经　济
家具制造业	4050						4050
造纸及纸制品业	26221	378			3721	17997	4125
印刷业、记录媒介的复制	3508	2248			1050		210
文教体育用品制造业	1018	951					67
石油加工及炼焦业	41694	36801			4893		
化学原料及化学制品制造业	321002	273740	6402	954	32304	6295	1307
医药制造业	10993	3659		6105	1215		14
化学纤维制造业	74	74					
橡胶制品业	24667	2772			11215	10343	337
塑料制品业	1666			190	76	68	1332
非金属矿物制品业	15280	4372		1000	8846		1062
黑色金属冶炼及压延加工业	11899			7707		3542	650
有色金属冶炼及压延加工业	33038	8266			2467	22305	
金属制品业	17214	1465				8013	7736
普通机械制造业	12340	1105			10668	387	180
专用设备制造业	11750	11697					53
交通运输设备制造业	86659	25204			45910	48	15497
电气机械及器材制造业	35182	7310			6116	15586	6170
电子及通讯设备制造业	56594	8240		151	20733	26592	878
仪器仪表及文化、办公用机械制造业	3695	3227					468
其它制造业	38721	920				618	37183
电力、煤气及水的生产和供应业	311429	148195		158068	1700	41	3425
电力、蒸气、热水的生产和供应业	261505	100000		158068	1700		1737
煤气生产和供应业	16094	15853				41	200
自来水的生产和供应业	33830	32342					1488

4－30 市区工业新增固定资产

（1997 年、按经济类型分）　　单位：万元

项目	合计	国有经济	联营经济	股份制经济	外商投资经济	港澳台投资经济	集体经济
合计	884916	532507	6402	12957	159051	131428	42571
采掘业	164					158	6
煤炭采选业							
石油和天然气开采业							
黑色金属矿采选业							
有色金属矿采选业							
非金属矿采选业	164					158	6
其它矿采选业							
木材及竹材采选业							
制造业	765912	414822	6402	12957	159051	131229	41451
食品加工业	250						250
食品制造业	45127	2291			21983	20041	812
饮料制造业	73197	24157			17624	31416	
烟草加工业	4680	4680					
纺织业	3041	750				2171	120
服装及其他纤维制品制造业	1648	131					1517
皮革、毛皮、羽绒及其制品业	21015					20088	927
木材加工及竹藤棕草制品业	2534	1085					1449
家具制造业	350						350
造纸及纸制品业	25746	378			3721	17997	3650
印刷业、记录媒介的复制	3308	2248			1050		10
文教体育用品制造业	976	951					25
石油加工及炼焦业	41694	36801			4893		
化学原料及化学制品制造业	303445	273444	6402	604	21935	108	952
医药制造业	8179	3659		3305	1215		
化学纤维制造业	74	74					
橡胶制品业	3059	2772					287
塑料制品业	301			190	76	35	
非金属矿物制品业	10870	822		1000	8846		202
黑色金属冶炼及压延加工业	8299			7707		292	300
有色金属冶炼及压延加工业	8266	8266					
金属制品业	6186	1465				660	4061
普通机械制造业	11695	812			10668	201	14
专用设备制造业	11269	11217					52
交通运输设备制造业	72322	23038			40592	48	8644
电气机械及器材制造业	25466	3850			5875	11754	3987
电子及通讯设备制造业	56159	8240		151	20573	26418	777
仪器仪表及文化、办公用机械制造业	3227	3227					
其它制造业	13529	464					13065
电力、煤气及水的生产和供应业	118840	117685				41	1114
电力、蒸气、热水的生产和供应业	70973	70059					914
煤气生产和供应业	16094	15853				41	200
自来水的生产和供应业	31773	31773					

4－31 市属工业新增固定资产

（1997年、按经济类型分） 单位：万元

项目	合计	国有经济	联营经济	股份制经济	外商投资经济	港澳台投资经济	集体经济
总计	**1188043**	**499721**	**6402**	**174175**	**222881**	**189615**	**95249**
按地区分							
市区	804881	452472	6402	12957	159051	131428	42571
番禺市	231381	16942		160868	13444	14920	25207
花都市	25288	11653			11215		2420
增城市	102216	13982			27995	42904	17335
从化市	24277	4672		350	11176	363	7716
按行业分							
采掘业	534					158	376
煤炭采选业							
石油和天然气开采业							
黑色金属矿采选业							
有色金属矿采选业							
非金属矿采选业	534					158	376
其它矿采选业							
木材及竹材采选业							
制造业	888980	364426	6402	16107	221181	189416	91448
食品加工业	8815	4642			3480	387	306
食品制造业	75149	2949			49686	20157	2357
饮料制造业	73935	24895			17624	31416	
烟草加工业							
纺织业	3315	750				2376	189
服装及其他纤维制品制造业	8714	131			1153	2888	4542
皮革、毛皮、羽绒及其制品业	21403				24	20103	1276
木材加工及竹藤棕草制品业	1754					295	1459

4—31 续表

单位：万元

项　　目	合　计	国　有 经　济	联营 经济	股份制 经　济	外　商 投　资 经　济	港澳台 投　资 经　济	集　体 经　济
家具制造业	4050						4050
造纸及纸制品业	26221	378			3721	17997	4125
印刷业、记录媒介的复制	3508	2248			1050		210
文教体育用品制造业	1018	951					67
石油加工及炼焦业	4893				4893		
化学原料及化学制品制造业	321002	273740	6402	954	32304	6295	1307
医药制造业	10993	3659		6105	1215		14
化学纤维制造业	74	74					
橡胶制品业	24667	2772			11215	10343	337
塑料制品业	1666			190	76	68	1332
非金属矿物制品业	15280	4372		1000	8846		1062
黑色金属冶炼及压延加工业	11899			7707		3542	650
有色金属冶炼及压延加工业	33038	8266			2467	22305	
金属制品业	17214	1465				8013	7736
普通机械制造业	12340	1105			10668	387	180
专用设备制造业	11120	11067					53
交通运输设备制造业	63701	2246			45910	48	15497
电气机械及器材制造业	35182	7310			6116	15586	6170
电子及通讯设备制造业	55613	7259		151	20733	26592	878
仪器仪表及文化、办公用机械制造业	3695	3227					468
其它制造业	38721	920				618	37183
电力、煤气及水的生产和供应业	298529	135295		158068	1700	41	3425
电力、蒸气、热水的生产和供应业	248605	87100		158068	1700		1737
煤气生产和供应业	16094	15853				41	200
自来水的生产和供应业	33830	32342					1488

4—32 国有经济固定资产投资额

（1997 年、按地区分）　　单位：万元

项　　目	全　市	市　区	番禺市	花都市	增城市	从化市
总　　计	3543369	3121671	97944	111263	52366	160125
按隶属关系分						
中央项目	842763	829694			10669	2400
省项目	497257	368116			180	128961
市项目	1963595	1923861	13377	660	19926	5771
县级市项目	239754		84567	110603	21591	22993
其他项目						
按工程用途分						
农林牧渔业	4368	1342	292		30	2704
工业、建筑业	632473	388058	25326	75747	9523	133819
商业、运输、邮电业	847237	800707	16493	8682	14986	6369
住宅	809466	757608	24221	13797	7161	6679
其他	1249825	1173956	31612	13037	20666	10554
按建设性质分						
新建	1000679	920774	15861	28514	24277	11253
扩建	854805	644606	53521	7543	14409	134726
改建	1140152	1079977	27520	10790	11005	10860
单纯建造生活设施	126197	122176	77	3653	291	
迁建	18918	14946	422	70	2384	1096
恢复	4506	2316				2190
单纯购置	398112	336876	543	60693		
按构成分						
建筑工程	1635621	1467291	59491	34202	28648	45989
安装工程	244546	220573	11674	2131	7957	2211
设备工具器具购置	976958	780794	10569	69452	10182	105961
其他	686244	653013	16210	5478	5579	5964
按行业分						
农林牧渔业	3360	2401	293		316	350
农业	609		293		316	
林业	240	190				50

4—32 续表1　　　　　　　　　　　　　　　　　单位:万元

项目	全市	市区	番禺市	花都市	增城市	从化市
畜牧业	90	90				
渔业	1473	1173				300
农林牧渔服务业	948	948				
工业	584678	408926	14899	12238	13630	134985
采掘业	600	600				
制造业	315871	297653	4106	3857	7517	2738
电力煤气及水生产供应业	268207	110673	10793	8381	6113	132247
建筑业	30189	15493	190	11280		3226
土木工程建筑业	28508	13812	190	11280		3226
线路管道和设备安装业	1616	1616				
建筑物的装修装饰业	65	65				
地质勘探业、水利管理业	17508	13338			409	3761
地质勘探业	784	784				
水利管理业	16724	12554			409	3761
交通运输、仓储及邮电通信业	650111	606742	24373	6200	11651	1145
交通运输业	453641	437764	14645	250	982	
仓储业	2634	2634				
邮电通信业	193836	166344	9728	5950	10669	1145
批发和零售贸易、餐饮业	34433	30244	2158	785	330	916
批发商业	27545	24822	1807			916
零售业	5853	5422	351	80		
餐饮业	1035			705	330	
金融、保险业	36912	35554		103		1255
金融业	36912	35554		103		1255
保险业						
房地产业	846433	802609	17598	10162	10165	5899
房地产开发与经营	834602	791551	17598	10162	9472	5819
房地产管理业	11714	11021			693	
房地产代理与经纪业	117	37				80

4—32 续表2

单位：万元

项目	全市	市区	番禺市	花都市	增城市	从化市
社会服务业	815835	809295		1045	4985	510
公共服务业	796217	789677		1045	4985	510
居民服务业	756	756				
旅馆业	16954	16954				
租赁服务业						
旅行社						
娱乐服务业	126	126				
信息 咨询服务						
计算机应用服务业						
其他社会服务业	1782	1782				
卫生体育和社会福利业	32670	26504	2181	2617	100	1268
卫生	26760	20694	2181	2617		1268
体育						
社会福利保障业	5910	5810			100	
教育文化艺术及广播电影电视业	156859	111720	30258	2881	9165	2835
教育	111056	69966	27209	2881	8965	2035
#高等	40444	40444				
中等	38745	18151	15123	1618	2518	1335
初等	25227	11033	12086	1263	145	700
文化艺术	43863	41604	1459			800
广播电影电视业	1940	150	1590		200	
科学研究和综合技术服务业	15664	15188	476			
科学研究业	12322	11846	476			
综合技术服务业	3342	3342				
国家机关政党机关社会团体	235211	223482	5382	890	1482	3975
国家机关	214327	207883	2052	550	1467	2375
政党机关	18105	14760	3330		15	
社会团体	2779	839		340		1600
基层群众自治组织						
其他行业	83506	20175	136	63062	133	

4－33 市属国有经济固定资产投资额

（1997年、按地区分）

单位：万元

项目	全市	市区	番禺市	花都市	增城市	从化市
总计	2203349	1923861	97944	111263	41517	28764
按隶属关系分						
市项目	1963595	1923861	13377	660	19926	5771
县级市项目	239754		84567	110603	21591	22993
其他项目						
按工程用途分						
农林牧渔业	4140	1114	292		30	2704
工业、建筑业	351520	236066	25326	75747	9523	4858
商业、运输、邮电业	226646	191891	16493	8682	4317	5263
住宅	511183	459561	24221	13797	7161	6443
其他	1109860	1035229	31612	13037	20486	9496
按建设性质分						
新建	983191	904541	15861	28514	24277	9998
扩建	353891	284647	53521	7543	3560	4620
改建	648111	587936	27520	10790	11005	10860
单纯建造生活设施	110926	106905	77	3653	291	
迁建	18296	14324	422	70	2384	1096
恢复	4506	2316				2190
单纯购置	84428	23192	543	60693		
按构成分						
建筑工程	1139245	998714	59491	34202	24243	22595
安装工程	139449	118013	11674	2131	6548	1083
设备工具器具购置	385187	297811	10569	69452	5147	2208
其他	539468	509323	16210	5478	5579	2878
按行业分						
农林牧渔业	2942	1983	293		316	350
农业	609		293		316	
林业	50					50
畜牧业	90	90				

4—33 续表1

单位：万元

项目	全市	市区	番禺市	花都市	增城市	从化市
渔业	1473	1173				300
农林牧渔服务业	720	720				
工业	292625	245834	14899	12238	13630	6024
采掘业	350	350				
制造业	188127	169909	4106	3857	7517	2738
电力煤气及水生产供应业	104148	75575	10793	8381	6113	3286
建筑业	24272	9576	190	11280		3226
土木工程建筑业	23482	8786	190	11280		3226
线路管道和设备安装业	725	725				
建筑物的装修装饰业	65	65				
地质勘探业、水利管理业	16204	12034			409	3761
地质勘探业	15	15				
水利管理业	16189	12019			409	3761
交通运输、仓储及邮电通信业	77636	46081	24373	6200	982	
交通运输业	59324	43447	14645	250	982	
仓储业	2634	2634				
邮电通信业	15678		9728	5950		
批发和零售贸易、餐饮业	31026	26837	2158	785	330	916
批发商业	24138	21415	1807			916
零售业	5853	5422	351	80		
餐饮业	1035			705	330	
金融、保险业	34053	33950		103		
金融业	34053	33950		103		
保险业						
房地产业	515407	471583	17598	10162	10165	5899
房地产开发与经营	503576	460525	17598	10162	9472	5819
房地产管理业	11714	11021			693	
房地产代理与经纪业	117	37				80
社会服务业	815835	809295		1045	4985	510

4—33 续表2

单位:万元

项目	全市	市区	番禺市	花都市	增城市	从化市
公共服务业	796217	789677		1045	4985	510
居民服务业	756	756				
旅馆业	16954	16954				
租赁服务业						
旅行社						
娱乐服务业	126	126				
信息 咨询服务						
计算机应用服务业						
其他社会服务业	1782	1782				
卫生体育和社会福利业	15677	9511	2181	2617	100	1268
卫生	9767	3701	2181	2617		1268
体育						
社会福利保障业	5910	5810			100	
教育文化艺术及广播电影电视业	91998	46859	30258	2881	9165	2835
教育	71565	30475	27209	2881	8965	2035
#高等	3375	3375				
中等	36359	15765	15123	1618	2518	1335
初等	25227	11033	12086	1263	145	700
文化艺术	18643	16384	1459			800
广播电影电视业	1790		1590		200	
科学研究和综合技术服务业	3586	3110	476			
科学研究业	2704	2228	476			
综合技术服务业	882	882				
国家机关政党机关社会团体	202814	191265	5382	890	1302	3975
国家机关	186706	180442	2052	550	1287	2375
政党机关	13885	10540	3330		15	
社会团体	2223	283		340		1600
基层群众自治组织						
其他行业	79274	15943	136	63062	133	

4—34 国有经济新增固定资产

（1997 年、按地区分）　　单位：万元

项　　目	全　市	市　区	番禺市	花都市	增城市	从化市
总　　计	2627050	2340900	88295	122534	45449	29872
按隶属关系分						
中央项目	788819	776039			11725	1055
省项目	230968	230788			180	
市项目	1366351	1334073	15055	332	11706	5185
县级市项目	240912		73240	122202	21838	23632
其他项目						
按建设性质分						
新建	569456	501644	12677	39372	9630	6133
扩建	628354	541179	46893	8393	18814	13075
改建	947566	887863	28171	10222	13712	7598
单纯建造生活设施	65543	61279	77	3854	333	
迁建	18062	14226			2960	876
恢复	4506	2316				2190
单纯购置	393563	332393	477	60693		
按行业分						
农林牧渔业	3369	1363	80		966	960
农业	1046		80		966	
林业	560					560
畜牧业	262	262				
渔业	400					400
农林牧渔服务业	1101	1101				
工业	579756	532507	16942	11653	13982	4672
采掘业						
制造业	431561	414822	3782	3550	6889	2518
电力煤气及水生产供应业	148195	117685	13160	8103	7093	2154
建筑业	39707	11481	190	25580		2456
土木工程建筑业	38230	10004	190	25580		2456
线路管道和设备安装业	1412	1412				
建筑物的装修装饰业	65	65				
地质勘探业、水利管理业	23709	12769			409	10531
地质勘探业	2219	2219				
水利管理业	21490	10550			409	10531
交通运输、仓储及邮电通信业	610831	574645	18998	4408	11725	1055
交通运输业	434686	423241	11397	48		
仓储业	184	184				
邮电通信业	175961	151220	7601	4360	11725	1055
批发和零售贸易、餐饮业	25720	24889	351	80	330	70
批发商业	23667	23597				70

4—34 续表　　单位：万元

项目	全市	市区	番禺市	花都市	增城市	从化市
零售业	1723	1292	351	80		
餐饮业	330				330	
金融、保险业	18496	18212		284		
金融业	18496	18212		284		
保险业						
房地产业	796451	748949	20710	10174	12506	4112
房地产开发与经营	781734	737811	20710	10174	9007	4032
房地产管理业	14600	11101			3499	
房地产代理与经纪业	117	37				80
社会服务业	217431	215876		1045		510
公共服务业	214741	213186		1045		510
居民服务业	1364	1364				
旅馆业						
租赁服务业						
旅行社						
娱乐服务业	1326	1326				
信息 咨询服务						
计算机应用服务业						
其他社会服务业						
卫生体育和社会福利业	13995	3754	5626	2937		1678
卫生	13995	3754	5626	2937		1678
体育						
社会福利保障业						
教育文化艺术及广播电影电视业	103841	74277	21880	2881	2790	2013
教育	83402	55951	19767	2881	2790	2013
#高等	29413	29413				
中等	35458	17195	12029	1618	2603	2013
初等	18495	9307	7738	1263	187	
文化艺术	19699	18176	1523			
广播电影电视业	740	150	590			
科学研究和综合技术服务业	5268	5268				
科学研究业	4414	4414				
综合技术服务业	854	854				
国家机关政党机关社会团体	115827	109542	3382		1088	1815
国家机关	97943	96588	52		1088	215
政党机关	14655	11325	3330			
社会团体	3229	1629				1600
基层群众自治组织						
其他行业	72649	7368	136	63492	1653	

4—35 市属国有经济新增固定资产

（1997年、按地区分）　　单位：万元

项目	全市	市区	番禺市	花都市	增城市	从化市
总计	1607263	1334073	88295	122534	33544	28817
按隶属关系分						
市项目	1366351	1334073	15055	332	11706	5185
县级市项目	240912		73240	122202	21838	23632
其他项目						
按建设性质分						
新建	568575	500763	12677	39372	9630	6133
扩建	319802	245587	46893	8393	6909	12020
改建	557422	497719	28171	10222	13712	7598
单纯建造生活设施	58725	54461	77	3854	333	
迁建	15277	11441			2960	876
恢复	4506	2316				2190
单纯购置	82956	21786	477	60693		
按行业分						
农林牧渔业	3319	1313	80		966	960
农业	1046		80		966	
林业	560					560
畜牧业	262	262				
渔业	400					400
农林牧渔服务业	1051	1051				
工业	499721	452472	16942	11653	13982	4672
采掘业						
制造业	364426	347687	3782	3550	6889	2518
电力煤气及水生产供应业	135295	104785	13160	8103	7093	2154
建筑业	35978	7752	190	25580		2456
土木工程建筑业	35373	7147	190	25580		2456
线路管道和设备安装业	540	540				
建筑物的装修装饰业	65	65				
地质勘探业、水利管理业	21455	10515			409	10531
地质勘探业	15	15				
水利管理业	21440	10500			409	10531
交通运输、仓储及邮电通信业	52019	28613	18998	4408		
交通运输业	39874	28429	11397	48		
仓储业	184	184				
邮电通信业	11961		7601	4360		
批发和零售贸易、餐饮业	23097	22266	351	80	330	70
批发商业	21044	20974				70
零售业	1723	1292	351	80		

4—35 **续表**

单位：万元

项目	全市	市区	番禺市	花都市	增城市	从化市
餐饮业	330				330	
金融、保险业	18201	17917		284		
金融业	18201	17917		284		
保险业						
房地产业	465764	418262	20710	10174	12506	4112
房地产开发与经营	451047	407124	20710	10174	9007	4032
房地产管理业	14600	11101			3499	
房地产代理与经纪业	117	37				80
社会服务业	217431	215876		1045		510
公共服务业	214741	213186		1045		510
居民服务业	1364	1364				
旅馆业						
租赁服务业						
旅行社						
娱乐服务业	1326	1326				
信息 咨询服务						
计算机应用服务业						
其他社会服务业						
卫生体育和社会福利业	13404	3163	5626	2937		1678
卫生	13404	3163	5626	2937		1678
体育						
社会福利保障业						
教育文化艺术及广播电影电视业	72541	42977	21880	2881	2790	2013
教育	58291	30840	19767	2881	2790	2013
#高等	6988	6988				
中等	32808	14545	12029	1618	2603	2013
初等	18495	9307	7738	1263	187	
文化艺术	13660	12137	1523			
广播电影电视业	590		590			
科学研究和综合技术服务业	2077	2077				
科学研究业	1223	1223				
综合技术服务业	854	854				
国家机关政党机关社会团体	110242	104137	3382		908	1815
国家机关	95074	93899	52		908	215
政党机关	13455	10125	3330			
社会团体	1713	113				1600
基层群众自治组织						
其他行业	72014	6733	136	63492	1653	

4—36 国有经济工业新增固定资产

（1997 年）

单位：万元

项目	全市	基本建设	更新改造	#市属	基本建设	更新改造
总计	**579756**	**415478**	**164278**	**499721**	**370929**	**128792**
按地区分						
市区	532507	390513	141994	452472	345964	106508
番禺市	16942	500	16442	16942	500	16442
花都市	11653	11619	34	11653	11619	34
增城市	13982	11022	2960	13982	11022	2960
从化市	4672	1824	2848	4672	1824	2848
按行业分						
采掘业						
煤炭采选业						
石油和天然气开采业						
黑色金属矿采选业						
有色金属矿采选业						
非金属矿采选业						
其它矿采选业						
木材及竹材采选业						
制造业	431561	322587	108974	364426	286287	78139
食品加工业	4642	2600	2042	4642	2600	2042
食品制造业	2949		2949	2949		2949
饮料制造业	24895		24895	24895		24895
烟草加工业	4680	2850	1830			
纺织业	750		750	750		750
服装及其他纤维制品制造业	131	126	5	131	126	5
皮革、毛皮、羽绒及其制品业						
木材加工及竹、藤、棕、草制品业	1085	726	359			
家具制造业						
造纸及纸制品业	378		378	378		378
印刷业、记录媒介的复制	2248		2248	2248		2248
文教体育用品制造业	951		951	951		951
石油加工及炼焦业	36801	20490	16311			
化学原料及化学制品制造业	273740	271367	2373	273740	271367	2373
医药制造业	3659		3659	3659		3659
化学纤维制造业	74		74	74		74
橡胶制品业	2772	1542	1230	2772	1542	1230
塑料制品业						
非金属矿物制品业	4372	3516	856	4372	3516	856
黑色金属冶炼及压延加工业						
有色金属冶炼及压延加工业	8266	1410	6856	8266	1410	6856
金属制品业	1465		1465	1465		1465
普通机械制造业	1105	293	812	1105	293	812
专用设备制造业	11697	630	11067	11067		11067
交通运输设备制造业	25204	13346	11858	2246	2166	80
电气机械及器材制造业	7310	500	6810	7310	500	6810
电子及通讯设备制造业	8240	2727	5513	7259	2303	4956
仪器仪表及文化、办公用机械制造业	3227		3227	3227		3227
其它制造业	920	464	456	920	464	456
电力、煤气及水的生产和供应业	148195	92891	55304	135295	84642	50653
电力、蒸气、热水的生产和供应业	100000	77300	22700	87100	69051	18049
煤气生产和供应业	15853	14702	1151	15853	14702	1151
自来水的生产和供应业	32342	889	31453	32342	889	31453

4—37 城镇集体经济固定资产投资额

（1997 年、按地区分）　　单位：万元

项　　目	全　市	市　区	番禺市	花都市	增城市	从化市
总　　计	235013	110824	92264	20674	8329	2922
按隶属关系分						
中央项目	1000	1000				
省项目	18433	18433				
市项目	92043	91391			442	210
县级市项目	123537		92264	20674	7887	2712
其他项目						
按工程用途分						
农林牧渔业						
工业、建筑业	15544	6308	9183			53
商业、运输、邮电业	37731	19458	8726	5631	3437	479
住宅	144468	61651	62770	14346	3985	1716
其他	37270	23407	11585	697	907	674
按建设性质分						
新建	15039	1894	12473	414		258
扩建	18396	8157	9457	340	442	
改建	193154	93159	69524	19920	7887	2664
单纯建造生活设施	1206	1206				
迁建	2487	2487				
恢复						
单纯购置	4731	3921	810			
按构成分						
建筑工程	153729	71836	57631	16167	6141	1954
安装工程	12452	3790	6499	2123	20	20
设备工具器具购置	14337	8262	4048	801	1226	
其他	54495	26936	24086	1583	942	948
按行业分						
农林牧渔业						
采掘业						
制造业	7483	6531	952			
电力煤气及水生产供应业	6964		6911			53
建筑业	1459	750	709			
地质勘探业、水利管理业						
交通运输、仓储及邮电通信业	4263	2683	1580			
批发和零售贸易、餐饮业	5098	3283	828	340	442	205
金融、保险业	2372		2372			
房地产业	194294	85004	78819	19920	7887	2664
社会服务业	4224	3810		414		
卫生体育和社会福利业	19	19				
教育文化艺术及广播电影电视业	171	78	93			
科学研究和综合技术服务业						
国家机关政党机关社会团体	7729	7729				
其他行业	937	937				

4—38 城镇集体经济新增固定资产

（1997年、按地区分）

单位：万元

项目	全市	市区	番禺市	花都市	增城市	从化市
总计	184947	87501	72239	16678	4546	3983
按隶属关系分						
中央项目						
省项目	27442	27442				
市项目	60720	60059			442	219
县级市项目	96785		72239	16678	4104	3764
其他项目						
按建设性质分						
新建	10202	960	8226	414		602
扩建	9931	6299	3190		442	
改建	152370	68528	60093	16264	4104	3381
单纯建造生活设施	4300	4300				
迁建	3493	3493				
恢复						
单纯购置	4651	3921	730			
按行业分						
农林牧渔业						
采掘业						
制造业	7283	6435	848			
电力煤气及水生产供应业	668		668			
建筑业	6041	4364	1677			
地质勘探业、水利管理业						
交通运输、仓储及邮电通信业	2653	2653				
批发和零售贸易、餐饮业	3643	1760	839		442	602
金融、保险业	2372		2372			
房地产业	150706	61215	65742	16264	4104	3381
社会服务业	3414	3000		414		
卫生体育和社会福利业	19	19				
教育文化艺术及广播电影电视业	171	78	93			
科学研究和综合技术服务业						
国家机关政党机关社会团体	7478	7478				
其他行业	499	499				

4－39 重点建设项目投资完成情况

1997 年　　　　单位：万元

项目名称	开工年月	竣工年月	本年计划	累计完成投资	本年
广州珠江钢铁有限责任公司	1993.11.		127800	53469	30338
广州乙烯工程	1993.11.		159328	703186	67864
广州羊城汽车有限公司(新塘基地)	1995.10.		8028	8353	2011
广州油制气工程	1988.12.		10660	110784	10660
广州地铁(一号线工程)	1993.12.		338948	887485	357198
猎得污水处理系统	1994.04.		57773	45738	26580
华南橡胶轮胎有限公司	1994.04.		20000	45515	10623
广州 JVC 电器有限公司	1993.08.		198	11191	198
广州员村热电厂(7.5 千瓦)	1993.01.	1997.12.	16000	103028	20451
珠江发电厂二期工程	1993.07.	1997.06.	59999	303562	19477
黄埔新沙港	1987.02.		21000	162365	13252
广州石油化工总厂(扩建二期工程)	1986.11.		13000	243712	6050
广州火车东站	1992.05.		3992	85660	4800
广州抽水蓄能电站	1994.09.		131054	231195	128961
解放大桥	1995.01.		7940	22255	11858
东南西环高速公路	1993.08.		54994	126161	56015
广州珠江隧道	1988.12.		350	72867	403
广钢一电炉扩建工程	1996.11.		11797	10849	10509
广纸预热木片机械浆工程	1993.10.		1710	14538	1703
广州高压热电站工程(一、二期工程)	1995.12.		8854	20449	16530
广纸 5 号机更改工程	1996.05.	1997.02.	1633	11655	1633
广州威达高十万吨涂布白纸项目	1996.05.		86998	73030	57443
五羊－本田摩托车工程	1992.04.		27607	75052	23241
广州艺术博物院(筹建)	1995.08.		5500	4500	2180

4-40 固定资产投资财务拨款

（1997 年、按隶属关系分）

单位：万元

项目	合计	中央项目	省项目	市项目	县级市	其他
本年资金来源合计	**7207311**	**928321**	**700501**	**5062464**	**516025**	
1.上年末结余资金	1333238	66666	115079	1076861	74632	
2.本年资金来源小计	5874073	861655	585422	3985603	441393	
国家预算内资金	92510	29292	27418	35479	321	
国内贷款	830718	131651	48052	579341	71674	
债券	3112			3112		
利用外资	1647593	8585	157303	1339800	141905	
自筹资金	2327238	600015	232015	1346675	148533	
#发行股票	12250	4800		7450		
其他资金	972902	92112	120634	681196	78960	
本年各项应付款合计	**689687**	**66163**	**35634**	**514139**	**73751**	
#工程款	358678	45343	23614	233288	56433	
设备、器材款	58470	19819	1787	31664	5200	

注：不包集体和个体经济

4-41 固定资产投资财务拨款

（1997 年、按地区分）

单位：万元

项目	全市	市区	番禺市	花都市	增城市	从化市
本年资金来源合计	**7207311**	**6333663**	**357438**	**138715**	**143538**	**233957**
1.上年末结余资金	1333238	1229597	77469	7167	9062	9943
2.本年资金来源小计	5874073	5104066	279969	131548	134476	224014
国家预算内资金	92510	91689	21		300	500
国内贷款	830718	739150	32688	19803	22066	17011
债券	3112	3112				
利用外资	1647593	1311519	91200	64208	38265	142401
自筹资金	2327238	2083433	111833	32763	46780	52429
#发行股票	12250	12250				
其他资金	972902	875163	44227	14774	27065	11673
本年各项应付款合计	**689687**	**612878**	**40511**	**22297**	**7402**	**6599**
#工程款	358678	300073	35386	12248	5846	5125
设备、器材款	58470	52519	1195	3238	1092	426

注：不包集体和个体经济

4—42 基本建设投资财务拨款

（1997 年、按隶属关系分）　　　　单位：万元

项　　　目	合　计	中央项目	省项目	市项目	县级市	其　他
本年资金来源合计	**2558043**	**169381**	**310205**	**1927359**	**151098**	
1.上年末结余资金	313181	7397	27872	267497	10415	
2.本年资金来源小计	2244862	161984	282333	1659862	140683	
国家预算内资金	82706	22480	26019	34107	100	
国内贷款	282533	11398	15624	212347	43164	
债 券	3112			3112		
利用外资	892472	335	99328	762848	29961	
自筹资金	923967	126665	139096	600491	57715	
#发行股票	4800	4800				
其他资金	60072	1106	2266	46957	9743	
本年各项应付款合计	**273658**	**18431**	**19546**	**213504**	**22177**	
#工程款	184918	13843	17276	135916	17883	
设备、器材款	36619	4093	1021	27812	3693	

注：不包集体和个体经济

4—43 基本建设投资财务拨款

（1997 年、按地区分）　　　　单位：万元

项　　　目	全　市	市　区	番禺市	花都市	增城市	从化市
本年资金来源合计	**2558043**	**2140169**	**102934**	**39036**	**79863**	**196041**
1.上年末结余资金	313181	277414	20613	2844	4199	8111
2.本年资金来源小计	2244862	1862755	82321	36192	75664	187930
国家预算内资金	82706	82606			100	
国内贷款	282533	226473	15586	11550	15030	13894
债 券	3112	3112				
利用外资	892472	681525	38094		31272	141581
自筹资金	923967	822407	25749	20347	23424	32040
#发行股票	4800	4800				
其他资金	60072	46632	2892	4295	5838	415
本年各项应付款合计	**273658**	**250976**	**6141**	**10853**	**3135**	**2553**
#工程款	184918	166935	6141	7411	2494	1937
设备、器材款	36619	32626		3052	641	300

注：不包集体和个体经济

4—44 更新改造投资财务拨款

（1997 年、按隶属关系分）　　单位：万元

项目	合计	中央项目	省项目	市项目	县级市	其他
本年资金来源合计	**1265877**	**514887**	**28836**	**622698**	**99456**	
1.上年末结余资金	89973	3969	3755	82074	175	
2.本年资金来源小计	1175904	510918	25081	540624	99281	
国家预算内资金	9804	6812	1399	1372	221	
国内贷款	179466	91232	3322	80895	4017	
债券						
利用外资	113180			48411	64769	
自筹资金	784879	412763	20201	326639	25276	
#发行股票	7450			7450		
其他资金	88575	111	159	83307	4998	
本年各项应付款合计	**74266**	**40591**	**28**	**30438**	**3209**	
#工程款	54606	24805		27548	2253	
设备、器材款	16610	15726	28	541	315	

注：不包集体和个体经济

4—45 更新改造投资财务拨款

（1997 年、按地区分）　　单位：万元

项目	全市	市区	番禺市	花都市	增城市	从化市
本年资金来源合计	**1265877**	**1078487**	**67040**	**69703**	**33269**	**17378**
1.上年末结余资金	89973	86454	1755		560	1204
2.本年资金来源小计	1175904	992033	65285	69703	32709	16174
国家预算内资金	9804	9083	21		200	500
国内贷款	179466	168771	5325	2000	3000	370
债券						
利用外资	113180	35726	10504	64178	2772	
自筹资金	784879	709708	48698	3525	11417	11531
#发行股票	7450	7450				
其他资金	88575	68745	737		15320	3773
本年各项应付款合计	**74266**	**68716**	**991**		**3321**	**1238**
#工程款	54606	50463	38		2870	1235
设备、器材款	16610	15844	312		451	3

主：不包集体和个体经济

4—46 固定资产投资财务拨款

(1997 年)

单位:万元

项目	合计	基本建设	更新改造	其他投资	房地产开发
本年资金来源合计	**7526281**	**2558043**	**1265877**	**85607**	**3616754**
1. 上年末结余资金	1394838	313181	89973	6622	985062
2. 本年资金来源小计	6131443	2244862	1175904	78985	2631692
国家预算内资金	92550	82706	9804	40	
国内贷款	898563	282533	179466	10123	426441
债券	3112	3112			
利用外资	1657279	892472	113180	17333	634294
自筹资金	2416839	923967	784879	46993	661000
#发行股票	12250	4800	7450		
其他资金	1063100	60072	88575	4496	909957
本年各项应付款合计	**743364**	**273658**	**74266**	**7893**	**387547**
#工程款	394888	184918	54606	6863	148501
设备、器材款	59561	36619	16610	490	5842

注:不包农村集体、个体经济的投资

4—47 市属固定资产投资财务拨款

(1997 年)

单位:万元

项目	合计	基本建设	更新改造	其他投资	房地产开发
本年资金来源合计	**5847630**	**2078457**	**722154**	**85607**	**2961412**
1. 上年末结余资金	1205870	277912	82249	6622	839087
2. 本年资金来源小计	4641760	1800545	639905	78985	2122325
国家预算内资金	35840	34207	1593	40	
国内贷款	691050	255511	84912	10123	340504
债券	3112	3112			
利用外资	1483305	792809	113180	17333	559983
自筹资金	1582145	658206	351915	46993	525031
#发行股票	7450		7450		
其他资金	846308	56700	88305	4496	696807
本年各项应付款合计	**630739**	**235681**	**33647**	**7893**	**353518**
#工程款	315253	153799	29801	6863	124790
设备、器材款	37805	31505	856	490	4954

注:不包农村集体、个体经济的投资

4—48 城镇集体经济固定资产投资财务拨款

（1997 年、按地区分）　　单位：万元

项目	全市	市区	番禺市	花都市	增城市	从化市	#市属
本年资金来源合计	318970	173081	108525	20094	11690	5580	269141
1.上年末结余资金	61600	31717	24476	1870	2847	690	54377
2.本年资金来源小计	257370	141364	84049	18224	8843	4890	214764
国家预算内资金	40	40					40
国内贷款	67845	38448	17746	7794	2278	1579	40035
债券							
利用外资	9686	9656	30				1600
自筹资金	89601	52762	29722	3718	1938	1461	86937
#发行股票							
其他资金	90198	40458	36551	6712	4627	1850	86152
本年各项应付款合计	53677	16271	22897	13654	430	425	42849
#工程款	36210	14723	14718	6028	430	311	25532
设备、器材款	1091	470	475	146			941

4—49 固定资产投资主要经济效益指标

（1997 年）

项目	单位	合计	基本建设	更新改造	其他投资	房地产开发
1.建设项目竣工投产率	%	30.38	30.22	30.73	18.18	
施工建设项目数	个	1784	685	1077	22	
竣工建设项目数	个	542	207	331	4	
2.建设项目平均建设周期	年	4.66	4.62	2.26	11.87	5.95
施工项目计划总投资	万元	26364137	10542449	2731382	294985	12795321
本年完成投资额	万元	5663454	2283400	1206085	24842	2149127
3.新增固定资产交付使用率	%	70.35	61.10	86.89	80.28	70.77
本年完成投资额	万元	5663454	2283400	1206085	24842	2149127
新增固定资产	万元	3984128	1395192	1047953	19943	1521040
4.未完工程占用率	%	149.07	155.02	46.27	547.10	195.84
本年完成投资额	万元	5663454	2283400	1206085	24842	2149127
本年未完成工程投资额	万元	8442701	3539795	558087	135910	4208909
5.房屋面积竣工率	%	24.58	26.54	43.48	64.68	22.23
施工房屋建筑面积	米^2	37208160	10650527	1888509	33027	24636097
竣工房屋建筑面积	米^2	9145690	2827021	821132	21361	5476176
6.竣工房屋平均造价	元/米^2	1177	1051	1009	733	1268
竣工房屋价值	万元	1076077	297010	82886	1565	694616

注：不包集体和个体经济。房地产开发按企业统计，故不计算施、竣工项目个数。

4—50 市区固定资产投资主要经济效益指标

(1997 年)

项目	单位	合计	基本建设	更新改造	其他投资	房地产开发
1.建设项目竣工投产率	%	24.50	25.27	23.92	40.00	
施工建设项目数	个	1449	562	882	5	
竣工建设项目数	个	355	142	211	2	
2.建设项目平均建设周期	年	4.54	4.69	2.14	2.17	5.68
施工项目计划总投资	万元	22405700	9035329	2229707	15020	11125644
本年完成投资额	万元	4935398	1926341	1042755	6930	1959372
3.新增固定资产交付使用率	%	66.65	54.62	84.27	29.45	69.22
本年完成投资额	万元	4935398	1926341	1042755	6930	1959372
新增固定资产	万元	3289228	1052218	878728	2041	1356241
4.未完工程占用率	%	151.20	160.89	47.22	74.42	197.29
本年完成投资额	万元	4935398	1926341	1042755	6930	1959372
本年未完成工程投资额	万元	7462492	3099366	492390	5157	3865579
5.房屋面积竣工率	%	22.79	23.32	41.00	100.00	21.37
施工房屋建筑面积	米²	32503548	9735122	1301746	20000	21446680
竣工房屋建筑面积	米²	7406406	2270433	533663	20000	4582310
6.竣工房屋平均造价	元/米²	1227	1089	1040	725	1319
竣工房屋价值	万元	908537	247232	55511	1450	604344

注:不包集体和个体经济

4—51 市属固定资产投资主要经济效益指标

(1997 年)

项目	单位	合计	基本建设	更新改造	其他投资	房地产开发
1.建设项目竣工投产率	%	32.12	37.45	29.28	18.18	
施工建设项目数	个	1314	486	806	22	
竣工建设项目数	个	422	182	236	4	
2.建设项目平均建设周期	年	5.16	4.73	3.00	11.87	6.32
施工项目计划总投资	万元	21751781	8751093	1890518	294985	10815185
本年完成投资额	万元	4217494	1849667	630662	24842	1712323
3.新增固定资产交付使用率	%	69.56	64.39	89.27	80.28	67.73
本年完成投资额	万元	4217494	1849667	630662	24842	1712323
新增固定资产	万元	2933665	1191071	562974	19943	1159677
4.未完工程占用率	%	163.69	155.88	67.71	547.10	201.91
本年完成投资额	万元	4217494	1849667	630662	24842	1712323
本年未完成工程投资额	万元	6903422	2883211	426993	135910	3457308
5.房屋面积竣工率	%	25.13	28.44	44.18	64.68	22.18
施工房屋建筑面积	米²	28063377	7187839	1662411	33027	19180100
竣工房屋建筑面积	米²	7053563	2044150	734506	21361	4253546
6.竣工房屋平均造价	元/米²	1166	1044	1009	733	1254
竣工房屋价值	万元	822235	213343	74117	1565	533210

注:不包集体和个体经济。

4－52 引进技术建设投资额

（1997 年）

项目	项目个数	本年实际完成投资额			引进设备器材价值	
		人民币（万元）	#用汇额（万美元）	#外资引进（万美元）	累计到货（万美元）	本年到货（万美元）
总计	39	161398	11734	6264	26166	13237
按投资类别分						
基本建设	12	86040	8114	2661	17906	8324
更新改造	26	74928	3585	3603	8225	4878
其他投资	1	430	35		35	35
按隶属关系分						
中央项目	4	51327	2203	1731	7486	2203
省项目	3	5488	362		985	362
市项目	32	104583	9169	4533	17695	10672
按经济类型分						
国有经济	17	64818	2765	1731	11245	2977
集体经济	1	430	35		35	35
外资及港澳台经济	21	96150	8934	4533	14886	10225
其他经济						
按引进方式分						
许可证贸易						
成套设备	9	50722	5815		7606	6983
生产线	8	19514	2136	2116	5764	1745
单机、样机或关键设备	22	91162	3783	4148	12796	4509
其他						
按行业分						
工业	35	110071	9531	4533	18680	11034
运输、邮电业	4	51327	2203	1731	7486	2203

4—53 农村集体经济固定资产投资额

（1997年）　　　　单位：万元

项　　目	全　市	市　区	番禺市	花都市	增城市	从化市
总　　计	321523	166975	86425	14066	33819	20238
按村镇分						
村属	173352	110013	35623	11764	12526	3426
镇属	148171	56962	50802	2302	21293	16812
按工程用途分						
农、林、牧、渔业	13647	3494	1653	1283	4719	2498
工业、建筑业	101347	44466	25021	7689	14381	9790
商业、运输邮电业	71391	52298	9062	1495	4590	3946
住宅	38357	29169	6226	892	853	1217
其他	96781	37548	44463	2707	9276	2787
按行业分						
农林牧渔业	9513	4625	113	304	3186	1285
采掘业	382	6		6		370
制造业	89276	37112	24443	2602	18300	6819
电力、煤气及水生产供应业	4324	1289	799	210	222	1804
建筑业	9166	577	7332	1214	43	
地质勘查业、水利管理业	5649		4170		194	1285
交通运输、仓储及邮电通信业	27293	23977	73		411	2832
批发和零售贸易、餐饮业	28453	19968	4295	1525	1732	933
金融、保险业	196	70			126	
房地产业	18986	18416	383		187	
社会服务业	65381	27131	31693	17	6540	
卫生、体育和社会福利业	1780	1013	225		380	162
教育文化艺术及广播电影电视业	19772	6503	8708	956	1351	2254
科学研究和综合技术服务业						
国家机关、政党机关和社会团体	23602	16321	2306	1334	1147	2494
其他行业	17750	9967	1885	5898		

4-54 农村集体经济新增固定资产及房屋建筑面积

（1997 年）

单位：万元

项目	全市	市区	番禺市	花都市	增城市	从化市
新增固定资产	256541	120862	71167	12544	31908	20060
农林牧渔业	10415	5077	106	56	3891	1285
采掘业	376	6				370
制造业	84165	35016	22927	2210	17213	6799
电力、煤气及水生产供应业	2757	1114	764	210	122	547
建筑业	8400	235	7114	1008	43	
地质勘查业、水利管理业	4466		4177		194	95
交通运输、仓储及邮电通信业	26213	22897	73		411	2832
批发和零售贸易、餐饮业	24621	18090	2837	1290	1541	863
金融、保险业	126				126	
房地产业	8753	8183	383		187	
社会服务业	34483	8667	20276		5540	
卫生、体育和社会福利业	1120	353	225		380	162
教育文化艺术及广播电影电视业	20735	6053	8160	626	1298	4598
科学研究和综合技术服务业						
国家机关、政党机关和社会团体	17547	10590	2240	1246	962	2509
其他行业	12364	4581	1885	5898		
房屋施工面积（米^2）	2986221	2141988	439567	103881	226431	74354
房屋竣工面积（米^2）	1923636	1246264	372974	36501	200131	67766
#住宅	284242	203224	44866	996	15240	19916

4—55 城镇私人建房情况

(1997年)

区、县级市	建房户数(户)	竣工房屋面积(米²)	#住宅	竣工房屋价值(万元)	#住宅
全市	2144	380091	348865	20127	18425
市区	977	160514	134418	9584	8092
县级市所在镇	793	145533	143065	7293	7173
番禺市	508	98938	98938	4947	4947
花都市	12	1380	1380	100	100
增城市	213	34300	31832	1700	1580
从化市	60	10915	10915	546	546
镇	374	74044	71382	3250	3160
在总计中：农村户在城建房	556	127962	125212	5736	5402

4—56 农村私人建房情况

(1997年)

区、县级市	建房户数(户)	房屋竣工数(间)	#住宅	竣工房屋面积(米²)	#住宅	竣工房屋价值(万元)	#住宅
全市	38560	87330	83467	4651349	4446245	258690	252155
市区	15322	50330	49334	2434604	2395215	143579	141716
县级市	23238	37000	34133	2216745	2051030	115111	110439
番禺市	6641	6080	5993	989026	946367	60180	58548
花都市	2153	2302	2291	305103	303191	14419	14365
增城市	5046	5368	5103	535231	441148	23992	21366
从化市	9398	23250	20746	387385	360324	16520	16160

注：农村私人购买生产性固定资产投资26175万元，其中市区9977万元。

4—57 房地产开发与经营

(1997 年)

项　　目	单位	全市	市　区	番禺市	花都市	增城市	从化市
年末房地产开发							
公司个数	个	977	713	71	50	74	69
年末从业人数	人	33069	24962	3956	764	2134	1253
年平均从业人数	人	33366	24786	4419	766	2175	1220
本年开发投资额	万元	2374223	2083116	196618	43775	31641	19073
中央、省属公司	万元	456237	456237				
市属各公司	万元	1917986	1626879	196618	43775	31641	19073
本年已开发土地	万米^2	474.62	217.70	149.05	67.80	37.02	3.06
本年房屋建设							
房屋建筑施工面积	万米^2	2819.14	2279.69	311.77	97.57	74.34	55.77
#新开工	万米^2	533.99	372.58	119.37	23.31	12.92	5.81
在施工面积中							
#住 宅	万米^2	1804.00	1372.87	272.34	69.83	48.52	40.44
商业用房	万米^2	416.37	334.90	21.60	23.99	22.88	13.00
办公用房	万米^2	378.21	371.32	1.40	3.11	0.75	1.63
房屋建筑竣工面积	万米^2	654.91	493.48	95.03	34.02	22.44	9.94
#住 宅	万米^2	505.43	374.11	82.98	26.82	12.82	8.70
商业用房	万米^2	62.01	40.45	6.34	6.69	7.70	0.83
办公用房	万米^2	44.40	42.70	0.76	0.43	0.17	0.34
竣工住宅造价	元/米^2	1241	1335	1068	785	847	822
竣工住宅套数	套	78375	63830	9252	3235	1141	917
本年房屋销售							
本年实际销售房屋面积	万米^2	290.88	187.57	58.10	27.15	12.19	5.87
#住 宅	万米^2	257.06	163.89	52.48	24.42	10.82	5.45
向个人出售	万米^2	165.14	95.01	33.25	23.89	7.64	5.35
向单位出售	万米^2	91.92	68.88	19.23	0.53	3.18	0.10
本年实际销售住宅套数	套	38297	27963	5852	2946	962	574
本年销售房屋合同金额	万元	1473022	1239067	150250	57778	18520	7407

4－58 房地产外资合作公司开发与经营

项目	单位	1995年		1996年		1997年	
		全市	#市区	全市	#市区	全市	#市区
年末房地产开发							
公司个数	个	309	227	327	242	284	219
本年完成开发投资额	万元	789884	634122	1152184	1002483	1016786	892609
本年房屋建设							
房屋建筑施工面积	万米^2	828.61	624.44	933.73	729.85	939.13	761.06
#新开工	万米^2	114.24	81.92	141.06	113.85	154.51	81.78
在施工面积中							
#住宅	万米^2	405.01	260.00	453.01	307.96	495.00	349.08
商业用房	万米^2			189.76	144.38	182.53	158.40
办公用房	万米^2			225.71	222.75	176.72	175.03
房屋建筑竣工面积	万米^2	128.84	53.19	223.46	145.93	160.77	111.56
#住宅	万米^2	89.08	34.17	114.58	64.14	110.07	70.10
商业用房	万米^2			57.53	32.07	16.86	11.21
办公用房	万米^2			42.61	42.61	16.77	16.23
竣工住宅造价	元/米^2	1093	1140	1179	1237	1214	1248
竣工住宅套数	套	10629	3838	13779	6709	11925	7594
本年房屋销售							
本年预售房屋面积	万米^2	93.96	50.00	72.55	36.59	127.39	73.75
本年实际销售房屋面积	万米^2	67.45	20.84	80.16	48.78	79.00	48.31

注：本表包括外资投资经济和港澳台投资经济。

4—59 房地产开发投资额

（1997 年）

单位：万元

项　　目	合　计	住宅	办公楼	商业用房	其他用房	新　增 固定资产
全　　市	**2374223**	**1215310**	**376070**	**331759**	**451084**	**1672979**
按经济类型分						
国有经济	829451	457707	105416	98170	168158	781082
集体经济	184311	124611	8127	22501	29072	143406
私营经济	40785	14298	149	18958	7380	8533
联营经济	17608	10653	1107	3155	2693	1535
股份有限公司	34141	19658	1015	2245	11223	41567
有限责任公司	251141	120432	15088	29757	85864	162469
中外合作经营	19525	17010		179	2336	
与港澳台合资	55827	49485		1085	5257	53339
与港澳台合作	715683	331410	120522	153309	110442	472362
港澳台独资	225751	70046	124646	2400	28659	8686
按资质分						
一级资质	262558	128856	53630	40269	39803	263569
二级资质	1405605	704997	183108	227086	290414	1017534
三级资质	328160	193361	22165	47856	64778	231196
四级以下（包四级）	377900	188096	117167	16548	56089	160680
按隶属关系分						
中央项目	141337	87249	17065	14724	22299	157976
省属项目	314900	193229	33736	38829	49106	230829
市属项目	1917986	934832	325269	278206	379679	1284174
市　　区	**2083116**	**999757**	**373531**	**298458**	**411370**	**1425543**
按经济类型分						
国有经济	786400	428380	104692	92581	160747	737159
集体经济	85004	52789	6936	7588	17691	61215
私营经济	38740	13143	133	18134	7330	8087
联营经济	10700	6828	1107	1155	1610	
股份有限公司	33323	18860	1015	2225	11223	36833
有限责任公司	236340	112286	15075	25976	83003	159793
中外合作经营	19525	17010		179	2336	
与港澳台合资						
与港澳台合作	652908	284689	119927	148220	100072	415970
港澳台独资	220176	65772	124646	2400	27358	6486
按资质分						
一级资质	262558	128856	53630	40269	39803	263569
二级资质	1331343	646559	183058	219424	282302	952388
三级资质	253597	144069	20903	35973	52652	179789
四级以下（包四级）	235618	80273	115940	2792	36613	29797
按隶属关系分						
中央项目	141337	87249	17065	14724	22299	157976
省属项目	314900	193229	33736	38829	49106	230829
市属项目	1626879	719279	322730	244905	339965	1036738

4—60 房地产开发房屋面积

(1997年)

单位:米^2

项　　目	施工面积	#住宅	竣工面积	#住宅	销售面积	#住宅
全　　市	**28191403**	**18040003**	**6549077**	**5054296**	**2908790**	**2570620**
按经济类型分						
国有经济	11628498	7697116	3035241	2341115	1169020	1075767
集体经济	3331595	2569011	1042279	905705	599551	549319
私营经济	223711	157317	30622	22545	6845	6805
联营经济	274718	163347			2572	2572
股份有限公司	485404	320944	119590	51496	64388	47823
有限责任公司	2856227	2182316	713628	632769	276435	263882
中外合作经营	805				10909	2445
与港澳台合资	631789	559468	184188	154368	90292	89689
与港澳台合作	8030022	4233949	1384196	929556	662548	515378
港澳台独资	728634	156535	39333	16742	26230	16940
按资质分						
一级资质	3636617	2200178	749859	423137	313418	277918
二级资质	16591984	10260224	3757630	2982426	1411971	1232585
三级资质	4798903	3221807	1214517	951279	617140	552946
四级以下(包四级)	3163899	2357794	827071	697454	566261	507171
按隶属关系分						
中央项目	1824918	1097809	525183	419890	100494	94732
省属项目	3999467	2875274	852100	761289	336896	318053
市属项目	22367018	14066920	5171794	3873117	2471400	2157835
市　　区	**22796906**	**13728663**	**4934832**	**3741149**	**1875703**	**1638915**
按经济类型分						
国有经济	10507446	6885096	2682302	2077707	947262	884758
集体经济	1175072	807925	327600	292949	142284	132885
私营经济	175154	129841	24922	18032	5849	5849
联营经济	264118	155847			2572	2572
股份有限公司	440095	287635	97858	35129	55393	38828
有限责任公司	2624466	1971516	686510	616314	239199	228872
中外合作经营	805				10909	2445
与港澳台合资						
与港澳台合作	6930079	3365181	1103870	693789	468189	339469
港澳台独资	679671	125622	11770	7229	4046	3237
按资质分						
一级资质	3636617	2200178	749859	423137	313418	277918
二级资质	15094967	8993804	3255589	2564730	1116681	957723
三级资质	3089290	2007522	818672	666826	364571	337715
四级以下(包四级)	976032	527159	110712	86456	81033	65559
按隶属关系分						
中央项目	1824918	1097809	525183	419890	100494	94732
省属项目	3999467	2875274	852100	761289	336896	318053
市属项目	16972521	9755580	3557549	2559970	1438313	1226130

4—61 房地产开发资金来源

(1997 年)

单位：万元

项目	合计	#国内贷款	#利用外资	#自筹资金	#其他资金
全市	**2664854**	**433911**	**634294**	**673179**	**923470**
按经济类型分					
国有经济	961770	218558	8836	254710	479666
集体经济	205760	61972	9656	47360	86772
私营经济	33162	7470		12179	13513
联营经济	19007	1240		8130	9637
股份有限公司	52518	5000	995	16406	30117
有限责任公司	275287	70909	18900	91692	93786
中外合作经营	7488		7174	314	
与港澳台合资	27017	600	14069	930	11418
与港澳台合作	856018	66817	368315	241158	179728
港澳台独资	226827	1345	206349	300	18833
按资质分					
一级资质	241324	18025		67718	155581
二级资质	1640503	294793	362746	439834	543130
三级资质	403018	91189	45710	108844	157275
四级以下(包四级)	380009	29904	225838	56783	67484
按隶属关系分					
中央项目	191824	29981	8250	60587	93006
省属项目	317543	55956	66061	75382	120144
市属项目	2155487	347974	559983	537210	710320
市区	**2384274**	**383971**	**600811**	**587938**	**811554**
按经济类型分					
国有经济	920919	209357	8836	244921	457805
集体经济	112970	35595	9656	28134	39585
私营经济	31871	7470		11148	13253
联营经济	10855	600		988	9267
股份有限公司	51343	4600	995	15806	29942
有限责任公司	253845	66757	18900	82752	85436
中外合作经营	7488		7174	314	
与港澳台合资					
与港澳台合作	773956	58747	350495	203839	160875
港澳台独资	221027	845	204755	36	15391
按资质分					
一级资质	241324	18025		67718	155581
二级资质	1587452	281318	355024	426945	524165
三级资质	318118	77018	44873	82242	113985
四级以下(包四级)	237380	7610	200914	11033	17823
按隶属关系分					
中央项目	191824	29981	8250	60587	93006
省属项目	317543	55956	66061	75382	120144
市属项目	1874907	298034	526500	451969	598404

4－62 房地产开发主要财务指标

(1997 年)

单位：万元

项目	资产总计	所有者权益	经营总收入	经营成本	经营税金及附加	利润总额
全市	**15183476**	**3298436**	**1400078**	**926444**	**73084**	**160377**
按经济类型分						
国有经济	5999480	765828	593768	384616	31136	77057
集体经济	1354362	229200	148638	92891	8556	15331
私营经济	68682	27553	8001	5161	534	1192
联营经济	179375	13065	3277	2781	107	－1145
股份有限公司	517854	170844	66402	38196	3339	20824
有限责任公司	1020650	239770	169614	114204	9799	20267
中外合作经营	109464	23065	2839	1966	420	191
与港澳台合资	267372	128319	86110	39123	3080	33552
与港澳台合作	5343685	1613984	308942	241300	15571	－7916
港澳台独资	322552	86808	12487	6206	542	1024
按资质分						
一级资质	2184244	317364	203771	124033	9809	43967
二级资质	9158736	2142943	813540	528863	45014	99612
三级资质	2164376	441323	189365	127329	9858	14235
四级以下(包四级)	1676120	396806	193402	146219	8403	2563
按隶属关系分						
中央项目	561404	151967	72966	41423	4031	18687
省属项目	1731000	199080	141881	99296	6995	5600
市属项目	12891072	2947389	1185231	785725	62058	136090
市区	**12795310**	**2812189**	**1099244**	**713448**	**59274**	**150472**
按经济类型分						
国有经济	5493838	727651	560515	359310	29294	78320
集体经济	473345	123387	45082	31350	2701	2604
私营经济	57858	23388	7851	5088	528	1183
联营经济	138870	11324	709	415	49	－32
股份有限公司	503879	168785	65574	37703	3289	20599
有限责任公司	949059	239550	163035	106406	9737	21660
中外合作经营	109464	23065	2839	1966	420	191
与港澳台合资						
与港澳台合作	4769640	1416593	246951	168343	12978	25694
港澳台独资	299357	78446	6688	2867	278	253
按资质分						
一级资质	2184244	317364	203771	124033	9809	43967
二级资质	8467306	1985675	726468	481144	40344	81247
三级资质	1482340	366273	144687	93041	7573	21979
四级以下(包四级)	661420	142877	24318	15230	1548	3279
按隶属关系分						
中央项目	561404	151967	72966	41423	4031	18687
省属项目	1731000	199080	141881	99296	6995	5600
市属项目	10502906	2461142	884397	572729	48248	126185

主要统计指标解释

【全社会固定资产投资】 固定资产投资是社会固定资产再生产的主要手段。通过建造和购置固定资产的活动，国民经济不断采用先进技术装备，建立新兴部门，进一步调整经济结构和生产力的地区分布，增强经济实力，为改善人民物质文化生活创造物质条件。这对我国的社会主义现代化建设具有重要意义。

固定资产投资额是以货币表现的建造和购置固定资产活动的工作量，它是反映固定资产投资规模、速度、比例关系和使用方向的综合性指标。全社会固定资产投资包括国有经济单位投资、城乡集体经济单位投资、其他各种经济类型的单位投资和城乡居民个人投资。按照我国现行计划管理体制，全社会固定资产投资总额分为基本建设、更新改造、房地产开发投资和其他固定资产投资四个部分；城乡集体经济单位投资包括城镇集体所有制单位投资和农村集体所有制单位投资；其他各种经济类型单位投资包括联营经济、股份制经济、中外合资经营、中外合作经营、外资、与大陆合资经营、与大陆合作经营、港澳台独资及其他经济单位的投资。城乡居民个人投资包括城市、县城、镇、工矿区所辖范围内的个人建房和农村个人建房及购买生产性固定资产的投资。

【基本建设投资】 基本建设是企业、事业、行政单位以扩大生产能力或工程效益为主要目的的新建、扩建工程及有关工作。包括(1)列入中央和各级地方本年基本建设计划的建设项目，以及虽未列入本年基本建设计划，但使用以前年度基建计划内结转投资(包括利用基建设备材料)在本年继续施工的建设项目；(2)本年基本建设计划内投资与更新改造计划内投资结合安排的新建项目和新增生产能力(或工程效益)达到大中型项目标准的扩建项目，以及为改变生产力布局而进行的全厂性迁建项目；(3)国有单位既未列入基建计划，也未列入更新改造计划的总投资在5万元以上的新建、扩建、恢复项目和为改变生产力布局而进行的全厂性迁建项目，以及行政、事业单位增建业务用房和行政单位增建生活福利设施的项目。

【更新改造投资】更新改造是指企业、事业单位对原有设施进行固定资产更新和技术改造，以及相应配套的工程和有关工作(不包括大修理和维护工程)。包括：(1)列入中央和各级地方本年更新改造计划的项目和虽未列入本年更新改造计划，但使用上年更新改造计划内结转的投资在本年继续施工的项目；(2)本年更新改造计划内投资与基本建设计划内投资结合安排的对企、事业单位原有设施进行技术改造或更新的项目，和增建主要生产车间、分厂等其新增生产能力(或工程效益)未达到大中型项目标准的项目，以及由于城市环境保护和安全生产的需要而进行的迁建工作；(3)国有企、事业单位既未列入基建计划也未列入更新改造计划，总投资在5万元以上的属于改建或更新改造性质的项目，以及由于城市环境保护和安全生产的需要而进行的迁建工程。

【房地产开发投资】 包括各种经济类型的房地产开发公司、商品房建设公司及其他房地产开发单位统一开发的包括统代建、拆迁还建的住宅、厂房、仓库、饭店、宾馆、度假村、写字楼、办公楼等房屋建筑物和配套的服务设施、土地开发工程，如道路、给水、排水、供电、供热、通讯、平整场地等基础设施工程的投资。包括非房地产企业实际从事房地产开发或经营活动，不包括单纯的土地交易活动。

【其他固定资产投资】 全社会固定资产投资中未列入基本建设、更新改造和房地产开发投资的建造和购置固定资产的活动。包括：

1.国有单位按规定不纳入基本建设计划和更新改造计划管理，总投资在5万元以上的以下工程：(1)用油田维护费和石油开发基金进行的油田维护和开发工程；(2)煤炭、铁矿、森工等采掘采伐业用维简费进行的开拓延伸工程；(3)交通部门用公路养路费对原有公路、桥梁进行改建的工程；(4)商业部门用简易建筑费建造的仓库工程。

2.集体经济单位固定资产投资：包括城镇集体经济单位和农村集体经济单位建造和购置固定资产计划总投资在5万元以上的项目。农村集体经济单位固定资产投资为农村抽样调查总队根据抽样调查资料推算。

3.联营经济、股份制经济、外商投资经济、港澳台投资经济及其经济类型的企、事业单位建造和购置固定资产其计划总投资在5万元以上的、未列入基本建设计划和更新改造计划的项目。

4.城镇和工矿区私人建房投资和农村个人投资。城镇和工矿区私人建房包括市、县城、镇、工矿区所辖范围内的全部私人建房，不论其房主是否系本地的常住户口均应包括：农村个人投资包括农村个人建房及购置生产性固定资产的投资。

农村个人固定资产投资为农村抽样调查总队根据抽样调查资料推算。

【固定资产投资的资金来源】 根据固定资产投资的资金来源不同，分为上年末结余资金、本年资金来源小计和各项应付款。其中本年资金来源小计又分为国家预算内资金、国内贷款、股票、债券、利用外资、自筹资金和其他资金来源七种：

(1)国家预算内资金 指国家预算、地方财政、主要部门和国家专业投资公司拨给或委托银行贷给建设单位的基本建设拨款和中央基本建设基金，拨给企业单位的更新改造拨款，以及中央财政安排的专项拨款中用于基本建设的资金。

(2)国内贷款 指报告期企、事业单位向银行及非银行金融机构借入的用于固定资产投资的各种国内借款。国内贷款包括：银行利用自有资金及吸收的存款发放的贷款、上级主管部门拨入的国内贷款、国家专项贷款(包括煤代油贷款、劳改煤矿专项贷款等)，地方财政专项资金安排的贷款、国内储备贷款、周转贷款等。

(3)股票 是股份制企业通过发行股票筹集到的，用于固定资产投资的资金。

(4)债券 是企业(公司)或金融机构通过发行各种债券筹集到的用于固定资产投资的资金，包括由银行代理国家专业投资公司发行的重点企业债券和重点建设债券。

(5)利用外资 指报告期收到的用于固定资产投资的国外资金，包括统借统还、自借自还的国外贷款，中外合资项目中的外资，以及无偿捐赠等。其中，国家统借统还的外资，是指由我国政府出面同外国政府、团体或金融组织签订贷款协议，并负责偿还本息的国外贷款。

(6)自筹资金 指建设单位报告期收到的，用于进行固定资产投资的上级主管部门、地方和本单位自筹资金。

(7)其他资金来源 指报告期收到的除以上各种拨款、借款、自筹资金之外，其他用于固定资产投资的资金。

【固定资产投资按国民经济行业分】 建设项目归哪个行业，按其建成投产后的主要产品或主要用途及社会经济活动性质来确定。基本建设按建设项目划分国民经济行业，更新改造、国有经济单位其他固定资产投资及城镇集体投资根据整个企业、事业单位所属的行业来划分。一般情况下，一个建设项目或一个企业、事业单位只能属于一种国民经济行业。为了更准确地反映国民经济各行业之间的比例关系，联合企业(总厂)所属分厂属于不同行业的，原则上按分厂划分行业。

【固定资产投资按建设性质分】 建设项目的性质一般分为新建、扩建、改建、迁建、恢复。基本建设按建设项目划分建设性质，更新改造、国有经济单位其他固定资产投资及城镇集体投资按整个企业、事业单位的建设情况确定建设性质。目前基本建设和更新改造是根据我国现行的计划管理体制区分的，所以基本建设和更新改造都可以分别按新建、扩建等划分。

(1)新建 一般指从无到有、“平地起家”新开始建设单位。有的单位原有的基础很小，经过建设后其新增加的固定资产价值超过原有固定资产价值(原值)三倍以上的也算新建。

(2)扩建 一般是指为扩大原有产品的生产能力，在厂内或其他地点增建主要生产车间(或主要工程)、独立的生产线或总厂之下的分厂的企业；事业单位和行政单位在原单位增建业务用房(如学校增建教学用房、医院增建门诊部或病床用房、行政机关增建办公楼等)也作为扩建。

(3)改建 一般是指现有企业、事业单位为了技术进步，提高产品质量，增加花色品种，促进产品升级换代、降低消耗和成本，加强资源综合利用和三废治理、劳保安全等，采用新技术、新工艺、新设备、新材料等对现有设施、工艺条件进行技术改造或更新(包括相应配套的辅助性生产、生活福利设施)。有的企业为充分发挥现有生产能力，进行填平补齐而增建不增加本单位主要产品生产能力的车间等，也属于改建。

【固定资产投资按用途分】 固定资产投资按工程的经济用途分为用于第一产业、第二产业、第三产业和住宅四部分的建设，是研究不同用途的固定资产投资之间比例关系的重要指标。基本建设投资、国有经济单位其他固定资产投资及城镇集体投资的用途按单项工程确定，现有企业、事业单位更新改造投资的用途按更新改造项目确定。

【固定资产投资按构成分】 固定资产投资活动按其工作内容和实现方式分为建筑安装工程，设备、工具、器具购置，其他费用三个部分。

(1)建筑安装工程(建筑工作量)指各种房屋、建筑物的建造工程和各种设备、装置的安装工程。包括各种房屋建造工程，各种用途设备基础和各种工业窑炉的砌筑工程；为施工而进行的各种准备工作和临时工程以及完工后的清理工作等；铁路、道路的铺设、矿井的开凿及石油管道的架设等；水利工程；防空地下建筑等特殊工程；以及各种机械设备的安装工程；为测定安装工程质量，对设备进行的试行工作。在安装工程中，不包括被安装设备本身的价值。

(2)设备、工具、器具购置 指购置或自制达到固定资产标准的设备、工具、器具的价值，固定资产的标准按财务部门规定。新建单位、扩建单位的新建车间按照设计和计划要求购置或自制的全部设备、工具、器具，不论是否达到固定资产标准均计入“设备、工具、器具购置”中。

(3)其他费用 指除建筑安装工程和设备、工具、器具购置以外的投资完成额。它包括两种性质的费用，一种是属于增加固定资产的费用，主要有：建设单位管理费，土地、青苗等补偿费和安置补助费、勘察设计费、研究实验费、农林单位牧畜购置费、各种经济林木的营造费、办公和生活家具、器具购置费、引进技术和进口设备项目的其他费用、联合试运转费等；一种是属于不增加固定资产的费用，主要有：施工机械转移费、生产职工培训费、农业开荒费用及报废工程损失费等。

【施工项目】 指报告期内曾进行建筑或安装工程施工活动的建设项目。包括报告期内新开工项目、报告期以前开工跨入报告期继续施工的项目以及报告期施工过并在报告期内全部建设投产或停缓建的项目。

【全部建成投产项目】 工业项目是指设计文件规定形成生产能力的主体工程及其相应配套的辅助设施全部建成，经负荷试运转，证明具备生产设计规定合格产品的条件，并经过验收鉴定合格或达到竣工验收标准，与生产性工程配套的生产福利设施可以满足近期正常生产的需要，正式移交生产的建设项目。非工业项目是指设计文件规定的主体工程和相应的配套工程全部建成，能够发挥设计规定的全部效益，经验收鉴定合格或达到竣工验收标准，正式移交使用的建设项目。

【新增生产能力】 指通过固定资产投资活动而增加的设计能力或工程效益，它是用实物形态表示的固定资产投资的成果。新增生产能力的计算，是以能独立发挥生产能力或效益的单项工程(或项目)为对象。当单项工程(或项目)建成，经有关部门鉴定合格，正式移交投入生产，即可计算新增生产能力。

新增生产能力或工程效益有以下几种表现形式：

(1)以建设项目或单位工程建成后的年产能力表示。如煤炭开采、石油开采等。

(2)以建设项目或单项工程建成后处理原料的能力表示。如选矿工程的年处理矿石能力，洗煤厂年洗原煤能力等。

(3)以新建的主要设备数量或容量表示。如棉纺锭枚数，发电机组容量等。

(4)以建筑物容积、容量、面积或长度表示。如水库容量、铁路公路里程等。

新增生产能力的数量一般按设计能力计算。设计能力是指设计文件中规定的在正常情况下能够达到的生产能力，而不论投产后的实际产量如何。以设备数量、建筑物容积、面积、长度等表示的新增生产能力(或效益)，则按建成的实际数量计算。

【施工和竣工房屋建筑面积】 房屋建筑面积是从房屋外墙线算起的各层平面面积的总和，包括房屋结构(如柱、墙)占用的面积和地下室面积。多层建筑按各自然层面积总和计算，包括房屋内的楼隔层，突出墙面的眺望间、门斗、有柱雨罩的面积。不包括突出墙面结构的构件、艺术装饰等所占的面积，如台阶等。凹阳台、挑阳台，按其水平投影面积一半计算建筑面积。

【住宅建筑面积】指施工和竣工房屋建筑面积中供居住用的施工和竣工房屋建筑面积。

【房屋建筑面积竣工率】 指一定时期内房屋竣工面积占同期房屋施工面积的比率。它是从房屋建筑施工速度的角度反映投资效果和建筑业经济效益的指标。

【新增固定资产】 指通过投资活动所形成的新的固定资产价值。包括已建成投入生产或交付使用的工程价值和达到固定资产标准的设备、工具、器具的价值及有关应摊入的费用。它是以价值形式表示的固定资产投资成果的综合性指标，可以综合反映不同时期、不同部门、不同地区的固定资产投资成果。

【固定资产交付使用率】 指一定时期新增固定资产与同期完成投资额的比率。是反映各个时期固定资产动用速度，衡量建设过程中投资效果的一个综合性指标。

【未完工程占用率】 指年末未完工程累计完成投资额占全年实际完成投资额的比率。它反映未完工程的相对规模，并可从资金占用的角度反映固定资产投资效果。由于未完工程是指已经开工，但尚未建成交付使用的工程，有个跨年度问题，因此未完工程占用率会出现大于1的情况。

第五篇

原材料消费与库存

原材料、能源消费基本符合生产发展趋势

1997年，广州市的工业、交通运输业和建筑业的生产平稳增长，而全市的原材料、能源消费呈下降，这是原材料价格下降，各行各业采取有效措施节能降耗的结果。

一、原材料、能源消费总值与库存总值适度下降

1997年，我市原材料、能源消费总值为778.68亿元，比上年下降5.37%。其中，能源类消费为211.77亿元，比上年下降16.28%，原材料类消费为566.91亿元，比上年下降0.52%。在原材料消费八大类中，下降较大的有：黑色金属材料类下降19.91%、化工类下降12.06%。上升较大的有：建材类上升17.12%、木材类上升15.62%、一次转移价值的机电产品类上升9.83%。除了消费总值适度下降外，库存总值也相应下降，库存总值为95.98亿元，比上年下降7.15%。其中，能源类库存为9.90亿元，比上年下降40.85%，原材料类库存为86.08亿元，比上年下降0.63%。在原材料类中，库存下降较大的有：化工类下降32.47%、有色金属材料类下降7.91%。库存上升较大的有：建材类上升20.87%、黑色金属材料类上升6.50%、其他类上升5.31%。

二、消费总值仍以工业消费占主导地位

1997年，原材料、能源消费总值为778.68亿元，其中，工业消费为695.94亿元，占消费总值89.38%，虽然比重比上年下降0.57个百分点，但仍占主导地位。建筑业消费为53.58亿元，占消费总值6.88%；运输邮电业消费为25.91亿元，占消费总值3.33%，分别居消费总值的第二位和第三位。在工业消费中，按行业大类划分为36个行业，消费值比上年下降的有20个，占行业数55.56%，下降较大的有：石油和天然气开采业下降64.23%、医药制造业下降23.03%、煤气生产和供应业下降22.64%、自来水生产和供应业下降21.26%。消费值比上年上升的有16个行业，占行业数44.44%，上升较大的有：石油加工及炼焦业上升43.24%、专用设备制造业上升32.96%、有色金属冶炼及压延加工业上升29.35%。

三、原材料、能源消费基本符合生产发展趋势

从经济类型看，国有经济消费为319.97亿元，占消费总值的41.09%，比上年下降2.54%；港澳台投资经济消费为219.21亿元，占消费总值的28.15%，比上年下降10.91%；在消费总值中仍居前两位。外商投资经济消费为115.94亿元，比上年下降0.59%；集体经济消费为81.52亿元，比上年下降8.88%，在消费总值中分别排第三、第四位。港澳台投资经济在改革开放中得到迅猛发展，在我市的生产发展中已经和国有经济成为两大经济支柱，而原材料、能源消费也基本符合生产发展趋势。值得注意的是，在消费总值中，股份制经济和私营经济两种经济类型的消费上升，消费值分别为30.50亿元和0.94亿元，比上年上升2.69%和4.85倍，这两种经济类型是我市生产发展的新生力量，生产消费也与这一趋势相一致。

四、主要物资消费升降约各占一半，库存量减少较多

1997年，在31种主要物资消费中，比上年上升的有17种，占54.84%，下降的有14种，占45.16%。消费上升较大的品种有钢材（上升38.33%），水泥（上升7.85%），锯材（上升24.18%），原油（上升7.98%），热力（上升30.20%），电力（上升4.21%）。消费下降较大的有铜（下降34.46%），铝材（下降21.86%），汽油（下降24.67%），柴油（下降15.07%）。由于近年来原材料、能源供应相对宽松，企业生产用库存相对减少。在31种主要物资中，库存量下降的有16种，占51.61%，下降较大的有生铁（下降74.28%），铜（下降81.39%），铝（下降56.28%），铝材（下降34.83%），煤炭（下降40.49%），柴油（下降43.79%）。库存量上升的有11种，占35.48%，（其中4个品种没有库存量），库存上升较大的品种有铅（上升88.52%），合成橡胶（上升2.16倍）。

原材料、能源消费总值

按类别分

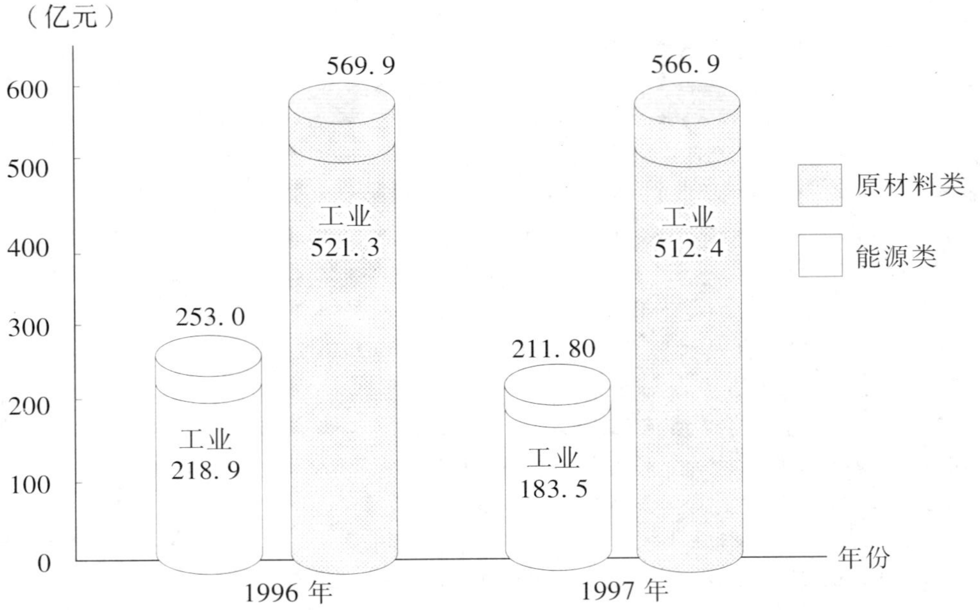

主要物资消费量

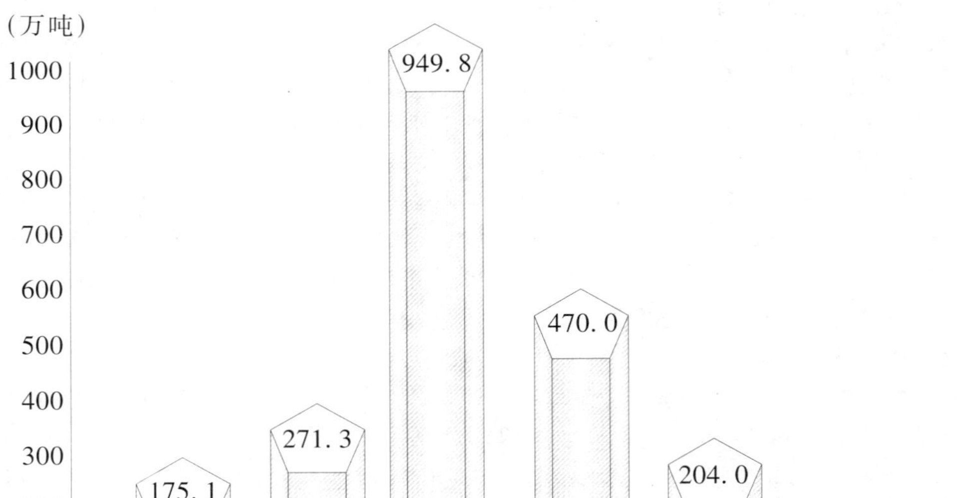

5-1　主要物资消费与库存量

单位:吨

物资名称	1996年		1997年	
	消费量	库存量	消费量	库存量
生铁	738833	25349	705275	6519
钢材	1693062	268598	1751338	255781
#铁道用钢材	7072	2538	8014	2884
普通大型钢材	17248	5219	16306	4491
普通中型钢材	81932	15770	103356	13647
普通小型钢材	348243	44572	380977	31083
钢带	114119	24727	113767	12805
线材	203988	12577	269447	13165
特厚钢板	1427	687	1703	492
中厚钢板	280363	51461	307121	35190
薄钢板	235254	45201	277003	60560
硅钢板	26005	3264	26988	2384
优质钢型材	29168	9283	27985	8389
无缝钢管	31052	8999	36960	10881
焊接钢管	64656	30416	48924	5694
铜	16639	6126	10905	1140
铝	37030	1448	34493	633
铅	7495	270	8653	509
锌	28855	524	26898	352
锡	211	47	778	57
铜材	19271	3232	26658	3454
铝材	32575	4192	25455	2732
硫酸	179323	4550	167494	3378
烧碱	58360	1781	56572	1623
纯碱	75462	4422	66934	4737
天然橡胶	30325	2790	30207	4382
合成橡胶	26365	2530	26119	7999
水泥	2515786	42653	2713181	36363
平板玻璃(重量箱)	397018	38910	172683	13764
原木(米^3)	790123	106308	793884	103840
#原木直接消费	580527		656467	
锯材(米^3)	232428	39299	274440	43879
润滑油	37642	3342	35378	3021
煤炭	10355912	1079879	9498489	642689
焦炭	294503	13409	304584	26730
焦炉煤气(万米^3)	9400		9580	
原油	4352868	143054	4700051	354635
汽油	151140	3796	113855	3981
煤油	382657	33059	388904	41662
柴油	646468	33889	549064	19048
燃料油	1978238	117163	2039613	89286
液化石油气	57768	11481	81188	4669
炼厂干气	141295		199960	
热力(百万千焦)	18192442		23693653	
电力(万千瓦.时)	901698		939657	

5—2 市区主要物资消费与库存量

单位:吨

物资名称	1996年		1997年	
	消费量	库存量	消费量	库存量
生铁	722775	24287	687431	5921
钢材	1264177	240265	1278962	235783
#铁道用钢材	7022	2313	7875	2864
普通大型钢材	14387	4735	14362	4238
普通中型钢材	54759	12929	67307	11356
普通小型钢材	261479	42421	274444	29356
钢带	102479	24262	95203	12635
线材	139153	11045	178052	12001
特厚钢板	1076	659	1571	456
中厚钢板	182941	42213	194931	28407
薄钢板	211797	42383	248832	56320
硅钢板	24671	3225	25549	2345
优质钢型材	18374	8389	26445	7967
无缝钢管	19647	8563	25571	10497
焊接钢管	51765	29017	45892	5285
铜	10194	596	4742	1128
铝	34789	1370	32078	545
铅	7468	261	8651	506
锌	28358	410	26100	306
锡	208	43	751	51
铜材	17443	3040	24191	3055
铝材	29602	3147	23835	2500
硫酸	136529	2493	114841	2194
烧碱	55003	1646	54455	1523
纯碱	72821	4263	63192	4668
天然橡胶	14316	1894	14882	2950
合成橡胶	12497	1219	14364	6854
水泥	1590969	27826	1774368	25192
平板玻璃(重量箱)	239790	28776	132436	13587
原木(米^3)	479951	93223	418352	94740
#原木直接消费	343487		354363	
锯材(米^3)	192760	38859	204955	41031
润滑油	34570	3215	31565	2839
煤炭	6957039	740974	5863936	408850
焦炭	289775	13035	299841	26337
焦炉煤气(万米^3)	9400		9580	
原油	4352868	143054	4700051	354635
汽油	105235	3467	90783	3732
煤油	382241	33055	388696	41661
柴油	578217	30911	473207	16419
燃料油	1652779	93199	1611087	71150
液化石油气	54075	11137	77021	4327
炼厂干气	141152		199919	
热力(百万千焦)	17124115		22626221	
电力(万千瓦.时)	707723		758785	

5—3 市属主要物资消费与库存量

单位:吨

物资名称	1996年		1997年	
	消费量	库存量	消费量	库存量
生铁	733366	25056	699274	6269
钢材	1236560	146595	1309742	144699
#铁道用钢材	303	320	327	173
普通大型钢材	10195	2819	5728	2372
普通中型钢材	46957	8830	65080	9206
普通小型钢材	234436	17372	318980	26106
钢带	105411	20905	104947	12784
线材	171870	10665	242732	12583
特厚钢板	891	470	1277	262
中厚钢板	141045	20904	167670	14333
薄钢板	165956	33495	219198	44236
硅钢板	25006	3032	25816	2240
优质钢型材	27692	7678	16122	6204
无缝钢管	24187	4232	26994	5270
焊接钢管	40758	4309	29590	3895
铜	16179	6096	10504	1091
铝	33020	1288	30879	371
铅	6081	171	6237	377
锌	28036	458	26025	267
锡	188	28	718	54
铜材	17158	2865	26199	3146
铝材	31255	3970	24992	2606
硫酸	178016	4500	165869	3366
烧碱	53345	1379	51449	1252
纯碱	75432	4404	66863	4732
天然橡胶	30325	2790	30198	4379
合成橡胶	26336	2525	25177	2704
水泥	1889425	32007	2213287	31037
平板玻璃(重量箱)	389955	37477	165689	13080
原木(米^3)	764690	104350	779365	103502
#原木直接消费	571706		646972	
锯材(米^3)	211948	37752	258459	41351
润滑油	16559	1508	16783	803
煤炭	8075077	925752	7529393	575513
焦炭	292858	13215	302904	26726
焦炉煤气(万米^3)	9400		9580	
原油			4521	423
汽油	134339	1339	101867	3796
煤油	8726	69	2712	82
柴油	274803	17773	244420	7587
燃料油	892804	58443	970991	52451
液化石油气	12242	10181	42940	4659
炼厂干气	235		1079	
热力(百万千焦)	9064508		7039460	
电力(万千瓦.时)	735534		743634	

5—4 原材料、能源消费、库存总值

（1997年）

单位：万元

项目	消费总值	工业消费	建筑消费	运输邮电消费	其他消费	库存总值
总计	7786751	6959425	535756	259130	32440	959788
按经济类型分						
国有经济	3199713	2668902	261048	245982	23781	469706
集体经济	815193	535332	269307	10198	356	55227
私营经济	9405	9298			107	521
联营经济	105326	105302		20	4	6538
股份制经济	305041	303885	5	76	1075	33811
外商投资经济	1159425	1155540	1023	872	1990	179450
港澳台投资经济	2192090	2180912	4373	1678	5127	214437
其他各种经济	558	254		304		98
按类别分						
能源类	2117681	1835472	25425	235747	21037	99038
原材料类	5669070	5123953	510331	23383	11403	860750
黑色金属材料类	686049	504721	172616	6348	2364	146222
有色金属材料类	302888	291754	10321	221	592	31959
化工类	990523	981773	5551	1959	1240	115266
建材类	379296	138794	237778	2406	318	21690
木材类	129990	94588	34569	804	29	18395
金属制品类	143611	133726	9184	513	188	25844
一次转移价值的机电产品类	688468	662160	18527	6132	1649	147613
其他类	2348245	2316437	21785	5000	5023	353761

5-5 主要物资消费量

（1997年）

单位：吨

行业	煤炭	焦炭	原油	燃料油	汽油
合计	9498489	304584	4700051	2039613	113855
采掘业	1654	1	58029	4	936
#木材加工及竹材采运业					
制造业	4939085	303537	4597908	553569	70455
#食品加工业	955045	431		4457	1000
食品制造业	117665	1		12468	10579
饮料制造业	82632			3846	1135
烟草加工业	7413				62
纺织业	110797	2045		72056	1901
服装及其他纤维制品制造业	3050			4827	5167
皮革、毛皮、羽绒及其制造业	599			4492	1998
木材加工及竹、藤、棕、草制造业	21209			954	250
家具制造业	12			2	352
造纸及纸制品业	487437			5103	938
印刷业、记录媒介的复制					729
文教体育用品制造业	9709				896
石油加工及炼焦业	522895		4597908	85250	1156
化学原料及化学制品制造业	702919	30092		141197	3881
医药制造业	58626			1193	1403
化学纤维制造业				1084	143
橡胶制品业	69386			27957	2560
塑料制品业	10435			8344	10259
黑色金属冶炼及压延加工业	182072	256643		98025	1155
有色金属冶炼及压延加工业	5121	1313		4351	499
金属制品业	5935	4368		1126	2314
电力、煤气及水的生产和供应业	4547611	220	44114	1045450	1184
#电力、蒸气、热水的生产和供应业	4500420	144	44114	993745	330
自来水的生产和供应业	3	76			482
建筑业	48	19		6723	9145
交通运输及邮电通信业	10091	807		433867	32135
#邮电通信业					308

5—5 续表1

单位:吨

行业	柴油	煤油	热力(百万千焦)	电力(万千瓦.时)	生铁
合计	**549064**	**388904**	**23693653**	**939657**	**705275**
采掘业	32388			49606	2
#木材加工及竹材采运业					
制造业	174993	2485	23693653	714084	699351
#食品加工业	8459		761769	26986	395
食品制造业	12262		609543	16329	14
饮料制造业	4793	82	876131	12414	
烟草加工业	143	1	64641	2964	
纺织业	13451	168	990191	26277	33
服装及其他纤维制造业	6227	56	6259	34722	
皮革、毛皮、羽绒及其制造业	13378	16		11266	
木材加工及竹、藤、棕、草制造业	939		250929	3810	
家具制造业	647	3	1326	1416	115
造纸及纸制品业	2174	30	1873373	45577	60
印刷业、记录媒介的复制	376	170		4313	8
文教体育用品制造业	4666	57		10381	373
石油加工及炼焦业	1298	17	16422495	44967	
化学原料及化学制品制造业	10802	352	198779	100465	277
医药制造业	4273	5	114103	6878	6
化学纤维制造业	1552		10065	5352	
橡胶制品业	2545		45	18048	939
塑料制品业	26384	12	71413	18200	2107
黑色金属冶炼及压延加工业	8889	16	1299131	70316	618677
有色金属冶炼及压延加工业	7326	344	73597	9699	
金属制品业	2472	354		12368	35572
电力、煤气及水的生产和供应业	26919	21		143253	691
#电力、蒸气、热水的生产和供应业	25589	21		83304	455
自来水的生产和供应业	543			57464	236
建筑业	40634	253		10275	2335
交通运输及邮电通信业	274130	386145		22439	2896
#邮电通信业	236			230	1

5—5 续表2

单位：吨

行业	钢材	铜材	铝材	原木直接消费（米³）	锯材（米³）
合计	1751338	26658	25455	656467	274440
采掘业	233				
#木材加工及竹材采运业					
制造业	1051651	26537	23922	434883	142454
#食品加工业	6856	7			8
食品制造业	9626	1		1	
饮料制造业	718	6	2		11
烟草加工业	7				
纺织业	194	17			
服装及其他纤维制品制造业	4335	5	32	15	
皮革、毛皮、羽绒及其制造业	832	1	139		171
木材加工及竹、藤、棕、草制造业	26			111696	10398
家具制造业	13898		34	22986	17473
造纸及纸制品业	1212	3	3	287148	3389
印刷业、记录媒介的复制	1417	5	17		5
文教体育用品制造业	9768	322	450	9400	89551
石油加工及炼焦业	20781			27	
化学原料及化学制品制造业	9020	20	43	40	143
医药制造业	439	2	47		8
化学纤维制造业	31	1			1
橡胶制品业	3017	3	1		
塑料制品业	986	18	79		
黑色金属冶炼及压延加工业	84921	5	56	5	2186
有色金属冶炼及压延加工业	502	7356	27		
金属制品业	347378	1739	10574	52	448
电力、煤气及水的生产和供应业	6678	12	21	3	36
#电力、蒸气、热水的生产和供应业	3783	8	21	1	23
自来水的生产和供应业	1201	4		2	13
建筑业	622321	67	1486	220886	128246
交通运输及邮电通信业	70455	42	26	695	3704
#邮电通信业	108	21			

5-6 工业企业能源加工转换情况

（1997年）

项目	单位	火力发电	供热	炼焦	炼油	制气
投入量合计	万吨标准煤	－589.50	－93.95	－29.35	－656.86	－13.05
产出量合计	万吨标准煤	203.21	78.06	25.52	647.63	7.28
加工转换损失量	万吨标准煤	－386.29	－15.89	－3.83	－9.23	－5.77
加工转换效率	%	34.47	83.09	86.95	98.59	55.79
原煤	万吨	－605.71	－109.70			－2.76
洗精煤	万吨	－0.07	－0.16	－30.81		
其他煤气	亿米^3	－3.09	－2.17			0.78
焦炭	万吨			22.26		
原油	万吨	－6.32			－459.79	
燃料油	万吨	－90.65	－0.76		26.50	－5.17
汽油	万吨				117.63	
煤油	万吨				29.60	
柴油	万吨	－8.60	－0.24		143.98	－0.02
液化石油气	万吨				13.81	－1.40
炼厂干气	万吨	－0.59	－2.09		19.89	－0.10
焦炉煤气	亿米^3			0.37		
其他石油制品	万吨				54.97	
其他焦化产品	万吨			1.42		
热力	万百万千焦		2289.19			
电力	亿千瓦.时	165.35				
其他能源	万吨标准煤	－3.31	－9.00	－0.60	48.67	－0.97

5-7 地区能源平衡表(实物量)

(1997年)

项目	原煤(万吨)	洗精煤(万吨)	其他洗煤(万吨)	煤制品万吨	焦炭(万吨)	焦炉煤气(亿米³)	其他煤气(亿米³)
可供本地区消费的能源量	1243.67	31.21		0.08	26.21		−0.04
年初库存量	117.99	8.59		0.14	1.43		
一次能源生产量	4.62						
回收能							
外省(区、市)调入量	1193.98	26.90			27.45		
进口量							
我轮、机在外国加油量							
本省(区、市)调出量(一)	−0.12						
出口量(一)							
外轮、机在我国加油量(一)							
年末库存量(一)	−72.80	−4.28		−0.06	−2.67		−0.04
加工转换投入(一)产出(+)量	−720.91	−31.04		2.82	22.26	0.37	0.78
火力发电	−605.71	−0.07					
供热	−109.70	−0.16					
洗选煤							
炼焦		−30.81			22.26	0.37	
炼油							
制气	−2.76						0.78
#焦炭再投入量(一)							
煤制品加工	−2.74			2.82			
损失量	17.90						
#运输和输配损失	8.90						
终端消费量	504.86	0.17		2.90	48.47	0.37	0.74
第一产业	4.74				0.01		
农、林、牧、渔业	4.74				0.01		
第二产业	466.94	0.17		0.03	48.30	0.31	
工业	466.90	0.17		0.03	48.30	0.31	
#用作原料、材料	77.88				0.08		
建筑业	0.04						
第三产业	15.04			0.76	0.16		0.06
交通运输、仓储及邮电通讯业	0.95				0.08		
批发和零售贸易业、餐饮业	13.33			0.76			0.03
其他	0.76				0.08		0.03
生活消费	18.14			2.11		0.06	0.68
城镇	16.73			1.91		0.06	0.68
乡村	1.41			0.20			
平衡差额							
消费量合计	1243.67	31.21		2.90	48.47	0.37	0.74

5-7 续表1

项目	原油（万吨）	汽油（万吨）	煤油（万吨）	柴油（万吨）	燃料油（万吨）	液化石油气（万吨）	炼厂干气（万吨）
可供本地区消费的能源量	470.61	-55.91	9.78	-50.83	183.73	5.59	
年初库存量	37.31	4.11	10.36	7.10	12.91	2.11	
一次能源生产量	1295.47						
回收能							
外省(区、市)调入量	16.52	0.45	18.24	26.92	105.91	9.54	
进口量	475.30		4.50	0.20	65.65	0.06	
我轮、机在外国加油量				5.45	10.73		
本省(区、市)调出量(-)	-721.48	-44.39	-13.66	-69.17		-2.72	
出口量(-)	-567.76	-10.77	-2.97	-12.90	-0.59	-2.93	
外轮、机在我国加油量(-)			-1.16	-0.38	-0.84		
年末库存量(-)	-64.75	-5.31	-5.53	-8.05	-10.04	-0.47	
加工转换投入(-)产出(+)量	-466.11	117.63	29.60	135.12	-70.08	12.41	17.11
火力发电	-6.32			-8.60	-90.65		-0.59
供热				-0.24	-0.76		-2.09
洗选煤							
炼焦							
炼油	-459.79	117.63	29.60	143.98	26.50	13.81	19.89
制气				-0.02	-5.17	-1.40	-0.10
#焦炭再投入量(-)							
煤制品加工							
损失量	4.50						
#运输和输配损失							
终端消费量		61.72	39.38	84.29	113.65	18.00	17.11
第一产业		0.32	0.23	6.31			
农、林、牧、渔业		0.32	0.23	6.31			
第二产业		15.25	0.34	40.31	69.06	6.04	17.11
工业		14.06	0.29	36.11	68.56	6.03	17.11
#用作原料、材料					2.21		
建筑业		1.19	0.05	4.20	0.50	0.01	
第三产业		38.16	38.81	37.67	44.59	0.92	
交通运输、仓储及邮电通讯业		26.50	38.62	28.78	39.95	0.20	
批发和零售贸易业、餐饮业		0.65		3.54	0.47	0.06	
其他		11.01	0.19	5.35	4.17	0.66	
生活消费		7.99				11.04	
城镇		7.99				7.62	
乡村						3.42	
平衡差额							
消费量合计	470.61	61.72	39.38	93.15	210.23	19.40	19.89

5—7 续表 2

项　　目	天然气（亿米³）	其他石油制品（万吨）	其他焦化产品（万吨）	热力（万百万千焦）	电力（亿千瓦·时）	其他能源（万吨）
可供本地区消费的能源量	0.48	—5.09			13.28	14.19
年初库存量		1.87				
一次能源生产量					17.04	
回收能	0.48					19.80
外省(区、市)调入量		0.59				
进口量						
我轮、机在外国加油量		1.06				
本省(区、市)调出量(—)		—7.87			—3.76	
出口量(—)						
外轮、机在我国加油量(—)						
年末库存量(—)		—0.74				—5.61
加工转换投入(—)产出(+)量		54.97	1.42	2289.19	165.35	34.78
火力发电					165.35	—3.31
供热				2289.19		—9.00
洗选煤						
炼焦			1.42			—0.61
炼油		54.97				48.67
制气						—0.97
#焦炭再投入量(—)						
煤制品加工						
损失量					9.18	
#运输和输配损失					9.18	
终端消费量	0.48	49.88	1.42	2289.19	169.45	48.97
第一产业		0.27			2.92	
农、林、牧、渔业		0.27			2.92	
第二产业	0.48	46.53	1.42	2255.15	100.62	48.97
工业	0.48	46.21	1.42	2255.15	97.99	48.97
#用作原料、材料		28.80				
建筑业		0.32			2.63	
第三产业		3.08		34.04	35.75	
交通运输、仓储及邮电通讯业		1.99			3.09	
批发和零售贸易业、餐饮业					17.99	
其他		1.09		34.04	14.67	
生活消费					30.16	
城镇					19.63	
乡村					10.53	
平衡差额						
消费量合计	0.48	49.88	1.42	2289.19	178.63	62.86

5-8 地区能源平衡表(标准量)

(1997年)　　单位:万吨标准煤

项　　目	原　煤	洗精煤	其他洗煤	煤制品	焦　炭	焦炉煤气	其他煤气
可供本地区消费的能源量	888.35	28.09		0.05	25.46		−0.37
年初库存量	84.28	7.73		0.09	1.39		
一次能源生产量	3.30						
回收能							
外省(区、市)调入量	852.86	24.21			26.66		
进口量							
我轮、机在外国加油量							
本省(区、市)调出量(−)	−0.09						
出口量(−)							
外轮、机在我国加油量(−)							
年末库存量(−)	−52.00	−3.85		−0.04	−2.59		−0.37
加工转换投入(−)产出(+)量	−514.95	−27.93		1.71	21.62	2.27	7.24
火力发电	−432.66	−0.06					
供热	−78.36	−0.14					
洗选煤							
炼焦		−27.73			21.62	2.27	
炼油							
制气	−1.97						7.24
#焦炭再投入量(−)							
煤制品加工	−1.96			1.71			
损失量	12.79						
#运输和输配损失	6.36						
终端消费量	360.61	0.16		1.76	47.08	2.27	6.87
第一产业	3.38				0.01		
农、林、牧、渔业	3.38				0.01		
第二产业	333.53	0.16		0.02	46.91	1.90	
工业	333.50	0.16		0.02	46.91	1.90	
#用作原料、材料	55.63				0.08		
建筑业	0.03						
第三产业	10.74			0.46	0.16		0.56
交通运输、仓储及邮电通讯业	0.68				0.08		
批发和零售贸易业、餐饮业	9.52			0.46			0.28
其他	0.54				0.08		0.28
生活消费	12.96			1.28		0.37	6.31
城镇	11.95			1.16		0.37	6.31
乡村	1.01			0.12			
平衡差额							
消费量合计							

5-8 续表1

单位：万吨标准煤

项目	原油	汽油	煤油	柴油	燃料油	液化石油气	炼厂干气
可供本地区消费的能源量	672.32	-82.27	14.38	-74.06	262.48	9.58	
年初库存量	53.30	6.05	15.24	10.35	18.44	3.62	
一次能源生产量	1850.71						
回收能							
外省(区、市)调入量	23.61	0.66	26.84	39.23	151.30	16.35	
进口量	679.01		6.62	0.29	93.79	0.10	
我轮、机在外国加油量				7.94	15.33		
本省(区、市)调出量(-)	-1030.71	-65.32	-20.10	-100.79		-4.66	
出口量(-)	-811.10	-15.85	-4.37	-18.80	-0.84	-5.02	
外轮、机在我国加油量(-)			-1.71	-0.55	-1.20		
年末库存量(-)	-92.50	-7.81	-8.14	-11.73	-14.34	-0.81	
加工转换投入(-)产出(+)量	-665.89	173.08	43.55	196.88	-100.12	21.27	26.89
火力发电	-9.03			-12.53	-129.50		-0.93
供热				-0.35	-1.09		-3.28
洗选煤							
炼焦							
炼油	-656.86	173.08	43.55	209.79	37.86	23.67	31.26
制气				-0.03	-7.39	-2.40	-0.16
#焦炭再投入量(-)							
煤制品加工							
损失量	6.43						
#运输和输配损失							
终端消费量		90.81	57.93	122.82	162.36	30.85	26.89
第一产业		0.46	0.34	9.19			
农、林、牧、渔业		0.46	0.34	9.19			
第二产业		22.44	0.50	58.74	98.66	10.35	26.89
工业		20.69	0.43	52.62	97.94	10.33	26.89
#用作原料、材料					3.16		
建筑业		1.75	0.07	6.12	0.72	0.02	
第三产业		56.15	57.09	54.89	63.70	1.58	
交通运输、仓储及邮电通讯业		38.99	56.81	41.94	57.07	0.34	
批发和零售贸易业、餐饮业		0.96		5.16	0.67	0.10	
其他		16.20	0.28	7.79	5.96	1.14	
生活消费		11.76				18.92	
城镇		11.76				13.06	
乡村						5.86	
平衡差额							
消费量合计							

5—8 续表 2

单位：万吨标准煤

项目	天然气	其他石油制品	其他焦化产品	热力	电力	其他能源	合计(当量值)	合计(电热等价值)
可供本地区消费的能源量	5.83	-6.46			16.32	14.19	1773.89	1804.79
年初库存量		2.37					202.86	202.86
一次能源生产量					20.94		1874.95	1914.60
回收能	5.83					19.80	25.63	25.63
外省(区、市)调入量		0.75					1162.47	1162.47
进口量							779.81	779.81
我轮、机在外国加油量		1.35					24.62	24.62
本省(区、市)调出量(—)		-9.99			-4.62		-1236.28	-1245.03
出口量(—)							-855.98	-855.98
外轮、机在我国加油量(—)							-3.46	-3.46
年末库存量(—)		-0.94				-5.61	-200.73	-200.73
加工转换投入(—)产出(+)量		69.81	1.64	78.06	203.22	34.78	-426.87	-27.91
火力发电					203.22	-3.31	-384.80	
供热				78.06		-9.00	-14.16	
洗选煤								
炼焦			1.64			-0.61	-2.81	-2.81
炼油		69.81				48.67	-19.17	-19.17
制气						-0.97	-5.68	-5.68
#焦炭再投入量(—)								
煤制品加工							-0.25	-0.25
损失量					11.28		30.50	51.85
#运输和输配损失					11.28		17.64	39.00
终端消费量	5.83	63.35	1.64	78.06	208.26	48.97	1316.52	1725.03
第一产业		0.34			3.59		17.31	24.13
农、林、牧、渔业		0.34			3.59		17.31	24.13
第二产业	5.83	59.10	1.64	76.90	123.66	48.97	916.20	1164.30
工业	5.83	58.69	1.64	76.90	120.43	48.97	903.85	1145.84
#用作原料、材料		36.58					95.45	95.45
建筑业		0.41			3.23		12.35	18.46
第三产业		3.91		1.16	43.94		294.34	377.74
交通运输、仓储及邮电通讯业		2.53			3.80		202.24	209.44
批发和零售贸易业、餐饮业					22.11		39.26	81.11
其他		1.38		1.16	18.03		52.84	87.19
生活消费					37.07		88.67	158.86
城镇					24.13		68.74	114.43
乡村					12.94		19.93	44.43
平衡差额								
消费量合计				84.65	34.56		1773.89	1804.79

主要统计指标解释

【能源消费总量】指一定时期内全国(地区)物质生产部门、非物质生产部门和生活消费的各种能源的总和,是观察能源消费水平、构成和增长速度的总量指标,能源消费总量包括原煤和原油及其制品、天然气、电力。不包括低热值燃料、生物质能和太阳能等的利用。能源消费总量分为三部分,即终端能源消费量、能源加工转换损失量和损失量。

(1)终端能源消费量 指一定时期内全国(地区)物质生产部门、非物质生产部门和生活消费的各种能源在扣除了用于加工转换二次能源消费量和损失量以后的数量。

(2)能源加工转换损失量 指一定时期内全国(地区)投入加工转换的各种能源数量之和与产出各种能源产品之和的差额。它是观察能源在加工转换过程中损失量变化的指标。

(3)能源损失量 指一定时期内能源在输送、分配、储存过程中发生的损失和由客观原因造成的各种损失量。不包括各种气体能源放空、放散量。

【能源加工转换效率】指一定时期内能源经过加工、转换后,产出的各种能源产品的数量与同期内投入加工转换的各种能源数量的比率。它是观察能源加工转换装置和生产工艺先进与落后、管理水平高低等的重要指标。计算公式:

$$能源加工转换效率=\frac{能源加工、转换产出量}{能源加工、转换投入量}\times 100\%$$

第六篇

财政、金融和保险业

财政收支增长　金融运行稳定

1997 年，广州市国民经济保持了持续稳定快速增长和低通胀的良好态势，在经济发展的同时，广州市财政收支持续增长，金融运行平稳正常，保证了我市经济建设和社会各项事业的资金需要。

财政收支持续稳步增长。1997 年，广州市地方财政收支完成情况良好，全市地方财政收入完成 106.07 亿元，比上年增长 20.39%，其中一般预算收入 97.72 亿元，增长 21.48%。地方财政支出 146.92 亿元，比上年增长 17.42%，其中一般预算支出 138.99 亿元，增长 18.70%。

财政收支基本情况：1. 工商税收稳步增长。全年工商税收入库 78.32 亿元，比上年增长 12.84%，其中：增值税、营业税、涉外企业所得税和个人所得税等主体税种分别比上年增长 9.33%、11.55%、30.96%和 37.01%，共占工商税收增收额的 92.21%；2. 企业所得税及上缴利润入库增加。全年企业所得税及上缴利润 9.55 亿元，比上年增长 18.53%；3. 罚没收入、行政性收费增收较大。全年罚没收入、行政性收费入库 11.70 亿元，比上年增长 64.76%；4. 上缴中央和省的财政收入保持增长。全年全市上缴中央增值税(75%)、消费税共计 89.13 亿元，比上年增长 15.65%，上缴省共享四税收入 30.25 亿元，比上年增长 18.17%；5. 财政支出加大了生产建设和重点项目的投入。基本建设支出、企业挖潜改造资金支出、科技三项费用支出和支援农村生产支出增长较大，分别比上年增长 31.12%、17.88%、58.85%和 10.60%。

金融信贷资金运行平稳。1997 年，广州市金融机构继续执行适度从紧的货币政策，加大力度调整信贷结构和控制现金投放，加强防范和化解金融风险。全年全市金融机构各项存款增势平缓，各项贷款增幅回升，现金投放有所增加，金融运行平稳。

1997 年末，全市金融机构各项存款余额 3497.65 亿元，其中市属金融机构各项存款余额 2921.59 亿元，比年初增加 487.97 亿元，增长 20.05%。全市金融机构各项贷款余额 2166.01 亿元，其中市属金融机构各项贷款余额 1810.98 亿元，比年初增加 279.27 亿元，增长 18.23%。各项存贷款增量均以国家商业银行为主，占新增存贷款量的 76%以上。

信贷资金运行基本情况：1. 企业存款稳中有升。1997 年末，全市金融机构企业存款余额 1534.09 亿元，其中市属金融机构企业存款余额 1217.57 亿元，比年初增加 203.76 亿元，增长 20.09%。企业存款增加较多的主要是交通、通讯和电力等部门；2. 储蓄存款增势放缓。1997 年末，全市居民储蓄存款余额 1586.60 亿元，比年初增加 293.37 亿元，增长 22.69%，同比少增 38.37 亿元，增幅下降 11.81 个百分点；3. 贷款结构有所调整。1997 年，我市金融机构在增加贷款投放的同时，调整信贷结构，提高信贷质量。1997 年末，在贷款结构中短期贷款余额 1638.23 亿元，中长期贷款余额 309.78 亿元。新增贷款主要用于国有大中型企业和产品有销路、有盈利的企业以及一批重点项目；4. 现金投放继续增加。1997 年，现金净投放 44.89 亿元，比上年多投放 31.17 亿元，各金融机构备付率正常稳定。

保险业务发展势头良好。1997 年，广州市保险业务在经济持续稳定增长的环境中，国内财产保险和人身保险业务均比上年有较大的增长。参加财产保险的企业和参加家庭财产保险的居民比上年增加，参加各种人身保险的人数大幅度增长。全年全市国内财产保险承保金额 8923.92 亿元，比上年增长 13.34%，保险业务总收入 23.63 亿元，增长 0.20%。责任保险、信用保险、保证保险和农业保险等险种的保险业务收入均比上年增加。

1997 年，全市国内人身保险增长较快，人身保险保费 24.12 亿元，其中个人人身保险保费 5.53 亿元，比上年增长 1.06 倍。在个人人身保险保费中，人寿保险 5.15 亿元，比上年增长 1.63 倍，占个人人身保险保费的 93.21%。人身保险期满给付 12.15 亿元，死亡医疗给付 6709 万元。

财政收支(按当年口径)

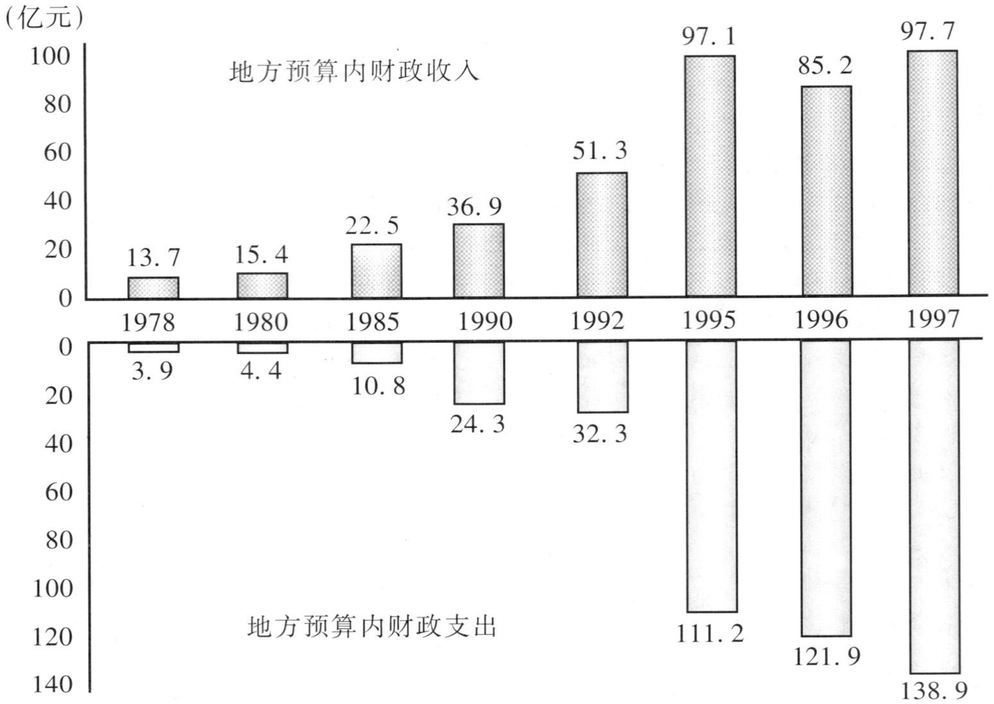

金融机构存、贷款余额

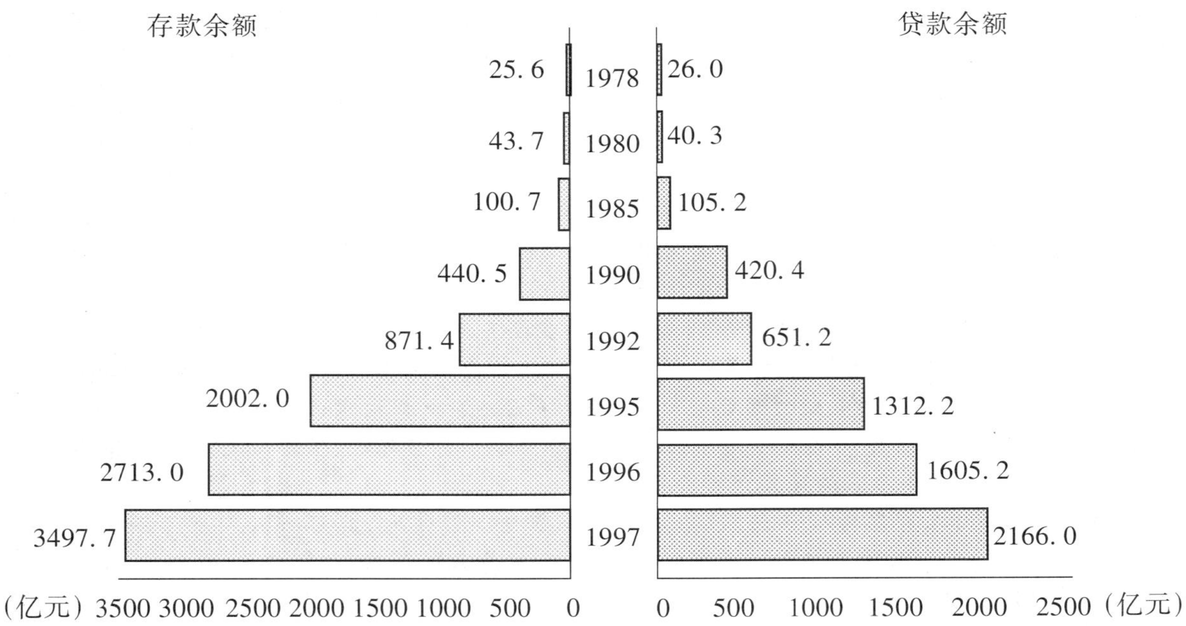

6-1 地方财政收入

(1997年)

单位：万元

项目	全市	市区	番禺市	花都市	增城市	从化市
地方财政收入合计	1060692	914300	83253	24633	24367	14139
一般预算收入	977155	838644	78426	23337	23454	13294
工商税收	783234	675600	63264	18150	16438	9782
#增值税	211739	181969	17369	5111	4817	2473
营业税	287818	243196	27645	7194	6207	3576
个人所得税	74849	65897	4451	1840	1865	796
外商投资企业、外国企业所得税	59737	53652	4142	445	182	1316
城市维护建设税	84138	75154	4980	1882	1347	775
农牧业税和耕地占用税	40326	26549	8265	2329	1986	1197
企业所得税	93471	84446	4800	1645	1935	645
国有企业上缴利润	2025	1849	176			
国有企业计划亏损补贴	-82173	-81000	-1166	-7		
其他收入	23269	23268				1
罚没收入、行政性收费收入	117003	107932	3087	1220	3095	1669
基金预算收入	83537	75656	4827	1296	913	845
#城市教育费附加收入	33777	29286	2902	492	704	393
排污费收入	16641	14672	1093	583	134	159
附：上级补助收入	415665	360033	21289	11979	10854	11510
#税收返还收入	336601	299876	15494	8036	7782	5413

注：1."一般预算收入"为原"预算内收入"，"基金预算收入"为原"预算外收入"；2.一般预算收入加城市教育费附加收入和排污费收入为1027573万元。

6-2 地 方 财 政 支 出

（1997 年）　　　　单位：万元

项　目	全　市	市　区	番禺市	花都市	增城市	从化市
地方财政支出合计	**1469219**	**1253842**	**111080**	**38166**	**39399**	**26732**
一般预算财政支出	1389944	1183698	105852	36687	38110	25597
基本建设支出	196042	187951	6436	893	309	453
企业挖潜改造资金	150364	145018	3671	753	247	675
科技三项费用	19518	17251	360	1504	236	167
流动资金支出	2260	2260				
支援农村生产支出	38504	19126	11146	2283	3080	2869
农林水利气象等事业费	17210	11750	2506	1092	754	1108
工交等部门的事业费	10732	10391	74	153	70	44
商业部门事业费	1419	1419				
城市维护费	117010	106010	7787	2153	530	530
文教事业费	180482	126265	29429	7544	10614	6630
# 教育事业费	144254	97028	24888	6757	9645	5936
科学事业费	10030	9314	512	103	59	42
其他部门事业费	60271	44283	7171	5399	1767	1651
抚恤和社会福利救济费	19121	14700	1423	918	1290	790
行政管理费	89621	75519	4858	3584	3475	2185
武装警察部队支出	353	230	70		36	17
公检法支出	163363	143783	9616	2447	4990	2527
政策性补贴支出	17050	14221	1084	839	796	110
支援不发达地区支出	3613	3417	54	20	74	48
其他支出	144135	127824	6809	2668	4795	2039
农业综合开发支出	3605	2632	544		276	153
卫生经费	79570	66088	7677	1521	2503	1781
行政事业离退休经费	65671	54246	4625	2813	2209	1778
基金预算支出	79275	70144	5228	1479	1289	1135
#城市教育费附加支出	27750	21651	3322	782	1155	840
排污费支出	14330	12390	1093	583	134	130
附：上解支出	2306	1948	53		305	

注：1．“一般预算支出”为原“预算内支出”，“基金预算支出”为原“预算外支出”；2．一般预算支出加城市教育费附加支出和排污费支出为 1432024 万元。

6-3 金融机构信贷资金平衡表

（1997 年末）　　单位：万元

项　　目	全　市	市　区	番禺市	花都市	增城市	从化市
资金来源合计	**23886852**	**19575501**	**2076462**	**900805**	**942283**	**391801**
各项存款	34976549	29636441	2896192	988597	1068832	386487
企业存款	15340929	13894362	771472	249259	303022	122814
财政存款	1295858	1235574	32333	25013	1784	1154
机关团体存款	464346	452125	7831	1425	1105	1860
城乡储蓄存款	15865996	12384942	1894823	623613	711703	250915
农业存款	749588	504282	144629	46903	44685	9089
信托存款	206460	162373	29994	11374	2514	205
委托存款	797066	797066				
其他存款	256306	205717	15110	31010	4019	450
金融债券	22040	22030	7	2	1	
国家投资债券						
证券业务款项	78189	78189				
所有者权益	1078100	1005603	66214	18053	−17385	5615
其他	−12268026	−11166762	−885951	−105847	−109165	−301
资金运用合计	**23886852**	**19575501**	**2076462**	**900805**	**942283**	**391801**
各项贷款	21660056	17594814	1945626	862151	885859	371606
短期贷款	16382300	13118144	1592804	662793	719498	289061
#工业贷款	4153051	3378378	362135	160750	183815	67973
商业贷款	5059313	4248139	331461	158092	237617	84004
农业贷款	439992	313296	46038	19201	34721	26736
中长期贷款	3097829	2668194	198427	88720	76942	65546
信托贷款	427898	384051	29902	11115	2821	9
融资租赁	18765	18765				
委托贷款	793884	793884				
其他类贷款	939380	611776	124493	99523	86598	16990
国家投资债券贷款	12020	11620	400			
有价证券及投资	1083586	1029323	31840	8568	11724	2131
证券业务占款	70785	70785				
其他	708770	612774	50156	15980	20095	9765
库存现金	351635	256185	48440	14106	24605	8299

注：本表包括广州市各银行、省银行在广州的直属支行及其他金融机构数字。

6—4 金融机构信贷资金平衡表

（1997年末、不包省行）

单位：万元

项　　目	年末余额	项　　目	年末余额
资金来源合计	**19492308**	**资金运用合计**	**19492308**
各项存款	29215918	各项贷款	18109753
企业存款	12175737	短期贷款	14086754
财政存款	85652	＃工业贷款	3534751
机关团体存款	409160	商业贷款	4220261
城乡储蓄存款	15400749	农业贷款	418901
农业存款	738210	中长期贷款	2565070
信托存款	47306	信托贷款	147608
委托存款	126491	融资租赁	6107
其他存款	232613	委托贷款	446374
金融债券	21470	逾期类贷款	857840
国家投资债券		国家投资债券贷款	2020
证券业务款项	59353	有价证券及投资	720198
所有者权益	427872	证券业务占款	59149
其他	—10232305	委托投资	6329
		金银占款	14845
		外汇占款	242147
		库存现金	337867

注：本表为广州市人民银行监管的金融机构数字。

6—5 城乡居民储蓄存款

单位：万元

项　　目	1995年	1996年	1997年
城乡居民储蓄存款余额	**9614883**	**12932258**	**15865996**
城镇居民储蓄存款余额	7854269	10845770	13462824
＃市工商银行	3563490	4882621	5914203
市农业银行	964997	1302940	1573916
市中国银行	1246684	1600376	1812781
市建设银行	898518	1347873	1931827
市交通银行	256037	342430	336487
城市合作银行	539523	680747	719110
邮政储蓄	97814	142902	218687
农村居民储蓄存款余额	1760614	2086488	2403172

6—6 银行现金收支

(1997 年)　　　　单位:万元

项目	全市	市区	番禺市	花都市	增城市	从化市
现金收入合计	**75927415**	**59854662**	**8047192**	**2671641**	**4098327**	**1255593**
#商品销售收入	6845867	5678321	511851	255545	294390	105760
服务事业收入	2589691	2241110	152246	52131	105566	38638
税款收入	167780	121342	21651	8535	8219	8033
城乡个体经营收入	1391833	845491	152814	101786	246755	44987
储蓄存款收入	53844456	41646964	6208905	1882418	3168098	938071
其他金融机构收入	969531	651085	282142	17795	15553	2956
汇兑收入	741711	594906	96894	25769	19901	4241
债券收入	277311	258699	5251	6043	6747	571
现金支出合计	**76376318**	**59322876**	**8733076**	**2689300**	**4303518**	**1327548**
#工资和对个人支出	4429841	3483577	421401	282148	152515	90200
#国家工资支出	1319097	1100698	76500	56948	44767	40184
国家奖金支出	587443	510663	31904	14756	20616	9504
国家对个人其他支出	1119440	881985	45322	152039	20779	19315
集体单位工资奖金支出	830588	549463	185818	41325	40405	13577
行政企事业管理费支出	2863033	2488791	153623	82028	105703	32888
城乡个体经营支出	1554001	882828	192103	77887	351441	49742
储蓄存款支出	54298099	41572693	6621134	1838148	3301462	964662
其他金融机构支出	881730	614509	230502	11519	16789	8411
汇兑支出	440334	403091	25432	3161	4449	4201
债券支出	295133	287119	4652	1255	825	1282
现金净回笼(—)净投放(+)	**448903**	**—531786**	**685884**	**17659**	**205191**	**71955**

6-7 国内财产保险业务情况

（1997 年）　　单位：万元

项　　目	全　市	市　区	番禺市	花都市	增城市	从化市
保险金额	**89239247**	**83401879**	**3615658**	**922321**	**868874**	**430515**
财产保险	85332507	79730761	3428138	908192	845974	419442
责任保险	2995138	2796967	152547	14129	20440	11055
信用保险	54583	53740	825			18
保证保险	818794	809657	6677		2460	
农业保险	38225	10754	27471			
保险业务总收入	**236309**	**203215**	**17947**	**6538**	**5467**	**3142**
按来源分						
保费收入	210882	182515	15160	5612	4885	2710
储金收入	25427	20700	2787	926	582	432
按险种分						
财产保险	227568	196499	16453	6324	5251	3041
责任保险	7240	5344	1368	214	213	101
信用保险	196	203	－7			
保证保险	1069	1038	28		3	
农业保险	236	131	105			
赔付给付件数（件）	69261	49769	7822	3364	4335	3971
保险业务总支出	**72637**	**53533**	**8323**	**3388**	**4066**	**3327**
财产保险	68391	51794	6104	3347	3896	3250
责任保险	3631	1588	1761	41	164	77
信用保险	139	139				
保证保险	22	11	11			
农业保险	454	1	447		6	

6-8 国内人身保险业务情况

（1997 年）　　　　单位：万元

项目	全市	市区	番禺市	花都市	增城市	从化市
个人人身保险						
保费	55262	47089	4235	1391	1184	1363
人寿保险	51508	43726	4066	1308	1133	1275
意外伤害保险	1048	944	48	27	18	11
健康保险	2706	2419	121	56	33	77
期满给付	5	5				
人寿保险	5	5				
意外伤害保险						
健康保险						
死亡医疗给付	852	761	31	25	13	22
人寿保险	222	189	11	7	5	10
意外伤害保险	121	113	4	2	1	1
健康保险	509	459	16	16	7	11
储金有效余额						
团体人身保险						
保费	185943	162366	11306	4152	4133	3986
人寿保险	172101	151128	9321	3976	3892	3784
意外伤害保险	5957	5328	333	139	90	67
健康保险	7885	5910	1652	37	151	135
期满给付	121477	106687	5053	3347	3014	3376
人寿保险	120975	106290	4978	3318	3014	3375
意外伤害保险	502	397	75	29		1
健康保险						
死亡医疗给付	5857	3716	1652	75	232	182
人寿保险	1972	1602	244	35	55	36
意外伤害保险	766	536	95	28	38	69
健康保险	3119	1578	1313	12	139	77
储金有效余额	2273	2071	57	68	27	50
本年承保或期末有效合同						
人数（人次）	6324901	5103669	698070	143514	209119	170529
件数（件）	5022177	3932268	669475	139751	184805	95878
保额	30071160	27973393	1448937	199227	248625	200978

注：由于人身保险险种的划分变化，“期满给付”的个人和团体数与上年不可比。

主要统计指标解释

【中央财政收入和地方财政收入】 按财政体制划分的中央本级收入和地方本级收入。1994年分税制财政体制以后，属于中央财政的收入包括关税、海关代征消费税和增值税，消费税，中央企业所得税，地方银行和外资银行及非银行金融企业所得税，铁道、银行总行、保险总公司等集中缴纳的营业税、所得税、利润和城市维护建设税，增值税75%部分，海洋石油资源税和证券(印花)税50%部分。属于地方财政的收入包括营业税、地方企业所得税、个人所得税、城镇土地使用税、固定资产投资方向调节税、城镇维护建设税、房产税、车船使用税、印花税，屠宰税，农牧业税、农业特产税，耕地占用税，契税，增值税25%部分，证券交易税(印花税)的50%部分和除海洋石油资源税以外的其他资源税。

【中央财政支出和地方财政支出】 根据政府在经济和社会活动中的不同职责，划分中央和地方政府的责权，按照政府的责权划分确定的支出。中央财政支出包括国防支出，武装警察部队支出，中央级行政管理费和各项事业费，重点建设支出以及中央政府调整国民经济结构、协调地区发展，实施宏观调控的支出。地方财政支出主要包括地方行政管理和各项事业费，地方统筹的基本建设、技术改造支出，支援农村生产支出，城市维护和建设经费，价格补贴支出等。

【地方财政预算内收入】 指按国家预算收入科目规定，除"预算调拨收入类"以外的，属于各市负责组织征收、筹集的财政资金。主要项目有：1.工商税收类；2.关税类；3.农牧业税和耕地占用税类；4.企业所得税及上缴利润类；5.国有企业亏损补贴类；6.国家能源交通重点建设基金收入类；7.债务收入类；8.专项收入；9.基本建设贷款归还收入；10.其他收入类。

【地方财政预算内支出】 指城市政府为满足城市经济、文化建设和军政费用等方面资金的需要，为实现地方政府职能，对筹集的财政资金按照预算科目进行有计划的分配和使用。地方财政预算内支出的项目根据财政部的规定每年都有适当调整，其中主要项目有：1.基本建设支出类；2.企业挖潜改造资金类；3.工业交通等部门的事业费类；4.城市维护费类；5.文教卫生事业费类；6.科学事业费类；7.简易建筑费类；8.地质勘探费类；9.流动资金类；10.支援农村生产支出类；11.商业部门事业费类；12.城镇青年就业经费类；13.抚恤和社会福利救济费类；以及其他支出类。

【信贷资金】 国家银行用于发放贷款的资金叫信贷资金。中国人民银行信贷资金的来源有各项存款、对国际金融机构负债、流通中货币、银行自有资金及当年结益等。信贷资金的运用有各项贷款、黄金款、外汇占款、财政借款及在国际金融机构中的资产等。

【存款】 企业、机关、团体或居民根据可以收回的原则，把货币资金存入银行或其他信用机构保管并取得一定利息的一种信用活动形式。根据存款对象的不同可划分为企业存款、财政存款、机关团体存款、基本建设存款、城镇储蓄存款、农村存款等科目。它是银行信贷资金的主要来源。

【贷款】 银行或其他信用机构根据必须归还的原则，按一定利率，为企业、个人等提供资金的一种信用活动形式。我国银行贷款，分流动资金贷款、固定资产贷款、城乡个体工商户贷款以及农业贷款等科目。

【承保额】 也称保险金额。它是保险人对被保险人负担损失补偿或约定给付的金额。它是保险合同上的最高责任额，也是计算保费的依据。

【保费】 又叫保险费。是保险人根据保险合同的有关规定，为被保险人取得因约定危险事故发生所造成的经济损失补偿(或给付)权利，付给保险人的代价。包括财产险和人身险储金收入。

【赔款】保险事故发生后，经查证确属保险责任范围以内的保险标的损失，保险人根据保险合同的规定履行赔偿义务，给予被保险人的款项叫做赔款。赔款可分为已决赔款和未决赔款两种。

【城乡储蓄存款余额】城乡储蓄存款，包括城镇居民储蓄存款和农民个人储蓄存款两部分。不包括居民的手存现金和工矿企业、部队、机关团体等集团存款。储蓄存款余额，是指城乡居民存入银行及农村信用社储蓄的时点数(存入数扣除取出数的余额)，如月末、季末或年末数额。

第七篇

人民生活、物价

消费价格平稳　生活质量提高

1997年，广州市居民消费价格总水平比上年升2.2%，比全国平均升幅低0.6个百分点，比全省平均升幅低0.3个百分点；商品零售价格总水平比上年降0.6%，比全国平均升幅低1.4个百分点，比全省平均升幅低0.7个百分点；比广州市政府制定的物价调控目标低6.6个百分点。自改革开放以来，商品零售价格指数第二次出现年度变幅为负值。

1997年，广州市居民家庭年人均实际收入10495.44元，比上年增加5.4%，年人均可支配收入10444.61元，比上年增加5.4%，扣除消费价格变动因素，实际增长均为3.2%。年人均消费性支出8767.98元，比上年增长8.3%，扣除消费价格变动因素，实际增长6.0%。全年收支节余额1676.63元，节余率为16.1%，比上年下降了2.2个百分点。居民家庭年人均储蓄存款净储额291.72元，比上年增加32.64元，增长11.19%，增幅比上年有所减缓。

居民可支配收入的主要来源仍是工资性收入，年人均工资性收入7372.53元，比上年增加1.8%，占可支配收入的70.6%。随着经济结构的调整和社会就业观念的转变，从事个体经营和个体被雇者的人数增多，是上年的1.6倍，经营收入有所增加，年人均个体劳动收入370.25元，增长13.2%。离退休再就业和其他就业收入亦上升，年人均离退休再就业收入153.55元，比上年增长27.1%，其他就业收入11.34元，增长13.9%。此外，广州市加大住房改革的力度，私人购房比重上升，为支付购房款，居民家庭年人均提取银行存款169.07元，比上年增长53.4%，兑售有价证券和其他借贷收入50.50元和552.72元，分别比上年增长40.1%和41.2%。

居民家庭收入的增幅高于价格的涨幅，居民消费意向有了较大的选择余地，消费结构逐渐优化。食品类年人均消费金额比上年的增幅下降了1.3个百分点，食品类支出占消费性支出的比重(恩格尔系数)为49.1%，首次低于城市小康生活水平标准值(50.0%)。粮、油、肉的消费量与上年比基本持平，高蛋白、低热量、富含维生素的鲜奶、水产品、蛋类、新鲜瓜果的消费量与上年比分别增长41.9%、25.7%、17.4%和11.1%。年人均在外用餐支出1216.21元，比上年增长15.2%。

服装市场竞争激烈，价格稳中趋降，市民受益，衣着支出减少。年人均衣着支出551.11元，比上年减少4.2%，占消费性支出的比重下降了0.8个百分点。

家庭设备和家用电器的价格指数低位运行，耐用消费品普及率提高，使居民家庭这方面的支出缩减，比上年减少了4.1%，占消费性支出的比重下降0.9个百分点。洗衣机、电冰箱、空调器拥有量基本饱和，每百户的拥有量分别是100.6台、101.8台和99.2台。家用电脑、微波炉、组合音响价格下滑，使它们的拥有量增加，每百户居民家庭的拥有量分别是22.6台、31.0台和55.4台。

公共交通建设日趋完善，公共交通线路增多，居民用于公共交通费支出增加。而用于出租汽车费及购买家庭交通工具支出下降，致使年人均交通类消费支出下降3.8%。随着信息时代的到来和通讯事业的发展，居民年人均通讯支出亦相应增加，与上年比增长46.5%。文教娱乐支出的增长为9.7%。

我市两度全面调升医疗服务收费标准，药品价格上调，医药费和医疗保健服务费支出增加较明显，年人均医疗保健支出323.18元，增长16.1%。

住房制度改革措施逐渐出台，居民购房支出增多，年人均居住类支出912.78元，比上年增长26.5%。居民住房环境改善，使家具和住房装饰再次成为居民消费热点，年人均家具和住房装饰支出分别增长了38.6%和1倍。

居民家庭居住条件不断改善，单元式配套住宅拥有率87.6%，自有房(含部份产权)拥有率56.0%。

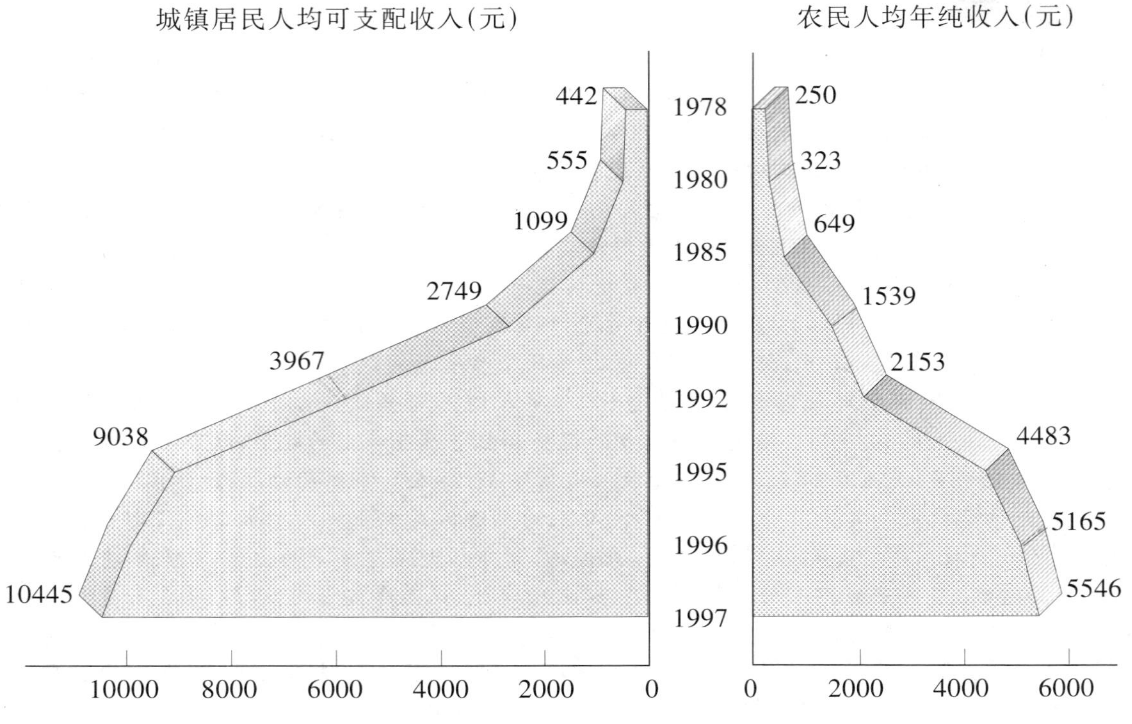

城镇居民人均可支配收入(元)
农民人均年纯收入(元)
442
555
1099
2749
3967
9038
10445
250
323
649
1539
2153
4483
5165
5546
1978
1980
1985
1990
1992
1995
1996
1997
10000
8000
6000
4000
2000
0
0
2000
4000
6000

物 价 指 数

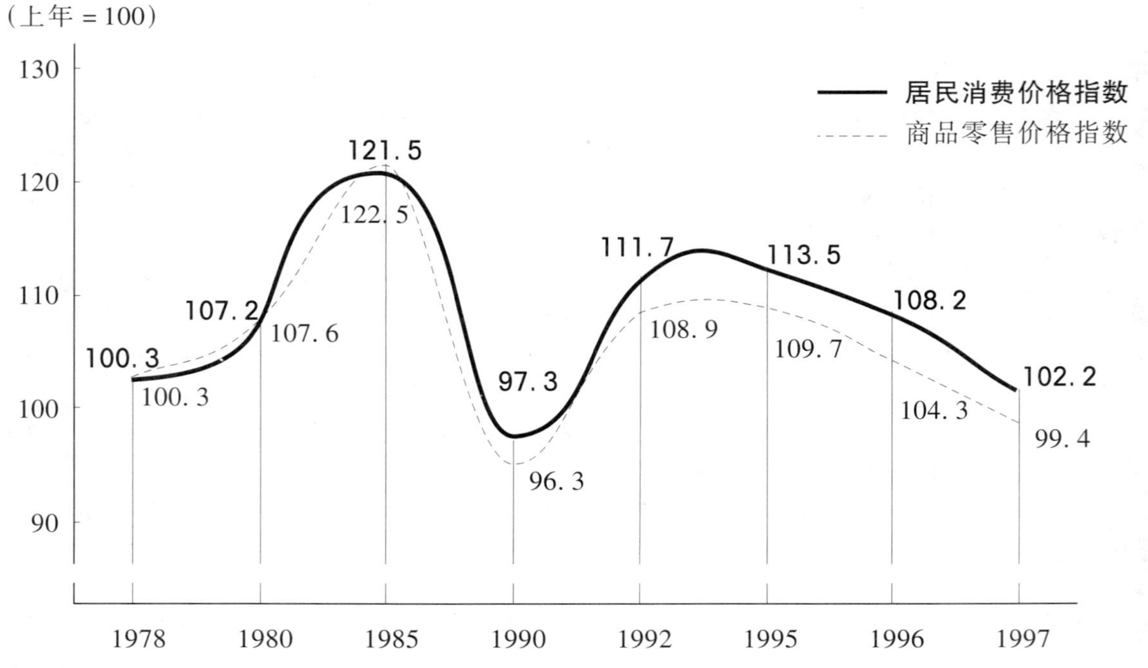

(上年＝100)
130
120
110
100
90
居民消费价格指数
商品零售价格指数
100.3
100.3
107.2
107.6
121.5
122.5
97.3
96.3
111.7
108.9
113.5
109.7
108.2
104.3
102.2
99.4
1978
1980
1985
1990
1992
1995
1996
1997

7-1 城市居民家庭基本情况

（1997年）　　单位：人

项　　目	合计	最低收入户	低收入户	中等偏下收入户	中等收入户	中等偏上收入户	高收入户	最高收入户
调查户数(户)	**500**	**50**	**50**	**100**	**100**	**100**	**50**	**50**
各组比重(%)	100.00	10.00	10.00	20.00	20.00	20.00	10.00	10.00
本组最低人均月收入(元)	250.00	250.00	518.89	588.44	738.93	908.10	1100.29	1330.32
本组最高人均月收入(元)	4152.99	511.83	585.51	738.07	906.99	1098.02	1318.87	4152.99
家庭人数(平均数)	**1641.39**	**180.50**	**181.67**	**334.38**	**324.50**	**317.92**	**157.25**	**145.17**
有收入者人数	1170.22	105.92	124.17	235.40	230.74	236.00	121.16	116.83
1.就业人数	994.26	89.00	100.17	193.76	206.08	205.00	101.08	99.17
国有经济单位职工	699.25	57.00	63.25	132.34	153.25	145.41	71.42	76.58
集体经济单位职工	161.91	20.16	24.00	34.75	34.25	29.92	10.83	8.00
其他经济单位职工	53.18	4.17	3.00	11.58	5.59	13.25	8.00	7.59
个体雇主与自营者	11.17	3.00	0.50	0.67	1.00	2.00	2.00	2.00
个体被雇人员	33.83	2.67	3.00	9.75	5.16	9.25	3.00	1.00
被聘、留用离退休人员	33.42	2.00	6.42	4.67	6.83	3.67	5.83	4.00
其他就业人员	1.50					1.50		
2.离退休人数	171.07	15.92	23.00	40.57	24.33	29.67	20.00	17.58
3.其他有收入者人数	4.89	1.00	1.00	1.07	0.33	1.33	0.08	0.08
无收入者人数	471.17	74.58	57.50	98.98	93.76	81.92	36.09	28.34
平均每户就业人数	**1.99**	**1.78**	**2.00**	**1.94**	**2.06**	**2.05**	**2.02**	**1.98**
期末家庭人数	**1641.00**	**181.00**	**181.00**	**333.00**	**327.00**	**318.00**	**156.00**	**145.00**
附：非家庭人口经常在调查户中用膳人数	33.40	1.33	4.08	5.82	1.34	10.50	4.09	6.24

注：1.离退休人数不包括被聘用和留用的离退休人员；

2.本表是500户抽样调查资料，以下各城市居民家庭表同。

7-2 城市居民家庭平均每人每月现金收支情况

（1997 年）　　　　单位:元

项　　　目	总平均	最低收入户	低收入户	中等偏下收入户	中等收入户	中等偏上收入户	高收入户	最高收入户
期初手存现金	658.85	318.17	527.11	505.45	594.87	712.34	1036.91	1217.03
可支配收入	870.38	429.55	560.75	668.32	816.34	999.11	1187.52	1766.78
现金收入	1070.65	570.47	685.25	809.75	993.14	1253.28	1416.43	2174.52
实际收入	874.62	432.26	563.99	672.26	819.29	1003.62	1194.14	1774.50
＃生活费收入	820.60	413.98	538.48	630.89	764.52	933.45	1121.95	1667.94
1.国有经济单位职工工资	487.19	221.12	297.05	368.89	508.38	569.03	652.04	923.31
2.集体经济单位职工工资	84.36	66.26	81.86	83.93	90.82	92.90	78.12	84.62
3.其他经济单位职工工资	42.82	17.69	7.48	32.08	19.80	51.39	69.21	147.15
4.职工从单位得到的其他收入	66.73	25.63	30.83	44.90	71.57	70.94	117.80	137.70
5.个体劳动者经营收入	30.85	19.18	11.76	17.12	16.40	51.46	37.90	80.45
雇主、自营者净收益	13.83	13.20	0.25	1.69	4.88	13.03	23.64	70.70
被雇者收入	17.02	5.98	11.51	15.43	11.52	38.43	14.26	9.75
6.被聘、留用离退休人员收入	12.80	5.95	11.62	6.04	10.38	6.64	37.39	30.56
7.其他就业者收入	0.95					4.88		
8.其他劳动收入	6.15	3.46	9.10	4.72	4.74	5.59	4.22	15.57
9.财产性收入	23.79	7.75	11.69	15.44	13.12	32.00	30.19	77.07
10.转移性收入	118.98	65.22	102.60	99.14	84.08	118.79	167.27	278.07
＃赡养收入	10.15	1.12	7.18	2.10	1.82	6.46	9.79	70.77
离退休金	80.17	50.52	77.93	75.37	61.85	80.65	124.44	122.88
价格补贴	0.14	0.08	0.21	0.13	0.15	0.13	0.21	0.11
赠送收入	16.16	7.98	9.90	9.77	11.76	15.62	19.78	56.00
出售财物	1.49		0.14	0.04	0.42	0.37	0.33	14.47

7—2 续表

单位:元

项　　目	总平均	最低收入户	低收入户	中等偏下收入户	中等收入户	中等偏上收入户	高收入户	最高收入户
11.家庭副业生产收入								
储蓄借贷收入	196.03	138.21	121.26	137.49	173.85	249.66	222.29	400.02
#提取储蓄存款	141.05	61.35	62.45	80.02	125.95	205.08	180.09	330.29
借入款	3.40	5.98	6.65	3.74	3.94	0.55	3.71	
收回借出款	0.52			0.05	0.26	0.80	0.16	3.30
兑售有价证券	4.21		0.69	0.53	1.18	4.64	6.57	25.60
现金支出	**1056.67**	**570.84**	**679.24**	**794.35**	**974.69**	**1228.51**	**1417.00**	**2153.87**
实际支出	794.92	509.33	554.09	680.13	769.81	911.18	1023.04	1270.15
1.消费性支出	730.67	491.08	516.14	638.47	710.12	825.60	934.93	1126.15
2.非消费性支出	64.25	18.25	37.95	41.66	59.69	85.58	88.11	144.00
#赡养支出	10.59	3.61	3.95	8.94	12.15	13.72	15.65	15.53
赠送支出	33.83	9.59	15.63	23.13	34.65	41.78	44.58	80.47
购房与建房支出	12.79	3.88	12.06	5.55	9.50	23.12	16.74	21.93
储蓄借贷支出	261.75	61.51	125.15	114.22	204.88	317.33	393.96	883.72
#存入储蓄款	165.36	30.87	63.31	54.92	111.30	203.26	279.21	629.21
归还借款	1.15	1.57		0.05	1.99	1.53	2.33	0.42
购买有价证券	11.72					13.37	10.07	92.31
归还购买住房贷款	1.09					3.28	4.77	
期末手存现金	**826.79**	**312.78**	**601.48**	**693.19**	**809.95**	**1009.25**	**1038.37**	**1466.65**

7-3 城市居民家庭平均每人每月消费性支出情况

（1997年）　　　　单位：元

项　　目	总平均	最低收入户	低收入户	中等偏下收入户	中等收入户	中等偏上收入户	高收入户	最高收入户
消费性支出合计	730.67	491.08	516.14	638.47	710.12	825.60	934.93	1126.15
食品	358.98	306.56	309.28	340.82	353.01	373.30	404.69	460.64
粮食	24.76	23.23	23.67	26.20	24.17	24.73	25.74	25.01
淀粉及薯类	1.53	1.50	1.60	1.59	1.39	1.58	1.41	1.64
干豆类及制品	2.27	1.73	1.80	2.36	2.40	2.22	2.32	3.07
油脂类	6.87	5.86	7.16	7.56	6.67	6.68	6.74	7.23
肉禽及制品	84.88	72.54	84.94	84.54	82.08	87.41	89.79	96.38
蛋类	5.96	5.75	5.79	5.95	5.81	6.02	6.28	6.28
水产品类	36.11	29.94	30.01	35.58	35.26	40.03	38.26	43.60
菜类	29.29	25.47	30.23	29.77	28.27	30.03	30.00	31.67
调味品	3.30	2.92	3.29	3.22	3.27	3.17	3.39	4.18
糖类	3.44	3.17	3.17	3.51	3.23	4.15	3.10	3.25
烟草类	7.22	7.79	4.05	7.74	6.99	7.22	6.58	10.47
酒和饮料	6.79	6.44	4.74	7.45	6.83	6.56	7.14	8.32
干鲜瓜果类	22.02	17.96	18.20	19.80	21.18	25.51	22.02	31.27
坚果及果仁类	2.71	2.16	2.41	2.80	2.78	2.89	2.21	3.52
糕点类	8.94	6.75	7.59	8.26	8.55	10.31	9.39	12.27
奶及奶制品	7.07	7.17	4.84	5.90	8.25	7.37	7.40	8.75
其他食品	4.47	3.97	2.77	3.56	4.52	5.02	5.44	7.00
在外用餐	101.35	82.21	73.02	85.03	101.36	102.40	137.48	156.73
食品加工费								
衣着支出	45.93	20.48	22.86	36.30	46.48	54.37	63.62	89.69
服装	32.10	13.46	15.32	24.50	32.19	37.74	49.77	62.12
衣着材料	1.39	0.59	0.46	0.99	1.58	2.05	1.39	2.57
鞋袜帽及其他	11.67	5.94	6.91	10.18	11.70	13.93	11.47	23.36
衣着加工费	0.77	0.49	0.17	0.63	1.01	0.65	0.99	1.64
设备用品及服务	50.71	19.87	23.50	33.63	47.62	61.08	81.64	113.12
耐用消费品	27.13	5.62	10.42	14.67	22.35	34.42	49.92	73.54
家具	11.00	1.51	0.88	5.65	10.16	16.08	17.03	32.07
住房装饰	1.57	0.12	0.23	0.33	0.16	3.22	8.13	0.31

7—3 续表

单位:元

项目	总平均	最低收入户	低收入户	中等偏下收入户	中等收入户	中等偏上收入户	高收入户	最高收入户
家庭设备	14.56	3.99	9.31	8.69	12.03	15.12	24.76	41.16
室内装饰品	0.67	0.01	0.19	0.77	0.85	0.55	0.91	1.43
床上用品	2.61	1.33	1.25	2.25	2.69	3.08	2.99	5.10
家庭日用杂品	14.03	7.96	8.11	11.13	15.86	16.22	17.05	23.52
家具材料	0.20	0.12	0.07	0.22	0.19	0.38	0.25	0.04
家庭服务	6.07	4.83	3.46	4.59	5.68	6.43	10.52	9.49
医疗保健	26.93	18.44	15.94	20.64	24.74	24.90	60.42	38.80
医疗器具	0.29	0.25	0.14	0.02	0.35	0.13	0.60	0.96
保健用品	0.36	0.08	0.01	0.19	0.25	0.29	1.08	1.16
医药费	18.47	12.76	10.53	16.23	18.43	17.01	36.66	24.26
补药品	2.44	0.96	0.79	1.52	2.31	2.99	4.83	5.02
医疗保健服务	5.21	4.37	4.30	2.41	3.31	4.38	17.05	7.11
其他	0.16	0.02	0.17	0.27	0.09	0.10	0.20	0.29
交通和通讯	37.00	16.10	19.13	29.72	36.36	46.47	58.68	59.30
交通	17.85	5.87	8.23	11.90	19.76	23.71	29.88	28.33
#交通费	11.34	4.94	5.79	8.27	11.16	14.41	14.95	23.13
通讯	19.15	10.23	10.90	17.82	16.60	22.76	28.80	30.97
#电讯费	14.69	8.05	8.97	13.98	13.87	16.57	21.52	22.11
邮费	0.76	0.06	0.06	0.16	0.66	0.73	0.96	3.92
娱乐文教服务	89.34	40.41	51.25	82.26	88.14	103.44	115.81	157.24
耐用消费品	27.90	7.19	17.00	21.63	25.86	37.43	36.00	56.73
教育	36.86	24.34	20.94	41.83	40.02	35.22	44.67	48.83
文化娱乐	24.58	8.88	13.31	18.80	22.26	30.79	35.14	51.68
居住	76.06	53.64	54.72	67.89	73.96	105.41	75.27	90.80
住房	35.44	21.90	20.91	28.88	33.60	60.61	31.25	39.16
水电燃料	40.62	31.74	33.81	39.01	40.36	44.80	44.02	51.64
杂项商品和服务	45.72	15.58	19.46	27.21	39.81	56.63	74.80	116.56
个人消费	36.25	12.32	14.91	22.38	33.19	45.86	60.54	84.21
其他商品	3.87	1.10	1.57	1.52	2.21	4.41	2.98	19.06
其他服务	5.60	2.16	2.98	3.31	4.41	6.36	11.28	13.29

7-4 城市居民家庭平均每人每月生活费收入和消费性支出情况

单位：元

项　　目	1980年	1985年	1990年	1995年	1996年	1997年
期初手存现金	**12.05**	**34.21**	**283.96**	**530.44**	**549.86**	**658.85**
生活费收入	**46.21**	**87.21**	**216.09**	**712.77**	**781.59**	**820.60**
消费性支出	**43.42**	**84.29**	**200.80**	**633.48**	**674.40**	**730.67**
购买商品支出	40.19	76.14	176.27	514.32	543.12	563.95
1.食品	30.81	53.13	122.83	321.25	342.08	362.91
粮食	4.53	4.42	8.86	45.26	46.70	50.83
副食	21.26	40.06	92.24	222.41	241.00	250.79
烟酒茶	1.43	2.71	6.75	10.10	9.90	11.43
其他食品	3.59	5.94	14.98	43.48	44.48	49.86
2.衣着商品	4.48	5.94	13.94	44.77	51.09	48.08
3.日用品	2.05	9.24	17.16	70.88	63.25	60.38
#一般日用品		2.79	6.84	13.55	13.24	14.26
家具		1.65	3.04	9.79	7.94	11.00
日用机电用品		3.97	5.33	36.05	28.50	22.28
4.文化娱乐用品	1.04	4.19	8.79	28.53	39.03	39.58
#文娱机电用品		3.22	5.88	19.08	28.14	27.23
5.书报杂志	0.30	0.85	1.83	5.03	6.18	6.83
6.药及医疗用品	0.31	0.88	2.54	17.21	20.33	21.72
7.房屋及建筑材料		0.39	4.13	13.97	11.58	11.97
8.燃　　料	0.63	0.89	3.21	7.22	6.27	8.40
9.其他商品	0.57	0.63	1.84	5.46	3.31	4.08
非商品支出	3.23	8.15	24.53	119.16	131.28	166.72
1.房　　租	0.70	0.92	1.37	4.82	12.13	17.03
2.水　　费	0.56（水费、电费合计）	0.35	0.82	2.71	3.48	4.18
3.电　　费		1.54	5.09	15.91	18.72	22.02
4.煤气费			0.21	3.49	5.61	5.81
5.市内交通费	0.43（市内交通费、其他交通费合计）	0.84	1.64	9.14	9.65	11.34
6.其他交通费		0.58	1.74	7.24	6.57	9.68
7.邮电费	0.03	0.11	0.68	10.34	10.84	15.45
8.医疗保健费	0.22	0.22	0.80	3.18	2.86	5.21
9.学杂费	0.15	0.70	2.61	16.82	24.46	30.75
10.保育费	0.32	0.43	1.19	3.85	3.95	4.07
11.文娱费	0.21	0.61	2.03	8.15	7.54	8.96
12.修理服务费	0.36	1.15	5.18	28.51	20.16	25.46
13.其他支出	0.25	0.70	1.17	5.00	5.31	6.76
期末手存现金	**15.20**	**74.02**	**386.10**	**1122.55**	**1053.68**	**826.79**

注：此表项目按商品性质分类。

7-5 城市居民家庭平均每百户年末耐用消费品拥有量

项　　目	单　　位	1985 年	1990 年	1995 年	1996 年	1997 年
组合家具	套		51.7	55.0	63.0	55.4
自行车	辆	165.7	191.7	190.7	200.7	189.0
电风扇	台	235.3	335.7	326.0	312.7	322.6
洗衣机	台	62.3	87.3	105.0	103.0	100.6
电冰箱	台	42.7	87.3	102.3	100.3	101.8
摩托车	辆	1.0	4.0	12.7	14.3	16.8
彩色电视机	台	35.7	88.7	111.0	116.3	134.4
黑白电视机	台	70.3	36.7	16.7	14.3	
立体声收录机	台	42.0	44.7	36.0	29.7	
照相机	架	14.0	33.7	66.0	71.3	75.0
中高档乐器	件		8.3	13.7	12.3	9.6
空调器	台		1.3	57.3	78.7	99.2
电炊具	台		128.3	160.3	163.7	139.8
高级音响	套		17.3	40.7	48.7	55.4
录放像机	台		31.0	63.0	68.7	52.8

注:中高档乐器不包括钢琴。

7-6 城市居民家庭平均每百户年末耐用消费品拥有量

（1997 年）

项　　目	单位	总平均	最低收入户	低收入户	中等偏下收入户	中等收入户	中等偏上收入户	高收入户	最高收入户
组合家具	套	55.4	44.0	66.0	56.0	55.0	53.0	54.0	62.0
沙发床	个	46.0	34.0	34.0	36.0	41.0	58.0	66.0	56.0
沙　发	个	83.8	44.0	58.0	90.0	77.0	104.0	100.0	94.0
大衣柜	个	170.6	142.0	160.0	157.0	187.0	166.0	198.0	186.0
写字台	张	97.4	76.0	88.0	89.0	101.0	98.0	130.0	104.0
摩托车	辆	16.8	8.0	14.0	16.0	17.0	20.0	24.0	16.0
自行车	辆	189.0	190.0	214.0	198.0	181.0	183.0	192.0	170.0
洗衣机	台	100.6	96.0	104.0	96.0	99.0	106.0	102.0	102.0
电风扇	台	322.6	304.0	352.0	311.0	299.0	342.0	334.0	332.0
电冰箱	台	101.8	102.0	100.0	100.0	99.0	104.0	102.0	108.0
彩色电视机	台	134.4	124.0	122.0	129.0	138.0	133.0	140.0	158.0
录放像机	台	52.8	46.0	46.0	49.0	51.0	55.0	64.0	62.0
组合音响	套	55.4	36.0	62.0	53.0	52.0	60.0	54.0	72.0
家用电脑	台	22.6	8.0	20.0	18.0	19.0	28.0	40.0	28.0
照相机	架	75.0	46.0	58.0	67.0	72.0	75.0	98.0	120.0
钢　琴	架	2.4		2.0	2.0	2.0	3.0	6.0	2.0
中高档乐器	件	9.6	4.0	4.0	6.0	13.0	12.0	6.0	20.0
移动电话	台	38.0		1.0	5.0	6.0	10.0	8.0	8.0
空调器	台	99.2	56.0	76.0	89.0	100.0	103.0	118.0	158.0
电炊具	台	139.8	106.0	122.0	139.0	129.0	154.0	148.0	178.0
淋浴热水器	台	85.6	56.0	84.0	86.0	85.0	93.0	88.0	100.0
脱排油烟机	台	72.6	60.0	72.0	70.0	71.0	70.0	84.0	88.0
吸尘机	台	7.8	2.0	4.0	6.0	10.0	9.0	10.0	12.0

7-7 城市居民家庭居住情况

（1997年）

项目	调查户数（户）	家庭常住人口（人）	项目	调查户数（户）	家庭常住人口（人）
总　　计	500	1643	空调设备	288	939
按居住面积分			暖气		
无房户			火坑、火炉		
4平方米以下	8	28	**按厨房使用情况分**		
4—6平方米	44	149	无厨房		
6—8平方米	76	279	独用厨房	475	1568
8—10平方米	66	224	公用厨房	25	75
10—12平方米	63	218	**按燃料使用情况分**		
12—14平方米	76	252	管道煤气	192	613
14平方米以上	167	493	液化石油气	302	1010
按房屋产权分			煤	5	18
公房	215	700	其他	1	2
租赁私房	5	16	**按电话拥有情况分**		
自有房	54	180	无电话	65	206
部分产权的自有房	226	747	公费电话	69	224
按自来水使用情况分			自费电话	366	1213
无自来水			公用电话		
独用自来水	478	1577	**按住宅建筑式样分**		
公用自来水	22	66	家庭单栋配套住宅		
按卫生设备拥有情况分			单元式配套住宅	438	1442
无卫生设备	15	43	一居室	19	57
有浴室厕所	391	1283	二居室	118	380
有厕所无浴室	59	206	三居室	227	745
公用卫生设备	35	111	四居室及以上	74	260
按取暖设备拥有情况分			普通楼房	51	165
无取暖设备	212	704	普通平房	11	36

附：调查户合计居住面积19165.93平方米，居住间数1361间，辅助面积4220平方米。

7-8 城市居民家庭购买的主要商品数量

（1997年）

项　　目	单位	购买量	项　　目	单位	购买量
平均每人每月购买			服　　装	件	74.22
粮　　食	千克	7.57	#男士服装	件	22.56
食用植物油	千克	0.77	女士服装	件	36.47
鲜　　菜	千克	13.00	童　　装	件	15.19
猪　　肉	千克	1.82	鞋	双	19.01
牛羊肉	千克	0.34	肥　　皂	块	12.84
家　　禽	千克	1.36	洗衣粉	千克	12.78
鲜　　蛋	千克	1.09	煤　　炭	千克	40.77
其他肉禽蛋	千克	1.29	液化石油气	千克	274.28
水产品	千克	3.24	管道煤气	米^3	261.95
食　　糖	千克	0.25	**平均每百户全年购买**		
卷　　烟	盒	1.74	自行车	辆	10.80
白　　酒	千克	0.06	家用电脑	台	4.00
啤　　酒	千克	0.20	电风扇	台	12.40
茶　　叶	千克	0.02	洗衣机	台	3.60
鲜瓜果	千克	3.68	电冰箱	台	1.80
糖　　果	千克	0.06	空调器	台	5.80
糕　　点	千克	0.43	抽油烟机	台	2.80
鲜　　奶	千克	0.36	吸尘器	台	0.40
平均每百人每月购买			收音机	台	5.60
棉　　布	米	1.02	彩色电视机	台	7.20
棉花化纤混纺布	米	0.81	组合音响	套	1.60
化纤布	米	3.95	收录机	台	5.60
呢　　绒	米	0.31	照相机	台	3.20
绸　　缎	米	0.12	录放像机	台	0.20
毛　　线	千克	0.12			

7—9 农村居民家庭基本情况

（1997 年）

项　　目	单位	总平均	低收入户	中等偏下收入户	中等收入户	中等偏上收入户	高收入户
调查户数	**户**	**240**	**48**	**48**	**48**	**48**	**48**
各组比重	%	100.00	20.00	20.00	20.00	20.00	20.00
本组最低人均纯收入	元	468	468	3142	4211	5865	7433
本组最高人均纯收入	元	32282	3139	4197	5862	7363	32282
调查户常住人口	**人**	**1163**	**267**	**247**	**236**	**211**	**202**
平均每户常住人口	人	4.85	5.56	5.15	4.92	4.40	4.21
＃整半劳动力	人	3.24	3.42	3.46	3.15	3.06	3.10
平均每一劳动力负担人口数	人	1.50	1.63	1.49	1.56	1.44	1.36
平均每户生产性固定资产原值	元	4922	5531	2497	7714	1449	7418
平均每人经营耕地面积	亩	1.04	1.05	1.13	1.11	0.88	0.98
平均每人全年粮食产量	千克	383.79	448.22	411.38	395.57	318.35	319.49
出售量	千克	110.38	92.93	87.69	112.43	118.95	149.85
平均每人全年油料产量	千克	7.21	10.91	11.53	2.58	9.22	0.37
出售量	千克	1.19	1.22	1.93	0.42	2.27	
平均每人全年糖料产量	千克	443.02	32.86	204.51	324.68	1028.82	803.17
出售量	千克	340.29	28.10	143.30	251.16	875.40	539.00
平均每人全年蔬菜产量	千克	860.42	636.33	787.43	860.57	834.67	1272.00
出售量	千克	685.11	478.46	558.54	714.32	622.89	1143.91
平均每人全年水果产量	千克	125.67	32.33	64.74	118.88	304.73	144.44
出售量	千克	110.90	27.56	50.38	96.38	278.67	136.76
平均每人全年猪肉产量	千克	19.36	11.27	11.60	26.31	4.37	47.08
出售量	千克	18.60	9.87	10.45	25.35	4.37	47.08
平均每人全年家禽产量	千克	59.01	40.40	8.50	4.93	49.11	218.90
出售量	只	40.13	24.04	2.60	0.34	33.80	160.42
平均每人全年禽蛋产量	千克	1.17	1.31	1.26	0.94	0.80	1.55
出售量	千克	0.02	0.05	0.02	0.01		0.02
平均每人全年水产品产量	千克	42.65	14.78	8.17	61.67	26.28	116.56
出售量	千克	35.19	14.06	2.79	47.81	12.46	111.73
平均每户拥有住房间数	间	8.09	6.23	7.31	8.10	8.33	10.46
平均每人住房面积	平方米	32.21	21.42	26.03	32.49	39.22	46.36

7—9 续表

项目	单位	总平均	低收入户	中等偏下收入户	中等收入户	中等偏上收入户	高收入户
平均每人全年消费							
粮食	千克	196.45	240.44	207.65	198.62	162.79	157.21
蔬菜	千克	141.66	144.09	145.18	136.43	142.87	138.29
食用油	千克	6.00	4.77	5.40	7.06	7.37	5.69
肉类	千克	32.65	18.99	31.08	32.74	43.83	40.86
蛋类	千克	3.70	2.80	3.36	4.00	4.03	4.60
水产品	千克	16.35	7.88	14.65	15.88	24.80	21.38
糖类	千克	4.55	4.01	4.17	4.60	5.64	4.54
酒和饮料	千克	8.61	2.35	6.84	6.14	12.58	11.13
干鲜果	千克	17.32	8.99	13.40	15.39	26.53	25.78
平均每户年内购买							
水泥	千克	750.76	18.08	280.06	589.96	499.46	2366.25
钢材	千克	118.44		10.42	81.48	107.83	392.46
砖瓦	块	1503	10	1392	365	1915	3830
化肥	千克	753.63	628.65	705.33	842.21	898.85	693.08
饼肥	千克	50.70	70.06	32.63	53.25	6.21	91.33
农药	千克	18.70	14.25	16.21	23.62	16.83	22.56
农用薄膜	千克	0.15	0.02	0.54	0.02	0.17	
柴油	千克	3.03	1.81	5.60	3.56	0.94	3.21
汽油	千克	60.45	14.48	11.46	122.00	12.75	141.54
平均每百户年末拥有							
自行车	辆	277	248	304	302	269	263
缝纫机	架	101	108	96	104	100	96
电风扇	台	385	308	360	377	427	450
洗衣机	台	49	19	35	50	71	71
电冰箱	台	43	15	25	44	52	81
摩托车	辆	65	58	56	60	60	92
黑白电视机	台	48	73	54	50	38	27
彩色电视机	台	73	46	60	79	79	100
收录机	台	68	58	67	69	79	69
电饭煲	台	88	79	81	90	106	85
液化汽炉具	台	93	46	88	100	119	117
电话机	台	37	2	19	44	58	63
汽车	辆	4	2		6		10
拖拉机	台	23	30	20	33	14	19
耕牛	头	24	60	32	19	6	5

7—10 农村居民家庭平均每人全年收支情况

（1997 年）　　　　单位：元

项　　目	总平均	低收入户	中等偏下收入户	中等收入户	中等偏上收入户	高收入户
全年纯收入	5545.91	2321.13	3747.75	4974.46	6486.59	11692.17
全年总收入	7269.41	3466.39	4405.70	6379.82	7782.82	16300.86
基本收入	6645.17	3277.19	4077.06	5922.74	7302.48	14394.52
劳动者的报酬收入	1819.25	372.06	855.42	1369.65	2870.88	4337.47
#企业劳动收入	1028.92	174.04	768.82	906.44	1889.98	1720.62
家庭经营收入	4825.92	2905.13	3221.64	4553.09	4431.60	10057.05
#农林牧副渔业收入	3568.35	2613.94	2745.31	3310.35	3315.45	6401.93
转移性收入	344.13	102.74	294.48	367.37	328.00	713.59
财产性收入	280.11	86.46	34.16	89.71	152.34	1192.75
全年总支出	5645.19	2905.19	3426.95	5164.20	6413.90	11738.30
家庭经营费用支出	1467.20	951.39	477.92	1134.22	1061.79	4171.15
购置生产性固定资产支出	86.08	14.44		238.81	41.71	153.95
缴纳税金	74.74	68.95	54.67	60.76	53.75	145.18
上交集体任务提留和摊派	50.62	24.59	47.04	64.38	83.80	38.62
生活消费支出	3602.19	1783.70	2669.42	3362.78	4614.31	6369.00
食品支出	1715.08	1139.42	1536.04	1688.08	2179.53	2241.31
#副食支出	1015.17	654.19	940.67	1008.79	1326.45	1265.71
衣着支出	92.23	54.96	53.27	92.41	125.91	153.80
居住支出	653.73	109.28	256.13	640.53	801.33	1720.79
#住房支出	474.44	6.76	112.53	469.48	594.66	1415.38
家庭设备、用品及服务	253.04	88.51	100.86	245.69	389.10	523.08
医疗保健	132.22	42.42	209.87	67.00	167.24	195.58
交通和通讯	208.02	50.67	101.67	156.52	234.24	578.86
文教娱乐用品及服务	437.07	283.46	329.80	393.43	528.78	726.49
其他商品及服务支出	110.80	14.98	81.78	79.12	188.18	229.09
其他非借贷性支出	364.36	62.12	177.90	303.25	558.54	860.40
全年货币总收入	7297.82	2614.60	3721.12	6065.87	7838.34	18736.24
#出售产品收入	2710.75	1705.15	1792.82	2389.98	2496.14	5761.26
储蓄借贷收入	742.48	52.06	188.35	555.86	578.72	2721.72
全年货币总支出	6446.14	2303.40	3142.31	5352.04	7330.87	16315.88
#家庭经营费用支出	1436.95	903.07	439.60	1103.78	1048.34	4157.35
生活消费支出	3096.78	1111.82	2116.45	2874.24	4247.21	5977.51
储蓄借贷支出	1258.98	170.13	319.97	683.53	1208.09	4571.88
年末手存现金	3898.54	3846.56	3190.11	3291.65	2756.66	6735.28
年末存款余额	2988.13	510.71	1506.72	2456.70	3963.58	7676.14

7—11 城镇居民消费价格指数与商品零售价格指数

（上年＝100）

项目	1996	1997	项目	1996	1997
居民消费价格总指数	108.2	102.2	商品零售价格总指数	104.3	99.4
食品类	105.8	100.5	食品类	105.8	100.2
#粮食类	101.2	99.0	饮料、烟酒类	105.7	98.9
油脂类	96.1	96.5	服装、鞋帽类	108.9	101.6
肉禽及其制品类	105.7	103.5	纺织品类	107.1	100.5
蛋类	116.1	79.9	中西药品类	111.8	105.7
水产品类	106.8	96.9	化妆品类	102.3	102.2
菜类	98.9	109.3	书报杂志类	133.0	107.4
#鲜菜	98.2	110.4	文化体育用品类	106.9	98.6
衣着类	107.6	101.7	日用品类	103.2	99.8
家庭设备及用品类	99.9	96.3	家用电器类	96.6	94.2
医疗保健类	109.9	106.1	首饰类	98.6	94.6
交通和通讯工具类	98.9	94.0	燃料类	103.6	109.1
娱乐教育文化用品类	103.0	96.7	建筑装璜材料类	96.9	97.4
居住类	109.7	107.9	机电产品类	92.6	87.0
#房租	128.6	142.1			
服务项目类	127.3	112.2			
#交通费	121.9	108.6			

7-12 农村居民消费价格指数

（上年＝100）

项目	1996年	1997年	项目	1996年	1997年
农村居民消费价格总指数	105.79	101.01	7.文教娱乐用品	108.27	94.92
生活消费指数	105.96	101.19	#文娱用机电消费品	105.69	93.13
1.食品	106.92	100.65	书报杂志	127.83	106.97
#粮食	102.54	97.20	8.服务项目	110.99	108.64
蔬菜	92.50	99.96	#交通费	105.12	106.85
油脂	97.77	107.12	学习培训费	112.36	110.25
肉禽及制品	110.93	102.96	修理费	113.02	108.88
蛋类	119.91	87.16	医疗保健服务费	103.23	113.57
水产品	105.43	94.79	生产消费指数	105.24	100.47
干鲜果品	98.84	87.25	1.流动资产类	105.58	100.59
在外饮食	107.47	100.58	小农具	109.13	102.48
2.衣着	108.24	100.77	饲料	108.85	100.51
#服装	107.51	99.50	幼禽幼畜	121.27	94.17
3.居住	101.94	101.07	化学肥料	100.72	102.20
#建筑材料	96.69	96.58	化学农药	102.84	102.61
燃料	99.79	108.25	农药械	111.62	106.76
4.家庭设备用品	104.79	98.87	生产用燃料	101.79	103.79
#耐用消费品	104.09	97.66	其他	104.18	95.25
家庭日杂用品	105.56	99.67	2.固定资产类	95.34	97.62
5.医疗保健	113.53	106.75	大牲畜	97.99	98.41
#中药	111.11	106.60	半机械化农具	103.44	95.26
西药	118.79	107.45	机械化农具	101.50	99.44
6.交通和通讯	93.53	92.44	运输工具	91.96	97.07
#交通工具	93.60	91.97	其他		

7—13 农村商品零售价格指数

（上年＝100）

项　　目	1996 年	1997 年	项　　目	1996 年	1997 年
农村商品零售价格总指数	105.60	99.07	纺织品类	108.48	99.65
食品类	106.21	98.20	中西药品类	112.83	107.16
粮食	104.39	98.00	中药	112.43	107.34
油脂	97.79	107.14	西药	114.96	108.28
肉禽蛋	111.54	100.22	医疗用品	106.19	101.38
水产品	103.44	92.38	化妆品类	110.62	98.19
鲜菜	92.86	99.68	书报杂志类	127.83	106.65
干菜及菜制品	107.16	101.77	教材及参考书	118.57	106.87
鲜果	100.99	86.50	报纸杂志	132.46	106.30
干果	106.34	104.81	文化体育用品类	110.89	102.64
其他食品	103.05	101.69	文化用品	111.09	102.25
饮食业	107.50	100.15	体育用品	110.07	103.81
主食	110.00	104.72	日用品类	106.34	100.16
炒菜	105.46	97.23	一般日用品	105.74	100.93
地方小食	108.39	101.59	家具	109.48	100.10
饮料和烟酒类	108.51	102.38	日用杂品	105.15	99.59
饮料	108.11	101.64	家用电器类	100.96	92.68
茶叶	111.21	103.20	首饰类	100.08	100.30
烟	110.13	103.54	燃料类	100.82	105.10
酒	103.64	100.55	建筑装璜材料类	96.74	97.10
服装、鞋帽类	107.17	100.53	建筑材料	96.35	96.75
服装	107.06	99.07	装璜材料	97.71	97.89
鞋	107.31	103.64	机电产品类	91.82	92.38
其他衣着	109.15	103.04			

7—14 农贸市场农产品成交价格指数

（上年＝100）

项目	1985年	1990年	1995年	1996年	1997年
总指数	**112.7**	**93.1**	**115.8**	**101.5**	**96.2**
粮食类	124.7	73.2	118.6	102.8	98.1
食用植物油类	100.4	91.9	109.3	96.1	96.5
鲜菜类	121.9	93.6	122.2	91.8	104.5
干菜类	113.1	92.4	101.4	100.2	102.0
肉禽蛋类	112.3	94.6	118.8	104.6	97.4
水产品类	111.3	92.3	115.1	105.2	93.6
鲜果类	129.5	94.0	110.3	105.4	84.1
干果类	102.3	99.9	121.0	106.2	102.3
其他	86.8	86.8			

7—15 主要食品平均价格

单位：元/千克

商品名称	代表规格品	1995年	1996年	1997年
大米	三级	2.906	3.060	2.961
黄豆	中等	4.473	4.975	5.206
绿豆	中等	5.937	8.972	8.480
花生油	纯净	12.526	12.042	11.622
鲜菜类	37种	3.320	3.266	3.471
猪肉	无皮去骨鲜上肉	18.017	18.236	18.384
牛肉	净肉	22.667	23.587	21.568
鸡	中等本地活鸡项	24.820	30.347	25.969
鸡蛋	新鲜完整	7.751	9.024	6.898
鲜带鱼	冰鲜二级原条	11.258	11.563	12.548
鳙鱼	二级原条	9.178	10.130	9.585
鳊鱼	二级原条	7.963	8.106	7.509
草鱼	二级原条	12.150	13.089	11.691
香蕉	黄熟一级	5.429	7.206	4.325
橙	甜橙一级	4.340	4.935	4.598
西瓜	普通一级	2.693	2.260	2.214

注：本表为混合平均价。

7—16 主要工业品出厂价格与原材料、燃料、动力购进价格总指数

（上年=100）

项目	1996年	1997年
主要工业品出厂价格指数	**101.37**	**100.16**
轻工业	101.65	100.19
以农产品为原料	105.20	100.64
以非农产品为原材料	98.97	99.88
重工业	100.77	100.10
采掘工业	94.59	90.02
原材料工业	100.62	102.05
加工工业	101.26	97.02
生产资料	100.99	99.79
采掘工业	94.59	90.02
原材料工业	100.43	101.43
加工工业	102.42	97.17
生活资料	101.55	100.28
食品类	106.58	103.97
衣着类	102.62	99.58
一般日用品类	104.73	100.50
耐用消费品类	94.60	97.86
原材料、燃料、动力购进价格指数	**104.45**	**96.93**
燃料、动力类	113.40	104.19
黑色金属材料类	98.80	96.80
#钢材	98.46	96.35
其他	100.27	98.38
有色金属材料和电线类	95.84	96.15
化工原料类	93.08	92.35
木材及纸浆类	101.28	97.33
建筑材料类	84.43	94.39
非金属矿类	93.04	85.38
农副产品类	112.03	96.40
纺织原料类	100.04	98.76

7—17 农业生产资料价格指数

（上年=100）

项目	1996年	1997年
农业生产资料价格指数	**105.66**	**98.41**
小农具	108.35	100.53
饲料	107.18	100.67
幼禽幼畜	121.27	94.46
大牲畜	98.04	98.40
半机械化农具	102.82	89.19
机械化农具	100.87	97.32
化学肥料	101.42	96.81
农药及农药械	103.74	102.52
化学农药	103.33	102.38
农药械	111.31	105.69
农用机油	102.46	103.84
其他	103.35	94.97

主要统计指标解释

【零售价格指数】是反映城乡商品零售价格变动趋势的一种经济指数。零售物价的调整变动直接影响到城乡居民的生活支出和国家的财政收入,影响居民购买力和市场供需平衡,影响消费与积累的比例。因此,计算零售价格指数,可以从一个侧面对上述经济活动进行观察和分析。

【居民消费价格指数】是反映一定时期内城乡居民所购买的生活消费品价格和服务项目价格变动趋势和程度的相对数。是综合了城市居民消费价格指数和农民消费价格指数计算取得。利用居民消费价格指数,可以观察和分析消费品的零售价格和服务价格变动对城乡居民实际生活费支出的影响程度。

【城市居民消费价格指数】是反映城市职工及其家庭所购买的生活消费品和服务项目价格变动趋势及其程度的相对数。编制城市居民消费价格指数,可以观察和分析消费品的零售价格和服务项目价格变动对职工货币工资的影响,作为研究职工生活和确定工资政策的依据。

【农村居民消费价格指数】是反映农村居民家庭购买的生活消费品的价格和服务项目价格变动趋势和程度的相对数。用它可以观察农村消费品的零售价格和服务项目价格变动对农村居民生活消费支出的影响,直接反映农民生活水平的实际变化情况,为分析和研究农村居民生活问题提供依据。

【工业品出厂价格指数】是反映全部工业产品出厂价格总水平的变动趋势和程度的相对数。其中除包括工业企业售给商业、外贸、物资部门的产品外,还包括售给工业和其他部门的生产资料以及直接售给居民的生活消费品。通过工业生产价格指数能观察出厂价格变动对工业总产值的影响。

【城镇居民家庭就业人口】指城镇居民从事社会劳动并取得劳动报酬或经营收入的人口。就业人口包括通过国家统筹规划和指导由劳动部门介绍就业,自愿组织起来就业和自谋职业等方式,在国有制、集体所有制、中外合资、中外合作、外资在华独资的企事业单位和私营企业单位工作或从事个体劳动的有固定性职业或临时性职业的人口。被聘用和留用的离退休人员也计入就业人口。本指标可以反映城镇居民的就业情况,是计算就业面、负担系数的重要资料。

【城镇居民家庭全部收入】指被调查城镇居民家庭全部的实际现金收入,包括经常或固定得到的收入和一次性收入。不包括周转性收入,如提取银行存款、向亲友借入款、收回借出款以及其他各种暂收款。

【城镇居民家庭生活费收入】指被调查的城镇居民家庭全部收入中能用于安排家庭日常生活的实际收入。即城镇居民家庭的全部实际收入扣除"赡养费支出"、"赠送支出"和缴纳的各种税款以及被调查户非本家庭人口的经常用饭人口所交的"搭伙费"。

【城镇居民家庭可支配收入】指被调查城镇居民家庭在支付个人所得税之后,所余下的实际收入。

【城镇居民家庭消费性支出】指被调查的城镇居民家庭用于日常生活的全部支出,包括购买商品支出和文化生活、服务等非商品性支出。不包括罚没、丢失款和缴纳的各种税款(如个人所得税、牌照税、房产税等),也不包括个体劳动者生产经营过程中发生的各项费用。

【城镇居民家庭购买商品支出】指被调查的城镇居民家庭购买商品的全部支出,包括从商店、工厂、饮食业、工作单位食堂、集市以及直接从农民购买各种商品的开支。共分九类:食品、衣着品、日用品、文化娱乐用品、书报杂志、药及医疗用品、房屋及建筑材料、燃料、其他商品。不论自用的或赠送亲友的都包括在内。

【农村居民家庭纯收入】指农村常住居民家庭总收入中,扣除从事生产和非生产经营费用支出、缴纳税款和上交承包集体任务金额以后剩余的,可直接用于进行生产性、非生产性建设投资、生活消费和积蓄的那一部分收入。它是反映农民家庭实际收入水平的综合性的主要指标。农民家庭纯收入,既包括从事生产性和非生产性的经营收入,又包括取自在外人口寄回带回和国家财政救济、各种补贴等非经营性收入;既包括货币收入,又包括自产自用的实物收入。但不包括向银行、信用社和向亲友借款等属于借贷性的收入。

【农村居民家庭整半劳动力】指农村常住居民家庭成员中有劳动能力并经常参加实际劳动的人员。它是生产的基本要素指标之一,是发展生产增加农民家庭收入的重要源泉。按规定,农村男18周岁至50周岁、女18周岁至45周岁为整劳动力;男16周岁到17周岁、51周岁到60周岁,女16周岁到17周岁、46周岁到55周岁为半劳动力。农民家庭整半劳动力,既包括在上述规定劳动年龄内和在劳动年龄以外有劳动能力并经常参加实际劳动的男女整半劳动力,也包括农民家庭常住人员中属于职工的劳动力。但不包括在劳动年龄内已丧失劳动能力的人员。

【农村居民家庭生活消费支出】 指农村常住居民家庭年内用于日常生活的全部开支。它是用来反映和研究农民家庭实际生活消费水平高低的重要指标。农民家庭生活消费支出，包括用于吃、穿、住、烧、用等生活消费品开支和文化、生活服务费用开支两大部分。

【农村居民家庭商品性生活消费支出】 指农村常住居民家庭用其货币收入，在市场上购买食品、衣着、家庭用家具器皿、日用杂品、燃料、耐用消费品、以及文教卫生用品等生活消费总量。包括向国有商店、集体商店和集市贸易市场以及其他流通渠道购买的全部生活消费品。农民家庭商品性生活消费支出，是农民家庭生活消费支出的一个重要组成部分，是用来反映和分析农民家庭生活消费水平的商品化程度，及其由自给性经济向商品经济发展趋势的重要指标，也是研究和预测农民家庭对市场消费品需求，制定商品供应计划的重要依据。

第八篇

城市公用事业

城市建设　公用事业

1997年，广州市城市建设投资力度加大，城市基础设施、城市环境有所改善。全年城市建设固定资产投资额91. 99亿元，比上年增长54.43%，其中公用设施建设投资86.28亿元，比上年增长73.29%；自来水建设投资4.75亿元，煤气建设投资0.96亿元，分别下降45.94%和2.83%。

1997年，全年城市新铺设自来水管道246千米，日供水能力372万吨，供水总量为12.30亿立方米，平均每人每天用水量(按市区用水人口计)585升，比上年增加31升，用水普及率达98.63%，与上年持平。

全市供电量继续上升。全年供电总量153.66亿千瓦·时，比上年增长6.38%，市区供电总量110.04亿千瓦·时，比上年增长5.42%。在全市供电总量中，工业用电82.34亿千瓦·时，比上年增长4.88%，占全市供电总量53.59%；交通运输邮电通讯业用电3.09亿千瓦·时，商业公共饮食物资供销和仓储业用电17.79亿千瓦·时，分别比上年增长13.25%和11.54%；全市城乡居民生活用电30.16亿千瓦·时，比上年增长5.52%。市区城乡居民生活用电22.30亿千瓦·时，比上年增长5.49%。

1997年，城市煤气管道总长度1268千米，比上年增加40千米，增长3.26%；煤气销售量0.8亿立方米，比上年增长2.86%，使用煤气居民户数为31.28万户，比上年增长11.51%。城市液化气供气量15.17万吨，比上年增长2.03%，使用液化气居民户数为44.06万户，比上年增长1.53%。城市气化率达90.63%，比上年提高1.93个百分点。

城市路桥建设发展较快。年末城市道路总长度1886千米，比上年增加39千米；道路总面积2229万平方米，比上年增加199万平方米；年末城市桥梁达604座，比上年增加54座，其中立交桥新增7座，人行天桥新增10座，永久性桥梁新增10座。解放大桥、江湾大桥年末进入收尾工程，于1998年初春投入使用；华南大桥、鹤洞大桥也加快施工进度，争取早日通车。

城市公共交通不断改善。年末城市实有营运公共汽(电)车4021辆，出租汽车15571辆，分别比上年增加281辆和428辆，客运量分别达10.39亿人次和3.39亿人次，分别比上年增加1.58亿人次和0.44亿人次。地铁一号线西朗——黄沙段于1997年6月28日开通，运营线路5.26公里，通车半年来客运量达57.32万人次。

园林绿化成绩显著。1997年末，广州城市园林绿地面积达32184公顷，其中公共绿地1855公顷，分别比上年增加4936公顷和336公顷；建成区绿地面积6758公顷，比上年增加82公顷，建成区绿化覆盖率达27.5%，比上年提高2个百分点。年末公园数54个，比上年新增14个公园，是历史以来增加公园个数最多的一年，也是绿化覆盖面积和园林绿地面积增加较多的一年。

城市住宅建设投资增加，居民居住水平有所提高。1997年城市住宅投资152.25亿元，比上年增长16.06%。年末城市实有居住面积3524.18万平方米，城市人均居住面积达10.79平方米，比上年增加0.71平方米。

市容环境卫生改观。城市年末实际清扫保洁面积2433万平方米，全年生活垃圾粪便清运量达226万吨，粪便无害化日处理能力达1010吨，比上年增长22.42%；年末城市公共厕所有1491座，比上年增加4座；清洁卫生工具不断现代化，机械拥有量达913辆，比上年增加289辆，增长46.31%。

城市建设投资额

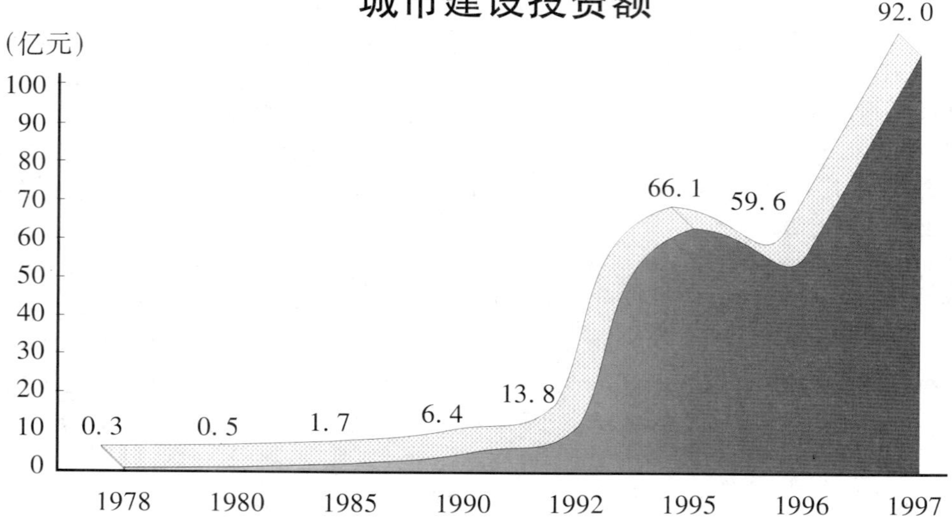

城 市 供 水

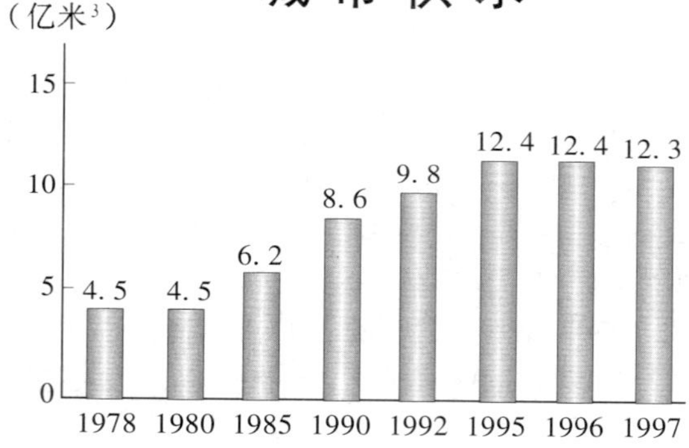

城 市 供 电

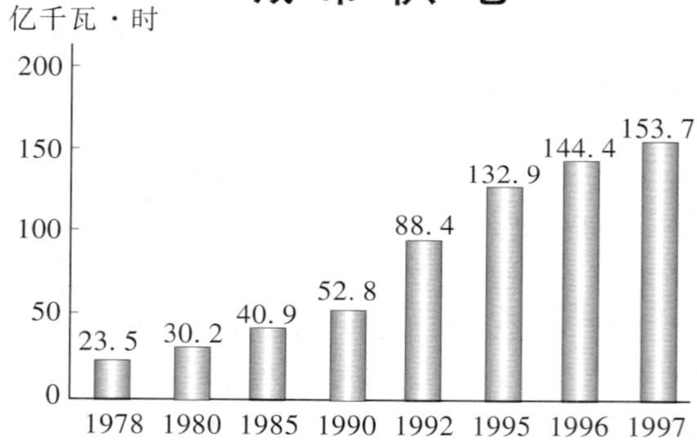

城市道路面积

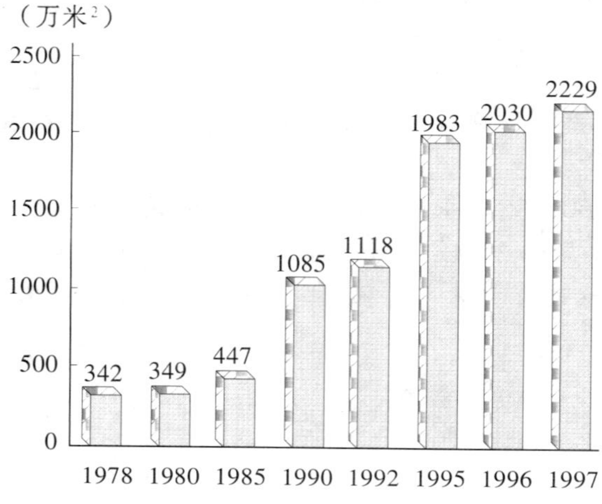

城市园林绿地面积

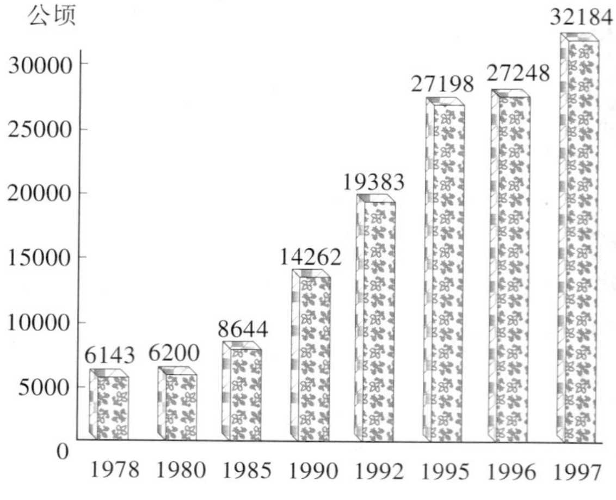

8—1 城 市（市 区）供 水

项　　目	单　位	1980 年	1985 年	1990 年	1995 年	1996 年	1997 年
自来水管长度	千米	1849	2354	2947	4138	4251	4497
#干 管	千米	368	641	886	1197	1273	1550
年底自来水综合生产能力	万吨/日	158	202	260	364	374	372
全年供水量	万米^3	45122	62469	86136	124184	124121	122953
全年售水量	万米^3	43005	58633	82307	110899	109993	108510
生产用水	万米^3	20489	23639	27902	37377	35195	30412
生活用水	万米^3	22516	34994	54405	73522	74798	78098
最高日供水量	万米^3	147	193	265	374	373	364
年末用水人数	万人	282	273	328	372	378	383
用水普及率	%	93.07	100	100	98.20	98.63	98.63
人均每天用水量(按市区用水人口)	升	208	293	419	544	554	585
人均每天用水量(按用水人口)	升	222	358	460	541	542	559

注:1994 年起用水普及率按新口径(八区)计算。

8—2 城 市 供 电

单位:万千瓦.时

项　　目	1980 年	1985 年	1990 年	1995 年	1996 年	1997 年
全　市						
供电总量	302354	408657	527670	1329050	1444425	1536644
售电总量	291081	390904	498014	1090811	1195662	1280836
#工业用电	222072	251572	297277	737951	785088	823416
城乡居民生活用电			81301	252491	285839	301610
城 市			57250	177549	198218	196283
乡 村			24051	74942	87621	105327
市　区						
供电总量	255176	336549	428107	958143	1043862	1100404
售电总量	246000	328946	404046	790334	840643	881167
#工业用电	197146	218267	239331	482226	517956	527734
城乡居民生活用电			60192	189711	211369	222980
城 市			49013	147861	163437	163909
乡 村			11179	41850	47932	59071

注:1994 年起工业用电和城乡居民生活用电总量为供电总量的其中数。

8—3 全　市　用　电

（1997年）　　　　单位：万千瓦.时

项　　目	全　市	市　区	番禺市	花都市	增城市	从化市
供电总量	1536644	1100404	205836	92836	98283	39285
#售电总量	1280836	881167	189613	86847	88133	35076
农、林、牧、渔水利业	29182	21133	2738	2732	1526	1053
#排灌	5472	3652	430	984	106	300
工　业	823416	527734	138273	64994	67748	24667
轻工业	298574	202868	53618	13778	14723	13587
重工业	524842	324866	84655	51216	53025	11080
1.煤炭采选业	1143	1117		26		
2.石油及天然气采选业	3430	3430				
3.黑色金属矿采选业	31	10	21			
4.有色金属矿采选业	164	72				92
5.建材及其他非金属矿采选业	13400	7095	3379	2531		395
6.其他矿采选业	139	59		10		70
7.木材及竹材采运业	1924	1647	277			
8.自来水生产和供应业	46109	35532	3636	957	5862	122
9.食品饮料供应业	44265	32455	5677	2212	1330	2591
10.纺织业	34429	20949	5083	5066	2432	899
11.造纸及纸制品业	22757	16107	4424	1792	434	
12.电力生产业	91995	55424	16223	5989	10150	4209
#线路损失电量	91815	55244	16223	5989	10150	4209
13.石油加工业	10990	10951	37	2		
14.炼焦煤气及煤制品业	2270	1991	24	18	50	187
15.化学工业	64769	56374	2421	1243	3482	1249
16.医药工业	14040	13069	97	227	165	482
17.化学纤维工业	15869	13759	617	995		498
18.橡胶及塑料制品业	68684	25286	30630	8235	2749	1784
19.建材及其他非金属矿物制品业	98070	46404	5545	26534	17032	2555
20.黑色金属冶炼及压延加工业	64631	61958	846	2	1537	288
21.有色金属冶炼及压延加工业	16198	12092	2931	182		993
22.金属制品业	37442	20006	8977	3043	1199	4217
23.机械工业	24554	20225	2623	630	525	551
24.交通运输电气电子设备制造业	47844	36021	10229	494	718	382
25.其他工业	98269	35701	34576	4806	20083	3103
地质普查和勘探业、水利管理	599	289	7	218		85
建筑业	26322	21629	1392	1196	835	1270
交通运输邮电通讯业	30919	26245	1728	1052	656	1238
商业公共饮食物资供销和仓储业	177905	149593	17936	2948	6450	978
其他事业	146691	130801	6201	5966	2197	1526
城乡居民生活用电	301610	222980	37561	13730	18871	8468
城市	196283	163909	11680	5490	9850	5354
乡村	105327	59071	25881	8240	3114	9021

8—4 城　市　供　气

项　　目	单位	1995 年		1996 年		1997 年	
		合　计	#煤气公司	合　计	#煤气公司	合　计	#煤气公司
液化气							
液化气储气能力	米³	24442	10000	28760	10000	28912	10000
液化气供气量	吨	127334	51168	148701	54279	151719	44267
液化气销售量	吨	127334	51168	148701	54279	151719	44267
#家庭使用	吨	102818	47421	112000	48832	92244	36084
居民液化气使用户数	户	448295	181052	433995	178995	440630	180630
居民液化气使用人数	万人	170.30	72.40	173.60	71.60	173.17	70.99
人工煤气							
煤气管道长度	千米	1184	1169	1228	1211	1268	1251
煤气销售量	万米³	7078	6378	7731	6846	7952	7380
#家庭使用	万米³	6724	6028	7289	6404	7326	6754
居民煤气使用户数	户	256705	250882	280540	271890	312840	303310
居民煤气使用人数	万人	102.70	100	112.30	108.80	122.94	119.20
按人口计算气化率	%	86.60		88.70		90.63	

注:煤气销售量不包括工业自产自销量。

8—5 主要年份城市房屋建筑面积

年　　份	年末实有房屋建筑面积（万米²）	年末实有住宅建筑面积（万米²）	年末实有住宅居住面积（万米²）	平均每人居住面积（米²）
1952	1256.38	789.76	473.86	3.93
1957	1484.49	868.31	520.99	3.08
1962	1823.35	943.00	565.86	2.95
1965	1957.95	992.63	595.50	3.01
1970	2166.65	1056.93	634.16	3.39
1975	2484.36	1153.38	692.03	3.57
1978	2889.89	1314.03	788.42	3.82
1980	3247.82	1512.88	907.73	3.97
1985	5511.97	2834.43	1700.66	6.62
1990	7567.44	3974.23	2327.55	7.99
1995	9666.45	5276.22	3043.65	9.61
1996	10273.31	5644.83	3246.39	10.08
1997	11022.22	6149.90	3524.18	10.79

8—6 城市建设固定资产投资额

单位:万元

年份	合计	自来水	公用事业	煤气
1978	3150	803	2296	51
1980	5407	774	4348	285
1985	17212	2525	13397	1290
1990	64424	12405	32741	19278
1991	81781	11616	49310	20855
1992	137813	16742	102870	18201
1993	251411	13008	218251	20152
1994	422510	58679	357345	6486
1995	661264	87382	559769	14113
1996	595693	87903	497870	9920
1997	919932	47523	862770	9639

注:本表不包括住宅投资。

8—7 城市维护费收支情况

单位:万元

项目	1980年	1985年	1990年	1995年	1996年	1997年
维护费收入	9553	14319	30693	644878	596351	792843
维护费支出	9028	23667	31825	639215	587106	785020
用于养护维修	3200	6443	16741	101806	76619	85144
用于更新改造	5828	17224	9623	529620	459686	686899
上缴能源交通基金税						
偿还贷款			4700	3200	46735	4763
其他			761	4589	4066	8214

8—8 公 共 交 通

（1997年）

项目	单位	汽、电车	#市区	#汽车	轮渡	市区出租汽车	#小汽车
年末营运车、船数	辆、艘	4611	4021	3911	70	15571	15320
营运车船座位数	个	304282	279867	270436	25452	66049	61280
营运线路条数	条	466	295	288	32		
营运线路长度	千米	17688	4741	4687	367		
客运量	万人次	107356	103942	97957	5118	33883	32654
客运周转量	万人千米	712806	607805	586465	5834	201484	190675
客运收入	万元	119058	102796	99259	3730	184793	180597
车船完好率	%	95.92	96.04	95.68	87.05	98.60	98.80
每辆汽、电车负担人数（按市区人口计）	人		812				

附：1997年地铁年末营运车2列（12辆），客运量57.32万人次。

8—9 城市（市区）公共设施

项目	单位	1980年	1985年	1990年	1995年	1996年	1997年
道路总长度	千米	391	415	945	1809	1847	1886
#高级路面	千米	385	415	833	1573	1611	1650
道路总面积	万米^2	349	447	1085	1983	2030	2229
#高级路面	万米^2	346	447	993	1811	1858	2057
桥梁	座	144	165	265	524	550	604
#立交桥	座	5	13	24	52	53	60
人行天桥	座	2	13	42	74	77	87
隧道	座			5	7	7	7
路灯	盏	25042	29560	39138	59643	58193	65065
#汞灯、钠灯	盏	6777	10173	18919	38293	39825	44530
路灯线路总长度	千米	1834	1985	2718	3329	3509	3799
下水道总长度	千米	586	697	1217	1535	1584	1652

注：1990年起包系统外数字。

8—10 城市(市区)园林情况

项目	单位	1980 年	1985 年	1990 年	1995 年	1996 年	1997 年
城市园林绿地面积	公顷	6200	8644	14262	27198	27248	32184
#公共绿地	公顷	1043	1466	1132	1485	1519	1855
建成区绿地面积	公顷	3793	5830	3655	6240	6676	6758
建成区园林绿地面积	公顷	3793	5830	3508	5763	6094	6758
市园林局系统	公顷			783	1559	1581	1629
非园林局系统	公顷			2725	4204	4513	5129
建成区道路绿化覆盖面积	公顷	657	657	147	295	318	358
建成区绿化覆盖率	%	23	26	19	24	26	28
公园个数	个	18	19	24	38	40	54
#游乐园	个			3	3	3	3
动物园	个	1	1	1	1	1	1
公园面积	公顷	612	779	1026	1264	1260	1527
#游乐园	公顷			69	73	69	69
动物园	公顷	43	43	43	43	43	43
公园面积中:水面积	公顷	133	133	139	135	132	138
#游乐园	公顷			5	6	3	3
动物园	公顷	3	3	3	2	2	2
风景区个数	个	3	6	6	4	1	1
风景区面积	公顷	2607	2814	2664	2130	1681	1681
#水面积	公顷	200	275	113	30	2	2
建成区面积	千米^2	170	183	187	259	262	267

注:1996 年起风景区数字不包括未正式命名的 3 个风景区。

8—11 城市环境卫生

项目	单位	1980 年	1985 年	1990 年	1995 年	1996 年	1997 年
实际清扫保洁面积	万米^2	896	1030	2112	2372	2381	2433
环卫职工人数	人	8815	9832	12479	15587	15630	16105
生活垃圾粪便全年清运量	万吨	95	77	136	188	206	226
生活垃圾	万吨	46	65	105	155	176	189
粪便	万吨	49	12	31	33	30	37
清洁卫生机械拥有量	辆	289	339	475	872	624	913
粪便无害化处理厂日处理能力	吨			400	1000	825	1010
公共厕所	座	361	415	558	619	577	581

注:1997 年公共厕所座数包括系统外为 1491 座。

8－12　广州市立交桥、人行天桥（隧道）一览表

名　　称	竣工日期	名　　称	竣工日期
立　交　桥		31.先烈路立交桥	1992.10.
1.沙河顶铁路立交桥	1950年、1971年扩	32.小北路立交桥	1992.08.
2.大北立交桥	1964.04.	33.盘福路立交桥	1992.10.
3.德坭路立交桥	1964.09.	34.东风路越秀北立交桥	1993.09.
4.黄花东铁路立交桥	1965.9、1987.5扩	35.花地立交桥	1993.12.
5.黑山铁路立交桥	1978.12.	36.东华东立交桥	1993.12.
6.广园西路铁路立交桥(一)	1981.12.注	37.高速公路沙河立交桥	1993.12.
7.广园西路铁路立交桥(二)	1981.12.	38.北环高速公路濂泉立交桥	1993.12.
8.石围塘铁路立交桥	1983.09.	39.北环高速公路元岗立交桥	1993.12.
9.区庄立交桥	1983.11.	40.北环高速公路轻工技校立交桥	1993.12.
10.广花立交桥	1984.09.	41.北环高速公路华南路立交桥	1993.12.
11.洪德路立交桥	1984.11.	42.北环高速公路双燕岗立交桥	1993.12.
12.麓景路立交桥	1985.12.	43.省高速公路(广深珠)罗岗互通立交	1993.10.
13.中山一路立交桥	1985.06.	44.广花路黄石立交桥	1994.01.
14.天河立交桥	1986.12.	45.岗顶立交桥	1994.09.
15.石牌立交桥	1987.08.	46.广从路广园立交桥	1994.05.
16.茅岗铁路立交桥	1987.09.	47.广从路铁路跨线桥	1994.05.
17.横枝岗立交桥	1987.12.	48.广从路东方乐园立交桥	1994.05.
18.西场立交桥	1989.06.	49.广从路黄石立交桥	1994.05.
19.客村立交桥	1989.12.	50.省高速公路(广深珠)新塘互通立交	1994.06.
20.高速公路沙贝立交跨主线立交桥	1989.08.	51.北村三立交	1995.04.
21.北环高速公路沙河立交桥	1990.03.	52.龙溪路、花地大道立交	1995.06.
22.高速公路跨广清公路立交桥	1989.08.	53.解放路、中山路立交	1995.09.
23.高速公路西槎路跨线立交桥	1990.12.	54.果园场立交	1995.12.
24.高速公路广北立交桥	1990.12.	55.石牌立交	1996.01.
25.高速公路广花立交桥	1990.12.	56.北村一立交	1996.05.
26.机场路、广园路立交桥	1991.10.	57.丰乐路立交	1996.09.
27.环市东、淘金坑立交桥	1987.	58.南江立交	1996.12.
28.机场路候机楼立交桥	1992.08.	59.茖头立交	1996.12.
29.新市立交桥	1992.10.	60.新港路、昌岗路立交	1996.12.
30.东风路农林下路立交桥	1992.08.		

注:6项是广园西与五股道,7项是广园西与三股道。

8—12 续表1

名称	竣工日期	名称	竣工日期
高架路		15.流花东方宾馆天桥	1986.10.
1.小北路高架路	1986.08.	16.执信南中山一院天桥	1986.12.
2.大北路高架路	1986.09.	17.中山一农林东天桥	1987.07.
3.人民路、六二三路高架路	1987.09.	18.解放北、桂花岗天桥	1987.01.
4.解放北路高架路	1993.09.	19.环市东、东环路天桥	1987.08.
5.高速公路双燕岗高架路	1993.12.	20.环市东、建设六马路天桥	1987.10.
6.高速公路侨乐路高架路	1993.12.	21.环市东、建设大马路天桥	1987.10.
7.高速公路元岗高架路	1993.12.	22.人民北、环市路天桥	1987.11.
8.高速公路濂泉路高架路	1993.12.	23.中山大道、港湾路东天桥	1987.11.
9.高速公路广园路高架路	1993.12.	24.中山大道、港湾路西天桥	1987.11.
10.东濠涌高架路	1994.07.	25.西华路源头天桥	1988.03.
人行天桥		26.解放北、应元路天桥	1988.10.
1.人民南、西濠二马路天桥	1980.10.	27.江南大道、万松园天桥	1988.11.
2.北京路、中山五路天桥	1980.12.	28.中山大道武警天桥	1988.11.
3.北京路、大南路天桥	1981.12.	29.中山大道岗顶天桥	1988.11.
4.北京路、文明路天桥	1981.12.	30.中山大道水厂天桥	1988.12.
5.北京路、惠福东路天桥	1984.08.	31.广州客运站人行天桥	1989.01.
6.南方大厦北门人行天桥	1984.09.	32.流花万宝天桥	1989.04.
7.先烈路省科学院天桥	1984.12.	33.环市东假日酒店天桥	1989.05.
8.六二三路人行天桥	1985.12.	34.环市西华丽宫天桥	1989.12.
9.东风东、陵园西东侧天桥	1985.12.	35.荔湾北热力天桥	1989.12.
10.东风东、陵园西西侧天桥	1985.12.	36.工业大道凤宁南天桥	1989.12.
11.江南大道北人行天桥	1985.12.	37.环市东农林下路天桥	1989.12.
12.环市西、水厂路人行天桥	1985.12.	38.沿江西555天桥	1990.09.
13.环市东、广工学院天桥	1986.09.	39.东风美特天桥	1990.09.
14.环市西、省汽车站天桥	1986.10.	40.一德路海珠广场天桥	1990.11.

8—12 续表 2

名　　称	竣工日期	名　　称	竣工日期
41.洪德路、厚德路天桥	1991.01.	69.小北路环市路天桥	1994.09.
42.西站、铁路人行天桥	1991.04.	70.东风西路人民北东天桥	1994.09.
43.高速公路沙贝收费站人行天桥	1991.04.	71.东风西路人民北西天桥	1994.09.
44.寺右路天桥	1991.08.	72.东风西路荔湾北天桥	1994.09.
45.机场路、广园路天桥	1991.10.	73.芳村大道北天桥	1994.02.
46.交易会天桥	1991.10.	74.岗顶天桥(石牌)	1994.12.
47.中山七路天桥	1991.11.	75.龙溪路花地人行天桥	1995.07.
48.西增路天桥	1991.10.	76.棠下天桥	1995.12.
49.机场路 1 号天桥	1992.03.	77.新市天桥	1995.12.
50.机场路 2 号天桥	1992.10.	78.槎头天桥	1995.12.
51.中医学院天桥	1992.07.	79.海珠购物中心天桥	1996.01.
52.东风路先烈天桥	1992.11.	80.燕塘天桥	1996.12.
53.小北立交东侧天桥	1992.12.	81.广深公路文冲段双岗天桥	1996.12.
54.小北立交西侧天桥	1992.12.	82.水荫路天桥	1997.01.
55.盘福路天桥	1992.10.	83.解放路迎宾馆天桥	1997.10.
56.蓬莱路天桥	1993.09.	84.解放路大新路天桥	1997.11.
57.东风路解放北 1 号天桥	1993.09.	85.解放路惠福路天桥	1997.12.
58.东风路解放北 2 号天桥	1993.09.	86.黄埔区广深公路庙头天桥	1997.12.
59.东风路越秀北天桥	1993.09.	87.黄埔区夏围天桥	1997.12.
60.东风路正南路天桥	1993.07.	**人　行　隧　道**	
61.东风路梅东路天桥	1993.08.	1.起义路人行隧道	1986.11.
62.东风路执信路天桥	1993.09.	2.天河路体育中心东侧隧道	1987.09.
63.德政北天桥	1994.05.	3.天河路体育中心隧道	1987.09.
64.机械学院人行天桥	1994.07.	4.天河路体育中心西侧隧道	1987.09.
65.农科院一号人行天桥	1994.07.	5.中山大道石牌人行隧道	1987.12.
66.农科院二号人行天桥	1994.07.	6.黄沙隧道北出口疏解 1 号人行隧道	1995.12.
67.五羊新城天桥	1994.09.	**过　江　隧　道**	
68.广园路景泰直街天桥	1994.09.	珠江隧道	1994.01.

主要统计指标解释

【年底自来水生产能力】 指年底城建部门管理的自来水厂和自备水源的社会单位取水、净化、送水、出厂输水干管等环节的实际生产能力。

【年底供水管道长度】 指从送水泵到用户水表之间所有管道的长度。

【全年供水量】 指公用自来水厂和自备水源的社会单位全年的供水总量,包括有效供水量及损失水量。

【生活用水量】 指居民日常生活与公共福利设施的用水量。包括居民、饮食店、旅馆、医院、理发店、浴池、洗衣店、游泳池、商店、学校、机关、部队等单位的用水量。

【城市人口用水普及率】 指城市用水的非农业人口数(不包括临时人口和流动人口)与城市非农业人口总数之比。计算公式:

$$\text{用水普及率}=\frac{\text{城市用水的非农业人口数}}{\text{城市非农业人口数}}\times 100\%$$

【人工煤气生产能力】 指城市煤气厂制气、净化、输送等环节的综合实际生产能力。

【输气管道长度】 指由压缩机、鼓风机、储气罐的出口到用户立管之间的全部管道长度。

【全年供气总量】 指全年售给各类用户的全部煤气量。包括工业用量、家庭用量和其他用量。

【城市用气普及率】 指使用煤气(包括人工煤气、液化石油气,天然气)的城市非农业人口数(不包括临时人口和流动人口)与城市非农业人口总数之比。计算公式:

$$\text{城市用气普及率}=\frac{\text{城市用气的非农业人口数}}{\text{城市非农业人口总数}}\times 100\%$$

【年底实有铺装道路长度】 指除土路外,路面经过铺装宽度在3.5米以上的道路,包括高级、次高级道路和普通道路。

【城市桥梁】 指城市范围内,修建在河道上的桥梁和道路与道路立交、道路跨越铁路的立交桥,以及人行天桥。包括永久性桥和半永久性桥,不包括临时性桥、铁路桥、涵洞。

【城市下水道总长度】 指所有排水总管、干管、支管及暗渠、检查井、连接井进出水口等长度之和。

【年末实有公共汽(电)车】 指年底可参加营运的全部车辆数,包括年底营运车辆数和库存查封未参加营运的车辆,不包括非营运车辆,如架线车、油罐车、工程车、货车及其他专用车辆和借人的客运车辆。

【营运线路长度】 指设置的固定营运线路的长度,包括郊区营运线路长度。不包括临时行驶的线路长度。

【城市园林绿地面积】 指城市公共绿地、专用绿地、生产绿地、防护绿地、郊区风景名胜区的全部面积。

【公共绿地】 指供游览休息的各种公园、动物园、植物园、陵园以及花园、游园和供游览休息用的林荫道绿地、广场绿地。不包括一般栽植的行道树及林荫道的面积。

第九篇

农　　业

农 村 经 济

1997年，广州农业的基础地位逐步得到强化，农林牧渔业产出不断增加，农村经济全面发展。全市农业增加值达85.72亿元，比上年增长5.5%；农业总产值150.81亿元，比上年增长6.6%。其中，种植业产值74.83亿元，林业产值1.27 亿元，牧业产值44.97亿元，副业产值4.29亿元，渔业产值25.45亿元。农业商品率持续增长，1997年达84.8%，比上年提高了0.7个百分点。

农业生产稳定增长，粮食创高产活动成效显著。一年来，我市各级政府进一步加强对农业生产的领导，抗灾自救，把粮食创高产活动作为农业和农村的一项重要工作来抓。全市粮食创高产面积107万亩，占水稻面积的39.4%。同时，增加投入，提高科技应用水平，各种优良品种应用率达到90%以上，从而取得了灾年夺丰收的好成绩。全市粮食产量有突破性进展，亩产创新高。1997年粮食总产量达100.92万吨，比上年增长1.7%。主要农产品产量除花生、水果因市场价格因素和寒潮影响比上年减产外，其余均有不同程度的增产。糖蔗生产从1996年走出低谷后，由于主产区番禺市对糖蔗实行保护价收购，从而调动农民种蔗积极性，1997年获得大幅度增长，全市糖蔗总产量77.39万吨，比上年增长11.4%。近年来我市不断推行连片种植和无公害蔬菜生产，使蔬菜经济效益和社会效益均有提高，种植面积产量逐年增加，1997年全市蔬菜总产量239.57万吨，比上年增长3.1%。全年蔬菜供应充足，价格稳中有降。小品种蔬菜、反季节蔬菜、特需蔬菜、家种野菜等上市量增加，进一步丰富了市民的菜篮子。全年花生总产量2.5万吨，水果产量29.39万吨，分别比上年减少7.4%和0.1%。

林业生产稳步发展。在消灭了宜林荒山后，我市继续按照“保绿、搞活、求富”的方针来发展林业生产。1997年全市迹地更新面积6.45万亩、封山育林面积10万亩、育亩面积0.18万亩，分别比上年增长15.0%、150%和44.4%，中幼林抚育出材量达943立方米，填补了上年的空白。

畜牧业生产连年增长。1997年，全市肉类总产量达30.83万吨，比上年增长6.2%；家禽出栏1.44亿只，增长1.4%；禽蛋产量3.72万吨，增长12.0%；牛奶产量3.10万吨，增长16.5%。年末生猪存栏量107.80万头，增长3.4%。

渔业生产再上新台阶。渔业生产加快发展“三高”渔业，不断改造低产鱼塘和养殖经济价值较高的名、优、特新品种，如鳗鱼、桂花鱼、加州鲈鱼等，水产品产量有较大幅度的提高。1997年，全市水产品产量27.59万吨，比上年增长10.2%，其中海水产品5.80万吨，增长10.3%；淡水产品21.79万吨，增长10.2%。

乡镇企业仍是农村经济新的增长点。我市积极推进乡镇企业转制工作，认真落实乡镇企业的技术改造资金，进一步调整产品结构，促使乡镇企业持续快速发展。1997年全市乡镇企业总产值1042.17亿元，比上年增长20.6%；营业收入1129.82亿元，增长20.0%；实交国家税金20.56亿元，比上年增长10.8%；创利66.44亿元，增长12.0%。

农业投入增加，生产条件继续改善。全年农业生产资金投入(市财政拨款)4.21亿元，比上年增长16.6%；农田水利建设资金(含区、县级市、镇投入)6.75亿元，比上年有较大的增加。农业生产物质装备水平进一步提高，年末农业机械总动力241万千瓦，比上年末增长1.6%；化肥施用量(实物量计)32.54万吨，增长2.2%；有效灌溉面积11.97万公顷；农村用电量50.24亿千瓦时，增长16.6%。农村社会基础设施日趋完善，全市自来水受益村765个，占全市村委的60.6%；通汽车的村1253个，占99.3%；通电话的村1261个，占99.9%。由于注重基础设施建设，大大改善了农村的投资环境，从而加快推进广州农村经济的发展。

农业总产值及增加值

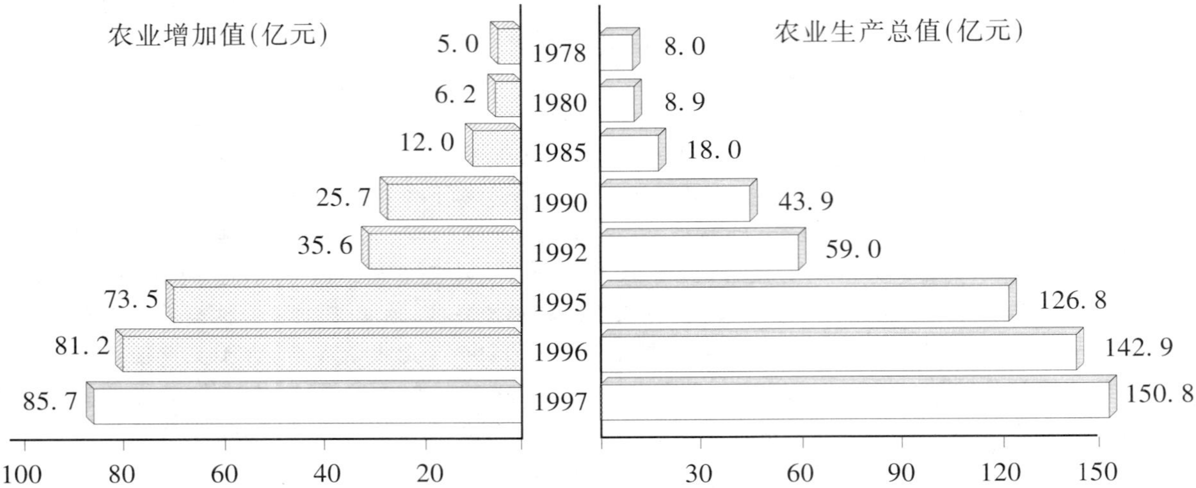

乡镇企业营业总收入

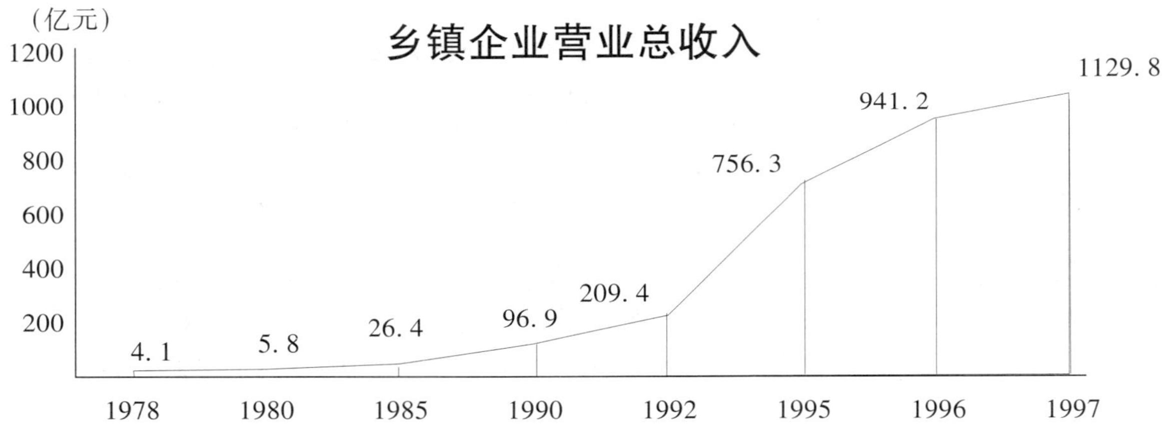

乡镇企业总产值

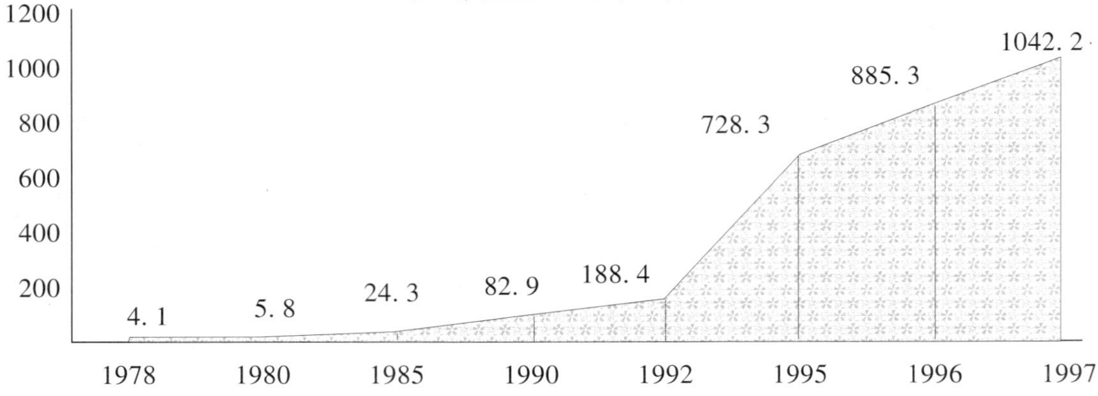

9-1 农业主要指标

指标	单位	1990年	1995年	1996年	1997年
乡镇户数	户	723782	841016	812309	810847
乡镇劳动力	人	1387731	1516681	1534582	1539793
第一产业	人	911286	879715	890555	882106
第二产业	人	295251	390257	393654	406766
第三产业	人	181194	246709	250373	250921
耕地面积	公顷	164635	132439	128186	126340
实际机耕面积	公顷	126104	101865	95273	94980
有效灌溉面积	公顷	152075	125060	120678	119662
农业机械总动力	万瓦	174421	241922	237644	241379
化肥供应量(折纯)	吨	134591	106953	120364	120921
农药供应量	吨	7483	6737	5455	5067
农村用电量	万千瓦.时	84909	376000	430875	502411
农村社会总产值	万元	1138369	8547293	10219363	11900361
农业增加值	万元	257288	734606	811630	857155
农业总产值	万元	439322	1268076	1429078	1508110
农业商品率	%	74	83	84	85
主要产品产量					
粮食	吨	1195283	978988	992432	1009207
糖蔗	吨	2026304	754327	694765	773910
花生	吨	38812	27325	26621	24660
水果	吨	308886	318018	294344	293917
水产品	吨	87172	187775	221791	275869
猪肉	吨	84542	109071	116178	128937
蔬菜	吨	1263415	2158004	2324580	2395695
乡镇企业单位数	个	61324	85088	86993	86569
乡镇企业人数	人	534097	966132	1030134	1047991
乡镇企业营业总收入	万元	968773	7562954	9411913	11298225
乡镇企业固定资产原价	万元	370354	2136796	2610255	3360954

注:1997年水产品产量计算口径与住年不同。

9—2 乡镇户数、人口和农村劳动力

（1997 年） 单位：人

区、县级市	乡镇户数（户）	#农业户	乡镇人口	#农业人口	农村劳动力	农业劳动力
全　市	810847	646903	2983393	2540522	1595474	903928
海珠区	19706	19706	63540	63540	41272	21879
天河区	27854	17698	79527	54750	40538	16356
芳村区	13754	10516	47283	36858	24573	15514
白云区	165342	118402	545834	440903	301067	150033
黄埔区	26352	16573	75826	46834	34544	14317
番禺市	204119	158227	711562	590058	408900	172076
花都市	112103	101970	439777	396607	230735	130152
增城市	156734	128241	653052	564373	309818	221887
从化市	84883	75570	366992	346599	204027	161714

9—3 农村镇、村组织情况

（1997 年） 单位：个

区、县级市	镇政府		村民委员会		村民小组
	个数	干部人数（人）	个数	干部人数（人）	
全　市	76	6651	1274	8498	13286
海珠区	1	93	20	181	231
天河区	2	160	26	223	183
芳村区	1	102	17	137	141
白云区	15	1114	195	1400	1998
黄埔区	3	192	16	135	224
番禺市	15	859	305	2050	2710
花都市	9	895	182	1154	1726
增城市	15	1586	303	2011	3414
从化市	15	1650	210	1207	2659

9—4　主要年份年末耕地面积

单位：公顷

年　　份	耕地面积	水(旱)田	旱　　地	平均每个农业人口有耕地	平均每个农业劳动力有耕地
1952	212968	188312	24656	0.16	0.33
1957	216368	188579	27789	0.14	0.31
1962	198186	168447	29739	0.12	0.28
1965	191252	166566	24686	0.11	0.24
1970	188398	165393	23005	0.09	0.20
1975	186869	164740	22129	0.08	0.17
1978	185735	164062	21673	0.07	0.16
1980	184827	163178	21649	0.08	0.17
1985	174338	153675	20663	0.07	0.18
1990	164635	145404	19231	0.07	0.18
1995	132439	117683	14756	0.05	0.15
1996	128186	113596	14590	0.05	0.14
1997	126340	112336	14004	0.05	0.14

9-5 年末耕地面积

(1997 年)　　　　单位:公顷

区、县级市	合　计	水(旱)田	旱　地	#粮食占用耕地面积	#蔬菜占用耕地面积	平均每个农业人口有耕地	平均每个农业劳动力有耕地
全　市	**126340**	**112336**	**14004**	**85177**	**25473**	**0.05**	**0.14**
海珠区	931	931		2	633	0.01	0.04
天河区	955	951	4	23	774	0.02	0.06
芳村区	1055	1055		29	496	0.03	0.07
白云区	18451	17712	739	11959	6224	0.04	0.12
黄埔区	746	729	17	180	558	0.02	0.05
番禺市	33998	31353	2645	18402	6133	0.06	0.20
花都市	17878	16273	1605	14288	2857	0.05	0.14
增城市	32886	26852	6034	24901	5445	0.06	0.15
从化市	19440	16480	2960	15393	2353	0.06	0.12

9-6 耕地面积变动情况

(1997 年)　　　　单位:公顷

区、县级市	年内增加的耕地面积	当年减少的耕地面积	#国家基建占用	#农村建设占用	#农民建房占用	#改鱼塘	#改种果
全　市	**1216**	**3062**	**800**	**510**	**62**	**771**	**429**
海珠区	4	58	50	1			7
天河区		192	182	9			
芳村区	7	53	31	1	21		
白云区	211	339	124	90	14	43	10
黄埔区	12	168	104				64
番禺市	741	893	61	317	6	361	148
花都市	92	537	129	39	9	212	51
增城市	107	439	111	19	7	151	147
从化市	42	383	8	34	5	4	2

9—7 农村乡镇劳动力分布情况

(1997 年)　　　　单位:人

行　　业	全　市	海珠区	天河区	芳村区	白云区
合　　计	1539793	41272	40538	24573	265439
农、林、牧、副、渔业	882106	21879	16356	15514	140925
种植业	737813	20619	13706	13605	118878
林业	2721		24		308
牧业	37272	327	817	902	11627
副业	68794	562	1381	613	4913
渔业	35506	371	428	394	5199
工 业	326360	6667	4904	2978	63184
镇 办	130688	1331	1124	480	15709
村及村以下办	195672	5336	3780	2498	47475
建筑业	80406	925	899	1164	15811
交通运输和邮电业	59734	1356	2406	1420	13423
商业、饮食业、物资供销和仓储业	80455	1900	4635	1585	12543
房地产管理、公用事业、居民服务和咨询服务业	4160	384	157	30	660
卫生、体育和社会福利事业	7544	156	439	154	1297
教育、文化、艺术和广播电视事业	10847	116	134	93	1769
科学研究和综合技术服务事业	676	6	8		222
金融、保险业	2381	25	46	88	254
镇经济组织管理	8012	608	188	73	2054
其他	77112	7250	10366	1474	13297

9—7 续表

单位:人

项目	黄埔区	番禺市	花都市	增城市	从化市
合计	34519	401481	228148	309396	194427
农、林、牧、副、渔业	14302	167714	129140	221670	154606
种植业	13176	135186	109741	176548	136354
林业	2	525	283	1199	380
牧业	350	2868	3789	12761	3831
副业	349	13140	8225	27040	12571
渔业	425	15995	7102	4122	1470
工业	7595	135034	54770	36999	14229
镇办	3190	70875	24917	6425	6637
村及村以下办	4405	64159	29853	30574	7592
建筑业	1213	21626	16104	14242	8422
交通运输和邮电业	2417	16790	6583	12128	3211
商业、饮食业、物资供销和仓储业	3270	28420	11047	11484	5571
房地产管理、公用事业、居民服务和咨询服务业	9	1721	467	437	295
卫生、体育和社会福利事业	210	2708	669	1172	739
教育、文化、艺术和广播电视事业	116	3591	1246	2247	1535
科学研究和综合技术服务事业	2	214	56	99	69
金融、保险业	74	1189	110	402	193
镇经济组织管理	298	1018	1999	1002	772
其他	5013	21456	5957	7514	4785

9-8 主要年份农业总产值

单位:万元

年份	合计	种植业	林业	牧业	副业	渔业
1952	15485					
1957	19719					
1962	28180					
1965	34122					
1970	43923					
1975	64116					
1978	79940					
1980	89465					
1985	180163	117429	2312	43583	7309	9530
1990	439322	280156	5011	110313	15700	28142
1995	1268076	673678	10672	369589	28741	185396
1996	1429078	701636	11152	429758	38649	247883
1997	1508110	748281	12706	449656	42965	254502
“一五”时期	101614					
“二五”时期	117821					
1963—1965	98476					
“三五”时期	214065					
“四五”时期	281725					
“五五”时期	393414					
“六五”时期	658543					
“七五”时期	1691762	1078926	21001	422369	65706	103760
“八五”时期	4155220	2323337	41125	1196610	100512	493636
1979—1997	9613931	5441009	98250	2657383	276149	1141140

9-9 主要年份农业总产值

（按1990年不变价格计算）　　单位：万元

年　份	合　计	种植业	林　业	牧　业	副　业	渔　业
1952	89974	79078	942	6405	696	2853
1957	120114	103118	2248	9491	1120	4137
1962	120447	105817	674	7939	1546	4471
1965	165669	136850	3305	18024	1739	5751
1970	169630	140158	2860	18268	1897	6447
1975	191602	152505	6523	23603	2026	6945
1978	215148	172325	3364	26916	2108	10435
1980	237153	190343	5634	27956	2629	10591
1985	320648	223981	4180	63571	7180	21736
1990	401185	257523	4236	93613	13605	32208
1995	645542	321622	5086	186517	28307	104010
1996	688222	312286	5454	199327	38018	133137
1997	733870	335355	5318	209847	41879	141471
“一五”时期	553719	487317	6951	37099	4987	17365
“二五”时期	582393	500684	9075	40951	6901	24782
1963—1965	449833	375443	7037	46222	4885	16246
“三五”时期	857179	715633	9948	90044	9182	32372
“四五”时期	920132	748517	22591	104802	9842	34380
“五五”时期	1074271	868603	17322	130153	11094	47099
“六五”时期	1411784	1041800	17560	245663	26175	80586
“七五”时期	1839727	1208758	26386	408483	55507	140593
“八五”时期	2692799	1483898	27362	756865	95715	328959
1979—1997	7822808	4750227	90163	1876630	262167	843621

9-10 农业总产值及构成

（1997 年）

区、县级市	合计	种植业	林业	牧业	副业	渔业
绝对数（万元）						
全市	1508110	748281	12706	449656	42965	254502
海珠区	21783	15976		5015		792
天河区	29575	14248	1	14204		1122
芳村区	27857	18617		8599		641
白云区	371940	144069	622	177809	12964	36476
黄埔区	23469	12905	6	9045		1513
番禺市	380233	180041	161	52228	5004	142799
花都市	229577	102150	5242	73763	5378	43044
增城市	295958	180334	4934	77149	8832	24709
从化市	127718	79941	1740	31844	10787	3406
构成（%）						
全市	100	49.62	0.84	29.81	2.85	16.88
海珠区	100	73.34		23.02		3.64
天河区	100	48.18		48.03		3.79
芳村区	100	66.83		30.87		2.30
白云区	100	38.73	0.17	47.81	3.48	9.81
黄埔区	100	54.99	0.02	38.54		6.45
番禺市	100	47.35	0.04	13.73	1.32	37.56
花都市	100	44.50	2.28	32.13	2.34	18.75
增城市	100	60.93	1.67	26.07	2.98	8.35
从化市	100	62.59	1.36	24.93	8.45	2.67

9-11 农业总产值

（1997 年、按 1990 年不变价格计算）

单位：万元

区、县级市	合计	种植业	林业	牧业	副业	渔业
全市	733870	335355	5318	209847	41879	141471
海珠区	7896	5744		1753		399
天河区	12494	5400	1	6312		781
芳村区	11120	7448		3369		303
白云区	186947	63155	677	86839	12747	23529
黄埔区	12182	6765	4	4573		840
番禺市	200581	92837	49	28373	4996	74326
花都市	98414	36474	854	31740	4517	24829
增城市	132549	75828	2515	30869	8832	14505
从化市	71687	41704	1218	16019	10787	1959

9—12 农业商品产值

(1997 年)

单位:万元

区、县级市	合计	种植业	林业	牧业	副业	渔业
全市	1278127	576680	7330	417601	41652	234864
海珠区	20757	15185		4962		610
天河区	28640	13751		13814		1075
芳村区	26318	17319		8411		588
白云区	340582	117563	464	174740	12744	35071
黄埔区	21472	11202		8817		1453
番禺市	318583	138675	84	44362	4993	130469
花都市	186728	76000	1732	65631	5293	38072
增城市	235603	130244	3716	69215	8034	24394
从化市	99444	56741	1334	27649	10588	3132

9—13 农业商品产值率

(1997 年)

单位:%

区、县级市	合计	种植业	林业	牧业	副业	渔业
全市	84.75	77.07	57.69	92.87	96.94	92.28
海珠区	95.29	95.05		98.94		77.02
天河区	96.84	96.51		97.26		95.81
芳村区	94.48	93.03		97.81		91.73
白云区	91.57	81.60	74.60	98.27	98.30	96.15
黄埔区	91.49	86.80		97.48		96.04
番禺市	83.79	77.03	52.17	84.94	99.78	91.37
花都市	81.34	74.40	33.04	88.98	98.42	88.45
增城市	79.61	72.22	75.32	89.72	90.97	98.73
从化市	77.86	70.98	76.67	86.83	98.16	91.96

9—14 农业增加值

(1997年)　　单位:万元

区、县级市	合计	种植业	林业	牧业	副业	渔业
全市	857154	525411	10487	159124	25048	137084
海珠区	13961	10569		2896		496
天河区	17220	11462	1	4972		785
芳村区	15090	11192		3531		367
白云区	199602	114590	497	59770	5192	19553
黄埔区	14663	9176	4	4460		1023
番禺市	206343	110804	92	20958	3226	71263
花都市	120823	63080	4814	26299	2224	24406
增城市	191839	137826	3887	26241	6477	17408
从化市	77613	56712	1192	9997	7929	1783

9—15 农业中间消耗

(1997年)　　单位:万元

区、县级市	合计	种植业	林业	牧业	副业	渔业
全市	650956	222870	2219	290532	17917	117418
海珠区	7822	5407		2119		296
天河区	12355	2786		9232		337
芳村区	12767	7425		5068		274
白云区	172338	29479	125	118039	7772	16923
黄埔区	8806	3729	2	4585		490
番禺市	173890	69237	69	31270	1778	71536
花都市	108754	39070	428	47464	3154	18638
增城市	104119	42508	1047	50908	2355	7301
从化市	50105	23229	548	21847	2858	1623

9—16 主要农作物生产水平

单位：千克

产品名称	平均每一农业人口生产			平均每一农业劳动力生产		
	1995 年	1996 年	1997 年	1995 年	1996 年	1997 年
粮　　食	400	394	397	1087	1089	1116
花　　生	11	11	10	30	29	27
糖　　蔗	308	276	305	838	763	856
蔬　　菜	882	922	943	2396	2551	2650
水　　果	130	117	116	353	323	325

9—17 畜牧业生产水平

单位：头

区、县级市	平均每一农户生猪存栏量		平均每一农户生猪饲养量		平均每公顷耕地养猪（按饲养量计）	
	1996 年	1997 年	1996 年	1997	1996 年	1997 年
全　　市	**1.66**	**1.67**	**4.24**	**4.37**	**20.72**	**22.35**
海珠区	0.75	0.81	2.37	2.40	46.64	50.78
天河区	3.41	3.71	9.65	10.32	143.08	191.21
芳村区	3.97	3.96	11.16	10.81	105.38	107.80
白云区	1.92	2.29	5.81	6.56	36.78	42.13
黄埔区	1.56	1.68	4.64	5.00	84.71	110.98
番禺市	0.60	0.64	1.49	1.66	6.57	7.72
花都市	1.52	1.30	3.71	3.45	20.07	19.69
增城市	1.79	1.67	4.29	4.42	16.28	17.25
从化市	3.00	2.75	6.22	5.81	22.11	22.58

9—18 主要农作物播种面积和产量

（1997 年）

区、县级市	粮食作物			一、稻谷		
	播种面积（公顷）	公顷产量（千克）	总产量（吨）	播种面积（公顷）	公顷产量（千克）	总产量（吨）
全　市	**181173**	**5570**	**1009207**	**168615**	**5699**	**960954**
海珠区	5	3000	15			
天河区	46	4522	208	31	5226	162
芳村区	57	4965	283	57	4965	283
白云区	25678	5521	141767	23827	5561	132504
黄埔区	374	4342	1624	171	5462	934
番禺市	37242	6361	236901	35827	6463	231538
花都市	34295	5695	195301	32087	5837	187291
增城市	51488	5275	271605	47558	5441	258756
从化市	31988	5049	161503	29057	5145	149486

9—18 续表 1

区、县级市	1.夏收			2.秋收		
	播种面积（公顷）	公顷产量（千克）	总产量（吨）	播种面积（公顷）	公顷产量（千克）	总产量（吨）
全　市	**82253**	**5658**	**465356**	**86362**	**5739**	**495598**
海珠区						
天河区	1	5000	5	30	5233	157
芳村区	41	5268	216	16	4188	67
白云区	11434	5588	63890	12393	5537	68614
黄埔区	90	5378	484	81	5556	450
番禺市	17901	6476	115933	17926	6449	115605
花都市	15673	5627	88195	16414	6037	99096
增城市	23171	5526	128049	24387	5360	130707
从化市	13942	4919	68584	15115	5352	80902

9—18 续表 2

区、县级市	二、杂粮			三、薯类		
	播种面积（公顷）	公顷产量（千克）	总产量（吨）	播种面积（公顷）	公顷产量（千克）	总产量（吨）
全　　市	3463	3208	11110	9095	4084	37143
海珠区	5	3000	15			
天河区	15	3067	46			
芳村区						
白云区	711	4091	2909	1140	5574	6354
黄埔区	162	2975	482	41	5073	208
番禺市	472	3335	1574	943	4018	3789
花都市	569	3060	1741	1639	3825	6269
增城市	1009	3134	3162	2921	3316	9687
从化市	520	2271	1181	2411	4494	10836

9—18 续表 3

区、县级市	大豆			花生		
	播种面积（公顷）	公顷产量（千克）	总产量（吨）	播种面积（公顷）	公顷产量（千克）	总产量（吨）
全　　市	1590	2057	3270	10666	2312	24660
海珠区						
天河区						
芳村区						
白云区	13	1462	19	1827	2442	4461
黄埔区	3	3667	11	17	2412	41
番禺市	525	2116	1111	863	1918	1655
花都市	139	2899	403	1831	2375	4348
增城市	414	1855	768	2982	2461	7338
从化市	496	1931	958	3146	2167	6817

9—18 续表4

区、县级市	糖蔗			红（土）烟		
	播种面积（公顷）	公顷产量（千克）	总产量（吨）	播种面积（公顷）	公顷产量（千克）	总产量（吨）
全　市	6774	114247	773910	186	2489	463
海珠区						
天河区						
芳村区						
白云区	12	59917	719	1	2000	2
黄埔区	3	75000	225			
番禺市	6533	116126	758648			
花都市	80	84100	6728	8	2000	16
增城市	143	52657	7530	13	1692	22
从化市	3	20000	60	164	2579	423

9—18 续表5

区、县级市	木薯			蔬菜		
	播种面积（公顷）	公顷产量（千克）	总产量（吨）	播种面积（公顷）	公顷产量（千克）	总产量（吨）
全　市	2944	19736	58103	108860	22007	2395695
海珠区				3093	18683	57786
天河区				3870	21429	82931
芳村区				3399	13845	47060
白云区	4	17750	71	34125	22021	751459
黄埔区	3	13333	40	2720	21551	58620
番禺市	40	16200	648	25024	20944	524092
花都市	388	32590	12645	7216	25497	183984
增城市	1192	15170	18083	19806	27098	536706
从化市	1317	20210	26616	9607	15932	153057

9—18 续表6

区、县级市	果用瓜 播种面积（公顷）	果用瓜 公顷产量（千克）	果用瓜 总产量（吨）	马蹄 播种面积（公顷）	马蹄 总产量（吨）	水果 年末面积（公顷）	水果 总产量（吨）
全　　市	**900**	**21757**	**19581**	**726**	**16573**	**55098**	**293917**
海珠区				19	433	1303	10071
天河区						246	1743
芳村区				5	91	12	150
白云区	68	30206	2054	48	1326	7642	28086
黄埔区				1	2	1171	13669
番禺市	59	16339	964	181	4245	6408	112666
花都市	395	24248	9578	84	2270	6650	19903
增城市	160	20625	3300	345	7836	18541	70249
从化市	218	16904	3685	43	370	13125	37380

9—18 续表7

区、县级市	#荔枝 年末面积（公顷）	#荔枝 总产量（吨）	#柑桔橙 年末面积（公顷）	#柑桔橙 总产量（吨）	#香（大）蕉 年末面积（公顷）	#香（大）蕉 总产量（吨）	#龙眼 年末面积（公顷）	#龙眼 总产量（吨）
全　　市	**26056**	**37337**	**3632**	**41372**	**5540**	**126049**	**5849**	**9826**
海珠区	126	262	57	433	162	2790	300	933
天河区	70	261	8	97	8	240	18	66
芳村区					4	90		
白云区	3301	3736	1315	14045	162	3177	417	858
黄埔区	238	404	189	3591	292	7528	101	180
番禺市	820	1463	145	2943	3801	94738	690	1824
花都市	3002	4693	305	4239	231	3926	2570	1906
增城市	10418	9687	1044	11283	812	12886	1384	3493
从化市	8081	16831	569	4741	68	674	369	566

9—19 畜牧业生产情况

（1997年）

单位：头

区、县级市	耕牛年末实有头数	#能劳役的	黄牛	水牛	奶牛年末实有头数	#良种奶牛
全市	103429	77756	34436	68993	11478	11181
海珠区	15	15		15	1145	1145
天河区	136	80	48	88	113	113
芳村区	4	4		4	321	321
白云区	9286	6365	2473	6813	8987	8987
黄埔区	140	117	49	91	9	9
番禺市	2902	2772	828	2074	443	146
花都市	7541	6570	650	6891	460	460
增城市	53992	37951	28327	25665		
从化市	29413	23882	2061	27352		

9—19 续表1

单位：头

区、县级市	牛奶产量（吨）	牛全年出栏量		羊年末实有头数	羊全年出栏量	
		头数	牛肉产量（吨）		头数	羊肉产量（吨）
全市	30952	9162	1326	7349	10146	203
海珠区	3600					
天河区	360	81	8			
芳村区	743					
白云区	24363	1012	84	673	1608	48
黄埔区	22	101	15	652	420	6
番禺市	526	190	26	1394	879	14
花都市	1338	1913	180	2584	3591	54
增城市		4732	899	1976	3582	79
从化市		1133	114	70	66	2

9—19 续表 2　　单位：头

区、县级市	生猪全年饲养量	生猪年底存栏量	肉(肥)猪全年出栏量		家禽全年出栏量(百只)	禽蛋产量(吨)	肉类总产量(吨)
			头数	猪肉产量(吨)			
全市	**2824245**	**1078001**	**1746244**	**128937**	**1440013**	**37186**	**308316**
海珠区	47278	15906	31372	2264	4289	28	2772
天河区	182610	65629	116981	8082	27052		11497
芳村区	113729	41623	72106	4660	11004	245	6029
白云区	777260	271190	506070	34037	674544	18429	118822
黄埔区	82790	27772	55018	3975	30464	41	7723
番禺市	262351	102008	160343	10396	255225	2634	41266
花都市	351984	132063	219921	18507	203621	9834	43724
增城市	567312	213622	353690	27403	184070	2339	50300
从化市	438931	208188	230743	19613	49744	3636	26183

9—20 水产品生产情况

(1997 年)

区、县级市	水产品产量(吨)	#淡水产品	#养殖	#塘鱼	养殖面积(公顷)	#淡水养殖	#鱼塘
全市	**275869**	**217888**	**176296**	**162617**	**29620**	**27953**	**20006**
海珠区	716	716	716	716	60	60	60
天河区	1509	1509	1509	1247	146	146	123
芳村区	763	763	763	763	78	78	78
白云区	47187	28641	27067	25335	4508	4508	3522
黄埔区	1883	1883	1423	1231	182	182	157
番禺市	152836	113401	77101	72436	10197	8530	6836
花都市	43186	43186	43186	41326	6999	6999	5753
增城市	23457	23457	20199	16454	4001	4001	2759
从化市	4332	4332	4332	3109	3449	3449	718

9—21 农村经济效益主要指标

项目	单位	1996年		1997年	
		全市	#市区	全市	#市区
劳动生产率(按1990年不变价格计算)					
按农业总产值计算	元	7597	9647	8086	10381
按农业增加值计算	元	4305	5328	4534	5424
农业(村)生产费用率	%	80.21	72.96	82.22	74.35
纯收入分配率	%	71.46	66.08	74.76	67.57
每百元农村总收入提供国家税收	元	1.73	2.26	1.46	2.21
每百元农村总收入提供公共积累	元	3.92	6.92	3.03	6.03

9—22 农村固定资产结构

(1997年)　　单位:万元

区、县级市	年末生产性固定资产原价	乡(镇)办集体所有	经联社集体所有	农民家庭自有	其他生产性固定资产
全市	**2974706**	**1164972**	**1171797**	**536134**	**101803**
海珠区	145109	81300	60207	3602	
天河区	261287		241662	11968	7657
芳村区	81752	5900	62115	10296	3441
白云区	503029	91377	297044	113308	1300
黄埔区	139777	2136	113965	21326	2350
番禺市	1088321	694017	229935	151530	12839
花都市	377473	194591	96414	78602	7866
增城市	275084	55584	47446	106753	65301
从化市	102874	40067	23009	38749	1049

9—23 乡村企业主要财务指标

(1997年)　　单位:万元

项目	合计	农业	工业	建筑业	交通运输	批发零售餐饮服务及其他企业
营业收入	7182587	79680	5548416	369372	86327	1098792
费用支出	6738415	73278	5299210	344433	72448	949046
#营业成本	6129938	68197	4856391	322431	61241	821678
利润总额	397825	6129	218340	16132	11536	145688
#所得税(应交)	20490	88	12787	2157	744	4714
应交国家税金	175753	413	126154	11905	3628	33653
可供分配的利润	256136	5234	104255	13023	12778	120846
工资总额	513990	4789	410325	26402	8856	63618
固定资产原价	2703705	23635	2131172	40948	41135	466815
本年提取折旧基金	188620	1962	158770	3732	2633	21523

9—24 主要农业机械年末拥有量

（1997 年）

项　　　　目	单　位	全　　市	海　珠　区	天　河　区	芳　村　区	白　云　区
农业机械总动力合计	**千瓦**	**2413790**	**51296**	**134420**	**129951**	**701693**
柴油发动机动力	千瓦	1371222	17600	28515	82345	272972
汽油发动机动力	千瓦	810935	32040	98675	42708	389638
电动机动力	千瓦	231633	1656	7230	4898	39083
耕作机械	千瓦	335149		1903	489	40792
大中型拖拉机	台	475		8		36
	千瓦	16764		336		866
小型拖拉机	台	56941		200	58	8233
	千瓦	318365		1567	489	39920
耕整机	台	5				2
	千瓦	17				6
机动水稻插秧机	部	1				
	千瓦	3				
大中型拖拉机机引农具	部	1229		12		22
小型拖拉机机引农具	部	101362		180	72	14485
农用排灌机械	千瓦	157942	1950	6164	6399	33588
农用排灌动力机械	台	20217	80	396	470	3070
	千瓦	157942	1950	6164	6399	33588
农用水泵	台	21148	80	156	310	2751
喷灌机械	套	349		248	18	66
收获机械	千瓦	106819				16017
联合收割机	台	71				13
	千瓦	1607				388
机动收割（晒）机	台	83				2
机动脱粒机	台	37823				5923
	千瓦	104217				15583
植保机械	千瓦	2286	40	410	48	603
机械喷雾（粉）器	部	1132	10	140	32	234
	千瓦	2286	40	410	48	603

9—24 续表1

项目	单位	黄埔区	番禺市	花都市	增城市	从化市
农业机械总动力合计	**千瓦**	**116747**	**383293**	**387701**	**382857**	**125832**
柴油发动机动力	千瓦	31685	278178	298641	274479	86807
汽油发动机动力	千瓦	83628	43784	53945	50333	16184
电动机动力	千瓦	1434	61331	35115	58045	22841
耕作机械	千瓦	575	73807	90858	104888	21837
大中型拖拉机	台		133	169	118	11
	千瓦		6013	5721	3335	493
小型拖拉机	台	65	10428	20203	15298	2456
	千瓦	575	67794	85137	101539	21344
耕整机	台				3	
	千瓦				11	
机动水稻插秧机	部				1	
	千瓦				3	
大中型拖拉机机引农具	部		264	432	146	353
小型拖拉机机引农具	部		23087	39636	22090	1812
农用排灌机械	千瓦	408	48609	24215	28261	8348
农用排灌动力机械	台	88	8121	3913	3108	971
	千瓦	408	48609	24215	28261	8348
农用水泵	台	28	7993	5816	3211	803
喷灌机械	套	2			15	
收获机械	千瓦	167	44245	26936	14653	4801
联合收割机	台		25	16	15	2
	千瓦		488	290	371	70
机动收割(晒)机	台			65	16	
机动脱粒机	台	37	12774	9545	7415	2129
	千瓦	167	43757	26297	14282	4131
植保机械	千瓦		363		811	11
机械喷雾(粉)器	部		150		561	5
	千瓦		363		811	11

9—24 续表2

项　　目	单位	全市	海珠区	天河区	芳村区	白云区
畜牧机械	千瓦	29083	128		166	3023
饲料粉碎机	台	2428	10		35	210
林业机械	千瓦					
除草机	部					
渔业机械	千瓦	105888			335	27584
渔用机动船	艘	5050			48	262
	吨	36914			214	13578
	千瓦	105888			335	27584
农产品加工机械	千瓦	103626	778	345	150	7787
碾米机	部	4150	10	12	8	395
磨面机	部	126				19
榨油机	部	798		4	16	70
淀粉加工机械	部	438			12	70
运输机械	千瓦	1537204	48400	123717	122148	568129
农用载重汽车	部	20548	1200	1832	763	10498
	千瓦	1352862	48000	108089	122148	556168
机动运输船	艘	7070	25			87
	吨	75377	100			4520
	千瓦	77980	400			3028
油灌车(油槽车)	辆	150		27		82
	千瓦	12996		2408		7248
农用运输车	辆	1585				107
	千瓦	51384				1685
大中型拖车	辆	179				1
小型拖车	辆	26515				990
其他农业机械	千瓦	35793		1881	216	4170
推土机	台	506		28		69
	千瓦	27473		1881		4102

9—24 续表 3

项目	单位	黄埔区	番禺市	花都市	增城市	从化市
畜牧机械	千瓦	162	5955	1606	9415	8628
饲料粉碎机	台	6	753	295	655	464
林业机械	千瓦					
除草机	部					
渔业机械	千瓦	1200	73187	74	3508	
渔用机动船	艘	82	4275	1	382	
	吨	365	21954	23	780	
	千瓦	1200	73187	74	3508	
农产品加工机械	千瓦	188	18027	34656	27784	13911
碾米机	部	9	1358	932	945	481
磨面机	部		41		51	15
榨油机	部	1	405	69	142	91
淀粉加工机械	部	8	44		229	75
运输机械	千瓦	113167	103092	204833	188996	64722
农用载重汽车	部	809	595	2252	1825	774
	千瓦	64600	43727	177855	175462	56813
机动运输船	艘	1	6095	210	650	2
	吨	9	58990	8071	3671	16
	千瓦	12	54809	10183	9371	177
油灌车(油槽车)	辆	15	7	10	7	2
	千瓦	1335	406	779	644	176
农用运输车	辆	264	154	532	191	337
	千瓦	18480	4150	16016	3519	7534
大中型拖车	辆	2	2	57	110	7
小型拖车	辆	9	2973	8987	12421	1135
其他农业机械	千瓦	880	16008	4523	4541	3574
推土机	台	11	161	90	84	63
	千瓦	880	8647	4390	4329	3244

9—25 农业“四化”情况

（1997 年）

区、县级市	农村小水电站		农村用电量（万千瓦·时）	机耕面积		有效灌溉面积	
	宗数（个）	装机容量（千瓦）		合计（公顷）	占耕地面积（%）	合计（公顷）	占耕地面积（%）
全　市	**103**	**41128**	**502411**	**94980**	**75.18**	**119662**	**94.72**
海珠区			27820			928	99.68
天河区			14639	117	12.25	953	99.79
芳村区			12626			1049	98.79
白云区	2	425	88650	12220	66.23	18227	98.79
黄埔区			35825	400	53.62	744	99.73
番禺市			161974	31519	92.71	33937	99.82
花都市	9	1473	54411	15214	85.10	17874	99.98
增城市	12	5010	71794	22960	69.82	26920	81.86
从化市	80	34220	34672	12550	64.56	19030	97.89

9—25 **续表**

区、县级市	旱涝保收面积		化肥供应量（吨）		平均每公顷耕地化肥供应量（千克）		农药供应总量（吨）	平均每公顷耕地农药供应量（千克）
	合计（公顷）	占耕地面积（%）	混合量	折纯量	按混合量计	按折纯量计		
全　市	**105340**	**83.38**	**325356**	**120921**	**2575**	**957**	**5067**	**40**
海珠区	909	97.64	311	138	334	148	7	8
天河区	947	99.16	5208	2375	5453	2487	5	5
芳村区	950	90.05	1215	438	1152	415	24	23
白云区	17525	94.98	22336	9225	1211	500	647	35
黄埔区	743	99.60	2076	948	2783	1271		
番禺市	32051	94.27	217628	80391	6401	2365	2775	82
花都市	17230	96.38	21622	7792	1209	436	183	10
增城市	20990	63.83	41156	15322	1251	466	1164	35
从化市	13995	71.99	13804	4292	710	221	262	13

9－26 主要农副产品产量与建国以来最高年份比较

（1997 年）

项　　目	1997 年	建国以来最高年		1997 年为建国以来最高年（%）
		年　份	产　量	
农产品总产量（吨）				
粮食总产量	1009207	1984	1259928	80.10
稻谷	960954	1984	1242952	77.31
花生	24660	1982	56397	43.73
糖蔗	773910	1985	2395940	32.30
蔬菜	2395695	1996	2324580	103.06
水果	293917	1992	406663	72.28
单位播种面积产量（千克/公顷）				
粮食作物	5570	1996	5517	100.96
稻谷	5699	1996	5639	101.06
花生	2312	1991	2562	90.24
糖蔗	114247	1991	121120	94.33
蔬菜	22007	1996	21779	101.05
水果	5334	1992	8420	63.35
畜禽产品产量（吨）				
猪肉	128937	1996	116178	110.98
牛羊肉	1529	1993	1747	87.52
牛奶	30952	1991	33611	92.09
家禽	177519	1996	172643	102.82
鲜蛋	37186	1994	37321	99.64
水产品产量（吨）				
海水产品	57981	1996	52589	110.25
淡水产品	217888	1996	197686	110.22

注：1997 年水产品产量按新口径计算，1996 年数已调为同口径。

9—27 乡镇企业单位数

（1997 年）

单位：个

区、县级市	合计	集体企业	镇办	村办	私有企业
全市	86569	9531	1746	7785	77038
按地区分					
海珠区	1819	246	42	204	1573
天河区	650	650	51	599	
芳村区	1341	578	26	552	763
白云区	13219	2233	213	2020	10986
黄埔区	4670	321	75	246	4349
番禺市	24864	2125	533	1592	22739
花都市	14192	1048	271	777	13144
增城市	15083	1315	271	1044	13768
从化市	10731	1015	264	751	9716
按行业分					
农业	319	319	37	282	
工业	20887	6673	1238	5435	14214
建筑业	1863	211	98	113	1652
交通运输业	14480	188	27	161	14292
商业	34407	1182	226	956	33225
饮食服务业	11277	616	54	562	10661
其他	3336	342	66	276	2994

9—28 乡镇企业人数

（1997年）

单位：人

区、县级市	合计	集体企业	镇办	村办	私有企业
全市	1047991	652423	271994	380429	395568
按地区分					
海珠区	39351	19879	4339	15540	19472
天河区	48389	48389	10852	37537	
芳村区	19712	14554	1653	12901	5158
白云区	186865	142069	37155	104914	44796
黄埔区	42669	27266	11292	15974	15403
番禺市	375468	253726	133426	120300	121742
花都市	136502	66621	32232	34389	69881
增城市	130562	50200	18127	32073	80362
从化市	68473	29719	22918	6801	38754
按行业分					
农业	5948	5948	924	5024	
工业	719697	546099	233405	312694	173598
建筑业	60589	31310	22027	9283	29279
交通运输业	41502	8437	925	7512	33065
商业	106643	17937	6129	11808	88706
饮食服务业	90358	33872	5315	28557	56486
其他	23254	8820	3269	5551	14434

9-29 乡镇企业营业收入

(1997 年)　　单位：万元

区、县级市	合计	集体企业	镇办	村办	私有企业
全市	11298225	7182587	3303578	3879009	4115638
海珠区	421866	232425	133362	99063	189441
天河区	613133	613133	87174	525959	
芳村区	215161	191045	20972	170073	24116
白云区	1957217	1429745	458524	971221	527472
黄埔区	397022	292297	102628	189669	104725
番禺市	3649255	2454333	1319266	1135067	1194922
花都市	1729944	1035627	640697	394930	694317
增城市	1544745	445807	124645	321162	1098938
从化市	769882	488175	416310	71865	281707

9-30 乡镇企业出口情况

(1997 年)　　单位：万元

区、县级市	企业单位数(个)	年末职工人数(人)	出口产品生产总值	出口产品交货值
全市	722	142881	629770	606880
海珠区	18	7484	37095	37095
天河区	39	9091	40712	46988
芳村区	3	417	340	302
白云区	99	20644	62513	59934
黄埔区	69	12816	107693	101705
番禺市	212	64861	240566	224958
花都市	23	4554	12659	12586
增城市	250	21659	113829	108953
从化市	9	1355	14363	14359

9—31 乡镇企业成本费用支出

(1997 年)　　　　单位：万元

区、县级市	合　计	集体企业	镇　办	村　办	私有企业
全　　市	10563297	6738415	3213294	3525121	3824882
海珠区	405456	226242	134494	91748	179214
天河区	534399	534399	82917	451482	
芳村区	197211	177383	20008	157375	19828
白云区	1739691	1280136	435222	844914	459555
黄埔区	345943	267093	100588	166505	78850
番禺市	3439804	2392912	1318955	1073957	1046892
花都市	1602571	975243	613842	361401	627328
增城市	1597173	435291	122828	312463	1161882
从化市	701049	449716	384440	65276	251333

9—32 乡镇企业实交国家税金

(1997 年)　　　　单位：万元

区、县级市	合　计	集体企业	镇　办	村　办	私有企业
全　　市	205619	122458	49423	73035	83161
海珠区	18248	9600	7386	2214	8648
天河区	13382	13382	3289	10093	
芳村区	3684	3365	563	2802	319
白云区	58827	42045	11593	30452	16782
黄埔区	8948	5615	1625	3990	3333
番禺市	53306	24513	14996	9517	28793
花都市	24482	13626	3470	10156	10856
增城市	14837	4740	2031	2709	10097
从化市	9905	5572	4470	1102	4333

9—33 乡镇企业税后利润净额

(1997 年)　　单位：万元

区、县级市	合　计	集体企业	镇　办	村　办	私有企业
全　　市	664355	377335	82948	294387	287020
海珠区	20650	12734	4399	8335	7916
天河区	80225	80225	6739	73486	
芳村区	13392	11489	740	10749	1903
白云区	166779	117609	17665	99944	49170
黄埔区	39007	20483	846	19637	18524
番禺市	152090	47098	—70	47168	104992
花都市	101050	47848	24054	23794	53202
增城市	35476	5565	—134	5699	29911
从化市	55686	34284	28709	5575	21402

9—34 乡镇企业工资总额

(1997 年)　　单位：万元

区、县级市	合　计	集体企业	镇　办	村　办	私有企业
全　　市	782651	513990	213798	300192	268661
海珠区	35110	21865	11057	10808	13245
天河区	35849	35849	7681	28168	
芳村区	13500	11736	1794	9942	1764
白云区	168695	133565	32225	101340	35130
黄埔区	28702	21525	10294	11231	7177
番禺市	310012	202998	107950	95048	107014
花都市	99149	49860	23660	26200	49289
增城市	59980	21305	7472	13833	38675
从化市	31654	15287	11665	3622	16367

9—35 乡镇企业资本金

(1997 年)

单位:万元

区、县级市	合计	集体企业	镇办	村办	私有企业
全市	2690209	1855755	1029251	826504	834454
海珠区	121493	93731	57348	36383	27762
天河区	200495	200495	50121	150374	
芳村区	43143	39101	6332	32769	4042
白云区	225746	160303	89122	71181	65443
黄埔区	176365	130805	39924	90881	45560
番禺市	970338	813256	526878	286378	157082
花都市	616066	220750	146449	74301	395316
增城市	221664	115971	47331	68640	105693
从化市	114899	81343	65746	15597	33556

9—36 乡镇企业年末固定资产原价

(1997 年)

单位:万元

区、县级市	合计	集体企业	镇办	村办	私有企业
全市	3360954	2703705	1416251	1287454	657249
海珠区	159028	127483	85272	42211	31545
天河区	222839	222839	38681	184158	
芳村区	45056	43198	5193	38005	1858
白云区	521768	473974	143475	330499	47794
黄埔区	191028	163430	55025	108405	27598
番禺市	1261420	1070608	694013	376595	190812
花都市	434108	318596	226077	92519	115512
增城市	365033	169255	78017	91238	195778
从化市	160674	114322	90498	23824	46352

9-37 乡镇企业总产值

(1997年)

单位:万元

区、县级市	合计	集体企业	镇办	村办	私有企业
全市	10421657	6801416	3313810	3487606	3620241
按地区分					
海珠区	298840	218977	130326	88651	79863
天河区	362118	362118	51550	310568	
芳村区	186041	168750	18176	150574	17291
白云区	1450740	1175817	375784	800033	274923
黄埔区	320230	231348	91211	140137	88882
番禺市	3445482	2462185	1323092	1139093	983297
花都市	1924301	1151804	737074	414730	772497
增城市	1659523	544299	167165	377134	1115224
从化市	774382	486118	419432	66686	288264
按行业分					
农业	82186	82186	24432	57754	
工业	8279658	5819456	2849048	2970408	2460202
建筑业	668119	439608	324716	114892	228511
交通运输业	308595	84376	5920	78456	224219
商业	583314	199666	72728	126938	383648
饮食业	499785	176124	36966	139158	323661

9—38 乡镇企业总产值

（1997年、按1990年不变价格计算）

单位：万元

区、县级市	合　计	集体企业	镇　办	村　办	私有企业
全　市	9534438	6232660	3040923	3191737	3301778
按地区分					
海珠区	260854	189763	112785	76978	71091
天河区	321531	321531	48033	273498	
芳村区	170217	153971	16707	137264	16246
白云区	1291923	1050000	316837	733163	241923
黄埔区	299718	211478	80586	130892	88240
番禺市	3265538	2349213	1303210	1046003	916325
花都市	1727276	1019165	626033	393132	708111
增城市	1493731	491835	148842	342993	1001896
从化市	703650	445704	387890	57814	257946
按行业分					
农业	81698	81698	24072	57626	
工业	7503243	5302913	2599910	2703003	2200330
建筑业	638915	419269	310233	109036	219646
交通运输业	297899	82497	5806	76691	215402
商业	536314	183760	65301	118459	352554
饮食业	476369	162523	35601	126922	313846

9—39 农村经济收入分配和效益

单位:万元

项目	1995年		1996年		1997年	
	合计	#农民家庭经营	合计	#农民家庭经营	合计	#农民家庭经营
总收入	**8184750**	**2475536**	**9689888**	**2941271**	**11415313**	**3881154**
农业	655494	590260	713559	646301	768513	698902
林业	10207	8781	7882	6869	11076	9318
牧业	290219	267114	317251	301571	345722	322628
渔业	137687	125971	199644	183779	220507	207926
工业	4594850	561418	5662503	759146	6870906	1231688
建筑业	669210	205246	739920	239824	729973	307640
交通运输业	316579	249238	332680	262520	361499	294421
商业饮食业	699600	232834	808920	302415	1063990	516175
服务业	264806	69237	322925	74842	346861	97079
其他	546098	165437	584604	164004	696266	195377
总费用	**6408938**	**1548262**	**7772010**	**1849302**	**9385939**	**2700881**
#农业生产费用(农林牧渔)	5741892	1296069	6681556	1667921	7738290	2357851
纯收入	**1775812**	**927274**	**1917878**	**1091969**	**2029374**	**1180273**
国家税收	157590	46994	167396	65539	166513	62956
集体提留	420524	26177	380046	28011	345629	15841
农村居民纯收入	1197698	854103	1370436	998419	1517232	1101476

9-40 国有农、林、牧、渔场生产情况

（1997 年）

项　　目	单位	全　市	市　区	番禺市	花都市	增城市	从化市
农林牧渔场基本情况							
个　数	个	41	20	4	5	6	6
#农场	个	30	17	4	3	1	5
户　数	户	27499	14174	5636	1978	310	5401
人　口	人	97238	50595	19134	5540	1098	20871
劳动力	人	36254	23005	7419	2587	422	2821
年末耕地面积	公顷	3831	922	1618	54		1237
水(旱)田面积	公顷	3256	829	1618	34		775
旱地面积	公顷	575	93		20		462
当年实际机耕地面积	公顷	1110	38	506	10		556
主要农作物生产情况							
粮食播种面积	公顷	2812	622	647	27		1516
粮食总产量	吨	13270	2769	3220	200		7081
大豆播种面积	公顷	60		50			10
大豆总产量	吨	76		62			14
花生播种面积	公顷	214	17	46	3		148
花生总产量	吨	383	41	30	6		306
糖蔗播种面积	公顷	1268	8	1260			…
糖蔗总产量	吨	173053	563	172488			2
年末水果园面积	公顷	2337	628	336	263	170	940
水果总产量	吨	7192	2419	2955	286	490	1042
年末茶叶面积	公顷	185	38			2	145
茶叶总产量	吨	278	39			1	238
畜牧业生产情况							
牛年末头数	头	7348	5184	105	544		1515
黄　牛	头	410	229				181
水　牛	头	2116	677	105			1334
良种及改良种乳牛	头	4822	4278		544		
生猪年末存栏头数	头	32216	17395	3698	398		10725
牛奶产量	吨	12359	11129		1230		

9—40 续表

项目	单位	全市	市区	番禺市	花都市	增城市	从化市
水产品产量	吨	8124	2035	5272	397		420
#淡水养殖产量	吨	8111	2035	5272	396		408
淡水养殖面积	公顷	2686	322	706	78		1580
主要农业机械年末拥有量							
大中型拖拉机	混合台	21	3	18			
	千瓦	1088	125	963			
小型拖拉机	台	135	49	27	7	1	51
	千瓦	1206	447	236	62	12	449
机动脱粒机	部	161	3	32	126		
磨面机	部						
碾米机	部	39	13	2		1	23
农用载重汽车	辆	244	155	5	27		57
	千瓦	14190	12938	436	214		602
胶轮大车	辆	4			4		
胶轮手推车	辆	1202		409	262		531
农用排灌动力机械	台	514	136	241	43		94
	千瓦	5728	1925	3290	237		276
柴油机	台	235	27	100	19		89
	千瓦	1885	741	746	134		264
电动机	台	279	109	141	24		5
	千瓦	3843	1184	2544	103		12
农用水泵	台	482	97	222	2	1	160
农业总产值(1990年不变价格)	万元	29595	11868	12718	833	636	3540
当年农副产品销售总额	万元	37099	23282	8320	891	844	3762
工资总额	万元	25494	19451	3728	824	373	1118
利润	万元	—6180	—2113	—2747	—496	—119	—705
税金	万元	4762	3163	1239	13	1	346
利息	万元	14161	11221	2238	86	131	485
福利基金	万元	3225	2259	708	71	25	162

9—41 乡镇企业营业收入亿元以上企业名单

（1997 年）

企业名称	营业收入（万元）	排列名次	企业名称	营业收入（万元）	排列名次
广州市新珠江食品饮料集团公司	97613	1	黄埔区永昌鞋业公司	13811	39
番禺灵山创信鞋业有限公司	91482	2	广州飞达音响专业器材有限公司	13663	40
番禺潭洲振裕纺织印染有限公司	81696	3	番禺广州南方家具有限公司	13582	41
番禺大岗镇大兴制鞋实业有限公司	50936	4	广州美业针织印染厂有限公司	13291	42
白云镇泰广州有限公司	49897	5	从化市天马摩托车厂	13000	43
广州东鹏集团股份有限公司	48707	6	番禺沙湾建筑工程公司	12855	44
番禺化龙世门手袋有限公司	47067	7	番禺轧钢联合总公司	12735	45
花都广州陆仕水产企业有限公司	45455	8	花都市永大花都机械公司摩托车厂	12639	46
广州百事可乐饮料有限公司	42859	9	番禺市协大橡胶有限公司	12449	47
番禺广州星辉电子制品有限公司	38930	10	花都市广州宏昌胶粘带厂	12395	48
广州石井水泥厂	38520	11	番禺市沙湾服装厂	12384	49
番禺广州华凌空调设备有限公司	38297	12	白云区农业综合服务公司	12356	50
番禺广州广日电梯工业有限公司	36429	13	番禺广东日立工机有限公司	12130	51
番禺珠江实业集团有限公司	30558	14	番禺传统集团	12124	52
番禺利多鞋业投资有限公司	28081	15	天河区登峰饲料厂`	12073	53
番禺南山工业集团公司	23512	16	海珠区广州第一水泵厂	12045	54
广州市江村家禽企业发展公司	22383	17	花都市兴富焊接材料有限公司	11604	55
番禺新华昌燃气公司	21679	18	番禺市崇光皮件厂	11300	56
从化市东麟钻石厂	21034	19	黄埔区环美家具公司	11139	57
从化市广州丝宝精细化工有限公司	20266	20	白云区石井建筑公司	11003	58
番禺沙坑雅耀电气公司	19300	21	花都市永盛皮件厂	10950	59
海珠区镇泰海珠有限公司	19273	22	番禺市桥工艺时装实业公司	10935	60
黄埔区永发塑料有限公司	17909	23	番禺市右东电镀厂	10920	61
白云区人和镇来利饼业公司	17795	24	番禺市大石建筑工程公司	10894	62
花都市广州坤佳鞋业有限公司	17516	25	番禺市伟兴化工燃料有限公司	10867	63
番禺市金旺鞋业公司	17495	26	番禺市广州惠儿兰有限公司	10835	64
海珠区新美制罐有限公司	16760	27	番禺市港建液化有限公司	10790	65
黄埔区沙经联公司房地产公司	16720	28	白云区第四建筑工程公司	10631	66
花都市华丰印染有限公司	16419	29	番禺市镇泰工业有限公司	10586	67
番禺市三角洲石油有限公司	16300	30	白云区广州白云西城福利纸厂	10563	68
从化市永利钻石厂	15969	31	番禺市捷进制衣厂	10432	69
海珠区杨协成(广州)有限公司	15624	32	黄埔区二建公司	10335	70
白云区广州维高集团有限公司	15537	33	番禺广东番禺恒联食品机械厂	10259	71
番禺锐鸿实业有限公司	15488	34	番禺艺彩印刷联合有限公司	10234	72
番禺旧水坑五金综合总厂	15300	35	番禺恒达蓄电池总厂	10056	73
番禺通用文具用品厂有限公司	15300	36	白云区广州白云电器设备厂	10042	74
白云区广州市三元里建筑工程公司	14864	37	芳村区广州裕达制衣有限公司	10002	75
从化鑫林工艺有限公司	14627	38			

9—42 乡镇企业营业收入五亿元以上的镇名单

（1997 年）

乡（镇）名称		营业收入（万元）	排列名次
海珠区	新滘镇	421866	5
天河区	东圃镇	311620	9
	沙河镇	256738	13
芳村区	东漖镇	194335	19
白云区	石井镇	356442	7
	新市镇	309125	10
	江高镇	190986	20
	人和镇	129268	28
	太和镇	108395	33
	神山镇	106040	34
	龙归镇	84381	40
	钟落潭镇	82715	41
	竹料镇	69443	46
	蚌湖镇	61073	49
	罗岗镇	55950	53
黄埔区	大沙镇	212969	16
	南岗镇	173835	23
番禺市	大石镇	525768	2
	市桥镇	521165	3
	石碁镇	392713	6
	沙湾镇	346062	8
	钟村镇	290229	11
	灵山镇	202446	18
	潭洲镇	167827	24
	南村镇	164239	25
	东涌镇	150317	26
	榄核镇	141442	27

乡（镇）名称		营业收入（万元）	排列名次
	石楼镇	128483	30
	化龙镇	120915	31
	大岗镇	114100	32
	鱼窝头镇	99194	36
	横沥镇	80387	42
	新造镇	67089	48
	莲花山镇	56118	52
花都市	新华镇	500305	4
	狮岭镇	238546	14
	花山镇	215858	15
	花东镇	204537	17
	炭步镇	186016	22
	赤坭镇	128698	29
	北兴镇	99217	35
	芙蓉镇	78910	43
	梯面镇	77857	44
增城市	新塘镇	527287	1
	荔城镇	278000	12
	仙村镇	186280	21
从化市	棋杆镇	98316	37
	太平镇	98198	38
	城郊镇	85817	39
	江埔镇	73863	45
	鳌头镇	69308	47
	街口镇	58522	50
	龙潭镇	58066	51
	神岗镇	55000	54

9—43 乡镇企业营业收入二亿元以上的村名单

（1997 年）

乡（镇）村名称	营业收入（万元）	排列名次	乡（镇）村名称	营业收入（万元）	排列名次
海珠区新滘镇联星村	30964	26	南岗村	21934	53
土华村	28829	31	番禺市灵山镇九比村	96917	1
石溪村	23753	45	沙湾镇陈涌村	56177	3
沥滘村	22051	51	蚬涌村	34980	14
黄埔村	20464	61	福涌村	34940	15
天河区东圃镇车陂村	51472	4	沙坑村	33583	18
棠下村	43538	7	草河村	32084	22
吉山村	39726	9	大石镇东联村	35982	12
前进村	24095	41	何　村	34374	16
黄　村	23770	44	沙溪村	33389	20
棠东村	20596	60	东方村	31115	24
珠　村	20198	62	洛溪村	26836	34
沙河镇杨箕村	43178	8	冼　村	24137	40
冼　村	37670	11	大山村	23821	43
元岗村	27018	33	西一村	23247	47
猎德村	21444	57	植　村	23110	48
沙东街沙东村	31000	25	礼　村	21362	58
登峰街登峰村	25739	37	钟村镇谢　村	30180	27
芳村区东漖镇东漖村	48707	5	钟一村	23465	46
增漖村	28877	30	石碁镇石碁村	26233	36
白云区江高镇江村村	61202	2	傍江西村	22408	50
三元里街三元里村	44567	6	罗家村	21548	56
石井镇横沙村	31146	23	石江东村	20929	59
庆丰村	29193	28	花都市新华镇三华村	33516	19
新市镇望岗村	21955	52	三东村	29160	29
黄埔区大沙镇茅岗村	37750	10	田美村	26350	35
下沙村	35100	13	五华村	25130	39
文冲村	34315	17	新华村	23002	49
姬堂村	27281	32	横潭村	21600	54
双沙村	21594	55	增城市新塘镇大墩村	33158	21
南岗镇沙步村	23840	42	群星村	25654	38

9－44 乡镇基本特征

（1996 年）　　单位：个

区、县级市	乡镇个数	平　原	丘　陵	山　区	#老区边区	土地面积（千米^2）
全　　市	79	46	25	8	8	6085
海珠区	1	1				60
天河区	2	2				84
芳村区	1	1				30
白云区	15	11	4			787
黄埔区	3	3				110
番禺市	20	18	2		3	995
花都市	8	4	4			824
增城市	15	6	4	5	4	1479
从化市	14		11	3	1	1716

注：1. 9—44 至 9—49 表为第一次全国农业普查资料；2. 乡镇个数包括农村街道办事处，但不包括县城镇；3. 行政村包括农村居委会。

9－45 行政村户数、人口数

（1996 年）

区、县级市	行政村数（个）	户　数（户）	#五保户	#非生产经营户	人　数（人）	#五保户	#非生产经营户
全　　市	1396	740306	3542	23876	2966520	3789	47282
海珠区	39	28454	70	510	100787	77	1091
天河区	22	22691	65	39	81433	66	111
芳村区	18	14132	16	10	49927	16	18
白云区	217	144320	474	3052	559369	511	6556
黄埔区	16	19701	59	317	73778	60	796
番禺市	331	193519	864	10757	717057	897	20458
花都市	191	90256	756	3442	398350	816	6600
增城市	324	136640	662	2471	594465	717	5141
从化市	238	90593	576	3278	391354	629	6511

9—46 非农业乡镇企业基本情况

（1996 年）

项　　目	全　市	海珠区	天河区	芳村区	白云区
企业个数(个)	11113	643	514	337	2244
#合资合作企业	927	25	39	16	73
中外合资	135	1		2	30
中外合作	148	2	8	1	10
大陆与港澳台合资	197	4	9	10	17
大陆与港澳台合作	447	18	22	3	16
按单位类型分					
乡镇办	1860	145	59	25	246
村办	5195	498	350	305	1570
联户办	1143		85	1	78
户办	2915		20	6	350
按行业类别分					
工业	8182	374	242	221	1395
建筑业	353	14	21	14	73
交通运输业	339	54	38	9	128
批发零售餐饮业	1703	164	146	66	438
社会服务业	199	15	23	5	99
其他业	337	22	44	22	111
从业人员(人)	631979	37667	29139	12399	132541
按性别分					
男	295038	18770	13346	7142	58512
女	336941	18897	15793	5257	74029
按文化程度分					
小学及以下	107533	6047	3097	1572	16323
初中	359467	17762	16250	7533	71875
高中	134155	11431	8250	2516	37678
中专及中专以上	30824	2427	1542	778	6665
按来源分					
本镇	168024	14331	7503	3238	45123
本县	91449	4789	6640	1842	19857
外县	372506	18547	14996	7319	67561

注：本表不包括雇工 8 人以下的农村个体商户。

9—46 续表1

项目	黄埔区	番禺市	花都市	增城市	从化市
企业个数(个)	422	2748	1667	1960	578
#合资合作企业	73	356	144	130	71
中外合资	19	24	15	40	4
中外合作	19	33	11	22	42
大陆与港澳台合资	7	66	52	30	2
大陆与港澳台合作	28	233	66	38	23
按单位类型分:					
乡镇办	90	568	309	166	252
村办	278	1135	568	329	162
联户办	16	105	94	730	34
户办	38	940	696	735	130
按行业类别分					
工业	196	2232	1331	1688	503
建筑业	28	46	131	13	13
交通运输业	64	22	9	14	1
批发零售餐饮业	103	358	161	216	51
社会服务业	12	14	17	12	2
其他业	19	76	18	17	8
从业人员(人)	28305	217073	82646	65472	26737
按性别分					
男	13428	93292	42616	33933	13999
女	14877	123781	40030	31539	12738
按文化程度分					
小学及以下	3476	45233	12844	15747	3194
初中	14359	126361	50498	37952	16877
高中	8361	34626	16431	10273	4589
中专及中专以上	2109	10853	2873	1500	2077
按来源分					
本镇	7486	43904	24847	16201	5391
本县	3925	29047	12476	7753	5120
外县	16894	144122	45323	41518	16226

9—47 农村住户家庭情况

(1996 年)

单位:人

项目	全市	海珠区	天河区	芳村区	白云区
农村住户总数(户)	623090	19816	16266	10239	118867
农业户	429062	13010	9737	8396	82158
非农业户	194028	6806	6529	1843	36709
家庭人员总数	2769600	77095	69903	42733	548161
男	1394060	38055	34500	20807	274379
女	1375540	39040	35403	21926	273782
平均每户家庭人员数	4.44	3.89	4.30	4.17	4.61
家庭从业人员数	1605612	42563	37798	25964	305982
#在城市从业	212559	7914	7409	4999	35126
平均每户从业人员	2.58	2.15	2.32	2.54	2.57
平均每一从业人员负担人口	1.72	1.81	1.85	1.65	1.79
按主要从事行业分					
农业	798710	19774	16431	16076	145257
种植业	751394	18641	15960	14872	135821
畜牧业	16484	283	265	718	5605
林业	1079		2	2	77
渔业	21956	649	164	244	2205
农业服务业	7797	201	40	240	1549
非农业	806902	22789	21367	9888	160725
工业	373141	10681	4800	4132	67129
建筑业	75872	863	885	536	11116
交通运输业	78898	2085	2551	1233	17781
商业和餐饮业	176988	4927	4417	2803	32038
其他非农行业	102003	4233	8714	1184	32661
按主要从业地区分					
在本镇(街)从业	1309170	33961	30872	19975	257769
在本县(区)从业	193744	5023	4969	4198	18368
在本省从业	95073	3440	1923	1744	28922
在外省从业	7625	139	34	47	923
按文化程度分					
不识字或识字很少	86985	1785	1241	1690	12063
小学程度	654191	16776	11607	10630	100450
初中程度	700819	17597	19197	10812	147363
高中程度	135606	5229	5144	2202	38528
中专程度	21050	690	414	456	6022
大专及以上程度	6961	486	195	174	1556

注:农村住户是指从事生产经营活动的农村住户,下同。

9—47 续表

单位：人

项目	黄埔区	番禺市	花都市	增城市	从化市
农村住户总数(户)	**18994**	**155666**	**82807**	**119690**	**80745**
农业户	10693	84117	56326	92472	72153
非农业户	8301	71549	26481	27218	8592
家庭人员总数	**72384**	**640849**	**392347**	**557526**	**368602**
男	36414	317444	197618	285354	189489
女	35970	323405	194729	272172	179113
平均每户家庭人员数	3.81	4.12	4.74	4.66	4.58
家庭从业人员数	**41187**	**386652**	**221008**	**329075**	**215383**
#在城市从业	8302	34336	39522	38825	36126
平均每户从业人员	2.17	2.48	2.67	2.75	2.67
平均每一从业人员负担人口	1.76	1.66	1.78	1.69	1.71
按主要从事行业分					
农业	14097	149144	91401	193431	153099
种植业	13079	133541	81231	188106	150143
畜牧业	445	1705	3816	2257	1390
林业	1	462	65	46	424
渔业	325	10208	5603	2198	360
农业服务业	247	3228	686	824	782
非农业	27090	237508	129607	135644	62284
工业	13416	126367	66740	62187	17689
建筑业	805	20336	18045	10358	12928
交通运输业	4396	19733	11629	14246	5244
商业和餐饮业	4748	47714	25867	35963	18511
其他非农行业	3725	23358	7326	12890	7912
按主要从业地区分					
在本镇(街)从业	31248	310729	169847	276488	178281
在本县(区)从业	8891	61249	37640	29958	23448
在本省从业	1018	14078	13136	17520	13292
在外省从业	30	596	385	5109	362
按文化程度分					
不识字或识字很少	2539	21874	9585	20003	16205
小学程度	14293	184417	75890	163640	76488
初中程度	18952	146512	112183	127572	100631
高中程度	4738	26130	20436	14215	18984
中专程度	467	5074	2336	2852	2739
大专及以上程度	198	2645	578	793	336

9-48 非农村住户农业生产经营单位从业人员情况

（1996 年）

项目	全市	海珠区	天河区	芳村区	白云区
农业生产经营单位(个)	3089	20	286	240	481
按经济类型分					
国有经济	205	13	33	3	45
集体经济	292	2	10	2	38
私营经济	131			4	37
个体经济	2187	4	214	230	333
联营经济	194	1	27		27
外商投资经济	6		2		1
港澳台投资经济	74			1	
按生产经营类型分					
种植业为主	1897	10	232	227	211
畜牧业为主	360	3	34	7	89
林业为主	79	2	8		12
渔业为主	753	5	12	6	169
从业人员(人)	50179	2231	4500	1199	10126
农业从业人员	44738	1922	3999	1170	8750
#专业技术人员	2740	372	718	90	540
非农业从业人员	5441	309	501	29	1376
在农业从业人员中：					
按性别分					
男	28296	1501	2408	859	5702
女	16442	421	1591	311	3048
按文化程度分					
不识字或识字很少	1776	28	118	9	226
小学程度	14232	358	823	241	2461
初中程度	20136	691	1746	639	4088
高中程度	5622	635	539	133	1362
中专程度	1489	113	202	34	341
大专及以上	1483	97	571	114	272
按从事主要行业分					
种植业	27370	778	2321	954	4524
畜牧业	6758	216	845	21	2831
林业	2163		178		113
渔业	7230	856	73	195	1122
农业服务业	1217	72	582		160

9—48 续表

项目	黄埔区	番禺市	花都市	增城市	从化市
农业生产经营单位(个)	130	826	353	536	217
按经济类型分					
国有经济	2	32	22	27	28
集体经济	6	115	27	65	27
私营经济	16	5	21	45	3
个体经济	104	617	247	298	140
联营经济	2	23	24	84	6
外商投资经济				3	
港澳台投资经济		34	12	14	13
按生产经营类型分					
种植业为主	111	445	207	297	157
畜牧业为主	16	82	41	74	14
林业为主		11	11	24	11
渔业为主	3	288	94	141	35
从业人员(人)	494	16019	4000	6141	5469
农业从业人员	483	15224	3559	5727	3904
#专业技术人员	11	280	236	281	212
非农业从业人员	11	795	441	414	1565
在农业从业人员中:					
按性别分					
男	303	9053	2242	3959	2269
女	180	6171	1317	1768	1635
按文化程度分					
不识字或识字很少	56	976	179	118	66
小学程度	200	6065	1180	1998	906
初中程度	185	6643	1573	2836	1735
高中程度	31	1237	387	509	789
中专程度	8	176	172	178	265
大专及以上	3	127	68	88	143
按从事主要行业分					
种植业	358	10243	2214	3814	2164
畜牧业	96	1081	445	765	458
林业		214	128	512	1018
渔业	19	3367	772	596	230
农业服务业	10	319		40	34

9—49 农村住户平均每户农业用地经营情况

（1996 年）

单位：亩

区、县级市	经营耕地面积	#水田	经营园地面积	#果园	经营林地面积	经营渔业养殖面积	#池塘渔塘
全　市	2.16	1.98	0.56	0.55	0.24	0.31	0.30
海珠区	0.32	0.32	0.83	0.83		0.04	0.04
天河区	0.83	0.82	0.13	0.13		0.12	0.12
芳村区	1.29	1.28	0.01	0.01		0.08	0.08
白云区	1.74	1.69	0.44	0.43	0.03	0.25	0.24
黄埔区	0.45	0.45	0.63	0.62		0.10	0.10
番禺市	2.37	2.22	0.40	0.38	0.02	0.38	0.37
花都市	2.46	2.32	0.59	0.58	0.11	0.83	0.82
增城市	2.76	2.38	0.47	0.47	0.47	0.23	0.22
从化市	2.40	2.11	1.24	1.22	0.95	0.07	0.06

主要统计指标解释

【农业总产值】以货币表现的农、林、牧、副、渔五业全部产品的总量，它反映一定时期内农业生产的总规模和总成果。

【农、林、牧、副、渔五业的统计范围】

(1)农作物种植业 包括粮、棉、油料、糖料、麻类、烟叶、蔬菜、药材、瓜类和其他农作物的种植，以及茶园、桑园、果园的生产经营。

(2)林业 包括林木的栽培(不包括茶园、桑园和果园的栽培、管理和收获等活动)、林产品的采集和村及村以下合作经济组织和农户的竹木采伐。

(3)牧业 包括除渔业养殖以外的一切动物饲养和放牧。

(4)副业 包括采集野生植物、捕猎野兽、野禽及农民家庭兼营的工业。

(5)渔业 包括水生动物和海藻类植物的养殖和捕捞。

农业总产值的计算方法通常是按农林牧渔业产品及其副产品的产量，分别乘以各自单位产品价格求得，少数生产周期较长，当年没有产品或产品产量不易统计的则采用间接方法匡算其产值。然后将五业产品产值相加即为农业总产值。

【农村经济总收入】指农村集体经济组织和农民家庭当年经营生产性和服务性活动所得到的可以用于抵偿本年开支，并在国家、集体和农民个人之间进行分配的全部收入。包括农林牧副渔业、农村工业、建筑业、运输业、商业、饮食业、服务业、劳动等各项经营收入和利息、租金等收入。但不包括那些不能用来分配，属于借贷性质或暂收性质的收入，如贷款收入、预购定金、国家投资、农民投资等。

农村经济总收入和农业总产值是两个不同的概念；第一，两者包括的范围不同。总收入除了包括农林牧副渔五业的收入以外，还包括其他生产性和非生产性事业活动所得到的可以直接支配的全部收入；而农业总产值则不包括后面这些。第二，就农林牧副渔五业而言，总产值要计算当年的全部成果，而总收入只计算当年可用于开支和分配的部分。例如，总产值要计算人造林木的生产量、大小家畜的繁殖、增长和增重的产值，总收入则不包括。第三，计算的价格不同。计算总产值，全部产品都按统一的不变价格或当年价格计算。而计算总收入一般只按当年价格计算(出售部分按实际出售价格计算，自用部分按当地收购的价格计算)

【粮食产量】指全社会的产量。包括国有经济经营的、集体统一经营的和农民家庭经营的粮食产量，还包括工矿企业办的农场和其他生产单位的产量。粮食除包括稻谷、小麦、玉米、高粱、谷子及其他杂粮外，还包括薯类和豆类。其产量计算方法，豆类按去豆荚后的干豆计算；薯类(包括甘薯和马铃薯，不包括芋头和木薯)1963 年以前按每 4 公斤鲜薯折 1 公斤粮食计算，从 1964 年开始及以后改为按 5 公斤鲜薯折 1 公斤粮食计算。城市郊区作为蔬菜的薯类(如：马铃薯等)按鲜品计算，并且不作为粮食统计。其他粮食一律按脱粒后的原粮计算。

【水产品产量】指人工养殖的水产品和天然生长的水产品的捕捞量。包括海水的鱼类、虾蟹类、贝类和藻类以及内陆水域的鱼类、虾蟹类和贝类，不包括淡水生植物。

【猪、牛、羊肉产量】指当年出栏并已屠宰后除去头蹄下水后带骨肉(即胴体重)的重量。

【耕地面积】指年初可以用来种植农作物、经常进行耕锄的田地，除包括熟地、当年新开荒地、连续撂荒未满三年的耕地和当年的休闲地(轮歇地)外，还包括以种植农作物为主并附带种植桑树、茶树、果树和其他林木的土地，以及沿海、沿湖地区已围垦利用的“海涂”、“湖田”等面积。但不包括属于专业性的桑园、茶园、果园、果木苗圃、林地、芦苇地、天然或人工草地面积。

【农作物播种面积】指实际播种或移植有农作物的面积。凡是实际种植农作物的面积，不论种植在耕地上还是种植在非耕地上，均包括在农作物播种面积中，在播种季节基本结束后因遭灾而重新改种和补种的农作物面积也包括在内。

【有效灌溉面积】指具有一定的水源，地块比较平整，灌溉工程或设备已经配套，在一般年景下当年能够进行正常灌溉的耕地面积。

【农用化肥施用量】指本年内实际用于农业生产的化肥数量。包括氮肥、磷肥、钾肥和复合肥。化肥施用量要求按折纯量计算数量。折纯法化肥施用量是把氮肥、磷肥和钾肥分别按含氮、含五氧化二磷、含氧化钾的百分之一百成份折算后的数量。复合肥按其所含主要成分折算。

【农用机械总动力】指主要用于农、林、牧、副、渔业的各种动力机械的动力总和。包括耕作机械、排灌机械、收获机械、农产品加工机械、运输机械、植物保护机械、牧业机械、林业机械、渔业机械和其他农业机械[内燃机按引擎马力折成瓦(特)计算，电动机按功率折成瓦(特)计算]。不包括专门用于乡、镇、村、组办工业、基本建设、非农业运输、科学试验和教学等非农业生产方面用的动力机械与作业机械。

【乡镇企业】原来仅指农村人民公社和生产大队两级集体经济举办的社队企业。在农村政社组织管理体制分设以后，除了包括乡、村合作经济组织办企业外，还包括组办、联户办和个体办的企业。1984 年 3 月确定将这类企业统称“乡镇企业”。

乡镇企业一般应拥有固定的组织、生产场所、生产设备和人员；有核算制度，承担经济责任和纳税义务，是一个比较稳定的经济实体。

【农林牧副渔业劳动力】指直接参加农林牧副渔业生产劳动的劳动力和直接从事采集、捕猎、农户家庭兼营(即以农业为主，利用农闲时间进行的)工业生产等副业劳动力。

第十篇

工　业

工业经济在调整中平稳发展

1997年，我市工业经济在保持平稳增长的同时，总体经济效益有所回升。全年完成工业总产值2375.39亿元，比上年增长17.88%（按1990年不变价计算，下同）。其中乡及乡以上工业总产值1814.24亿元，比上年增长14.50%。工业经济在平稳运行的轨道上呈现新的调整变化。

全年工业经济运行的主要特点

1.重工业生产加快发展，轻工业生产相对减缓。1997年，全市重工业总产值完成935.83亿元，比上年增长20.19%；高于全市平均水平2.31个百分点。轻工业总产值完成1439.56亿元，比上年增长16.78%，比重工业生产增幅低3.41个百分点。改变了上年轻工业发展快于重工业的局面。

2.公有经济占主导地位，国有工业生产有所回升。1997年，全市乡及乡以上独立核算工业企业中，公有经济完成工业总产值1080.82亿元，比上年增长14.71%，占全市同口径工业总产值的63.63%。其中：国有工业总产值581.48亿元，比上年增长9.18%。

3.外向型经济较快增长，"三资"经济所占份额较大。1997年，全市乡及乡以上工业完成出口产品产值532.16亿元，比上年增长16.51%，高于全市平均水平2.01个百分点，占全市工业总产值的29.33%。全市"三资"工业企业完成产值899.51亿元，比上年增长21.79%，高于全市平均水平7.29个百分点，占全市工业总产值的49.58%。外向型工业的较快增长，支撑和推动了我市工业经济的发展。

4."抓大放小"初见成效，骨干企业作用有所增强。1997年，全市大中型工业总产值1145.59亿元，比上年增长15.55%，高于全市平均水平1.05个百分点，占全市工业总产值的48.23%。1997年全市大中型工业经济效益综合指数为137.32%（按新方法计算，下同），高于全市平均水平20.27个百分点，实现利润总额76.75亿元，为全市利润总额的93.27%。显示大中型企业在我市工业经济中具有举足轻重的作用，是我市工业经济增长的主要支撑力。

5.个体及村办工业快速增长，拉动全市工业经济总体发展。1997年，全市个体及村办工业总产值完成561.15亿元，比上年增长29.22%，高于全市平均水平11.34个百分点。其中番禺市、增城市和花都市分别占全市的30.29%、26.91%和14.95%。

6.适应市场需求变化，工业品生产有升有降。1997年，从全市主要工业产品完成情况来看，轻纺行业中增幅较大的有：摩托车（增43.69%）、啤酒（增21.84%）、钢琴（增20.52%）、针棉织品折用纱线量（增15.27%）、布（增11.99%）。但一些处于市场饱和及衰退期的耐用消费品产量下降较大，如排油烟机（降68.08%）、电视机（降51.28%）、房间空气调节器（降31.13%）、家用洗衣机（降27.72%）、自行车（降18.81%）等。重工业产品生产中，原材料类产品的生产稳定增长，如生铁（增5.08%）、钢（增8.37%）、成品钢材（增8.73%），投资类机械产品如汽车、金属切削机床有较大幅度回升，分别增长24.62%和39.11%，能源类产品生产有所下降，原煤下降38.43%、煤气下降1.10%。

7.经济效益有所回升，综合实力有所增强。1997年，全市乡及乡以上独立核算工业经济效益综合指数为117.05%，高于全国平均水平17.05个百分点，构成综合指数的七项指标分别为：总资产贡献率为10.28%、资产保值增值率为110.67%、资产负债率为62.08%、流动资产周转率为1.38次、成本费用利润率为5.55%、全员劳动生产率为39100元/人（不变价）、工业产品销售率为96.37%、工业资金利税率为9.76%、工业增加值率为28.09%。全年工业实现利税总额194.48亿元，比上年增长11.61%，其中实现利润总额82.28亿元，比上年增长8.60%。

工业总产值及增加值

(亿元)

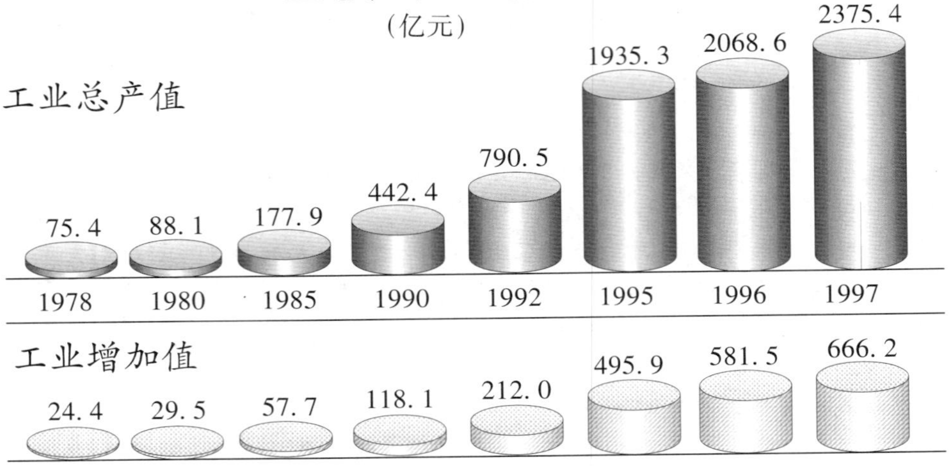

工业总产值构成(%)

按 规 模 分

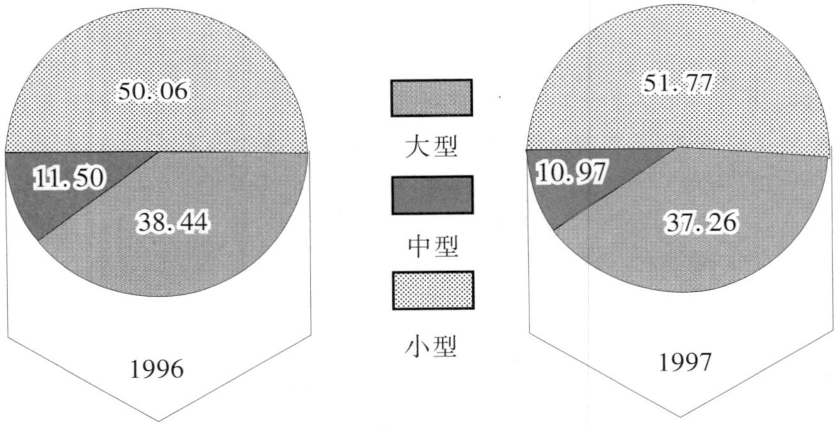

按 轻 重 工 业 分

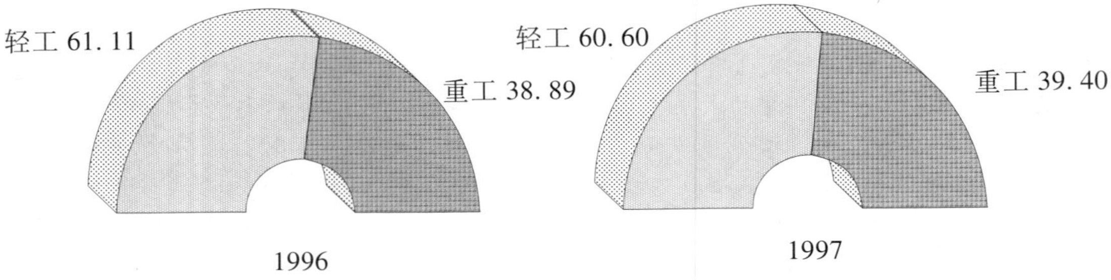

10—1 主要年份工业总产值

单位：万元

年份	全市	轻工业	重工业	#市区	轻工业	重工业
1949	29670	26644	3026	26972	24059	2913
1952	49612	42657	6955	45295	38459	6836
1957	138497	111268	27229	125942	99054	26888
1962	180698	135171	45527	164568	120619	43949
1965	278331	195362	82969	256902	176240	80662
1970	473200	314691	158509	453498	298398	155100
1975	658434	414798	243636	622835	388380	234455
1978	753873	476737	277136	701598	439048	262550
1980	881242	574239	307003	799666	494913	304753
1985	1779333	1163704	615629	1583869	1022167	561702
1990	4424437	2830366	1594071	3647615	2293551	1354064
1995(原规定)	19353440	11263263	8090177	12517030	7101660	5415370
1995(新规定)	17224948	10263515	6961433	11066817	6491338	4575479
1996	20685796	12641264	8044532	12557994	7067668	5490326
1997	23753915	14395602	9358313	13865661	7905190	5960471
1950—1952	128640	110683	17957	119573	101996	17577
"一五"时期	527303	432382	94921	477274	383461	93813
"二五"时期	1183456	833617	349839	1089357	752789	336568
1963—1965	701979	505233	196746	644413	453226	191187
"三五"时期	1699709	1136488	563221	1596605	1046164	550441
"四五"时期	2729688	1729515	1000173	2568167	1602080	966087
"五五"时期	3861380	2443104	1418276	3578594	2216157	1362437
"六五"时期	6447893	4209237	2238656	5841923	3719555	2122368
"七五"时期	16252266	10438049	5814217	13730836	8768495	4962341
"八五"时期	59397158	34984219	24412939	41609047	23595892	18013155
1979—1997	128238034	77743729	50494305	89167249	52010061	37157188

注：工业总产值包括个体和村及村以下工业。

10-2 主要年份工业总产值

（按1990年不变价格计算） 单位：万元

年份	全市	轻工业	重工业	#市区	轻工业	重工业
1949	32960	28430	4530	29859	24559	5300
1952	57077	47129	9948	50230	40850	9380
1957	167616	129707	37909	147371	111014	36357
1962	230265	165699	64566	206663	145075	61588
1965	363036	245384	117652	331811	218013	113798
1970	646125	413836	232289	613807	386817	226990
1975	916130	551732	364398	871624	520540	351084
1978	1056253	638185	418068	983205	592310	390895
1980	1286085	792438	493647	1198235	731926	466309
1985	2351845	1467985	883860	2092210	1306166	786044
1990	4345682	2882641	1463041	3558835	2331815	1227020
1995(原规定)	13854652	8690180	5164472	8599132	5378277	3220855
1995(新规定)	13169472	8414840	4754632	8064184	5219891	2844293
1996	15684742	10607975	5076767	8841823	5686753	3155070
1997	18489780	12387980	6101800	10031803	6520848	3510955
1950—1952	146337	126136	20201	132408	112927	19481
“一五”时期	627218	516606	110612	548563	440603	107960
“二五”时期	1475718	1044799	430919	1341101	926830	414271
1963—1965	910260	658416	251844	825595	580555	245040
“三五”时期	2285860	1536299	749561	2125489	1392807	732682
“四五”时期	3784008	2397464	1386544	3579959	2233264	1346695
“五五”时期	5457579	3436370	2021209	5108729	3186355	1922374
“六五”时期	8933853	5824122	3109731	8062962	5245231	2817731
“七五”时期	17426769	11840078	5586691	14769572	9594737	5174835
“八五”时期	47270331	30306808	16963523	32250708	20262326	11988382
1979—1997	110242588	72494708	37747880	62286855	39706858	22579997

注：工业总产值包括个体和村及村以下工业。

10—3 工业企业单位数

单位:个

项目	1985 年	1990 年	1995 年	1996 年	1997 年
总计	3495	21895	27030	33745	34515
#独立核算工业企业	2843	3499	5069	4903	4225
按地区分					
市区	2573	11333	11957	16609	16895
番禺市	363	2756	4949	5023	4578
花都市	200	2870	4862	3959	4715
增城市	216	3151	3968	4691	5228
从化市	143	1785	1294	3463	3099
按经济类型分					
1. 不包括村办及个体工业	3495	4273	8508	8433	7527
国有经济	1028	1070	1055	1035	950
#独立核算企业		768	770	740	724
集体经济	2432	2682	5163	4960	4489
#独立核算企业		2261	2178	2005	1674
县属企业		134	914	824	742
城镇街道企业		1128	3176	3111	2923
农村乡办企业		721	411	353	75
私营经济			52	50	57
联营经济			135	151	108
股份制经济			44	57	31
中外合资经营企业			210	224	152
中外合作经营企业			79	99	39
外资企业			42	71	80
港、澳、台与大陆合资经营企业			772	783	672
港、澳、台与大陆合作经营企业			561	569	555
港、澳、台独资企业			367	407	388
其他经济	※35	※521	28	27	6

注:※除国有、集体以外的各种经济类型。

10—3 续表 单位:个

项目	1985 年	1990 年	1995 年	1996 年	1997 年
2.个体及村办企业		17622	18522	25312	26988
#城镇联营工业		44	317	350	375
城镇个体工业		5499	3478	7795	9282
农村村办工业		4855	5485	6112	6094
农村联营工业		1660	806	1715	1795
农村个体工业		5564	6250	9340	9442
按隶属关系分					
中央企业		108	130	133	94
省属企业		135	231	229	162
市属企业		21652	26669	33383	34259
#县属企业		2918	1921	1785	1740
按轻重工业分					
轻工业	2334	16299	18424	25634	25252
以农产品为原料	1199	9154	12154	17191	16985
以非农产品为原料	1135	7145	6270	8443	8267
重工业	1161	5596	8606	8111	9263
采掘工业	84	95	1168	1054	1052
原料工业	157	564	1216	1144	1150
制造工业	920	4937	6222	5913	7061
按生产规模分					
大型企业	43	115	141	201	221
中型企业	92	194	268	338	362
小型企业	3360	21586	26621	33206	33932

10—4 市区工业企业单位数

单位：个

项目	1985年	1990年	1995年	1996年	1997年
总计	2573	11333	11957	16609	16895
#独立核算工业企业	2063	2387	3220	3185	2686
按经济类型分					
1.不包括村办及个体工业	2573	3038	6364	6341	5631
国有经济	790	803	785	782	682
#独立核算企业		582	604	596	571
集体经济	1753	1898	4410	4262	3892
#独立核算企业		1508	1310	1400	1143
城镇街道企业		1055	3174	3110	2922
农村乡办企业		145	32	21	
私营经济			20	40	13
联营经济			61	84	55
股份制经济			38	53	26
中外合资经营企业			165	170	116
中外合作经营企业			49	59	20
外资企业			24	41	41
港、澳、台与大陆合资经营企业			438	457	406
港、澳、台与大陆合作经营企业			242	242	241
港、澳、台独资企业			127	146	135
其他经济	※30	※337	5	5	4
2.个体及村办工业		8295	5593	10268	11264
#城镇联营工业		34	79	152	125
城镇个体工业		5022	2284	6700	7721
农村村办工业		1734	1864	1982	1856
农村联营工业		558	173	348	368
农村个体工业		947	696	1086	1194
按隶属关系分					
中央企业	130	105	121	124	88
省属企业	78	118	211	210	142
市属企业	2365	11110	11625	16275	16665
按轻重工业分					
轻工业	1754	9121	8633	13292	13353
以农产品为原料	789	4799	4943	7771	7833
以非农产品为原料	965	4322	3690	5521	5520
重工业	819	2212	3324	3317	3542
采掘工业	28	25	125	117	104
原料工业	86	225	368	365	340
制造工业	705	1962	2831	2835	3098
按生产规模分					
大型企业	38	104	127	178	193
中型企业	84	168	208	274	295
小型企业	2451	11061	11622	16157	16407

注：※除国有、集体以外的各种经济类型。

10—5 工　业　总　产　值

（按1990年不变价格计算）　　单位：万元

项　目	1990年	1995年		1996年	1997年
		原规定	新规定		
总　计	4345682	13854652	13169472	15684742	18489780
#独立核算工业企业	3860192	10650396	10084707	11370289	12831043
按地区分					
市　区	3558835	8599132	8064184	8841823	10031803
番禺市	427529	2695600	2616742	3371102	4015485
花都市	185991	1302324	1262913	1484187	1812761
增城市	98249	948930	923768	1451085	1890261
从化市	75078	308666	301865	536545	739470
按经济类型分					
1.不包括村办及个体工业	4021911	11131211	10540377	12082533	13834996
国有经济	2459212	3172558	3007722	2826804	3415351
#独立核算企业	2362370	3009336	2848238	2672831	3255762
集体经济	715699	1808309	1480917	1685212	1786821
#独立核算企业	681133	1622353	1310322	1470838	1549765
县属企业	68946	339489	320224	347318	400635
城镇街道企业	157216	399818	346911	362699	416804
农村乡办企业	134475	250925	232591	202211	61043
私营经济		12203	11253	8562	76158
联营经济		182099	175985	234982	216831
股份制经济		401169	395427	586060	500359
中外合资经营企业		1708568	1687141	2195867	2495083
中外合作经营企业		306176	294938	550678	456318
外资企业		127731	127923	210137	400062
港、澳、台与大陆合资经营企业		2009620	1996570	2043133	2368211
港、澳、台与大陆合作经营企业		812377	790214	975045	1153979
港、澳、台独资企业		581092	563105	763443	955320
其他经济	※847000	9309	9182	2610	10503

注：※除国有、集体以外的各种经济类型。

10—5 续表

单位：万元

项目	1990 年	1995 年		1996 年	1997 年
		原规定	新规定		
2.个体及村办企业	323771	2723441	2629095	3602209	4654784
#城镇联营工业	521	58714	56680	68687	107474
城镇个体工业	13532	60440	58346	185796	291387
农村村办工业	218355	1850050	1785960	2095733	2474545
农村联营工业	42647	106207	102528	391267	602900
农村个体工业	48716	319273	308213	860726	1178478
按隶属关系分					
中央企业	494010	966455	964139	1182514	1301969
省属企业	175596	425290	414853	378974	433322
市属企业	3676076	12462907	11790480	14123254	16754489
#县属企业	763789	1855261	1812023	2107595	2817362
按轻重工业分					
轻工业	2882641	8690180	8414840	10607975	12387980
以农产品为原料	1462652	4889782	4697053	5925697	6856476
以非农产品为原料	1419989	3800398	3717787	4682278	5531504
重工业	1463041	5164472	4754632	5076767	6101800
采掘工业	33907	339236	333425	470170	641102
原料工业	589756	1499429	1416738	1491480	1750099
制造工业	839378	3325807	3004469	3115117	3710599
按生产规模分					
大型企业	1676656	3713875	3603252	4935387	5858421
中型企业	865675	1762582	1666029	2005833	2162150
小型企业	1803351	8378195	7900191	8743522	10469209

10-6 市 区 工 业 总 产 值

（按1990年不变价格计算）　　单位：万元

项　　目	1990年	1995年		1996年	1997年
		原规定	新规定		
总　　计	3558835	8599132	8064184	8841823	10031803
#独立核算工业企业	3278587	7561595	7068870	7654101	8608322
按经济类型分					
1.不包括村办及个体工业	3417976	7858526	7349234	7934939	8939749
国有经济	2248826	2824019	2686839	2485784	3049337
#独立核算企业	2167468	2692247	2558420	2391152	2938429
集体经济	504014	1136961	849323	875197	927262
#独立核算企业	473850	1009985	734037	738474	768722
城镇街道企业	119285	398586	345858	361797	416298
农村乡办企业	30332	8211	8075	13180	
私营经济		8464	7540	6034	11730
联营经济		98793	92915	123630	120140
股份制经济		344064	341228	536207	448565
中外合资经营企业		1375593	1360332	1580115	1863594
中外合作经营企业		233247	231571	432885	334791
外资企业		81583	81802	102207	212958
港、澳、台与大陆合资经营企业		1217685	1185416	1154613	1277125
港、澳、台与大陆合作经营企业		277597	264956	334137	322000
港、澳、台独资企业		252996	239915	303695	369856
其他经济	※665136	7524	7397	435	2391
2.个体及村办企业	140859	740606	714950	906884	1092054
#城镇合作经营工业	326	2615	2524	4001	7214
城镇个体工业	9710	11854	11443	47019	56398
农村村办工业	108638	659193	636357	758189	887490
农村合作经营工业	14036	24073	23239	57952	86297
农村个体工业	8149	17882	17263	39723	54655
按隶属关系分					
中央企业	491818	957605	955638	1172851	1291629
省属企业	170129	412176	401772	375610	426130
市属企业	2896888	7229351	6706774	7293362	8314044
按轻重工业分					
轻工业	2331815	5378277	5219891	5686753	6520848
以农产品为原料	1093611	2838405	2728856	2974063	3558214
以非农产品为原料	1238204	2539872	2491035	2712690	2962634
重工业	1227020	3220855	2844293	3155070	3510955
采掘工业	9725	172938	172324	319781	352707
原料工业	539678	1049371	942036	993716	1107565
制造工业	677617	1998546	1729933	1841573	2050683
按生产规模分					
大型企业	1564208	3438340	3337064	4335564	5094087
中型企业	798866	1304882	1240519	1560088	1630360
小型企业	1195761	3855910	3486601	2946171	3307356

注：※除国有、集体以外的各种经济类型。

10－7 工业企业单位数及工业总产值

（1997 年、按地区分）　　单位：万元

项　　目	单位数（个）	#轻工业	工业总产值	#轻工业	工业总产值（1990年不变价）	#轻工业
全　　市	34515	25252	23753915	14395602	18489780	12387980
市　区	16895	13353	13865661	7905190	10031803	6520848
番禺市	4578	3521	4572921	3207497	4015485	3002483
花都市	4715	3306	2145130	1272747	1812761	1125687
增城市	5228	3236	2301464	1440017	1890261	1231087
从化市	3099	1836	868739	570151	739470	507875
1. 不包括个体及村办工业	7527	4997	18142403	10430157	13834996	8942397
市　区	5631	3779	12572117	6841938	8939749	5597968
番禺市	692	468	2873115	1900339	2577523	1852961
花都市	469	302	1306477	719832	1098863	621692
增城市	352	237	791458	534030	685787	470325
从化市	383	211	599236	434018	533074	399451
2. 个体及村办工业	26988	20255	5611512	3965445	4654784	3445583
市　区	11264	9574	1293544	1063252	1092054	922880
番禺市	3886	3053	1699806	1307158	1437962	1149522
花都市	4246	3004	838653	552915	713898	503995
增城市	4876	2999	1510006	905987	1204474	760762
从化市	2716	1625	269503	136133	206396	108424

10－8 工业企业单位数及工业总产值

（1997 年）

单位：万元

项目	单位数（个）	#市区	工业总产值	#市区	工业总产值（1990 年不变价）	#市区
总计	34515	16895	23753915	13865661	18489780	10031803
#独立核算工业企业	4225	2686	16986804	12165757	12831043	8608322
按经济类型分						
1.不包括村办及个体工业	7527	5631	18142403	12572117	13834996	8939749
国有经济	950	682	6025827	5528214	3415351	3049337
#独立核算企业	724	571	5814758	5384563	3255762	2938429
集体经济	4489	3892	2082614	1115939	1786821	927262
#独立核算企业	1674	1143	1797759	924942	1549765	768722
县属企业	742	607	454093	178395	400635	146091
街道企业	2923	2922	504099	503489	416804	416298
农村乡办企业	75		67352		61043	
私营经济	57	13	88625	13756	76158	11730
联营经济	108	55	264464	149300	216831	120140
股份制经济	31	26	685754	631097	500359	448565
中外合资经营企业	152	116	2593346	1975137	2495083	1863594
中外合作经营企业	39	20	433843	334822	456318	334791
外资企业	80	41	442783	237981	400062	212958
港、澳、台与大陆合资经营企业	672	406	3147989	1773042	2368211	1277125
港、澳、台与大陆合作经营企业	555	241	1324735	404271	1153979	322000
港、澳、台独资企业	388	135	1037550	402771	955320	369856
其他经济	6	4	14873	5787	10503	2391
2.个体及村办企业	26988	11264	5611512	1293544	4654784	1092054
城镇联营工业	375	125	136206	8044	107474	7214
城镇个体工业	9282	7721	349786	65316	291387	56398
农村村办工业	6094	1856	2954753	1056087	2474545	887490
农村联营工业	1795	368	744993	99111	602900	86297
农村个体工业	9442	1194	1425774	64986	1178478	54655
私营工业						
按隶属关系分						
中央企业	94	88	2970908	2952006	1301969	1291629

10—8 续表1

单位：万元

项目	单位数（个）	#市区	工业总产值	#市区	工业总产值（1990年不变价）	#市区
省属企业	162	142	870242	861790	433322	426130
市属企业	34259	16665	19912765	10051865	16754489	8314044
#县属企业	1740	925	3351693	851947	2817362	674114
按轻重工业分						
轻工业	25252	13353	14395602	7905190	12387980	6520848
以农产品为原料	16985	7833	8464193	4617511	6856476	3558214
以非农产品为原料	8267	5520	5931409	3287679	5531504	2962634
重工业	9263	3542	9358313	5960471	6101800	3510955
采掘工业	1052	104	1831553	1476783	641102	352707
原料工业	1150	340	3143796	2100647	1750099	1107565
制造工业	7061	3098	4382964	2383041	3710599	2050683
按生产规模分						
大型企业	221	193	8849742	7880859	5858421	5094087
特大型企业	7	7	2395610	2395610	659465	659465
大一型企业	75	60	2870309	2136389	2073108	1511163
大二型企业	139	126	3583823	3348860	3125848	2923459
中型企业	362	295	2606119	2044493	2162150	1630360
中一型企业	144	127	1425596	1280118	1138521	1001965
中二型企业	218	168	1180523	764375	1023629	628395
小型企业	33932	16407	12298054	3940309	10469209	3307356
按工业行业分						
煤炭采选业	17	1	6397	8	3106	2
石油和天然气开采业	1	1	1451511	1451511	332265	332265
黑色金属矿采选业	7		7240		4657	
有色金属矿选业	6		5901		4561	
非金属矿采选业	1522	92	338911	22906	271329	18206
其他矿采选业	45	9	18025	2286	17183	2179
木材及竹材采运业	43	1	10808	72	7900	56
食品加工业	2043	325	862461	326869	521733	177673
食品制造业	857	475	875011	671605	753806	584239
饮料制造业	227	80	482295	407112	334442	284294

10—8 **续表2**

单位：万元

项目	单位数（个）	#市区	工业总产值	#市区	工业总产值（1990年不变价）	#市区
烟草加工业	4	4	302285	302285	211571	211571
纺织业	1048	550	931041	370442	737639	265917
服装及其他纤维制品制造业	3512	2402	1289742	337515	1113739	280157
皮革、皮毛、羽绒及其制品业	3690	771	1493991	727909	1241536	585461
木材加工及竹、藤、棕、草制品业	987	510	208221	67663	180000	57287
家具制造业	1373	777	282052	121802	237435	98204
造纸及纸制品业	641	310	582737	322275	457753	248281
印刷业、记录媒介的复制	1176	926	291141	173155	258025	147168
#印刷业	1165	916	277600	162857	243784	138006
文教体育用品制造业	564	374	627931	298441	547432	239170
石油加工及炼焦业	20	20	717870	717870	259049	259049
化学原料及化学制品制造业	921	556	1855878	1481820	1576100	1242136
医药制造业	111	85	441007	415587	443193	415839
化学纤维制造业	40	22	82625	35893	91595	45239
橡胶制品业	328	143	362580	139914	337749	128646
塑料制品业	1552	1038	727709	310435	667237	287407
非金属矿物制品业	2061	501	1060771	332830	753865	210375
黑色金属冶炼及压延加工业	218	32	496784	330906	292971	181644
有色金属冶炼及压延加工业	137	56	193550	111697	239160	168986
金属制品业	3601	2387	1108054	503457	989281	435575
普通机械制造业	916	345	450790	285387	386028	241044
专用设备制造业	638	346	294472	213591	264118	189385
交通运输设备制造业	2381	1415	1554758	1116189	1494297	1115505
武器弹药制造业						
电气机械及器材制造业	1173	769	1399629	657244	1430692	618031
电子及通信设备制造业	582	366	873333	573471	852881	538525
仪器仪表及文化、办公用机械制造业	349	206	307625	146844	312983	143100
其他制造业	1532	972	632907	102573	583774	89750
电力、蒸气、热水的生产和供应业	120	22	733271	429409	187995	120327
煤气生产和供应业	6	1	31675	29385	11257	9772
自来水的生产和供应业	66	5	360926	327303	79443	59338

10—9 乡及乡以上工业企业单位数及工业总产值

（1997 年）

单位：万元

项　　　目	单位数（个）	#市区	工业总产值	#市区	工业总产值(1990年不变价)	#市区
总　　计	**7527**	**5631**	**18142403**	**12572117**	**13834996**	**8939749**
#独立核算工业企业	4225	2686	16986804	12165757	12831043	8608322
按经济类型分						
国有经济	950	682	6025827	5528214	3415351	3049337
#独立核算企业	724	571	5814758	5384563	3255762	2938429
集体经济	4489	3892	2082614	1115939	1786821	927262
#独立核算企业	1674	1143	1797759	924942	1549765	768722
县属企业	742	607	454093	178395	400635	146091
街道企业	2923	2922	504099	503489	416804	416298
农村乡办企业	75		67352		61043	
私营经济	57	13	88625	13756	76158	11730
联营经济	108	55	264464	149300	216831	120140
股份制经济	31	26	685754	631097	500359	448565
中外合资经营企业	152	116	2593346	1975137	2495083	1863594
中外合作经营企业	39	20	433843	334822	456318	334791
外资企业	80	41	442783	237981	400062	212958
港、澳、台与大陆合资经营企业	672	406	3147989	1773042	2368211	1277125
港、澳、台与大陆合作经营企业	555	241	1324735	404271	1153979	322000
港、澳、台独资企业	388	135	1037550	402771	955320	369856
其他经济	6	4	14873	5787	10503	2391
按隶属关系分						
中央企业	94	88	2970908	2952006	1301969	1291629
省属企业	162	142	870242	861790	433322	426130
市属企业	7271	5401	14301253	8758321	12099705	7221990
#县属企业	1740	925	3351693	851947	2817362	674114
按轻重工业分						
轻工业	4997	3779	10430157	6841938	8942397	5597968
以农产品为原料	2721	1961	5963735	3952929	4683824	2981371
以非农产品为原料	2276	1818	4466422	2889009	4258573	2616597
重工业	2530	1852	7712246	5730179	4892599	3341781
采掘工业	75	12	1493499	1456371	369333	336208
原料工业	369	208	2737773	2053112	1451834	1072645
制造工业	2086	1632	3480974	2220696	3071432	1932928
安生产规模分						
大型企业	221	193	8849742	7880859	5858421	5094087
特大型企业	7	7	2395610	2395610	659465	659465
大一型企业	75	60	2870309	2136389	2073108	1511163
大二型企业	139	126	3583823	3348860	3125848	2923459
中型企业	362	295	2606119	2044493	2162150	1630360
中一型企业	144	127	1425596	1280118	1138521	1001965
中二型企业	218	168	1180523	764375	1023629	628395
小型企业	6944	5143	6686542	2646765	5814425	2215302

10—9 续表

单位：万元

项　　目	单位数（个）	#市区	工业总产值	#市区	工业总产值(1990年不变价)	#市区
按工业行业分						
煤炭采选业	1	1	8	8	2	2
石油和天然气开采业	1	1	1451511	1451511	332265	332265
黑色金属矿采选业						
有色金属矿采选业	1		493		521	
非金属矿采选业	47	9	36522	4780	32442	3886
其他矿采选业						
木材及竹材采运业	25	1	4965	72	4103	56
食品加工业	168	74	611759	279686	373067	149694
食品制造业	158	112	772813	645367	674980	564002
饮料制造业	78	48	439731	403155	302978	281369
烟草加工业	3	3	302264	302264	211554	211554
纺织业	262	161	693478	312590	550675	220386
服装及其他纤维制品制造业	794	541	735772	193803	645581	158706
皮革、皮毛、羽绒及其制品业	272	180	843862	500150	707322	398309
木材加工及竹、藤、棕、草制品业	92	67	88357	49424	78174	41792
家具制造业	131	105	115654	82364	96511	64804
造纸及纸制品业	180	124	396375	266021	316639	205685
印刷业、记录媒介的复制	531	503	201078	152798	174267	128236
#印刷业	520	493	187537	142500	160026	119074
文教体育用品制造业	202	145	421277	193561	364607	146384
石油加工及炼焦业	6	6	716499	716499	258591	258591
化学原料及化学制品制造业	383	299	1716846	1448223	1453724	1212565
医药制造业	85	67	436085	414007	438608	414367
化学纤维制造业	18	11	80275	34049	89478	43578
橡胶制品业	99	79	319342	126869	297927	116632
塑料制品业	450	351	467166	269851	435611	251327
非金属矿物制品业	282	138	563867	297287	388094	184211
黑色金属冶炼及压延加工业	25	14	405642	326161	244856	179139
有色金属冶炼及压延加工业	45	24	147386	91774	200452	152281
金属制品业	766	676	564730	296551	504144	250827
普通机械制造业	295	230	393819	272518	337142	230002
专用设备制造业	245	198	258720	204762	233385	181795
交通运输设备制造业	446	379	1464407	1080230	1417100	1084780
武器弹药制造业						
电气机械及器材制造业	500	416	1124765	613653	1169333	575563
电子及通信设备制造业	339	273	807309	563105	779627	527024
仪器仪表及文化、办公用机械制造业	153	129	156191	111917	170392	110213
其他制造业	337	239	293681	81132	276299	70314
电力、蒸气、热水的生产和供应业	58	21	719715	429287	184950	120300
煤气生产和供应业	5	1	30670	29385	10735	9772
自来水的生产和供应业	44	5	359369	327303	78860	59338

10—10 非独立核算工业企业单位数及工业总产值

（1997 年）　　　　单位：万元

项　　目	单位数（个）	#市区	工业总产值	#市区	工业总产值（1990年不变价）	#市区
总　　计	3302	2945	1155599	406360	1003953	331427
按经济类型分						
国有经济	226	111	211069	143651	159589	110908
集体经济	2815	2749	284855	190997	237056	158540
私营经济	17		48902		42156	
联营经济	12	1	29110	2719	25273	2348
股份制经济						
中外合资经营企业	11	6	27977	277	26721	229
中外合作经营企业	5	5	464	464	431	431
外资企业	5	3	5135	2728	4463	2538
港、澳、台与大陆合资经营企业	68	12	189130	10130	166774	8657
港、澳、台与大陆合作经营企业	78	38	137607	27554	125103	23390
港、澳、台独资企业	64	20	217675	27840	213064	24386
其他经济	1		3675		3323	
按轻重工业分						
轻工业	2313	2082	807411	295992	701862	239291
重工业	989	863	348188	110368	302091	92136
按工业行业分						
煤炭采选业						
石油和天然气开采业						
黑色金属矿采选业						
有色金属矿采选业						
非金属矿采选业	13	2	13071	190	11157	190
其他矿采选业						
木材及竹材采运业	24		4893		4047	
食品加工业	88	28	92679	48918	52743	23277
食品制造业	50	44	23154	15272	23386	16641
饮料制造业	14	8	6727	3102	4987	1703
烟草加工业	1	1	228	228	190	190
纺织业	74	58	63697	16197	56626	13817

10—10 续表

单位：万元

项目	单位数（个）	#市区	工业总产值	#市区	工业总产值（1990年不变价）	#市区
服装及其他纤维制品制造业	402	347	142966	18088	132946	14755
皮革、皮毛、羽绒及其制品业	110	102	52963	20835	47526	17506
木材加工及竹、藤、棕、草制品业	46	42	8735	4594	7423	3875
家具制造业	62	58	11065	4557	9475	3724
造纸及纸制品业	72	62	41625	5036	35806	4064
印刷业、记录媒介的复制	368	363	80956	54256	71491	48906
#印刷业	365	360	79637	52936	70457	47872
文教体育用品制造业	79	66	39568	6030	37516	4979
石油加工及炼焦业	1	1	14	14	12	12
化学原料及化学制品制造业	135	127	24914	14160	21627	12136
医药制造业	13	10	9840	2802	9751	3368
化学纤维制造业	6	5	28424	9415	26992	7983
橡胶制品业	38	38	2414	2414	2122	2122
塑料制品业	203	189	55262	12774	48325	10622
非金属矿物制品业	81	55	60396	6354	49256	4737
黑色金属冶炼及压延加工业	6	4	2917	1087	2028	1276
有色金属冶炼及压延加工业	14	12	10710	710	9024	722
金属制品业	423	410	57141	26601	49051	21930
普通机械制造业	100	90	14324	5796	11974	4738
专用设备制造业	92	86	21683	7226	20576	6294
交通运输设备制造业	229	215	97804	42708	84880	34288
武器弹药制造业						
电气机械及器材制造业	211	200	52430	23333	45356	19841
电子及通信设备制造业	137	124	72876	28808	70318	26104
仪器仪表及文化、办公用机械制造业	48	47	18584	14702	16185	12917
其他制造业	154	147	43157	10055	41006	8676
电力、蒸气、热水的生产和供应业	7	4	299	98	86	34
煤气生产和供应业						
自来水的生产和供应业	1		83		65	

10—11 独立核算工业企业单位数、工业总产值和工业增加值

（1997年） 单位：万元

项目	单位数（个）	#市区	工业总产值	#市区	工业增加值	#市区
总计	4225	2686	16986804	12165757	4771809	3608512
按地区分						
市区	2686	2686	12165757	12165757	3608512	3608512
番禺市	632		2683937		645819	
花都市	323		988521		260243	
增城市	248		561521		139124	
从化市	336		587068		118111	
按经济类型分						
国有经济	724	571	5814758	5384563	1777674	1672973
集体经济	1674	1143	1797759	924942	442763	253269
#县属企业	255	160	374355	147350	97150	49107
街道企业	667	666	357306	356696	93581	93522
农村乡办企业	73		65306		18624	
私营经济	40	13	39723	13756	5999	3307
联营经济	96	54	235354	146581	48352	31395
股份制经济	31	26	685754	631097	165461	159964
中外合资经营企业	141	110	2565369	1974860	688044	554431
中外合作经营企业	34	15	433379	334358	232799	213606
外资企业	75	38	437648	235253	109003	67133
港、澳、台与大陆合资经营企业	604	394	2958859	1762912	829192	477488
港、澳、台与大陆合作经营企业	477	203	1187128	376717	280766	92168
港、澳、台独资企业	324	115	819875	374931	188873	79594
其他经济	5	4	11198	5787	2883	3184
按隶属关系分						
中央企业	77	71	2943038	2924135	823589	815906
省属企业	142	129	841639	833458	414884	413554
市属企业	4006	2486	13202127	8408164	3533336	2379052
#县属企业	980	422	2738622	801338	707067	208355

单位:万元

项目	单位数(个)	#市区	工业总产值	#市区	工业增加值	#市区
按轻重工业分						
轻工业	2684	1697	9622746	6545946	2789691	2130441
以农产品为原料	1425	839	5439740	3763514	1715148	1337489
以非农产品为原料	1259	858	4183006	2782432	1074543	792952
重工业	1541	989	7364058	5619811	1982118	1478071
采掘工业	38	10	1475535	1456181	381985	375386
原料工业	286	139	2700800	2045375	780023	554411
制造工业	1217	840	3187723	2118255	820110	548274
按生产规模分						
大型企业	221	193	8849742	7880859	2755105	2437823
特大型企业	7	7	2395610	2395610	651988	651988
大一型企业	75	60	2870309	2136389	962815	703851
大二型企业	139	126	3583823	3348860	1140302	1081984
中型企业	362	295	2606119	2044493	646340	534547
中一型企业	144	127	1425596	1280118	389659	359240
中二型企业	218	168	1180523	764375	256681	175307
小型企业	3642	2198	5530943	2240405	1370364	636142
按工业行业分						
煤炭采选业	1	1	8	8	—132	—132
石油和天然气开采业	1	1	1451511	1451511	374117	374117
黑色金属矿采选业						
有色金属矿采选业	1		493		233	
非金属矿采选业	34	7	23451	4590	7740	1375
其他矿采选业						
木材及竹材采运业	1	1	72	72	26	26
食品加工业	80	46	519080	230768	100704	32580
食品制造业	108	68	749659	630095	280926	245807
饮料制造业	64	40	433004	400053	158352	148848
烟草加工业	2	2	302036	302036	202698	202698
纺织业	188	103	629781	296393	134099	69829

10—11 续表 2

单位：万元

项　　　　目	单位数（个）	#市区	工业总产值	#市区	工业增加值	#市区
服装及其他纤维制品制造业	392	194	592806	175715	157604	51048
皮革、皮毛、羽绒及其制品业	162	78	790899	479315	139490	86429
木材加工及竹、藤、棕、草制品业	46	25	79622	44830	15661	8657
家具制造业	69	47	104589	77807	27653	21689
造纸及纸制品业	108	62	354750	260985	101814	78837
印刷业、记录媒介的复制	163	140	120122	98542	35792	30565
#印刷业	155	133	107900	89564	31881	27634
文教体育用品制造业	123	79	381709	187531	119549	65973
石油加工及炼焦业	5	5	716485	716485	113492	113492
化学原料及化学制品制造业	248	172	1691932	1434063	554577	489851
医药制造业	72	57	426245	411205	136102	132674
化学纤维制造业	12	6	51851	24634	10642	3685
橡胶制品业	61	41	316928	124455	76257	34337
塑料制品业	247	162	411904	257077	90426	54670
非金属矿物制品业	201	83	503471	290933	121748	83318
黑色金属冶炼及压延加工业	19	10	402725	325074	92677	73539
有色金属冶炼及压延加工业	31	12	136676	91064	28535	21384
金属制品业	343	266	507589	269950	101750	62698
普通机械制造业	195	140	379495	266722	120301	86855
专用设备制造业	153	112	237037	197536	73012	63363
交通运输设备制造业	217	164	1366603	1037522	321709	226525
武器弹药制造业						
电气机械及器材制造业	289	216	1072335	590320	183874	106490
电子及通信设备制造业	202	149	734433	534297	170738	137267
仪器仪表及文化、办公用机械制造业	105	82	137607	97215	28357	19684
其他制造业	183	92	250524	71077	64409	16745
电力、蒸气、热水的生产和供应业	51	17	719416	429189	376012	223525
煤气生产和供应业	5	1	30670	29385	469	187
自来水的生产和供应业	43	5	359286	327303	250396	239877

10—12 工 业 销 售 产 值

（1997 年）

单位：万元

项 目	按当年价格计算		按 1990 年不变价格计算	
	1996 年	1997 年	1996 年	1997 年
总 计	15763328	17474226	11682011	13325459
按经济类型分				
国有经济	4179279	5930679	2781917	3361422
集体经济	1861735	2002412	1617668	1718010
其他经济	9722314	9541135	7282426	8246027
按隶属关系分				
中央企业、省属企业	3612163	3795225	1630695	1752216
市属企业	12151165	13679001	10051316	11573243
按轻重工业分				
轻工业	8468622	10011043	7058257	8583066
重工业	7294706	7463183	4623754	4742393
按生产规模分				
大中型企业	10053270	11062427	6755769	7745116
小型企业	5710058	6411799	4926242	5580343

10—13 工业企业出口产品产值及比重

单位：万元

年 份	工 业 总产值	#市区	出口产品 产 值	#市区	出口产品 产值比率 （%）	#市区
1978	731313	689418	96278	92381	13.17	13.40
1980	850326		141305		16.62	
1985	1692215		135850		8.03	
1990	4111455	3509547	848193	656386	20.63	18.70
1991	5368392	4542743	1123339	824499	20.93	18.15
1992	7143664	5838912	1569733	1079245	21.97	18.48
1993	11422184		2101759		18.40	
1994	12519014		3218537		25.71	
1995	15850391		4051313		25.56	
1996	16303779		4682145		28.72	
1997	18142403		5321594		29.33	

注：本表不包括城镇个体、村及村以下工业总产值。

10—14 主要工业产品产量

产品名称	单位	1996年		1997年	
		全市	#市区	全市	#市区
原煤	吨	75166	28946	46280	350
木材	米³	72700	16400	71323	14906
#原木	米³	72300	16400	64325	14906
食用植物油	吨	59586	2311	37163	1875
糖	吨	77700	7300	65758	5148
乳制品	吨	5254	5254	5864	5864
罐头	吨	11586	11422	9193	8981
饮料酒(混合量)	吨	376744	364019	457058	441866
#啤酒	吨	361591	361482	440548	439487
卷烟	箱	705500	705500	713669	713669
纱	吨	19100	19100	18579	18579
布	万米	9008.53	3843.68	10088.54	3577.95
#棉布	万米	6850.63	2683.22	7939.72	2626.53
纯化纤布	万米	90.54	76.54	32.36	32.36
针棉织品折用纱线	吨	27300	17900	31468	19639
毛线	吨	275	275	420	420
呢绒	万米	43.23	43.23	23.85	23.85
丝	吨	602	602	336	336
丝织品	万米	202.45	192.45	65.11	65.11
服装	万件	54126.59	20417.83	55597.31	15603.34
鞣制皮革(折合牛皮)	万张	69.79	60.27	67.93	65.35
皮鞋	万双	21372.99	16361.44	23353.91	16613.25
锯材	米³	153726	40101	62090	23129
#市属	米³	153726	40101	60354	21393
人造板	米³	173347	87423	188083	70840
家具	万件	1343.43	558.22	1236.54	498.28
机制纸及纸板	吨	415213	279618	421891	257153
#新闻纸	吨	140980	140980	128970	128970
发电量	万千瓦.时	1828784.17	1068696.57	1832067.82	1106314.59
#市属	万千瓦.时	1045125.95	409921.35	1099545.82	392886.59
原油加工量	吨	4244200	4244200	4597908	4597908
汽油	吨	1141900	1141900	1176269	1176269
煤油	吨	283300	283300	296039	296039
柴油	吨	1512100	1512100	1439760	1439760
燃料油	吨	358200	358200	265021	265021
焦炭	吨	222842	222842	220376	220376
煤气(商品量)	万米³	146681.68	146681.68	145065.71	144966.71
硫酸((折100%)	吨	232725	183319	255948	186088

10—14 续表1

产品名称	单位	1996年		1997年	
		全市	#市区	全市	#市区
烧碱(氢氧化钠)	吨	72121	72121	68307	68307
电石(碳化钙)(折300升/公斤)	吨	10297	10297	1047	1047
农用氮、磷、钾化学肥料	吨	327537	297563	332460	303834
氮肥(折100%)	吨	307817	287438	309953	293085
磷肥(折100%)	吨	19720	10125	22507	10749
合成氨	吨	450521	406654	446946	403741
化学农药(折100%)	吨	4242	3474	2714	2532
油漆	吨	83842.00	77251.00	82235.25	71810.25
塑料树脂及共聚物(即塑料)	吨	73914	50794	71373	65884
肥皂	吨	5883.00	5883.00	5601.50	5601.50
合成洗涤剂	吨	168130	166120	186645	172642
#合成洗衣粉	吨	63445	63242	43796	43108
化学原料药(24大类)	吨	1107	1008	764	694
中成药	吨	22629	16160	15568	15280
化学纤维	吨	19300	13200	23974	17645
粘胶纤维	吨	400	400	102	102
合成纤维	吨	18900	12800	23872	17543
轮胎外胎	条	3099600	486200	2934812	424664
轮胎内胎	条	1745300	441000	1619774	418309
自行车外胎	万条	1216.21	1216.21	1471.42	1471.42
橡胶胶鞋	万双	2658.07	1002.71	1901.98	726.95
塑料制品	吨	343963.00	130423.00	315031.72	170303.72
水泥	万吨	1180.62	454.93	979.31	278.15
日用玻璃制品	吨	326977	305852	216201	198710
生铁	吨	539009	538575	566417	565742
钢	吨	1026546	1026546	1112488	1112488
#市属	吨	1026546	1026546	1112488	1112488
成品钢材	吨	1379456	1336400	1499824	1428816
铜	吨	20533	9051	12669	
日用搪瓷制品	吨	1514.00	1499.00	1280.14	1263.14
日用精铝制品	吨	1414	1414	1274	1274
内燃机生产量	万千瓦	1.90	1.40	10.17	10.17
金属切削机床	台	3777	2306	5254	3164
矿山设备	吨	98	98	76	76
化工设备	吨	4495	4495	7216	7216
自行车	辆	1359200	1359200	1103515	1103515
缝纫机	架	571100	571100	578574	578574
机械手表	只	794800	735900	881801	828400

10—14 续表 2

产品名称	单位	1996年		1997年	
		全市	#市区	全市	#市区
钟	只	4506000	4413000	8161883	8065883
照相机	架	504600	504600	576822	576822
汽车	辆	5716	5716	7123	7123
#市属	辆	5716	5716	7123	7123
燃气用具	台	612399	541336	398472	353911
#燃气灶	台	455174	396150	328667	284616
燃气热水器	台	151638	145186	64005	63495
交流电动机	千瓦	310500	310500	313717	313717
变压器	千伏安	3707000	3120600	3377572.71	2465285.71
#市属	千伏安	2348800	2348800	2061572.71	1149285.71
干电池(折合手电池)	万只	143108.36	138071.36	133370.03	121924.20
家用洗衣机	台	145000	145000	104813	104813
家用电冰箱	台	886500	886500	807792	807792
电风扇	台	1721800	1016700	1246448	659028
房间空气调节器	台	456768	40413	314575	19589
电熨斗	个	2111500	1197000	2013145	981569
灯泡	万只	6708.13	4954.13	5077.54	4890.54
#普通灯泡	万只	4510.98	3011.98	3035.61	3035.61
手电筒	万个	15669.08	14987.08	13855.50	13538.50
电话单机	部	1777200	1772600	1918161	1837580
微型电子计算机	部	9975	9975	9194	9194
电视机	部	343600	343600	167413	167413
#彩色电视机	部	32600	32600	12635	12635
录音机	部	1419000	129000	2288344	91073
#市属	部	1419000	129000	2288344	91073
收音机	部	1739900	1205900	369673	369673
电子计算器	部	3486500	5800	4568624	1950540
#市属	部	3480800		4565084	1947000
电度表	只	885300	885300	359317	359317
保温瓶	只	946200	946200	232900	232900
电梯	台	2547	1566	2819	1543
摩托车	辆	258621	215031	371607	297064
配混合饲料	吨	757040	663193	903739	748021
碳酸饮料	吨	321520	317918	351174	35002
排油烟机	台	48005	39048	15321	9115
钢琴	架	52869	52869	63716	63716

10—15 主要年份独立核算工业企业全员劳动生产率

（按1990年不变价格计算） 单位：元/人

年份	合计	国有经济	集体经济	其他经济
全市				
1952		6281		
1957		9285		
1962		8812		
1965		14819		
1970		19555		
1975		22515		
1978	17999	22594	7562	
1980	19683	23764	8271	
1985	27538	35777	12226	32683
1990	45096	51223	24442	70329
1995(原规定)	109677	88918	76372	143234
1995(新规定)	103852	84158	61683	141031
1996	121022	87124	72946	167630
1997	139190	107393	87018	182160
市区				
1952		6105		
1957		9039		
1962		8412		
1965		14366		
1970		19603		
1975		22831		
1978	18508	22753	7755	
1980	19491	22881	8394	
1985	29414	36487	13837	26804
1990	48701	52903	25624	81096
1995(原规定)	115077	91130	78221	165964
1995(新规定)	107578	86600	56850	162397
1996	121747	89155	61620	188018
1997	141549	111375	76602	200895

注：此表按工业总产值计算。

10—16 独立核算工业企业全员劳动生产率

（1991年—1997年） 单位：元/人

年份	合计	国有经济	集体经济	其他经济
1991	15087	17591	8314	19529
1992	18427	22782	10033	20012
1993	33585	40340	18208	40121
1994	29770	33769	16022	36089
1995	39439	36865	18705	51993
1996	45422	40255	23546	59331
1997	51764	58637	24861	57910

注：此表按工业增加值计算，以下劳动生产率表同。

10—17 独立核算工业企业全员劳动生产率

（1997年）

项　　目	企业单位数（个）	工业增加值（万元）	职工年平均人数（人）	劳动生产率（元/人）
总　　计	**4225**	**4771809**	**921835**	**51764**
按地区分				
市　区	2686	3608512	608152	59336
县级市	1539	1163297	313683	37085
番禺市	632	645819	190753	33856
花都市	323	260243	54581	47680
增城市	248	139124	36063	38578
从化市	336	118111	32286	36583
按轻重工业分				
轻工业	2684	2789691	590500	47243
重工业	1541	1982118	331335	59822
按隶属关系分				
中央企业	77	823589	47599	173027
省属企业	142	414884	32457	127826
市属企业	4006	3533336	841779	41975

10—18 国有经济独立核算工业企业全员劳动生产率

（1997年）

项　　目	企业单位数（个）	工业增加值（万元）	职工年平均人数（人）	劳动生产率（元/人）
总　　计	**724**	**1777674**	**303164**	**58637**
按地区分				
市　区	571	1672973	263832	63411
县级市	153	104701	39332	26620
番禺市	49	56295	21438	26259
花都市	41	23825	9714	24526
增城市	19	10880	3078	35348
从化市	44	13701	5102	26854
按轻重工业分				
轻工业	377	845578	150000	56372
重工业	347	932096	153164	60856
按隶属关系分				
中央企业	58	753868	38200	197348
省属企业	88	375908	25901	145133
市属企业	578	647898	239063	27102

10－19 集体经济独立核算工业企业全员劳动生产率

（1997 年）

项目	企业单位数（个）	工业增加值（万元）	职工年平均人数（人）	劳动生产率（元/人）
总计	1674	442763	178097	24861
按地区分				
市区	1143	253269	100353	25238
县级市	531	189494	77744	24374
番禺市	181	112222	48769	23011
花都市	76	11387	9321	12217
增城市	119	30586	11291	27089
从化市	155	35299	8363	42209
按轻重工业分				
轻工业	1038	257546	113854	22621
重工业	636	185217	64243	28831
按隶属关系分				
中央企业				
省属企业	14	972	1211	8026
市属企业	1660	441791	176886	24976

10－20 其他经济独立核算工业企业全员劳动生产率

（1997 年）

项目	企业单位数（个）	工业增加值（万元）	职工年平均人数（人）	劳动生产率（元/人）
总计	1827	2551372	440574	57910
按地区分				
市区	972	1682270	243967	68955
县级市	855	869102	196607	44205
番禺市	402	477302	120546	39595
花都市	206	225031	35546	63307
增城市	110	97658	21694	45016
从化市	137	69111	18821	36720
按轻重工业分				
轻工业	1269	1686567	326646	51633
重工业	558	864805	113928	75908
按隶属关系分				
中央企业	19	69721	9399	74179
省属企业	40	38004	5345	71102
市属企业	1768	2443647	425830	57386

10—21 独立核算工业企业全员劳动生产率

（1997 年、按行业分）　　单位：元/人

项　　目	全　市	国有经济	集体经济	其他经济
合　　计	51764	58637	24861	57910
煤炭采选业	—5523	—5523		
石油和天然气开采业	2062387	2062387		
黑色金属矿采选业				
有色金属矿采选业	7468	7468		
非金属矿采选业	22933	17588	33567	40750
其他矿采选业				
木材及竹材采运业	1557	1557		
食品加工业	53827	26880	56235	151227
食品制造业	118494	31812	22508	183786
饮料制造业	120852	92095	5970	165218
烟草加工业	706757	706757		
纺织业	30054	8487	27463	48511
服装及其他纤维制品制造业	18305	15290	16277	19575
皮革、皮毛、羽绒及其制品业	19331	12993	20460	19649
木材加工及竹、藤、棕、草制品业	24505	19879	28566	26460
家具制造业	28662	12227	17170	34837
造纸及纸制品业	56077	40569	34315	67292
印刷业、记录媒介的复制	26097	24823	24934	28472
#印刷业	24624	22850	24369	27103
文教体育用品制造业	26101	42888	36338	18228
石油加工及炼焦业	105771	104995		213117
化学原料及化学制品制造业	119156	27416	27159	227467
医药制造业	57412	62956	19819	60532
化学纤维制造业	41881	25158		76170
橡胶制品业	24600	16702	19235	28588
塑料制品业	35993	38165	27943	37981
非金属矿物制品业	33875	23575	21619	53409
黑色金属冶炼及压延加工业	48171	10922	53217	77665
有色金属冶炼及压延加工业	33126	28153	35692	58794
金属制品业	23599	14174	16594	38094
普通机械制造业	35762	14268	29484	102313
专用设备制造业	26387	19750	32501	61265
交通运输设备制造业	49248	24647	34840	85176
武器弹药制造业				
电气机械及器材制造业	26522	26723	24833	27277
电子及通信设备制造业	34652	5744	33493	46510
仪器仪表及文化、办公用机械制造业	17442	19722	13876	18206
其他制造业	23268	12277	17479	27178
电力、蒸气、热水的生产和供应业	266997	185289	51352	515296
煤气生产和供应业	1677	709		17848
自来水的生产和供应业	299911	364381	51582	3333

10－22 市区独立核算工业企业全员劳动生产率

（1997年、按行业分）　　　　单位：元/人

项目	全市	国有经济	集体经济	其他经济
合计	59336	63411	25238	68955
煤炭采选业	－5523	－5523		
石油和天然气开采业	2062387	2062387		
黑色金属矿采选业				
有色金属矿采选业				
非金属矿采选业	16389	16224	9922	44677
其他矿采选业				
木材及竹材采运业	1557	1557		
食品加工业	61264	33504	26113	109396
食品制造业	139457	30302	24647	226779
饮料制造业	130214	95423	－1651	174777
烟草加工业	706757	706757		
纺织业	22646	9039	24140	45103
服装及其他纤维制品制造业	19331	16161	21683	18647
皮革、皮毛、羽绒及其制品业	21224	13160	12980	23165
木材加工及竹、藤、棕、草制品业	22722	20050	31190	20671
家具制造业	30145	12079	11438	36106
造纸及纸制品业	59491	19439	34929	72734
印刷业、记录媒介的复制	29294	26091	26279	38026
#印刷业	28287	23829	25707	38393
文教体育用品制造业	22437	42888	17827	17370
石油加工及炼焦业	105771	104995		213117
化学原料及化学制品制造业	133708	27226	33125	262247
医药制造业	61073	64537	23940	61984
化学纤维制造业	18734	10203		48604
橡胶制品业	22369	17846	24845	26090
塑料制品业	33678	42723	23820	35925
非金属矿物制品业	45078	18911	41015	62882
黑色金属冶炼及压延加工业	44078	10922	27647	72670
有色金属冶炼及压延加工业	29671	28278	20546	61530
金属制品业	20548	14883	13756	44127
普通机械制造业	30720	14480	30542	99732
专用设备制造业	26095	19061	36191	85135
交通运输设备制造业	41465	24280	26152	67332
武器弹药制造业				
电气机械及器材制造业	20475	25738	24267	10734
电子及通信设备制造业	47775	5943	66604	68084
仪器仪表及文化、办公用机械制造业	16597	21366	14113	14235
其他制造业	15688	12261	15377	17168
电力、蒸气、热水的生产和供应业	202450	195673	41864	240351
煤气生产和供应业	709	709		
自来水的生产和供应业	391764	393034	54348	

10—23 独立核算工业企业主要财务成本指标

单位:万元

项　　目	1990年	1995年	1996年	1997年
企业单位个数(个)	3499	5069	4903	4225
#亏损企业(个)	962	1742	1697	1518
产品销售收入	3621926	13096243	14360389	15686371
#产品销售税金及附加	287622	320467	392778	434173
产品销售利润	131024	1008670	2116118	2322762
盈利企业的利润总额	180681	911216	1225623	1432465
亏损企业的亏损总额	83008	364127	467918	609625
盈亏相抵后的利润总额	97673	547089	757705	822840
利税总额	389100	1320766	1742538	1944762
固定资产原值年末数	2071063	8278952	10568988	12110826
#生产用	1781729	7075116	8658755	10453384
固定资产净值年末数	1510431	6281587	8031262	8917444
固定资产净值全年平均数	1361084	5652213	7063477	8579388
本年提取的折旧基金	114042	489945	601865	730436
流动资产全年平均数	2036575	8807657	9619608	11336249
流动资产年末合计	2226761	8955897	10510637	11780373
工业总产值(原规定)	3920776	15261690		
工业总产值(新规定)		13557693	15456825	16986804
工业总产值(1990年不变价格、原规定)	3860192	10650396		
工业总产值(1990年不变价格、新规定)		10084707	11370289	12831043
职工年平均人数(人)	855988	971069	939523	921835

注:已交利税费为全年所得税、调节税、利润(含两费)承包费已交数,以下各表同。

10-24 独立核算工业企业主要财务成本指标

(1997年)　　单位:万元

项　　目	全　市	#轻工业	#市区	#轻工业	#市属	#轻工业
企业个数(个)	4225	2684	2686	1697	4006	2573
#亏损企业(个)	1518	971	927	593	1446	925
资本金合计	6242690	3392760	4412789	2460555	5275601	2998200
#国家资本金	2284937	1051024	1972325	917047	1417121	712608
外商资本金	2557639	1586829	1546529	1017108	2484360	1536548
产品销售收入	15686371	9015867	11483423	6361017	12304094	8207415
产品销售成本	12113926	6778069	8540806	4474143	9768558	6360265
产品销售费用	815510	681257	667936	576707	785722	659574
产品销售税金及附加	434173	300817	398836	284409	199183	168851
产品销售利润	2322762	1255724	1875845	1025758	1550631	1018725
利润总额	822840	425444	769033	413296	231794	232666
应交所得税	93874	68780	79095	60897	80963	61032
应交增值税	687749	413368	549584	352964	565896	377546
流动资产年末合计	11780373	6917116	8658369	4942817	10145445	6493035
#存货	3632629	2118638	2629047	1477321	3132349	1948606
#产成品存货	1250413	749766	803311	480400	1166778	725310
流动资产年平均余额	11336249	6727391	8254263	4764665	9819384	6324321
固定资产原价合计	12110826	5432686	8675208	3937107	9548642	4890804
#生产经营用	10453384	4724803	7404328	3422429	8324405	4281407
本年折旧	730436	362878	505637	264872	575277	296293
固定资产净值年平均余额	8579388	3927716	5987671	2814561	6870537	3524147
年末负债合计	15861652	8166705	11170760	5714801	14104487	7758725
年末所有者权益合计	9690661	4624138	7723581	3592981	6995069	4086768
本年应付工资	1094566	672055	820256	486915	961807	632898
本年应付福利费	155373	96047	127460	76227	134173	88818
职工年平均人数(人)	921835	590500	608152	366563	841779	570537
工业总产值	16986804	9622746	12165757	6545946	13202127	8817980
工业总产值(1990年不变价格)	12831043	8240535	8608322	5358677	11141855	7768640
工业增加值	4771809	2789691	3608512	2130441	3533336	2331960

10—25 县级市独立核算工业企业主要财务成本指标

（1997 年）

单位：万元

项目	番禺市	花都市	增城市	从化市
企业个数(个)	632	323	248	336
#亏损企业(个)	265	157	94	75
资本金合计	1076478	342035	233407	177981
#国家资本金	122164	85755	50393	54300
外商资本金	620046	200489	116897	73678
产品销售收入	2415630	759364	477493	550461
产品销售成本	2063471	647170	416609	445870
产品销售费用	85288	15867	15372	31047
产品销售税金及附加	7652	10118	6083	11484
产品销售利润	259219	86209	39429	62060
利润总额	19974	10002	—2182	26013
应交所得税	7515	2726	1569	2969
应交增值税	74489	45103	5199	13374
流动资产年末合计	1827203	561929	427250	305622
#存货	603175	183258	151312	65837
#产成品存货	242945	107188	75310	21659
流动资产年平均余额	1831993	566672	397472	285849
固定资产原价合计	2323738	540082	354255	217543
#生产经营用	2086251	468878	310540	183387
本年折旧	164740	32057	16559	11443
固定资产净值年平均余额	1744884	413887	265366	167580
年末负债合计	3089745	789447	527469	284231
年末所有者权益合计	1156037	304097	273054	233892
本年应付工资	175724	46763	30794	21029
本年应付福利费	18862	4748	2608	1695
职工年平均人数(人)	190753	54581	36063	32286
工业总产值	2683937	988521	561521	587068
工业总产值(1990 年不变价格)	2391902	824917	482372	523530
工业增加值	645819	260243	139124	118111

10—26 国有经济独立核算工业企业主要财务成本指标

（1997 年）

单位：万元

项目	全市	#轻工业	#市区	#轻工业	#市属	#轻工业
企业个数（个）	724	377	571	295	578	307
#亏损企业（个）	297	156	221	114	256	132
资本金合计	1739323	802807	1584891	726065	942546	503674
#国家资本金	1484602	655771	1335074	579029	695100	357915
外商资本金	100		100			
产品销售收入	5453014	2171933	5044516	1893310	2492097	1557631
产品销售成本	4007142	1496879	3663866	1257469	2015502	1236907
产品销售费用	101672	69390	87751	60980	89154	62866
产品销售税金及附加	261738	153458	258074	151186	27487	21592
产品销售利润	1082462	452206	1034825	423675	359954	236266
利润总额	491380	157446	518883	177277	－79689	－30398
应交所得税	27074	21442	25809	20451	18892	15159
应交增值税	229038	111128	210240	99112	127337	80996
流动资产年末合计	4010033	1988611	3636967	1719059	2725194	1665351
#存货	1156734	581386	1019022	473796	759670	444736
#产成品存货	335163	175300	287939	139843	278251	166188
流动资产年平均余额	3785705	1886554	3431139	1634528	2601277	1590961
固定资产原价合计	5231465	2102675	4684198	1753581	2908722	1631730
#生产经营用	4232139	1761704	3798825	1453977	2337798	1386953
本年折旧	268907	134645	241707	117652	129624	73693
固定资产净值年平均余额	3509131	1449659	3125983	1204601	1963549	1091221
年末负债合计	5366865	2708676	4657790	2198205	3927161	2401219
年末所有者权益合计	4349525	1547675	4095659	1410014	1942784	1105212
本年应付工资	405552	204709	364736	182229	303194	175315
本年应付福利费	67028	35715	60497	31133	51068	30797
职工年平均人数（人）	303164	150000	263832	127433	239063	136037
工业总产值	5814758	2136601	5384563	1853078	2451940	1522803
工业总产值（1990 年不变价格）	3255762	1527853	2938429	1322667	1936632	1213122
工业增加值	1777674	845578	1672973	785032	647898	428549

10—27 集体经济独立核算工业企业主要财务成本指标

（1997 年）

单位：万元

项目	全市	#轻工业	#市区	#轻工业	#市属	#轻工业
企业个数(个)	1674	1038	1143	760	1660	1031
#亏损企业(个)	424	256	285	186	419	253
资本金合计	509788	318972	282389	185471	506883	316348
#国家资本金						
外商资本金						
产品销售收入	1622794	917116	874053	499787	1616504	913931
产品销售成本	1357888	780008	727026	427990	1352137	776968
产品销售费用	56467	30627	29303	17464	55979	30382
产品销售税金及附加	17438	10871	6760	3485	17398	10867
产品销售利润	191001	95610	110964	50848	190990	95714
利润总额	4314	—3533	8134	—7954	5697	—2126
应交所得税	8141	4253	4954	2694	8121	4253
应交增值税	50856	27260	33190	18993	50700	27205
流动资产年末合计	1294552	716743	825086	489390	1283162	706905
#存货	426074	245099	263284	165821	421595	241335
#产成品存货	179011	98082	94255	55170	176740	96009
流动资产年平均余额	1273225	717175	799460	481960	1261611	706985
固定资产原价合计	900046	467022	401784	228252	894391	461731
#生产经营用	761187	407262	337808	202282	756537	402916
本年折旧	54132	29423	23274	14674	53866	29178
固定资产净值年平均余额	613255	314114	273867	149046	610488	311455
年末负债合计	1666799	850362	926054	539292	1651903	836544
年末所有者权益合计	663353	387835	378583	204610	661663	386837
本年应付工资	143576	90645	88461	56932	142897	90202
本年应付福利费	18850	12363	11850	7704	18800	12347
职工年平均人数(人)	178097	113854	100353	67963	176886	112979
工业总产值	1797759	1034903	924942	516315	1792489	1032290
工业总产值(1990 年不变价格)	1549765	921875	768722	441093	1545020	919427
工业增加值	442763	257546	253269	135225	441791	257058

10—28 其他经济独立核算工业企业主要财务成本指标

(1997 年)

单位:万元

项目	全市	#轻工业	#市区	#轻工业	#市属	#轻工业
企业个数(个)	1827	1269	972	642	1768	1235
#亏损企业(个)	797	559	421	293	771	540
资本金合计	3993579	2270981	2545509	1549019	3826172	2178178
#国家资本金	800335	395253	637251	338018	722021	354693
外商资本金	2557539	1586829	1546429	1017108	2484360	1536548
产品销售收入	8610563	5926818	5564854	3967920	8195493	5735853
产品销售成本	6748896	4501182	4149914	2788684	6400919	4346390
产品销售费用	657371	581240	550882	498263	640589	566326
产品销售税金及附加	154997	136488	134002	129738	154298	136392
产品销售利润	1049299	707908	730056	551235	999687	686745
利润总额	327146	271531	242016	243973	305786	265190
应交所得税	58659	43085	48332	37752	53950	41620
应交增值税	407855	274980	306154	234859	387859	269345
流动资产年末合计	6475788	4211762	4196316	2734368	6137089	4120779
#存货	2049821	1292153	1346741	837704	1951084	1262535
#产成品存货	736239	476384	421117	285387	711787	463113
流动资产年平均余额	6277319	4123662	4023664	2648177	5956496	4026375
固定资产原价合计	5979315	2862989	3589226	1955274	5745529	2797343
#生产经营用	5460058	2555837	3267695	1766170	5230070	2491538
本年折旧	407397	198810	240656	132546	391787	193422
固定资产净值年平均余额	4457002	2163943	2587821	1460914	4296500	2121471
年末负债合计	8827988	4607667	5586916	2977304	8525423	4520962
年末所有者权益合计	4677783	2688628	3249339	1978357	4390622	2594719
本年应付工资	545438	376701	367059	247754	515716	367381
本年应付福利费	69495	47969	55113	37390	64305	45674
职工年平均人数(人)	440574	326646	243967	171167	425830	321521
工业总产值	9374287	6451242	5856252	4176553	8957698	6262887
工业总产值(1990 年不变价格)	8025516	5790807	4901171	3594917	7660203	5636091
工业增加值	2551372	1686567	1682270	1210184	2443647	1646353

10－29 乡办独立核算工业企业主要财务成本指标

单位：万元

项目	1996年			1997年		
	合计	轻工业	重工业	合计	轻工业	重工业
企业个数(个)	328	163	165	73	42	31
#亏损企业(个)	73	39	34	12	8	4
资本金合计	62294	26619	35675	22666	14273	8393
#国家资本金						
外商资本金						
产品销售收入	211864	94144	117720	62780	36068	26712
产品销售成本	171738	73619	98119	45300	24064	21236
产品销售费用	9059	4514	4545	3620	2075	1545
产品销售税金及附加	3860	1716	2144	2547	1941	606
产品销售利润	27207	14295	12912	11313	7988	3325
利润总额	4596	2684	1912	3429	1770	1659
应交所得税	634	414	220	1125	622	503
应交增值税	5385	2591	2794	725	462	263
流动资产年末合计	130552	64824	65728	42473	24216	18257
#存货	43074	21245	21829	23387	12915	10472
#产成品存货	20010	9796	10214	16790	9799	6991
流动资产年平均余额	114007	57285	56722	41150	23985	17165
固定资产原价合计	127786	56853	70933	43250	26072	17178
#生产经营用	108613	45593	63020	38590	23806	14784
本年折旧	6388	3773	2615	1879	897	982
固定资产净值年平均余额	84521	35349	49172	33378	21116	12262
年末负债合计	173347	79354	93993	32755	18574	14181
年末所有者权益合计	84828	43292	41536	54491	35297	19194
本年应付工资	20291	11290	9001	3428	2292	1136
本年应付福利费	1692	1077	615	707	572	135
职工年平均人数(人)	32519	15214	17305	5274	3757	1517
工业总产值	226452	95412	131040	65306	38404	26902
工业总产值(1990年不变价格)	195340	85874	109466	59119	36195	22924
工业增加值	59487	26385	33102	18624	10699	7925

10－30 独立核算工业企业主要经济效益指标

（1997 年、按经济类型分）

项　　目	单位	合　计	国有经济	集体经济	其他经济	在合计中：大中型企业
工业经济效益综合指数	%	117.69	136.05	80.00	115.85	137.31
总资产贡献率	%	10.28	13.15	6.13	8.94	12.06
资本保值增值率	%	110.66	110.09	110.34	111.25	109.96
资产负债率	%	62.08	55.24	71.53	65.36	60.67
流动资产周转率	次	1.38	1.44	1.27	1.37	1.38
工业成本费用利润率	%	5.55	10.15	0.26	3.92	7.87
工业全员劳动生产率	元/人	51764	58637	24861	57910	74434
工业产品销售率	%	96.37	98.45	96.13	95.13	96.57
工业资金利税率	%	9.77	13.46	3.85	8.29	12.11
工业增加值率	%	24.95	27.03	21.65	24.30	26.12
企业亏损面	%	35.93	41.02	25.33	43.62	43.05
工业产成品存货可供销售天数	天	37.16	30.11	47.46	39.27	35.48
每百元资金提供的总产值	元	85.29	79.71	95.29	87.33	81.27
每百元固定资产原价提供利税	元	16.06	18.77	8.07	14.88	18.64
每百元固定资产原价提供总产值	元	140.26	111.15	199.74	156.78	125.11
每百元固定资产净值提供利税	元	22.67	27.99	11.84	19.97	26.61
每百元固定资产净值提供总产值	元	198.00	165.70	293.15	210.33	178.63
每百元总产值实现利税	元	11.45	16.89	4.04	9.49	14.90
每百元总产值占用全部资产	元	150.42	167.10	129.61	144.07	163.35
平均每个职工拥有全部资产	元	277190	320499	130836	306549	409512
平均每个职工提供利税	元	21097	32397	4077	20201	37347

10—31 独立核算工业企业年末固定资产原价

(1997 年)

单位:万元

项　　目	合　计	国有经济	集体经济	其他经济
合　　计	12110826	5231465	900046	5979315
煤炭采选业	1437	1437		
石油和天然气开采业	20721	20721		
黑色金属矿采选业				
有色金属矿采选业	881	881		
非金属矿采选业	23733	13840	2789	7104
其他矿采选业				
木材及竹材采运业	3257	3257		
食品加工业	322121	249694	2336	70091
食品制造业	446913	62584	13808	370521
饮料制造业	321191	117611	6371	197209
烟草加工业	164942	164942		
纺织业	376614	151428	9669	215517
服装及其他纤维制品制造业	206745	14490	60619	131636
皮革、皮毛、羽绒及其制品业	173234	32139	10758	130337
木材加工及竹、藤、棕、草制品业	76689	27971	7424	41294
家具制造业	52887	3459	16443	32985
造纸及纸制品业	275954	45610	17655	212689
印刷业、记录媒介的复制	122324	65768	9195	47361
#印刷业	108336	56517	8473	43346
文教体育用品制造业	155696	31626	42380	81690
石油加工及炼焦业	437267	436147		1120
化学原料及化学制品制造业	809233	293675	35064	480494
医药制造业	284880	155547	11683	117650
化学纤维制造业	61176	29451		31725
橡胶制品业	191255	52440	11961	126854
塑料制品业	267339	25821	30983	210535
非金属矿物制品业	605955	118851	140052	347052
黑色金属冶炼及压延加工业	401355	110097	46024	245234
有色金属冶炼及压延加工业	108978	66916	26195	15867
金属制品业	365774	61568	58119	246087
普通机械制造业	321391	191058	17975	112358
专用设备制造业	200911	152903	22129	25879
交通运输设备制造业	874161	350436	38999	484726
武器弹药制造业				
电气机械及器材制造业	816990	195302	127069	494619
电子及通信设备制造业	362494	83319	33009	246166
仪器仪表及文化、办公用机械制造业	77149	32641	13574	30934
其他制造业	76050	5213	17138	53699
电力、蒸气、热水的生产和供应业	2334970	1159516	15477	1159977
煤气生产和供应业	138255	128361		9894
自来水的生产和供应业	629904	574745	55148	11

10—32 市区独立核算工业企业年末固定资产原价

（1997 年）

单位：万元

项目	合计	国有经济	集体经济	其他经济
合计	**8675208**	**4684198**	**401784**	**3589226**
煤炭采选业	1437	1437		
石油和天然气开采业	20721	20721		
黑色金属矿采选业				
有色金属矿采选业				
非金属矿采选业	10623	3031	632	6960
其他矿采选业				
木材及竹材采运业	3257	3257		
食品加工业	76684	42036	1151	33497
食品制造业	367258	56018	10053	301187
饮料制造业	299984	104852	3660	191472
烟草加工业	164942	164942		
纺织业	251924	136727	6035	109162
服装及其他纤维制品制造业	70646	13907	19183	37556
皮革、皮毛、羽绒及其制品业	134203	31882	5641	96680
木材加工及竹、藤、棕、草制品业	42467	27491	2614	12362
家具制造业	36393	1278	6121	28994
造纸及纸制品业	210430	17600	7328	185502
印刷业、记录媒介的复制	92104	54831	8009	29264
#印刷业	81713	45581	7286	28846
文教体育用品制造业	65267	31626	10352	23289
石油加工及炼焦业	437267	436147		1120
化学原料及化学制品制造业	703534	275712	19859	407963
医药制造业	266959	149601	4208	113150
化学纤维制造业	50824	27504		23320
橡胶制品业	68333	38375	8510	21448
塑料制品业	181205	23567	21643	135995
非金属矿物制品业	360151	60536	42040	257575
黑色金属冶炼及压延加工业	344260	110097	538	233625
有色金属冶炼及压延加工业	93286	64239	22380	6667
金属制品业	252025	53729	39576	158720
普通机械制造业	258388	179983	11422	66983
专用设备制造业	178945	149899	10001	19045
交通运输设备制造业	717023	293468	18525	405030
武器弹药制造业				
电气机械及器材制造业	467377	178691	76140	212546
电子及通信设备制造业	276487	82151	26697	167639
仪器仪表及文化、办公用机械制造业	58740	29074	9540	20126
其他制造业	27617	3666	8311	15640
电力、蒸气、热水的生产和供应业	1408978	1141518	751	266709
煤气生产和供应业	128361	128361		
自来水的生产和供应业	547108	546244	864	

10—33 独立核算工业企业年末固定资产净值

（1997 年）　　单位：万元

项　目	合　计	国有经济	集体经济	其他经济
合　计	8917444	3775403	642633	4499408
煤炭采选业	1251	1251		
石油和天然气开采业	11445	11445		
黑色金属矿采选业				
有色金属矿采选业	680	680		
非金属矿采选业	18056	10149	2093	5814
其他矿采选业				
木材及竹材采运业	3046	3046		
食品加工业	224473	172647	1545	50281
食品制造业	356055	44345	8863	302847
饮料制造业	234461	65836	4433	164192
烟草加工业	115626	115626		
纺织业	266896	107996	5955	152945
服装及其他纤维制品制造业	144075	10377	41031	92667
皮革、皮毛、羽绒及其制品业	123945	23682	7122	93141
木材加工及竹、藤、棕、草制品业	55039	20525	5389	29125
家具制造业	38718	2622	12715	23381
造纸及纸制品业	214712	35254	13513	165945
印刷业、记录媒介的复制	84292	44355	5856	34081
#印刷业	76884	39445	5515	31924
文教体育用品制造业	120160	21488	30310	68362
石油加工及炼焦业	264293	263460		833
化学原料及化学制品制造业	609648	208028	23648	377972
医药制造业	216302	115319	8055	92928
化学纤维制造业	44350	16512		27838
橡胶制品业	144481	36632	7716	100133
塑料制品业	190320	13393	20441	156486
非金属矿物制品业	463234	84438	103100	275696
黑色金属冶炼及压延加工业	282208	91742	35716	154750
有色金属冶炼及压延加工业	84308	48983	22337	12988
金属制品业	224018	44906	39080	140032
普通机械制造业	254999	149084	11803	94112
专用设备制造业	140635	105577	15431	19627
交通运输设备制造业	661031	270003	28955	362073
武器弹药制造业				
电气机械及器材制造业	582279	135615	92578	354086
电子及通信设备制造业	279521	56731	26764	196026
仪器仪表及文化、办公用机械制造业	51123	21576	9218	20329
其他制造业	53119	3452	11341	38326
电力、蒸气、热水的生产和供应业	1761681	867583	10211	883887
煤气生产和供应业	122753	114259		8494
自来水的生产和供应业	474211	436786	37414	11

10—34 市区独立核算工业企业年末固定资产净值

（1997年） 单位：万元

项目	合计	国有经济	集体经济	其他经济
合计	6353278	3376501	280172	2696605
煤炭采选业	1251	1251		
石油和天然气开采业	11445	11445		
黑色金属矿采选业				
有色金属矿采选业				
非金属矿采选业	8791	2722	366	5703
其他矿采选业				
木材及竹材采运业	3046	3046		
食品加工业	50184	30396	586	19202
食品制造业	289606	39738	5968	243900
饮料制造业	218895	56724	2490	159681
烟草加工业	115626	115626		
纺织业	171926	96474	3529	71923
服装及其他纤维制品制造业	49680	9981	13023	26676
皮革、皮毛、羽绒及其制品业	96618	23530	3294	69794
木材加工及竹、藤、棕、草制品业	32768	20107	2115	10546
家具制造业	25623	938	4249	20436
造纸及纸制品业	162857	14496	4408	143953
印刷业、记录媒介的复制	60398	35795	5116	19487
#印刷业	55035	30886	4774	19375
文教体育用品制造业	45438	21488	6679	17271
石油加工及炼焦业	264293	263460		833
化学原料及化学制品制造业	525310	195118	13416	316776
医药制造业	201879	110399	2618	88862
化学纤维制造业	36398	15016		21382
橡胶制品业	43742	25772	5504	12466
塑料制品业	122625	11707	13793	97125
非金属矿物制品业	277485	45986	32760	198739
黑色金属冶炼及压延加工业	235895	91742	277	143876
有色金属冶炼及压延加工业	71971	46740	19511	5720
金属制品业	189262	38632	25163	125467
普通机械制造业	203928	140619	7668	55641
专用设备制造业	124790	103966	6909	13915
交通运输设备制造业	526882	220808	13291	292783
武器弹药制造业				
电气机械及器材制造业	320847	121248	53462	146137
电子及通信设备制造业	211476	55845	21986	133645
仪器仪表及文化、办公用机械制造业	37555	18847	6581	12127
其他制造业	17387	2282	4762	10343
电力、蒸气、热水的生产和供应业	1069945	857633	116	212196
煤气生产和供应业	114259	114259		
自来水的生产和供应业	413197	412665	532	

10—35 独立核算工业企业分组主要指标

(1997 年)　　单位:万元

项　　目	企　业单位数(个)	盈亏相抵后利润总额	固定资产原价年末数	工　业增加值	工业总产值(1990 年不变价格)	工业总产值	职工年平均人数(人)
总　　计	4225	822840	12110826	4771809	12831043	16986804	921835
按总产值分组							
1 亿元及以上	229	999111	6538541	3298096	7917571	10900902	309275
5000 万元—9999 万元	235	—16554	1874764	495088	1665650	2069027	130991
4999 万元以下	3761	—159717	3697521	978625	3247822	4016875	481569
按固定资产原值分组							
1 亿元及以上	210	836044	8331463	2832296	6053659	9288260	265092
5000 万元—9999 万元	179	6999	1241143	562458	1795791	1959388	112903
4999 万元以下	3836	—20203	2538220	1377055	4981593	5739156	543840
按利税总额分组							
1 亿元及以上	33	1057539	3549790	2214226	3153364	5805517	70827
5000 万元—9999 万元	21	86157	729418	287518	686329	831336	16369
4999 万元以下	4171	—320856	7831618	2270065	8991350	10349951	834639
按职工人数分组							
2000 人及以上	60	133285	3334569	871708	2512165	3590225	211388
500 人—1999 人	374	695328	3656616	2153065	4896228	6866555	314349
499 人及以下	3791	—5773	5119641	1747036	5422650	6530024	396098

10—36 国有经济独立核算工业企业分组主要指标

(1997 年)　　单位:万元

项　　目	企　业单位数(个)	盈亏相抵后利润总额	固定资产原价年末数	工　业增加值	工业总产值(1990 年不变价格)	工业总产值	职工年平均人数(人)
总　　计	724	491380	5231465	1777674	3255762	5814758	303164
按总产值分组							
1 亿元及以上	68	587925	3420180	1451203	2262271	4491852	125625
5000 万元—9999 万元	52	—19510	704643	125225	359756	499963	46124
4999 万元以下	604	—77035	1106642	201246	633735	822943	131415
按固定资产原值分组							
1 亿元及以上	81	547259	4057756	1444680	2149561	4525126	149555
5000 万元—9999 万元	72	—28509	476962	109490	418226	456381	46266
4999 万元以下	571	—27370	696747	223504	687975	833251	107343
按利税总额分组							
1 亿元及以上	10	586145	2023266	1122311	1013538	3198074	32932
5000 万元—9999 万元	4	12172	142868	47466	53061	96558	4829
4999 万元以下	710	—106937	3065331	607897	2189163	2520126	265403
按职工人数分组							
2000 人及以上	28	104779	2482721	523661	970075	1909229	96946
500 人—1999 人	134	415090	1600253	1035660	1614369	3078052	118454
499 人及以下	562	—28489	1148491	218353	671318	827477	87764

10—37 独立核算工业企业年末固定资产情况

单位：万元

项目	1996年		1997年	
	全市	#市区	全市	#市区
固定资产原价	**10568988**	**7621747**	**12110826**	**8675208**
按轻重工业分				
轻工业	4733135	3481717	5432686	3937107
重工业	5835853	4140030	6678140	4738101
按经济类型分				
国有经济	4573787	4094217	5231465	4684198
集体经济	829786	397738	900046	401784
其他经济	5165415	3129792	5979315	3589226
固定资产净值	**8031262**	**5715855**	**8917444**	**6353278**
按轻重工业分				
轻工业	3571334	2616415	3939706	2871622
重工业	4459928	3099440	4977738	3481656
按经济类型分				
国有经济	3364275	3007578	3775403	3376501
集体经济	595956	276981	642633	280172
其他经济	4071031	2431296	4499408	2696605

10—38 市属工业新产品、新花色品种情况

单位：种

项目	1990年	1995年	1996年	1997年
试制成功的新产品	567	363	361	529
#填补省内空白				
达到国际先进水平	210	9	5	15
达到国际水平		53	29	65
达到国内先进水平	160	98	192	223
已鉴定的新产品	567	363	361	529
已投产的新产品	468	307	296	443
新花色品种	13811	5653	5656	9574
#已投产	7879	4449	2992	5179

10—39　独立核算大中型工业企业基本情况

（1997 年、按经济类型分）　　单位：万元

项　　目	合　计	国有经济	集体经济	其他经济
企业单位个数（个）	583	253	50	280
#亏损企业（个）	251	106	17	128
工业总产值（1990 年不变价格）	8020571	2840961	344260	4835350
工业总产值	11455861	5311551	399444	5744866
工业增加值	3401445	1640157	90239	1671049
固定资产原价合计	9156909	4724214	310088	4122607
#生产经营用	7919009	3887754	242382	3788873
流动资产年末合计	8042429	3527280	356973	4158176
#产成品存货	770695	275284	38791	456620
流动资产年平均余额	7682487	3317698	352359	4012430
固定资产净值年平均余额	6413121	3151706	214357	3047058
产品销售收入	10611033	4967173	365975	5277885
产品销售成本	7820148	3619664	312745	3887739
产品销售费用	613741	80350	10067	523324
产品销售税金及附加	396405	257699	2422	136284
产品销售利润	1780739	1009460	40741	730538
盈利企业的盈利总额	1197830	641784	7722	548324
亏损企业的亏损总额	430331	138557	16042	275732
盈亏相抵后的利润总额	767499	503227	—8320	272592
应交所得税	76944	24876	1306	50762
应交增值税	542779	205620	13591	323568
转作资金的利润	2682	977	697	1008
应付利润	302711	160594	2077	140040
本年应付工资	678080	337619	39031	301430
本年应付福利	110440	56790	5072	48578
职工年平均人数（人）	456974	236946	36271	183757

10—40 独立核算大中型工业企业基本情况

（1997年、按企业规模分）

单位：万元

项目	合计	大型	#轻工业	中型	#轻工业
企业单位个数（个）	583	221	143	362	204
#亏损企业（个）	251	93	59	158	88
工业总产值（1990年不变价格）	8020571	5858421	3713985	2162150	1244715
工业总产值	11455861	8849742	4522816	2606119	1451147
工业增加值	3401445	2755105	1566343	646340	324150
固定资产原价合计	9156909	7103670	3161578	2053239	828408
#生产经营用	7919009	6244442	2764572	1674567	702682
流动资产年末合计	8042429	5854874	3615856	2187555	1082528
#产成品存货	770695	538759	315942	231936	129281
流动资产年平均余额	7682487	5588086	3470998	2094401	1052945
固定资产净值年平均余额	6413121	5014414	2286329	1398707	567928
产品销售收入	10611033	8115259	4316984	2495774	1392478
产品销售成本	7820148	5740479	2793858	2079669	1167295
产品销售费用	613741	510417	467539	103324	71858
产品销售税金及附加	396405	386868	272900	9537	3530
产品销售利润	1780739	1477495	782687	303244	149795
盈利企业的盈利总额	1197830	1097490	580141	100340	57944
亏损企业的亏损总额	430331	303281	196899	127050	61679
盈亏相抵后的利润总额	767499	794209	383242	—26710	—3735
应交所得税	76944	65344	52548	11600	5917
应交增值税	542779	443689	281572	99090	42510
转作资金的利润	2682	1180	924	1502	751
应付利润	302711	281015	239847	21696	18776
本年应付工资	678080	442750	271953	235330	121138
本年应付福利	110440	78190	51752	32250	15469
职工年平均人数（人）	456974	264723	162520	192251	104013

10—41 市区独立核算大中型工业企业基本情况

（1997年、按企业规模分）

单位：万元

项目	合计	大型	#轻工业	中型	#轻工业
企业单位个数(个)	488	193	127	295	162
#亏损企业(个)	201	82	51	119	66
工业总产值(1990年不变价格)	6724447	5094087	3280372	1630360	877900
工业总产值	9925352	7880859	4074898	2044493	1068577
工业增加值	2972370	2437823	1482474	534547	246364
固定资产原价合计	7548053	5893961	2702095	1654092	600165
#生产经营用	6467624	5131716	2362236	1335908	499153
流动资产年末合计	6726427	5010656	3075909	1715771	739374
#产成品存货	568600	398896	244370	169704	85541
流动资产年平均余额	6385607	4733563	2914486	1652044	736601
固定资产净值年平均余额	5194211	4074061	1953257	1120150	415501
产品销售收入	9282640	7283942	3907949	1998698	1064036
产品销售成本	6750011	5103799	2460714	1646212	881840
产品销售费用	549598	468439	432734	81159	56559
产品销售税金及附加	381925	376134	271413	5791	2248
产品销售利润	1601106	1335570	743088	265536	123389
盈利企业的盈利总额	1106657	1012891	568016	93766	53657
亏损企业的亏损总额	361912	263415	160763	98497	50518
盈亏相抵后的利润总额	744745	749476	407253	—4731	3139
应交所得税	69382	58667	50382	10715	5358
应交增值税	469817	382890	265708	86927	35579
转作资金的利润	2387	1082	827	1305	554
应付利润	252779	233145	229549	19634	18068
本年应付工资	592768	394916	239761	197852	97215
本年应付福利	97480	69958	45286	27522	12365
职工年平均人数(人)	382447	228777	136592	153670	77595

10—42 市属独立核算大中型工业企业基本情况

（1997年、按企业规模分）　　单位：万元

项　　目	合　计	大　型	#轻工业	中　型	#轻工业
企业单位个数（个）	524	197	133	327	187
#亏损企业（个）	235	92	58	143	80
工业总产值（1990年不变价格）	6429379	4470564	3405437	1958815	1135620
工业总产值	7787614	5403512	3903683	2384102	1332753
工业增加值	2199330	1624716	1161079	574614	292130
固定资产原价合计	6696377	4831052	2733148	1865325	757206
#生产经营用	5861325	4327382	2421620	1533943	640267
流动资产年末合计	6526479	4518757	3324456	2007722	1009688
#产成品存货	701357	487176	309444	214181	119449
流动资产年平均余额	6275881	4360595	3204225	1915286	972689
固定资产净值年平均余额	4776825	3504167	1960158	1272658	522554
产品销售收入	7340434	5063997	3697017	2276437	1268825
产品销售成本	5566037	3656772	2525497	1909265	1071664
产品销售费用	588532	502260	464137	86272	56450
产品销售税金及附加	162216	153065	141295	9151	3372
产品销售利润	1023649	751900	566088	271749	137339
盈利企业的盈利总额	601731	518176	388996	83555	52119
亏损企业的亏损总额	423658	303147	196765	120511	57762
盈亏相抵后的利润总额	178073	215029	192231	—36956	—5643
应交所得税	65198	56389	46524	8809	5015
应交增值税	425538	339329	252859	86209	37794
转作资金的利润	1602	102	98	1500	749
应付利润	142992	124066	87748	18926	16376
本年应付工资	560379	349589	247278	210790	114073
本年应付福利	91287	62886	46742	28401	14215
职工年平均人数（人）	392304	216144	155633	176160	99078

10—43 独立核算大型工业企业基本情况

（1997年）　　单位：万元

企业名称	工业总产值	固定资产原价年末数	产品销售收入	职工年平均人数(人)
特大型企业：				
广东抽水蓄能电站联营公司	16875	258970	16578	306
中国海洋石油南海东部公司	1451511	20721	644409	1814
广州市自来水公司	103723	322734	101928	4535
广州电力工业局	110819	566350	584752	4395
中国石化广州石油化工总厂	712682	435620	697798	10626
大一型企业：				
黄埔发电厂	152721	203388	152721	2375
广州市广州铝加工厂	8343	22166	7535	574
广州珠江钢琴集团有限公司(广州钢琴厂)	48404	23696	50290	2637
广州红棉保温容器实业公司(恒大公司)	10688	23376	10127	2300
广州市珠江啤酒集团公司	92896	62892	88396	2128
广州白云山企业集团公司	76612	17682	91360	2235
广州电缆厂	11878	15128	11893	687
广州钢管厂	20449	19487	18064	985
万宝集团冷机制作工业公司	25024	21968	29078	1558
广州石油化工总厂薄膜厂	13324	11764	12309	410
广州铁道车辆厂	13066	37719	12852	2592
广州市电筒工业公司	34573	15519	34942	3708
万宝电器工业公司	44394	30139	37310	2799
广州市机床工具工业公司	11878	13443	9960	2451
广州广船国际股份有限公司	172600	121850	168218	6044
广州文冲船厂	73122	84713	70845	5526
广州市永大集团公司	32969	47256	20438	3236
广州绢麻纺织厂	9088	25700	9319	2769
华南缝制设备集团公司	27371	42546	28730	6100
广州美晨股份有限公司	42215	23401	42361	1016
广州市广重铸锻公司	5896	6622	6908	746
广州华光压缩机有限公司	7733	10265	6233	614
广东省国营紫坭糖厂	11115	34077	11736	1996
广州电池厂(广州市电池工贸企业集团公司)	45426	20524	50179	3338
广州鹰金钱企业集团公司	20646	17394	19239	1521
广州市五羊自行车企业集团公司	46139	24189	37603	3819
广州经济技术开发区瑞明电力股份有限公司	22122	39869	22122	390
广东梅山糖业总公司	32038	81823	67509	2403
番禺市莲花山造纸厂	20287	13983	14066	1154
广东省东江——深圳供水工程管理局	223282	222923	223282	1554

10—43 续表1

单位:万元

企业名称	工业总产值	固定资产原价年末数	产品销售收入	职工年平均人数(人)
广州银珠聚丙烯有限公司	24497	62015	23534	239
广州市金珠江化学有限公司	17946	21921	17798	1199
广州白云山制药股份有限公司	43463	32469	46622	3371
番禺市珠江实业集团有限公司	30729	30554	28034	1013
广东太古可口可乐有限公司	49984	19337	58070	882
广东正大康地有限公司	64363	6322	64350	78
广州开发区欧文斯科宁广州玻璃纤维公司	8623	32087	7796	300
广州太平洋马口铁有限公司	32470	50888	23000	242
广州万宝电热器具有限公司	9219	13563	10183	879
卡夫广通食品有限公司	11424	41083	7678	331
广州万宝压缩机有限公司	5074	6370	3478	502
广州万宝电工器材工业有限公司	6737	12550	5538	154
广州三兴纤维板企业有限公司	7608	19131	7145	300
广州高露洁有限公司	40136	28779	35806	864
广州生力啤酒有限公司	39895	20866	39040	878
广州珠江电力有限公司	121393	265024	119431	490
广州宝洁纸品有限公司	87216	34190	75471	284
广州市珠江水泥厂	37837	87708	38401	1543
广州造纸有限公司	79776	99534	70690	5313
广东澳联玻璃有限公司	36339	64631	32075	1383
广州珠江轮胎有限公司	68054	21967	67918	2861
松下·万宝(广州)电熨斗有限公司	15032	11228	11412	387
广州迪威皮革有限公司	21884	21179	22615	737
松下万宝(广州)空调器有限公司	81124	63632	60150	751
松下万宝(广州)压缩机有限公司	81507	119464	73253	1320
广州家乐氏(中国)有限公司	1574	19412	1645	57
广州京安云豹汽车有限公司	155787	23097	64874	838
广州三菱电机华凌压缩机有限公司	17446	47763	9542	686
国际香料(中国)有限公司	28692	9738	24455	81
杨协成(广州)有限公司	17927	10334	13638	295
广州奥的斯电梯有限公司	30554	23520	38631	778
广州绿十字药业有限公司	13176	15926	12058	320
广州麦芽有限公司	40394	14241	41456	201
广州统一企业有限公司	10789	15699	11576	510
广州新泉包装容器有限公司	9105	6269	4939	203
广州羊城麦芽厂	6112	14816	2936	44

10—43 续表2 单位:万元

企业名称	工业总产值	固定资产原价年末数	产品销售收入	职工年平均人数(人)
广州百事可乐饮料有限公司	43148	19745	39993	647
广州新美制罐有限公司	13237	11125	16760	155
杨协成(广州)有限公司第一分厂	7189	16370	7791	213
广州大旺食品有限公司	4229	14656	4763	1027
广州宏庆塑胶工业有限公司	3931	16545	3632	260
广州宏仁电子工业有限公司	6900	24752	2988	175
依利安达(广州)电子有限公司	45545	49123	46244	878
广州东方电力有限公司	58983	297198	59202	328
广州顶益国际食品有限公司	43824	58327	42627	1150
大二型企业:				
广东新华印刷厂	4792	4978	5848	531
广州卷烟一厂	112361	75134	115141	1277
广州卷烟二厂	189675	89808	189324	1591
广东省畜产进出口集团羽绒实业公司	2197	5034	2223	454
广东省鱼珠木材厂	19109	23722	20063	1570
广州华穗轻质陶粒制品厂	2128	12539	1803	270
广州市煤气公司	29385	128361	25207	2638
华南计算机公司	20371	15152	24855	892
广州市塑料制品三厂	8511	7111	7247	349
广州第一橡胶厂	16805	15225	16000	2932
广州市制锁工业公司	3694	7534	2646	853
广州第一棉纺织厂	18930	32362	18814	2645
交通部广州港口机械实业总公司	3255	11567	3107	682
广州市东方纸箱公司	11463	5596	9347	989
广州新华印刷厂	5205	5557	5226	707
广州纺织机械厂	1401	4424	1480	726
广州丝绸印花厂	729	5600	577	436
广州第五针织厂	3986	6268	4187	1131
广州市利工民实业公司	3570	6128	2873	800
广州华南印刷厂(中国人民解放军第七二一五工厂)	8089	9336	5828	694
广州珠江冶炼厂	15184	13615	13255	918
广州铝材厂	30012	11705	29624	1243
广州锌片厂	5005	14629	4980	1245
广州全新针织厂	7643	3524	7150	442
广州铜材厂	9518	10492	9613	1380
广州广播设备厂	3476	13893	5321	1533

10—43 续表 3

单位:万元

企 业 名 称	工业总产值	固定资产原价年末数	产品销售收入	职工年平均人数(人)
广州针织厂	4389	9752	4651	1528
广州花城玻璃实业公司	9638	5071	9439	1155
广州中药一厂	19803	8033	19546	876
广州侨光制药厂	18161	6700	15905	710
广州市人民印刷厂	3504	5082	3805	610
万宝集团洗衣机工业公司	5721	27661	7079	1737
广州摩托集团公司	9797	20266	42031	1479
广州市南方面粉股份有限公司	29909	15319	29956	834
广州敬修堂(药业)股份有限公司	13466	10523	12889	666
广州羊城药业股份有限公司	12492	5368	12125	615
广州天心药业股份有限公司	11339	9420	10964	531
广州光华药业股份有限公司	15044	9526	15321	766
广州市浪奇实业股份有限公司	30067	26234	49793	836
广州珠江电信设备有限公司	13005	10280	10994	510
广州合成纤维公司	13244	16124	11857	576
广州黄埔造船厂	50477	35330	13057	3359
广东轻工业机械集团有限公司	28680	19454	27295	2388
广州气体厂	3611	13433	4677	530
广州白云配件工业公司	10691	14049	11461	1425
广州钟厂	1767	4308	2521	754
广州星群(药业)股份有限公司	19202	4859	18922	598
广州百花香料股份有限公司	16065	8412	15777	515
广州服装集团有限公司	3732	5314	3847	1403
广州市三联塑料制品公司	279	6272	371	353
广州市奥威隆皮革股份有限公司	3819	14018	6438	1273
广州市富豪表业公司	4927	7104	4847	1148
广州味精食品厂	3173	10029	3194	171
广州市华侨糖厂	16891	20818	17267	1164
广州药用包装材料厂	3265	9553	3067	230
广州广漆化工实业有限公司	26650	14024	29403	1120
广州制药厂	6589	6383	5893	690
广东制药厂	5672	13113	5843	711
万宝集团广州电器一厂	3099	5669	3868	397
花都市新华水泥一厂	7903	12846	7059	650
番禺市印染总厂	18982	12243	19338	952
广东省番禺市绣品服装厂	13068	8284	10772	2216

10－43 **续表 4** 单位：万元

企业名称	工业总产值	固定资产原价年末数	产品销售收入	职工年平均人数(人)
番禺市友利玩具厂	24611	7840	14626	2954
广东燕塘生物化学药业有限公司	1850	6815	1916	110
广州市金威龙实业股份有限公司	12472	9131	12100	533
万宝集团塑料电器有限公司	1095	8706	1068	485
广州无线电集团有限公司	24528	13731	25806	1895
广州昊天化学(集团)有限公司(广州化工厂)	32648	45533	32374	2919
广州新联泰染织实业有限公司	5933	8018	5861	1798
广州广氮企业集团有限公司	27343	72321	26232	4661
广州南联航空食品有限公司	8893	5272	8893	509
广州越胜环境试验设备有限公司	1434	7908	557	195
广州钢铁股份有限公司	236251	226733	234343	8753
五羊—本田摩托(广州)有限公司	324138	56271	321038	2259
卜内门太古漆油(中国)有限公司	36639	25634	36488	274
广州普林电路有限公司	7779	6654	6769	337
广州宝洁有限公司	505446	65438	484559	1507
广州美特容器有限公司	24999	19761	23566	452
广州致美斋食品有限公司	14810	5069	14721	607
广州经济技术开发区美达针织布有限公司	13211	4001	15254	222
广州三盛电子实业有限公司	2696	4671	2210	58
广州雅芳有限公司	114516	8822	64008	491
广州冷冻食品有限公司	12926	14800	12518	657
广美食品有限公司	12136	10382	12455	644
广州标致汽车公司(有限)	23206	111849	24255	2296
广州骏成汽车减振器制造有限公司	3073	7650	1846	182
百事—亚州饮料有限公司	11430	11198	10133	515
广州埃特尼特有限公司	8503	7858	8724	346
广州海丰鞋业有限公司	52994	4939	54866	5016
广州百事食品有限公司	3573	3403	3191	185
广州市广荣鞋业有限公司	33337	6761	33562	2560
广州荣诚鞋业有限公司	56687	9990	56105	4000
中国雪柜实业有限公司	68545	26650	34324	1257
广州蓄电池企业有限公司	16776	7753	14707	1136
广州水泥厂	27642	20736	29680	1434
广州浪奇宝洁有限公司	28917	17011	28879	506
广州市嘉华(黄陂)石矿有限公司	1455	6961	1309	62
广州日宝钢材制品有限公司	14045	7126	13676	120

10—43 续表 5

单位:万元

企 业 名 称	工业总产值	固定资产原价年末数	产品销售收入	职工年平均人数(人)
广州豪华空调器有限公司	2673	20330	1673	226
广州高士线业有限公司	18758	19019	21521	568
箭牌口香糖有限公司	77793	29276	69465	973
广州百特医疗用品有限公司	5504	9405	5344	120
广州亚美聚酯有限公司	29328	41839	28256	230
美赞臣(广州)有限公司	6954	22792	7763	133
广州越兴家乐食品有限公司	11355	5495	10911	257
仙妮蕾德(广州)有限公司	209122	7763	123672	400
广州昭和减震器有限公司	15613	6248	16354	238
广州金品胶合板有限公司	5188	9980	4337	260
广州市金品家具有限公司	5246	5238	2880	328
广州威达高实业有限公司	13445	18771	12903	1232
广州广氮气体工业有限公司	2213	6589	2223	219
广州宝洁口腔保健用品有限公司	24278	12031	28317	104
广州哈里斯通信有限公司	19661	8848	15112	314
广州奥桑味精食品有限公司	33121	13418	34340	854
广州万宝空调器有限公司	206	5956	641	596
华纳(广州)有限公司	2760	26287	3746	200
先灵(广州)药业有限公司	6162	10604	6453	174
广州美标益丰搪瓷有限公司	3292	11011	3254	202
日立自动扶梯(广州)有限公司	8558	10864	3643	52
日立电梯(广州)有限公司	51203	13511	47168	1182
广州雅马哈珠江钢琴有限责任公司	4883	4433	5585	176
广州高露洁棕榄有限公司	1874	6004	28886	273
广州旺旺食品有限公司	3671	6401	3646	220
广州顶园食品有限公司	1451	15360	5943	1000
豪雅(广州)光学有限公司	2961	9290	1309	256
广州兴福金属制品有限公司	3200	3957	3024	400
德尔福.派克电气(广州)有限公司	5098	8513	4860	486
广州华立—萨其宾化工有限公司	15307	6477	13625	937
广州广日电梯工业有限公司	39777	15234	40419	554
广州番禺糖果有限公司	44650	22792	35480	620
广州番禺大兴制鞋实业有限公司	51643	10312	50937	6179
广州邮电通信设备有限公司	22355	18861	21333	1075
广州市羊城纸箱有限公司	4043	8787	3416	797
百事(中国)有限公司	38627	5689	37944	66

10—44 独立核算中型工业企业基本情况

（1997年）　　单位：万元

企业名称	工业总产值	固定资产原价年末数	产品销售收入	职工年平均人数(人)
中一型企业：				
广东省有色金属加工厂	7181	5482	7021	483
广东省国营燕塘饲料厂	3630	2807	3161	89
广州市高能饲料厂	7243	4102	6979	96
广州市铸锻工业公司	3167	7580	3241	771
广州第一橡胶厂一分厂	8059	3366	8495	1069
广州市东风印刷厂	2143	2012	2118	147
广州果子食品厂	1696	1741	2814	591
广州照相制版厂	988	2386	927	143
广州花城汽水厂(九五五四工厂)	1568	6718	1624	333
广州带钢总厂	15991	36231	13737	1108
广州灯具厂	1377	2820	1430	293
广州电磁线厂	7291	2541	6086	468
广州南洋电器厂	16749	5782	14785	1153
广州丝绸染整厂	4740	3893	2995	420
广州皮鞋厂	4974	2595	4683	616
广州柴油机厂	13058	12353	13244	1792
广州轴承厂	1497	5403	1512	743
广州远东风扇厂	2908	4287	3486	648
广州市东方红印刷公司	2669	4715	2575	589
广州陈李济药厂	12530	2977	12859	605
广州何济公制药厂	11425	7684	11486	680
广州卫生材料厂	6247	3299	5707	363
广州明兴制药厂	8811	5394	8835	553
广州市珠江家具厂	763	3384	1034	141
广重企业集团公司	6569	49612	7066	1643
中国唱片广州公司	2888	2619	2208	166
广州时装实业公司	2321	3501	2445	1110
广州潘高寿药业股份有限公司	19832	1375	19175	745
广州劲马动力设备企业集团公司	265	6526	627	510
广州手表厂	1687	6675	1420	428
广州钛白粉厂	5811	6548	5362	404
广州玻璃钢总厂	1730	5279	1332	363
广州灰砂砖厂	1092	2499	1190	224
广州冷冻机厂	7551	4343	6879	468
广州复印机厂	9982	2900	10217	362

10—44 续表1

单位:万元

企业名称	工业总产值	固定资产原价年末数	产品销售收入	职工年平均人数(人)
广州水暖器材总厂	1847	3214	2098	545
广州市国强食品厂	4070	2898	4087	480
广州市趣香饼家	7889	2413	8193	520
广州市复印机硒鼓厂	1067	2674	921	98
广州市方大包装用品有限公司	4206	2451	5640	322
广州市中亚塑料股份有限公司	7911	3017	7765	254
广州南方钢厂	39972	40093	40377	3250
广州市珠江食品厂	6115	4043	6094	350
广州坚红化工厂	6026	4867	5738	427
广州溶剂厂	18235	5762	17520	507
广州起重运输机械实业公司	5456	4404	5813	475
广州化学试剂厂	6128	4632	6104	536
广州第十一橡胶厂	6686	5210	7057	973
广州市广州金笔厂	1950	3103	1637	604
广州华南船舶修造厂	6521	11375	4507	1104
广州发电厂	47505	100469	47505	1578
广州市第一水泵厂	11587	2999	10807	710
广州胶管厂天河分厂	3721	4033	3467	287
罗岗制药厂	4683	3017	5169	569
广州市石井水泥厂	40575	30592	38406	1258
增城市一大企业集团有限公司	24029	4915	22549	950
新塘镇冠田玩具厂	8714	2523	714	450
番禺市拆船轧钢公司	4604	10592	2697	595
番禺市地方国营番禺氮肥厂	6800	7855	6853	864
番禺市服装一厂	9394	2980	6415	516
番禺市鱼窝头糖厂	7213	6873	7813	391
广东省番禺市南山工业集团公司	18155	8146	21429	496
广州市华南医疗器械有限公司	1415	3358	1968	421
广州广客汽车企业集团有限公司	22449	30587	45192	2648
广州虎辉集团有限公司	2596	3668	2901	852
广州五羊建设机械有限公司	5188	3896	2896	856
广州飞机维修工程有限公司	40442	27856	40036	1548
广东富丽窗帘有限公司	5871	2445	5853	200
广东南亚橡塑制品有限公司	215	4338	185	82
普博雅香料(广州)有限公司	2000	8866	1955	24

10—44 续表 2

单位：万元

企 业 名 称	工业总产值	固定资产原价年末数	产品销售收入	职工年平均人数(人)
亨氏联合有限公司	16913	10553	14495	316
广州爱立信通信有限公司	14263	1534	19769	90
广州市欧亚床垫家具有限公司	16758	3270	16691	477
穗屏企业有限公司	31224	4229	27878	185
广州嘉利电器有限公司	4578	2927	4474	307
广州市南方家具有限公司	16733	2617	16437	86
广州喜乐食品有限公司	282	3507	306	86
广州万邦鞋业有限公司	52096	6348	53104	2676
广州人民鞋业制品有限公司	3716	8524	4000	920
广州积士佳食品有限公司	6566	3975	6918	827
广州汇侨电子有限公司	19044	6722	10858	416
广州羊城汽车有限公司	32558	14051	26687	1192
广州美联实业有限公司	2597	2495	2645	62
广州达能酸乳酪有限公司	4490	3019	4277	160
广州市华南橡胶轮胎有限公司	34241	49852	29750	1010
广州华兴文具有限公司	8925	2018	8839	417
广州市羊城高压电器有限公司	5203	4089	4191	891
广州南方(穗港)面粉有限公司	1176	3011	1199	21
广州劲马锅炉实业有限公司	8968	3170	8537	899
广州明珠表业有限公司	3998	2961	2953	956
广州羊城管桩有限公司	5337	2162	5411	120
广州颖昌鞋业有限公司	12052	2227	11736	1030
广州市广达鞋业有限公司	20144	3900	21144	800
广州市广进塑料有限公司	7914	2726	8069	240
广州奇星药业有限公司	14949	9312	15074	591
广州广熙塑料管道工程有限公司	3583	3427	3524	230
广州市五羊—欣陆水泥制品有限公司	4567	2180	4540	86
广州大新塑料有限公司	8620	2378	9380	750
广州创力电子有限公司	2799	6345	2777	64
广州经济技术开发区德发食品工业有限公司	2074	4647	1987	180
住电钢线制品(广州)有限公司	3160	6889	3096	90
广州岭南陶瓷墙地砖有限公司	1422	3802	960	158
广州至法实业有限公司	17923	2857	20196	870
广州明治制果有限公司	1095	2347	1102	50
广州经济技术开发区环球帽制品有限公司	695	3741	695	250

10—44 续表 3

单位:万元

企业名称	工业总产值	固定资产原价年末数	产品销售收入	职工年平均人数(人)
广州市嘉华南方水泥有限公司	14155	6480	12463	922
南港编织有限公司	162	4642	233	189
广州屈臣氏食品饮料有限公司	31774	13508	31970	328
李锦记(广州)食品有限公司	19117	3101	9985	180
广州协易制模有限公司	2746	3121	2615	415
广州市广宝电器有限公司	404	2368	306	72
广州欣昌鞋业有限公司	55894	3072	52934	2938
广州永昌制鞋工业有限公司	13335	2952	13811	900
金佰利(广州)纸业有限公司	3916	2960	3678	104
三协精机(广州)有限公司	10281	2760	10569	480
广州粤荣鞋业有限公司	15718	2891	16379	1325
广州华峰针织有限公司	7303	4997	8372	120
广州天星鞋业有限公司	15288	4652	14799	960
广州开发区宜港服装企业有限公司	1600	1963	1676	450
广州洛民塑料有限公司	10511	3696	12753	477
广州永发塑料制品有限公司	17633	8249	17838	1627
广州广盛电力有限公司	21371	62701	21411	288
广州广重精工有限公司	2225	4721	1953	130
东华广州油墨有限公司	1281	2190	1185	32
广州南新制药有限公司	8516	3804	8441	290
广州威康特塑料制品有限公司	342	2215	273	20
联信摩擦材料(广州)有限公司	724	2438	778	43
广州美亚金属制品有限公司	11059	6528	8938	179
广州必旺食品有限公司	559	3041	405	134
广州人造革股份有限公司	7020	4570	6883	303
永丰余纸业(广州)有限公司	9224	7035	8945	160
番禺市珠江嘉美装饰材料有限公司	8957	4087	7690	177
广州联亚制衣有限公司	2301	4406	2326	1255
番禺市珠江真空电器有限公司	287	4912	200	73
广州珠江美乐多饮品(香港)有限公司	6247	3544	4836	111
广东省茶叶进出口公司第一茶厂	12119	1152	14044	367
广州市冠华塑料制品厂	4815	2639	4865	426
中二型企业:				
广东省施乐华雪柜厂	1831	2704	1580	349
广东省电力线路器材厂	9120	8060	8741	837

10—44 续表4 单位:万元

企业名称	工业总产值	固定资产原价年末数	产品销售收入	职工年平均人数(人)
广东华侨铝制品厂	140	2751	65	431
广东省建筑机械厂	2505	3342	2349	488
广东穗南粮油食品公司	56	3593	41	50
广东省花城企业公司	5306	2441	6971	474
广东省水利水电机械厂	3792	2586	3739	330
广东省电力局广州电力设备厂	4868	5233	4410	536
新中国船厂	6060	5981	5746	1341
广州光导纤维厂	282	3567	277	337
广东省建材机械厂	753	5488	547	396
广东省生物药厂	1619	3562	1493	308
广东省半导体器件厂	3872	2973	3410	319
广东省糖业机械制造厂	2670	4946	2517	626
太平洋影音公司	3289	4033	2504	233
广州市萌芽实业总公司	1736	2162	2236	523
广州市洗涤机械实业公司	2793	3602	3066	576
广州市电器工业公司	5049	3073	4777	682
广州市牛奶公司乳品总厂	5371	5403	5161	564
广州胶带制品厂	5401	5611	5299	741
广州市长岛光电机械厂(解放军第四三零七厂)	2004	3594	1731	448
广东省客车厂	4515	6246	4642	721
广州第二橡胶厂	3927	3432	3490	940
广州第六橡胶厂	3157	4511	3196	630
广州市星球轮胎厂	10699	7320	7849	743
广州胶管厂	3797	7461	3734	738
广州白云食品工业公司	4191	5790	4767	727
广州白云机电工业公司	1933	5743	2064	736
广州第二棉纺厂	12408	24669	12396	1729
广州针织机械厂	447	3426	411	755
广州第一染织厂	7630	2551	7477	1062
广州油墨厂	1886	4116	1796	176
广东云山汽车厂	8047	7699	6358	546
广州市第四针织厂	3208	1825	3358	617
广州电机厂	3321	6099	3220	1082
广州市木材工业公司	262	3489	161	604
广州耐火材料厂	1679	9933	1908	605

单位：万元

企业名称	工业总产值	固定资产原价年末数	产品销售收入	职工年平均人数(人)
广州铝制品厂	589	1396	595	258
广州打火机厂	284	1740	316	266
广州市荷花纺织装饰实业公司	4762	2869	4562	505
广州第七染织厂	2683	1851	2523	787
广州市东方体育器材厂	5001	1366	5310	120
广州市广州铸管厂	4660	3579	6308	563
广州工具厂	3041	4844	2976	1141
广州冶炼厂	3083	10496	1915	619
万宝电器集团家用电器工业公司	1329	1718	1584	446
广州人民机器厂	4890	6635	5425	833
广州凤凰电器工业公司	994	3263	1080	345
广州汽车座椅厂	683	2179	681	240
广州砂轮厂	2524	2663	2349	305
广州汽车灯具厂	2647	3179	2628	295
广州光学仪器厂	3229	1892	3344	521
广州市花城制药厂	6592	5868	8340	665
广州珠江制药厂(广东水产制品厂)	1973	3422	2381	389
广州叉车厂	1572	2665	1737	597
广州市羊城水泥厂	3300	3063	3392	350
广州型腔模具厂	1119	3078	1355	215
广州电风扇厂	478	3792	1884	477
广州试验仪器厂	1443	1956	1503	415
广州空气压缩机厂	2981	1383	3168	443
广州华南制线厂	2226	2154	2165	347
广州电解电容器厂	2202	2384	3501	531
广州半导体器件厂	1120	2597	909	331
广州钢力金属制品总厂	2360	1868	2109	824
广州粤华制药厂	2072	2139	1690	162
广州市南方汽车散热器联营公司	2396	4966	2970	308
万宝集团冷柜工业公司	7308	3752	6986	626
万宝电器集团广州模具厂	3288	1426	3372	289
广州市胜风电子机械工业公司	3276	7741	3245	634
广州市凌兴齿轮厂	3160	1347	2306	258
广州金通仪器实业股份有限公司	2182	2144	2101	258
广州市威士达有限公司	1370	6030	1333	220

10—44 续表 6

单位：万元

企 业 名 称	工业总产值	固定资产原价年末数	产品销售收入	职工年平均人数(人)
广州精细化学工业公司	5858	5831	5746	641
广州市白云米面制品厂	1802	1498	1682	300
广州铁路物资总公司广州配件厂	1758	5203	1785	361
广州市华南化工磁性材料公司	1828	3934	1768	340
广州市人民化工厂	3744	3176	3666	481
广州化工机械厂	2327	4161	2562	548
广州硫酸厂	8868	5026	8739	656
广州市黄埔化工厂	4597	3232	4512	386
广州摄影化学材料厂	1747	3657	1763	208
广州指甲钳厂	279	2855	209	347
广州市新华水泥厂	4764	5523	4827	589
广州坚美五金制品厂	262	1557	284	130
广州畜产进出口公司皮鞋厂	2659	1743	2301	279
广州肥皂厂	4226	12398	4314	817
广州华乐制药厂（中国人民解放军第 9761 工厂）	752	2683	579	187
广州有线通信工业公司	3830	2824	5817	846
广重压力容器公司	9317	5160	8147	538
广州市红云化工涂料公司	15298	8347	14872	600
广重通用机械制造公司	6856	2413	11631	354
广州广重离心机制造公司	4522	1726	5339	259
广州市广州糖果厂	5771	4253	5692	667
广州市珠江甘蔗化工总厂	11332	14463	11566	1007
广州市珠江船舶修造厂	1653	3228	1583	405
广州渔轮厂	5176	9973	2718	1568
广州市金源食品厂	3490	1616	3437	320
广州市光华建材机械厂	917	1858	908	308
万宝集团通风电器公司	176	1856	329	574
广州食品添加剂技术开发公司	2766	2214	2787	101
广州市永红钮扣厂	1658	2681	1505	262
广州电工合金厂	1356	1755	1237	200
广州市珠江压力容器检验制造企业发展公司	4054	2331	5840	241
天河区沙河玻璃工艺制品厂	6428	2172	6335	1386
丰田汽车特约维修中心	3236	5056	3928	200
广州市白云区饲料总厂	18704	2893	18306	167
珠江啤酒从化分装厂	17704	7294	16593	382

10—44 续表 7

单位:万元

企 业 名 称	工业总产值	固定资产原价年末数	产品销售收入	职工年平均人数(人)
增城市化工集团股份有限公司	27375	7636	27227	2311
增城市通用机械股份有限公司	4422	1940	4199	210
增城市造纸厂	11398	13173	9606	494
增城市水泥有限公司	6060	5990	6346	468
番禺市自来水公司	7457	18933	7904	273
广州珠江饼干厂	8476	1893	5821	412
番禺市食品厂	2962	1873	2943	389
番禺市市桥制药厂	3842	1207	8772	260
广东省番禺市红桥客车厂	10915	8139	9972	544
广东省番禺市瑞峰机电总厂	11388	5375	7056	556
番禺市保健食品厂	1401	3546	1402	483
番禺市市桥自行车零件厂	3469	3100	3767	414
番禺市针织服装厂	5308	1263	916	761
广东省番禺市恒联食品机械厂	9100	6204	10414	500
番禺市市桥镇工艺时装实业公司	9747	10586	10935	2094
广州珠江面粉厂	10045	5716	8897	206
广州市番禺海鸥集团公司	4221	9043	5074	727
番禺市渡头糖酒厂	2941	2057	3317	334
番禺市司力士实业公司	5034	2483	4917	872
番禺市电机总厂	9324	11213	9201	562
番禺市大岗镇橡胶厂	2347	1388	2163	562
广东省番禺市万新时装厂	3576	1547	1858	544
广州珠江精米制造厂	3543	2755	865	55
番禺市锻压轻工机械总厂	1739	5391	1703	403
番禺市南兴集团公司	2898	2517	2958	1860
广东省番禺市餐具总厂	7388	3123	6621	672
番禺市石基自来水集团公司	5566	4503	6268	466
广东邮电南方彩色印务有限公司	2100	5650	1805	185
广州新迪无纺布企业有限公司	10121	1947	4279	178
宝兴塑料食品容器厂	1252	2001	1171	70
广州经济开发区宝力威化学建材有限公司	265	2367	21	45
广州科苑通讯有限公司	1571	2583	1608	255
广州凯迪自行车有限公司	9935	2263	8975	330
中亚工业(广州)有限公司	2282	1824	2171	85
广州恒运热电有限公司	26208	62489	25926	455

10—44 续表 8

单位：万元

企业名称	工业总产值	固定资产原价年末数	产品销售收入	职工年平均人数(人)
广州东信印铁制罐有限公司	2328	2020	2399	231
广州市宝力轮胎有限公司	3327	3668	3255	188
广州华意电路有限公司	2704	1683	2787	269
广州环球自行车工业有限公司	11935	3157	11933	340
广州美嘉彩印有限公司	2964	2033	2254	180
广州大中食品有限公司	909	1923	793	144
广州建莱铜业有限公司	8898	6667	7273	451
广州(恒丰)染整厂有限公司	13558	2602	13463	580
广州东纺床单纺织品有限公司	2185	1785	2466	502
广州梅园针织印染厂有限公司	10451	1942	8541	318
广州精冲零件制造有限公司	372	1553	379	71
广州越华线业有限公司	5446	2395	4923	442
镇泰广州有限公司	49897	8918	49897	7500
广联针织染整厂有限公司	1777	3890	3401	208
广州中宝包装制品有限公司	3675	4849	2612	172
雅思床褥家具(广州)有限公司	1918	1416	2180	75
广州市天海经编装饰织物有限公司	4896	4436	5102	236
广州新星微电子有限公司	2668	2553	6169	272
广州国光电器有限公司	13733	2435	11209	472
广州胜力不织布有限公司	1679	1663	1541	65
广州豪力不织物有限公司	1514	1510	1940	105
广州嘉特利微电机实业有限公司	1781	1439	1850	193
广州康泰针织有限公司	1920	2333	2415	261
广州市诚隆鞋业有限公司	12999	1820	12999	500
广州威达机械企业有限公司汽车电器厂	602	4182	849	367
广州三华实业有限公司	3150	2359	2137	425
广州威达机械企业有限公司汽车制造厂	15899	3523	15562	1633
广州金日科技有限公司	2538	3782	2331	150
广州蚬华实业有限公司	2745	6776	2745	138
广州永丰纺织厂有限公司	3114	2115	3280	106
松下电工万宝电器(广州)有限公司	27700	18464	28229	600
广州海旺电讯实业有限公司	462	2788	165	142
广州东化泰福电子有限公司	1836	1376	1970	222
广州建明印刷有限公司	2367	5004	2367	65
广州南方传输系统有限公司	21350	7457	20015	980

10—44 续表 9

单位：万元

企业名称	工业总产值	固定资产原价年末数	产品销售收入	职工年平均人数(人)
广州安威迪新型材料有限公司	241	1672	333	30
广州斯科达—劲马汽轮机有限公司	2743	3507	2622	373
广州市利民电器实业有限公司	1981	3306	1873	350
广州禾瑞硅橡胶有限公司	2927	2045	2793	286
广州艺爱丝纤维有限公司	12042	22052	10615	73
广州导新模具注塑有限公司	915	3076	835	100
广州大新电器有限公司	6171	2942	7145	510
高技食品(广州)有限公司	1013	8753	521	101
广州骏阳车用灯具有限公司	5703	1823	5999	69
广州市蚌湖发电有限公司	4580	15901	4388	68
高氏(广州)涂料有限公司	3983	1811	4019	101
广州迪卡电脑分色制版印刷有限公司	1592	2638	2301	50
广州宝柏塑胶有限公司	1826	4302	1732	164
广州 BNP 建筑钢品有限公司	8627	6566	5313	100
广州将军机械有限公司	3911	2680	2184	80
广州金羊彩印有限公司	3800	3612	3887	232
广州 JVC 电器有限公司	17198	4106	17143	669
广州市白云区柳河精机有限公司	9017	4882	8697	307
广州东方友光纺织实业有限公司	2079	1337	1924	18
广州百丰织袜制衣有限公司	8183	3387	7828	120
广州伊诺华橡胶有限公司	4550	2183	5210	237
广州德本兴业鞋材有限公司	3245	1690	1904	300
广州迪生鸟取三洋电机有限公司	17698	6366	16403	360
广州员村热电有限公司	7750	50534	7786	540
广州广氮二氧化碳有限公司	3354	2319	3334	67
国光电器股份有限公司	10256	4024	7644	1185
果宝乐(广州)有限公司	2706	1701	441	120
广州市番禺慕登时装有限公司	4949	1747	4495	683
广州华凌空调设备有限公司	64993	27970	44028	1046
番禺市华艺人造植物有限公司	2535	1708	2451	592
利多鞋业投资有限公司	28008	1525	28081	3859
广州得宝冷冻设备有限公司	6356	5336	3272	314
番禺市奥利电子玩具有限公司	3863	1746	3137	462
增益织造有限公司	22071	5471	21804	150
广州市渔轮修造厂	1567	2929	1250	283

10—45 村办工业企业主要指标

(1997年)　　单位:万元

项　　目	合　　计	轻　工　业	重　工　业
企业个数(个)	6094	3987	2107
工业总产值	2954753	2184515	770238
工业总产值(1990年不变价格)	2474545	1908729	565816
产品销售收入	2862191	2136998	725193
#产品销售税金及附加	43767	30847	12920
应交所得税	7304	4742	2562
应交增值税	25435	17753	7682
利润总额	173054	121893	51161
固定资产原价合计	802714	557757	244957
流动资产年末合计	726866	532803	194063
年末全部从业人员(人)	348928	257805	91123

10—46 城乡联营工业和城乡个体工业主要指标

(1997年)　　单位:万元

项　　目	城镇联营工业	城镇个体工业	农村联营工业	农村个体工业
企业户数(户)	375	9282	1795	9442
轻工业	237	8054	1148	6829
重工业	138	1228	647	2613
从业人员(人)	6593	36458	65348	101749
轻工业	3995	31307	35941	76513
重工业	2598	5151	29407	25236
工业总产值	136206	349786	744993	1425774
轻工业	92456	276301	447646	964527
重工业	43750	73485	297347	461247
上交税金	885	13846	16341	22280
轻工业	542	10711	8638	15356
重工业	343	3135	7703	6924
自有资金	19104	46279	102419	287241
轻工业	10539	41060	51298	186273
重工业	8565	5219	51121	100968

主要统计指标解释

【工业】指从事自然资源的开采，对采掘品和农产品进行加工和再加工的物质生产部门。具体包括：(1)对自然资源的开采，如采矿、晒盐、森林采伐等(但不包括禽兽捕猎和水产捕捞)；(2)对农副产品的加工、再加工，如粮油加工、食品加工、轧花、缫丝、纺织、制革等；(3)对采掘品的加工、再加工，如炼铁、炼钢、化工生产、石油加工、机器制造、木材加工等，以及电力、自来水、煤气的生产和供应等；(4)对工业品的修理、翻新，如机器设备的修理、交通运输工具(包括小卧车)的修理等。

1984年以前农村的村及村以下办工业归属农业，1984年以后划归工业。

【独立核算工业企业和非独立核算工业生产单位】从核算形式的角度，按其行政和财务核算是否独立，工业分为独立核算工业企业和非独立核算工业生产单位。

独立核算工业企业，应同时具备下列三个条件：(1)行政上有独立的组织形式；(2)经济上独立核算，自负盈亏，编制独立的资金平衡表(或资产负债表)；(3)有权与其他单位签订合同，并在银行设有独立户头。独立核算工业企业不论是单一性生产或联合性生产的企业，均以整个企业作为一个基本填报单位。

非独立核算工业生产单位，是指不具备独立核算工业企业三个条件，附设于其他企业、事业、机关、团体、学校、科研机构、部队等单位的工业生产单位。但必须同时具备下列三个条件：(1)有固定的生产场所和生产设备；(2)有固定的生产工人和学徒在十人以上；(3)一般单位常年生产，季节性生产的单位全年开工时间在三个月以上。

【国有经济工业(即过去的全民所有制工业或国营工业)】指生产资料归国家所有的一种经济类型。包括中央和地方各级国家机关、部队、科研机构、学校、人民团体和国有经济企事业单位等举办的国有经济工业。1957年以前的公私合营和私营工业，后均改造为国营工业，1992年改为国有工业，这部分工业的资料不单独分列时，均包括在国有工业内。

【集体经济工业】指生产资料归公民集体所有的一种经济类型，是社会主义公有制经济的组成部分。包括城乡所有使用集体投资举办的企业，以及部分个人通过集资自愿放弃所有权并依法经工商行政管理机关认定为集体所有制的企业。

【私营经济工业】是指生产资料归公民私人所有、以雇佣劳动为基础的一种经济类型，包括所有按照《中华人民共和国私营企业暂行条例》规定登记注册的私营独资企业、私营合伙企业和私营有限责任公司。

【个体经济】是指生产资料归劳动者个人所有，以个体劳动为基础，劳动成果归劳动者个人占有和支配的一种经济类型。包括所有按照《民法通则》和《城乡个体工商户管理暂行条例》登记注册和个体工商户和个人合伙。

【联营经济】是指不同所有制性质的企业之间或者企业、事业单位之间共同投资组成新的经济实体的一种经济类型。联营经济只包括具备法人条件的紧密型联营企业，不具备法人条件的半紧密型联营企业和松散型联营企业，仍按其各自的所有制性质划归经济类型。相同所有制性质的企业之间或者企业、事业单位之间共同投资组成的紧密型联营企业，不列此类，按其所有制性质划分相应的经济类型。

【股份制经济】是指全部注册资本由全体股东共同出资，并以股份形式投资举办企业而形成的一种经济类型。股份制经济主要存在股份制有限公司和有限责任公司两种组织形式。

【外商投资经济】是指外国投资者根据中华人民共和国有关涉外经济的法律、法规，以合资、合作或独资的形式在中国大陆境内开办企业而形成的一种经济类型。外商投资经济包括中外合资经营企业、中外合作经营企业和外资企业三种形式。

中外合资经营企业是指外国合营者与中国合营者依照《中华人民共和国中外合资经营企业法》的规定，按一定的比例共同投资，共同管理，分享利润，共担风险，在中国大陆境内共同举办的企业。

中外合作经营企业是指外国合作者与中国合作者依照《中华人民共和国中外合作经营企业法》的规定，通过签订合同明确双方的责任、权利和义务，在中国大陆境内共同举办的企业。

外资企业是指依照《中华人民共和国外资企业法》的规定，在中国大陆境内设立的全部资本由外国投资者投资的企业。外国企业或其他经济组织在中国大陆境内合作开发资源、承包工程或承包经营管理的，也列入此类。

【港、澳、台投资经济】是指港、澳、台地区投资者参照中华人民共和国有关涉外经济的法律、法规，以合资、合作或独资的形式在大陆举办企业而形成的一种经济类型。港、澳、台投资经济参照外商投资经济可以分为合资经营企业、合作经营企业和独资企业三种形式。

【其他经济类型工业】 指除上述经济类型以外的其他经济类型。

【轻工业】指主要提供生活消费品和制作手工工具的工业。按其所使用的原料不同，可分为两大类：(1)以农产品为原料的轻工业，是指直接或间接以农产品为基本原料的轻工业。主要包括食品制造、饮料制造、烟草加工、纺织、缝纫、皮革和毛皮制作、造纸以及印刷等工业；(2)以非农产品为原料的轻工业，是指以工业品为原料的轻工业。主要包括文教体育用品、化学药品制造、合成纤维制造、日用化学制品、日用玻璃制品、日用金属制品、手工工具制造、医疗器械制造、文化和办公用机械制造等工业。

【重工业】是指为我国经济各部门提供物质技术基础的主要生产资料的工业。按其生产性质和产品用途，可以分为下列三类：(1)采掘(伐)工业，是指对自然资源的开采，包括石油开采、煤炭开采、金属矿开采、非金属矿开采和木材采伐等工业；(2)原材料工业，指向国民经济各部门提供基本材料、动力和燃料的工业。包括金属冶炼及加工、炼焦及焦炭化学、化工原料、水泥、人造板以及电力、石油和煤炭加工等工业。(3)加工工业，是指对工业原材料进行再加工制造的工业。包括装备国民经济各部门的机械设备制造工业、金属结构、水泥制品等工业，以及为农业提供的生产资料如化肥、农药等工业。

根据以上划分原则，修理业中以重工业产品为修理作业对象的划分为重工业，反之划分为轻工业。

【工业销售产值】以货币表现的工业企业在一定时期内销售的本企业生产的工业产品总量。包括已销售的成品、半成品价值，对外提供的工业性作业价值和对本单位基本建设部门、生活福利部门等提供的产品和工业性作业及自制设备的价值。已销售的成品、半成品不论是本期生产的，还是上期生产的，只要是本期销售出去的均包括在内。对外提供的工业性作业是指企业按合同对外提供的工业性劳务。企业为本单位基本建设部门、生活福利部门等提供的产品和工业性作业及自制设备也应视同销售，这部分也作为销售统计。

【工业总产值】是以货币表现的工业企业在一定时期内生产的已出售或可供出售工业产品总量，它反映一定时间内工业生产的总规模和总水平。它包括：在本企业内不再进行加工，经检验、包装入库(规定了需包装的产品除外)的成品价值，工业性作业价值，自制半成品、在产品期末期初差额价值(生产周期较长的企业计算)。工业总产值采用"工厂法"计算，即以工业企业作为一个整体，按企业工业生产活动的最终成果来计算，企业内部不允许重复计算，不能把企业内部各个车间(分厂)生产的成果相加。但在企业之间、行业之间、地区之间存在着重复计算。

轻重工业总产值的划分也是按"工厂法"计算的， 即一个工业企业在正常情况下生产的主要产品的性质属于轻工业，则该企业的全部总产值作为轻工业总产值；一个工业企业生产的主要产品的性质属于重工业，则该企业的全部总产值作为重工业总产值。

【工业增加值】 是指工业行业在报告期内以货币表现的工业生产活动的最终成果。

【固定资产原价】 固定资产原价是指企业在建造、购置、安装、改建、扩建、技术改造某项固定资产时所支出的全部货币总额。它一般包括买价、包装费、运杂费和安装费等。

【固定资产净值】 是指固定资产原价减去历年已提折旧额后的净额。

【流动资产】是指可以在一年或者超过一年的一个营业周期内变现或者耗用的资产，包括现金及各种存款、短期投资、应收及预付货款、存货等。

【利税总额】 指企业产品销售税金及附加、应交增值税和利润总额之和。

【工业经济效益综合指数】是从数量上衡量工业经济效益总水平的一种特殊相对数，是反映工业经济运行质量的指标。工业经济效益综合指数根据反映经济效益各个侧面的若干单项指标，经过综合计算得出。它是以各项工业经济效益指标实际数值分别除以该项指标的全国标准值并乘以各自的权数，加总后除以总权数求得的。计算公式：

$$\text{工业经济效益综合指数} = \frac{\sum\left(\dfrac{\text{某项经济效益指标报告期数值}}{\text{该项指标全国标准值}} \times \text{权数}\right)}{\text{总权数}}$$

权数可以反映各项工业经济效益指标在综合经济效益中的重要程度，是根据我国工业经济运行中的问题和特点，综合各方面的意见，用专家调查法确定的。具体分配如下：工业产品销售率15；工业资金利税率30；工业成本费用利润率15；工业增加值率10；工业全员劳动生产率10；流动资产周转率20；总权数为100。标准值是衡量经济效益水平及变动的统一尺度。全国标准值一经确定，各地区、各行业均与标准值进行对比，高低优劣一目了然。

【资产利税率】指一定时期内已实现的利润、税金总额与同期资产(固定资产净值和流动资产)之比。计算公式：

$$\text{工业资产利税率}(\%) = \frac{\text{报告期累计实现利税总额}}{\begin{matrix}\text{报告期流动} \\ \text{资产平均余额}\end{matrix} + \begin{matrix}\text{报告期固定资产} \\ \text{净值平均余额}\end{matrix}} \times \frac{12}{\text{累计月数}} \times 100\%$$

资金利税率反映每单位(通常是每万元)资金所提供的利润税金额。它是考察和评价部门或企业资金运用的经济效益，分析资金投入效果的主要分析指标。

【工业成本费用利润率】指在一定时期内实现的利润与成本费用之比，是反映工业生产成本及费用投入的经济效益指标，同时也是反映降低成本的经济效益的指标。计算公式：

$$\text{工业成本费用利润率}(\%) = \frac{\text{报告期实现利润总额}}{\text{报告期成本费用总额}} \times 100\%$$

【工业增加值率】指在一定时期内工业增加值占同期工业总产值的比重，反映降低中间消耗的经济效益。计算公式：

$$\text{工业增加值率}(\%) = \frac{\text{报告期现价工业增加值}}{\text{报告期现价工业总产值}} \times 100\%$$

【流动资产周转次数】指在一定时期内流动资产完成的周转次数，反映流动资产的周转速度。计算公式：

$$\text{流动资产周转次数} = \frac{\text{报告期累计产品销售收入}}{\text{报告期平均流动资产}} \times \frac{12}{\text{累计月数}}$$

【产品销售率】指一定时期内销售产值与同期全部工业总产值之比，反映工业产品生产已实现销售的程度。计算公式：

$$\text{工业产品销售率}(\%) = \frac{\text{报告期现价工业销售产值}}{\text{报告期现价工业总产值}} \times 100\%$$

【产品销售收入】指企业销售产品的销售收入和提供劳务等主要经营业务取得的业务总额。

【产品销售成本】指企业销售产品和提供劳务等主要经营业务的实际成本。

【产品销售税金及附加】指企业销售产品和提供工业性劳务等主要经营业务应负担的城市维护建设税、消费税、资源税和教育费附加。

【产品销售利润】指企业销售产品和提供工业性劳务等主要经营业务收入扣除其成本、费用、税金后的利润。

【利润总额】指企业实现的利润。

【应交增值税】指企业在报告期内应交纳的增值税额。

【产值利税率】指报告期已实现的利润、税金总额(包括利润总额、产品销售税金及附加和应交增值税)占同期全部工业总产值的百分比，计算公式：

$$\text{产值利税率}(\%) = \frac{\text{利税总额}}{\text{工业总产值}} \times 100\%$$

【全员劳动生产率】指根据产品的价值量指标计算的平均每一个职工在单位时间内的产品生产量。是考核企业经济活动的重要指标，是企业生产技术水平、经营管理水平、职工技术熟练程度和劳动积极性的综合表现。目前我国的全员劳动生产率是将工业企业的工业增加值除以同一时期全部职工的平均人数来计算的。计算公式：

$$\text{工业全员劳动生产率}(\text{元}/\text{人}) = \frac{\text{报告期累计工业增加值}}{\text{报告期全部职工平均人数}} \times \frac{12}{\text{累计月数}}$$

为了使各年度的全员劳动生产率数字可以比较，1990年以前各年的全员劳动生产率均按指数换算成1990年不变价格。

【资本金】指企业在工商行政管理部门登记的注册资金合计。企业资本金按投资主体可分为国家资本金、法人资本金、个人资本金和外商资本金等。资本金合计包括企业各种投资主体注册的全部资本金。

【所有者权益】指企业投资人对企业净资产的所有权。企业净资产等于企业全部资产减去全部负债后的余额，其中包括投资者对企业的最初投入，以及资本公积金、盈余公积金和未分配利润，对股份制企业即为股东权益。

第十一篇

建筑业

建筑业平稳发展

1997年,我市建筑业生产保持平稳发展态势,企业经济效益有所好转,企业亏损额有所减少。

一、全年建筑业运行情况

1.建筑业生产平稳发展。全年全市建筑业企业完成建筑业总产值196.53亿元,比上年增长3.79%。全市建筑业增加值66.21亿元,比上年增长10.11%。全年单位工程施工个数7654个,比上年增长0.91%。

2.建筑业竣工产值大幅增加。全年全市建筑业企业实现竣工产值179.37亿元,比上年增长26.04%。全市按产值计算的竣工率为91.27%,比上年上升16.11个百分点。

3.经济效益有所回升。全年全市建筑业企业总收入219.7亿元,比上年增长10.8%。其中,工程结算收入206.08亿元,比上年增长10.44%。全市工程结算利润18.80亿元,比上年增长7.02%。全市实现利润总额3.85亿元,比上年增长3.88%。全年全市建筑业企业的亏损金额也由上年的8568万元,下降到今年的2755万元,比上年减亏5813万元。

二、建筑业企业的主要特点

1.国有、集体经济构成我市建筑业的主体。1997年,全市建筑业企业359户,其中,国有企业138户,集体企业191户,国有、集体经济占全市建筑业企业的91.64%。全市建筑业企业的资本金44.41亿元,其中,国有企业28.91亿元,集体企业13.68亿元,占全市的95.89%。全市建筑业全年从业平均人数29.65万人,其中,国有企业17.51万人,集体企业11.63万人,合占全市的98.26%。在全市建筑业总产值中,国有企业完成128.8亿元,集体企业完成63.73亿元,占全市建筑业总产值的97.97%。显示了公有制经济在我市建筑业中起着主导的作用。

2.其他经济发展迅速。1997年,全市其他经济建筑业企业30户,比上年增长42.86%,占全市的8.36%,比上年上升1.41个百分点。全市其他经济企业资本金18236万元,比上年增长2.31倍,占全市的4.11%,比上年上升2.53个百分点。在全市建筑业总产值中,其他经济企业完成39987万元,比上年增长42.35%,占全市的2.03%,比上年上升0.54个百分点。其他经济的快速增长,推动了我市建筑业的稳定发展。

3.投标承包面扩大。1997年,全市投标承包单位工程1960个,比上年增长31.63%,占总单位工程施工个数的25.61%,比上年上升5.98个百分点。全市投标承包的房屋建筑施工面积1051.42万平方米,比上年增长6.83%,全市建筑企业占房屋建筑施工面积的38.03%,比上年上升5.04个百分点。随着建筑业体制改革的不断深入,投标承包的工程项目将会继续扩大。

三、存在的主要问题

1.生产任务不足。1997年,全市建筑业企业房屋建筑施工面积2764.64万平方米,比上年下降7.34%,其中,新开工的房屋施工面积928.59万平方米,但全市房屋建筑竣工面积941.1万平方米,竣工面积大于新开工面积,企业有效施工面积下降。我市建筑企业仍面临生产任务不足的困难。

2.国有企业效益不理想。1997年,国有企业利润总额比上年下降7.21%,与全市建筑企业利润上升的趋势相反,而国有企业全年管理费用比上年增长9.36%,增幅高于工程结算利润2.93个百分点。

3.工程质量有待提高。1997年,全市被评为优良的单位工程1620个,比上年下降7.69%,优良品率比上年下降3.07个百分点。狠抓工程质量仍是企业和有关部门必须重视的工作。

建筑业增加值

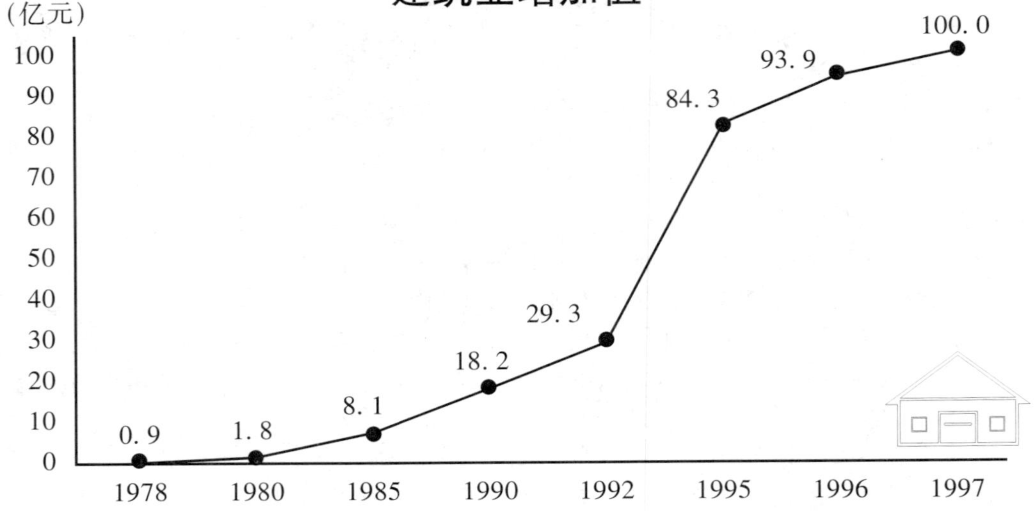

建筑企业施工、竣工产值

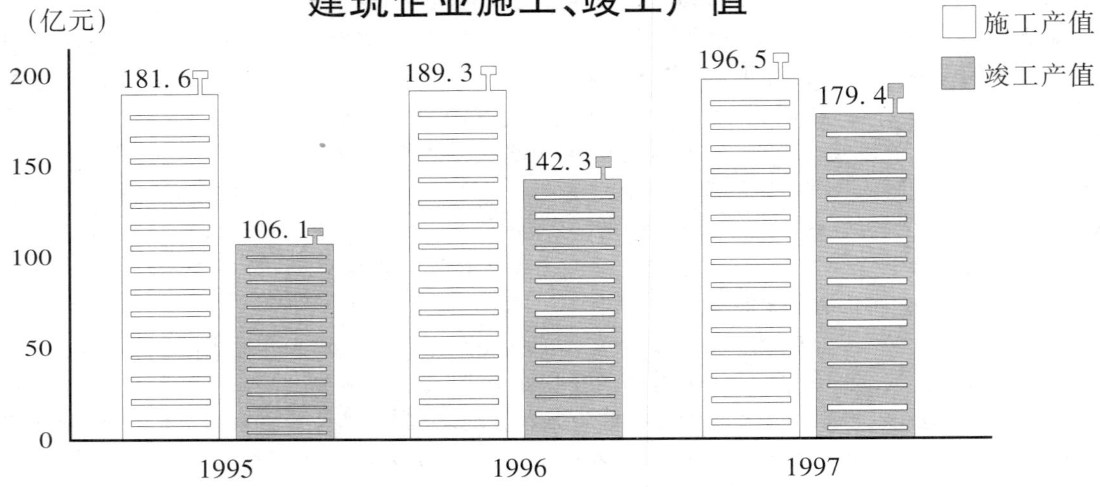

建筑安装企业全员劳动生产率

(按增加值计算)

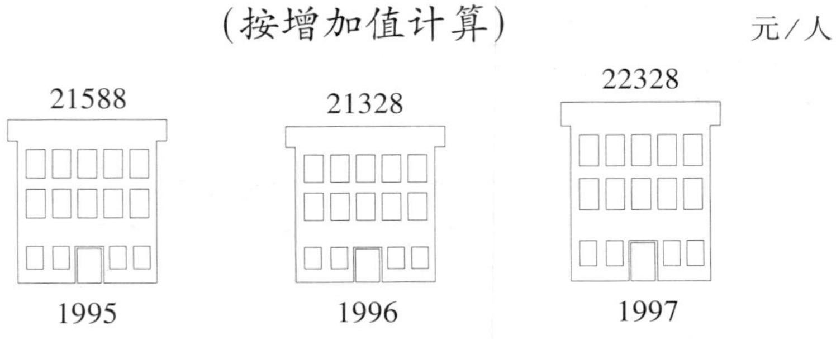

11—1 建筑安装企业主要指标

（1997 年）

项目	单位	合计	国有经济	联营经济	股份制经济	港澳台投资经济	集体经济
企业单位数	个	359	138	1	4	25	191
自行完成施工产值	万元	1965269	1287999	383	5443	34161	637283
单位工程施工个数	个	7654	4064	3	70	294	3223
#新开工	个	4210	2364	3	39	187	1617
房屋建筑施工面积	米²	27646408	11713987		73741	83015	15775665
#新开工	米²	9285900	3893709		59407	46264	5286520
房屋竣工面积	米²	9411031	3485804		23372	14703	5887152
#住宅	米²	5714823	1978015		23372		3713436
工程质量							
单位工程竣工个数	个	4308	2323	3	53	174	1755
#优良工程个数	个	1620	1055			76	489
优良品率	%	37.60	45.42			43.68	27.86
劳动生产率	元/人	22328	26847	13941	27855	18971	15620
财务状况							
工程结算收入	万元	2060802	1380920	383	5495	43689	630315
工程结算成本	万元	1813892	1206622	346	4572	40289	562063
利润总额	万元	38536	22856	—9	450	269	14970
年平均人数	人	296529	175063	101	760	4297	116308

注：劳动生产率按建筑业增加值计算。

11—2 建筑业产值及价格指数

单位：万元

项目	1996 年			1997 年		
	按当年价格计算	按上年价格计算	价格指数（%）	按当年价格计算	按上年价格计算	价格指数（%）
自行完成的施工产值	1875237	1856303	101.02	1928175	1863331	103.48
直接费用	1504867	1486768	101.22	1560172	1503780	103.75
#人工费	214108	184640	115.96	227748	202101	112.69
材料费	1134665	1177164	96.39	1129158	1120419	100.78
其他费用	370370	369535	100.23	368003	359551	102.35
主要材料价值及价格指数						
钢材	357000	371681	96.05	257425	262117	98.21
木材	74542	78581	94.86	49499	49371	100.26
水泥	187820	217033	86.54	152321	158883	95.87
地方材料	176660	189002	93.47	151284	150158	100.75
其他材料	338643	320867	105.54	518629	499890	103.75

11—3 建筑业企业情况

（1997 年）

单位：万元

项目	企业个数（个）	自行完成施工产值	建筑工程	安装工程	房屋构筑物修理	非标设备制造	竣工产值
总计	359	1965269	1762919	157143	39904	5303	1793705
按地区分							
市区	244	1506384	1315184	150377	36542	4281	1345130
县级市	115	458885	447735	6766	3362	1022	448575
番禺市	43	158626	155745	86	2795		177261
花都市	27	165524	164848	132	544		184829
增城市	20	84968	80160	3786		1022	48789
从化市	25	49767	46982	2762	23		37696
按经济类型分							
国有经济	138	1287999	1129890	137283	15523	5303	1219132
联营经济	1	383	383				383
股份制经济	4	5443	3037	2406			4536
外商投资经济							
港澳台投资经济	25	34161	21352	3005	9804		18188
集体经济	191	637283	608257	14449	14577		551466
按主管系统分							
建设部系统	229	1193061	1141059	24177	27825		912649
冶金工业系统	7	51447	40472	6677	1829	2469	18477
煤炭工业系统	3	15101	15101				6523
石油工业系统	1	13519		12374		1145	13519
化学工业系统	4	22210	7300	12671	1800	439	15750
水利电力系统	13	175919	112093	62804		1022	161194
机械工业系统	1	5829	5829				5056
林业系统	1	1870	1624		246		1500
国防工业系统	2	18671	18671				18076
建材工业系统	5	3271	2978		293		1770
轻纺工业系统	5	13895	13829		66		15093
铁道系统	6	45043	44194		849		112321
交通系统	13	188345	186960	1136	21	228	355846
邮电系统	3	31579	25644	5935			18328
农牧渔业系统	20	78592	74266	3490	836		47536
商业系统	13	24364	21535	1545	1284		21044
公安系统	1	510	510				
其他系统	32	82043	50854	26334	4855		69023

11—3 续表

项　　目	年平均人数（人）	劳动生产率（元/人）	房屋建筑施工面积（米²）	房屋竣工面积（米²）	#住宅
总　　计	296529	22328	27646408	9411031	5714823
按地区分					
市　区	208381	24470	16112424	5362856	3172588
县级市	88148	17263	11533984	4048175	2542235
番禺市	33812	17703	4981799	1993145	1030181
花都市	23700	14577	3486224	1214635	912011
增城市	15213	26572	1732318	390735	224545
从化市	15423	11247	1333643	449660	375498
按经济类型分					
国有经济	175063	26847	11713987	3485804	1978015
联营经济	101	13941			
股份制经济	760	27855	73741	23372	23372
外商投资经济					
港澳台投资经济	4297	18971	83015	14703	
集体经济	116308	15620	15775665	5887152	3713436
按主管系统分					
建设部系统	187884	19748	22270388	7158424	4266024
冶金工业系统	12185	8456	472811	121542	89659
煤炭工业系统	3305	10984	185997	48440	16680
石油工业系统	1251	36098			
化学工业系统	3586	25690	109674	30564	20858
水利电力系统	22751	42060	564760	358879	78938
机械工业系统	836	19045	142952	49067	25777
林业系统	111	19234			
国防工业系统	3320	17615	232802	82169	48908
建材工业系统	665	16725	23420	3833	2689
轻纺工业系统	1616	19192	200512	125532	95834
铁道系统	6607	23135	61278	22582	17100
交通系统	14280	55534	6092	6092	
邮电系统	1191	41552			
农牧渔业系统	18012	12889	1773421	732497	574811
商业系统	4487	15060	574163	144485	108054
公安系统	205	7161	47831		
其他系统	14237	18376	980307	526925	369491

11—4 建筑业企业财务成本

(1997年)　　单位：万元

项目	全市	中央属企业	省属企业	市属企业	县级市企业	#市区	#国有经济
资本金合计	444078	90623	93786	182551	77118	350793	260570
#国家资本金	298544	90623	92490	102395	13036	269342	260570
外商资本金	1666			1121	545	1121	
固定资产合计	544534	131042	135397	196641	81454	442805	372727
固定资产原价	831942	228948	222225	265394	115375	681408	592253
工程结算成本	1813892	174695	550580	719887	368730	1376351	1102888
工程结算收入	2060802	209951	631169	806981	412701	1564858	1258122
利润总额	38536	6526	8990	15480	7540	30347	21392
盈余企业数(个)	307	21	38	154	94	210	103
盈余金额	41291	6526	9210	17296	8259	32331	21958
亏损企业数(个)	52		5	30	17	34	10
亏损金额	2755		220	1816	719	1984	566

11—5 建筑业企业年末技术装备情况

(1997年)

项目	自有机械设备净值(万元)	全部设备功率(千瓦)	全员技术装备率(元/人)	全员劳动装备率(千瓦/人)
总计	218198	1732484	7358	5.84
#市区	165761	1214875	7955	5.83
按隶属关系分				
中央	53276	234433	23148	10.19
省	61837	547438	8363	7.40
市	63344	558916	5251	4.63
县级市	39741	391697	5035	4.96
按经济类型分				
国有经济	154989	1141168	8853	6.52
联营经济				
股份制经济	88	2431	1155	3.20
外商投资经济				
港澳台投资经济	752	11427	1751	2.66
集体经济	62369	577458	5362	4.96

11—6 建筑业企业盈亏情况

（1997年）

单位：万元

项目	汇总户数（户）	盈余		亏损		盈（+）亏（—）总额
		户数（户）	金额	户数（户）	金额	
合计	359	307	41291	52	2755	38536
#市区	244	210	32331	34	1984	30347
国有经济	138	121	23750	17	894	22856
联营经济	1			1	9	—9
股份制经济	4	4	450			450
外商投资经济						
港澳台投资经济	25	15	598	10	329	269
集体经济	191	167	16493	24	1523	14970

11—7 建筑业企业总收入

单位：万元

项目	1996年			1997年		
	合计	工程结算收入	业务收入	合计	工程结算收入	业务收入
总计	1983009	1866031	116978	2196971	2060802	136169
按隶属关系分						
中央	206235	197534	8701	215877	209951	5926
省	584839	551063	33776	671923	631169	40754
市	677557	609002	68555	893707	806981	86726
县级市	514378	508432	5946	415464	412701	2763
按经济类型分						
国有经济	1347557	1238619	108938	1485349	1380920	104429
联营经济	1060	1060		383	383	
股份制经济	2000	1250	750	5500	5495	5
外商投资经济						
港澳台经济	30294	30240	54	44258	43689	569
集体经济	602098	594862	7236	661481	630315	31166
按地区分						
市区	1541566	1427893	113673	1696115	1564857	131258
县级市	441443	438138	3305	500856	495945	4911
番禺市	220457	218774	1683	219563	217647	1916
花都市	124752	123530	1222	133938	132647	1291
增城市	50171	50087	84	103528	102418	1110
从化市	46063	45747	316	43827	43233	594

11—8 建筑业企业增加值及其构成

(1997 年)

单位：万元

项　　目	增加值	本年固定资产折旧	主营业务应付工资	主营业务应付福利	劳动待业保险费	工程结算税金及附加	管理费用中税金	工程结算利润	转作奖金的利润
总　　计	**662077**	**51500**	**300564**	**40864**	**20026**	**58887**	**3576**	**188023**	**1363**
按地区分									
市　区	509904	39701	229029	33625	17161	42514	2521	145991	638
县级市	152173	11799	71535	7239	2865	16373	1055	42032	725
番禺市	59856	5848	28397	2682	537	6019	669	15729	25
花都市	34547	1685	17918	1770	220	4844	80	8547	517
增城市	40424	3946	16237	2127	2031	3385	138	12692	132
从化市	17346	320	8983	660	77	2125	168	5064	51
按经济类型分									
国有经济	469993	40510	203626	31207	18356	36436	2593	137861	596
联营经济	141	2	90	13		13		23	
股份制经济	2117	145	926	122		146	1	777	
外商投资经济									
港澳台投资经济	8152	336	3934	385	96	1194	20	2207	20
集体经济	181674	10507	91988	9137	1574	21098	962	47155	747
按隶属关系分									
中央	80285	10303	29068	3368	2544	6743	289	28513	543
省	208136	19845	83836	13945	9087	17954	835	62635	1
市	255748	13617	128581	17932	7535	20115	1483	66979	494
县级市	117908	7735	59079	5619	860	14075	969	29896	325
在市属企业中：									
市建总公司	51778	2628	31404	5237	3818	2532	241	5918	
市房地产实业总公司	21087	1525	9072	1242	736	2035	215	6262	
市政工程总公司	27574	2143	12711	2392	35	261	95	9937	

11－9 建筑业企业工程质量

（1997 年）

项　　　目	竣　工 工　程 （个）	#优良	房屋竣工 面积（米²）	#优良	优良品率（%）	
					竣工工程	竣工面积
总　　计	**4308**	**1620**	**9411031**	**3292302**	**37.60**	**34.98**
按隶属关系分						
中央	556	249	107843	75298	44.78	69.82
省	661	338	1616579	496200	51.13	30.69
市	2158	801	3641534	1486202	37.12	40.81
县级市	933	232	4045075	1234602	24.87	30.52
按经济类型分						
国有经济	2323	1055	3485804	1462364	45.42	41.95
联营经济	3					
股份制经济	53		23372			
外商投资经济						
港澳台投资经济	174	76	14703		43.68	
集体经济	1755	489	5887152	1829938	27.86	31.08
按主管系统分						
建设部系统	2511	710	7158424	2738500	28.28	38.26
冶金工业系统	47	26	121542	72056	55.32	59.28
煤炭工业系统	12	6	48440	6800	50.00	14.04
石油工业系统	51	38			74.51	
化学工业系统	91	54	30564	7682	59.34	25.13
水利电力系统	267	200	358879	118810	74.91	33.11
机械工业系统	9	1	49067	10000	11.11	20.38
林业系统	1					
国防工业系统	6	4	82169	59556	66.67	72.48
建材工业系统	25	1	3833		4.00	
轻纺工业系统	29	7	125532	15373	24.14	12.25
铁道系统	77	69	22582	15742	89.61	69.71
交通系统	91	43	6092		47.25	
邮电系统	550	285			51.82	
农牧渔业系统	128	21	732497	107177	16.41	14.63
商业系统	77	22	144485	40750	28.57	28.20
公安系统						
其他系统	336	133	526925	99856	39.58	18.95

11—10 建筑业企业主要经济效益指标

（1997 年）

项　　目	竣工率（%）	本年竣工产值（万元）	自行完成施工产值（万元）	单位工程竣工率（%）	竣工单位工程个数（个）	施工单位工程个数（个）
总　　计	91.27	1793705	1965269	56.28	4308	7654
按地区分						
市　区	89.30	1345130	1506384	60.59	3339	5511
县级市	97.75	448575	458885	45.22	969	2143
番禺市	111.75	177261	158626	52.10	435	835
花都市	111.66	184829	165524	38.88	243	625
增城市	57.42	48789	84968	32.32	128	396
从化市	75.75	37696	49767	56.79	163	287
按经济类型分						
国有经济	94.65	1219132	1287999	57.16	2323	4064
联营经济	100.00	383	383	100.00	3	3
股份制经济	83.34	4536	5443	75.71	53	70
外商投资经济						
港澳台投资经济	53.24	18188	34161	59.18	174	294
集体经济	86.53	551466	637283	54.45	1755	3223
按隶属关系分						
中央	100.95	218356	216305	72.68	556	765
省	120.36	643630	534746	48.82	661	1354
市	73.71	601951	816625	61.46	2158	3511
县级市	82.94	329768	397593	46.10	933	2024
在市属企业中：						
市建总公司	71.98	126946	176370	42.75	109	255
市房地产实业总公司	64.16	54408	84806	61.56	197	320
市政工程总公司	94.04	38761	41216	25.40	16	63

11—10 续表

项目	产值利润率(%)	自行完成施工产值(万元)	利润总额(万元)	资本金合计(万元)
总计	1.96	1965269	38536	444078
按地区分				
市区	2.01	1506384	30347	350793
县级市	1.78	458885	8189	93285
番禺市	2.35	158626	3730	27662
花都市	1.30	165524	2147	22805
增城市	0.96	84968	819	26490
从化市	3.00	49767	1493	16328
按经济类型分				
国有经济	1.77	1287999	22856	289088
联营经济	—2.43	383	—9	69
股份制经济	8.27	5443	450	1798
外商投资经济				
港澳台投资经济	0.79	34161	269	16369
集体经济	2.35	637283	14970	136754
按隶属关系分				
中央	3.02	216305	6526	90623
省	1.68	534746	8990	93786
市	1.90	816625	15480	182551
县级市	1.90	397593	7540	77118
在市属企业中：				
市建总公司	0.45	176370	793	12217
市房地产实业总公司	2.34	84806	1984	13182
市政工程总公司	1.06	41216	436	23000

11—11 建筑业企业(资质一级)一览表

(1997 年)

企业名称	施工产值(万元)	建筑业增加值(万元)	固定资产原价(万元)	从业平均人数(人)	劳动生产率(元/人)	技术装备率(元/人)	优良品率(%)
广东省公路工程总公司	75776	29093	34902	5097	148668	17905	75.00
广东省电力工业局第一工程局	56411	33117	25882	8025	70294	11520	96.74
广州市市政工程总公司	41216	27574	45079	4766	86479	14878	50.00
广东省第三建筑工程公司	38095	13649	8153	5980	63704	3821	
广东省水利水电第二工程局	36987	25636	22841	4546	81362	17395	85.71
广东省工业设备安装公司	35656	13843	5192	2260	157770	2351	41.18
广州市机电安装公司	35355	7085	4163	2886	122505	2664	100.00
广州市第一建筑工程公司	35164	8835	6331	5079	69234	475	31.25
广东省第一建筑工程公司	29659	9278	5509	4955	59857	1721	
广州市建筑置业公司	28978	4598	5754	3132	92522	4901	16.67
广东省第四建筑工程公司	28899	11696	8621	3301	87546	6076	46.67
广州市第二建筑工程公司	28062	10391	7210	4363	64318	702	69.23
广州市第三建筑工程有限公司	27017	7679	7808	4668	57877	5380	100.00
广州市住宅建设发展公司	26967	7151	11510	2403	112222	12628	100.00
广州市建筑机械施工公司	26700	8062	13004	4285	62310	8013	28.57
番禺市建筑安装工程公司	26133	10460	7881	4675	55899	5324	56.18
交通部第四航务工程局第二工程公司	25393	8130	17567	1652	153711	29103	100.00
广东省电力工业局输变电工程公司	25139	9572	4762	2563	98084	6609	100.00
交通部第四航务工程局第一工程公司	23843	9411	22001	1515	157380	26064	
广东省基础工程公司	22628	8152	10025	2586	87502	9819	
番禺市桥梁开发建设工程公司	22013	13175	24745	3100	71010	22833	
广州市第四建筑工程公司	20022	8498	8664	3597	55663	9263	100.00
广东省邮电工程公司	19687	2459	7236	849	231885	19252	33.88
铁道部大桥工程局第三桥梁工程处	19472	5948	7443	3462	56245	8277	100.00
广东火电工程总公司	19016	10751	30585	3074	61861	30215	100.00
广州市自来水工程公司	18235	9195	5703	1732	105283	10262	100.00
广州航道第二疏浚工程公司	18088	11361	56453	1170	154598	173501	
中建三局一公司广州分公司	17452	5078	1987	1000	174520	3150	
广州市市政工程维修处	15536	9987	10937	2238	69419	1431	23.53
广东海外建设总公司	15299	3060	339	2000	76495	1415	60.00
广州市房屋经营建设公司	15281	3847	2950	1085	140839	10267	66.67
花都市建筑工程公司	15155	3561	3003	3000	50517	529	22.73

注:劳动生产率按施工产值计算,下同。

11—11 **续表 1**

企业名称	施工产值（万元）	建筑业增加值（万元）	固定资产原价（万元）	从业平均人数（人）	劳动生产率（元/人）	技术装备率（元/人）	优良品率（%）
广东中南建设物业发展总公司	15000	3475	4273	2500	60000	8304	100.00
广东省石油化工建设集团公司	14644	6830	7262	1863	78604	7899	70.67
广州航道局第一疏浚工程公司	14110	7955	48390	981	143833	74862	40.00
广东省冶金建筑安装公司	13868	798	614	7847	17673	304	55.56
广州市水电设备安装公司	13581	5491	4870	691	196541	12656	29.85
广东省华侨建设工程公司	12311	961	265	3110	39585	135	
广东省水利水电机械施工公司	10919	6718	10046	958	113977	37479	
中国水产广州建港工程公司	10551	3265	6960	1648	64023	6468	100.00
广州珠江装修工程公司	10501	1961	815	312	336571		100.00
广东省煤炭建筑工程公司	9826	1556	560	1485	66168	1145	28.57
广东省装饰总公司	9694	359	464	230	421478	6474	
广东省建筑工程机械施工公司	8633	2631	3785	1495	57746	3506	18.18
广州市公路局公路工程公司	7818	1930	8347	451	173348	52936	100.00
广州协安建设工程公司	7159	1771	514	1200	59658	833	100.00
华辉装修建筑工程公司	7045	1847	581	1056	66714	677	90.00
广东省建筑构件工程公司	6029	1445	3854	604	99818	969	4.76
广州市园林建筑工程公司	5680	2288	1226	959	59228	2204	39.22
广州市城总装饰有限公司	5200	908	1927	280	185714	714	52.00
广东省地质工程公司	5110	1156	2347	249	205221	27080	
广东省建筑工程总公司	4882	460	8475	620	78742		
广东省水电安装公司	4223	2552	4791	1015	41606	18419	41.67
中国煤田地质总局江南基础工程公司	4007	1639	3013	1500	26713	16216	100.00
番禺市艺高装璜设计安装工程公司	3800	1298	535	498	76305		
广州铝材厂装饰工程公司	3752	915	692	181	207293	24669	100.00
广东长城建设集团有限公司	3671	2373	16639	820	44768	17116	33.33
广东省建筑装饰集团公司	3308	454	69	341	97009	229	62.50
广州白云山建筑装修工程公司	2857	1053	1160	130	219769	1508	83.33
广州新中港机电装修工程有限公司	2009	511	76	134	149925	522	50.00
广州市房地产实业总公司	1212	4365	2230	218	55596		
广州航道局港航公司	1116	972	1869	261	42759	9536	100.00
广州(四航)宏华工贸工程公司	625	339	2920	30	208333	31467	
广东大地基础工程总公司	526	251	887	225	23378	33378	

11—12 建筑业企业(资质二级)一览表

(1997年)

企业名称	施工产值(万元)	建筑业增加值(万元)	固定资产原价(万元)	从业平均人数(人)	劳动生产率(元/人)	技术装备率(元/人)	优良品率(%)
广州市冶金建设公司	20722	5106	1230	2510	82558	1053	66.67
花都市第三建筑工程公司	16669	3417	1686	2022	82438	3905	48.57
花都市第二建筑工程公司	16277	2945	2283	1980	82207	6189	25.00
广州铁路第一工程公司	15871	4886	4750	1801	88123	7846	94.44
广州市自来水专业工程队	14610	4987	727	2302	63467	969	92.00
花都市土木建筑工程公司	14481	3739	1604	2073	69855		35.29
广州市白云区第一建筑集团公司	13883	2821	4634	3250	42717	7945	54.55
广东省航务工程总公司	13715	4416	6566	1179	116327	29593	62.50
广州石油化工总厂建筑安装工程公司	13519	4516	5690	1251	108066	15720	74.51
番禺市第二建筑工程公司	12528	3573	1094	2005	62484	5455	33.33
花都市住宅建设公司	12527	2191	2200	2017	62107	4696	20.83
花都市第四建筑工程公司	12500	2722	578	2010	62189	2246	28.57
番禺市江南建筑工程公司	12119	3017	5278	1090	111183	19931	
天河区建安总公司	12081	2484	1364	773	156287	11048	50.00
广州市电信工程公司	10511	2382	821	321	327445	11960	94.12
广州市三元里建筑工程公司	10350	2201	1070	2107	49122	2333	36.36
广州市黄埔区第二建筑工程公司	10020	2613	1160	2100	47714	170	37.50
广州市越秀区住宅建设公司	10017	1613	9631	1952	51317	3102	60.00
广州市白云区石井镇建筑工程公司	9751	1693	1515	2003	48682	2886	33.33
番禺市第三建筑工程公司	9623	4341	1927	2054	46850	5437	18.18
广州住友建设发展公司	8752	2262	2101	1668	52470	2890	21.43
广州市黄埔区建筑工程总公司	8369	1293	255	1924	43498	430	28.00
增城市第二建筑工程公司	8022	2251	1475	1516	52916	340	29.41
从化市第三建筑工程公司	7600	2593	1249	2109	36036	3220	20.00
广州市白云区市政工程公司	7513	465	2524	844	89017	15474	
广州市二轻工业建筑公司	7100	1164	1264	737	96336	2459	33.33
广州市白云区第二建筑工程公司	7039	2010	1109	1395	50459	4857	16.67
增城市建筑工程公司	6983	1894	2647	2020	34569	6032	40.00
广州市化工建筑工程公司	6716	1987	2083	1560	43051	1821	16.67
广州市东山区建筑安装工程公司	6580	2994	3509	1553	42370	611	66.67
从化市第四建筑公司	6531	2394	1242	2006	32557	2962	11.11
广东省电力工业局技术改进公司	6365	2013	3665	633	100553	19619	
从化市建筑市政工程总公司	6217	2864	1767	2130	29188	5164	33.33

11—12 续表1

企业名称	施工产值（万元）	建筑业增加值（万元）	固定资产原价（万元）	从业平均人数（人）	劳动生产率（元/人）	技术装备率（元/人）	优良品率（%）
广州市国营华安建筑开发公司	6066	606	1356	1582	38344	1846	
天河置业发展公司	6030	585	1523	1965	30687	6647	
广州市芳村区市政建设工程公司	6024	1991	3337	1347	44722	3500	
广州市江高建筑工程公司	5842	2057	1353	1280	45641	7544	33.33
广州市机电建筑工程公司	5829	1592	1161	836	69725	1904	11.11
五羊装饰设计工程公司	5720	847	71	534	107116		100.00
广州市白云区第五建筑工程公司	5300	2281	3048	2003	26460	9935	
从化市建筑工程总公司	5300	2589	1802	2730	19414	5359	
广州市荔湾区建筑工程总公司	5227	1677	1023	1164	44905	528	
从化市第一建筑工程公司	5213	441	1361	568	91778	1202	100.00
广州市美术公司	5113	1410	1213	183	279399		64.29
广东省农垦建设实业总公司	4778	2063	6255	571	83678	263	54.55
广州市芳村区建筑工程公司	4648	2441	2081	1261	36860	7938	
广州市白云区第三建筑工程公司	4501	842	1980	502	89661		
交通部第四航务工程局船舶工程公司	4265	3664	14174	814	52396	484	
广州铝质装饰工程有限公司	4051	1097	1412	246	164675	6593	
广东高建实业有限公司	3981	1057	905	1936	20563	3569	80.00
广州市黄埔区市政建设总公司	3971	1222	1370	398	99774	9585	
广州市水电建设工程公司	3951	1190	1278	380	103974	11621	25.00
海珠区第二建筑工程公司	3620	1292	317	289	125260	2889	50.00
广州市海珠区建筑工程总公司	3522	1485	1394	394	89391	2975	18.18
广州穗城建筑工程公司	3050	2212	1832	1683	18122	4408	20.00
广东省粤海设计装饰工程公司	3011	1680	984	556	54155	3912	100.00
广州铁路广州电务工程公司	2904	1164	644	323	89907	6025	100.00
海珠区第三建筑公司	2589	1672	137	405	63926	1491	
广州市煤气工程公司	2552	947	958	285	89544	7193	
广州市白云区土木建筑工程公司	2536	901	1150	482	52614	4191	10.00
广州恒建工程有限公司	2487	150	56	135	184222	2326	
广东南国建设公司	2372	678	82	346	68555	1803	
交通部第四航务工程局机电工程公司	2347	806	3271	500	46940	228	50.00
广州市展览装饰工程	2346	418	13	168	139643	357	
华侨现代服务有限公司	2247	245	24	197	114061	914	100.00
广州白云铝质装修工程有限公司	2180	645	552	232	93966	172	

11—12 续表 2

企业名称	施工产值（万元）	建筑业增加值（万元）	固定资产原价（万元）	从业平均人数（人）	劳动生产率（元/人）	技术装备率（元/人）	优良品率（%）
广州白云穗港酒店设备工程公司	2117	938	1013	120	176417	333	
广州市荔湾区建筑装饰工程公司	2034	504	305	212	95943	9349	20.69
荔湾区市政建设工程公司	2016	1245	1777	730	27616	10571	1.02
广东富海建筑工程有限公司	1989	162	2	670	29687	30	
海珠区第一建筑公司	1936	977	188	351	55157	1473	
广东省林业基建工程公司	1870	214	301	111	168468	22685	
广东广信建筑装饰工程有限公司	1775	263	1047	156	113782	3205	50.00
广州市中联实业总公司装饰公司	1482	508	802	220	67364	36455	
广州市海珠区装修公司	1453	479	101	145	100207	138	
广东省煤炭宏大建筑企业公司	1268	435	1117	320	39625	13250	
富粤建筑装饰工程公司	1167	187	371	148	78851	5338	
越秀区装饰工程公司	1007	214	314	76	132500	40329	50.00
富丽(穗港)建筑装修工程公司	1006	113	300	113	89027		50.00
海珠区建筑水电安装公司	998	849	136	412	24223	570	
广东广源工程公司	985	30	304	75	131333	10933	100.00
广州市室内装饰配套公司	907	249	26	157	57771		100.00
广东省食品企业集团冷气装饰工程公司	754	243	231	128	58906	469	100.00
东松冷气装饰工程公司	687	184	24	96	71563	1365	
广州市海珠海建市政工程公司	667	176	166	87	76667		
振达建筑装饰工程有限公司	664	113	54	116	57241	2586	
广东省建业技术工程公司	661	48	558	1009	6551	4192	
广州市广钢现代环境装饰公司	528	214	100	81	65185	6444	
广东省建总房地产公司	521	131	73	150	34733	4000	
广东省建东建筑工程公司	519	56	144	1245	4169	522	20.00
南方装饰公司	467	255	39	62	75323		
广东省粤艺装饰公司	383	141	68	101	37921		
广州海上救助打捞局	350	309	1395	118	29661	847	
番禺市万顷沙建筑公司	320	90	88	75	42667	6840	
广州市白云通达建筑工程公司	243	46	48	102	23824	2157	
广州市建生建筑装饰工程公司	132	29	406	18	73333		66.67
广州协建工程有限公司	82	56	380	10	82000	188900	
穗港发建筑装饰工程公司	65	48	961	118	5508	18263	
海珠区建筑公司基础公司	15	11	113	50	3000		

主要统计指标解释

【建筑业总产值(即自行完成施工产值)】指建筑业企业或附营建筑施工单位自行完成的按工程进度计算的建筑安装生产总值。建筑业产值包括：

1.建筑工程产值：指列入建筑工程预算内的各种工程价值。

2.设备安装工程产值：指设备安装工程价值。

3.房屋、构筑物修理产值：指房屋、构筑物修理所完成的价值，但不包括被修理房屋、构筑物本身的价值和生产设备的修理价值。

4.非标准设备制造产值：指加工制造没有定型的、非标准的生产设备的加工费和原材料价值，不论是现场还是附属加工厂为本单位承建工程制造的非标准设备的价值，都应计算产值。

【竣工产值】指在报告期内，按照设计所规定的工程内容全部完成，达到了设计规定的交工条件，经有关部门检查验收鉴定合格的单位工程价值之和。

【房屋建筑施工面积】指在报告期内施工的全部房屋建筑面积。包括本期内新开工的、上期施工跨入本期继续施工、上期停建本期复工的房屋建筑面积；不包括上期开工后又停工，本期未施工的房屋建筑面积。

【房屋建筑竣工面积】指在报告期内，按照设计所规定的工程内容全部完成，达到了设计规定的交工条件，经有关部门检查验收鉴定合格的房屋建筑面积。

【工程结算收入】指企业(或单位)按工程的分部分项目自行完成的建筑产品价值并已与甲方在报告期内办理结算手续的工程价款收入，以及向甲方收取的除工程价款以外的按规定列作营业收入的各种款项，如临时设施费、劳动保险费、施工机械调迁费等以及向甲方收取的各种索赔款。

第十二篇

运输和邮电

运输生产平稳回升　邮电通讯持续发展

1997年，广州市运输邮电业在深化改革中调整，在激烈竞争中发展，运输生产平稳回升，邮电通讯持续发展。

广州市运输邮电业基础设施有所加强。1997年末，全市公路通车里程4382公里，比上年增加20公里，桥梁1178座，新增39座；全市机动车突破100万辆，达101.76万辆，比上年增长12.13%，其中营运客车、货车为15.15万辆和8.46万辆，分别比上年增长2.45%和0.06%；全市民用运输机动船舶5618艘，比上年增长22.29%；码头长度61052米，泊位1088个，分别增长4.78%和6.46%。全市拥有邮电局所626个，比上年新增102个，年末电话交换机总容量234.23万门，比上年增长14.56%。

全社会客货运输量平稳回升。1997年全社会客运量达1.77亿人次，旅客周转量241.80亿人公里，分别比上年增长13.35%和17.01%；货运量23768万吨，比上年增长1.94%；货物周转量3057.36亿吨公里，下降0.64%。基本遏制住上年运输量下降的局面。

运输市场主要特点：

1. 公路运输生产全面上升。1997年，由于公路基础设施加强，市场客货源稳定，全市公路运输生产大幅回升，全年完成客运量1.45亿人次，旅客周转量49.80亿人公里，货运量1.02亿万吨，货物周转量58.75亿吨公里，分别比上年增长15.16%、20.43%、14.52%和6.80%。

2. 水路运输逐年回落。受目前全世界水运业运力大于运量，全行业不景气的影响，我市水路运输业生产经过1993年和1994年两年的高峰期后逐年回落。1997年水路运输继续回落，全市完成客运量417万人次，旅客周转量4.93亿人公里，货运量1.09亿万吨，货物周转量2808.46亿吨公里，分别比上年下降12.21%、3.23%、4.37%和0.47%。由于占水路运输主导地位的广州远洋、广州海运等国有企业的运量大幅下降，直接影响全市水路运输生产的下降。

3. 铁路运转进入"北货南客"调整期。1997年，羊城铁路总公司为适应整个经济大气候的变化，响应铁道系统"北货南客"为重点的营运策略，以往客货运逐年增长的情况有所改变。全年完成客运量2363万人次，旅客周转量116.90亿人公里，分别比上年上升10.83%和15.73%，继续以较高的速度增长；完成货运量2331万吨，货物周转量187.38亿吨公里，分别比上年下降1.48%和5.42%，符合南方铁路运输以客运为重点的原则。

4. 民航运输持续增长。白云机场全年总起降架次为11.17万次，完成货物吞吐量35.18万吨，旅客吞吐量1251.2万人次。南方航空公司(广州部)完成客运量468万人次，旅客周转量70.16亿人公里，货运量14万吨，货物周转量2.66亿吨公里，分别比上年增长1.74%、18.55%、16.67%和43.21%。广州市民航运输生产自1990年以来保持连年增长的好势头。

5. 港口设施加强，货物吞吐量略降。1997年，广州港口设备增加，河道疏浚有所改善，但珠江三角洲多个沿海港口码头纷纷上马，使一些零星散货分流，影响广州市港口吞吐量有轻微下降。全年完成货物吞吐量8390万吨，比上年下降1.41%，其中标准集装箱的吞吐量为798万吨，比上年增长1.85倍，表明我市的港口业趋向国际化、标准化和现代化。

邮电通信业持续快速发展。1997年，全市完成邮电业务总量71.17亿元(1990年不变价)，比上年上升23.03%；年末电话机数达217.10万部，比上年增长10.02%，市话普及率由上年的每百人拥有电话48部上升至53部，继续居全国十大城市前列；年末无线寻呼用户145.27万户，移动电话用户65.58万户，分别比上年末增长23.70%和55.29%，是增长速度最快的两项业务。邮电通信业还成为全国十大经营承诺服务行业中受用户赞誉最高的行业。

货物、旅客运输量

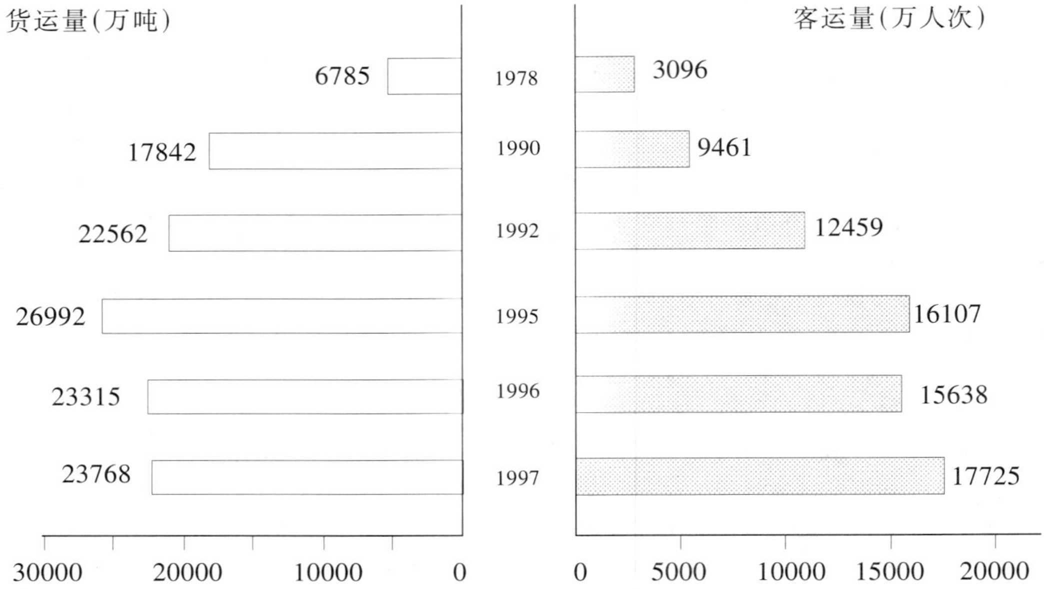

邮电业务总量

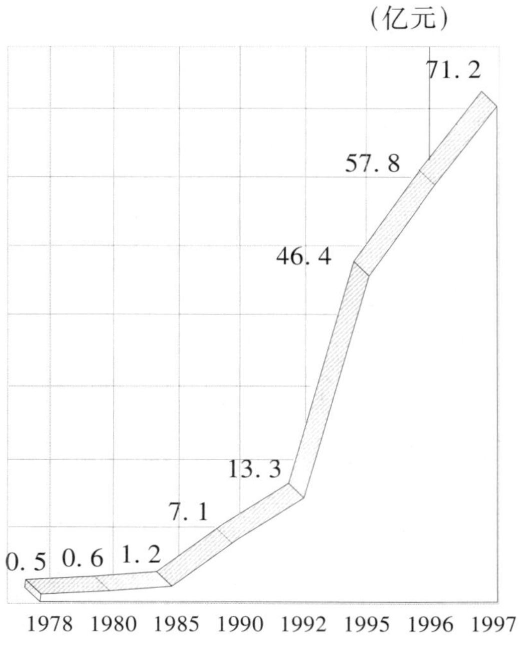

年末市话交换机总容量

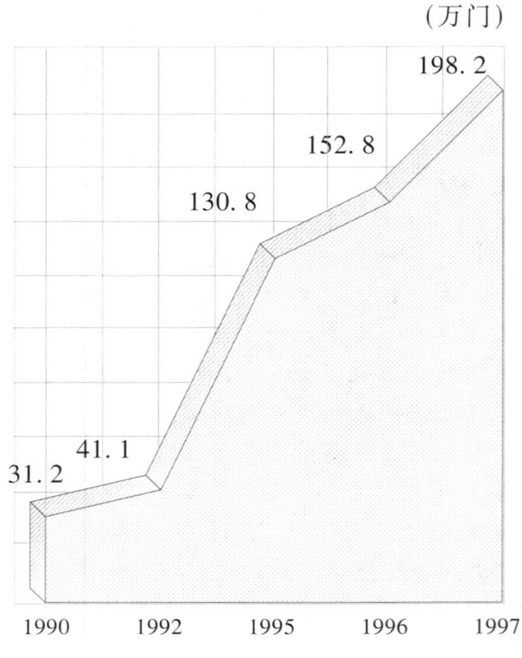

12-1 交通邮电基本情况

项目	单位	1995年		1996年		1997年	
		全市	#市区	全市	#市区	全市	#市区
铁路客运量(发送量)	万人次	2306	2306	1922	1922	2363	2363
铁路货运量(到发量)	万吨	3648	3648	3517	3517	3461	3461
公路客运量	万人次	5283	5074	5112	4889	4907	4594
公路货运量	万吨	498	456	358	335	314	295
水路客运量	万人次	378	378	270	270	209	209
水路货运量	万吨	8297	7650	8399	7764	8335	8335
航空客运量	万人次	480	480	460	460	468	468
航空货运量	吨	113280	113280	121493	121493	144241	144241
港口货物吞吐量	万吨	8340	7186	8510	7450	8390	7518
年末邮电局所数	处	422	328	524	400	626	461
邮电业务总量(1990年不变价格)	万元	463690	363243	578486	461431	711698	576651
报纸发行量	万份	179453	175583	187646	183893	166713	163378
杂志发行量	万份	4837	4837	4905	4905	4884	4884
年末电话机数	部	1863434	1589281	1972888	1595191	2171049	1711124
市话	部	1589281	1589281	1595191	1595191	1912419	1711124
农话	部	274153		377697		258630	
移动电话期末户数	户	275676	227985	422306	347474	655815	544766
无线寻呼期末户数	户	1027000	844200	1174326	971164	1452650	1201342

注:1.本表客货运量为交通系统口径,其他为全社会口径;2.市话包括四县级市市区数。

12−2 全社会客货运输(吞吐)量

(1997 年)

项目	客运量(万人次)	旅客周转量(万人千米)	货运量(万吨)	货物周转量(万吨千米)	旅客离港量(万人次)	货物吞吐量(万吨)	#集装箱
合计	17725	2417996	23768	30573646	64	8390	798
公路运输	14477	498009	10188	587500			
#独立核算运输企业	4937	143529	536	22415			
#交通部系统	4907	141087	314	18190			
个体及联户	1839	60596	4613	167741			
水路运输	417	49341	10867	28084564			
#独立核算运输企业	209	20055	8341	28045794			
#交通部系统	209	20055	8335	28044900			
个体及联户	34	2896	1304	10820			
港口					64	8390	798
#独立核算内河港口							
独立核算沿海港口					64	5162	605
铁路运输	2363	1169034	2331	1873800			
国有铁路	2363	1169034	2331	1873800			
地方铁路							
民航运输	468	701612	14	26606			
直属	468	701612	14	26606			
地方							
管道			368	1176			

12-3 全社会车辆数

(1997 年)　　单位:辆

项目	全市	市区	番禺市	花都市	增城市	从化市
民用汽车	277867	221611	24202	11557	14610	5887
大型客车	14069	12636	819	194	242	178
小型客车	123877	104552	8984	3178	5500	1663
大型货车	44273	33227	3278	3574	2516	1678
小型货车	89767	66397	10809	4397	5910	2254
专用载货汽车	2992	2707	2	134	58	91
其他专用汽车	1579	1025	100	67	372	15
大小特种车	1310	1067	210	13	12	8
轮胎式拖拉机	856				613	243
#手扶拖拉机	728				485	243
摩托车	738581	401653	179793	62257	66264	28614
#两轮摩托车	736890	400873	179594	61683	66251	28489
其他机动车	194	194				
载货挂车	79	79				

12－4 交通运输、邮电主要指标

（1997 年）

项　　目	单　位	全　市	市　区	番禺市	花都市	增城市	从化市
公路线路长度	千米	4382	950	560	711	1187	974
客运量	万人次	17725	14575	1363	533	742	512
旅客周转量	万人千米	2417996	2269287	64925	29250	41294	13240
货运量	万吨	23768	20147	1645	533	984	459
货物周转量	万吨千米	30573646	29714244	310905	175770	185976	186751
邮电业务总量(1990 年不变价格)	万元	711698	576651	71239	21383	30707	11718

注：公路线路长度不包括高速公路。

12－5 交通系统旅客运输量

项　　目	1985年	1990年	1995年	1996年	1997年
客运量合计(万人次)	**4519**	**5980**	**9366**	**9047**	**7947**
铁　路	1898	1939	2530	2132	2363
公　路	1720	3010	5978	6185	4907
水　路	668	588	378	270	209
民　航	233	443	480	460	468
旅客周转量合计(万人千米)	**803710**	**1185458**	**1928130**	**1787794**	**2031788**
铁　路	360669	547685	1156969	1010097	1169034
公　路	131212	123783	149179	157695	141087
水　路	105267	96753	55153	28180	20055
民　航	206562	417237	566829	591822	701612

12—6 铁路货物到发量

单位：万吨

货物名称	1996年			1997年		
	合计	到达量	发送量	合计	到达量	发送量
合计	3517.37	2103.53	1413.84	3461.10	2011.90	1449.20
煤炭及制品	571.05	514.22	56.83	468.50	409.80	58.70
石油、天然气及制品	134.91	73.42	61.49	145.20	66.40	78.80
金属矿石	123.49	30.32	93.17	140.40	19.90	120.50
钢铁	398.52	330.69	67.83	412.80	366.00	46.80
矿物性建筑材料	374.01	48.97	325.04	377.50	49.60	327.90
水泥	93.31	93.30	0.01	67.70	67.70	
木材	76.49	42.01	34.48	74.30	45.90	28.40
非金属矿石	131.72	128.75	2.97	129.90	126.90	3.00
化学肥料及农药	98.23	15.16	83.07	89.70	23.00	66.70
盐	11.27	10.86	0.41	11.60	11.10	0.50
粮食	196.97	185.63	11.34	222.50	215.30	7.20
机械、设备、电器	114.78	23.43	91.35	84.70	17.90	66.80
化工原料及制品	220.85	140.87	79.98	214.60	143.20	71.40
有色金属	31.57	25.84	5.73	30.60	26.10	4.50
轻工、医药产品	195.25	60.98	134.27	215.50	57.70	157.80
#日用工业品	53.14	28.60	24.54	52.80	26.20	26.60
农、林、牧、渔业产品	152.05	98.21	53.84	153.10	86.20	66.90
其他货类	592.90	280.87	312.03	622.50	279.20	343.30

注：本表仅包括市郊的广北、广西、广南、黄埔、广州、石围塘、江高镇、棠溪、广州东、石牌、吉山、大郎、下元十三个站的数字。

12—7 水路运输量及货物分类

（1997 年）　　单位：万吨

项　　目	合　计	远　洋	沿　海	内　河	#市航运
货运量	8335.00	1299.27	5435.43	1600.30	1193.95
货物周转量（万吨千米）	28044900	11201299	16653568	190033	109064
客运量（万人次）	209.00		116.64	92.36	
旅客周转量（万人千米）	20055.00		5817.69	14237.31	
货物分类：					
煤炭及制品	1771.28	1.84	1562.88	206.56	105.98
石油、天然气及制品	2689.53		2644.72	44.81	3.49
金属矿石	688.51	32.89	655.00	0.62	
钢铁	180.11	53.99	65.37	60.75	16.36
矿物性建筑材料	284.78	0.33	24.51	259.94	259.11
水泥	126.32	3.04	6.65	116.63	105.04
木材	71.26	11.41	38.11	21.74	12.50
非金属矿石	267.58	14.63	87.02	165.93	131.05
化学肥料及农药	128.13	58.63	53.00	16.50	16.50
盐	25.98		11.35	14.63	11.54
粮食	270.68	69.73	174.16	26.79	23.90
化工原料及制品	68.54	6.62	25.75	36.17	34.64
有色金属	6.91		2.14	4.77	0.13
轻工、医药产品	156.74	30.92	15.06	110.76	4.19
#日用工业品	1.60			1.60	0.21
农、林、牧、渔业产品	38.77	0.52	14.02	24.23	23.15
其他货类	1559.88	1014.72	55.69	489.47	446.37

12—8 港口吞吐量及货物分类

（1997年）

单位：万吨

项　目	合　计	进　口	出　口	#广州港	进　口	出　口
旅客吞吐量（万人次）	133.71	69.66	64.05	109.68	57.89	51.79
货物吞吐量	8390.07	5347.47	3042.60	7518.00	4948.26	2569.74
本港码头	5215.70	3108.00	2107.70	5161.04	3067.22	2093.82
企业码头	3174.37	2239.47	934.90	2356.96	1881.04	475.92
货物分类：						
煤炭及制品	2191.48	1759.27	432.21	2096.75	1667.08	429.67
石油、天然气及制品	2293.60	1319.41	974.19	2283.17	1309.34	973.83
金属矿石	211.95	206.42	5.53	209.53	204.22	5.31
钢铁	196.11	167.73	28.38	188.99	162.56	26.43
矿物性建筑材料	353.60	208.09	145.51	261.07	167.79	93.28
水泥	57.78	15.76	42.02	15.25	13.52	1.73
木材	65.24	59.48	5.76	63.23	58.71	4.52
非金属矿石	499.98	192.89	307.09	201.71	127.88	73.83
化学肥料及农药	283.42	183.06	100.36	267.57	175.96	91.61
盐	32.62	24.20	8.42	31.50	23.17	8.33
粮食	612.12	318.57	293.55	607.22	314.88	292.34
机械设备、电器	265.32	124.66	140.66	232.97	103.72	129.25
化工原料及制品	213.68	113.44	100.24	167.38	94.59	72.79
有色金属	38.34	14.52	23.82	24.96	7.12	17.84
轻工、医药产品	278.21	146.78	131.43	228.87	118.90	109.97
#日用工业品	23.33	5.65	17.68	22.92	5.24	17.68
农、林、牧、渔业产品	238.95	161.66	77.29	210.79	137.19	73.60
其他货类	557.67	331.53	226.14	427.04	261.63	165.41

12—9 广州港国际标准集装箱吞吐量

项目	1996年			1997年		
	合计	进口	出口	合计	进口	出口
箱数合计(箱)	557528	272494	285034	687303	325189	362114
重量合计(吨)	4848189	2260112	2588077	5984692	2712934	3271758
国内小计						
1.箱数(箱)	29513	21999	7514	63962	42388	21574
2.重量(吨)	79663	46679	32984	350357	149607	200750
国际小计						
1.箱数(箱)	528015	250495	277520	623341	282801	340540
#香港	490131	231137	258994	591229	263970	327259
日本	24158	12661	11497	19348	12402	6946
南韩	61		61	949	415	534
马来西亚	1465	314	1151	1373	319	1054
新加坡	4515	529	3986	3305	606	2699
泰国	5364	5038	326	4923	4429	494
意大利	134	128	6	18	18	
印尼	743	196	547	806	36	770
2.重量(吨)	4768526	2213433	2555093	5634335	2563327	3071008
#香港	4305485	2027325	2278160	5288374	2411725	2876649
日本	252676	83529	169147	101499	628	100871
南韩	182		182	15326	7296	8030
马来西亚	22499	6230	16269	19558	4906	14652
新加坡	67641	6954	60687	46015	7425	38590
泰国	83788	77938	5850	76507	68148	8359
意大利	1263	1185	78	419	419	
印尼	13811	3589	10222	13258	628	12630

12—10 独立核算运输企业财务指标

单位：万元

项　　目	1996年			1997年		
	合　计	#国有经济	#集体经济	合　计	#国有经济	#集体经济
企业个数(个)	41	21	16	41	21	16
资本金合计	491500	461848	21842	496777	470214	18054
流动资产年末合计	502143	443570	47709	527982	486878	31250
固定资产年末合计	1499403	1454654	32126	978309	932619	36036
固定资产原价	2236078	2162689	56162	1611798	1534628	60798
累计折旧	868405	835787	27235	730463	696280	27465
无形及递延资产合计	5046	4210	345	11910	10805	468
资产合计	2137271	2027180	81811	1698580	1106535	68765
流动资产合计	383564	320029	53091	414819	371939	37622
长期负债合计	949383	934122	12884	431039	415835	12557
负债合计	1332948	1254152	65975	845958	287774	50179
所有者权益	804323	773028	15836	852622	818761	18586
主营业务收入	1114397	1071292	28621	1016617	979851	25445
营业税金及附加	18751	17427	909	17674	16452	792
营业成本	958701	927511	20982	864482	837242	18686
营运业务利润	136945	126354	6730	134358	126054	5967
管理费用	87189	75680	9450	88477	77905	8966
财务费用	76580	74961	1267	56266	54458	1584
营业利润	—18892	—20351	—20	—2279	—2506	—1135
利润总额	14751	17082	—4062	20886	24038	—4024
应交所得税	5111	5009	10	7295	7276	7
应付利润	501		1	161	27	118

注：本表口径为县及县以上独立核算公路运输、水上运输、内河(沿海)港口企业。

12—11 市属交通系统公路货物运输基本情况

单位：万吨

项　　目	1995年		1996年		1997年	
	合　计	#市　区	合　计	#市　区	合　计	#市　区
运输车量数(辆)						
货运汽车	728	637	669	582	597	534
载货挂车	33	33	32	32	27	27
货物运输量	498.00	456.00	357.60	335.20	310.38	294.59
汽车	498.00	456.00	357.60	335.20	310.38	294.59
#载货挂车	4.00	4.00	3.40	3.40	2.71	2.71
货物周转量(万吨千米)	22012.00	19677.00	19161.80	18061.10	17347.34	16466.85
汽车	22012.00	19677.00	19161.80	18061.10	17347.34	16466.85
#载货挂车	218.00	218.00	183.00	183.00	103.53	103.53
货物分类						
煤炭及制品	44.26	44.26	37.06	37.06	15.10	15.10
石油、天然气及制品	0.01	0.01			1.92	1.92
金属矿石	0.09	0.09	0.02	0.02	0.03	0.03
钢铁	36.00	36.00	17.19	17.19	11.66	11.66
矿物性建筑材料	14.34	14.34	8.56	8.56	3.39	3.39
水泥	4.71	4.71	5.96	5.96	3.85	3.85
木材	4.51	4.51	4.51	4.51	0.64	0.64
非金属矿石	11.74	11.74	8.48	8.48	9.42	9.42
化学肥料及农药	0.17	0.17	0.21	0.21	0.26	0.26
盐	0.17	0.17	0.21	0.21	0.11	0.11
粮食	0.28	0.28	0.28	0.28	0.08	0.08
机械、设备、电器	26.51	26.51	20.86	20.86	18.03	18.03
化工原料及制品	6.62	6.62	3.10	3.10	3.04	3.04
有色金属	0.12	0.12	0.13	0.13	0.25	0.25
轻工、医药产品	20.27	20.27	20.05	20.05	16.55	16.55
#日用工业品	18.92	18.92	16.09	16.09	11.72	11.72
农、林、牧、渔业产品	0.44	0.44	0.29	0.29	0.27	0.27
其他货类	327.76	285.76	230.69	208.29	225.78	209.99

12—12 民用运输船舶拥有量

项　　　目	1995年		1996年		1997年	
	全　市	#交通系统	全　市	#交通系统	全　市	#交通系统
数量(艘)	5892	1837	5616	1653	6463	1486
1、机动船	4681	1336	4594	1241	5618	1174
客船	421	52	425	43	419	26
客货船	4	4	1	1	1	1
货船	3974	1176	3974	1106	4927	1066
拖船	282	104	194	91	271	81
2、驳船	1211	501	1022	412	845	312
载客量(客位)	83702	14056	81602	10574	79762	7144
1、机动船	83702	14056	81602	10574	79564	7144
客船	81557	11911	81587	10559	79519	7099
客货船	2145	2145	15	15	45	45
2、驳船					198	
净载重量(吨位)	5744362	5265106	5443443	5080072	4339433	3983161
1、机动船	5362695	5109104	5189424	4935554	4147679	3864292
客货船	3880	3877	17	17	17	17
货船	5358815	5105227	5189407	4935537	4147662	3864275
2、驳船	381667	156002	254019	144518	191754	118869
功率(千瓦)	2374079	1925479	2185933	1892593	1809350	1451572
机动船	2374079	1925479	2185933	1892593	1809350	1451572
#拖船	194819	18411	162775	18484	195010	16597

12—13 市属交通系统水路运输量及周转量

项　　　目	1990年	1995年	1996年	1997年
运输总量(万吨)	1608	1477	1311	1194
货运量	1532	1435	1281	1175
驳运量	76	42	30	19
周转总量(万吨千米)	96708	136146	112738	109064
货运周转量	95420	135390	112221	108684
驳运周转量	1288	756	517	380
在货物运输量中				
1. 货运量(万吨)	1532	1425	1281	1175
内河	1400	942	799	653
外贸	132	483	482	522
#进口	30	153	212	232
沿海				
2. 货物周转量(万吨千米)	95420	108075	112221	108684
内河	75189	51186	45369	39049
外贸	20231	56889	66852	69635
#进口	4132	21154	30552	32848
沿海				

12—14 广州港港口吞吐量

项目	1996年			1997年		
	合计	进口	出口	合计	进口	出口
货物吞吐量(万吨)	**7450.06**	**5178.09**	**2271.97**	**7518.00**	**4948.26**	**2569.74**
1.外贸合计	2327.50	1896.79	430.71	2307.51	1801.17	506.34
2.内贸合计	5122.56	3281.30	1841.26	5210.49	3147.09	2063.40
沿海	2895.33	2678.74	216.59	2873.96	2582.35	291.61
内河	2227.23	602.56	1624.67	2336.53	564.74	1771.79
旅客进出港人数(万人次)	**208.02**	**112.07**	**95.95**	**109.67**	**57.88**	**51.79**
国内航线	187.37	100.17	87.20	100.21	52.58	47.63
国际航线	20.65	11.90	8.75	9.46	5.30	4.16

12—15 邮政电信网

单位:个

项目	1995年		1996年		1997年	
	全市	#市区	全市	#市区	全市	#市区
邮政网						
自办邮政局、所	208	123	217	126	251	134
市、县局	5	1	13	9	13	9
支局、所	203	122	204	117	238	125
代办所	82	73	139	106	165	117
邮政储蓄所	130	78	138	81	154	97
信箱、信筒	1651	715	1836	751	1881	796
电信网						
自办电信局所	26	26	30	30	32	32
电信局	1	1	1	1	1	1
支局、所	25	25	29	29	31	31
代办所	106	106	138	138	178	178

12—16 邮电业务收入

单位:万元

项目	1995年		1996年		1997年	
	全市	#市区	全市	#市区	全市	#市区
总计	380323	343096	528343	442179	687781	573948
#港澳及国际	101317	79332	115224	91822	105074	84534
1.市邮政局	73341	36114	83758	41916	60512	60512
#港澳及国际	29791	7806	31213	7811	5253	5253
2.市电信局	306982	306982	444585	400263	627269	513436
#港澳及国际	71526	71526	84011	84011	99821	79281
邮政收入	43010	36114	49784	41916	70970	60512
函件	4827	4445	5940	5562	11743	11308
特快专递	16164	14705	16702	15102	19261	17341
邮政快件	1524	1200	1502	1252	2100	1700
包件	3012	2606	3611	3096	4439	3804
报刊	3345	2926	4275	3785	6149	5581
其他	14138	10232	17754	13119	27278	20778
长途电信收入	175825	145494	214123	180148	271071	226051
国内长途电话	75551	67768	100734	90387	135041	117217
国际及港澳电话	93303	71526	102088	78892	120780	97470
电报	1535	1389	1308	1206	1096	910
其他	5436	4811	9993	9663	14154	10454
市内电话收入	94682	94682	130285	119938	176049	156545
其他收入	66806	66806	134151	100177	169691	130840
无线寻呼	1245	1245	1053	1053	1657	1657
移动电话	65415	65415	133098	99124	168034	129183
其他	146	146				

注:1.本表包括广州市电信局和广州市邮政局数;2.1997年起郊区的电信业务由市邮政局划归市电信局,市邮政局、市电信局的邮电业务与往年不可比,下同。

12—17 邮电业务交换量

项目	单位	1995年		1996年		1997年	
		全市	#市区	全市	#市区	全市	#市区
邮电业务总量(1990年不变价格)	**万元**	**463690**	**363243**	**578486**	**461431**	**711698**	**576651**
#计费	万元	460439	360482	575281	459386	709040	574495
总量中:1.邮政局	万元	125483	25036	143510	26455	26015	26015
2.电信局	万元	338207	338207	434976	434976	685683	550636
国内分类业务总量							
函件	万件	24220	20881	23341	19940	27125	23643
包件	万件	381	348	593	553	339	295
汇票	万张	913	658	923	670	917	657
订销报纸累计数	万份	33449	29482	25988	22089	24958	21112
订销杂志累计数	万份	2346	2204	1242	1110	1778	1655
邮政快件	万件	1489	1037	1469	1037	1268	863
特快专递	万件	227	220	293	272	298	275
邮政储蓄年末收储余额	万元	97859	62528	138255	83965	198479	133291
电报	万份	221	183	126	98	78	55
长途电话	万张	46270	38941	54374	47277	70311	61046
市话年末到达户数	户	1002120	1002120	1162291	1162291	1741552	1300504
农话年末到达户数	户	251170		306628		198468	
长途直拨有权用户期末数	户	845958	567641	1007643	751465	1121334	777925
#直拨国际港澳	户	608476	366024	685270	429092	754262	505797
国际及港澳分类业务							
函件	万件	2320	2266	2423	2423	2393	2334
包件	万件	5	5	5	5	5	5
特快专递	万件	25	24	24	23	24	23
国际电话	万张	587	523	724	646	829	748
港澳电话	万张	4411	3442	4914	3877	5465	4364
市内电话交换机总容量	**门**	**1307500**	**1307500**	**1528300**	**1528300**	**1981897**	**1736812**

注:市话年末到达户数、市话交换机总容量的全市数包括四县级市市区数。

主要统计指标解释

【货(客)运量】 指在一定时期内,各运输工具实际运送的货物(旅客)的数量。是反映运输业为国民经济和人民生活服务的数量指标,也是制定和检查运输生产计划,研究运输发展规模和速度的重要指标。货运按吨计算,客运按人计算。货物不论运输距离长短,货物类别,均按实际重量统计;旅客不论行程远近或票价多少,均按一人一次作为客运量统计。半价票、小孩票也按一人统计。

【货物(旅客)周转量】 指在一定时期内,由各种运输工具运送的货物(旅客)数量与其相应运输距离的乘积之总和,是反映运输业生产总成果的重要指标,也是编制和检查运输生产计划,计算运输效率、劳动生产率以及核算运输单位成本的主要基础资料。通常以吨公里和人公里为计算单位。计算货物周转量通常按发出站与到达站之间的最短距离,也就是计费距离计算。

【沿海主要港口货物吞吐量】 指由水运进出沿海主要港区范围,并经过装卸的货物数量,包括邮件及办理托运手续的行李、包裹以及补给运输船舶的燃、物料和淡水。其计量单位为吨。货物吞吐量的货种分类及其主要流向流量,反映了港口在国内外物资交流和对外贸易运输中的地位和作用。吞吐量可以分为进口、出口,又可以分为国内贸易和对外贸易。

【邮电业务总量】 指以货币表现的邮电部门用于传递信息和提供其他邮电服务的总数量。它综合反映了一定时期邮电工作的总成果,是研究邮电业务量构成和发展趋势的重要指标。根据邮电管理体制不同,分为中央国营业务总量和地方国营业务总量。它用各种邮电分类业务量,如函件件数、电报份数、长话张数、市内电话和农村电话的年均户数、订销报刊累计份数等,分别乘以相应的平均单价(不变价),加总后再加上出租电路和设备的收入、代用户维护电话交换机和线路等设备的收入、其他业务收入求得。

【无线寻呼电话用户】 指携带小型寻呼机,接收市话用户通过无线寻呼中心,在规定范围内向其发出声音、数字或文字显示信息的用户。目前在邮电部门办理登记手续的无线寻呼电话用户,每一部寻呼机按一户计算。

【移动电话用户】 指在邮电部门登记,通过移动电话交换机进入移动电话网,占有移动电话号码的电话用户。用户数量以实际办理登记手续进入邮电部门移动电话网的户数进行计算,一部或一台移动电话统计为一户。

第十三篇

国内贸易

消费品市场在调整中发展

1997年,广州市消费品市场在买方市场的格局下保持稳定发展的态势。消费结构有所改善,消费质量不断提高,市场物价略有回落。

市场运行的主要特点:

1.社会消费品零售总额突破800亿元。全年实现社会消费品零售总额802.59亿元,比上年增长16.9%,剔除物价因素,实际增长17.6%。在全国十大城市对比中,我市社会消费品零售总额的绝对值排在上海和北京之后居第三位,实际增长速度由上年的第九位上升到第三位。

2.各种经济类型在竞争中共创市场繁荣。1997年,商贸市场在竞争中出现了国有、集体为主体,各种经济类型共同发展的新局面。全市消费品零售总额中,国有及国有控股企业264亿元,集体经济为195亿元,比上年分别增长6%和9%;合计占全市社会消费品零售总额的57.21%。三资、私营和个体企业分别为49.8亿元、56.8亿元和188.7亿元,比上年增长72.5%、34.8%和23.2%。

3.大中型企业仍占主导地位。1997年,全市大中型批发零售贸易企业1300家,仅占全市贸易企业的3.7%;但其销售额达1026亿元,占全市商品销售总额的48.7%;全市超5亿元的大型企业34家,销售额467亿元,占全市大中型企业销售额的45.5%;超亿元的大型零售企业有21家,零售总额80亿元,占全市大中型企业零售总额的49%。

4.城乡集市贸易繁荣活跃。1997年全市集市贸易年成交总额达314亿元,比上年增长18.4%;占全市社会消费品零售总额的39%,全年城市商品交易市场成交额261亿元,比上年增长19%;农村集市贸易成交额53亿元,增长15%。此外,全市年成交额超亿元的集贸市场有29个,比上年增加了4个。

5.消费质量有所提高。全市吃、穿、用各类消费品零售额全面增长,全年吃、穿、用消费品零售额为293亿元、82亿元、390亿元,分别比上年增长16.4%、12.1%和22.3%。另一方面,人们在物质享受提高的同时,重视对文化的消费,全年书报杂志类零售额6.4亿元,比上年增长56.5%。

6.同行业竞争激烈,流通形式多样化。商业竞争已从过去单一的商品竞争演变成经营策略、经营结构、商品价格、服务质量等方面的竞争。近年来,广州货仓式商场和连锁店的发展特别引人注目,1996年才开业的正大万客隆,1997年实现销售总额达9.35亿元,跃居全市零售企业的第四位。此外,据初步统计,我市各类连锁公司已发展到60家,连锁分店有660家。

市场保持平稳运行的原因:

一是工农业生产的发展,促进市场流通总量的扩大。1997年,全市农业总产值150亿元,比上年增长6.3%;轻工业产值1459亿元,增长18%;工农业生产的增长为广州消费市场提供了充裕的货源,使市场流通总量进一步扩大。1997年全市贸易业商品购进总额1970亿元,比上年增长9.6%;全市商品销售总额2109亿元,增长11.4%,购销增长同步。

二是居民收入和消费水平均有不同程度的提高。据城乡抽样调查资料显示,1997年城市居民年人均可支配收入10444元,比上年增长5.4%;农村居民年人均纯收入5546元,增长7.4%。城市居民人均消费性支出8768元,比上年增长8.3%。

三是市场建设加快。1997年,全市商品市场建设投资总额为11.8亿元,新建市场193个,面积104万平方米,分别比上年增长1.07倍、65%和77%。1997年末,全市共有各类商品交易市场953个,比上年增加129个;其中消费品市场872个,生产资料市场81个,分别增加121个和8个。

四是物价指数回落。1997年全市商品零售价格指数为99.4%,比上年下降0.6个百分点。

社会消费品零售总额

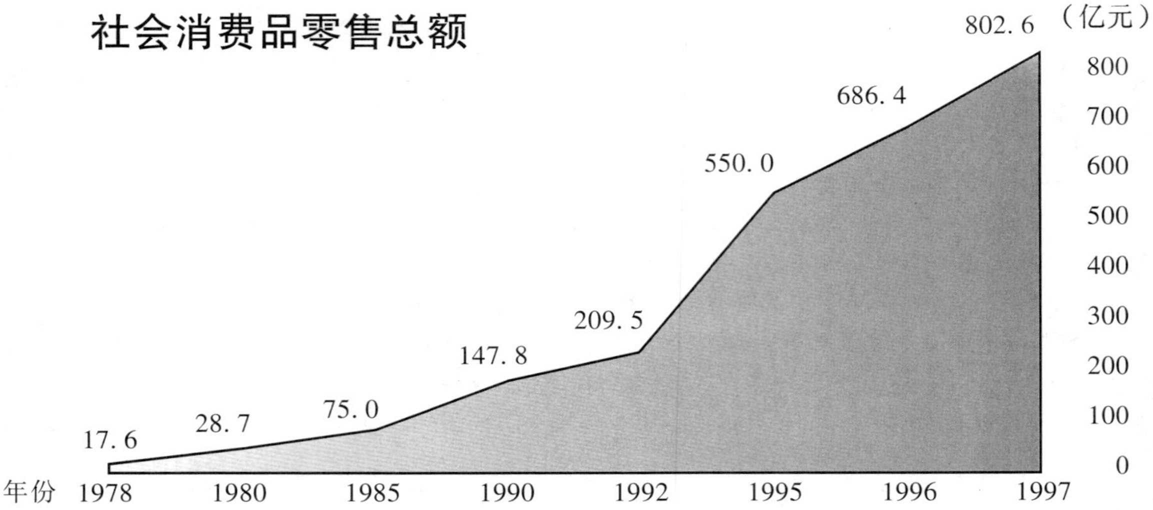

社会消费品零售总额构成(%)

按经济类型分

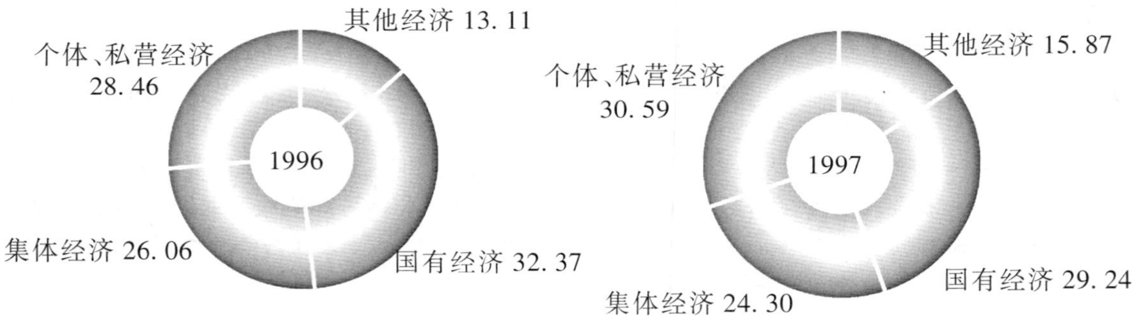

按用途分

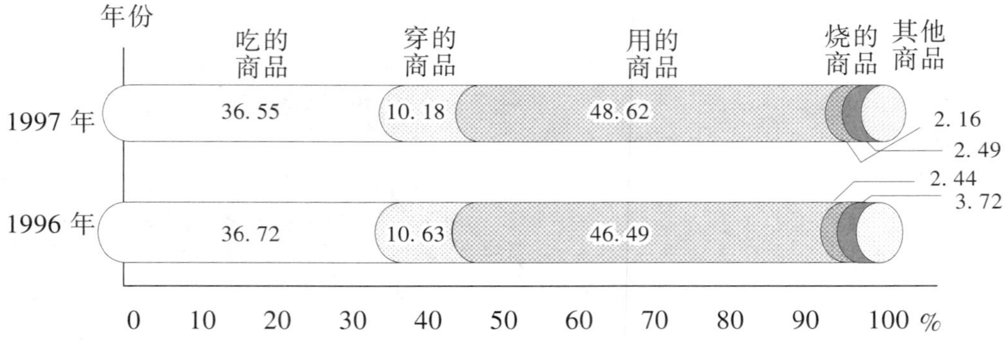

13-1 主要年份社会商品零售总额

单位：万元

年 份	总 计	按销售对象分		按行业分			
		#对居民的零售额	#对机团的零售额	批发零售业	餐饮业	制造业	其他行业
1952	46786	41598	3335	37978	5410	2666	732
1957	84328	73990	6594	67205	10589	3836	2698
1962	102243	87462	7228	82894	14173	2792	2384
1965	103232	85456	9304	89283	8796	3539	1614
1970	117067	97563	10355	102079	9143	3826	2019
1975	165227	135728	16392	142231	13048	6460	3488
1978	191810	158296	18004	163888	16242	7327	4353
1980	306357	252948	34179	243687	23307	24261	15102
1985	781602	675806	74035	531332	115750	64827	69693
1990	1543193	1327884	149942	1010414	239607	74574	218598
1995	5499678	4949708	549970	3437585	962855	331749	767489
1996	6864426	6147983	716443	4549455	1193692	370657	750622
1997	8025887	7032651	993236	5329267	1387026	509907	799687
1950—1952	115573	102504	8171	93609	14075	5733	2156
“一五”时期	344471	298017	32127	278358	42188	15324	8601
“二五”时期	495693	414194	47909	412840	60237	13899	8717
1963—1965	311158	259275	26241	266961	28612	10466	5119
“三五”时期	561540	471635	47915	491998	48523	13577	7442
“四五”时期	722694	596511	67056	623517	59398	24513	15266
“五五”时期	1079613	884578	113944	901699	86244	58472	33198
“六五”时期	2591337	2194642	265261	1906458	260620	222331	201928
“七五”时期	6285642	5373287	605086	4154683	892809	388958	849192
“八五”时期	17066031	13586563	1520232	10749139	2944665	959784	2412443
1979—1997	41367206	34774359	4159142	27121192	6721286	2489239	5035489

注：从1994年起为社会消费品零售总额，即不包对农民的农业生产资料零售额，下同。

13-2 市区主要年份社会商品零售总额

单位:万元

年份	总计	按销售对象分		按行业分			
		#对居民的零售额	#对机团的零售额	批发零售业	餐饮业	制造业	其他行业
1952	38791	34974	3140	30756	4966	2389	680
1957	71690	64112	6272	56166	9711	3222	2591
1962	82516	72350	6908	66342	11892	2145	2137
1965	82794	70892	8820	71062	7525	2962	1245
1970	90786	79000	8903	78806	7818	2854	1308
1975	127823	110141	13979	109065	11068	5306	2384
1978	147629	127407	15820	124338	13745	6116	3430
1980	243644	206330	31088	191084	19935	21400	11225
1985	639370	568894	63357	423476	108856	54359	52679
1990	1242933	1101153	121762	814343	216701	53849	158040
1995	4343763	3928495	415268	2783824	813012	191899	555028
1996	5618364	5045291	573073	3795232	1030453	217521	575158
1997	6685149	6003464	681685	4530462	1217018	340696	596973
1950—1952	93749	84484	7654	73900	12808	5001	2040
"一五"时期	291310	255652	30734	231022	38952	13086	8250
"二五"时期	413273	354003	44909	342638	52851	9603	8181
1963—1965	246385	211815	25075	209300	24526	8563	3996
"三五"时期	438788	381372	43519	382125	41593	9863	5207
"四五"时期	556056	482104	57219	476434	50258	19559	9805
"五五"时期	838078	713654	100884	690356	73122	49682	24918
"六五"时期	2077392	1809849	229989	1513693	234727	183998	144974
"七五"时期	5092130	4510506	488166	3365462	814484	296896	615288
"八五"时期	13442158	12052752	1314614	8622009	2535895	565612	1718642
1979—1997	33335372	29777584	3340649	22161489	5868890	1637354	3667639

13-3 社会消费品零售总额

（1997年）

单位：万元

项目	全市	市区	番禺市	花都市	增城市	从化市
社会消费品零售总额	8025887	6685149	481070	342153	336980	180535
按经济类型分						
国有经济	2346415	2122964	56731	73980	62297	30443
集体经济	1950066	1729035	72409	83788	21000	43834
私营经济	567892	383299	46167	50033	76500	11893
个体经济	1887438	1393504	242629	80093	96409	74803
联营经济	61325	52253	857	824	6070	1321
股份制经济	381013	381013				
外商投资经济	224189	220670		3519		
港澳台投资经济	273942	254387	2056	12605	4894	
其他经济	333607	148024	60221	37311	69810	18241
按行业分						
批发零售贸易业	5329267	4530462	342081	150281	201254	105189
餐饮业	1387026	1217018	60193	55644	38668	15503
制造业	509907	340696	17493	74054	39589	38075
其他	799687	596973	61303	62174	57469	21768
#农民对非农业居民零售	283983	118391	56146	36722	54742	17982
按企业规模分						
大型企业	1230908	1184290	36074	9514		1030
中型企业	914562	798768	57750	33174	10410	14460
小型企业	5880417	4702091	387246	299465	326570	165045
按用途分						
吃的商品	2933302	2299352	237648	142690	170500	83112
穿的商品	817072	656567	53929	39509	40985	26082
用的商品	3902398	3407958	167398	141197	119431	66414
烧的商品	173189	138507	12046	12346	5395	4895
其他商品	199926	182765	10049	6411	669	32

13—4 大中型批发零售贸易业商品销售、库存数量

（1997 年）

商品名称	单位	总销售					年末库存
			批发	#对生产经营单位批发	#出口	零售	
粮食	吨	1583325	1397661	63700	2895	185664	161216
食用植物油	吨	38408	26060	5857	20	12348	3487
猪和猪肉	吨	135635	104729	4540	6390	30906	12958
鲜蛋	吨	15270	13055	743	522	2215	8870
水产品	吨	98658	86341	24785	6682	12317	66828
盐	吨	141250	132801	60887		8449	233705
食糖	吨	143734	141679	51471	33007	2055	12841
卷烟	箱	1020470	969539	187	18588	50931	300063
酒	吨	53066	46716	7575	2061	6350	243378
棉花	吨	7677	7455	6865		222	144
布	万米	18975	18706	2189	7835	269	1972
#棉布	万米	8735	8627	1800	5427	108	1073
呢绒	万米	40	25	19	4	15	12
绸缎	万米	796	783	3	780	13	74
各种服装	万件	8845	7857	260	7580	988	1121
鞋	万双	2507	1864	130	675	643	603
#皮鞋	万双	593	198	13	182	395	115
黄金饰品	万元	58150	8752	500		49398	46447
照相机	架	79450	14268		424	65182	19039
自行车	辆	445283	364319	185	269036	80964	23599
摩托车	辆	55976	47839	476		8137	6390
电视机	台	219969	108130	2325		111839	24669
#彩色电视机	台	205206	96898	164		108308	17106
录音机	台	102397	13748	166	704	88649	19920
#组合音响	台	17124	4340	165		12784	6738
摄像机	台	2816	512	35		2304	889
录像机	台	8185	1861	127		6324	1286
影碟机	台	19963	6155	41	4270	13808	2309
#进口影碟机	台	9114	41	41		9073	884
家用电脑	台	9721	5886	4000		3835	1827
家用电风扇	万台	127	102	3	45	25	11
家用洗衣机	台	256529	171084	60	2932	85445	43347
家用电冰箱	台	201005	117850	140	220	83155	21263
房间空调器	台	167206	112399	12478		54807	18927
微波炉	台	167679	103938			63741	15213
抽油烟机	台	67366	20934	11026		46432	10355

13—4 续表

商品名称	单位	总销售	批发	#对生产经营单位批发	#出口	零售	年末库存
化学肥料	万吨	532	532	57			74
化学农药	吨	93394	93394	11968	485		3431
农用塑料薄膜	吨	3348	3348	701			1387
汽车	辆	36744	36428	16761		316	3119
#轿车	辆	13578	13262	7764		316	1344
生铁	吨	37703	37703	26106			5786
钢材	吨	1552320	1551927	723238	5182	393	138260
#普通中型钢材	吨	51312	51312	12480			2447
普通小型钢材	吨	428312	427919	166070		393	22544
钢带	吨	5567	5567	2743			161
线材	吨	458694	458694	100984			31779
中厚钢板	吨	154373	154373	73415			21188
薄钢板	吨	182914	182914	115738			33134
硅钢片	吨	33219	33219	31004			261
铜	吨	2491	2491	422			286
铝	吨	13959	13959	9896			627
铅	吨	1212	1212	373	182		
锌	吨	16158	16158	9015			460
锡	吨	1686	1686	179	698		82
铜材	吨	3446	3446	1184			278
铝材	吨	2493	2493	1217			366
硫酸	吨	427	427	427			95
烧碱	吨	7948	7948	2206			552
纯碱	吨	107446	107446	47734			7367
天然橡胶	吨	18361	18361	11031			1086
合成橡胶	吨	21698	21698	17902			330
水泥	吨	1197572	1164592	527735	208178	32980	69864
平板玻璃	重量箱	1686434	1686434	856535			296868
原木	米^3	147486	147486	144382	298		1106
锯材	米^3	31493	31493	17471	7438		3182
煤炭	万吨	183	181	136		2	44
焦炭	吨	22168	22168	6668			233
汽油	吨	1583538	1497300	202274	280	86238	102939
柴油	吨	1818375	1750834	596191		67541	95285
煤油	吨	427506	419414	359131	28000	8092	33681
燃料油	吨	671188	671188	273728			57556

13—5 市区大中型批发零售贸易业商品销售、库存数量

（1997 年）

商品名称	单位	总销售	批发	#对生产经营单位批发	#出口	零售	年末库存
粮食	吨	1125888	1023459	41813	2895	102429	89253
食用植物油	吨	28254	17370	5650	20	10884	3036
猪和猪肉	吨	121374	92621	4429	6390	28753	12377
鲜蛋	吨	13315	11552	500	250	1763	7576
水产品	吨	76261	68874	22271	2626	7387	57046
盐	吨	99221	93078	36642		6143	106501
食糖	吨	103452	102272	22530	33007	1180	11979
卷烟	箱	839219	805675	177	5537	33544	237097
酒	吨	24666	20981	304		3685	124569
棉花	吨	7629	7447	6865		182	125
布	万米	18886	18653	2147	7835	233	1838
#棉布	万米	8705	8609	1787	5427	96	1021
呢绒	万米	38	25	19	4	13	11
绸缎	万米	795	783	3	780	12	74
各种服装	万件	8689	7807	220	7580	882	1087
鞋	万双	2315	1844	128	675	471	533
#皮鞋	万双	516	196	12	182	320	97
黄金饰品	万元	51493	7290	500		44203	43089
照相机	架	74081	14158		424	59923	16952
自行车	辆	399717	338346	185	269036	61371	18476
摩托车	辆	51267	45521	476		5746	6298
电视机	台	202070	100068	2325		102002	21326
#彩色电视机	台	187747	88868	164		98879	13868
录音机	台	92802	12119	166	704	80683	17793
#组合音响	台	14820	3156	165		11664	6278
摄像机	台	2349	55	35		2294	846
录像机	台	6927	1001	127		5926	1199
影碟机	台	19856	6147	33	4270	13709	2271
#进口影碟机	台	9024	33	33		8991	851
家用电脑	台	8718	4886	3400		3832	1824
家用电风扇	万台	94	75	3	45	19	10
家用洗衣机	台	238423	164648	60	2932	73775	40710
家用电冰箱	台	121213	67646	140	220	53567	14334
房间空调器	台	63876	32218	12478		31658	14173
微波炉	台	166829	103907			62922	14962
抽油烟机	台	62538	20415	11026		42123	9427

13—5 续表

商品名称	单位	总销售	批发	#对生产经营单位批发	#出口	零售	年末库存
化学肥料	万吨	470	470	45			72
化学农药	吨	88558	88558	9716	485		2985
农用塑料薄膜	吨	2524	2524	356			1247
汽车	辆	35590	35274	15614		316	3012
#轿车	辆	12878	12562	7064		316	1285
生铁	吨	37703	37703	26106			5786
钢材	吨	1526757	1526364	703957	5182	393	135342
#普通中型钢材	吨	51312	51312	12480			2447
普通小型钢材	吨	428312	427919	166070		393	22544
钢带	吨	2883	2883	2743			161
线材	吨	452079	452079	97967			30527
中厚钢板	吨	154373	154373	73415			21188
薄钢板	吨	167685	167685	100509			32468
硅钢片	吨	33219	33219	31004			261
铜	吨	2491	2491	422			286
铝	吨	13959	13959	9896			627
铅	吨	1212	1212	373	182		
锌	吨	16158	16158	9015			460
锡	吨	1686	1686	179	698		82
铜材	吨	3366	3366	1104			261
铝材	吨	2490	2490	1214			366
硫酸	吨	427	427	427			95
烧碱	吨	7669	7669	2059			540
纯碱	吨	104859	104859	45414			7358
天然橡胶	吨	18361	18361	11031			1086
合成橡胶	吨	21698	21698	17902			330
水泥	吨	1168058	1163982	527415	208178	4076	67788
平板玻璃	重量箱	1686434	1686434	856535			296868
原木	米^3	133020	133020	132169	298		
锯材	米^3	19274	19274	11747	7438		918
煤炭	万吨	163	162	119		1	44
焦炭	吨	22168	22168	6668			233
汽油	吨	1479665	1414668	183582	280	64997	99626
柴油	吨	1732943	1681519	586893		51424	93182
煤油	吨	417459	417092	358058	28000	367	32801
燃料油	吨	565418	565418	187959			56365

13—6 批发零售贸易业商品购、销、存总额

（1997 年）　　单位：万元

项　　目	购进总额	#从生产者购进	销售总额	批　　发	零　　售	年末库存
总　　计	19703497	10131467	21091774	15762507	5329267	2221323
按经济类型分						
国有经济	10401398	6466947	10930999	9258386	1672613	1307490
集体经济	4494136	2170983	4752495	3586530	1165965	492689
私营经济	710416	230902	828624	473709	354915	86667
个体经济	1811880	202458	2009934	687070	1322864	168797
联营经济	426406	249293	484114	445792	38322	34891
股份制经济	761759	280605	852298	532481	319817	44048
#国有绝对控股	367598	154147	433648	220538	213110	39692
外商投资经济	368483	361318	366571	220798	145773	28290
港澳台投资经济	316363	99410	386269	211720	174549	40855
其他经济	412656	69551	480470	346021	134449	17596
按企业规模分						
大型企业	4748961	2913365	5395508	4406724	988784	522405
中型企业	4379455	2561831	4866226	4232534	633692	577601
小型企业	10575081	4656271	10830040	7123249	3706791	1121317

13—7 市区批发零售贸易业商品购、销、存总额

（1997 年）　　单位：万元

项　　目	购进总额	#从生产者购进	销售总额	批　　发	零　　售	年末库存
总　　计	17914299	9602465	19145520	14615058	4530462	2069246
按经济类型分						
国有经济	9834030	6245257	10323877	8817904	1505973	1260646
集体经济	3978713	1979001	4188269	3147168	1041101	441351
私营经济	536752	182318	623134	375265	247869	71793
个体经济	1346678	156508	1510889	583154	927735	133577
联营经济	420618	247045	477020	440658	36362	34755
股份制经济	756058	275745	846599	526783	319816	43482
#国有绝对控股	367598	154147	433648	220538	213110	39692
外商投资经济	368483	361318	366571	220798	145773	28290
港澳台投资经济	315810	98925	385699	211156	174543	40804
其他经济	357157	56348	423462	292172	131290	14548
按企业规模分						
大型企业	4626651	2845434	5267702	4309966	957736	514448
中型企业	3956768	2443060	4373891	3845771	528120	529715
小型企业	9330880	4313971	9503927	6459321	3044606	1025083

13-8 批发零售贸易业商品分类销售、库存总额

（1997 年）

单位：万元

项　　目	批　发	#大中型企　业	零　售	#大中型企　业	年　末库　存	#大中型企　业
合　　计	**15762507**	**8639258**	**5329267**	**1622476**	**2221323**	**1100006**
食品、饮料、烟酒类	2661282	1572512	1182720	336917	397395	167667
针、纺织品类	515511	277300	185597	59052	78624	54425
服装、鞋帽类	932393	478257	508503	187325	142750	51210
化妆品类	75960	34566	63009	34637	12728	9149
钟表、眼镜类	93968	44941	37589	22752	14116	10286
日用品类	1052050	444958	964119	168281	199320	59896
五金、电工器具类	359533	103597	119977	9641	50352	13531
生活电器类	714471	267312	457967	163203	138168	40156
音像器材类	116059	89127	127585	70038	22763	15656
自行车、摩托车类	293276	198780	46160	17447	21654	18113
体育、娱乐用品类	101176	59562	40567	27422	20631	7322
文化、办公用品类	254266	76666	169187	38876	40438	20026
金银珠宝类	32536	12820	131937	64980	34894	21410
家具类	71519	22900	45459	17208	17600	2212
中西药品类	589437	301453	360949	215070	90649	72935
书报、杂志类	201136	176002	63531	38600	71254	56046
汽车类	539793	462580	94762	21109	116098	41699
建筑材料类	624098	129662	76399	2631	57629	17053
木材类	154476	52454	17793	415	16334	4577
化工材料及制品类	1983806	1215512	80378	4023	192621	153247
黑色金属材料类	895473	595302	20631	5486	84349	59054
有色金属材料类	185211	107458	3921	273	25460	12507
机电设备及零件类	1051161	369020	153568	36527	128609	50683
煤炭及制品类	143811	123627	13739	6691	11365	9796
石油及制品类	1214920	1016482	159450	46394	87526	74278
种子饲料类	49047	40888	797		3499	3117
棉麻、土畜产品类	77089	69187	2089	2009	17260	17220
再生资源类	19361	9688	1758	10	890	379
其他类	759688	286645	199126	25459	126347	36356

13—9 市区批发零售贸易业商品分类销售、库存总额

（1997 年）

单位：万元

项　　目	批　发	#大中型企　业	零　售	#大中型企　业	年　末库　存	#大中型企　业
合　　计	14615058	8155737	4530462	1485856	2069246	1044163
食品、饮料、烟酒类	2336347	1420090	918210	299522	362602	156967
针、纺织品类	498719	276667	167295	54242	75571	52913
服装、鞋帽类	851003	475478	417064	180530	130768	48135
化妆品类	69355	34511	55166	32368	11574	8555
钟表、眼镜类	93096	44561	35171	21567	13004	9481
日用品类	990180	440098	869656	156118	183799	55704
五金、电工器具类	347867	98414	98989	7041	45728	10843
生活电器类	644683	219690	392160	134656	127214	33938
音像器材类	101058	83021	93827	68230	19440	15087
自行车、摩托车类	286408	195495	36832	14251	20298	17719
体育、娱乐用品类	100071	59546	38686	25929	19945	6929
文化、办公用品类	247548	74573	159206	36463	38273	18689
金银珠宝类	29864	12218	116390	58924	30269	17513
家具类	66226	22835	33935	17158	15827	2197
中西药品类	573018	293456	348527	207893	86903	70423
书报、杂志类	194324	175075	53621	37388	67778	55573
汽车类	521140	452987	60906	21109	111997	40409
建筑材料类	582392	125464	49578	2214	50455	14946
木材类	152010	51896	17454	369	15601	4094
化工材料及制品类	1838473	1120725	71697	3723	181247	148636
黑色金属材料类	860984	570327	18316	5417	81217	57820
有色金属材料类	182555	107458	3699	163	25316	12422
机电设备及零件类	1025313	358556	150048	35407	121858	47044
煤炭及制品类	133551	117340	13220	6681	10556	9719
石油及制品类	1076794	933177	125280	31495	81090	72380
种子饲料类	43206	37891	219		3055	2788
棉麻、土畜产品类	69686	67923	1650	1650	16960	16960
再生资源类	9738	3188	1695	2	755	348
其他类	689449	283077	181965	25346	120146	35931

13—10 批发零售贸易业商品购、销、存总额

（1997年、按地区分）　　　　单位：万元

项　　　目	全　市	市　区	番禺市	花都市	增城市	从化市
商品购进总额	19703497	17914299	949280	265996	384144	189778
#从生产者购进	10131467	9602465	293919	68222	138582	28279
商品销售总额	21091774	19145520	996831	304405	461683	183335
批发	15762507	14615058	654750	154124	260429	78146
#对生产经营单位批发	5136759	4907333	155190	32843	22886	18507
零售	5329267	4530462	342081	150281	201254	105189
年末库存总额	2221323	2069246	72301	34309	22871	22596
1、大中型企业						
商品购进总额	9128416	8583419	378276	68772	55711	42238
从生产者购进	5475196	5288494	152413	16930	11880	5479
# 农副产品购进	182556	149280	25978	4052	1049	2197
从批发零售贸易业购进	2887131	2547923	216879	46156	39451	36722
进口	726795	712460	8915	5361	59	
其他	39294	34542	69	325	4321	37
商品销售总额	10261734	9641593	411321	75285	88234	45301
批发	8639258	8155737	326015	47411	78766	31326
对生产经营单位批发	2127811	2023478	91077	3611	8529	1116
#对农民农业生产资料批发	36268	10837	22364	1364	1230	473
对批发零售贸易业批发	4791879	4412691	234938	43803	70237	30210
出口	1719568	1719568				
零售	1622476	1485856	85306	27871	9468	13975
年末库存总额	1100006	1044163	36266	11744	4799	3034
2、小型企业及个体						
商品购进总额	10575081	9330880	571004	197224	328433	147540
#从生产者购进	4656271	4313971	141506	51292	126702	22800
商品销售总额	10830040	9503927	585510	229120	373449	138034
批发	7123249	6459321	328735	106710	181663	46820
#对生产经营单位批发	3008948	2883855	64113	29232	14357	17391
零售	3706791	3044606	256775	122410	191786	91214
年末库存总额	1121317	1025083	36035	22565	18072	19562

13－11 市属商业系统批发零售贸易业主要商品购销量

（1997 年）

商品名称	单位	商品总购进	#市外购进	#地产品购进	商品总销售	#市外批发
粮食	吨	1583379	520955	5177	1562534	114376
食用植物油	吨	31917	11483	1117	35401	2508
猪和猪肉	吨	161053	134608	1019	160249	13567
鲜蛋	吨	14404	13737	594	14280	114
鲜菜	吨	63275	55176	2298	62714	10664
水产品	吨	4939	4658	27	55397	2
家禽	百只	121028	113613	666	125921	67505
#鸡	百只	115791	98582	623	120711	67435
盐	吨	9561	2784	65	9645	138
食糖	吨	45064	32468	2640	45831	12241
卷烟	箱	234048	109623	48693	231398	42364
酒	吨	26837	18940	565	27353	1671
棉花	吨	137	61		175	10
布	万米	1357	1180	18	1596	339
呢绒	万米	20	19		20	
绸缎	万米	12	11		13	
各种服装	万件	929	478	236	952	17
各种针织内衣裤	万件	693	254	198	730	16
鞋	万双	860	417	166	911	24
#皮鞋	万双	253	162	46	240	2
黄金饰品	万元	35142	24556	6116	46527	7
照相机	架	70565	20294	3153	73171	3937
自行车	辆	169992	64156	51165	175279	31568
摩托车	辆	12742	5416	263	13060	1457
电视机	台	205319	154326	3035	208545	68996
#彩色电视机	台	141315	90546	2957	142000	11897
音响	台	15961	10607	70	16542	815
录音机	台	107424	38215	1791	109908	885
录像机	台	4388	2657	17	7107	610
家用电风扇	台	674398	444268	54561	722487	86583
家用洗衣机	台	192063	131181	12885	192158	52365
家用电冰箱	台	156724	105596	20804	156571	14928
房间空调器	台	143404	123091	4588	144356	19187
抽油烟机	台	46652	25850	6959	46326	2082
化学肥料	万吨	138	102		140	53
化学农药	吨	8265	4932		8775	1463
农用塑料薄膜	吨	1352	683		1354	164
汽油	吨	400943	249788		349691	8089
柴油	吨	181786	77705		177150	15767
煤油	吨	2768	78		2583	99

13—12 商品交易市场成交量

单位:吨

商品名称	1996年			1997年		
	全市	城市	农村	全市	城市	农村
消费品						
粮食类	382234	312668	69566	276896	198712	78184
#大米	348679	294160	54519	241799	178306	63493
小麦	321	33	288	1012	578	434
油脂油料类	29987	16720	13267	31552	16283	15269
棉烟麻类	3625	2760	865	5187	4376	811
肉食禽蛋类	397056	293049	104007	421588	320015	101573
#猪肉	212309	154419	57890	207869	152869	55000
牛肉	32570	26617	5953	32640	27805	4835
羊肉	3029	2625	404	3603	3018	585
鲜蛋	71772	59099	12673	78786	65024	13762
家禽	53339	32876	20463	74451	54309	20142
水产品类	210010	174239	35771	242450	195715	46735
蔬菜类	679654	549379	130275	606189	486275	119914
干鲜果类	767224	680920	86304	709943	627583	82360
大牲畜类	23513		23513	28249		28249
家畜幼禽类	8944		8944	5597		5597
生产资料类						
机动车(辆)	2086	897	1189	14585	1139	13446
#汽车	1481	897	584	3216	1139	2077
钢材	316900	167500	149400	273756	173756	100000
木材(米^3)	199523	189547	9976	123964	110908	13056
化肥	1365	1365				
农药	66	66				

13—13 商品交易市场成交额

单位:万元

项目	1996年			1997年		
	全市	城市	农村	合计	城市	农村
总计	2653937	2189235	464702	3141777	2578780	562997
按市场类型分						
消费品市场	2425230	2015946	409284	2945032	2476715	468317
综合市场	247116	140392	106724	572563	387741	184822
农副产品市场	1653334	1385281	268053	1618777	1420902	197875
工业消费品市场	524780	490273	34507	753692	668072	85620
其他						
生产资料市场	228707	173289	55418	196745	102065	94680
综合市场				16000	16000	
农业生产资料市场	14600	14238	362	7272	7272	
工业生产资料市场	214107	159051	55056	173473	78793	94680
其他						
按商品类别分						
消费品	2425230	2015946	409284	2945032	2474452	470580
粮食类	125471	99012	26459	98470	69381	29089
油脂油料类	28240	16299	11941	33929	18950	14979
棉烟麻类	4584	3817	767	5360	4278	1082
肉食禽蛋类	631889	474472	157417	690222	537987	152235
水产品类	451331	401537	49794	506398	442113	64285
蔬菜类	159964	127567	32397	349065	316652	32413
干鲜果类	383449	331449	52000	355526	308353	47173
大牲畜类	4297		4297	5259		5259
家畜幼禽类	9626		9626	11968		11968
工业品类	553540	496194	57346	781479	678026	103453
其他	72839	65599	7240	107356	98712	8644
生产资料	228707	173289	55418	196745	104328	92417
机动车	35881	25439	10442	82506	17450	65056
#汽车	29431	25439	3992	49216	17450	31766
钢材	165610	122137	43473	75722	48722	27000
木材	15749	15387	362	13009	12648	361
其他	11467	10326	1141	25508	25508	

13—14 年成交额超亿元的消费品市场情况一览表

（1997 年）

市场名称	市场类型	主要上市商品	市场总面积（平方米）	固定摊位（个）	年成交额（亿元）
合　计	29（个）		386834	18611	147.3
城　市	24（个）		339100	16426	133.7
白马服装市场	工业品专业	服装	35000	276	23.0
黄沙水产交易市场	农产品专业	水产品	5000	232	21.5
天平水果批发市场	农产品专业	水果	10000	1440	19.1
江南农副产品市场	农产品专业	鲜菜	55000	1880	11.5
清平农副产品市场	农产品综合	农副产品、药材	6000	1300	9.3
沙河服装城	工业品专业	服装	43070	4906	8.3
市日用工业品交易市场	工业品专业	家用电器	5983	478	6.0
海印电器总汇二场	工业品专业	影音器材、家电	4500	102	4.8
南北水果批发市场	农产品专业	水果	30000	243	4.3
太平洋电子交易市场	工业品专业	电脑产品	5000	188	4.0
珠光农副产品市场	农产品综合	农副产品	5830	546	3.5
越秀蔬菜批发市场	农产品专业	鲜菜	25000	150	2.4
大沙东农副产品市场	农产品综合	农副产品	3500	750	2.0
豪贤农贸市场	农产品综合	农副产品	2550	170	1.7
源胜陶瓷玉器工艺街	工业品专业	玉器、工艺品	1175	540	1.5
欧陆商业广场	工业品专业	鞋类、皮具	3600	180	1.3
三元里农贸市场	农产品综合	农副产品	2300	370	1.3
广花农副产品市场	农产品综合	鲜蛋、粮食	10000	156	1.3
白云家电城	工业品专业	家用电器	7560	284	1.2
肖岗农贸市场	农产品综合	农副产品	18000	590	1.2
万国商业广场	工业品专业	家用电器	30000	600	1.2
新源野生动物市场	消费品专业	蛇类	16500	200	1.2
石井农贸市场	农产品综合	农副产品	5000	195	1.1
大沙综合批发市场	消费品综合	农副产品、工业品	8532	650	1.0
农　村	5（个）		47734	2185	13.6
新塘新发商业中心	工业品专业	家用电器	11610	255	8.7
新华市场	农产品综合	农副产品	9700	418	1.4
赤坭宏发市场	农产品综合	农副产品	11594	710	1.3
丰华市场	消费品综合	食品、日用品、工业品	4997	239	1.2
昌华市场	农产品综合	农副产品	9833	563	1.0

13－15 批发贸易业机构、网点、人员数

（1997 年）

项　　目	机　构（个）	#市区	网　点（个）	#市区	人　员（人）	#市区
总　　计	15078	14090	34515	27750	319436	275660
按经济类型分						
国有经济	1808	1518	3950	3134	125781	111380
集体经济	10737	10393	13800	12346	132175	115583
私营经济	1914	1595	2105	1770	19044	15748
个体经济			13926	9813	27468	18644
联营经济	172	154	200	175	4086	3580
股份制经济	310	300	358	345	6446	6347
外商投资经济	38	37	41	39	1415	1397
港澳台投资经济	45	43	70	67	2207	2196
其他经济	54	50	65	61	814	785
按企业规模分						
大型企业	75	73	265	235	29591	28943
中型企业	621	539	1729	1236	73692	62302
小型企业	14382	13478	32521	26279	216153	184415
按行业分						
食品、饮料和烟草批发业	1363	1187	12507	9935	68419	54794
棉、麻、土畜产品批发业	66	59	116	79	2972	2781
纺织品、服装和鞋帽批发业	844	816	2061	1422	17765	16167
日用百货批发业	1865	1829	4159	3072	36278	31395
日用杂品批发业	269	256	494	407	5980	5164
五金、交电、化工批发业	2817	2700	4154	3597	37168	33827
药品及医疗器械批发业	372	350	548	421	11434	10102
能源批发业	443	364	568	428	17026	14426
化工材料批发业	662	639	953	819	11305	10589
木材批发业	233	223	388	330	4224	3739
建筑材料批发业	1390	1256	1765	1574	18919	16834
矿产品批发业	44	41	47	44	1312	1216
金属材料批发业	637	564	842	743	13462	12543
机械、电子设备批发业	1734	1685	2090	2023	24943	24656
汽车、摩托车及零配件批发业	954	903	1155	1097	12118	11432
再生物资回收批发业	152	147	392	344	4218	4015
工艺美术品批发业	134	130	174	170	3332	3294
图书报刊批发业	31	31	46	46	1706	1706
农业生产资料批发业	235	133	1076	282	15580	6256
其他类未包括的批发业	833	777	980	917	11275	10724

13—16 零售贸易业机构、网点、人员数

（1997 年）

项　目	机构（个）	#市区	网点（个）	#市区	人员（人）	#市区
总　计	12210	10719	152215	111530	367483	294800
按经济类型分						
国有经济	908	757	5237	3704	60707	52916
集体经济	9064	8188	22962	19568	95029	86603
私营经济	1902	1512	5984	4586	26462	23274
个体经济			114421	80629	162362	110204
联营经济	85	60	606	328	2390	1639
股份制经济	164	143	1884	1660	9469	9368
外商投资经济	23	19	155	149	2607	2580
港澳台投资经济	17	14	882	855	7723	7602
其他经济	47	26	84	51	734	614
按企业规模分						
大型企业	27	25	206	188	32016	31587
中型企业	422	354	2376	1967	40042	34020
小型企业	11761	10340	149633	109375	295425	229193
按行业分						
食品、饮料和烟草零售业	1774	1521	42537	30692	106312	89730
日用百货零售业	2900	2598	43781	32871	117898	96838
纺织品、服装和鞋帽零售业	837	740	8108	7062	19431	18344
日用杂品零售业	416	365	2528	2110	5903	5120
五金、交电、化工零售业	3242	2890	26756	20352	47866	34689
药品及医疗器械零售业	256	217	2436	1988	8592	6686
图书报刊零售业	114	102	828	723	2239	2067
其他零售业	2671	2286	25241	15732	59242	41326

13－17 餐饮业机构、网点、人员数

（1997 年）

项　　目	机　构（个）	#市　区	网　点（个）	#市　区	人　员（人）	#市　区
总　　计	**2395**	**1888**	**16592**	**10713**	**157835**	**111302**
按经济类型分						
国有经济	213	175	339	271	37098	29619
集体经济	1717	1545	2442	2245	46950	40621
私营经济	325	86	438	134	10323	3372
个体经济			13211	7963	41137	21139
联营经济	8	2	10	3	1069	219
股份制经济	24	16	30	21	1242	662
外商投资经济	36	29	39	32	8202	7257
港澳台投资经济	53	32	64	41	11209	8171
其他经济	19	3	19	3	605	242
按企业规模分						
大型企业	73	65	113	103	37098	33752
中型企业	153	124	205	160	23591	18405
小型企业	2169	1699	16274	10450	97146	59145
按行业分						
正　餐	1374	972	11121	7715	129935	91799
快　餐	481	408	1066	835	9199	7979
其他餐饮业	540	508	4405	2163	18701	11524

13－18 餐　饮　业　营　业　收　入

（1997 年）

单位：万元

项　　目	全　市	市　区	番禺市	花都市	增城市	从化市
总　　计	**1405246**	**1234191**	**60193**	**55644**	**39715**	**15503**
按经济类型分						
国有经济	388016	367177	6478	9919	942	3500
集体经济	252638	236804	6605	6965	937	1327
私营经济	197704	159138	3801	16135	13742	4888
个体经济	401507	321307	40777	13855	19780	5788
联营经济	5358	4707		651		
股份制经济	903	903				
外商投资经济	75769	73046		2723		
港澳台投资经济	82068	70411	1947	5396	4314	
其他经济	1283	698	585			
按企业规模分						
大中型	527649	501858	8518	14816	942	1515
小型、个体	877597	732333	51675	40828	38773	13988

13—19 服务业分行业机构、网点、人员数

(1997年)

项　　目	机　构(个)	#市区	网　点(个)	#市区	人　员(人)	#市区
合　　计	**5928**	**4190**	**31545**	**20633**	**236647**	**207752**
旅馆业	1291	920	2717	1617	119575	111084
理发业	801	610	11640	7563	23280	15127
浴池业	13	12	13	12	681	660
洗染业	161	148	174	172	2861	2632
摄影业	498	419	1836	1180	6031	4748
日用品修理业	501	395	8421	4458	22826	17832
其他服务业	2663	1686	6744	5631	61393	55669

13—20 贸易业、餐饮业、服务业网点和人员数

(按城乡分)

项　　目	网　点　(个)			人　员　(人)		
	1995年	1996年	1997年	1995年	1996年	1997年
合　　计	**221899**	**243329**	**234867**	**1025738**	**1114862**	**1081401**
城　镇	170221	187460	185593	897642	991944	952202
贸易业	136258	148509	150018	513087	611714	606324
餐饮业	11156	12398	11099	167270	122316	129101
服务业	22807	26553	24476	217285	257914	216777
农　村	51678	55869	49274	128096	122918	129199
贸易业	40694	43600	36712	89850	90109	80595
餐饮业	5321	5672	5493	23652	15468	28734
服务业	5663	6597	7069	14594	17341	19870

13—21 贸易、餐饮、服务业网点密度和销售水平

项　　　目	1990 年	1995 年	1996 年	1997 年
平均每万人口拥有的网点数(个)				
贸　易　业	153	274	293	280
餐　饮　业	17	25	28	25
服　务　业	29	44	51	47
平均每万人口拥有的服务人员数(个)				
贸　易　业	674	932	1070	1031
餐　饮　业	142	295	210	237
服　务　业	232	359	420	355
平均每一网点的零售额(元)				
贸　易　业	103620	194267	236816	285400
餐　饮　业	232719	584363	660593	835961
平均每一从业人员的零售额(元)				
贸　易　业	23603	57014	64823	77582
餐　饮　业	28354	50432	86635	87878

13—22 市区贸易、餐饮、服务业网点密度和销售水平

项　　　目	1990 年	1995 年	1996 年	1997 年
平均每万人口拥有的网点数(个)				
贸　易　业	168	326	407	352
餐　饮　业	20	27	38	27
服　务　业	36	48	56	52
平均每万人口拥有的服务人员数(个)				
贸　易　业	913	1226	1547	1442
餐　饮　业	198	418	275	281
服　务　业	359	514	602	525
平均每一网点的零售额(元)				
贸　易　业	135053	221847	238873	325277
餐　饮　业	302740	783475	695453	1136020
平均每一从业人员的零售额(元)				
贸　易　业	24906	58900	62892	79418
餐　饮　业	30563	50429	95881	109344

13—23 大中型批发零售贸易业财务状况

（1997 年）

单位：万元

项　　目	资产总计	#流动资产	#固定资产	#无形及递延资产	流动负债	长期负债	所有者权益
总　　计	**6250926**	**4313123**	**1190379**	**187349**	**4559187**	**351607**	**1330464**
按经济类型分							
国有经济	4984893	3463651	938963	127663	3576839	309782	1096777
集体经济	608124	451498	112710	12101	454304	29032	117865
私营经济	37702	24168	10501	766	24108	316	12991
联营经济	84368	65594	8864	370	63490	449	20428
股份制经济	248992	154902	60652	6546	196729	4316	46992
#国有绝对控股	214887	130778	59043	6438	168174	3855	41903
外商投资经济	142312	63300	33781	33653	123325	446	18534
港澳台投资经济	120617	67099	24707	6196	96877	7266	16474
其他经济	23918	22911	201	54	23515		403
按行业分							
食品、饮料、烟草批发业	1194139	858394	206190	8499	855310	64424	272047
棉、麻、土畜产品批发业	80666	54631	18606	140	57667	1767	21232
纺织品、服装和鞋帽批发业	484109	344780	62526	3092	332955	17795	128515
日用百货批发业	259825	192198	32018	6379	219369	18648	21808
日用杂品批发业	102088	49394	6349	45898	51380	3571	47137
五金、交电、化工批发业	521198	382816	80794	7032	418969	30975	71254
药品及医疗器械批发业	186667	149621	25253	3833	152904	5523	28240
能源批发业	405639	232233	102695	10998	250480	16313	138846
化工材料批发业	153247	119978	18668	1341	119607	2867	30772
木材批发业	2035	1707	45		1512		112
建筑材料批发业	114570	87455	15730	4535	88822	3015	22732
矿产品批发业	33085	19568	10537	13	23888	931	8265
金属材料批发业	740150	561017	138509	4161	601182	43667	95301
机械、电子设备批发业	416721	293372	74090	3465	317255	25875	73591
汽车、摩托车及零配件批发业	102044	84565	13417	1350	92598	3044	6402
再生物资回收批发业	20013	15627	3782	127	16622	2277	958
工艺美术品批发业	52168	29273	20444	170	14674	28463	9030
图书报刊批发业	69781	57855	5725	628	52131	648	17002
农业生产资料批发业	293723	194297	74782	5229	221280	17652	54791
其他类未包括的批发业	180290	128480	24194	297	130228	795	49265
食品、饮料和烟草零售业	119404	73163	37171	2515	71220	9757	38342
日用百货零售业	581021	284274	185386	76161	392111	49842	137765
纺织品、服装和鞋帽零售业	3279	2393	221	566	2638	32	609
日用杂品零售业	3496	2627	805	64	2183	241	1071
五金、交电、化工零售业	27862	22125	4973	152	14360	1000	12501
药品及医疗器械零售业	20003	18970	727	280	12577	732	6667
图书报刊零售业	42655	23756	17198	125	19961	1040	21650
其他零售业	41048	28554	9544	299	25304	713	14559

13—23 续表1

单位:万元

项目	商品销售收入净额	商品销售成本	经营费用	商品销售税金及附加费	商品销售利润	代购代销收入	主营业务利润
总计	8883967	8152274	356140	15651	359902	19909	379811
按经济类型分组							
国有经济	6369480	5828143	254801	10674	275862	13675	289537
集体经济	1440782	1361150	46432	2157	31043	573	31616
私营经济	49305	46124	2172	58	951	3	954
联营经济	305686	290779	4410	615	9882		9882
股份制经济	351430	298332	18386	1667	33045	5641	38686
#国有绝对控股	326253	274989	17836	1617	31811	5641	37452
外商投资经济	206748	187932	15667	92	3057	17	3074
港澳台投资经济	140942	121465	13316	351	5810		5810
其他经济	19594	18349	956	37	252		252
按行业分							
食品、饮料、烟草批发业	1499140	1389267	58052	2199	49622	1088	50710
棉、麻、土畜产品批发业	122607	111058	2987	159	8403	55	8458
纺织品、服装和鞋帽批发业	713529	630527	17914	617	64471	1934	66405
日用百货批发业	344750	316381	18983	571	8815	1305	10120
日用杂品批发业	25524	23595	1444	40	445	44	489
五金、交电、化工批发业	643127	607431	22279	1443	11974	2670	14644
药品及医疗器械批发业	386983	347743	13705	628	24907	27	24934
能源批发业	874991	812690	37057	1551	23693		23693
化工材料批发业	266170	249345	7266	177	9382		9382
木材批发业	5143	5022	92	1	28		28
建筑材料批发业	118893	110895	4442	374	3182	323	3505
矿产品批发业	44057	38938	2367	4	2748	574	3322
金属材料批发业	895661	855616	27565	575	11905	532	12437
机械、电子设备批发业	439977	404357	20661	861	14098	7690	21788
汽车、摩托车及零配件批发业	190275	182611	3782	187	3695	32	3727
再生物资回收批发业	26458	23513	836	125	1984		1984
工艺美术品批发业	48177	42300	3368	61	2448	4	2452
图书报刊批发业	114906	100189	7579	24	7114		7114
农业生产资料批发业	749245	722233	15171	225	11616	557	12173
其他类未包括的批发业	195832	183430	4767	174	7461	2026	9487
食品、饮料和烟草零售业	162721	147555	10962	418	3786	34	3820
日用百货零售业	802902	667627	59151	4491	71633	64	71697
纺织品、服装和鞋帽零售业	7048	5612	531	27	878		878
日用杂品零售业	1925	1674	294	3	—46		—46
五金、交电、化工零售业	33032	29804	1250	298	1680		1680
药品及医疗器械零售业	48545	37962	5406	187	4990		4990
图书报刊零售业	51554	41272	4157	41	6084	7	6091
其他零售业	70795	63627	4072	190	2906	943	3849

13－23　续表 2

单位：万元

项　　目	其他业务利润	管理费用	财务成本	营业利润	利润总额	本年应付工资总额	本年应交增值税
总　　计	**106332**	**399516**	**172983**	**－86356**	**68417**	**195840**	**84773**
按经济类型分							
国有经济	86023	299276	137582	－61298	81924	153411	58366
集体经济	11136	35027	17489	－9764	－1935	18434	8233
私营经济	1072	1164	1392	－530	430	760	－135
联营经济	1077	5897	1267	3795	4858	1588	1402
股份制经济	4168	24810	7799	10245	12030	13861	8281
＃国有绝对控股	4052	24097	6006	11401	12357	13567	7863
外商投资经济	2029	19761	3764	－18422	－17698	2031	5515
港澳台投资经济	825	12815	3183	－9363	－10165	5509	2872
其他经济	2	766	507	－1019	－1007	246	239
按行业分							
食品、饮料、烟草批发业	18538	62815	33111	－26678	61995	32601	14587
棉、麻、土畜产品批发业	2279	6624	4122	－9	－408	3271	2198
纺织品、服装和鞋帽批发业	4790	42681	14517	13997	16849	16413	8530
日用百货批发业	6203	24917	10335	－18929	－8058	7698	－2129
日用杂品批发业	1331	1690	2250	－2120	－2177	868	168
五金、交电、化工批发业	12577	23630	14167	－10576	－3193	12494	819
药品及医疗器械批发业	1016	15250	7349	3351	5221	7200	7372
能源批发业	8621	24640	12777	－5103	6896	13179	5014
化工材料批发业	1895	7466	6821	－3010	－1920	2654	1199
木材批发业	12	41	74	－75	－75	14	158
建筑材料批发业	2698	4907	1895	－599	1221	2996	1044
矿产品批发业	1089	2522	2129	－240	93	1410	293
金属材料批发业	10059	24004	15339	－16847	－7841	10189	5834
机械、电子设备批发业	5755	17915	10546	－918	1683	10245	3461
汽车、摩托车及零配件批发业	2144	6152	4107	－4388	－2879	1841	444
再生物资回收批发业	326	2586	1110	－1386	－982	1324	1282
工艺美术品批发业	1059	2190	1818	－497	114	1323	150
图书报刊批发业	1142	3660	52	4544	4943	1390	1274
农业生产资料批发业	5249	13055	8272	－3905	245	6296	1055
其他类未包括的批发业	3098	7181	6640	－1236	582	3340	4054
食品、饮料和烟草零售业	2044	9886	2295	－6317	－2702	6794	1315
日用百货零售业	7578	78448	12329	－11502	－9987	41103	21838
纺织品、服装和鞋帽零售业	120	906	64	28	－1	231	138
日用杂品零售业	149	123	73	－93	55	226	22
五金、交电、化工零售业	672	2123	425	－196	107	1164	476
药品及医疗器械零售业	12	3458	41	1503	2482	3831	1752
图书报刊零售业	2166	5868	－1	2390	2857	2702	1382
其他零售业	3710	4778	326	2455	3397	3043	1043

13－24 市区大中型批发零售贸易业财务状况

（1997 年）

单位：万元

项　　目	资产总计	#流动资产	#固定资产	#无形及递延资产	流动负债	长期负债	所有者权益
总　　计	5803847	4036864	1071426	163093	4219072	319978	1255745
按经济类型分							
国有经济	4704701	3298904	861918	110144	3352241	290813	1060768
集体经济	443311	340577	72243	5407	340010	16373	80007
私营经济	37702	24168	10501	766	24109	315	12991
联营经济	82294	65003	7423	328	62267	449	19577
股份制经济	248992	154902	60652	6546	196729	4316	46992
#国有绝对控股	214887	130778	59043	6438	168174	3855	41903
外商投资经济	142312	63300	33781	33652	123325	446	18533
港澳台投资经济	120617	67099	24707	6196	96876	7266	16474
其他经济	23918	22911	201	54	23515		403
按行业分							
食品、饮料、烟草批发业	1089938	783257	184133	6414	769547	58007	260564
棉、麻、土畜产品批发业	80666	54631	18606	140	57667	1767	21232
纺织品、服装和鞋帽批发业	484109	344780	62526	3092	332955	17795	128515
日用百货批发业	240970	182960	27325	1696	202956	18215	19799
日用杂品批发业	91166	40290	4798	45630	42237	3103	45826
五金、交电、化工批发业	462601	350283	62590	6563	372238	29723	60640
药品及医疗器械批发业	181669	145771	24173	3833	149175	5495	26999
能源批发业	363268	222834	83178	3473	224900	9940	128427
化工材料批发业	151807	118866	18340	1341	118730	2821	30256
木材批发业	2035	1707	45		1512		112
建筑材料批发业	88730	70024	12187	1473	67714	2243	18772
矿产品批发业	33085	19568	10537	13	23888	930	8265
金属材料批发业	731246	552262	138472	4104	592314	43666	95265
机械、电子设备批发业	416721	293372	74090	3465	317255	25874	73591
汽车、摩托车及零配件批发业	98227	80865	13299	1350	89177	3043	6006
再生物资回收批发业	16356	12356	3516	10	14262	1147	791
工艺美术品批发业	52168	29273	20444	170	14674	28463	9030
图书报刊批发业	69781	57855	5725	628	52131	648	17001
农业生产资料批发业	190205	131998	43353	1324	154164	7302	28738
其他类未包括的批发业	180290	128480	24194	297	130228	795	49265
食品、饮料和烟草零售业	96964	52779	35781	2338	50659	9189	37108
日用百货零售业	551183	269228	173131	74355	368936	46290	134657
纺织品、服装和鞋帽零售业	3279	2393	221	566	2638	32	609
日用杂品零售业	3496	2627	805	64	2183	241	1071
五金、交电、化工零售业	24202	18950	4576	123	11802	764	11636
药品及医疗器械零售业	19529	18580	643	280	12210	732	6560
图书报刊零售业	41835	23318	16849	94	19347	1040	21446
其他零售业	38321	27557	7889	257	23573	713	13564

13—24 续表 1

单位：万元

项目	商品销售收入净额	商品销售成本	经营费用	商品销售税金及附加费	商品销售利润	代购代销收入	主营业务利润
总计	8346204	7653980	333315	14555	344354	19018	363372
按经济类型分							
国有经济	6108846	5591180	241735	10018	265913	13310	279223
集体经济	1166477	1102159	36979	1723	25616	47	25663
私营经济	49305	46124	2172	58	951	3	954
联营经济	302862	288439	4104	609	9710		9710
股份制经济	351430	298332	18386	1667	33045	5641	38686
#国有绝对控股	326253	274989	17836	1617	31811	5641	37452
外商投资经济	206748	187932	15667	92	3057	17	3074
港澳台投资经济	140942	121465	13316	351	5810		5810
其他经济	19594	18349	956	37	252		252
按行业分							
食品、饮料、烟草批发业	1368533	1269223	51835	2032	45443	1075	46518
棉、麻、土畜产品批发业	122607	111058	2987	159	8403	55	8458
纺织品、服装和鞋帽批发业	713529	630527	17914	617	64471	1934	66405
日用百货批发业	333579	307684	17851	463	7581	1302	8883
日用杂品批发业	21093	19414	1339	30	310	44	354
五金、交电、化工批发业	569497	536196	21073	1421	10807	2669	13476
药品及医疗器械批发业	378680	340745	13284	605	24046	27	24073
能源批发业	835218	775701	35261	1504	22752		22752
化工材料批发业	263358	247013	6888	172	9285		9285
木材批发业	5143	5022	92	1	28		28
建筑材料批发业	105326	98509	3761	149	2907	16	2923
矿产品批发业	44057	38938	2367	4	2748	574	3322
金属材料批发业	889577	849965	27288	567	11757	532	12289
机械、电子设备批发业	439977	404357	20661	861	14098	7690	21788
汽车、摩托车及零配件批发业	181426	173995	3688	183	3560	32	3592
再生物资回收批发业	20457	17736	729	125	1867		1867
工艺美术品批发业	48177	42300	3368	61	2448	4	2452
图书报刊批发业	114906	100189	7579	24	7114		7114
农业生产资料批发业	579289	561728	8728	70	8763	30	8793
其他类未包括的批发业	195832	183430	4767	174	7461	2026	9487
食品、饮料和烟草零售业	140723	125947	10439	395	3942	34	3976
日用百货零售业	776429	645982	56657	4405	69385	24	69409
纺织品、服装和鞋帽零售业	7048	5612	531	27	878		878
日用杂品零售业	1925	1674	294	3	—46		—46
五金、交电、化工零售业	26199	24147	977	101	974		974
药品及医疗器械零售业	47112	36820	5304	179	4809		4809
图书报刊零售业	50263	40251	4061	41	5910	7	5917
其他零售业	66244	59817	3592	182	2653	943	3596

13—24 续表 2

单位:万元

项目	其他业务利润	管理费用	财务成本	营业利润	利润总额	本年应付工资总额	本年应交增值税
总计	102168	383160	164700	—82320	66078	184977	82137
按经济类型分							
国有经济	83240	288834	132614	—58985	78984	146692	56508
集体经济	9769	29332	14185	—8085	—1428	14381	7485
私营经济	1072	1165	1392	—531	480	760	—135
联营经济	1063	5677	1256	3840	4882	1497	1372
股份制经济	4168	24810	7799	10245	12030	13861	8281
#国有绝对控股	4052	24097	6006	11401	12357	13567	7863
外商投资经济	2029	19761	3764	—18422	—17698	2031	5515
港澳台投资经济	825	12815	3183	—9363	—10165	5509	2872
其他经济	2	766	507	—1019	—1007	246	239
按行业分							
食品、饮料、烟草批发业	17070	57671	31004	—25087	60696	29133	13974
棉、麻、土畜产品批发业	2279	6624	4122	—9	—408	3271	2197
纺织品、服装和鞋帽批发业	4790	42681	14517	13997	16849	16413	8530
日用百货批发业	6203	24365	9622	—18901	—8043	7107	—2422
日用杂品批发业	1321	1594	2189	—2108	—2149	842	95
五金、交电、化工批发业	11968	22859	13600	—11015	—3753	11556	739
药品及医疗器械批发业	1015	14620	7009	3459	5114	7043	7280
能源批发业	8552	23897	12630	—5223	6540	12704	4722
化工材料批发业	1895	7392	6771	—2983	—1940	2572	1131
木材批发业	12	41	74	—75	—75	14	158
建筑材料批发业	2397	4398	1775	—853	961	2808	989
矿产品批发业	1089	2522	2129	—240	94	1410	293
金属材料批发业	10059	23835	15381	—16868	—7856	10161	5834
机械、电子设备批发业	5755	17915	10546	—918	1682	10245	3461
汽车、摩托车及零配件批发业	2049	6000	4046	—4405	—2892	1815	407
再生物资回收批发业	326	2540	1044	—1391	—985	1298	1202
工艺美术品批发业	1059	2190	1818	—497	114	1323	150
图书报刊批发业	1142	3660	52	4544	4943	1390	1274
农业生产资料批发业	4137	9181	5686	—1937	1361	3458	728
其他类未包括的批发业	3098	7181	6640	—1236	532	3340	4054
食品、饮料和烟草零售业	1884	9018	1728	—4886	—2507	6488	1280
日用百货零售业	7260	76716	11459	—11506	—10459	39820	21391
纺织品、服装和鞋帽零售业	120	906	64	28	—1	231	138
日用杂品零售业	149	123	73	—93	55	226	22
五金、交电、化工零售业	665	1655	422	—438	—471	1023	451
药品及医疗器械零售业	12	3326	14	1481	2460	3765	1701
图书报刊零售业	2166	5747	—1	2337	2807	2643	1351
其他零售业	3696	4503	286	2503	3409	2878	1007

13—25 大中型餐饮业财务状况

（1997 年）　　　　单位：万元

项　　目	总　计	国有经济	集体经济	私营经济	联营经济	外　商投资经济	港澳台投资经济
资本金合计	134938	54175	11204	9064	2040	25016	33439
年末资产负债							
流动资产合计	122073	67539	11882	2623	89	15909	24031
固定资产合计	181983	114195	14631	8315	683	31886	12273
固定资产原价	219710	134562	19456	10285	799	36207	18401
累计折旧	46464	24335	6852	1970	116	6019	7172
无形及递延资产合计	52363	29224	4276	338	4	7509	11012
资产总计	395295	243766	31891	11276	776	57491	50095
流动负债合计	226989	117719	16479	7899	25	56353	28514
长期负债合计	39728	36333	855	911	601	271	757
所有者权益合计	124122	89713	10652	2466	150	811	20330
损益及分配							
主营业务收入	333451	167475	35900	11626	2357	75937	40156
主营业务成本	162904	84952	17566	5290	1272	34609	19215
营业费用	113662	49398	13493	2730	829	29420	17792
业务税金及附加费	14212	6074	1663	502	86	3926	1961
主营业务利润	42673	27051	3178	3104	170	7982	1188
其他业务利润	662	332	33			213	84
管理费用	41173	20637	4035	2106	188	9260	4947
财务费用	10373	6353	393	397	49	2586	595
营业利润	—8211	393	—1217	601	—67	—3651	—4270
利润总额	—3656	4738	—1255	609	—75	—3690	—3983
工资、福利费、增值税							
本年应付工资总额	42707	19391	5633	1157	108	10165	6253
本年应付福利费总额	6652	4083	398	142	58	872	1099
本年应缴增值税额	842	751					91

13—26 市区大中型餐饮业财务状况

（1997 年）　　　　　　　　　　　　　　　　单位：万元

项　　　目	总　计	国有经济	集体经济	私营经济	联营经济	外　商投资经济	港澳台投资经济
资本金合计	82413	23657	9369	1848	1240	23325	22974
年末资产负债							
流动资产合计	91912	45488	10664	1609	64	14115	19972
固定资产合计	87888	35317	12208	1254	365	31182	7562
固定资产原价	115622	49504	15682	1698	441	35311	12986
累计折旧	32922	14721	5456	444	76	5826	6399
无形及递延资产合计	35641	16171	4037	338	4	5608	9483
资产总计	240909	118370	27032	3202	468	53092	38745
流动负债合计	154934	62565	13220	1054	25	52755	25315
长期负债合计	9748	8332	545		190	271	410
所有者权益合计	71980	47472	9742	2148	82	10	12526
损益及分配							
主营业务收入	289164	139354	31101	5655	1706	74372	36976
主营业务成本	143278	72239	15238	3280	901	34171	17449
营业费用	94240	37128	11581	1313	570	28260	15388
业务税金及附加费	12247	4779	1471	298	53	3848	1798
主营业务利润	39399	25208	2811	764	182	8093	2341
其他业务利润	519	235	33			213	38
管理费用	35340	16908	3574	748	150	9234	4726
财务费用	4501	1431	263	10	12	2221	564
营业利润	77	7104	－993	6	20	－3149	－2911
利润总额	902	8859	－1266	17	23	－3203	－3528
工资、福利费、增值税							
本年应付工资总额	37645	16583	4906	677	48	9905	5526
本年应付福利费总额	5841	3776	319	50	24	868	804
本年应缴增值税额	842	751					91

13—27 销售额超5亿元的贸易企业一览表

（1997年）　　　　单位：万元

企业名称	主要从事业务	销售额合计			年末库存
			批发	零售	
广东物资集团公司	黑色金属材料批发业	541609	541609		54758
广东省烟草专卖局	烟草及制品批发业	533056	524460	8596	2201
广东省石油企业集团公司	石油商品批发零售	376661	376661		24839
中国农业生产资料广州公司	农业生产资料、化肥农药	344504	344504		41054
广州市纺织进出口公司	纺织品、轻工产品、工艺品	199614	199591	23	5280
中国北方工业广州公司	进出口	154846	124846	30000	3001
广东省农业生产资料总公司	经营农业生产资料	150681	150681		42061
广州石油企业集团有限公司	批发（零售）石油产品	146221	128886	17335	6484
广东省新华书店	批发图书	128028	127020	1008	40832
广州市医药公司	化学药品批发零售	115167	53754	61413	16176
广州市广州百货大夏	商业和百货零售业	111407	6441	104966	8834
广州友谊商店股份有限公司	百货零售业	109138	8690	100448	13695
中穗石油化工发展公司	批发、零售石化产品	101569	100054	1515	2980
广州市新大新公司	百货零售业	101426	1538	99888	5832
广州正大万客隆（佳景）有限公司	零售、销售	93512		93512	5715
广州市化工原料公司	批发零售化工原料	85898	83519	2379	6844
广东省丝绸集团公司	外贸进出口	85679	85667	12	15823
中国铁路物资广州公司	黑色金属材料、石油及制品	80129	80129		860
中国化工供销华南公司	化工原料化工产品批发	80088	80088		16946
广州食品企业集团有限公司	肉禽蛋及制品批发业	79633	73080	6553	7304
广州市烟草贸易中心	烟草及其制品批发业	75523	68252	7271	1594
广东省土产进出口（集团）公司	土特产、干果等	70764	70764		13095
广东轻出箱包有限公司	轻工产品进出口加工及贸易	68986	68986		
番禺市供销合作社沙园集团公司	五金家用电器、农资、副食品批发	68972	49001	19971	3292
广州越秀企业（集团）公司	进出口业务	68096	68096		693
广东省机械设备进出口集团公司	机电产品进出口	66915	66915		1806
广州市南方大厦有限公司	国内贸易	66303	7291	59012	9744
广州市义庆企业集团公司	家用电器、摩托车、有色金属	64150	64150		5000
广东省化工进出口（集团）公司	化工类进出口来料、来样加工	60334	60334		5462
广东省五金交电公司	经营五金交电家电商品	58618	58534	84	5693
中国抽纱广东进出口公司	抽纱品、纺织纤维进出口业务	56689	56689		1129
广州市东山百货大楼股份有限公司	零售、批发、代购代销、百货	55889	7366	48523	2302
广东省工艺进出口（集团）公司	工艺、木材进出口	50100	49971	129	5058

13—28 销售额超亿元的零售企业一览表

（1997年）

企 业 名 称	销售额（万元）	#零售额	从业人数（人）	营业面积米^2
广州市广州百货大厦	111407	104966	3487	26448
广州友谊商店股份有限公司	109138	100448	2262	18000
广州市新大新公司	101426	99888	1873	8880
广州正大万客隆(佳景)有限公司	93512	93512	650	19000
广州市南方大厦有限公司	66303	59012	2905	35738
广州市东山百货大楼股份有限公司	55889	48523	1123	8580
广东天贸南方大厦百货有限公司	37226	37224	746	21000
广州王府井百货大楼有限责任公司	33518	33518	1370	16080
广州市永安集团有限公司	24389	23907	951	8748
广东吉之岛百货有限公司	21543	21543	440	7000
广州百佳超级市场有限公司	21211	21211		
广州市好又多百货商业广场有限公司	20111	20111	507	12000
广州市海珠购物中心	20767	18964	919	8200
广州市华夏百货公司	21627	18362	798	5136
广州市医药公司健民医药连锁店	22786	17697	508	
广州市华夏康隆百货有限公司	17608	16731	821	8035
广州采芝林药业连锁店	15168	15168	1086	17800
广州市白云区沙河百货公司	14530	14266	498	3300
广州购书中心有限公司	14038	13509	434	4872
广州市广源商业股份有限公司	13389	13389	530	8000
广州市妇女儿童用品公司	12167	11872	417	3500

13—29 工商企业基本情况

（1997年末）

项目	企业数（户）	#国有经济	#集体经济	#联营经济	#股份制经济	#股份合作制企业	注册资金（万元）
总计	137339	19917	87969	3139	11556	13743	14962128
按地区分							
市区	117295	15446	74930	2426	9868	13719	12610589
市工商局	26759	11400	7179	829	4266	2426	9307964
东山区	9947	280	8756	42	460	324	284838
荔湾区	14783	478	10940	44	410	2872	301424
越秀区	12254	270	9517	680	1253	459	270097
海珠区	22113	266	14847	32	677	6274	414493
天河区	8388	632	6207	152	712	669	446271
芳村区	4595	318	3532	38	400	305	153387
白云区	12548	730	11015	228	341	231	490620
黄埔区	2932	205	2012	50	642	23	207968
开发区	1543	514	441	222	343	16	437091
保税区	583	167	31	65	318	2	253942
交易分局	641	158	274	44	44	118	24930
二分局	209	28	179		2		17564
县级市	20044	4471	13039	713	1688	24	2351539
番禺市	6767	1767	4211	231	557	1	703900
花都市	4055	877	2689	140	349		473091
增城市	6149	1076	4248	226	469	23	737603
从化市	3073	751	1891	116	313		436945
按行业分							
农、林、牧渔业	504	140	243	31	85	3	106439
#农、林、牧、渔服务业	39	2	32		5		3937
采掘业	853	141	656	42	8	4	41620
制造业	24132	2516	17885	581	1090	1983	3570859
电力、煤气及水的生产和供应业	234	46	132	21	33	2	572411
建筑业	3598	482	2185	69	544	309	887583
地质勘查业、水利管理业	52	18	14	3	17		9621
交通运输、仓储及邮电通信业	2657	599	1488	98	231	229	934123
批发和零售贸易、餐饮业	79893	10395	51562	1664	6496	9103	4685337
金融、保险业	2358	1601	518	45	19	148	952104
房地产业	1635	330	411	69	760	54	1268437
社会服务业	16364	2517	10140	370	1694	1501	1235800
卫生、体育和社会福利业	101	18	55	3	8	15	13837
教育、文化艺术及广播电影电视业	2264	389	1554	38	68	208	173427
科学研究和综合技术服务业	2170	536	1029	75	425	97	401414
其他行业	524	189	97	30	78	87	109116

13－30 私营企业基本情况

（1997年末、按地区分）

项目	开业户数（户）	歇业户数（户）	年末户数（户）	年末人数（人）		
					投资人数	雇工人数
合计	6309	2001	24681	233856	48419	185437
市区	5378	1186	19167	153432	37654	115778
市工商局	3596	287	11390	99023	24701	74322
东山区	21	38	175	1126	296	830
荔湾区	163	152	791	4740	1321	3419
越秀区	32	18	101	625	190	435
海珠区	64	8	473	2663	640	2023
天河区	473	247	1548	8331	3308	5023
芳村区	82	20	316	3228	457	2771
白云区	429	193	2357	21421	3214	18207
黄埔区	140	156	462	2492	839	1653
开发区	87	26	554	4519	995	3524
保税区	179	16	554	2891	1178	1713
交易分局	109	25	251	1156	261	895
一分局	3		165	974	248	726
二分局			30	243	6	237
县级市	931	815	5514	80424	10765	69659
番禺市	132	68	1207	13808	2644	11164
花都市	207	102	777	13672	1322	12350
增城市	501	426	3099	47529	5867	41662
从化市	91	219	431	5415	932	4483

13—31 私营企业基本情况

（1997年末、按行业分）

行业	全市			#城镇		
	户数（户）	人数（人）	注册资金（万元）	户数（户）	人数（人）	注册资金（万元）
合计	**24681**	**233856**	**1885054**	**20276**	**171006**	**1606661**
农、林、牧、渔业	117	973	7975	52	371	2901
#农、林、牧、渔服务业	6	47	383	5	43	380
采掘业	151	2236	12865	58	507	7498
制造业	4869	71657	320654	2252	26980	145328
建筑业	381	2781	51711	317	2167	47511
交通运输、仓储业	348	2454	21022	308	2127	19679
#仓储业	11	230	1753	9	225	1650
批发零售贸易餐饮业	13143	102143	1040651	11963	91308	974136
#餐饮业	349	6175	25153	252	4437	20363
社会服务业	5084	46677	361456	4755	42789	342094
#日用修理业	138	1657	2600	93	1096	2078
旅馆业	101	1171	10982	100	1161	10949
娱乐服务业	46	412	2658	45	393	2655
其他行业	588	4935	68720	571	4757	67514

13—32 商品交易市场分类情况

单位：个

项目	1996年末			1997年末		
	批发市场	城市	农村	批发市场	城市	农村
消费品市场	**751**	**571**	**180**	**872**	**681**	**191**
消费品综合市场	112	76	36	130	89	41
农副产品市场	305	201	104	361	254	107
农副产品综合市场	256	169	87	301	214	87
农副产品专业市场	49	32	17	60	40	20
工业消费品市场	334	294	40	376	333	43
工业消费品综合市场	260	222	38	268	229	39
工业消费品专业市场	74	72	2	108	104	4
其他市场				5	5	
生产资料市场	**73**	**60**	**13**	**81**	**67**	**14**
生产资料综合市场	3	2	1	1	1	
农业生产资料市场	4	3	1	5	4	1
农业生产资料综合市场	1	1		1	1	
农业生产资料专业市场	3	2	1	4	3	1
工业生产资料市场	66	55	11	75	62	13
工业生产资料综合市场	11	11		7	6	1
工业生产资料专业市场	55	44	11	68	56	12

13－33 消费品批发市场情况

（1997 年）

项目	批发市场（个）	#城市	成交额（万元）	#城市	成交量（吨）	#城市
工业消费品市场	376	333	753692	668072		
农副产品专业市场	60	40	748620	735350		
蔬菜市场	7	3	162008	160204	820559	803399
干鲜果市场	11	9	244077	243293	493587	491922
水产品市场	7	5	221417	219889	56307	54997
肉食禽蛋市场	4	3	26465	22243	35493	31581
粮食市场	6	4	30417	30417	106518	106518
食用植物油市场						
仔猪市场	1		52		58	
中药材市场	1	1	25693	25693	13807	13807
其他市场	23	15	38491	33611	409	409

13－34 城乡个体工商业基本情况

项目	1996 年			1997 年		
	期末户数（户）	从业人数（人）	注册资金（万元）	期末户数（户）	从业人数（人）	注册资金（万元）
合计	**201325**	**337190**	**253833**	**203886**	**343802**	**273099**
市区	116864	182534	142155	120822	179678	157681
东山区	8570	9743	9754	8457	9636	9905
荔湾区	10575	13469	10809	10955	13849	12786
越秀区	13088	20061	17775	12387	18036	17445
海珠区	11712	13310	7991	13365	14652	9837
天河区	17825	40459	19484	17498	31245	22149
芳村区	4984	7920	3420	5606	9002	4096
白云区	32419	47729	45854	33040	49537	48886
黄埔区	7606	11805	9587	7881	12436	9843
开发区	780	2320	1085	871	2572	1254
保税区				556	639	333
交易分局	7088	11925	11551	7852	13854	15994
一分局	1262	2080	2565	1262	2080	2565
二分局	955	1713	2280	1092	2140	2588
县级市	84461	154656	111678	83064	164124	115418
番禺市	26107	57333	50345	26391	66886	52408
花都市	24281	39417	23112	24816	41251	25043
增城市	21504	35579	27897	19864	34980	27787
从化市	12569	22327	10324	11993	21007	10180

13－35 城乡个体工商业基本情况

（1997年末、按行业分）

项目	户数（户）	#城镇	从业人员（人）	#城镇	注册资金（万元）	#城镇
合计	203886	146898	343802	244631	273099	209168
农、林、牧、渔业	59	34	141	85	570	384
#农、林、牧、渔服务业	28	15	64	37	197	131
采掘业	349		1003		1539	
制造业	17199	12460	46713	32738	41191	29511
建筑业	43	35	133	59	261	208
交通运输、仓储业	20236	10389	23849	13330	44950	30216
#仓储业	31	31	63	63	50	50
批发零售贸易餐饮业	141558	106347	230967	170152	158555	129391
#餐饮业	13211	9183	41137	28917	23620	19671
社会服务业	23782	17486	39388	27942	24499	19129
#日用修理业	6360	5066	9210	7103	4778	4152
旅馆业	254	107	710	265	1134	619
娱乐服务业	999	853	1880	1606	2340	2022
其他行业	660	147	1608	325	1534	329

13－36 社会商品购买力来源与分配

单位：万元

项目	1996年		1997年	
	合计	#城镇居民	合计	#城镇居民
年初结余货币总额	10531565	8103491	14134601	11270688
储蓄存款	9430029	7669415	12932258	10845770
手存现金	1101536	434076	1202343	424918
货币收入总额	16867630	13651183	16511094	12494055
#本地居民	12809290	10966805	13273457	11038394
国有单位职工工资	1685546	1622001	1798987	1726851
城镇集体单位职工工资	350699	318224	338388	305166
各种合营单位职工工资	364214	335151	447801	415541
城镇个体劳动者净货币收入	799975	799975	927971	927971
其他职业者收入	98101	98101	110364	110364
农民从集体统一经营中得到的收入	349964		477526	
农民从经济联合体中得到的收入	30696		32599	
农民出售农副产品的收入	700899		324818	
农民从事工业和手工业的净货币收入	37857		42021	

13—36 续表

单位：万元

项　　目	1996年		1997年	
	合　计	#城镇居民	合　计	#城镇居民
农民劳务净收入	259920		290149	
居民从国家财政得到的收入	40724	28375	46226	32194
银行和信用社农贷净增加额	46467		54819	
居民其他货币收入	5923771	5569628	6098292	5584999
外宾购买消费品的货币	78299		97695	
社会集团购买公用消费品的货币	716443		993236	
乡(镇)购买农业生产资料的货币	6180		6365	
外地汇(带)入货币总额	5377875	4879728	3923837	3390969
非商品性支出总额	**2512571**	**1933494**	**3005843**	**2395756**
居民文化生活服务支出	891631	702016	1040564	834206
本地居民	747187	557572	877894	671536
外地居民	144444	144444	162670	162670
居民向国家缴纳的各种税金	71632	53331	84123	61651
居民其他货币支出	1549308	1178147	1881156	1499899
当年社会商品购买力总额	**10752023**	**8550492**	**10909125**	**8037990**
已实现的购买力	7148987	5383295	8312999	5977681
居民消费品购买力	6069684	5383295	6934956	5977681
本地居民	4372690	3699809	4700513	3767241
外地居民	1696994	1683486	2234443	2210440
外宾消费品购买力	78299		97695	
社会集团公用消费品购买力	716443		993236	
农民农业生产资料购买力	284561		287112	
当年结余购买力	3603036	3167197	2596126	2060309
年末结余货币总额	**14134601**	**11270688**	**16730727**	**13330997**
储蓄存款	12932258	10845770	15400749	12997577
手存现金	1202343	424918	1329978	333420
补充资料：				
本地常住居民平均人数(人)	6513812	3992732	6612685	4059522
本地常住居民消费品购买力	4372690	3699809	4700513	3767241
本地常住居民平均每人消费品购买力(元)	6713	9266	7108	9280
本地常住居民文化生活服务支出	747187	557572	877894	671536
本地常住居民人均文化生活服务支出(元)	1147	1396	1328	1654

主要统计指标解释

【社会消费品零售额】 指各种经济类型的批发零售贸易业、餐饮业、制造业和其他行业对城乡居民和社会集团的消费品零售额。这个指标反映通过各种商品流通渠道向居民和社会集团供应的生活肖费品来满足他们生活需要，是研究人民生活，社会消费品购买力、货币流通等问题的重要指标。社会消费品零售额包括：(1)售给城乡居民作为生活用的商品和修建房屋用的建筑材料；(2)售给机关、团体、学校、部队、企业、事业单位的职工食堂和旅店(招待所)附设专门供本店旅客食用，不对外营业的食堂的各种食品、燃料；企业、单位和国营农场直接售给本单位职工和职工食堂的自己生产的产品；(3)售给部队干部、战士生活用的粮食、副食品、衣着品、日用品、燃料；(4)售给来华的外国人、华侨、港澳台同胞的消费品；(5)居民自费购买的中、西药品、中药材及医疗用品；(6)报社、出版社直接售给居民和社会集团的报纸、图书、杂志、集邮公司出售的新、旧纪念邮票、特种邮票、首日封、集邮册、集邮工具等；(7)旧货寄售商店自购、自销部分的商品零售额；(8)煤气公司、液化石油气站售给居民和社会集团的煤气灶具和罐装液化石油气；(9)城市建设，房产管理等部门、企业、事业单位售给居民的商品房；(10)农民售给非农业居民和社会集团的商品。不包括售给国民经济各部门企业、事业单位(包括国有经济的农场)生产经营用的各种原材料、燃料、设备、工具等和售给批发零售贸易业、餐饮业作为转卖用的商品、旧货寄售商店受托寄售卖出的商品、服务业的营业收入、邮局出售邮票的收入、自来水、电力、煤气生产(供应)单位的产品供应收入，也不包括农民之间的商品销售。

【批发零售贸易业商品购、销、存总额】指以各种经济类型的批发、零售贸易业(不包括个体)为总体的商品购、销、存。

【商品购进总额】 指从本企业(单位)以外的单位和个人购进(包括从国外直接进口)作为转卖或加工后转卖的商品。这个指标反映批发零售贸易业从国内、国外市场上购进商品的总量。商品购进总额包括：(1)从工农业生产者购进的商品；(2)从报社、出版社的出版发行部门购进的图书、杂志和报纸；(3)从各种经济类型的批发零售贸易企业(单位)购进的商品；(4)从其他单位购进的商品，如从机关、团体、企业、单位购进的剩余物资，从餐饮业、服务业购进的商品，从海关、市场管理部门购进的缉私和没收的商品，从居民收购的废旧商品等；(5)从国(境)外直接进口的商品。不包括企业(单位)为自身经营用，和未通过买卖行为而收入的商品以及销售退回、商品升溢等。

【商品销售总额】 指对本企业(单位)以外的单位和个人出售[包括对国(境)外直接出口]的商品。这个指标反映批发零售贸易业在国内市场上销售商品以及出口商品的总量。商品销售总额包括：(1)售给城乡居民和社会集团消费用的商品；(2)售给工业、农业、建筑业、运输邮电业、批发零售贸易业、餐饮业、服务业等作为生产、经营使用的商品；(3)售给批发零售贸易业作为转卖或加工后转卖的商品；(4)对国(境)外直接出口的商品。不包括：出售本企业(单位)自用的废旧包装用品。未通过买卖行为付出的商品，经本单位介绍，由买卖双方直接结算，本单位只收取手续费的业务，购货退出的商品以及商品损耗和损失等。

【批发零售贸易业年末库存】指年末各种经济类型的批发零售贸易企业(单位)已取得所有权的商品。它反映各地区、各批发零售贸易企业(单位)的商品库存情况，和对市场商品供应的保证程度。期末库存包括：(1)存放在批发零售贸易业经营单位(如门市部、批发站、经营处)仓库、货场、货柜和货架中的商品；(2)挑选、整理、包装中的商品；(3)已记入购进而尚未运到本单位的商品，即发货单或银行承兑凭证已到而货未到部分；(4)寄放他处的商品，如因购货方拒绝承付而暂时存放在购货方的商品和已办完加工成品收回手续而未提回的商品；(5)委托其他单位代销(未作销售或调出)尚未售出的商品；(6)代其他单位购进尚未交付的商品。不包括所有权不属于本单位的商品、拨付除批发零售贸易业以外的其他行业所属独立核算加工厂等加工生产尚未收回成品的商品、代国家物资储备部门保管的商品等。期末库存总额计算方法是：农副产品采购单位按购进价格计算，批发单位按进货价格计算，零售单位按什么价格核算就按什么价格计算。

【城乡集市贸易成交额】 指在农村集市和城市集市上买卖双方(包括农民、非农业居民、机关、团体、工商企业、个体商贩)成交的全部商品金额，是反映集市贸易规模的综合性指标。

【网点】 指本批发零售贸易企业(单位)设立的从事批发、零售贸易业务的自然单位[包括本企业(单位)自身]，凡具有独立固定的营业场所，配备一定的业务人员，不论单位大小，不论是否单独核算，均按自然网点计算，即有一个点就算一个网点。不包括同一营业场所内各柜组以及派出的流动推销小组，流动售货车等。

【人员】 指在批发、零售贸易网点工作并取得劳动报酬的从业人员。包括职工、聘请的离退休人员等。

第十四篇

对外经济贸易和旅游

外向型经济稳步发展

1997 年，广州市实际利用外资持续增长，对外贸易稳步发展，旅游业经济效益有所提高。

一、实际利用外资持续增长。1997 年，全市共批准利用外资项目 3066 个，协议外资金额 21.99 亿美元，实际利用外资 28.94 亿美元，比上年增长 11.30%，其中直接投资实际利用外资 24.80 亿美元，比上年增长 6.37%。直接投资利用外资发展的主要特点：

1. 产业结构有所调整。在实际利用外资中：第一产业实际利用外资 1872 万美元，第二产业实际利用外资 134470 万美元，分别比上年增长 7.22%和 14.64%；其中第二产业实际利用外资占直接投资合计的 54.22%，比上年提高近 4 个百分点。在第二产业实际利用外资中，工业利用外资增长 30.81%。第三产业实际利用外资 111661 万美元，占直接投资实际利用外资比重，由上年的 48.94%下降为 45.02%；其中房地产实际利用外资继续下降，下降幅度达 24.77%。

2. 外商投资的国家(地区)不断扩大。1997 年来我市投资的国家(地区)已增至 33 个，主要国家(地区)的实际投资额均保持增长势头，实际投资居前 10 位的国家(地区)分别是：香港、英国、美国、新加坡、台湾、日本、加拿大、澳门、法国、德国。实际投资增幅较大的国别(地区)有：美国增长 70.8%，加拿大增长 6.54 倍，德国和法国分别增长 1.3 倍和 33.02%，台湾增长 1.27 倍。

3. 外商独资企业发展迅速。1997 年末经工商局登记注册的独资企业已达 1843 家，比上年末增长 11.90%，与同期中外合资、中外合作企业分别下降 2.14%和 2.60%形成明显反差；其中投资总额在 1000 万美元以上的独资企业有 97 家，比上年末增加 17 家。外商独资企业实际利用外资 5.95 亿美元，增长 39.19%，比全市外商直接投资增幅高出 32.82 个百分点。

二、对外贸易发展势头良好，进出口总值稳步增长。据海关统计，全市进出口贸易总值 187.46 亿美元，比上年增长 12.33%；其中出口总值 105.95 亿美元，增长 15.97%；进口总值 81.51 亿美元，增长 7.92%，全年贸易顺差 24.44 亿美元。对外贸易的主要特点：

1. 一般贸易和加工贸易出口呈上升趋势。1997 年，全市一般贸易出口 37.94 亿美元，比上年增长 15.28%；加工贸易出口 63.73 亿美元，增长 16.33%。一般贸易和加工贸易出口占了全市出口总值的 95.96%。

2. 国有和三资企业外贸进出口同步增长。1997 年国有企业进出口总值 83.06 亿美元，三资企业进出口 96.70 亿美元，分别比上年增长 14.73%和 11.12%，占全市进出口总额的比重分别为 44.31%和 51.59%，国有和三资企业仍是我市外贸进出口的主力军。

3. 主要出口地域的出口额全面上升。1997 年，全市外贸出口的国家和地区已达到 189 个，按出口最终目的国别(地区)计算，对亚洲国家出口增长 14.19%，对非洲国家出口增长 14.32%，对欧洲国家出口增长 25.72%，对北美洲国家出口增长 14.87%，对拉丁美洲国家出口增长 31.28%，对大洋洲国家出口增长 14.87%。出口额超 1000 万美元的国家已达到 41 个，比上年增加 2 个。

三、城市接待旅游人数增加，旅游业经济效益提高。1997 年，全市接待国内外旅游总人数 4964 万人次，其中接待过夜海外旅游者 294.45 万人次，接待过夜国内旅游者 1688.35 万人次，分别比上年增长 4.16%和 6.43%。在接待海外过夜旅游者中，接待台湾同胞人数比上年增长 30.94%。各类旅行社接待国内外旅游总人数 124.16 万人次，增长 18.30%，其中接待海外旅游者增长 2.34%，接待国内旅游者增长 25.77%。

旅游业经济效益有所提高。1997 年，旅游业营业总收入 292.68 亿元，比上年增长 13.11%，分别占全国和全省旅游业总收入的 9.37%和 35.92%。实现旅游业增加值 87.18 亿元，增长 14.12%；旅游业增加值占全市国内生产总值的 5.31%。

主要涉外宾馆接待国际旅游者人数

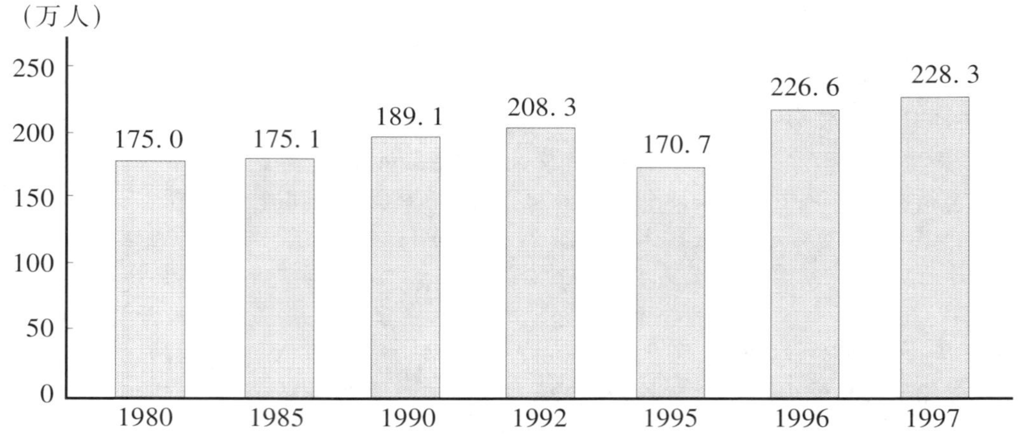

海关出口商品总值构成(%)

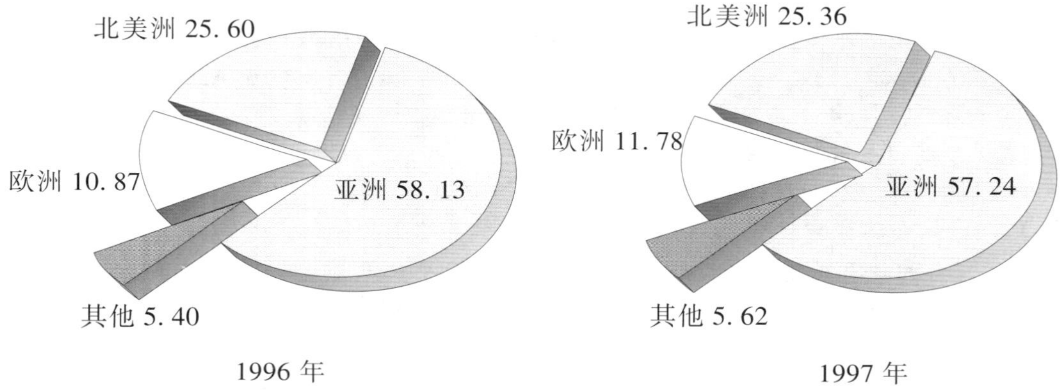

实际利用外资

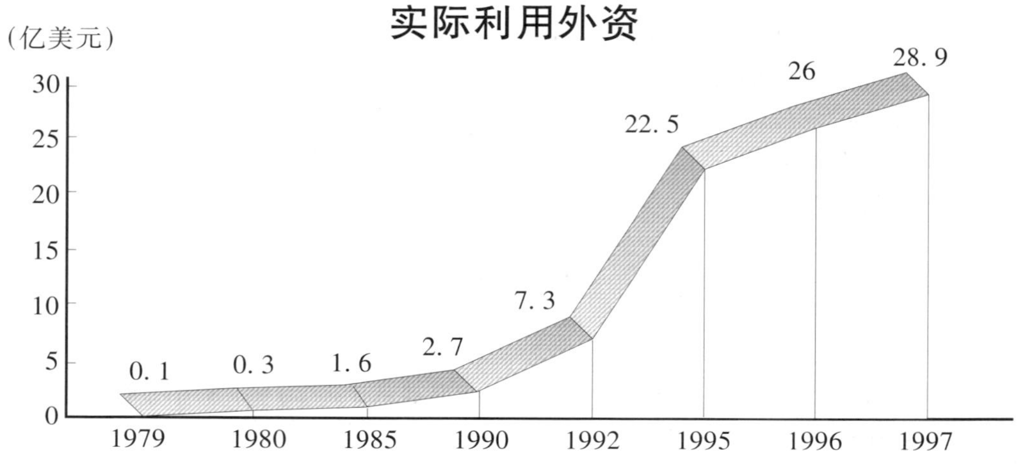

14—1 海关进出口商品总值

单位：万美元

项目	1996年			1997年		
	合计	出口	进口	合计	出口	进口
总计	1668897	913625	755272	1874573	1059494	815079
按贸易方式分						
一般贸易	487185	329082	158103	559582	379377	180205
国家间国际组织无偿援助和捐赠的物资	215	69	146	940	120	820
华侨港澳同胞外籍华人捐赠的物资	1914		1914	139		139
补偿贸易	1797	1591	206	848	487	361
来料加工装配贸易	217100	128244	88856	266303	154256	112047
进料加工贸易	688109	417988	270121	776775	483067	293708
寄售代销贸易	24	16	8	25	25	
边境小额贸易	24	24				
来料加工装配进口的设备	1035		1035	1007		1007
对外承包工程货物	743	743		4	4	
租赁贸易	53021		53021	57266		57266
外商投资企业作为投资进口的设备物品	136577		136577	111108		111108
出料加工贸易						
保税仓库进出境货物	50471	13366	37105	55019	10942	44077
保税区仓储或转口货物				16499	7527	8972
易货贸易	440	11	429	183	13	170
免税外汇商品	6673		6673	3487		3487
其他贸易	23569	22491	1078	25388	23676	1712
按经济类型按经济类型分						
国有企业	723984	445283	278701	830645	509327	321318
集体企业	22381	12425	9956	27131	17585	9546
"三资"企业	870253	427989	442264	967016	502520	464496
合资企业	379845	186010	193835	388334	199958	188376
合作企业	284872	133146	151726	322743	160916	161827
独资企业	205536	108833	96703	255939	141646	114293
个体企业	476	344	132	61	53	8
其他企业	51803	27584	24219	49720	30009	19711

注：本表是海关进出口总值中广州市的进出口数。

14—1 续表

单位：万美元

项目	1996年			1997年		
	合计	出口	进口	合计	出口	进口
按国别(地区)分						
亚洲小计	993168	531067	462101	1072123	606443	465680
#香港	423947	328743	95204	467117	381218	85899
澳门	4090	3848	242	3676	3497	179
印度尼西亚	32572	20398	12174	34041	21701	12340
日本	216065	85630	130435	221445	91637	129808
马来西亚	18850	5229	13621	22468	6955	15513
新加坡	37677	14333	23344	34438	14884	19554
韩国	74069	23222	50847	85424	32827	52597
泰国	13947	5670	8277	19056	5753	13303
台湾	108815	6215	102600	106570	6950	99620
非洲小计	22141	16549	5592	26410	18920	7490
欧洲小计	221687	99274	122413	325902	124806	201096
#英国	24072	14065	10007	28713	15497	13216
德国	52100	27082	25018	69429	30209	39220
法国	17463	9518	7945	70368	10731	59637
意大利	16192	6412	9780	16938	8921	8017
荷兰	13962	12176	1786	13989	12394	1595
西班牙	5936	4349	1587	8372	6087	2285
瑞典	27706	2151	25555	20842	2692	18150
瑞士	16687	1883	14804	25939	1967	23972
俄罗斯联邦	13241	2584	10657	13649	2852	10797
拉丁美洲小计	27219	17857	9362	37893	23443	14450
北美洲小计	374852	233915	140937	379974	268694	111280
#加拿大	18848	8580	10268	15738	11292	4446
美国	355996	225327	130669	364235	257401	106834
大洋洲小计	29830	14963	14867	32271	17188	15083
#澳大利亚	23795	12889	10906	26090	15120	10970
新西兰	3481	1219	2262	4082	1464	2618

14—2 海关进口商品总值

（1997 年） 单位：万美元

项目	全市	市区	番禺市	花都市	增城市	从化市
总计	815079	544909	205714	18407	32907	13142
按贸易方式分						
一般贸易	180205	159979	9907	6786	3120	413
国家间国际组织无偿援助和捐赠的物资	820	816		1	3	
华侨港澳同胞外籍华人捐赠的物资	139	97			42	
补偿贸易	361	361				
来料加工装配贸易	112047	52748	50299	1967	4618	2415
进料加工贸易	293708	146128	107868	8516	21504	9692
寄售代销贸易						
边境小额贸易						
来料加工装配进口的设备	1007	411	58	12	494	32
对外承包工程货物						
租赁贸易	57266	57266				
外商投资企业作为投资进口的设备物品	111108	89882	17405	1037	2194	590
出料加工贸易						
保税仓库进出境货物	44077	24629	18440	88	920	
保税区仓储或转口货物	8972	8972				
易货贸易	170	170				
免税外汇商品	3487	1786	1701			
其他贸易	1712	1664	36		12	
按经济类型分						
国有企业	321318	275962	31330	5091	6666	2269
集体企业	9546	3732	5565			249
"三资"企业	464496	254630	160659	13316	25267	10624
合资企业	188376	126170	42632	6298	12835	441
合作企业	161827	79736	61171	4060	7436	9424
独资企业	114293	48724	56856	2958	4996	759
个体企业	8	8				
其他企业	19711	10577	8160		974	

14—3 海关出口商品总值

（1997 年）　　单位：万美元

项目	全市	市区	番禺市	花都市	增城市	从化市
总计	1059494	731242	256375	18910	35827	17140
按贸易方式分						
一般贸易	379377	361598	11116	1895	3629	1139
国家间国际组织无偿援助和捐赠的物资	120	111			9	
华侨港澳同胞外籍华人捐赠的物资						
补偿贸易	487	484	3			
来料加工装配贸易	154256	79090	63800	2738	6191	2437
进料加工贸易	483067	251894	178544	14263	24803	13563
寄售代销贸易	25	25				
边境小额贸易						
来料加工装配进口的设备						
对外承包工程货物	4	4				
租赁贸易						
外商投资企业作为投资进口的设备物品						
出料加工贸易						
保税仓库进出境货物	10942	6823	2912	14	1192	1
保税区仓储或转口货物	7527	7527				
易货贸易	13	13				
免税外汇商品						
其他贸易	23676	23673			3	
按经济类型分						
国有企业	509327	448903	46840	1635	9185	2764
集体企业	17585	11962	5380			243
"三资"企业	502520	242745	202113	17275	26254	14133
合资企业	199958	130558	46517	8581	13841	461
合作企业	160916	66134	73352	4224	5284	11922
独资企业	141646	46053	82244	4470	7129	1750
个体企业	53	53				
其他企业	30009	27579	2042		388	

14—4 海关出口主要商品数量和金额

商品名称	单位	1996年		1997年	
		数量	金额（万美元）	数量	金额（万美元）
活猪	万头	19	2680	18	2513
活家禽	万只	901	1980	786	1872
鲜冻猪肉	吨	1974	393	7783	1347
水海产品	吨	9998	2557	14501	2946
鲜蛋	万个	3204	187	2182	114
谷物及谷物粉	吨	9139	373	10747	462
蔬菜	吨	62214	2738	62442	2538
鲜干水果及坚果	吨	16179	1311	23989	1261
食用植物油	吨	22048	1483	115812	7994
茶叶	吨	12984	1728	16520	2091
药材	吨	7263	1163	6088	1108
纸烟	万支	288617	3332	189894	2185
生丝	吨	876	1788	686	1568
原油	吨	4233294	60144	5394139	78002
成品油	吨	255681	5300	300158	6037
医药品	吨	5251	3846	5694	4278
烟花炮竹	吨	17508	3115	17099	2898
纺织纱线织物及制品			53729		56239
水泥	吨	402755	1908	327129	1459
珍珠宝石及半宝石			4938		10501
钢材	吨	91903	4475	152884	6350
电扇	万台	1078	5996	993	4124
电子计算器	万台	1456	2717	1629	3553
原电池	万个	142518	7845	167284	8170
集装箱	个	57528	18408	65177	19670
服装及衣着附件			132651		155285
照相机	万架	336	5392	397	10595
手表	万只	3194	9465	4277	12023
船舶	艘	1908	14500	953	10157
家具			13506		14550
灯具照明装置及类似品			11604		12638
鞋类			106385		123211
塑料制品	吨	85661	13563	102320	16674
玩具			32369		36083
贵金属或包贵金属的首饰	万克	3281	23387	4973	35633

14—5 海关进口主要商品数量和金额

商品名称	单位	1996年		1997年	
		数量	金额（万美元）	数量	金额（万美元）
谷物及谷物粉	吨	144546	3490	178857	4546
食用植物油	吨	110298	5975	215521	11675
天然橡胶	吨	24666	3260	22847	2413
合成橡胶	吨	38967	4377	45218	4764
原木	米^3	293430	3806	451455	5654
原油	吨	317917	4597	512282	7267
成品油	吨	2459348	24002	3056852	32674
医药品	吨	1141	1283	639	1267
肥料	吨	223639	4021	177418	3387
尿素	吨	130792	2593	68861	1109
牛皮革及马皮革	吨	41098	20198	51760	22074
纸及纸板	吨	363246	19473	455677	21883
丝绸	万米	734	1779	793	2951
棉机织物	万米	22702	18327	22991	19818
涂复或浸渍塑料的织物	吨	47706	13267	48967	12650
针织或钩编织物	吨	40770	8692	39549	8537
钻石	千克	169	5798	250	11344
钢材	吨	861303	39142	747837	36539
铜	吨	27908	7688	31660	8903
铝	吨	26298	5704	20844	5007
机械提升搬运装卸设备			10156		6042
印刷、装订机械			5528		6859
纺织机械			6297		3122
金属加工机床	台	5849	7711	3530	6100
橡胶或塑料加工机械			7240		6721
有线电话电报设备的零附件	吨	4523	23675	5693	17368
电视、收音机及无线电讯设备的零附件			5126		8438
通断及保护电路装置			6280		8145
电线和电缆	吨	7039	4515	7618	3441
初级形状的塑料	吨	454002	37806	389600	35786
飞机	架	9	53137	13	68193

14—6 各时期对外经济贸易主要指标

单位：万美元

项目	外贸进口总值	外贸出口总值	新签合同数（项）	协议利用外资	实际利用外资
“五五”时期		80961	1932	27263	3997
#1979—1980		40525	1932	27263	3997
“六五”时期		185623	16946	113436	45457
“七五”时期	273075	512599	11285	228032	108638
“八五”时期	1166230	1912506	13694	2658701	687128
1996	397033	651384	1793	510301	260002
1997	406871	753810	3066	219922	289379
1979—1997	2243209	4056447	48716	3757655	1394601

14—7 外贸进口商品总值

单位：万美元

项目	1990年	1995年	1996年	1997年
合计	67160	343756	397033	406871
外贸系统	11406	20409	58639	62933
轻工	2182	3851		
工艺	1618	642		
纺织	1322	3673		
粮油食品	735	391		
土产	563	73		
畜产	49	230		
五矿	265	2489		
化工	3858	2446		
机械		2477		
医药保健	220	952		
机械设备	594	278		
包装		2736		
冶金		171		
工贸公司	22605	30576		
三资企业	32876	242932	281591	282455
三来一补	273	49839	56803	61483

注：1996年起外贸系统进口总值含工贸公司。

14—8 外贸出口总值

单位：万美元

项目	1980年	1985年	1990年	1995年	1996年	1997年
总计	24302	41334	144285	624722	651384	753810
按贸易方式分						
正常贸易	21175	35140	98353	237234	191132	188518
来料加工	2688	4639	8467	90504	90254	107883
补偿贸易	439	392	2549	1309	616	243
外商投资		1163	34916	294024	368044	457166
易货贸易				22		
偿还贷款				1629	1338	
按系统、地区分						
外经贸系统	21175	31447	54334	121080	92884	97651
轻工	10991	11616	18258	20211	15719	17302
工艺	2756	3704	5378	6352	3128	4003
纺织	112	5413	7578	20183	20532	24003
粮油食品	4269	4194	7814	7311	4787	5378
土产	2484	1418	2255	890	592	909
畜产	478	1072	2568	10006	12001	10135
五矿	85	660	2134	3128	3138	3149
化工		766	1574	2421	2168	1968
机械		159	896	2508	2638	2601
医药保健		1309	2045	2488	1455	1547
机械设备		203	2127	1801		
农机		49	309	319		
丝绸		855	542			
冶金			291			
包装				1043		
其他		29	565	42419	26726	26656
工业系统		3693	44019	38831	30666	24578
商业系统				4552	2520	2141
其他系统	3127	5031	11016	6586	3449	2910
各开发区				17736	16422	17370
八区				27346	25178	29964
四县级市				64018	65857	77508
外商投资企业		1163	34916	294024	368044	457166
中央在穗公司				50549	46364	44522

14—9 利用外资情况

单位：万美元

项目	1990年	1995年	1996年	1997年	自业务开始以来累计
合同数(项)	**2711**	**2564**	**1793**	**3066**	**48716**
合同利用外资额	**55426**	**685657**	**510301**	**219922**	**3757655**
实际利用外资额	**26737**	**225298**	**260002**	**289379**	**1394601**
对外借款					
合同数(项)	3		2	6	56
合同借款额	5067	8391	57829	39574	220061
实际借款额	6643	8391	24477	39574	183617
外商直接投资					
合同数(项)	389	1774	865	661	10007
合同利用外资额	47183	673101	447393	169824	3472471
实际利用外资额	18087	214444	233153	248003	1178953
1.合资经营企业(项)	144	439	250	136	3098
合同利用外资额	10706	140826	121749	32484	580776
实际利用外资额	8505	49868	55188	64190	308460
2.合作经营企业(项)	133	852	340	241	4929
合同利用外资额	24227	439053	226715	100202	2516498
实际利用外资额	6031	138609	135250	124359	686907
3.外商独资企业(项)	112	483	275	284	1980
合同利用外资额	12250	93222	98929	37138	375197
实际利用外资额	3551	25967	42715	59454	183586
外商其他投资					
合同数(项)	2319	790	926	2399	38653
合同利用外资额	3176	4165	5079	10524	65123
实际利用外资额	2007	2463	2372	1802	32031
1.国际租赁(项)	12	18	11		121
合同额	1455	3616	3298		21840
实际额	765	2331	2175		10411
2.补偿贸易(项)	7				107
合同投资额	479				12111
实际投资额	377				8421
3.加工装配(项)	2300	772	915	2399	38425
合同规定引进设备价值	1242	549	1781	10524	31172
已到设备价值	865	132	197	1802	13199

14—10 实际利用外资

（1997年） 单位：万美元

项目	金额	项目	金额
总计	289379	**按国别（地区）分**	
按国民经济行业分		香港	167491
农、林、牧、渔业	2472	澳门	7101
采掘业	1046	台湾	10085
制造业	145936	日本	9301
电力、煤气及水的生产和供应业	4039	菲律宾	8
建筑业	22800	泰国	539
地质勘查业、水利管理业	1180	新加坡	12969
交通运输、仓储及邮电通讯业	7732	英国	12105
批发和零售贸易、餐饮业	5880	德国	26152
房地产业	70888	加拿大	7393
社会服务业	9048	美国	10972
卫生、体育和社会福利业	6123	澳大利亚	868
教育、文化艺术及广播电影电视业	3956	法国	8843
科学研究和综合技术服务业	17	荷兰	1359
其他行业	8262	西班牙	352
		奥地利	9115
		其他	4726

14—11 实际利用外资

（1997年、按地区分） 单位：万美元

项目	全市	市区	番禺市	花都市	增城市	从化市
合计	289379	204466	31330	17706	30274	5603
对外借款	39574	39574				
外国政府贷款	22254	22254				
出口信贷	15320	15320				
外国银行商业贷款	2000	2000				
外商直接投资	248003	163115	31305	17706	30274	5603
合资经营企业	64190	49098	5901	6540	2345	306
合作经营企业	124359	77017	12788	8953	20869	4732
外商独资企业	59454	37000	12616	2213	7060	565
外商其他投资	1802	1777	25			
国际租赁						
补偿贸易						
加工装配（引进设备价值）	1802	1777	25			

14—12 利用外资签约情况

(1997 年)　　　　单位：万美元

项　　目	全　市	市　区	番禺市	花都市	增城市	从化市
合同数(项)	3066	2726	154	57	103	26
合同利用外资额	219922	145617	23063	13539	36061	1642
对外借款						
合同数(项)	6	6				
合同借款额	39574	39574				
1. 外国政府贷款(项)	3	3				
合同借款额	22254	22254				
2. 国际金融组织贷款(项)						
合同借款额						
3. 出口信贷(项)	3	3				
合同借款额	15320	15320				
4. 外国银行商业贷款(项)						
合同借款额	2000	2000				
外商直接投资						
合同数(项)	661	321	154	57	103	26
合同利用外资	169824	102258	16324	13539	36061	1642
1. 合资经营企业(项)	136	86	31	8	7	4
合同利用外资额	32484	26686	2039	2912	583	264
2. 合作经营企业(项)	241	117	28	17	65	14
合同利用外资额	100202	52345	6259	8707	32009	882
3. 外资(独资)企业(项)	284	118	95	32	31	8
合同利用外资额	37138	23227	8026	1920	3469	496
外商其他投资						
合同数(项)	2399	2399				
合同额	10524	3785	6739			
1. 国际租赁(项)						
合同额						
2. 补偿贸易(项)						
合同额						
3. 加工装配(项)	2399	2399				
合同规定引进设备价值	10524	3785	6739			

14－13 直接投资项目利用外资分类

单位：万美元

项　　目	1996年			1997年		
	合同数（项）	合同利用外资额	实际利用外资额	合同数（项）	合同利用外资额	实际利用外资额
总　计	865	447393	233153	661	169824	248003
按国民经济行业分						
农、林、牧、渔业	17	3577	1746	15	2888	1872
采掘业				7	1216	1046
制造业	594	236052	100832	452	93348	126814
电力、煤气及水的生产和供应业					154	4039
建筑业	9	30360	16466	8	8223	2571
地质勘查业、水利管理业						
交通运输、仓储及邮电通讯业	13	28852	570	10	4757	7732
批发和零售贸易、餐饮业	119	18351	8741	38	10615	5880
金融、保险业	1	18	79			
房地产业	47	95027	94226	45	39923	70888
社会服务业	36	23775	4782	26	－130	8803
卫生、体育和社会福利业	3	5719	3955	1	23	6123
教育、文化艺术及广播电影电视业	2	238	1327	2	971	3956
科学研究和综合技术服务业	6	423	281	3	58	17
其他行业	18	5001	148	54	7778	8262
按国别(地区)分						
香　港	601	296741	154699	438	86301	156967
澳　门	16	1385	6932	8	4019	7101
台　湾	79	8529	4433	101	4136	10085
日　本	23	18840	9502	7	804	9056
菲律宾		12	186			8
泰　国	9	3839	72	5	90	539
新加坡	21	13507	5866	14	11536	10969
英　国	20	32296	24441	10	12325	12105
德　国	5	1945	489	3	2707	1143
加拿大	10	3080	980	9	614	7393
美　国	39	36525	6423	26	9821	10972
澳大利亚	9	2271	1416	4	1363	868
法　国	8	7248	1596		－51	2123
荷　兰	3	140	50	2	1256	1359
西班牙	1	158				352
奥地利				1	8	4115
其　他	21	20877	16068	33	34895	12848

注：1996年制造业的数字包括采掘业、电力、煤气及水的生产和供应业。

14—14 外商投资企业基本情况

（1997 年末）　　　　单位：万美元

项　　目	年末企业数（户）	投资总额	注册资本	#外方
总　　计	8455	4823600	2406401	1871634
按经济类型分				
中外合资经营企业	2566	1177111	715872	406656
中外合作经营企业	4042	3117677	1373576	1164595
外商独资企业	1843	442056	292024	292024
中外股份企业	4	86756	24929	8359
按国民经济行业分				
农、林、牧、渔、水利业	102	27049	18419	15300
采掘业	80	12514	10330	8835
制造业	6144	1836138	1162881	850858
电力煤气及水的生产和供应业	38	144614	62306	30863
建筑业	166	191127	49443	32448
地质勘探业、水利管理业	3	1065	661	611
交通运输、仓储及邮电通讯业	147	144809	40776	30840
批发和零售贸易、餐饮业	498	111937	87739	69805
金融、保险业	3	7061	3686	3621
房地产业	772	2053495	790414	687938
社会服务业	369	226722	141645	112170
卫生、体育和社会福利事业	27	30365	15412	12928
教育、文化艺术和广播电视事业	46	14367	10639	7919
科学研究和综合技术服务业	32	7872	5575	2919
其他行业	28	14465	6475	4579
按国别（地区）分				
香　港	6718	3726763	1830735	1418298
台　湾	599	65879	54550	48588
美　国	243	151828	94586	76774
澳　门	143	156178	73921	52938
新加坡	111	79153	44383	37448
日　本	89	95494	52362	35809
澳大利亚	54	34761	25609	15083
加拿大	60	9675	7676	5745
马来西亚	34	9510	6273	5727
泰　国	39	4947	3151	2553
其　他	365	489412	213155	172671

14—15 合同外资额1000万美元以上利用外资项目

（1997年）

项目	投资方式	经营范围
广州新世界桥梁建设有限责任公司	合作	策划设计管理桥梁
广州莱姆纳西朗污水处理有限公司	合作	污水处理
广州合银广场发展有限公司	合作	经营房地产
番禺市南沙大道建设有限公司	合作	兴建经营管理公路
广州市新广公路发展有限公司	合作	兴建经营管理公路
广州合生科技园房地产有限公司	合作	经营房地产
广州侨鹏房产开发有限公司	合作	经营房地产
广州市至佳房地产开发有限公司	合作	经营房地产
考尔制药(广州)有限公司	合作	制造内外科药品
广州印福油脂工业有限公司	合资	生产豆油、菜油等植物油
开发区宜和道路隧道有限公司	合作	隧道建设
南方气体产品(广州)有限公司	合资	销售工业用、医疗用气体及设备
台一江铜(广州)有限公司	合资	加工各类电线、电缆及相关设备
台一铜业(广州)有限公司	独资	设计制造各类漆包线、电缆等
欧宝(广州)精密机械加工有限公司	独资	生产发动机零部件
广州仨祥软管包装有限公司	独资	生产塑料软管等
广州金鸿房地产发展有限公司	合作	经营房地产
互通太平洋(番禺)纺织印染有限公司	独资	生产销售自产印染针织布
番禺南方康乐园度假村有限公司	合作	经营旅业、饮食、娱乐等项目
广州统一超商有限公司	合作	国内百货零售
广东现代汽车卫星网络有限公司	合资	建立车辆无线跟踪台
广州德凌石油化学有限公司	合资	生产聚丁二烯胶产品
广州新华汇昌房地产开发有限公司	合作	经营房地产
广州瑞华房地产开发有限公司	合作	经营房地产
广大科技(广州)有限公司	独资	经营电路板、电脑软件
广州新天威交通发展有限公司	合资	经营天河客运站长途运输业务
花县华盛陶瓷有限公司	合资	生产销售墙地砖
广州合生东宇房地产有限公司	合作	经营房地产
广州市好又多(广源)商业广场有限公司	合作	国内百货零售
果宝乐(广州)有限公司	独资	生产饮料及其它产品
增城新利石材有限公司	合作	生产石材
增城宝基电子有限公司	合作	生产电子产品

14—16 对外承包和劳务合作

项目	单位	1990 年	1995 年	1996 年	1997 年
新签合同数	个	121	795	921	1638
合同金额	万美元	1737	5382	2023	6730
完成营业额	万美元	893	5440	4176	4351
外汇净收入	万美元	770			
营业利润	万美元	97			
派出人数	人次	927	1121	648	1155
年末在外人数	人	984	1126	2226	1971

注:1997 年数字由市外经委整理提供。

14—17 外商投资企业注册情况

单位:户

项目	1990 年	1995 年	1996 年	1997 年
合计	1500	7825	8423	8455
合资经营企业	681	2519	2622	2566
合作经营企业	655	3907	4150	4042
外商独资经营企业	164	1399	1647	1843
中外股份企业			4	4

14—18 主要宾馆接待过夜旅游者情况

项　　目	1990 年	1995 年	1996 年	1997 年
人数合计(人次)	**6680975**	**9646246**	**15529635**	**14099409**
国际旅游者	1890998	1706706	2265542	2283256
1. 外国人	324498	478845	605305	603691
#日　本	65536	68793	98238	92676
菲律宾	3488	3281	3098	7542
新加坡	27539	23715	22268	25279
美　国	47323	49163	53192	55042
加拿大	12140	11161	11594	16829
英　国	18801	15417	16824	20017
法　国	13262	20582	19717	18592
德　国	10696	17108	17505	16384
意大利	7323	8051	7007	7646
瑞　士	2915	3179	3860	4062
澳大利亚	11088	11424	11821	14168
新西兰	2494	2179	2418	4353
2. 华　侨	70706	101089	130571	126499
3. 港澳和台湾同胞	1495794	1126772	1529666	1553066
#台湾同胞	476805	159153	224337	241052
国内旅客	4789977	7939540	13264093	11816153
人天数合计(人天)	**12883274**	**20686998**	**33544012**	**31436576**
国际旅游者	3187131	3620613	4753144	4974878
1. 外国人	665214	1282729	1477137	1622364
2. 华　侨	128303	217573	289101	309870
3. 港澳和台湾同胞	2393614	2120311	2986906	3042644
#台湾同胞	722045	304284	462909	536363
国内旅客	9696143	17066385	28790868	26461698
附:平均每天来穗国际旅游人数(人次)	5181	4676	6207	6255
主要宾馆开房率(%)	67.66	62.91	63.54	61.05

注:1. 本表不包括在居民家中居住的旅游人数。2. 1995 年以前只包括主要涉外宾馆,1996 年起包括主要宾馆。

14—19 旅游行业经营情况

单位：万元

项　　目	1990 年	1995 年	1996 年	1997 年
营业收入	322159	1062978	2578600	2916782
营业成本	145303	392071	1167006	925990
费　　用	139584	538746	1114478	1561177
税　　金	10842	45872	131964	222085
营业利润	26430	86289	162152	207530
投资收益		11001	17779	16660
营业外收支净额	884	15330	29676	25845
利润总额	27314	112620	209607	250035
年末职工人数(人)	76719	107349	420404	411634
期末固定资产原价	312632	806374	1726950	2828187
期末固定资产净值	191669	512944	1125349	1819355

注：1996 年起统计范围在往年基础上增加了旅游景点、旅游商店、饮食、民航等旅游服务单位，数字与以前年份不可比。

14—20 主要宾馆(酒店)住宿设施情况

项　　目	1990 年	1995 年	1996 年	1997 年
宾馆酒店数(家)	106	204	315	315
＃星级宾馆酒店数	48	76	86	90
五星级宾馆酒店数	4	5	5	5
四星级宾馆酒店数	1	6	9	9
三星级宾馆酒店数	10	22	27	29
二星级宾馆酒店数	31	42	44	46
一星级宾馆酒店数	2	1	1	1
客房总数(间)	25405	44051	71817	72952
床位总数(张)	53288	90009	144395	144715

14—21 旅行社基本情况

单位:万元

项　　目	1995 年	1996 年	1997 年
企业情况			
企业数(家)	90	99	103
年末职工人数(人)	8627	6846	7194
接待能力			
接待旅游者人数(万人次)	84.54	104.94	124.16
国际旅游者	32.50	33.43	34.22
国内旅游者	52.04	71.51	89.94
#本市居民出境游	15.71	18.23	18.56
经营情况			
营业收入	162507	179239	209011
营业成本	128939	139881	165280
营业费用	14962	16915	19174
营业税金及附加	2145	2403	2420
经营利润	16461	20040	22137
管理费用	11889	14940	16603
财务费用	—21	1459	3246
营业利润	4593	3641	2288
投资收益	2092	2170	1553
营业外收支净额	1928	1583	600
利润总额	8613	7394	4441

14—22 宾馆(旅店)业住宿设施情况

(1997 年)

宾馆(旅店)名称	开业年份	宾馆星级	客房总数(间)	床位总数(张)
合　计			118503	235817
星级宾馆小计			23863	45676
白天鹅宾馆	1983	5	843	1600
花园酒店	1984	5	957	1300
中国大酒店	1984	5	1013	1326
东方宾馆	1961	5	1066	2132
广东国际大酒店	1992	5	609	1003
文化假日酒店	1989	4	476	952
中央酒店	1986	4	231	428
广信江湾大酒店	1992	4	323	625
广东迎宾馆	1952	4	310	597
远洋宾馆	1986	4	226	430
华厦大酒店	1991	4	590	1028
江南大酒店	1988	4	477	806
广州凯旋华美达大酒店	1991	4	188	326
广州胜利宾馆(主楼)	1956	4	260	526
华侨酒店	1983	3	393	778
南湖旅游中心	1981	3	205	410
胜利宾馆	1956	3	119	232
东方丝绸大厦	1990	3	262	522
三寓宾馆	1984	3	693	1319
东山宾馆	1986	3	466	976
新大地宾馆	1986	3	400	800
金桥大酒店	1994	3	56	114
广东大厦	1988	3	508	1015
皇都酒店	1991	3	88	160
湖天宾馆	1991	3	212	417
白云宾馆	1976	3	792	1554
湖滨宾馆	1989	3	230	460
流花宾馆	1972	3	554	1108
广州宾馆	1968	3	263	526

14—22 续表 1

宾馆(旅店)名称	开业年份	宾馆星级	客房总数(间)	床位总数(张)
爱群大酒店	1937	3	160	328
粤海酒店	1991	3	51	105
广州金城宾馆	1991	3	215	430
广东华侨友谊酒店	1992	3	137	274
广州市总统大酒店	1995	3	164	260
艺星大厦	1991	3	110	220
华泰宾馆	1952	3	1034	2622
雷州酒店	1992	3	165	344
红棉大酒店	1980	3	363	703
天河大厦	1987	3	139	274
广州市白云国防机场宾馆	1994	3	332	560
广东温泉宾馆	1952	3	257	515
番禺美丽华酒店	1986	3	182	364
从化华侨大厦	1989	3	94	173
华粤大厦	1985	2	110	220
花城宾馆	1982	2	76	185
乐苑酒店	1984	2		
华燕宾馆	1986	2	233	512
天河宾馆	1987	2	236	468
广东省华侨旅社	1972	2	315	682
广州市东城宾馆	1986	2	72	154
广州西部大酒店	1989	2	165	330
广东体育宾馆	1987	2	73	146
长城宾馆	1987	2	296	510
望星楼宾馆	1988	2	96	202
东海大厦	1989	2	89	139
合群大酒店	1989	2	137	274
车站大酒店	1989	2	177	207
新侨酒店	1986	2	66	128
华山宾馆	1989	2	248	496
东风大酒店	1987	2	146	310

14—22 **续表 2**

宾馆(旅店)名称	开业年份	宾馆星级	客房总数(间)	床位总数(张)
同福乐酒店	1987	2	252	504
山西大厦	1988	2	175	331
飞霞大厦	1988	2	98	224
燕岭大厦	1987	2	238	507
华南大厦酒店	1987	2	63	143
云山大酒店	1982	2	419	838
梅花园林宾馆	1981	2	100	200
华丽宫大酒店	1986	2	242	484
粤新大酒店	1984	2	127	254
湖北对外经贸中心	1988	2	288	576
广州广运宾馆	1991	2	60	149
广州市天翔大酒店	1995	2	83	124
沙河大饭店	1986	2	82	164
登峰大酒店	1987	2	238	518
天河酒店	1987	2	71	142
新兴大酒店	1992	2	285	602
新亚大酒店	1927	2	125	234
新华大酒店	1933	2	193	335
东亚大酒店	1914	2	181	315
广东大酒店	1967	2	113	217
广东邮电大厦	1988	2	60	116
广州金川宾馆	1993	2	75	158
翔云楼宾馆	1988	2	139	278
南方大厦酒店	1955	2	220	387
白宫酒店	1928	2	160	320
北京大酒店	1986	2	118	233
中化大酒店	1989	2	258	526
五羊城酒店	1982	2	274	439
广钢大厦	1988	2	32	72
西城大酒店	1982	1	341	681
未评星级宾馆(旅店)小计			94640	190141

14—23 广州市口岸国际旅客出入境人数

单位：人

项目	1996年		1997年	
	入境	出境	入境	出境
合计	1559603	1575729	1450661	1330648
外国人	410701	527406	410718	397437
华侨	29811	52521	10109	19094
港澳和台湾同胞	1119091	995802	1029834	914117
#台湾同胞	121246	132071	131914	136861

14—24 广州市与各友好城市交流情况

项目	1979年至1984年	1985年	1990年	1995年	1996	1997年
批数(批)						
出访交流考察	34	8	12	35	27	49
接待来访团组	100	19	27	63	58	62
派外进修生	3			1	4	3
人数(人次)						
出访交流考察	295	44	138	267	317	558
接待来访团组	2014	420	301	532	454	518
派外进修生	10		1	1	4	3

14—25 广州市与国外结成友好城市一览表

(1997年末)

国别	城市	缔结日期(年、月、日)
日本	福冈	1979.5.2
美国	洛杉矶	1981.12.8
菲律宾	马尼拉	1982.11.5
加拿大	温哥华	1985.3.27
澳大利亚	悉尼	1986.5.12
意大利	巴里	1986.11.12
法国	里昂	1988.1.19
德国	法兰克福	1988.4.11
新西兰	奥克兰	1989.2.17
韩国	光州	1996.10.25
瑞典	林雪平市	1997.11.24

14—26 出口商品总值超5000万美元的外贸企业一览表

（1997年）　　　　单位：万美元

企业名称	进出口总值	出口总值	进口总值
中国海洋石油南海东部公司	79526	78020	1506
广州东宝（番澳）首饰有限公司	36749	18440	18309
中国北方工业广州公司	16144	14728	1416
广州纺织品进出口公司	15292	14151	1141
广东省丝绸进出口（集团）公司	14984	13365	1619
广州工艺品番禺进出口公司	24852	12925	11927
广州进道集装箱有限公司	18714	10701	8013
番禺创信鞋业有限公司	16304	10591	5713
番禺潭洲振裕纺织染印有限公司	16611	9338	7273
广州番禺市对外贸易（集团）公司	13300	8783	4517
番禺市对外经济贸易公司	15276	8470	6806
广东省机械设备进出口集团公司	10385	8281	2104
广东省土产进出口（集团）公司	10719	7739	2980
广东省食品进出口集团公司	7285	7208	77
广州荣诚鞋业有限公司	9167	6847	2320
广东省机械进出口集团公司	25387	6765	18622
广州海丰鞋业有限公司	8357	6669	1688
广州广船国际股份有限公司	9885	6613	3272
广州欣昌鞋业有限公司	8997	6399	2598
东洲油脂工业（广州）有限公司	13592	6385	7207
广州越秀企业（集团）公司	7973	6382	1591
镇泰（广州）有限公司	8909	6373	2536
广州对外经济发展总公司	10066	6321	3745
广州市华光电子钟表公司	10354	6208	4146
依利安达（广州）电子有限公司	10501	6136	4365
从化东麟钻石有限公司	12314	6088	6226
广州万邦鞋业有限公司	8067	6055	2012
广东省工艺品进出口（集团）公司	6605	6033	572
广东省五金矿产进出口集团公司	8479	5953	2526
广州畜产进出口公司	6977	5822	1155
广州开发区工业进出口贸易公司	6211	5674	537
广州开发区商业进出口贸易公司	8157	5602	2555
广州市对外贸易黄埔公司	11650	5545	6105
广东省畜产进出口集团公司	6300	5441	859
中国抽纱广东进出口公司	5809	5282	527
广东轻出箱包有限公司	6290	5039	1251

主要统计指标解释

【利用外资】 指我国各级政府、部门、企业和其他经济组织通过对外借款、吸收外商直接投资以及用其他方式筹措的境外现汇、设备、技术等。

【对外借款】 是我国利用外资的主要部分。包括我国通过外国政府贷款，国际金融组织贷款，外国银行商业贷款，出口信贷以及对外发行债券，股票等方式，从境外筹措的资金。

【外商直接投资】 是指外国企业和经济组织或个人(包括华侨、港澳台同胞以及我国在境外注册的企业)按我国有关政策、法规，用现汇、实物、技术等在我国境内开办外商独资企业、与我国境内的企业或经济组织共同举办中外合资经济企业、合作经营企业或作合作开发资源的投资(包括外商投资收益的再投资)以及经政府有关部门批准的项目投资总额内，企业从境外借入的资金。

【对外承包工程】包括各对外承包公司以招标议标承包方式承揽的下列业务(1)承包国外工程建设项目；(2)承包我国对外经援项目；(3)承包我国驻外机构的工程建设项目；(4)承包我国境内利用外资进行建设的工程项目；(5)与外国承包公司合营或联合承包工程项目时我国公司分包部分；(6)以服务成果向业主收费的技术服务项目(包括承担地形地貌测绘；地质资源勘探与普查；建设区域规划；提供设计文件、图纸、生产工艺技术资料和工程技术经济咨询；工程项目的可行性考察、研究和评估；进行技术指导和培训人员等)；(7)对外承包兼营的房屋开发业务。对外承包工程的营业额是以货币表现的本期内完成的对外承包工程的工作量，包括以前年度签订的合同和本年度新签订的合同在报告期完成的工作量。

【对外劳务合作】 指以收取工资的形式向业主或承包商提供技术和劳动服务的活动。我国对外承包公司在境外开办的合营企业、中国公司同时又提供劳务的，其劳务部分也纳入劳务合作统计。劳务合作营业额按报告期内向雇主提交的结算数(包括工资、加班费和奖金等)统计。

【旅游人数】 指来我国参观、访问、旅行、探亲、访友、休养、考察、参加会议和从事经济、科技、文化、教育、体育、宗教等活动的外国人、华侨、港澳和台湾同胞的人数。不包括外国在我国的常住机构，如领使馆、通讯社、企业办事处的工作人员；来我国常驻的外国专家、留学生以及在岸逗留不过夜人员。

【国际旅游(外汇)收入】 指入境旅游的外国人、华侨、港澳台同胞在中国大陆旅游过程中发生的一切旅游支出，对于国家来说就是国际旅游(外汇)收入。

【进出口总额】 海关进出口总额指实际进出我国国境的货物总金额。包括对外贸易实际进出口货物，来料加工装配进出口货物，国家间、联合国及国际组织无偿援助物资和赠送品，华侨、港澳台同胞和外籍华人捐赠品，租赁期满归承租人所有的租赁货物，进料加工进出口货物，边境地方贸易及边境地区小额贸易进出口货物(边民互市贸易除外)，中外合资经营企业、中外合作经营企业、外商独资经营企业进出口货物和公用物品，到、离岸价格在规定限额以上的进出口货样和广告品(无商业价值、无使用价值和免费提供出口的除外)，从保税仓库提取在中国境内销售的进口货物，以及其他进出口货物。进出口总额用以观察一个国家在对外贸易方面的总规模。我国规定出口货物按离岸价格统计，进口货物按到岸价格统计。

第十五篇

教育、科技和文化

教、科、文事业稳定发展

1997 年教育事业持续发展，规模不断扩大，文化事业蒸蒸日上，科学事业平稳发展。

一、教育事业持续发展

高等教育规模继续扩大。1997 年全市有普通高等学校 26 所，比上年增加 1 所；在校学生 10.24 万人，招生数 3.11 万人，毕业生数 2.70 万人，分别比上年增长 3.18%、1.90%和 0.87%，创历史最高水平。中等职业技术教育发展迅速。全市有中等职业技术学校 231 所，比上年增加 3 所，其中：中专学校 101 所，职业学校 56 所，技工学校 74 所。中等职业技术学校在校学生 19.88 万人，招生数 7.03 万人，毕业生数 5.20 万人，分别比上年增长 7.82%、4.65%和 19.28%。基础教育成绩显著。根据省提出的到 2000 年基本普及高中阶段教育的要求，我市抓紧了普及高中工作的实施。全市有普通中学 365 所，比上年增加 3 所，高中在校学生 7.05 万人，比上年增长 6.44%。小学 1614 所，比上年增加 2 所，在校学生达 72.32 万人，比上年增长 2.56%；适龄儿童入学率达 99.95%，比上年提高 0.03 个百分点。深化教学改革，将应试教育逐步转变为素质教育，教育质量稳步提高，小学毕业生升学率 99.24%、初中毕业生升学率 82.48%，分别比上年提高 0.67 和 1.07 个百分点。

二、科学技术事业发展平稳

1997 年广州市独立研究与发展机构职工人数达 3.94 万人，比上年增长 3.29%，其中科研人员 2.39 万人，比上年增长 1.01%。全市国有经济各类专业技术人员达 41.15 万人，比上年减少 0.99%。在 20 个专业中，人数比上年增加的有：教学、会计、统计、图书档案文博、新闻出版、律师、播音、体育、海关等 9 个专业；人数比上年减少的有：工程、农业、科研、卫生、民航、船舶、经济、翻译、工艺美术、艺术、政工等专业。大中型工业企业科技投入产出呈现同步增长的势头。1997 年全市有科技活动的大中型工业企业达 271 家，占总数的 46.48%，比上年提高 [illegible].76 个百分点。参与科技活动的人员达 19264 人，比上年增长 7.47%，其中工程技术人员达 11613 人，比上年增长 1.37 倍。工程技术人员占科技活动人员的比重达 59.93%，比上年提高 32.78 个百分点。企业科技活动经费内部支出达 14.38 亿元，比上年增长 15.77%。内部支出中研究与发展(R&D)经费达 5.46 亿元，比上年增长 46.8%。全市大中型工业企业新产品产值达 91.17 亿元，比上年增长 38.36%；新产品销售收入达 72.85 亿元，比上年增长 32.06%；新产品实现利税 17.32 亿元，比上年增长 2.17 倍。高新技术产品生产也有增长。1997 年全市高技术产品 431 个，比上年增长 1.17%，高技术产品产值达 152.95 亿元，比上年增长 14.68%，高技术产品销售收入 148.81 亿元，实现利税 32.14 亿元，分别比上年增长 18.2%和 5.76%。

三、文化事业蒸蒸日上

1997 年全市有电影放映单位 215 个，其中电影院 49 间，比上年增加 3 间，影剧院 20 间，比上年增加 2 间，全年发行各种新影片 112 部，放映电影 9.37 万场，观众达 596 万人次，分别比上年增长 22.22%和 17.09%。全市有艺术表演团体 19 个，艺术演出 6275 场，观众 400 万人次。成功举办了第五届中国戏剧节、'97 广州国际艺术博览会、庆祝香港回归联欢夜等大型文艺活动。市属专业艺术的优秀作品和优秀人才共获得国际奖 9 个、国家奖 44 个、省级奖 20 个。文化投入大幅增加。1997 年市财政用于文化、文物的经费支出达 1.82 亿元，比上年增长 28.77%，其中基建支出达 3234 万元，增长 9.3 倍。出版事业有新的发展。全年出版报纸 17.42 亿份，出版图书 5.45 亿册，出版杂志 2.07 亿册，分别比上年增长 5.01%、35.14%和 5.28%。

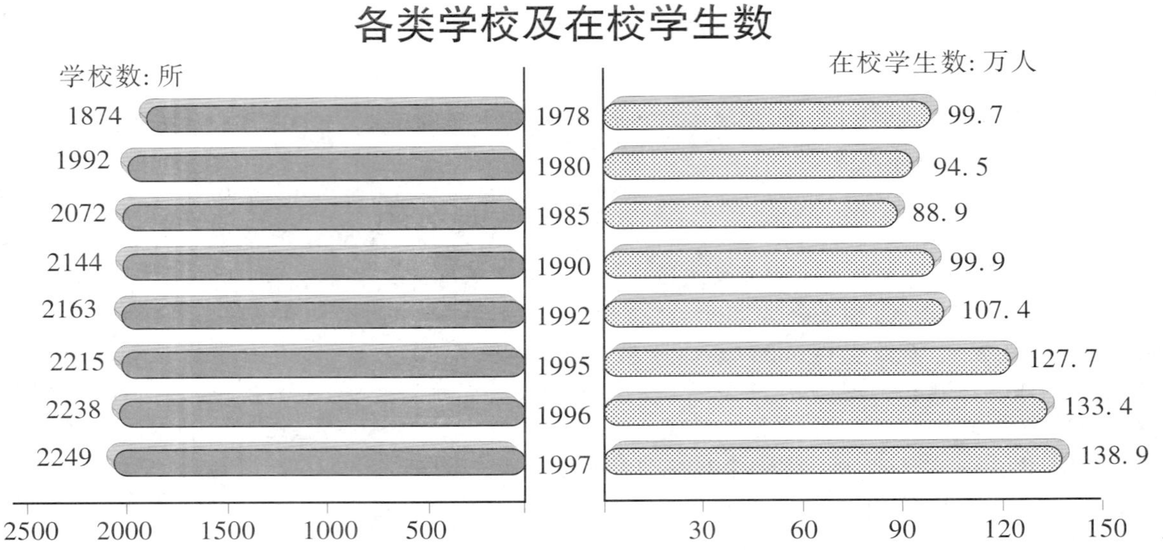
各类学校及在校学生数
学校数: 所
在校学生数: 万人
1874
1992
2072
2144
2163
2215
2238
2249
1978
1980
1985
1990
1992
1995
1996
1997
99. 7
94. 5
88. 9
99. 9
107. 4
127. 7
133. 4
138. 9
2500
2000
1500
1000
500
30
60
90
120
150

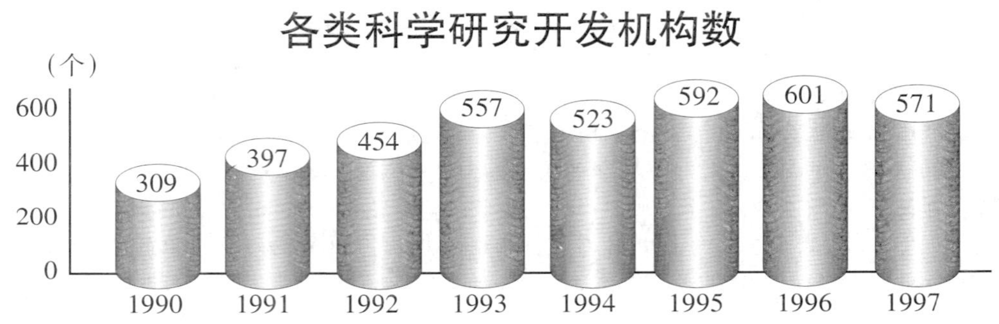
各类科学研究开发机构数
(个)
600
400
200
0
309
397
454
557
523
592
601
571
1990
1991
1992
1993
1994
1995
1996
1997

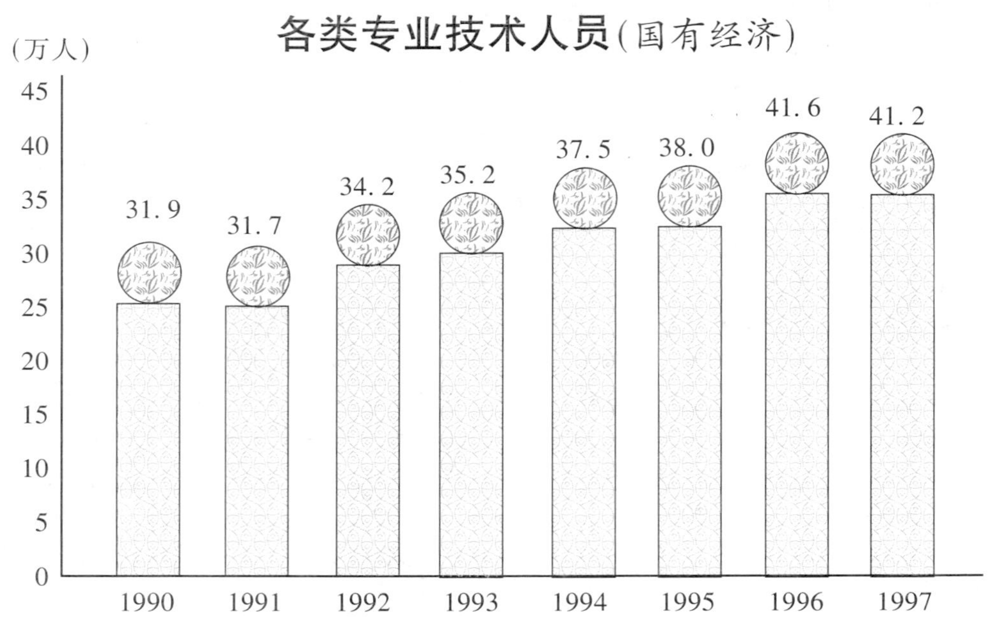
各类专业技术人员(国有经济)
(万人)
45
40
35
30
25
20
15
10
5
0
31. 9
31. 7
34. 2
35. 2
37. 5
38. 0
41. 6
41. 2
1990
1991
1992
1993
1994
1995
1996
1997

15—1 高等院校基本情况

（1997 年）　　　　单位：人

院校名称	在校学生数	毕业生数	招生数	教职工人数	#专任教师	#教授	#副教授	#讲师
合计	102372	27025	31132	30963	11739	1118	3681	4499
中山大学	8785	2432	2594	4063	1364	227	415	439
暨南大学	7847	1895	2092	3669	1021	173	369	332
华南理工大学	10729	3007	2763	4116	1440	163	548	530
广东工业大学	13532	4177	3778	2817	1241	80	365	572
华南农业大学	5576	1295	1502	1862	666	44	205	257
中山医科大学	2741	476	605	1605	511	69	130	189
广州中医药大学	1909	263	475	1007	315	38	118	108
广州医学院	2286	516	604	734	233	30	73	92
广东药学院	2385	500	746	636	244	11	77	112
华南师范大学	9907	2945	3116	2516	1115	95	358	411
广州师范学院	4608	1221	1358	872	411	34	144	155
广东外语外贸大学	5204	905	1972	1534	657	34	166	238
广州体育学院	1928	677	691	483	216	23	56	90
广州美术学院	734	228	207	397	217	21	61	97
星海音乐学院	744	270	251	380	173	12	38	62
广东民族学院	2551	691	721	491	225	6	57	96
广东商学院	4502	1137	1238	722	352	17	87	158
广州大学	3338	1023	1127	552	240	6	74	124
仲恺农业技术学院	2063	675	720	421	174	7	49	88
广州高等师范专科学校	1809	857	796	455	200	4	66	75
广州金融高等专科学校	2125	602	718	356	123	1	53	36
广州航海高等专科学校	1139	342	380	351	158	2	33	81
广东公安高等专科学校	894	331	330	332	127	3	36	54
民办南华工商学院	1050	109	298	150	54		7	15
私立华联学院	1096	355	586	192	107	10	63	24
番禺职业技术学校	936	96	440	78	51	2	13	25
其他学校附设大专班	1954		1024					
正在筹建高等院校				172	104	6	20	39

15—2 高等院校各类专业学生数

（1997 年）　　单位：人

项　　目	毕业生数	# 本科	招生数	# 本科	在校学生	# 本科
合　计	27025	14714	31132	20285	102372	71903
哲　学	58	58	94	94	298	298
经济学	6812	3001	7471	3688	23492	14020
法　学	1193	436	1702	939	5172	3096
教育学	1225	618	1262	892	3595	2811
文　学	3222	1807	4309	2855	13099	9290
历史学	402	261	566	493	1775	1511
理　学	2980	1997	3576	2884	11244	9435
工　学	8278	4589	8524	5518	30279	20327
农　学	981	613	1078	911	3273	2747
医　学	1874	1334	2550	2011	10145	8368

附：全市研究生毕业生 1715 人，招生 2288 人，在校学生 6388 人，其中：博士研究生毕业生 243 人，招生 434 人，在校学生 1321 人；硕士研究生毕业生 1472 人，招生 1854 人，在校学生 5067 人。

15—3 各类学校数及在校学生数

（1997 年）

项　　目	全　市	市　区	番禺市	花都市	增城市	从化市
各类学校数合计（所）	2249	1011	360	245	376	257
高等学校	26	25	1			
中等学校	596	393	71	43	51	38
普通中学	365	197	55	35	48	30
#高中	136	97	14	6	11	8
中等专业学校	101	93	4	2	1	1
#师范学校	8	6	1	1		
技工学校	74	68	2	3		1
职业中学	56	35	10	3	2	6
小学	1614	584	287	201	324	218
特殊学校	13	9	1	1	1	1
各类学校在校学生数（人）	1389309	856654	167012	117267	145674	102702
高等学校	102372	101436	936			
中等学校	557777	378593	56346	40013	48114	34711
普通中学	359000	195899	48092	36668	45592	32749
#高中	70454	43777	9195	5255	7448	4779
中等专业学校	118108	113764	1286	1088	1333	637
#师范学校	9638	7427	725	730	756	
技工学校	50566	46438	2113	1244		771
职业中学	30103	22492	4855	1013	1189	554
小学	723183	372492	108804	77024	97226	67637
特殊学校	5977	4133	926	230	334	354

15—4 各类学校招生数及毕业生数

（1997 年）　　　　单位：人

项　　目	全　市	市　区	番禺市	花都市	增城市	从化市
各类学校招生数	350479	223169	41015	27726	34681	23888
高等学校	31132	30692	440			
中等学校	197081	131124	20516	14792	18291	12358
普通中学	126749	67471	16993	13366	17218	11701
#高中	24931	14898	3173	1959	3007	1894
中等专业学校	38892	37544	361	382	448	157
#师范学校	3026	2327	215	280	204	
技工学校	20993	19153	863	663		314
职业中学	10447	6956	2299	381	625	186
小学	121886	61153	19929	12930	16381	11493
特殊学校	380	200	130	4	9	37
各类学校毕业生数	304070	206979	28653	22404	26185	19849
高等学校	27025	26929	96			
中等学校	162768	116537	14528	10361	11657	9685
普通中学	110782	68149	12873	9476	11122	9162
#高中	21807	15168	2372	1470	1527	1270
中等专业学校	29301	28134	459	319	198	191
#师范学校	2920	2253	289	180	198	
技工学校	12603	12181	101	249		72
职业中学	10082	8073	1095	317	337	260
小学	113578	62928	13994	12021	14501	10134
特殊学校	699	585	35	22	27	30

15—5 高中、初中、小学毕业考试及格率

项　　目	单　位	1996 年			1997 年		
		全　市	市　区	县级市	全　市	市　区	县级市
高中参加考试人数	人	18179	12533	5646	20001	13221	6780
考试平均及格人数	人	16915	11756	5159	18312	12750	5562
及格率	%	93.05	93.80	91.37	91.56	96.44	82.04
初中参加考试人数	人	77174	42788	34386	77838	41641	36197
考试平均及格人数	人	51775	29988	21787	52876	30121	22755
及格率	%	67.09	70.09	63.36	67.93	72.33	62.86
小学参加考试人数	人	102424	52403	50021	103727	53091	50636
考试平均及格人数	人	95779	50696	45083	98324	51174	47150
及格率	%	93.51	96.74	90.13	94.79	96.39	93.12

15-6 各类学校教职工人数及专任教师数

（1997 年）　　单位：人

项　目	全　市	市　区	番禺市	花都市	增城市	从化市
各类学校教职工人数	116953	87461	8886	6353	8478	5775
高等学校	30963	30885	78			
中等学校	47414	34803	4037	2807	3077	2690
普通中学	28765	17642	3316	2506	2800	2501
中等专业学校	10873	10357	195	99	153	69
#师范学校	1185	914	94	72	105	
技工学校	5111	4816	105	130		60
职业中学	2665	1988	421	72	124	60
小学	38201	21441	4745	3540	5390	3085
特殊学校	375	332	26	6	11	
各类学校专任教师数	76293	51481	8136	5245	6965	4466
高等学校	11739	11688	51			
中等学校	31752	21764	3484	2192	2405	1907
普通中学	21380	12384	2980	1978	2251	1787
#高中	4773	3106	588	303	477	299
中等专业学校	5348	5065	108	67	66	42
#师范学校	713	558	70	47	38	
技工学校	2981	2808	59	82		32
职业中学	2043	1507	337	65	88	46
小学	32515	17782	4578	3047	4549	2559
特殊学校	287	247	23	6	11	

15-7 高中、初中、小学毕业生升学情况

项　目	单　位	1996 年			1997 年		
		全　市	市　区	县级市	全　市	市　区	县级市
高中毕业生数	人	17943	12402	5541	19823	13184	6639
已升学人数	人	12437	9254	3183	12867	9440	3427
升学率	%	69.31	74.62	57.44	64.91	71.60	51.62
初中毕业生数	人	75813	42027	33786	77353	41359	35994
已升学人数	人	61721	39760	21961	63801	38713	25088
升学率	%	81.41	94.61	65.00	82.48	93.60	69.70
小学毕业生数	人	102156	52612	49544	104037	53387	50650
已升学人数	人	100699	52389	48310	103243	53346	49897
升学率	%	98.57	99.58	97.51	99.24	99.92	98.51

15—8 学 生 流 动 情 况

项目	单位	1996年			1997年		
		全市	市区	县级市	全市	市区	县级市
高中							
上学年初学生	人	60889	40171	20718	66193	42331	23862
#辍学生	人	655	169	486	684	211	473
辍学率	%	1.08	0.42	2.35	1.03	0.50	1.98
初中							
上学年初学生	人	258604	136593	122011	272583	143554	129029
#辍学生	人	8639	2136	6503	7166	1761	5405
辍学率	%	3.34	1.56	5.33	2.63	1.23	4.19
小学							
上学年初学生	人	694401	356095	338306	705134	362880	342254
#辍学生	人	4067	2724	1343	—231	—1863	1632
辍学率	%	0.59	0.76	0.40	—0.03	—0.51	0.48

15—9 普及小学教育的几个比率

项目	单位	1996年			1997年		
		全市	市区	县级市	全市	市区	县级市
适龄儿童入学率	%	**99.92**	**99.96**	**99.89**	**99.95**	**99.96**	**99.93**
7—12岁学龄儿童数	人	690927	357194	333733	704745	363556	341189
#已入学人数	人	690402	357036	333366	704376	363423	340953
小学巩固率	%	**99.55**	**99.36**	**99.75**	**99.77**	**99.62**	**99.94**
学年初学生数	人	694401	356095	338306	705134	362880	342254
学年末学生数	人	691285	353824	337461	703545	361496	342049
毕业率	%	**98.52**	**98.68**	**98.36**	**99.36**	**99.18**	**99.55**
学年初毕业班人数	人	103686	53315	50371	104708	53829	50879
毕业生人数	人	102156	52612	49544	104037	53387	50650

15—10 成人教育基本情况

单位:人

项目	1996年			1997年		
	全市	市区	县级市	全市	市区	县级市
成人高等教育						
学校数(所)	36	36		35	35	
教职工人数	8514	8514		8662	8662	
#专任教师数	4035	4035		4146	4146	
兼任教师数	2399	2399		2540	2540	
招生数	36148	36148		38530	38530	
毕业生	32991	32991		29432	29432	
在校学生数	93312	93312		100187	100187	
成人中等教育						
学校数(所)	81	61	20	80	61	19
教职工人数	2409	1885	524	2580	2005	575
#专任教师数	1243	914	329	1397	1035	362
兼任教师数	3057	2737	320	2911	2581	330
招生数	29224	23962	5262	26759	22506	4253
毕业生	21763	16942	4821	35388	28706	6682
在校学生数	78147	64242	13905	71168	59353	11815
职工教育						
学校数(所)	312	273	39	491	436	55
职工教育专职干部人数	3856	3324	532	4218	3689	529
专任教师数	3542	3264	278	3701	3371	330
职工人数	1505815	1330648	175167	1496916	1334140	162776
#学习人数	562971	483602	79369	603312	521377	81935
#毕结业人数	505795	436854	68941	531982	459186	72796

15—11 各级成人教育在校学生数

单位:人

项目	1996年			1997年		
	全市	市区	县级市	全市	市区	县级市
成人高等教育	**93312**	**93312**		**100187**	**100187**	
广播电视大学	30628	30628		29724	29724	
职工大学	11455	11455		11807	11807	
函授大学、夜大学	33047	33047		36914	36914	
干部管理学院	13540	13540		15802	15802	
教育学院	4642	4642		5940	5940	
成人中等学校	**78147**	**64242**	**13905**	**71168**	**59353**	**11815**
成人中等专业学校	69479	60193	9286	62745	54461	8284
成人中学	1682	973	709	2383	1882	501
教师进修学校	6986	3076	3910	6040	3010	3030

15-12 幼儿园基本情况

项目	1996年			1997年		
	全市	市区	县级市	全市	市区	县级市
幼儿园数(所)	**1307**	**876**	**431**	**1371**	**906**	**465**
教育部门办	64	59	5	69	63	6
其他部门办	406	347	59	399	336	63
集体办	633	344	289	643	346	297
民办	204	126	78	260	161	99
教职工人数(人)	**23104**	**17604**	**5500**	**23949**	**17941**	**6008**
#教师	10965	7429	3536	11522	7820	3702
保健员	926	793	133	989	845	144
在园幼儿数(人)	**251255**	**146460**	**104795**	**247424**	**141063**	**106361**

15-13 各类科学研究与开发机构基本情况

项目	单位	1996年			1997年		
		全市	#市区	#市属	全市	#市区	#市属
机构数	个	601	582	493	571	558	464
#自然科学	个	584	546	464	529	516	435
职工人数	人	38109	37472	21211	38507	37893	22371
#自然科学	人	35295	34492	19398	37718	37104	21961
在职工人数中的科研人员	人	23676	23435	11984	23903	23715	12695
#自然科学	人	21688	21447	9929	23203	23015	12341

15—14 市属各类专业人员

单位：人

项目	1995年		1996年		1997年	
	合计	#县级市	合计	#县级市	合计	#县级市
合计	193432	37811	205006	42721	208164	45718
农、林、牧、渔业	5726	541	6061	603	6030	743
采掘业	174		194		175	
制造业	38667	2352	40994	2659	39690	2519
电力、煤气及水的生产和供应业	1547	23	1639	24	2322	218
建筑业	7447	310	7897	349	9097	314
地质勘查业、水利管理业	773	297	827	290	983	421
交通运输、仓储及邮电通信业	9846	279	10438	316	9163	296
批发和零售贸易、餐饮业	10929	1463	11577	1656	10819	1427
金融、保险业	1973	110	2089	126	2363	108
房地产业	2205	208	2345	236	2617	325
社会服务业	3346	492	3537	554	4072	362
卫生、体育和社会福利业	24895	6384	26384	7099	26766	7621
教育、文化艺术及广播电影电视业	66986	22059	71003	24923	72132	27248
科学研究和综合技术服务业	4565	367	4843	415	5270	362
国家机关、政党机关和社会团体	9191	2118	9191	2118	9191	2118
其他行业	5162	808	5987	1353	7474	1636

15－15 各类专业技术人员

（按职称分）　　　　单位：人

项　　目	1996年			1997年		
	全　市	#市区	#市属	全　市	#市区	#市属
合　　计	**415654**	**344993**	**205006**	**411540**	**357953**	**208164**
工程技术人员	106407	91044	42437	96912	91577	44577
高级工程师	10854	9842	3408	9701	9483	2931
工程师	31603	28706	12549	29739	28598	12487
助理工程师、技术员	55023	49200	23748	49933	46338	25454
未聘任专业技术职务的	8927	3296	2732	7539	7158	3705
农业技术人员	3616	3001	1949	3339	2598	1928
高级农艺师	211	182	47	182	168	48
农艺师	1265	1065	588	1183	952	585
助理工程师、技术员	1954	1610	1208	1762	1303	1191
未聘任专业技术职务的	186	144	106	212	175	104
科学研究人员	8313	7279	958	7984	7953	856
正副研究员	2122	1858	180	2141	2137	173
助理研究员	3518	3073	379	3893	3877	357
研究实习员、实验员	2207	1934	304	1724	1713	258
未聘任专业技术职务的	466	414	95	226	226	68
卫生技术人员	50294	41399	29535	50159	42588	29827
正副主任医师	2912	2633	1539	3199	2994	1496
主治医师	10164	8876	5553	10312	9336	5548
医(护)师(士)	35332	29281	21244	34540	28388	21649
未聘任专业技术职务的	1886	609	1199	2108	1870	1134
教学人员	97679	65549	68313	98235	71062	68945
高等院校	17094	14689	2739	16692	16493	2577
正副教授	5636	4833	692	5647	5611	726
讲　师	7000	6027	1242	6678	6588	1129
助　教	3880	3336	692	3827	3755	647
未聘任专业技术职务的	578	493	113	540	539	75
中专技工学校	9280	7781	4106	9048	8443	3668
高级讲师	1187	1015	498	1109	1056	415
讲　师	3363	2863	1568	3299	3096	1506
助理讲师、教员	4158	3463	1788	3913	3608	1522
未聘任专业技术职务的	572	440	252	727	683	225
中　学	31257	18970	26615	30553	20037	25952
高级教师	2747	2286	2292	2678	2430	2226
一级教师	10062	7269	8618	9433	7127	7990
二级、三级教师	14650	7334	12379	14888	8441	12650
未聘任专业技术职务的	3798	2081	3326	3554	2039	3086

注：本表不包括集体、其他所有制。

15—15 续表1

单位：人

项　　目	1996年			1997年		
	全　市	#市区	#市属	全　市	#市区	#市属
小　学	40048	24109	34853	41942	26089	36748
高级教师	12651	9010	11306	11098	8453	9757
一、二、三级教师	24321	13262	20766	26360	15233	22801
未聘任专业技术职务的	3076	1837	2781	4484	2403	4190
民航飞行技术人员	290	276	2	375	375	2
一级飞行技术人员	27	25		59	59	
二级飞行技术人员	103	98		83	83	
三级、四级飞行技术人员	122	116	2	181	181	1
未聘任专业技术职务的	38	37		52	52	1
船舶技术人员	11015	10902	200	11003	11000	197
高级船长	204	202	10	101	101	7
船长、大副	4599	4552	116	4581	4578	98
二副、三副	4655	4607	74	4912	4912	90
未聘任专业技术职务的	1557	1541		1409	1409	2
经济人员	58607	53439	25272	58217	53357	24736
高级经济师	738	684	157	879	861	201
经济师	12302	10811	4979	13476	12975	4999
助理经济师、经济员	38698	35654	19156	36831	33123	17075
未聘任专业技术职务的	6869	6290	980	7031	6398	2461
会计人员	40318	35189	18488	45204	39056	19333
高级会计师	202	183	68	321	321	86
会计师	5044	4557	2198	6862	6539	2577
助理会计师、会计员	30424	26367	15558	34362	29121	15268
未聘任专业技术职务的	4648	4082	664	3659	3075	1402
统计人员	5485	5107	3223	5596	5217	3284
高级统计师	20	18	5	36	35	6
统计师	652	611	336	768	731	442
助理统计师、统计员	4533	4214	2804	4420	4092	2684
未聘任专业技术职务的	280	264	78	372	359	152
翻译人员	1828	1657	512	1814	1788	508
正副译审	74	72	14	75	75	15
翻　译	819	798	159	825	822	161
助理翻译	784	640	316	772	749	276
未聘任专业技术职务的	151	147	23	142	142	56
图书、档案、文博人员	4987	4830	2157	4994	4822	2163
正副研究馆员	189	186	34	213	210	39
馆　员	1378	1346	507	1381	1352	504
助理馆员、管理员	3006	2905	1439	3011	2897	1457
未聘任专业技术职务的	414	393	177	389	363	163

15—15 续表 2

单位:人

项目	1996年			1997年		
	全市	#市区	#市属	全市	#市区	#市属
新闻、出版人员	2909	2760	976	3601	3524	876
正副编审、高级、主任记者	434	421	130	688	686	125
编辑、记者、一级校对	1047	1003	364	1484	1466	353
助理编辑、记者、二、三级校对	1238	1176	406	1276	1219	359
未聘任专业技术职务的	190	160	76	153	153	39
律师、公证人员	706	517	364	760	646	379
一、二级律师、公证员	21	20	8	55	55	29
三级律师、公证员	95	86	64	173	153	94
四级律师、公证员、助理	558	382	277	491	409	225
未聘任专业技术职务的	32	29	15	41	29	31
播音人员	125	103	44	133	107	52
播音指导、主任播音员	1	1		2	2	
一级播音员	26	26	1	25	22	2
二级、三级播音员	91	71	40	91	72	45
未聘任专业技术职务的	7	5	3	15	11	5
工艺美术人员	706	690	378	705	689	374
高级工艺美术师	37	37	12	32	32	11
工艺美术师	173	170	84	166	163	75
助理工艺师、美术员	436	425	262	438	429	262
未聘任专业技术职务的	60	58	20	69	65	26
体育人员	665	621	304	683	629	312
主教练	130	130	29	167	167	45
教练	283	248	147	282	258	145
助理教练	183	176	120	188	160	115
未聘任专业技术职务的	69	67	8	46	44	7
艺术人员	2078	2070	808	2053	2017	776
一、二级艺术人员	426	426	152	471	471	192
三级艺术人员	964	961	404	944	933	382
四级艺术人员	606	601	202	586	561	201
未聘任专业技术职务的	82	82	50	52	52	1
政工人员	16509	15490	9085	16471	15646	9038
高级政工师	568	538	242	925	908	382
政工师	5887	5559	3540	6932	6619	3752
助理政工师、政工员	10054	9393	5303	8614	8119	4904
海关专业人员	3117	3070	1	3302	3302	1
高级关务监督	31	30		31	31	
关务监督	701	691		701	701	
助理关务监督、关务员	2383	2347	1	2390	2390	1
未聘任专业技术职务的	2	2		180	180	

15—16 市属科协基本情况

（1997 年）

项目	单位	合计	市科协	区科协	县级市科协	市级学会	厂矿科协
机构数	个	175	1	9	4	103	58
机关人数	人	436	51	33	26	196	130
学会会员人数	人	69644		20967	10101	38576	
厂矿科协会员人数	人	23047		2152	1116		19779
农村专业技术研究会会员人数	人	589		213	376		
学术报告							
举行国内、国际学术交流活动							
#次数	次	1138	9	388	63	204	474
参加人数	人	69822	220	38852	2129	11397	17224
交流论文篇数	篇	5762	13	2068	163	2695	823
接待国外专家学者							
#次数	次	94	4	12	13	40	25
接待人数	人	1033	26	144	105	695	63
组织科技报告场次	场	233		183	3	33	14
举办各种培训班班数	班	2645	48	1084	1201	139	173
举办各种培训班人数	人	206641	2548	83453	102802	10966	6872
完成咨询合同数	项	1478	680	248	73	188	289
咨询合同实现金额	万元	1981	900	217	17	199	648
咨询净收入	万元	293	76	80		38	99

15—17 大中型工业企业技术开发成果

项目	单位	1996年		1997年	
		全市	#市区	全市	#市区
本年技术开发成果获奖数	项	95	93	136	135
#获国家级奖励	项	2	2	9	9
获省、部级奖励	项	45	43	46	45
专利申请数	件	123	121	149	149
专利授权数	件	82	82	108	108
技术开发项目数	项	1187	1163	2218	2192
#应用研究	项	10	10	31	31
实验发展	项	648	631	567	551

15－18 大中型工业企业技术开发机构、人员情况

单位:人

项目	1996年		1997年	
	全市	#市区	全市	#市区
大中型工业企业数(个)	521	479	583	519
企业技术开发机构数(个)	241	231	246	238
有设立开发机构的大中型企业(个)	174	164	176	168
技术开发人员总计	17925	17668	19264	18980
#工程技术人员	4866	4822	11618	11473
具有高、中级职称或大学本科及以上学历的人员	13976	13745	10049	9894
技术开发机构的人员	5559	5469	5503	5387
#具有高中级职称或大学本科及以上学历的人员	3161	3107	3433	3278

15－19 大中型工业企业技术开发经费总额

单位:万元

项目	1995年		1996年		1997年	
	全市	#市区	全市	#市区	全市	#市区
上年结转	11900	11422				
本年筹集额	66535	62225	193225	191807	137178	135423
上级拨款	1443	1413	51237	51237	1443	1443
专项贷款	18345	15228	63496	62912	47852	47022
本企业自筹	45961	44808	77051	76219	85053	84128
接受外单位委托	637	637	824	824	1531	1531
其他	149	139	617	615	1299	1299
技术开发经费支出总额	66519	62013	175568	174164	145911	141948
#应用研究			125	125	197	197
实验发展	14177	13471	37047	36264	54373	50716

15－20　大中型建筑企业科技活动情况

单位：万元

项　　　目	1995 年	1996 年	1997 年
企业个数(个)	73	77	77
从事科技活动人员(人)	2369	3053	3762
＃具有高、中职称或大学本科以上学历人员	1092	1986	1839
从事研究与发展活动人员(人)	412	1140	850
＃具有高、中职称或大学本科以上学历人员	197	767	559
本年科技活动经费筹集总额	10138	11672	9618
1. 上级拨款	157	271	1121
2. 本企业自筹	7090	5505	3800
3. 专项贷款	1950	5215	4596
4. 外单位委托	684	348	74
5. 其他	257	333	27
本年科技活动经费支出总额	10240	9413	7112
＃内部支出	9827	9047	6953
研究与发展活动经费支出	3188	3169	2677
企业办科技机构数(个)	27	38	38
科技活动课题(项目)数(个)	236	147	95
＃研究与发展课题(项目)数	110	73	83
获奖成果数(项)	28	45	23
＃国家级	1	2	2
省、部级	9	12	7
专利申请(件)	3	7	1
专利授权(件)	1	1	

15-21 高技术产品企业概况

（1997 年）

单位：万元

项 目	企业数（个）	年末职工人数（人）	#产品研究开发人员	工业总产值	工业增加值（生产法）	产品销售收入	实现利税总额	享受减免税总额	技术开发经费支出总额
总　　计	241	78317	6315	2629234	785443	2586931	499385	59117	80049
按地区分									
东山区	25	2993	386	53949	13270	48648	10408	562	4713
荔湾区	8	2226	75	64030	24448	60629	12543	407	510
越秀区	5	560	65	7563	1451	6536	614		281
海珠区	34	22484	1186	557450	124672	573292	59265	1238	15027
天河区	61	15291	2216	301286	94774	343114	57900	38816	26423
芳村区	10	9838	184	255800	68723	242927	18335	343	3122
白云区	20	8194	600	189736	57151	151211	15979	1176	5266
黄埔区	10	3969	516	70223	15869	63794	5641	132	6031
番禺市	6	2244	142	208855	29035	180443	—7913	2611	5370
花都市	9	902	87	11681	3363	10370	336		2331
增城市	3	437	51	8600	5825	7469	1420		207
从化市	8	1607	105	18672	7327	16046	914	37	461
经济技术开发区	27	6140	320	844051	331917	802772	322401	13719	7708
高新技术产业开发区	15	1432	382	37338	7618	79680	1542	76	2599
按技术领域分									
电子与信息技术	63	12828	2252	274306	80547	342431	54455	4690	28308
机电一体化技术	42	16576	1107	356864	110488	357429	49860	3204	19188
生物技术	18	3303	177	119685	39197	113414	18638	73	3352
新材料技术	50	15395	1598	238173	49288	248197	20097	500	10447
新能源高效节能技术	12	5091	316	62671	29920	55480	1735	620	1743
其他技术	56	25124	865	1577535	476003	1469980	354600	50030	17011

15—22 高技术产品情况

（1997 年）

单位：万元

项目	企业数（个）	产品数（个）	工业总产值	工业增加值（生产法）	产品销售收入	#出口销售收入	实现利税总额	享受减免税总额
总计	241	431	1529544	449426	1488100	157757	321437	53476
按地区分								
东山区	25	49	43996	11967	43342	180	9292	534
荔湾区	8	13	46598	19585	45211	24	11190	2
越秀区	5	8	2568	52	2631		295	
海珠区	34	66	150603	28718	143567	20372	16755	1028
天河区	61	123	214822	65730	220924	3469	46045	38659
芳村区	10	16	15055	3160	15017	1066	2034	
白云区	20	26	128098	46696	85823	8185	9758	1162
黄埔区	10	17	43645	10191	38026	189	4880	54
番禺市	6	10	201636	25844	171729	6708	—10302	2061
花都市	9	11	5913	1559	4834		223	
增城市	3	3	8600	5825	7469		1420	
从化市	8	20	8196	2312	5742	936	—179	37
经济技术开发区	27	42	625114	220727	625205	60279	228625	9863
高新技术产业开发区	15	27	34700	7060	78580	56349	1401	76
按技术领域分								
电子与信息技术	63	124	215253	69746	264857	71550	46996	4682
机电一体化技术	42	70	301250	81655	279023	26197	41098	2478
生物技术	18	35	115419	38232	111476	7635	17631	40
新材料技术	50	93	101923	12624	105320	19536	9345	286
新能源高效节能技术	12	22	67337	33050	67427	1020	6067	1616
其他技术	56	87	728362	214119	659997	31819	200300	44374

15－23 文化事业主要指标

项目	单位	1996年		1997年	
		全市	#市区	全市	#市区
电影事业					
全年摄制完成影片	部	17	17	4	4
#故事片	部	8	8	4	4
全年发行各种新影片	部	116	116	112	112
#国产故事片	部	95	95	65	65
电影放映单位	个	216	141	215	140
#电影院	间	46	27	49	27
电影院座位	个	35724	18431	38681	18431
#影剧院	间	18	12	20	12
影剧院座位	个	18099	12411	19385	12411
#电影开放礼堂俱乐部	间	21	21	21	21
电影开放礼堂俱乐部座位	个	17917	17917	18471	18471
#其他电影放映单位、队	个	131	81	125	80
电影映出场次	场	76675	54188	93714	76391
电影观众人数	万人次	509	163	596	342
艺术事业					
艺术表演团体	个	19	18	19	18
艺术表演场所	间	41	35	44	36
#剧场、影剧院	间	19	13	22	14
剧场、影剧院座位	个	22828	17140	26074	19100
开放礼堂俱乐部	间	22	22	22	22
开放礼堂俱乐部座位	个	18501	18501	19055	19055
艺术表演演出场次	场	7035	5838	6275	5420
艺术表演观众人次	万人次	510	372	400	288
广播电视事业					
1.广播					
广播电台	座	8	4	8	4
节目套数	套	16	12	16	12
中波发射台和转播台	座	2	1	2	1
平均日播音	小时:分	246:25	191:55	246:25	191:55
有线广播站	个	48	7	65	15
广播剧(立体声)	集	272	272	42	42
连续剧	集	80	80	38	38
系列剧	集	30	30		
单本剧	集	82	82	4	4
广播小品	集	80	80		
广播覆盖人口率	%	99.63	100	99.63	100

15—23 续表

项目	单位	1996年 全市	1996年 #市区	1997年 全市	1997年 #市区
2.电视					
电视台	座	5	3	5	3
节目套数	套	8	6	7	5
平均周播放时间	小时:分	583:38	390:08	600:54	407:24
电视剧	集	597	597	619	619
自制	集	74	74	190	190
译制	集	436	436	279	279
合拍	集	87	87	150	150
电视覆盖人口率	%	99.06	100	99.21	100
图书馆、群众文化事业					
公共图书馆	间	15	11	15	11
公共图书馆藏书	万册	673	632	716	670
群众艺术馆、文化馆	间	14	10	14	10
文化站	间	183	119	182	119
图书发行量	万册	10552	8764	8958	7237
档案馆	个	24	20	24	20
档案馆藏档案	万卷	196	188	195	187
文物事业					
博物馆	个	24	22	23	20
#纪念馆	个	14	13	14	13
藏品件数	件	195869	194217	193887	192085
#一级品	件	871	871	903	903
文物单位	个	4	4	4	4
文物商店	间	2	2	2	2
出版事业					
全年出版报纸	种	75	74	76	75
全年出版报纸	万份	165847	165660	174150	173890
全年出版图书	种	3562	3562	3955	3955
全年出版图书	万册	40328	40328	54501	54501
全年出版杂志刊物	种	262	262	260	260
全年出版杂志刊物	万册	19633	19633	20669	20669
社会文化市场					
卡拉OK	间	762	614	885	691
舞厅	间	49	45	39	30
歌舞厅	间	67	54	66	51

主要统计指标解释

【普通高等学校】 指按照国家规定的设置标准和审批程序批准举办，通过国家统一招生考试，招收高中毕业生为主要培养对象，实施高等教育的全日制大学、独立设置的学院和高等专科学校、短期职业大学。

【成人高等学校】 指按照国家有关规定审批，招收通过全国成人高教统一招生考试的具有高中毕业或同等学历的在职从业人员利用脱产、半脱产、业余或函授等多种形式对其实施高等学历教育，培养高等教育专科或本科毕业水平的专门人才，修业年限、课程设置和总学时数均按高等学历教育要求付诸实施的学校。包括广播电视大学、职工高等学校、农民高等学校、管理干部学院、教育学院、独立设置的函授学院等。

【小学学龄儿童入学率】 指调查范围内已入小学学习的学龄儿童占校内外学龄儿童总数（包括弱智儿童在内，但不包括盲聋哑儿童）的比重。计算公式：

$$小学学龄儿童入学率 = \frac{已入学的小学学龄儿童数}{校内外小学学龄儿童总数} \times 100\%$$

【工程技术人员】 指在国民经济各行业从事工程技术工作的自然科学技术专业人员 包括：高级工程师、工程师、助理工程师、技术员和未评定职称的技术人员。

【农业技术人员】 指在国民经济各行业从事农业技术工作的自然科学技术专业人员 包括：高级农艺师、农艺师、助理农艺师、技术员和未评定职称的技术人员。

【卫生技术人员】 指在国民经济各行业从事卫生医务工作的自然科学技术专业人员。包括：正副主任医师、主治医师、医师、医（护）士和未评定职称的技术人员。

【科学研究人员】 指在国民经济各行业从事科学技术活动的自然科学技术专业人员。包括：正副研究员、助理研究员、研究实习员、技术员和未评定职称的技术人员。

【自然科学教学人员】 指在国民经济各行业从事自然科学技术方面教学活动的专业人员，包括：正副教授、讲师、助教、教师和在中学从事自然科学技术方面教学活动的人员。

【文化事业机构】 指从事专业文化工作和为专业文化工作服务的独立建制的单独核算的单位。不包括这些单位另外举办独立核算的其他机构和各部门的业余文化组织。

【艺术表演团体】 指从事戏曲、音乐、舞蹈、杂技等专业艺术表演，有独立帐户、实行单独核算的团体。不包括半工半艺、半农半艺和民间职业剧团。

【电影放映单位】 指具有放映机器设备、固定或不固定的放映场所与专职或兼职的放映技术人员，经有关部门登记批准，经常为一定的观众对象放映电影的机构。包括经批准对外开放进行营业，并与电影发行放映管理机构分帐的专用放映单位和军委系统租片单位。

【电影观众人数（人次）】 指各种类型放映单位及军委系统租片单位映出的观众人次数。一个观众连续看了一部长片和短片专场规定的短片，为二人次。

【艺术表演观众人数（人次）】 指售票、包场演出或民族地区免费演出的艺术表演观众人次数。不包括彩排审查和内部观摩演出的观看人次数。

第十六篇

体育、卫生、社会福利和其他

体育、卫生、民政、环保等社会事业健康发展

1997年，广州市人民在市委、市政府的领导下，坚持两个文明建设一起抓，在经济持续发展的同时，体育、卫生、民政、环保等社会事业健康发展，为提高人民身体健康，保障人民生活，改善环境质量等方面作出了积极的贡献。

一、体育事业取得新成绩

群众体育活动日益高涨。1997年全市有体育运动场所4382个，举办县、区级以上运动会519次，参加的运动员达58万人，分别比上年增长35.16%和3.31%。全市有77万中小学生达到《国家体育锻炼标准》，达标率为96.98%，比上年提高0.36个百分点。全民健身运动蓬勃开展。成功举办了元旦群众性长跑、庆回归香港至北京接力长跑、'97广州全民健身宣传月、'97广州国际龙舟邀请赛等大型全民健身活动。据不完全统计，全市经常参加体育锻炼的人数约270万人，占全市总人口的40%。竞技水平不断提高。1997年我市运动员在国内外重大比赛中，共夺得世界冠军6个，亚洲冠军6个，全国冠军18个；打破1项亚洲纪录和2项全国纪录。

二、卫生事业不断发展

城乡医疗卫生网络进一步健全。1997年全市各级各类卫生机构1989个，其中医院224个，比上年增加2个；医疗床位3.53万张，其中医院床位3.01万张，分别比上年增长2.80%和1.14%；卫生技术人员5.37万人，比上年增长2.30%，其中：医生2.28万人，比上年增长1.99%。平均每千人拥有医生数3.43人，拥有医疗床位5.30张。预防保健工作成绩突出。儿童四苗全程接种率达98%以上，甲、乙类传染病的发病率比上年下降19.76%。妇幼保健工作得到加强。孕产妇系统保健管理率达84.43%，比上年提高8.55个百分点；儿童系统保健管理率达85.67%。深入开展创建爱婴市活动，全市有125所医院被评为爱婴医院。

三、民政事业稳步发展

社会服务日趋完善，1997年全市有城镇社会服务设施292个，其中城镇社区服务中心85个；便民利民服务网点10844个。全市有社会福利院所147间，床位6607张，比上年增长8.26%，收养人数4878人，比上年增长7.11%。有社会福利企业1659个，安置残疾职工5536人。全市有社会散居孤老残幼人数8082人，其中：农村五保户得到国家定期救济是3385人，集体供养的是3064人；城市居民获得最低生活保障救济的有5524人，农村困难户得到国家临时救济和定期救济的分别是2.32万人和1.72万人。全市社会救济福利事业费支出达9327万元，救灾支出达3069万元，分别比上年增长9.61%和14.9倍。社会保障网络进一步扩大，农村建立社会保障网络乡镇数有69个，覆盖率达90.79%，比上年提高14.47个百分点。

四、环境污染得到控制

1997年我市采取了一系列措施，使污染控制能力进一步增强，各种污染物排放总量基本控制在1995年的水平，减缓了我市环境质量进一步恶化的趋势。大气环境质量大部分指标有所改善，大气环境5种主要污染物指标中，除二氧化硫比上年略有上升外，其余4种污染物指标均比上年有不同程度下降；水环境质量基本保持稳定。城市环境综合整治和工业污染防治工作取得新成绩，全市烟尘控制区和噪声达标区覆盖率分别达到100%和53.8%；严格控制新污染，加强了对新、扩、改建设项目的环境管理；加大老污染源治理力度，全市工业污染治理投资1.08亿元，完成治理项目92项；完成限期治理项目11项。全市工业废水处理率为87.33%，与上年持平，工业废气处理率90.71%，工业固体废物综合治理率92.97%，分别比上年提高1.51和7.97个百分点。

卫生事业基本情况

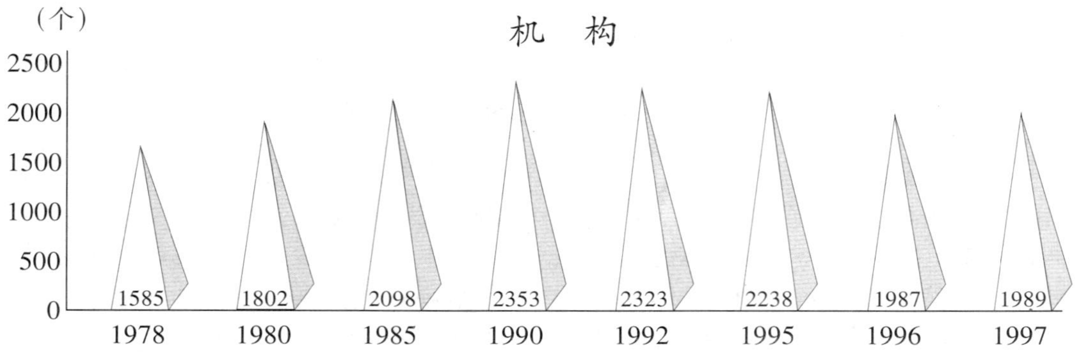

(个)
机　构
2500
2000
1500
1000
500
0
1585
1802
2098
2353
2323
2238
1987
1989
1978
1980
1985
1990
1992
1995
1996
1997

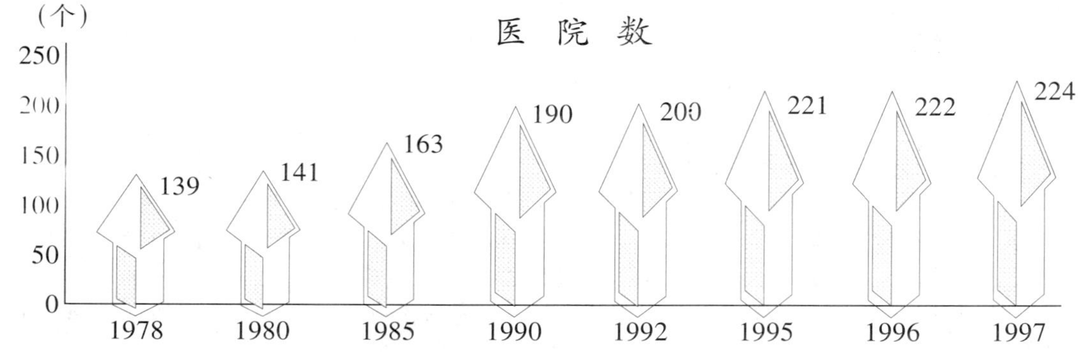

(个)
医　院　数
250
200
150
100
50
0
139
141
163
190
200
221
222
224
1978
1980
1985
1990
1992
1995
1996
1997

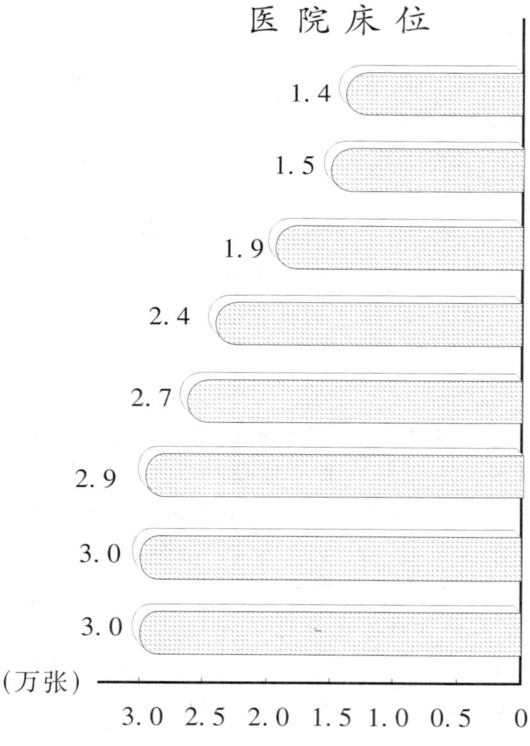

医院床位
1.4
1.5
1.9
2.4
2.7
2.9
3.0
3.0
(万张)
3.0 2.5 2.0 1.5 1.0 0.5 0

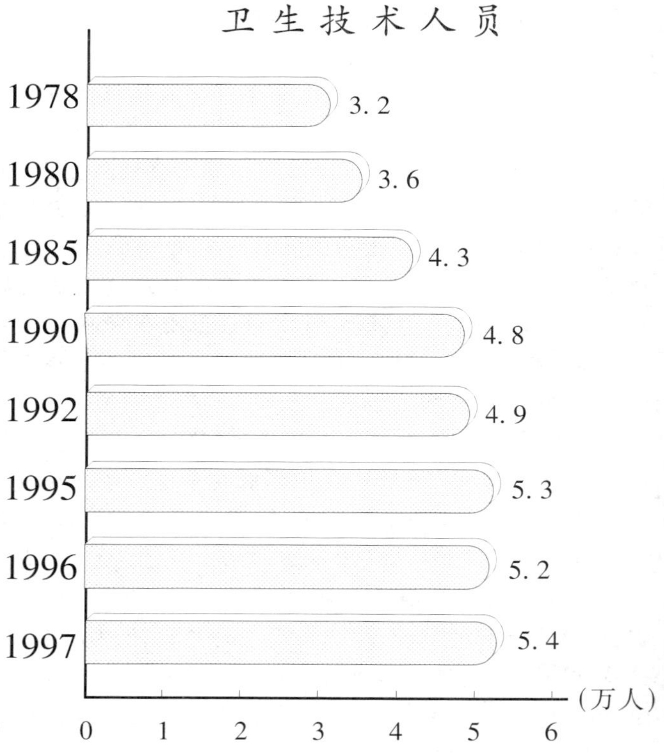

卫生技术人员
1978
1980
1985
1990
1992
1995
1996
1997
3.2
3.6
4.3
4.8
4.9
5.3
5.2
5.4
0 1 2 3 4 5 6
(万人)

16－1 体育事业基本情况

项目	单位	1990 年	1995 年	1996 年	1997 年
新建体育场地	个	15.00			
群众体育活动情况					
举办县区级以上运动会	次	469	539	384	519
参加运动会的运动员人数	万人	30.1	59.4	56.2	58.0
达到《国家体育锻炼标准》人数	万人	58.2	71.6	70.2	77.0
优秀级	万人	13.3	19.2	19.4	22.0
良好级	万人	28.0	28.6	27.2	30.0
及格级	万人	16.9	23.8	23.6	25.0
运动员在各次比赛中取得的成绩					
破记录					
破世界纪录	项	5			
破亚洲纪录	项				1
破全国纪录	项	2	1	1	2
获得冠军					
获得世界冠军	个	1	9	7	6
获得亚洲冠军	个	5	1	9	6
获得全国冠军	个	20	30	31	18

16－2 卫生事业机构数

(1997 年)　　单位:个

项目	全市	市区	番禺市	花都市	增城市	从化市
各类卫生机构合计	1989	1720	99	52	49	69
＃卫生部门机构	227	155	32	19	11	10
医院小计	224	140	28	16	19	21
县及县以上医院	152	126	8	7	5	6
＃工业及其他部门医院	52	42	2	4	1	3
区卫生院	72	14	20	9	14	15
疗养院、所	16	10	1	1		4
门诊部、所	1620	1467	62	29	24	38
专科防治所、站	29	24	2	1	1	1
卫生防疫所、站	37	32	2	1	1	1
妇幼保健站	2	2				
药品检验所、室	14	10	1	1	1	1
其他卫生事业机构	19	12	1	2	2	2
医药研究机构	10	9	1			
高等医药院校	5	5				
中等医药院校	13	9	1	1	1	1

16—3 卫生事业机构床位数

（1997 年）　　　　单位：张

项　　目	全　市	市　区	番禺市	花都市	增城市	从化市
各类卫生机构床位合计	**35301**	**27978**	**2722**	**1375**	**1543**	**1683**
#卫生部门床位	22660	17803	2347	933	845	732
医院床位小计	30067	24381	2476	1075	1452	683
县及县以上医院	27271	23835	1473	632	898	433
#工业及其他部门医院	6413	5947	129	142	144	51
区卫生院	2796	546	1003	443	554	250
疗养院、所床位	3442	2105	94	300		943
门诊部、所床位	168	141				27
专科防治所、站床位	660	508	152			
妇幼保健所、站床位	30	30				
其他床位	934	813			91	30

16—4 卫生事业机构工作人员

（1997 年）　　　　单位：人

项　　目	全　市	市　区	番禺市	花都市	增城市	从化市
总　　计	**70247**	**58838**	**4199**	**2109**	**2969**	**2132**
#卫生技术人员小计	53654	44255	3643	1766	2421	1569
医生	22829	19040	1479	736	964	610
中医师	3500	3045	232	68	102	53
西医师	16685	14298	1011	522	530	324
中西结合高级医师	188	186	1		1	
西医士	1977	1178	188	131	273	207
中医士	439	312	43	12	48	24
其他中医	40	21	4	3	10	2
护师	9423	8040	599	267	273	244
护士	9040	7146	697	356	551	290
助产士	377	256	35	39	35	12
其他卫生技术人员	11985	9773	833	368	598	413
在总计中：						
卫生部门的机构工作人员合计	45297	37517	3666	1700	1404	1010
#卫生技术人员小计	34023	27558	3213	1435	1065	752
医生	13648	11072	1305	592	411	268
中医师	2178	1829	206	54	62	27
西医师	10443	8646	922	431	263	181
中西结合高级医师	47	46	1			
西医士	823	466	143	97	65	52
中医士	141	74	29	9	21	8
其他中医	16	11	4	1		
护师	6197	5157	540	209	141	150
护士	6195	4870	615	318	255	137
助产士	301	221	30	34	11	5
其他卫生技术人员	7682	6238	723	282	247	192

16－5 医院、区卫生院工作情况

（1997 年）

项目	单位	医院	市区	县级市	# 卫生院	市区卫生院	县级市卫生院
填报单位	个	223	139	84	72	14	58
诊疗人次数	万人次	4280	3293	987	717	163	554
# 门诊人次数	万人次	3888	3012	876	644	148	496
急诊人次数	万人次	292	191	101	65	14	51
健康检查人数	万人次	150	99	51	43	12	31
入院人数	万人	49	34	15	9	2	7
出院人数	万人	49	34	15	9	2	7
# 出院病人数	万人	43	30	13	7	1	6
年末实有病床数	张	30067	24381	5686	2796	546	2250
平均开放病床数	张	29031	23665	5366	2699	544	2155
病床使用率	%	77.93	80.40	67.00	57.29	58.44	57.00
病床周转率	次/年	16.80	14.19	28.31	33.02	29.44	33.93
出院者平均住院日	日	16.00	19.44	8.37	6.24	6.58	6.17
每千人口拥有病床数	张	5.30	7.07	2.70			
每千人拥有医院病床数	张	4.51	6.16	2.10			
每千人拥有医生数	人	3.43	4.81	1.40			

16－6 县及县以上医院工作情况

（1997 年）

项目	单位	合计	按部门分				按地区分	
			卫生部门	工业及其他部门	集体所有制	其他	市区	县级市
填报单位	个	151	76	52	15	8	125	26
诊疗人次数	万人次	3563	2773	549	228	13	3131	432
# 门诊人次数	万人次	3244	2559	459	214	12	2864	380
急诊人次数	万人次	227	185	33	8	1	177	50
健康检查人数	万人次	107	64	35	8		86	21
入院人数	万人	40	33	6	1		32	8
出院人数	万人	40	33	6	1		32	8
# 出院病人数	万人	36	30	5	1		29	7
年末实有病床数	张	27271	19336	6413	899	623	23835	3436
平均开放病床数	张	26332	19145	5899	820	468	23119	3213
病床使用率	%	80.04	83.59	71.73	59.32	76.06	80.92	73.71
病床周转率	次/年	15.14	17.35	9.59	7.14	8.54	13.83	24.52
出院者平均住院日	日	18.18	17.33	21.28	31.04	25.79	20.09	10.42

16－7 农村村级卫生组织情况

（1997 年）

项　　目	单位	全　市	市　区	番禺市	花都市	增城市	从化市
农村村级个数	个	1250	257	305	183	298	207
#实行合作医疗或医疗保险的村	个	542	174	241	123	4	
无医疗点的村	个	104	6	23	10	29	36
农村设置的医疗点数	个	1252	292	299	173	312	176
村或群众集体办	个	1002	239	213	173	221	156
乡村医生或卫生员联合办	个	122	36	35		35	16
乡卫生院设点	个	56	9	33		10	4
个体办	个	66	8	18		40	
其他	个	6				6	
乡村医生和卫生员数	人	2720	930	578	346	502	364
乡村医生	人	1785	612	316	282	378	197
卫生员	人	935	318	262	64	124	167
农村接生员数	人	445	96		105	157	87

16－8 结婚和离婚对数

单位：对

区、县级市	1996 年		1997 年	
	登记结婚对数	离婚对数	登记结婚对数	离婚对数
全　　市	60493	5253	60852	7314
市　区	35346	3837	34466	5294
东山区	5012	843	5017	1122
荔湾区	4246	586	3846	842
越秀区	3863	638	3518	629
海珠区	5711	750	5904	1176
天河区	4030	369	4133	576
芳村区	1445	142	1501	206
白云区	8092	323	7378	560
黄埔区	2193	186	2386	182
市民政局	754		783	1
市法院				
县级市	25147	1416	26386	2020
番禺市	8664	678	9004	849
花都市	5124	296	5265	393
增城市	6962	257	7843	440
从化市	4397	185	4274	338

16—9 优抚和社会救济、福利事业情况

项目	单位	1990年	1995年	1996年	1997年
优抚事业					
优抚收养单位数	个	1	1	1	1
优抚收养单位床位数	张	84	100	165	80
年末优抚收养人数	人	84	50	20	11
优抚对象人数	人	72001	60866	63572	62257
优抚对象享受定恤定补人数	人	5579	7029	7146	7414
优待烈军属户数	户	7091	6068	6668	7156
优抚事业费用	万元	473	2536	3166	3592
社会救济					
城市最低生活保障人数	人				5524
农村困难户临时救济人数	人次				23223
农村困难户定期救济人数	人				17212
社会散居孤老残幼人数	人				8082
#农村五保户定期救济人数	人				3385
农村五保户集体供养人数	人				3064
社会救济福利事业费	万元	1718	5722	8509	9327
救灾支出	万元	63	242	193	3069
社会福利					
社会福利事业单位数	个	120	139	150	147
社会福利事业单位床位数	张	2804	5238	6103	6607
社会福利事业单位收养人数	人	2656	3956	4554	4878
社会福利企业单位数	个	774	3113	2898	1659
社会福利企业残疾职工人数	人				5536
城乡基层社会保障					
农村建立社会保障网络乡镇数	个	4	56	58	69
城镇社区服务设施数	个	3351	348	508	292
民政部门发放离退休费	万元	2253	3843	4239	5495

16—10 律师、公证、基层司法基本情况

项　　目	单位	1990 年	1995 年	1996 年	1997 年
律师工作					
律师事务所	个	23	95	115	124
执业律师	人	593	1940	2191	2237
担任常年法律顾问	家	1580	3496	3328	3468
民事诉讼代理	件	3593	5753	5657	5011
经济诉讼代理	件	2757	4077	5294	6205
行政诉讼代理	件		85	65	136
非诉讼法律事务	件	5806	11890	13083	9208
刑事辩护及代理	件	2764	1920	1737	1933
涉外法律事务	件	1732	3866	4540	3024
索回赔、欠款	万元	21838	45751	44985	92140
公证工作					
公证处	个	13	14	14	14
公证人员	人	122	288	292	290
办结公证总数	件	195176	250096	304179	294147
国内民事公证	件	56585	53431	68894	63460
国内经济公证	件	31622	77788	106033	104346
涉外民事公证	件	104346	113038	125010	121124
涉外经济公证	件	2623	5839	4242	5217
帮助避免经济损失	万元	2031	17386	22773	31222
基层司法工作					
法律服务所	个	168	180	181	183
法律服务所人员	人	611	550	546	550
担任法律顾问	家	1406	2484	2471	2433
民事诉讼代理	件	755	1963	1956	2340
非诉讼代理	件	32748	39199	40136	24868
协办公证	件	15322	34126	35073	31476
帮助挽回经济损失	万元	2342	11206	11014	15312
年末人民调解委员会	个	4084	3766	3759	3774
年末调解人员	人	32324	35608	38856	40666
调解纠纷总数	件	10583	8070	8059	8145

16－11 市区律师、公证、基层司法基本情况

项　　目	单位	1990年	1995年	1996年	1997年
律师工作					
律师事务所	个	16	87	104	115
执业律师	人	539	1839	2088	1927
担任常年法律顾问	家	1343	3142	3034	3140
民事诉讼代理	件	3243	5391	5337	4462
经济诉讼代理	件	2371	3702	4924	5689
行政诉讼代理	件		75	59	121
非诉讼法律事务	件	5466	7538	9420	6349
刑事辩护及代理	件	2373	1631	1494	1726
涉外法律事务	件	1633	2514	3212	1800
索回赔、欠款	万元	13080	43429	43338	90973
公证工作					
公证处	个	9	10	10	10
公证人员	人	95	255	260	259
办结公证总数	件	136424	220357	275121	275488
国内民事公证	件	15949	50523	67171	62398
国内经济公证	件	21722	58152	87449	92728
涉外民事公证	件	96392	106624	116933	115775
涉外经济公证	件	2361	5058	3568	4587
帮助避免经济损失	万元	1769	17386	19863	31222
基层司法工作					
法律服务所	个	108	115	116	118
法律服务所人员	人	447	343	339	349
担任法律顾问	家	775	1743	1754	1783
民事诉讼代理	件	480	1426	1457	1739
非诉讼代理	件	29641	36169	37312	22412
协办公证	件	10617	30026	29696	27951
帮助挽回经济损失	万元	994	3507	3967	7980
年末人民调解委员会	个	2614	2282	2243	2258
年末调解人员	人	24390	25851	27965	29775
调解纠纷总数	件	6763	5301	5192	6073

16－12 社会治安主要指标

项目	单位	1995年		1996年		1997年	
		全市	#市区	全市	#市区	全市	#市区
刑事案件							
立案合计	件	59775	49871	53236	44377	47903	39097
当年破案数	件	35951	29780	33275	27335	28384	22643
当年破案率	%	60.14	59.71	62.50	61.60	59.25	57.91
治安案件							
受理数	件	45412	39836	40270	35239	42541	37074
查处数	件	40962	35554	36882	32024	38005	32669
城市交通事故							
交通事故	件	9767	5850	8701	3373	6843	2514
死伤人数	人	5684	2385	6288	1710	7146	2575
#死亡人数	人	1211	529	1133	243	1121	332
损失折款	万元	6431	2702	5909	2038	4472	1589
火灾							
火灾起数	起	287	201	304	206	248	171
死伤人数	人	95	71	92	72	107	72
#死亡人数	人	70	54	40	31	39	21
损失折款	万元	2616	1952	2694	1748	1705	1178

16－13 城市环境污染及处理

单位:万吨

项目	1995年		1996年		1997年	
	全市	#市区	全市	#市区	全市	#市区
废水排放量	105158	90822	103483	89422	105327	91166
工业废水	30930	24652	27836	22087	26764	21348
#符合排放标准的	19685	15535	15890	12854	15453	12599
经过处理的	25872	21174	25386	19716	21853	17129
#达标外排的	12104	10466	9555	8228	9481	8020
城市生活污水	74228	66170	75647	67335	78563	69818
废气排放量(亿标米^3)	1871.60	1164.90	1832.00	1130.00	1587.37	1155.67
工业粉尘排放量	4.05	0.75	4.00	1.00	20.91	5.61
工业粉尘回收量	58.99	46.99	62.00	48.00	74.89	64.97
工业固体废物产生量	313	238	311	236	308	231
工业固体废物综合利用量	224	161	176	126	229	178
工业固体废物处置量	89	78	92	69	60	37
历年工业废渣堆存总量	356	329	402	375	420	391
市区交通噪音(等效声级)(分贝)		72.60		72.00		71.80
市区烟尘控制区面积(千米^2)		214.00		259.00		261.75

主要统计指标解释

【医院】 指名称为医院，设有固定床位能收容病人住院并能为病人提供医疗、护理服务的医疗机构。包括县及县以上医院、农村乡卫生院、其他医院三部分。按所属性质分为卫生部门、工业及其他部门，集体经济单位三类。其中县及县以上医院按业务性质分为综合医院和专科医院。

【卫生技术人员】指卫生事业机构支付工资的全部固定职工和合同制职工中现任职务为卫生技术工作的专业人员。包括中医师、西医师、中西医结合高级医师、护师、中药师、西药师、检验师、其他技师、中医士、西医士、护士、助产士、中药剂士、西药剂士、检验士、其他技士、其他中医、护理员、中药剂员、西药剂员、检验员，其他初级卫生技术人员。

【医生】指经卫生部门审查合格，从事医疗工作的专业人员。分为中医医生和西医医生。包括卫生技术人员中的中医师、西医师、中西结合高级医师、中医士、西医士和其他中医。

【社会福利事业单位】指集中收养社会孤老、残、幼的机构。包括由民政部门管理的社会福利院、儿童福利院、精神病人福利院和城镇集体办的福利院，以及农村集体举办的敬老院。

【社会福利事业单位收养人数】 包括民政部门管理的和城镇及农村集体举办的社会福利事业单位中收养的老人、少年儿童、缺乏生活自理能力的残废人员和精神病人。

【社会福利企业单位】 指以安置城镇有一定劳动能力的盲、聋、哑和肢体残疾人员就业为目的，享受国家减免税待遇的国有或集体经济性质的企业。包括福利工厂、福利商业服务业、假肢厂和安置农场等单位。

【律师】 指受聘参加法律顾问处工作，提任法律顾问、刑(民)事代理人、刑事辩护人、办理非诉讼事件、解答法律询问，代写法律事务文书等主要从事律师业务的专职法律工作者和兼职律师。

【公证人员】指在国家公证机关依法办理公证事务的司法人员。包括公证员、助理公证员和公证处工作的其他人员。

【办理公证文书】 指公证处在一定时期内办结的公证文书件数。公证文书系按司法部规定或批准的格式制作。包括国内公证和涉外公证两部分。其中国内公证分为经济合同公证同民事法律关系公证两大类。

【调解人员】 在人民调解委员会担负调解民间一般民事纠纷和轻微违法行为所引起的纠纷的工作人员。包括调解委员会的委员和调解小组的调解员。

【调解民间纠纷】 指调解委员会依照法律规定，根据自愿原则，用说服教育的方法调解民间发生的有关民事权利和义务的争执，促成当事双方达到协议和谅解，解决纠纷。包括婚姻家庭纠纷，财产权益纠纷等。不包括法院受理调解的民事案件数。

【工业废水排放达标量】指各项指标都达到国家、地方排放标准的外排工业废水量，包括经过处理后外排达标的和未经处理外排达标的两部分工业废水。国家排放标准见GB8978—88。

【工业废水处理量】 指报告期内各种水治理设施实际处理的工业废水量，包括处理后外排的和处理后回用的工业废水量。虽经处理仍未达到国家或地方排放标准的废水量也应计算在内。计算时，如遇有车间和厂排放口均有治理设施，并对同一废水分级处理时，不应重复计算工业废水处理量。

【工业废气排放量】 指企业厂区内燃料燃烧和生产工艺过程中产生的各种排入空气的含有污染物的气体的总量，以标准状态[273K,101325Pa]计。

【工业粉尘排放量】 指工业企业在生产工艺过程中排放的固体微粒总重量。如钢铁企业的耐火材料粉尘、焦化企业的筛焦系统粉尘、烧结机的粉尘、石灰窑的粉尘、建材企业的水泥粉尘等。不包括电厂排入大气的烟尘。

【工业粉尘回收量】 指经生产工艺废气净化处理装置处理回收的粉尘和尘泥量(包括干法和湿法)。不包括电厂的烟尘。通常情况下：

工业粉尘产生量＝工业粉尘排放量＋工业粉尘回收量

【工业固体废物产生量】 指工业企业在生产过程中产生的固体状、半固体状和高浓度液体状废弃物的总量，包括危险废物、冶炼废渣、粉煤灰、炉渣、煤矸石、化工废渣、尾矿、放射性废物和其它废物等；不包括矿山开采的剥离废石和掘进废石(煤矸石和呈酸性或碱性的废石除外)。酸性或碱性废石是指采掘的废石其流经水、雨淋水的PH值小于4或PH值大于10.5者。

【工业固体废物处置量】 指以符合环境保护要求的方式将固体废物放置在不再回取的场所的固体废物量，如填埋、焚烧、经封场处理的专业贮存场（库）、深层灌注、回填矿井等（包括当年处置往年的堆存量）。

【工业固体废物综合利用量】 指已用作农业肥料、造田、生产建筑材料、筑路以及其它方式综合利用的固体废物量（包括当年利用往年的工业固体废物堆存量）。综合利用量由原产固体废物的单位统计。

【废水排放总量】 包括生产废水和生活污水。生产废水指企、事业单位在生产、科研过程中向外环境排放的所有排放口的废水量总和。生活污水指城镇居民区和企、事业单位职工集中居住区排放的污水量。

【工业废水排放量】 指经过企业厂区所有排放口排到企业外部的工业废水量。包括生产废水、外排的直接冷却水、超标排放的矿井地下水和与工业废水混排的厂区生活污水，不包括外排的间接冷却水（清污不分流的间接冷却水应计算在内）。

附 录

附1 全国国民经济主要指标

项　　目	单位	1980 年	1985 年	1990 年	1995 年	1996 年	1997 年
年末总人口	万人	98705	105851	114333	121121	122389	123626
年末从业人数	万人	42361	49873	63909	67947	68850	69600
#职工人数	万人	10444	12358	14059	14908	14845	14668
国内生产总值	亿元	4517.8	8964.4	18547.9	58478.0	67795.0	74772.4
农业总产值	亿元	1922.6	3619.5	7662.1	20340.9	23426.5	24709.2
工业总产值	亿元	5154.3	9716.5	23924.4	91893.8	99492.8	112127.6
全社会固定资产投资额	亿元	910.9	2543.2	4517.6	20019.3	23660.0	25300.0
社会消费品零售总额	亿元	1794.0	3801.40	7250.3	20620.0	24614.0	26843.3
货运量	万吨	546537	745763	970602	12348[illegible]0	1265525	1275511
客运量	万人次	341785	620206	772682	1172596	1244722	1323976
港口货物吞吐量	万吨	21731	31154	48321	80166	85152	90519
邮电业务总量(1990 年不变价格)	亿元	13.3	29.6	81.7	988.9	1342.0	1773.3
外贸进口总值	亿美元	200.2	422.5	533.5	1320.8	1388.3	1423.6
外贸出口总值	亿美元	181.2	273.5	620.9	1487.8	1510.5	1827.0
实际利用外资	亿美元		46.5	102.9	481.3	548.0	644.1
财政收入	亿元	1159.9	2004.8	2937.1	6242.2	7366.6	
财政支出	亿元	1228.8	2004.3	3083.6	6823.7	7914.4	
居民消费价格指数	%		109.3	103.1	117.1	108.3	102.8
商品零售价格指数	%	106.0	108.8	102.1	114.8	106.1	100.8
职工年人均工资	元	762	1148	2140	5500	6210	6470
城镇居民年人均可支配收入	元	478	739	1510	4233	4839	5160
农村居民年人均纯收入	元	191	398	686	1578	1926	2090
各类学校在校学生数	万人	20419.2	18633.1	17553.1	19677.3	20742.0	21307.3
#高等学校	万人	114.4	170.3	206.3	290.6	302.1	317.4
普通中学	万人	5508.1	4706.0	4586.0	5371.0	5739.7	6017.9
小学	万人	14627.0	13370.2	12241.4	13195.2	13615.0	13995.4
医院病床数	万张	198.2	222.9	262.4	283.6	286.6	290.3
卫生技术人员	万人	279.8	341.1	389.8	425.7	431.2	439.8
#医生	万人	115.3	141.3	176.3	191.8	194.1	198.5

注:1.工业总产值从1996年起按新口径统计。2.外贸进出口总值1978年为外贸部门数字,1980年起为海关数字。

附2 广东省国民经济主要指标

项目	单位	1980年	1985年	1990年	1995年	1996年	1997年
年末总人口	万人	5227.67	5655.60	6246.32	6788.74	6896.77	7013.73
年末从业人数	万人	2367.78	2731.11	3118.10	3551.20	3641.30	3706.80
#职工人数	万人	563.62	660.82	785.49	911.90	904.07	897.32
国内生产总值	亿元	245.71	553.05	1471.84	5381.72	6097.42	7308.24
农业总产值	亿元	126.25	245.21	600.71	1445.48	1577.89	1623.21
工业总产值	亿元	223.02	532.71	1902.25	9720.55	10530.93	12372.68
全社会固定资产投资额	亿元	38.29	184.59	381.47	2327.22	2327.64	2298.14
社会消费品零售总额	亿元	117.47	289.23	667.36	2304.15	2577.93	2918.66
货运量	万吨	14201	15004	18792	24636	24599	24604
客运量	万人次	21444	38603	34152	49220	49602	55050
港口货物吞吐量	万吨	3075	5073	6895	11904	11863	12384
邮电业务总量(1990年不变价格)	亿元	1.86	3.63	26.30	204.93	265.60	330.40
外贸进口总值	亿美元	3.56	24.26	57.49	381.67	412.30	471.65
外贸出口总值	亿美元	21.95	29.53	105.60	556.67	589.99	726.56
实际利用外资	亿美元	2.14	9.19	20.23	121.00	138.99	142.05
财政收入	亿元	36.10	65.46	131.02	382.34	479.45	543.95
财政支出	亿元	24.93	60.84	150.69	525.63	601.23	682.66
居民消费价格指数	%	109.5	117.1	97.4	113.1	107.2	102.1
商品零售价格指数	%	108.5	113.6	95.6	110.8	104.1	100.1
职工年人均工资	元	789	1393	2929	8250	9127	9698
城镇居民年人均可支配收入	元	473	954	2303	7439	8158	8562
农村居民年人均纯收入	元	274	495	1043	2699	3188	3468
各类学校在校学生数	万人	1012.96	934.15	1030.46	1289.60	1344.12	1390.04
#高等学校	万人	4.10	6.99	9.59	15.18	16.40	17.47
普通中学	万人	252.11	236.45	234.03	339.46	373.19	400.85
小学	万人	748.86	671.25	747.29	883.19	897.64	911.34
医院病床数	万张	8.50	9.82	11.41	13.78	14.12	14.45
卫生技术人员	万人	14.45	17.53	19.48	22.99	23.76	24.59
#医生	万人	5.51	6.56	8.11	9.89	10.13	10.38

附3 全国十大城市国民经济主要指标

（1997年）

项　　目	单位	广州市	北京市	天津市	上海市	重庆市
年末总人口	万人	666.49	1216.70	899.80	1305.46	3042.92
年末从业人数	万人	428.21	655.80	513.33	788.25	1689.91
＃职工人数	万人	199.81	465.30	281.34	435.27	289.29
国内生产总值	亿元	1646.26	1810.10	1240.40	3360.21	1375.00
农业总产值	亿元	150.81	170.90	148.83	204.41	481.21
工业总产值	亿元	2375.39	1963.80	2838.20	5606.27	1285.17
全社会固定资产投资额	亿元	656.58	961.17	498.66	2003.10	370.92
社会消费品零售总额	亿元	802.59	1051.50	535.02	1325.21	507.93
货运量	万吨	23768	32350	25090	45938	25208
客运量	万人次	17725	10384	3136	6057	46984
港口货物吞吐量	万吨	8390		6789	16397	2243
邮电业务总量(1990年不变价格)	亿元	71.17	93.01	34.28	102.01	23.46
外贸进口总值	亿美元	40.69	※33.10	50.05	100.40	8.47
外贸出口总值	亿美元	75.38	※24.70	50.18	147.24	7.85
实际利用外资	亿美元	28.94	15.90	34.23	63.45	9.82
财政收入	亿元	97.72	182.30	89.91	352.33	74.18
财政支出	亿元	138.99	236.40	122.78	428.92	116.03
居民消费价格指数	%	102.2	105.3	103.1	102.8	103.3
商品零售价格指数	%	99.4	103.8	100.7	98.8	101.7
职工年人均工资	元	13118	11000	8238	11425	5502
城镇居民年人均可支配收入	元	10445	7813	6609	8439	5323
农村居民年人均纯收入	元	5546	3762	3548	5277	1643
高等学校在校学生数	万人	10.24	19.58	7.36	15.38	8.38
中等专业学校在校学生数	万人	11.81	10.40	7.61	11.10	7.88
普通中学在校学生数	万人	35.90	62.60	50.33	74.43	100.29
小学在校学生数	万人	72.32	97.70	87.75	102.44	285.43
医院个数	个	224	435	483	474	2553
医院病床数	万张	3.01	6.58	3.95	6.78	3.89
医生	万人	2.28	5.49	3.25	5.13	4.32

注：※为海关数，下同。

附3续

项　　目	单位	沈阳市	武汉市	南京市	哈尔滨市	西安市
年末总人口	万人	673.80	723.90	529.82	955.79	662.06
年末从业人数	万人	385.90	411.83	300.81	421.57	385.14
#职工人数	万人	210.20	208.01	144.17	221.91	138.90
国内生产总值	亿元	851.10	912.33	755.05	746.22	501.00
农业总产值	亿元	108.70	121.32	94.24	273.99	87.90
工业总产值	亿元	1150.10	1154.19	1383.20	754.23	666.81
全社会固定资产投资额	亿元	165.70	408.18	351.66	159.48	116.90
社会消费品零售总额	亿元	424.55	456.54	345.11	339.55	249.56
货运量	万吨	14536	12852	12612	7029	9357
客运量	万人次	8274	9268	13051	6248	8922
港口货物吞吐量	万吨		2308	5703		
邮电业务总量(1990年不变价格)	亿元	17.18	24.97	20.62	22.59	14.00
外贸进口总值	亿美元	4.76	6.73	6.27	3.59	1.30
外贸出口总值	亿美元	9.53	9.41	10.66	4.89	3.31
实际利用外资	亿美元	8.68	9.75	7.42	1.80	2.05
财政收入	亿元	47.90	85.42	46.18	34.85	29.68
财政支出	亿元	60.45	48.65	53.41	48.05	29.74
居民消费价格指数	%	105.1	103.1	99.7	104.5	106.0
商品零售价格指数	%	101.7	100.7	97.6	101.8	101.5
职工年人均工资	元	5801	6406	8847	5118	5785
城镇居民年人均可支配收入	元	4714	5573	6497	4233	5344
农村居民年人均纯收入	元	2398	2555	3533	2499	1846
高等学校在校学生数	万人	9.20	16.58	12.05	7.69	11.89
中等专业学校在校学生数	万人	3.90	15.35	7.05	4.99	4.63
普通中学在校学生数	万人	34.10	40.55	22.04	49.11	37.16
小学在校学生数	万人	60.10	79.74	46.75	94.01	82.67
医院个数	个	373	224	168	224	211
医院病床数	万张	3.73	2.88	1.76	2.90	2.57
医生	万人	2.10	2.47	1.60	2.12	1.49

附4 珠江三角洲十二市国民经济主要指标

（1997年）

项　　目	单位	广州市	深圳市	珠海市	佛山市	惠州市	肇庆市
年末总人口	万人	666.49	379.64	67.34	320.96	266.53	368.34
年末从业人数	万人	428.21	272.01	69.00	232.27	180.95	197.46
#职工人数	万人	199.81	91.18	28.45	54.33	44.93	33.48
国内生产总值	亿元	1646.26	1130.01	235.20	724.57	322.87	331.10
人均国内生产总值	元	24895	30645	21243	22747	12262	9073
农业总产值	亿元	150.81	27.09	19.29	113.48	90.67	137.53
工业总产值	亿元	2375.39	1664.45	460.96	1529.61	638.71	451.90
全社会固定资产投资额	亿元	656.58	393.07	71.17	144.58	58.83	64.11
社会消费品零售总额	亿元	802.59	326.48	93.82	243.74	100.55	93.13
城乡集市贸易成交额	亿元	314.18	166.70		94.70	39.36	39.41
货运量	亿吨	2.38	0.39	0.33	0.92	0.22	0.33
邮电业务总量(1990年不变价格)	亿元	71.17	61.00	10.38	29.66	13.11	6.70
外贸出口总值	亿美元	75.38	※254.99	※29.66	45.18	34.66	10.25
#贸易出口额	亿美元	15.63			12.56	2.95	2.25
实际利用外资	亿美元	28.94	28.72	10.24	11.22	9.69	3.73
财政收入	亿元	97.72	144.77	15.97	31.73	8.01	6.89
财政支出	亿元	138.99	142.70	21.96	41.37	13.64	14.22
居民消费价格指数	%	102.2	103.3	103.3	101.6	100.8	101.2
商品零售价格指数	%	99.4	100.0	101.0	100.2	99.2	100.1
职工年人均工资	元	13118	16531	12793	10788	6966	7121
城镇居民年人均可支配收入	元	10445	18579	13149	10500	8563	6248
农村居民年人均纯收入	元	5546	6234	3665	5028	3305	3505
高等学校在校学生数	万人	10.24	0.76		0.63	0.38	0.59
中等专业学校在校学生数	万人	11.81	0.40	0.33	1.20	1.26	1.70
普通中学在校学生数	万人	35.90	8.22	3.82	19.43	15.85	18.80
小学在校学生数	万人	72.32	19.02	9.34	39.18	34.12	42.52
医院病床数	张	30067	7963	1951	10793	5495	5920
卫生技术人员	万人	5.37	1.49	0.40	1.97	0.93	1.01
#医生	万人	2.28	0.74	0.17	0.67	0.36	0.40

附4续

项　　目	单位	江门	东莞市	中山市	顺德市	南海市	番禺市
年末总人口	万人	377.07	147.12	128.36	104.03	105.75	88.01
年末从业人数	万人	223.32	87.61	102.77	73.78	61.00	73.61
#职工人数	万人	48.52	16.50	16.22	12.07	11.69	15.92
国内生产总值	亿元	457.87	294.70	220.95	224.25	251.47	216.16
人均国内生产总值	元	12187	20160	17316	21748	23943	24751
农业总产值	亿元	124.11	51.44	32.76	39.48	42.96	38.02
工业总产值	亿元	988.15	600.92	510.95	526.56	506.29	457.29
全社会固定资产投资额	亿元	77.04	65.89	59.89	35.80	48.17	51.30
社会消费品零售总额	亿元	151.87	110.21	77.11	61.85	90.54	48.11
城乡集市贸易成交额	亿元	41.30	108.33	62.90	13.93	18.55	15.71
货运量	亿吨	0.28	0.46	0.28	0.67	0.33	0.16
邮电业务总量(1990年不变价格)	亿元	13.74	28.43	12.93	9.03	9.59	7.12
外贸出口总值	亿美元	27.67	49.98	26.31	18.20	10.30	5.33
#贸易出口额	亿美元	10.56	5.15	6.50	3.30	3.42	0.89
实际利用外资	亿美元	5.03	11.97	5.54	3.97	2.76	3.13
财政收入	亿元	16.26	11.41	9.49	9.84	9.63	7.84
财政支出	亿元	22.41	14.85	11.25	12.97	12.13	10.59
居民消费价格指数	%	102.1	101.5	100.1	101.5	101.9	102.9
商品零售价格指数	%	100.0	99.7	98.9	101.0	100.1	99.9
职工年人均工资	元	8136	10691	11039	10813	10878	10954
城镇居民年人均可支配收入	元		11032	9333	13522	10298	
农村居民年人均纯收入	元	3849	5021	4039	4515	5856	6050
高等学校在校学生数	万人	0.54	0.20	0.18			0.09
中等专业学校在校学生数	万人	0.52	0.42	0.44	0.14	0.08	0.13
普通中学在校学生数	万人	19.46	9.80	6.84	6.08	7.43	4.81
小学在校学生数	万人	44.25	22.18	16.78	12.81	15.28	10.88
医院病床数	张	8252	1649	1386	2999	2708	2476
卫生技术人员	万人	1.65	0.63	0.50	0.45	0.39	0.36
#医生	万人	0.56	0.26	0.24	0.19	0.16	0.15

附5 香港主要统计指标

项　　目	单位	1992年	1995年	1996年	1997年
总人口(年中数)	万人	580.0	615.6	631.1	650.2
男性	万人	294.6	308.4	315.9	327.1
女性	万人	285.4	307.2	315.2	323.1
居民户数	万户	163.2	179.0	184.0	192.2
出生率	‰	12	11	10	9
死亡率	‰	5	5	5	5
劳动人口	万人	276.5	301.8	307.5	319.2
劳动人口就业率	%	61.9	62.2	61.4	61.3
男性	%	77.9	76.7	75.4	75.4
女性	%	45.6	48.0	47.6	47.3
失业率	%	1.9	3.5	2.6	2.2
就业不足率	%	1.9	2.5	1.4	1.0
本地生产总值(按1990年价格计)	亿港元	6120	7620	7937	8346
人均生产总值	港元	106401	123781	125762	128352
本地生产总值(按当年价格计)	亿港元	7793	10846	11924	13270
人均生产总值	港元	134357	176178	188933	204092
外贸总值	亿港元	18802	28353	29336	30710
1.出口总值(离岸价)	亿港元	9249	13442	13980	14559
香港产品出口	亿港元	2341	2317	2122	2114
香港产品转口	亿港元	6908	11125	11858	12445
2.进口总值(到岸价)	亿港元	9553	14911	15356	16151
耗电量及电力供应	兆焦耳	112017	112817	115790	118088
#工业	兆焦耳	24194	20222	19934	18965
商业	兆焦耳	47971	59908	64465	67849
住宅	兆焦耳	21716	27063	29194	28937
工业生产指数(1986年为100)	%	126.0	126.0	121.5	117.7
#衣物制造业	%	110.5	115.0	109.7	100.8
纺织业(含针织业)	%	125.0	111.0	103.8	102.7
电器及电子用具业	%	156.0	179.0	170.3	161.3

附5续

项　　目	单位	1992年	1995年	1996年	1997年
私人房屋竣工费用	亿港元	233	282	266	244
竣工面积	万平方米	285.5	214.0	183.4	155.5
＃工业	万平方米	83.6	42.7	42.6	36.5
商业	万平方米	73.8	54.2	42.0	52.4
住宅	万平方米	71.4	86.6	76.9	46.8
持牌车辆总数	万辆	41.5	46.6	47.5	50.0
＃货车	万辆	12.0	11.8	11.7	11.8
私家车	万辆	23.7	28.5	29.3	31.5
进出香港货物总量	万吨	9924.5	14414.5	14314.2	15112.1
进出香港旅客总数	万人次	7702.6	9212.6	9974.9	10554.3
道路长度	公里	1559	1717	1743	1831
公共交通工具客运量	百万人次	3652	3826	3914	3965
每千人拥有电话数	部	472	519	530	548
访港旅客总人次	万人次	801.1	1020.0	1170.3	1040.6
酒店房间入住率	%	82	85	88	76
政府收入	亿港元	1147	1750	1800	2084
政府支出	亿港元	904	1432	1616	1736
＃保安服务	亿港元	146	190	219	244
经济服务	亿港元	59	73	87	108
社会服务	亿港元	170	303	384	431
环保基础设施及公共服务	亿港元	236	399	430	424
消费物价指数					
(以1994年10月—1995年9月为100)					
甲类指数	%	79.9	101.8	107.9	114.1
乙类指数	%	79.1	101.9	108.4	114.7
恒生指数	%	77.4	102.0	108.7	115.3
工资指数(以1992年9月为100)					
名义工资指数	%	100.0	129.3	137.6	147.3
实际工资指数	%	100.0	101.6	102.8	104.5
全日制大专学校学生	万人	4.79	6.40	6.66	6.72

企 业 简 介

中国石化广州石油化工总厂

广州石油化工总厂创建于1973年6月18日，是我国南方国有特大型石油化工联合企业之一。随着国家改革开放的深入和发展，我们为适应社会主义现代化建设和市场经济发展的需要，加速了企业从生产型向生产经营型的转变。目前，我们已具备原油一次加工770万吨/年、尿素52万吨/年等主要生产能力以及不断扩大的产品销售网络和实力雄厚的石油化工开发、设计、检修、建设队伍。97年初与中石化冠德控股有限公司合资15亿元建成投用的惠州港广州石化码头及170公里长输油管线已取得良好的效益，同时也为广石化建成千万吨炼油企业奠定了坚实基础。

25年来，我们开发生产了汽、柴、煤油、尿素等一系列高品质的明珠牌产品，不仅满足了周边地区的需要，而且以良好的市场声誉打入国际市场，去年实现销售收入70亿元，利税7.4亿元，为国家和地方的经济建设和社会发展作出了重大贡献。

我们在不断扩大生产规模的同时，也相应加大环保投入，坚持走生产经营与环境保护协调发展的道路。建厂以来，广石化旗帜鲜明地提出"向人民负责，让珠江放心"的承诺，更体现了企业向社会积极推崇重视环保的经营理念和诚信品格。

地址：中国　广州　黄埔　　邮政编码：510726

电话：(020)82123888

传真：(020)82399045

中国石化广州石油化工总厂厂长 洪志铭

中共广州石油化工总厂党委书记 焦太山

广东太古可口可乐有限公司

广东太古可口可乐有限公司是可口可乐公司授权在广州灌装生产和在广东指定的区域销售的装瓶厂，是中英合资企业，合资三方分别为太古可口可乐香港有限公司、广东食品进出口集团公司、中粮实业发展公司，总投资人民币5.3亿元。

新厂房于1996年9月破土动工，建筑总面积达27680平方米。于1998年4月投产，共有玻璃瓶、塑料瓶、罐装三条生产线，年生产能力将达7400万标准箱。主要产品有：可口可乐、健怡可乐、雪碧、芬达、阳光系列、天与地系列。可口可乐公司是世界上最大的软饮料公司，是领导潮流的饮料制造商和销售商。世界饮料市场前五名的品牌中，可口可乐公司就占了四个，分别是可口可乐、健怡可乐、雪碧和芬达。其中可口可乐五度被评为中国最受欢迎的饮料。在最新的一次涉及"消费者心目中理想品牌"、"98年购物首选品牌"等几项调查中，可口可乐获得第一的殊荣。这是在中国企业信息交流中心承办，第五届中国市场产品竞争力调查中得到的结果。

广东太古可口可乐有限公司热心参与社会公益活动，积极支持教育事业和赞助体育运动，以实际行动回报社会。

广州玫瑰美容保健有限公司简介

广州玫瑰美容保健公司是绿丹兰集团属下的一间中外合作企业，成立于1991年，法人代表李贵辉。本公司拥有九十年代生产化妆品的先进设备，以开发、生产、销售绿丹兰系列化妆品为主，并生产经营其他美容护肤、护发用品及洗涤用品。

本公司生产的绿丹兰天然植物型化妆品是引进法国的化妆品生产技术和配方，结合东方人的皮肤特点加以改进，采用高科技方法，以天然植物精华素与国际流行香型调配精制而成。在中国市场销售为主，产品销售额连年以110 %的速度增长，在化妆品市场上占有较高的市场份额。几年来，广州玫瑰美容保健有限公司产品荣获中国新产品新技术博览会金奖、全国最畅销产品“金桥奖”、消费者最喜爱的名优产品第一名等各项大奖，“绿丹兰”商标成为化妆品行业的国产名牌，经评估无形资产价值达12亿元。

公司理念：朋友富贵、天长地久；亲善博爱、和美奉献。

新太集团

新太集团开创于1986年8月，原名“广州市新技术研究设计院”。现已成为拥有千余名高素质人才、遍布全球的20多家子公司，以及下设全国20多个省市办事处的民营高科技集约化经营管理机制。

新太集团以不断创新的技术和产品，在多媒体技术、通信网增值业务技术、信息处理技术、接入网技术、智能网技术、宽带视频技术方面处于国内同行的前列，确立了在IT业界的重要地位。至1996年，4个项目列入国家级新产品，6个项目列入省市火炬计划，66项/次荣获国家、部、省市及行业、博览会嘉奖，积极深入地推进和丰富了中国电信事业的发展。连续五年被国家科委评为“实施火炬计划先进高科技企业”、“广州民营高科技企业100强第一名”。1997年6月28日，新太集团通过了国际ISO9001质量体系认证，将公司接入了国际标准化的轨道。

目前新太信息服务产品在全国三百多个城市广泛运行，广东省邮电管理局开通的本地化INTERNET——“视聆通”多媒体计算机信息网就是采用新太多媒体应用平台而建设的网络系统。现在新太已着手开办自己的ISP服务，以期让用户更快、更新、更好地享受新太在信息服务方面的成果。

广州潘高寿药业有限公司

广州潘高寿药业有限公司，前身为广州潘高寿药厂，始创于清光绪十六年（公元一八九零年），以生产治咳药著称。一九九三年转制为“广州潘高寿药业股份有限公司”。现有员工六百多人，各类专业技术人员占员工总数26%，总资产29190万元。1997年工业总产值13019万元，实现利税3488万元。

本公司主要产品蛇胆川贝液、蛇胆川贝枇杷膏、治咳川贝枇杷露分别获得国家中医药管理局优质产品、省技术进步成果奖、全国获奖产品临床应用评价调查“信得过”药品等称号。产品畅销全国，远及美、加、澳等国。

1995年，本公司在番禺东升工业区征地四万平方米，按GMP 标准建成建筑面积五万平方米的现代化新厂房和仓库，并按GMP要求健全了质量保证体系，获取了澳大利亚卫生部的GMP认证。近年，组建了广州潘高寿天然保健品公司，开发保健产品。同时，中外合资兴建了广州康寿药业有限公司以及明泰实业（泰国）有限公司等境内、外中外合资企业。出口创汇历年来在广州中药行业中领先。企业排名居全国五百家最佳经济效益工业企业（医药制造业）前列。1997年，本公司被广州市人民政府授予“文明单位”称号。

法人代表：廖景光

地 址：中国广东省广州市光复中路393号七、八、九楼

电 话：(020)81840450

邮 编：510140

广州星群（药业）股份有限公司

广州星群（药业）股份有限公司成立于1993年6月，其前身是创建于1950 年的星群制药厂。该公司现有600多名员工，其中各类专业人员占25%。经过数十年的艰苦创业和改革创新，“星群”已发展成一家拥有固定资产7000多万元，年销售额近2亿，利税4000万元的国家大型二类企业。现生产冲剂、软硬胶囊剂、糖浆剂、药油等剂型150多个品种。

该公司的主要产品有夏桑菊冲剂、维生素E胶丸、月见草油胶丸、小儿速效感冒冲剂等，其中夏菊桑冲剂被评为中国中药名牌和省、市名牌产品，年产销达4亿包。本公司引进了具有国际先进水平的软胶囊制造设备和硬胶囊填充设备，现在软胶囊年生产能力达15亿粒，硬胶囊近2亿粒。

“星群”一贯奉承“产品优、质量优、效益优”的三优立厂宗旨，在七十年代开始推行全面质量管理，现已建立较完善的产品质量体系，1986年荣获国家医药管理局质量管理奖，1995年获国家海关信得过企业和省质量效益型先进企业称号。

“九五”期间，“星群”将在广州市郊按GMP要求建立一座4万多平方米的新工厂。这项大规模的易地扩产技术改造完成后将使“星群”在生产潜力、设备和技术等优势得到充分发挥，为“星群”继续占领市场开拓广阔空间。

广州邮电通信设备有限公司

广州邮电通信设备有限公司是经邮电部批准，由中国邮电工业总公司和广东省邮电管理局对等出资组建的，专门从事通信电子产品及相关工业产品设计制造的高技术型产研一体化工业企业。

公司的前身是邮电部广州通信设备厂，始建于1956年，是一家有40多年通信设备制造经验的国家大型工业企业。注册资本4亿多元，厂区占地面积11万平方米，现有职工人数1100多人，其中工程技术人员500多人，具有雄厚的技术力量和优良的生产工艺及完善的生产设施。

公司下设南方邮电工业研究院，拥有专业科研开发人员200多人，目前设有网络、终端、交换、传输等几个专业研究所，分别从事各类通信电子产品的开发研制和总体技术支持。

公司研制的产品覆盖整个通信网，尤其是在传输设备、交换设备、IC卡公话系统、无线传输及终端设备等方面，在国内处于领先的地位。

公司的市场销售和客户服务网络覆盖全国，在十余个中心城市中设有销售服务中心，确保为遍布全国的客户提供及时、周到的服务。

多年来，广州邮电通信设备有限公司的经济效益持续增长，并多次获得国家及地方政府有关部委的嘉奖。

地址：广州市天河区中山大道139号

邮编：510630

电话：(020)85548888(总机)

传真：(020)85546096

广州屈臣氏食品饮料有限公司

广州屈臣氏食品饮料有限公司是香港屈臣氏集团之属下企业，而香港屈臣氏集团为和记黄埔有限公司全资拥有。和记黄埔有限公司是香港主要上市公司之一，业务遍达全球。

和记黄埔集团共经营六项核心业务，分别为地产发展及投资、港口、零售及制造、电讯、基建及能源、以及酒店投资及管理。

广州屈臣氏食品饮料有限公司于94年10月成立，投资额为3100万美金。公司于九六年五月正式投产，现有员工三百多人，主要生产及销售屈臣氏、新奇士及碧泉系列饮料。

在大家的共同努力下，公司正以优良的品质，卓著的品牌，优质的服务为目标，不断进取，开拓市场。

法人代表：韦以安

公司地址：广州市经济技术开发区夏港大道创业路

邮政编码：510730

电话：82222333　　传真：82213760

黄埔瑞明电力有限公司

黄埔瑞明电力有限公司是一九九三年一月二十八日在广州经济技术开发区注册成立的公司，注册资本壹亿壹仟伍佰贰拾万元，合营的各方均是省内外在电力生产、电力工程基建、发电设备制造方面有雄厚技术实力和丰富经验的企业。

瑞明电力有限公司的地址设在黄埔庙头黄埔发电厂侧，于一九九三年八月破土动工，一九九五年七月投产发电，有一台国产的125MW油煤兼烧型的汽轮发电机组，年发电量可达108000万千瓦时，主营电力生产及销售、机电设备产品、发电用燃料、原材料、保温材料、灰渣、综合利用产品、微机应用、安装调试、技术咨询服务。

广州珠江轮胎有限公司

广州珠江轮胎有限公司(以下简称公司)位于广东省花都市，成立于1993年底，是我国重点轮胎生产企业广州轮胎厂与在澳大利亚悉尼上市的珠江轮胎(控股)有限公司合资经营的大型轮胎企业，投资总额7136.55万美元，具有年产200万套斜交轮胎的生产能力，1997年，公司生产轮胎127万条，销售收入6.79亿元，实现利税2.2亿元。产品包括载重轮胎、轻型载重轮胎、轿车轮胎、工业车辆轮胎和农用轮胎等5大类，100多个规格层级花纹，远销国内20多个省市和国际50多个国家和地区，深受用户好评。

面对竞争日益激烈的轮胎市场，公司始终坚持走质量效益型道路，靠质量创珠江胎名牌。公司拥有全套引进的先进生产技术和关键设备，在科技兴企的同时，公司以扎扎实实、认认真真的态度抓质量，将ISO9001质量管理和质量保证体系贯穿于整个生产经营过程，达到工艺要求的设备才能投入生产，使用的原材料必须100%合格，工艺执行率要达到100%，生产工人全面实行持证上岗和上岗证年审制度。

安全、耐磨、美观是珠江牌轮胎的三大特色。珠江牌轮胎优质高品位的市场形象得到广大用户的确认，除获得国家首批轮胎产品认证证书外，还同时获得国际国内ISO9001质量体系认证证书，连续多年成为广州市免检产品，并被评为广州市和广东省名牌产品。

公司在1995年中国工业企业综合评价最优500强中公司第256位(轮胎行业排第4位)；在1996年广州市工业企业综合实力排序中列第6位；公司还被评为广州市和广东省质量效益型企业、广州市和广东省纳税先进单位、中国化工先进合资企业和全国外商投资双优企业。

企业负责人：陈镇国

企业地址：广东花都炭步广州珠江轮胎有限公司

邮编：510828

电话：86823333(总机)

联系人：广州珠江轮胎有限公司经理办　陈磊

电话：86843448

广州致美斋食品有限公司

名闻遐尔的致美斋酱园是我国四大名酱园之一，已有二三百年历史。现座落在广州三元里的广州致美斋食品有限公司是以致美斋酱园为主体，于1958年扩建而成的。30多年来，“致美斋”变化巨大，生产酱油、蚝油、食醋、调味酱、汁、粉等50多个产品，成为调味品销量、质量已进入国内行业的先进行列。

致美斋牌生抽王、精制蚝油等名牌产品，多次荣获商业部和省市优质产品奖，生抽王、精制蚝油在1990年获联合国亚太地区技术转让研讨会及交易会授予“亚太地区受欢迎的产品”殊荣；'94中国食品博览会中，生抽王、蚝油再次荣获中国食品博览会金奖，致美斋大红浙醋亦同时荣获金奖，致美斋牌蕃茄沙司荣获银奖，致美斋牌柱侯酱荣获优秀奖；致美斋牌生抽王在1994年度又被广州市标准计量局授予“免检”产品称号。

1989年被国务院评为广东省商业系统第一家商办工业的国家二级企业；1990年被商业部评为首届全国商业企业管理优秀奖单位。

随着企业内部改革的进一步深化，为适应调味品市场日益发展的需要，合资后的广州致美斋食品有限公司，将引进先进的技术设备和科学管理机制，产品将增至有中西餐料、高级食品、食用植物油、饮料和旅游食品，从而增强“致美斋”在国内外调味品市场的竞争能力。

广州造纸有限公司

广州造纸有限公司是全国具有经济实力的大型制浆造纸骨干企业，公司占地面积60多万平方米，厂房建筑面积25多万平方米。经过“八五”“九五”期间技术改造引进国外先进技术，现拥有整套制浆、造纸、发电、供汽、供水及生产副产品的精良设备。现有员工4500人。主要产品机制纸及纸板生产能力20万吨，其中新闻纸16.5万吨，瓦楞纸3.5万吨。副产品有工业酒精和木质磺酸钙。新闻纸占中国1/5市场。

97年末资产总值18.5亿元，全年产品销售收入7.1亿元，利税总额1.2亿元，主导产品新闻纸被授予“全国市场用户满意产品”并获广东省广州市名牌产品称号，连续六年被广州市列为免检“信得过”产品，公司连续七年被中国报协全国新闻纸质量用户评价委员会评为“用户满意单位”。自95年以来主要产品产量、产品质量、经济效益指标均居全国同行业榜首。被评为全国质量效益型先进企业。

团结、协调、求实、进取是公司树立的企业精神。

随着国家经济结构的调整和加快现代企业制度改革，公司将继续引进世界先进的制浆造纸技术。加强科学管理力争到2000年发展成为年产35万吨，产品质量达到国际水平的现代化企业。

企业地址：广州市海珠区广纸路40号

邮政编码：510281

联系电话：84336888

法人代表：谢树文

广州电池厂

广州电池厂始建于1928年，是目前全国同行业中规模最大，产品品种规格最多，产销量、出口量和出口创汇最多的干电池生产专业厂，是具有自营进出口权的国家机电产品出口基地企业，年产干电池能力12亿只，产品80%以上出口，年创汇近5000万美元，产品畅销世界100多个国家和地区。

主要产品有中性锌锰、碱性锌锰、可充性碱锌锰、银锌、锂锰、镁银、镍铜、镍镉、镍氢（“大哥大”电池）等9个系列的555牌、虎头牌、航空牌、五羊牌、飞象牌、飞机牌、双猫牌等各种型号的干电池，共90多个品种。

该厂建立了完善的质量保证体系，坚持“质量第一”思想，并积极推行ISO9000族标准。同时，产品包装装璜不断推陈出新，现有对装、两只挂卡装、四只挂卡和盒装，电池外壳也有纸壳、铁壳、彩塑及电化铝等包装的多个品种，能满足客户的不同要求。555牌电池商标被评为广东省及广州市著名商标，555牌LR6碱性锌锰电池和R20全防电池分获国家质量金质装和银质奖殊荣，555牌LR6碱性锌锰电池是全国电池行业向者推荐的产品，555牌锌锰电池还被推荐为广州市名牌产品和确认为广东省名牌产品，555牌锌锰（含碱性）电池是广州市信得过产品。

广州电池厂积极进行资产结构重组工作，近年先后兼并了广州电池二厂、广州市日用机械厂、广州市珠江造纸厂、广州铅笔厂，经营向多元化、集约化方向发展。

广州卷烟二厂

广州卷烟二厂通过技术和管理进步，已成为广东省烟草行业技术力量雄厚，生产设备先进，产品质量上乘，生产规模最大，经济效益最好的大型生产企业，也是全国卷烟工业的重点骨干企业和主要出口生产企业之一。曾获得全国烟草行业唯一一家“七五国家级企业技术进步奖”、获广东省“八五”期间“企业技术进步奖”称号，并连续六年获得广东省工业企业最佳经济效益排名第一，被国务院有关部门评为“中国的脊梁－国有企业500强”，以及“中国工业企业综合评价最优500家”之一，是广东省烟草行业中仅有的同时获得国家500强暨500优称号的企业。

该厂生产的主导产品“双喜”、“羊城”牌系列卷烟，既是广东省强劲的名牌产品，又是国内最成功的名牌卷烟，深受广大消费者的欢迎，面对大量国内名优和洋烟的挑战，在国内外市场上仍供不应求，被授予“全国名优卷烟牌号”称号。

企业地址：广州市中山七路333号

电 话：81812508

传 真：81816020

邮 编：510145

广州中药一厂

广州中药一厂创建于清朝康熙年代，随着中国的改革开放政策的实施，已经由一间传统的中成药作坊改造成为具有现代化生产水平的企业。

广州中药一厂在行业激烈的竞争中，始终位列前茅。1988年，评定为全国首批五家中成药国家级企业之一；1996年荣获“全国五一劳动奖状”并命名为“全国质量效益型企业”；1997年列入全国中成药企业的五十强单位。

广州中药一厂现有员工800多人，拥有高级工程师、药师等专业人员200多人。全厂固定资产近1亿元，使用各种国外先进制药机械，包装生产线、生产胶囊、片剂、小丸剂、颗粒剂、膏剂、散剂等成药。近年来，为满足消费者需要，还生产各种保健食品和饮料。

广州中药一厂内设有中药研究所和中心化验室，致力开发新产品，并使用先进的检测仪器，对产品质量进行严格的监控。全厂经常销售的品种有100多种，其中一些重点产品，如“胃乃安”胶囊、“消渴丸”等产品被推荐为名牌产品和列入国家中药保护品种。不少产品因质量优良、疗效显著，以及包装精美而赢得广大用户的好评，成为国内外畅销产品。

广州中药一厂同香港客户于1990年开办了合资企业“中富药业有限公司”，产品出口港澳台及东南亚、印尼等国家。近年更远销欧美二洲。

目前，广州中药一厂正不断扩大规模，加强同国内外客商联系和合作，为促进祖国医药事业的发展，提高人类健康水平作出努力。

企业名称：广州中药一厂

法人代表：郑尧新

电话：81848601

广州恒运热电有限公司

广州恒运热电有限公司成立于一九九二年四月，是由广州恒运企业集团股份有限公司、广州电力总公司、广州市供用电工程总公司等合资的。公司拥有装机容量为3×50MW燃煤机组，是目前广州经济技术开发区内最大的电厂，主要从事电力的生产和销售。

在公司领导班子和全体员工的共同努力下，企业改革不断深化，坚持向管理要效益，确保安全，强化生产管理。近年来，公司取得了良好的经济效益，97年公司总资产达7.68个亿，实现利润(税前)6354万元，与96年相比，有较大幅度增长。1996年公司与中国建设银行签定了银企合作协议；1996年、1997年连续两年被评为广州市工业企业综合实力前50名之一。

地址：广州经济技术开发区西基工业区西基路　邮编：510730

电话：(020)82211510(转)

传真：(020)82215658

广州副食品企业集团有限公司

广州副食品企业集团有限公司是根据市委、市政府深化改革的精神而组建的国有大型企业集团，1997年被市评定为广州市重点大型企业集团。1997年总资产17.20亿元，销售总额31.41亿元，员工6000多人。拥有广州市糖烟酒公司、广州市外轮供应公司、广州市酒类贸易公司、广州市友谊副食品公司、趣香维邦食品有限公司、广州市民生建设工程承包公司、香港国际轮船用品供应公司等7家子公司及广州调味食品、南粤连锁经营、进出口等3家分公司以及中外合资企业广州致美斋食品有限公司。

本集团是一个多元化、多功能、综合性的国有独资企业。主要经营范围是副食品、糖业制品、酒类、烟草、糕点、中西调味品、餐料、日用工业品、摩托车、汽车及零配件、船舶用品供应、进出口贸易、房地产开发等。本集团还拥有13家商办工业企业，其中有6家为国家二级和省级先进企业。致美斋食品有限公司还成为全国调味品行业首家获得ISO9000认证的企业。本集团有80个产品被国家商业部、省市政府评为名优产品，其中有6个产品为市免检产品。此外，"致美斋"牌和"趣香"牌商标获得市政府认定为广州市著名商标，而"致美斋"牌商标还被省政府认定为广东省著名商标。

本集团在"九五"期间将以副食品为主导，大力发展商办工业和进出口贸易，实施多元化经济和多功能服务战略，实现规模经营和规模效益，逐步把本集团发展成为与广州市国际大都市相适应的规范化、现代化、高效益的集商、工、贸、科技和金融为一体，按市场规范运行的大型企业集团。

企业法人代表：莫炳铿（董事长、总经理）

集团公司地址：广州市达道路5号

电话：87667718－2222、87757520　　传真：87771309

广州市供销合作总社

广州市供销合作总社成立于1950年9月。建社近48年来，经过不断的开拓与悉心经营，使全社系统的经营规模不断壮大，经济实力不断增强。全系统现有直属处级公司、厂13个，中专学校1所，县级市及区供销社10个，基层社70多个，商业网点近3000个，其中广州市区600多个。全系统在职员工近2万人。1997年全系统商品购进总额46.5亿元，商品销售总额50.6亿元，实现利润1305万元，缴纳国家税费6848万元。

广州市供销合作总社主营行业有农业生产资料、农副土特产品、日用杂品、干鲜果、茶叶、蜂产品、家具、木材、夹板、各种纸类、装饰材料、厨具、陶瓷、凉果、饮料、废旧物资回收、再生资源开发、汽车维修、驾驶员培训等，设有广州市再生资源开发利用研究所和中华全国供销合作总社广州蜂产品质量监督检测中心等两个科研机构，1985年成立了广州市农副土特产品进出口公司，并先后在香港、澳门、美国等地设立了贸易机构，集科、工、贸于一体。

广州市供销合作总社将继续发挥联结城乡经济重要纽带和桥梁的作用，不断开拓进取，努力为社会主义市场经济的建立和发展作出新的贡献。

名店、精品、新姿彩——新大新公司98新姿迎客

以"引领时尚,推陈出新"经营思想享誉中国商界的广州新大新公司,地处市中心最繁华的商业地段——北京路与中山五路交界处,是目前国内营业楼层最高的现代化大型国有零售企业。由于公司显著的经济效益和社会效益,曾先后荣获"亚洲最佳百货公司"、"中国明星企业"的殊荣,以全国百货零售业每平方米零售额最高被授予"中华之最"等称号。

1997年初,新大新公司在市区区庄立交桥畔开发了新的零售网点——新大新(东山)有限责任公司(简称新大新东山广场),为企业向规模化、集团化经营迈出重要的一步。新大新东山广场开业仅一年,它所拥有的现代化经营设施和科学的管理体制,已显露出勃勃生机。尽管市场竞争激烈,1997年度新大新公司全司仍实现销售10.14亿元,名列广东省零售总额排名第三位,在新大新公司的发展史上写下了光辉的一页。迈入1998年,新大新公司斥资上千万元,对总店进行了大规模调整装修和扩业,营业楼层扩至12层,营业面积达8900平方米。

新大新公司不仅在经营硬件上更上一层楼,而且在经营软件上也作了重大变革,成立了配货部,逐步采用先进的集中进货配送形式,增强整体的市场竞争优势,为广大顾客和机团提供更加物美价廉的商品。精致流行的布局设计、不断进取的先进经营模式和良好的服务将为八方来客充分展示新大新公司的诱人魅力和全新姿彩。

广源购物中心

广源购物中心开业于1995年1月12日,是一间股份制企业。中心位于广园中路216号,在广从、广花、广佛、广清公路交汇处,邻近火车站、白云机场。中心装修高雅,设有中央空调、扶手电梯等现代化设备及免费停车场;内设影音商场、家电商场、服装商场、皮具商场、床上用品商场、金饰钟表商场、文教儿童用品商场、日用化妆品商场、食品超市等九大商场。自中心投入使用后,解决了广园、景泰、云苑、松柏、云东等几个新生活小区购物难的问题,成为广州市北郊的首家大型购物中心。

中心自开业以来,由于得到上级部门的关心和帮助,全体干部员工团结合作、奋力拼搏、艰苦创业、想方设法,扩销促销。在市场疲软,经营难度较大的情况下,仍取得良好的业绩。1995年平均每月销售额以9.68%的幅度递增。1996年销售比1995年增长58%。企业经营发展蒸蒸日上,知名度不断提高。环境好、商品正、品种多、价格便宜、服务好已成为中心的经营特色。目前中心经营品种已达5万多种,各类高、中、低档商品应有尽有。在对外业务交往中,中心一向坚持勤进快销,快速结算的原则,无论代销、购销都准时结算,从不拖欠货款,从而与各厂家、商家建立密切、友好的合作关系,初步形成了"广源货好货源广"的供销良性循环。中心在开业短短的几年里,成为广州市第十三个"质量跟踪站",获得白云区政府授予"十强企业"和中国消费者协会授予的"诚信单位(市场)"以及市技监局授予"广州市商品质量计量信得过单位"等先进称号。

广州宏城超级商场有限公司

广州市城市建设开发集团有限公司属下的大型连锁商业企业——广州宏城超级商场有限公司，创办于1994年8月，注册资金2000万元。两年多以来，在社会各界的鼎力支持下，宏城超市依托集团公司迅速发展的房地产业，在集团公司开发的居民小区广泛铺开商业网点，公司目前已拥有十七间分店及4000平方米的现代化配送中心，总经营面积达6000平方米，经营规模不断扩大，销售和效益日益增长。

"宏城商场，超级实惠"是我们向广大居民的服务承诺。为保证这一承诺的实现，公司坚持高起点、高水准的发展方针，认真借鉴国际流行的正规连锁经营模式，引进先进的pos电脑系统，实现商品条码管理。公司拥有大型的配送中心，设备齐全，技术先进，收款采用台式激光扫描器，利用电脑控制商品的购、销、调、存，以科学规范的管理促进商场的成功经营。

公司坚持"便民、利民、为民"的经营原则及大众化的市场定位，在经营策略、经营品种、商品质量及服务规范上狠下功夫，充分发挥连锁经营的规模优势，实现"八个统一"，形成强大的营销网络，减少经营成本，降低商品售价，让真正的实惠走进了千家万户。

我们将继续秉承城建集团公司"服务社会，繁荣经济"的一贯宗旨，不断扩大经营规模，向其它新建住宅小区及旧城区居民聚居点拓展网点，为更多市民提供物美价廉的商品和优质便利的服务。

广东中旅(集团)有限公司

广东省中国旅行社成立于1956年，是具有法人资格的经国家旅游局批准的首批国际旅行社。1994年8月省政府将我社列为现代企业制度改革试点单位之一，并经广东省人民政府粤府函(1996)322号文批准，组建广东中旅(集团)有限公司(国有独资)。

广东中旅坚持以"为侨服务、宾客至上、信誉第一"为宗旨，竭诚为华侨、港澳台同胞回祖国大陆，外籍华人及外国朋友来华旅游、探亲提供综合服务和国内公民前往境内外旅游探亲提供服务。经过42年的发展，企业的经营规模已发展成为一个以旅游为龙头，集旅游、工商贸、酒店、汽车、房地产、国际货运、广告、电脑、洗涤等业务于一体的大型综合性、多元化的旅游企业。主要业务有入境游、国内游、特许经营中国公民自费出国旅游业务，并提供导游服务；代理移民定居、出国探亲等签证业务，代订售国内外机、车、船票；经营旅游商品、旅游汽车运输、储运贸易、房地产开发、酒店服务、酒店管理、洗涤、电脑开发使用、广告等业务；提供旅游和酒店管理人才培训业务等等。

广东中旅现拥有全资企业9个，控股企业5个，参股企业1个(其中酒店4家)，并在香港、泰国设有分支机构。全社现拥有员工近4000余人；拥有固定资产18263万元(未含中外合资、合作及联营企业资产)。连续十一年荣获全国中旅系统优质服务先进单位称号，名列全国一、二类旅游社百强前矛，广州地区最大35家旅游企业之首，在1996年广州地区旅行社排序中又获第一名。

电话：83336888(总机)、83336625；传真：83336625　　地址：广州市侨光路10号(海珠广场东侧)

华厦大酒店

国际四星级的华厦大酒店，位于广州市中心海珠广场商业繁华地带，屹立于风光旖旎的珠江河畔。酒店往机场、火车站及码头分别只需十多分钟车程，是商旅人士云集之处。

酒店楼高 39 层，拥有 672 间豪华舒适的客房、公寓和近万平方米的高级写字楼。客房内配有独立空调调节系统、有线及 CNN 和日本卫星电视、迷你酒吧、保险箱、国际直拨电话系统、电冰箱、24 小时音乐频道等。

各具特色的 7 所中西餐饮场所为四海嘉宾提供琳琅满目的自助餐、欧美美食、纯正地道的粤、潮菜系及中国大江南北特色小食，令人目不暇接；酒廊和卡拉 OK 歌舞厅更是与友把酒共盏，尽情享乐的理想场所。富丽堂煌的宴会厅和设备齐全的会议厅，可容纳 500 余人，适宜举办婚宴、鸡尾酒会及各种大型宴会。

此外，酒店其他现代化通讯和康乐设施齐备：如商务中心、发廊、心意廊、医务室、健身中心、邮局、银行、票务、书店、车队及穿梭巴士服务、外币兑换等，定令旅客商务成功，旅程愉快。

中央酒店

在酒店、宾馆林立的广州市，中央酒店以高效率、多功能而著称。

中央酒店是广州首家四星级酒店，坐落于广州市机场路，交通方便，离白云机场和中国出口商品交易会、火车站均只需 3 至 5 分钟车程。

中央酒店外观设计独特，充盈现代气派。正门是富有动感的上下两级广场，由环形车道和 80 米长的花墙相连接。呈半月型的装嵌弧型玻璃幕墙的六层楼高主要建筑物，犹如张开双臂笑迎各地宾客。酒店内部装修考究、自成一格，并集商务、展览、会议、康乐、办公和住宿于一体。中央酒店是您理想的旅居之所。

中央酒店有各类房间 231 间，房间设计舒适大方、豪华清雅 ，宾客犹如安居家中，倍感亲切、方便。酒店的京华厅、宴会厅以经营粤菜为主，集全国各地佳肴名菜，容纳盛大，气派豪华；步云阁西餐厅精制欧美西餐 ，品类齐全，极具雅静情调。酒店备有各种康乐设施：游泳池、健身室、网球场、桑拿中心、桌球室、乒乓球室，可调剂您的旅游生活。

中央酒店全体员工，将竭尽全力随时为中外宾客提供尽善尽美的服务。欢迎光临。

中国统计出版社最新资料书简目

中国统计年鉴－1998(汉英)
中国统计摘要－1998
国际统计年鉴－1998
中国农村统计年鉴－1998
中国城市统计年鉴－1998
中国市场统计年鉴－1998
中国劳动统计年鉴－1998(汉英)
中国人口统计年鉴－1998
中国科技统计年鉴－1998
中国能源统计年鉴－1998
中国建筑统计年鉴－1998
中国工业经济统计年鉴－1998
中国对外经济统计年鉴－1998
中国固定资产投资统计年鉴－1998
中国物价及城镇居民家庭收支调查统计年鉴－1998
北京统计年鉴－1998
天津统计年鉴－1998
河北统计年鉴－1998
山西统计年鉴－1998
内蒙古统计年鉴－1998
辽宁统计年鉴－1998
吉林统计年鉴－1998
黑龙江统计年鉴－1998
上海统计年鉴－1998(汉英)
江苏统计年鉴－1998(汉英)
浙江统计年鉴－1998
安徽统计年鉴－1998
福建统计年鉴－1998
江西统计年鉴－1998
山东统计年鉴－1998
河南统计年鉴－1998
湖北统计年鉴－1998
湖南统计年鉴－1998
广东统计年鉴－1998
广西统计年鉴－1998
海南统计年鉴－1998
重庆统计年鉴－1998
四川统计年鉴－1998
贵州统计年鉴－1998
云南统计年鉴－1998
西藏统计年鉴－1998
陕西统计年鉴－1998
青海统计年鉴－1998
宁夏统计年鉴－1998
新疆统计年鉴－1998
石家庄统计年鉴－1998
唐山统计年鉴－1998
邯郸统计年鉴－1998
衡水统计年鉴－1998
廊坊统计年鉴－1998
呼和浩特统计年鉴－1998
长春统计年鉴－1998
延吉统计年鉴－1998
哈尔滨统计年鉴－1998
双鸭山统计年鉴－1998
延边统计年鉴－1998
徐州统计年鉴－1998
杭州统计年鉴－1998
苏州统计年鉴－1998
无锡统计年鉴－1998
常州统计年鉴－1998
宁波统计年鉴－1998
绍兴统计年鉴－1998
嘉兴统计年鉴－1998
金华统计年鉴－1998
舟山统计年鉴－1998
南昌统计年鉴－1998
九江统计年鉴－1998
济南统计年鉴－1998
青岛统计年鉴－1998
泰安统计年鉴－1998
潍坊统计年鉴－1998
郑州统计年鉴－1998
三门峡统计年鉴－1998
平顶山统计年鉴－1998
洛阳统计年鉴－1998
开封统计年鉴－1998
武汉统计年鉴－1998
宜昌统计年鉴－1998
海口统计年鉴－1998
广州统计年鉴－1998
惠州统计年鉴－1998
珠海统计年鉴－1998
东莞统计年鉴－1998
南宁统计年鉴－1998
西安统计年鉴－1998
天水统计年鉴－1998
大理统计年鉴－1998
新疆兵团统计年鉴－1998
乌鲁木齐统计年鉴－1998
巴音郭楞统计年鉴－1998
吐鲁番统计年鉴－1998
奎屯统计年鉴－1998
保定经济统计年鉴－1998
桂林经济社会统计年鉴－1998
桂林地区统计年鉴－1998
柳州地区统计年鉴－1998
上海浦东新区统计年鉴－1998(汉英)
甘肃年鉴－1998
沈阳年鉴－1998
福州年鉴－1998
厦门经济特区年鉴－1998

广州市市容环卫局

广州市市容环卫局负责全市的市容环卫工作：贯彻执行市容环卫法规、规章，制订有关政策、措施、规划，组织大型环卫设施的建设及环卫科研工作，对环卫服务实施待业管理和日常监督检查。近几年来，大力推行道路清扫作业机械化，全市道路车行道60%使用扫路车清扫；实行了垃圾收运方式的改革，提高了环境卫生水平；开展创建市容达标路活动，逐步改善城市容貌；筹建垃圾焚烧发电厂，推行垃圾无害化、资源化处理；统一了一线工人的服装，改善了环卫队伍的形象；开展管理与服务分离的改革，提高了经济效益和环境效益。

市环卫局局长：赵庆华

右起书记：杨汉文　局长：赵庆华

现场扫路车(天河广场)

广　州　市

市环境保护局局长甘海章同志在工作

1997年8月，市人大常委会黄伟宁主任、市政府林树森市长陪同省人大朱森林主任视察广州市机动车排气检测工作

林树森市长1997年春节到市环保局看望全局同志

广州市环境保护局是市政府主管环境保护的职能部门，对广州市辖区内环境保护工作实施统一监督管理，下属有广州市环境监测中心站、广州市环境监理所、广州市环境科学研究所、广州环境保护宣教中心、广州市环境保护信息中心、广州市环境工程设计所、广州市环境保护技术设备公司、广州市环境保护投资发展公司。还设立了广州市环境科学学会和广州市环境保护产业协会。

“八五”期间，广州市国民经济和社会发展取得了令人瞩目的成就，与此同时，在市委、市政府的领导下，环保局大力加强城市环境综合整治和工业污染防治，使广州市环境保护状况总体上基本保持稳定，减缓了环境恶化的趋势，自1989年起，连续6年被国家授予全国城市环境综合整治

环境保护局

为着美好的家园

“十佳城市”称号。

“八五”期间，全市工业污染防治取得显著成绩，城市环境综合整治工作不断加强。至1995年止，全市建成区的烟尘控制区覆盖率达98.92%，噪声达标区覆盖率61.86%，全市绿化覆盖率为24.1%，工业废水处理率达到86.86%，工业废气处理率达到86.41%，工业固体废物综合治理率达到99.5%。

在政府法规方面，先后完成了大气、水、噪声和珠江广州河段水域饮食管理规定等4项地方性法规和6项政府规章的制定和修改，环境监督管理工作逐步形成了环保部门依法统一监督管理，各职能部门齐抓共管的体系，并建立了全市污染源档案。

环境科学成果达200项，其中获国家和省级科技进步奖31项，“广州工业废液废物资源化中心”的投产和广州环保产业园的立项建设是广州环保产业发展的重大突破。

在环境宣传教育方面，全市举办了376项环保宣传活动，编辑、出版、印刷了环保书箱和宣传资料143万多册（份）并把环境教育纳入了学校的教学计划，从而提高了市民的环保意识。

回顾过去，展望未来，随着经济和社会的高速发展，城市的环境问题将进一步突击。目前，全局上下正齐心协力，按照市委、市政府的统一部署，为落实广州市“九五”环境保护计划和2010年远景目标，为着保护美好家园而奋力工作。

广州市环境保护科学研究所

广州市环境保护科学研究所创建于1977年，隶禹广州市环境保护局，是我国首批从事环境影响评价、环境规划、分析测试、环保工程设计、政策法规研究、信息咨询服务以及环保产品开发的环保科研机构。

我所持有国家甲级环境影响评价证书和广州市环保治理工程设计一级证书。全所编制100人，现有科技人员85人，其中高级工程师16人，工程师41人，配备了一批国际先进水平的仪器设备，掌握了一系列先进的环境规划、评价、实验测试的技术和方法，具有了从事重大环保科研和环保产品开发的良好条件。

广州市环境保护科学研究所以高效优质为建设单位和环境管理部门服务为一贯宗旨。实行所长负责制和所长任期目标责任制。建所以来，积极承担“六五”、“七五”、“八五”国家重点科技攻关研究项目和为当地经济发展、环境管理服务的课题，共获70余项科研成果和1项国家专利发明奖，其中获部级科技进步奖2项，省环保科技进步奖12项、市环保科技进步奖23项。为经济、社会与环境保护协调发展做出了积极贡献。

现在，我所正充分利用人才和装备的优势，加快产品开发步伐，加强对外合作，向着建设一个与国际大都市经济社会发展相适应的、与广州环境管理要求相适应的现代化的研究所的目标前进。

所长：吴政奇

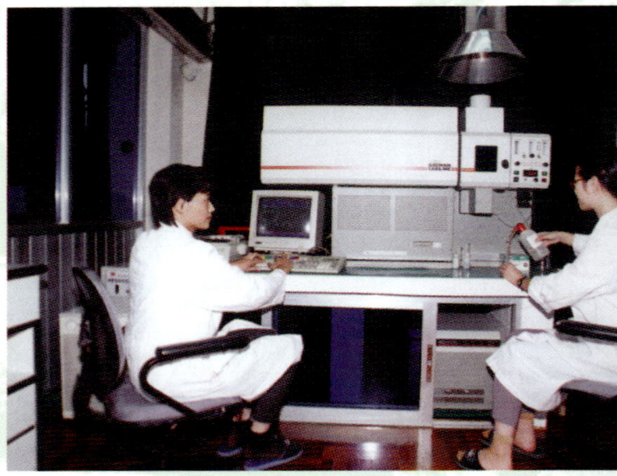

研究所实验室

所长：吴政奇　高级工程师
地址：广州市天河南一路24号
邮编：510620
电话：(020)85515817　85515985
传真：(020)87503629

广州市环境卫生研究所

广州市环境卫生研究所创建于1984年9月，是中国首批从事环境卫生规划，城市固体废弃物及污水治理、研究、检测、环境卫生工程设计，环卫机具研制，信息研究与咨询服务的综合性环境卫生科学研究机构。分设有环境卫生、环卫工程、环卫机械、情报资料等专业研究室和环卫工程设计室。

本所拥有一支专业齐全、训练有素的科技队伍，全所编制60人，现有科技人员43人，其中高级工程师11人、工程师13人。

建所以来先后承担了国家科委、国家建设部及省、市下达的重点科研与先进的环境工程项目，引进国外先进技术，建成了国家第一个大型的粪便处理厂和从化市生活污水处理厂；运用先进技术，依照现代化标准，设计并建起了我国首批大型的垃圾卫生填埋场；成功地研制出我国第一台大型后装式垃圾压缩运输车，先后得到国家科委、国家建设部、国家环保局的奖励；近年来还成功地研制出适合我国城市道路条件的扫路车。

近年来本所努力寻求走科、工、贸相结合发展的新路子，在继续加强对外联系的同时，积极充分利用人才、装备和技术上的优势，加强与国内兄弟单位及企业的经济技术合作，加快技术与产品的开发步伐，向环卫事业的机械化与现代化的方向迈进，为把本所建设成与现代化国际大都市相适应的科研机构而努力奋斗。

广州市环境卫生研究所工程设计室

SHF12A 手扶式扫地机是我所机械研究室最新设计产品

广州市环境卫生研究所科研大楼全貌

所　长：赵东平　高级工程师

副所长：汤克敏　高级工程师

地　址：广州市东风西路140号

邮　编：510170

电　话：(020)81360667

传　真：(020)81816594

广州市隧道开发公司

广州市隧道开发公司是隶属于广州市市政管理局、市园林局的国有企业，经国家授权，作为项目业主负责建设、开发、经营和管理广州市的重点市政设施，也包括主要的跨江桥梁、隧道、快速干道、污水处理厂及其相关配套设施，能承包大型、特大型市政综合系统工程和其它土木建筑工程的投资策划、建设管理、营运管理以及设计、制作、利用户外场地发布广告等多种经营动作。

公司成立以来，首先承担了我国自行设计的用沉管法施工的大型水下机动车隧道——珠江隧道的建设，随后又完成了遂道经营收费的组织管理和自动收费系统的策划。

公司负责建设的广州市重点工程江湾大桥、解放大桥已于１９９８年初先后建成通车，省内最大的复合斜拉鹤洞大桥也即将竣工，目前公司还承担了“四桥一隧”（海珠桥、人民桥、广州大桥、海印大桥、珠江隧道）、华南路桥、西朗污水处理厂等对外合作项目。

地址：广州市沙面南街一号之一　邮政编码：510130
电话：020－81869467　传真：020--81832917
法人代表：方正

上图：广州解放大桥

中图：广州江湾大桥

下图：广州鹤洞大桥

广州华南路桥实业有限公司

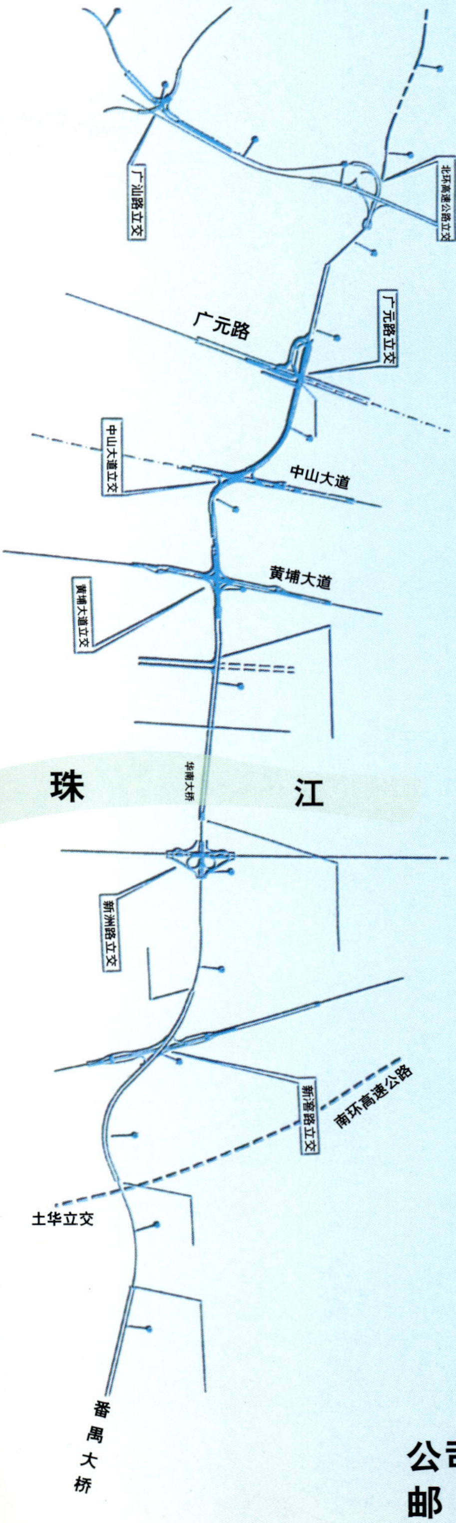

廣州华南路项目是广州市重点基础设施建设项目之一，项目建成后将成为广州市南北快速干道，对改善我市交通，加速天河、海珠、白云三个区和番禺市的经济发展及繁荣起着重要的作用。广州华南路首期工程华南路主线全长15.6公里，匝道总长14.8公里，工程路线起于华南植物园附近的广汕公路，向南延伸跨过北环高速公路，广园路、广深铁路，从华南师范大学东边、铁路的西边通过，跨中山大道、黄埔大道、珠江、新洲路、新窖路、下穿南环高速公路到达番禺大桥出入口。全路段共八个全互通三层立交，一座华南大桥，五座中桥，多座小桥及涵洞。华南路主线为双向8车道，桥面宽度为36米，路面加辅车道、人行道、中间8米绿化带，总宽度为60米。为改善行车条件，降低噪音，路面结构采用高等级沥青砼，主线行车速度为80-100公里/小时，匝道车速为60公里/小时。 整个华南路为全封闭全立交的城市快速干道，工程项目总投资2.59亿美元。全线共有9个出入口，分别为：广汕立交、岑村立交、广园立交、中山立交、黄埔立交、新洲立交、新窖立交、土华立交、番禺大桥出入口。 华南路采取上路发卡，下路收费的收费方式，对过往车辆按车辆类型及路程长短收取通行费。

华南路项目在广州市政府和各级有关部门的鼎力支持下，工程项目进展顺利，首期黄埔立交至番禺大桥于1998年7月通车，全线1998年年底建成通车。

公司地址：广州市林和西路1号广州国际贸易中心39层

邮　　编：510610

广州市大坦沙污水处理厂
广州市大坦沙水质净化厂

大坦沙污水处理厂，是广州市政府制定的全市污水治理总体规划中建成的第一座大型城市污水处理厂。位于广州市西郊大坦沙岛上，占地面积14公顷。日处理污水30万吨，其中生活污水占60%，工业废水占40%。厂管辖的荔湾、澳口二座泵站，主要集送荔湾涌、驷马涌的合流污水，服务范围1289公顷，服务人口约70万。

污水处理工艺采用除磷脱氮活性污泥法（简称A.A/o工艺）；生产运行管理设有SLC™500系列可编程测控系统及巡察监视的闭路电视。污泥处理工艺采用生污泥直接脱水，污泥处置近期为外运填埋，远期为焚烧发电。该厂澳口泵站还设有排涝闸门和雨水导流泵房。

该厂自1990年以来，承担市粪便转运战每天输送800立方米粪便的处理任务。

中心控制室

工厂全貌

该厂由广州市市政管理局负责建设，广州市政设计研究院负责设计，分两期建成，一期工程于1989年末建成；二期工程于1996年末基本建成，总投资约3.8亿元。经前后两期工程的投入使用，污水处理各项水质达到或优于设计指标，并使得厂附近的珠江河段水质明显改善。

本厂注重环境、科研、运行、技术开发、培训、管理等全面工作的开展，先后于1991、1995年荣获国家建设部、国家环保局颁发的《全国城市环境综合整治优秀项目》、《全国城市污水处理厂运行管理先进单位》》奖。将继续在市政府和主管局的关心领导下，在全市人民的支持下，为治理污水，保护珠江，做出新贡献。

全国人大副委员长邹家华视察大坦沙污水处理厂

生物反应池

FAX：020--81819274

TEL：020--81815313转

邮政编码：510160

厂址：广州市珠江桥中坦尾大街3号

JUMBO BUS 珍宝巴士 廣州珍寶巴士有限公司

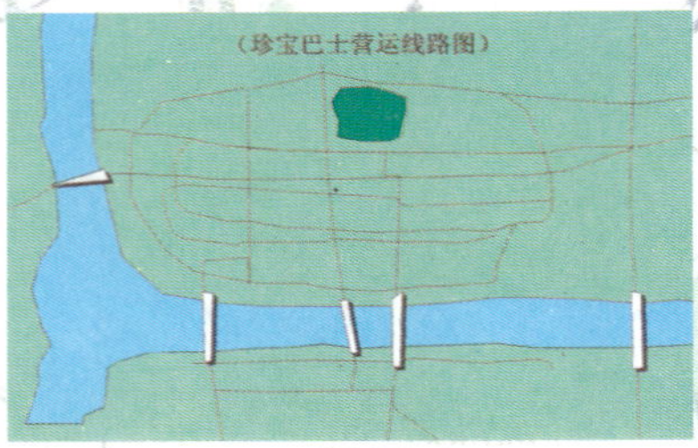

广州珍宝巴士有限公司是由广州市第三公共汽车公司和香港裕莱有限公司协议合资经营的中外合资企业,注册资本为人民币8840万元。公司位于广州市中山大道东490号黄埔公交车场内,拥有占地面积5000平方米的双层停车场和近200台空调大客车,主要经营广州市公共交通客运及其配套服务,享有广州市11条公交线路的经营权。

广州珍宝巴士有限公司1996年1月开业以来，充分发挥自身优质服务的优势，利用先进的管理手段、车型新、车质车况好的优越条件为广大乘客提供公共客运服务。珍宝巴士公司的服务宗旨是：乘客至上、服务第一，员工待客热情，营运线路遍布广州市的东南西北。展望未来，珍宝巴士公司在广州市的公交运输事业中一定更好地起着积极的作用，与广大市民一起迈向美好明天。

1. 副董事长黄树广先生致开幕词。
2. 公司董事长梁汉华先生、副董事长黄树广先生出席公司的庆典活动。
3. 广州市委副书记石安海、上海副市长、全国政协委员香港知名人士徐展棠先生参观公司办公楼。

广州师范学院

广州师范学院创建于1958年，1964年停办，1978年复办，是广州市培养中等学校师资的重点大学。校园座落在广州市解放北路桂花岗，东依飞鹅岭，南傍越秀山，西临广州火车站，北望白云机场，环境优雅，交通方便。　　学院一贯坚持为广州基础教育服务和为社会经济发展培养人才的办学宗旨，突出师范性、地方性的特点，实行多层次、多规格、多渠道的办学模式，已形成较为合理的办学规模。学制在以全日制本科为主，专科为辅的同时，拓展研究生教育，注重发展成人学历教育和各类专业证书班教育。国家任务的师范毕业生基本分配到社会各个领域。自1978年以来，共培养硕士研究生36名，本科生8118名，专科生态499名，各类成人教育毕业生6000名，为广州地区教育事业、社会经济发展培养了大量专业人才。

十多年来，随着改革开放和教育事业的发展，学院面貌也日新月异。先后建起了一批教学楼、实验楼、学生宿舍、运动场及后勤设施。学院的教学科研设备日趋完善，现设有供教学、科研使用的实验室共56个，图书馆藏书68。2万册，中外报刊2，000多种。

近年来，学院注重引进人才，省内外大批人才纷至沓来，学院已形成一支结构合理、治学严谨、学术空气浓厚、充满活力的师资队伍。全院现有教职工863人，属专任教师411人，其中中科院院士2人，国务院学位委员会第五届学科评议组成员1人，具有博士导师资格的教授5人，具有高级职称者247人（正高48人，副高199人），中级职称者209人；硕士学历以上的212人（博士29人），还有兼职教授、客座教授多人。各学科均有一批教学经验丰富、科研成果显著、学术界享有声誉的骨干教师、大批中青年教师经过刻苦钻研和实践锻炼，迅速成长。

在广大教师的共同努力下，科学研究取得丰硕的成果，教学水平也日益提高。近年来，我院教师共承担国家“863”项目2项，国家攀登计划项目2项，　国家自然科学基金项目8项，社会科学国家级项目3项，获其它科研立项75项，获省、市级奖40多项；在省级刊物发表论文近1，000篇，国家级刊物45篇，国外权威刊物18篇，国际四大检索系统引用论文29篇，国家级出版社出版论著40部。全院有省重点课程9门、市重点课程13门、学院重点课程11门。还分别承担2项省面向二十一世纪教学改革研究项目和省高校“九五规划”教材编写项目。《广州师院学报》被评为广东省高校优秀学报。学院还积极进行科技开发，收到一定的社会效益，为地方经济作出了应有贡献。

学院积极开展对外学术交流活动，近年来，与美国、澳大利亚、俄罗斯、日本、台湾、香港等国家和地区10多所大学和文化学术团体建立友好合作交流关系，有力地促进了教学、科研工作的发展和学术水平的提高。从1997年起，学院将招收外国留学生，成为市属高校唯一获国家教委批准招收留学生的学

地址：广州市解放北路桂花岗东1号　　邮政编码：510400　　电报挂号：38

电话总机：（8620）86663804　　图文传真：（8620）86686992

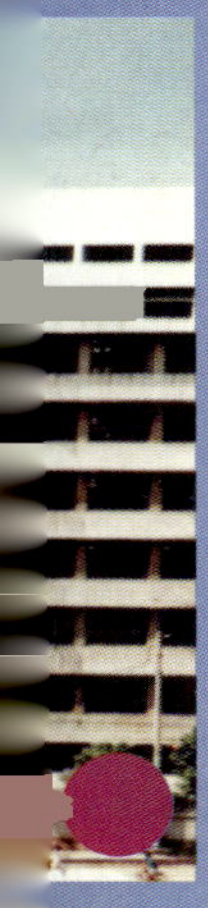

校园一景

在建中的图书馆教学

综合楼

热烈欢送我校张景中

院士参加党的十五大

扩大对外交流，培养

跨世纪教育与管理人才

外籍教师在授课

广州财政学校

广州财政学校始建于1960年，隶属于广州市财政局，是一所全日制中等专业学校，又是广州市财税系统干部培训中心。1980年学校被财政部确认为部属重点中专，同年被国务院批准为全国重点中专，1994年又被广东省人民政府批准为省（部）重点中专，1997年5月经省人民政府批准试办“财务会计高等职业教育班”。

学校占地面积18000m²，建筑面积34000多m²，教学设施齐全，拥有200多台电脑及三间计算机房，语音实验室（64座），二间投影室（130座），闭路电视室（200多座）和财务会计模拟实验室，拥有藏书13万余册的图书馆和新建的室内外运动场。

学校现开设财务会计、涉外会计、会计电算化和税务四个专业共计31个班、1600多位学生。教职工164人，其中高级讲师15人，讲师、注册会计师、会计师、审计师、经济师、馆员及主治医师等中级职称60人，师资力量雄厚。近年来采取了“立足广州，面向全省，多渠道、多层次、多形式”的办学模式，加快了人才的培养。

建校37年来，共培养了中专毕业生7764人，三个月以上短期结业生12672人，与中国人民大学合办的财政专修班（大专）毕业生100人。与中央财政金融学院合办的财政专业（本科）毕业生150人。毕业生中有十几位同学已担任了厅局级领导干部，近百名同学任处级干部，一大批毕业生在省市财税系统、金融系统、企事业财务部门发挥着骨干作用。

目前，学校正深化教学改革，为创一流中专，为培养更多跨世纪人才而努力奋进。

地　址：广州市华侨新村友爱路36号
电　话：87753400　87775454
邮　码：510060

广州市公物拍卖行

为贯彻落实《拍卖法》和国务院办公厅关于“公物处理实行公开拍卖”的通知及《广东省财产拍卖条例》，经广州市人民政府批准成立的广州市公物拍卖行是市政府指定负责承办公物处理的拍卖业务，是隶属于广州市财政局的事业单位，也是广东省人民政府指定经营罚没车辆的拍卖机构。

本行专职承办公物拍卖、处理等业务，拍卖范围包括：罚没、缉私、追缴的物品；应变卖的物品、抵押品；工艺美术品；破产企业的财产（含有形、无形资产）；国家允许流通的文物；个人合法产业和物品，以及除国家禁止买卖外的其他物品。

本行恪守“公开、公平、公正、诚实信用的原则”，为委托人和竞买人带来理想的效益，热诚欢迎企事业、行政单位和各界人士委托拍卖或参加竞投，为贯彻“公物处理实例公开拍卖”这一规定而共同努力。

法人代表：周顺发
地址：广州市东川路80号
邮编：510100
电话：83813610　87774639

广州市商业拍卖行

广州市商业拍卖行成立于九四年，三年多来，本行以诚实的态度，高效率地为社会各界提供优质服务。拍卖业务不断发展，累计拍卖总金额3亿元，上缴税收700多万元。

本行管理制度完善、部门职能明确、人员分工合理。分设业务、拓展、财务、综合四个部，拥有2名拍卖师及3名拍卖从业人员，先后加入广东省及全国的拍卖行业协会，并成为省拍卖行业协会理事会主要成员之一。

本行严守“三公”原则，依法拍卖，能如实对竞买人反映拍卖物品情况，充分为委托及竞买双方着想，做到不偏不倚，以真诚的服务获得客户的信赖和支持。

本行热诚欢迎各单位、社会各界委托拍卖业务！

总经理、拍卖师张希铭在主持拍卖

地址：广州市黄埔区丰乐中路大沙综合市场1-4号2楼

电话：82380673　82395827

邮编：510700